U0915840

证券期货业标准

Compilation of Standards of the Securities and Futures Industry

(2003—2013)

| 下卷 |

中证信息技术服务有限责任公司
证券期货业编码和标准服务中心 编

中国经济出版社
CHINA ECONOMIC PUBLISHING HOUSE

北 京

三、信息披露类

◆ 可扩展商业报告语言（XBRL）技术规范　第1部分：基础

GB/T 25500.1−2010

◆ 上市公司信息披露电子化规范　JR/T 0021−2004

ICS 03.60
A11

GB

中华人民共和国国家标准

GB/T 25500.1-2010

可扩展商业报告语言（XBRL）技术规范　第1部分：基础

Extensible Business Reporting Language (XBRL) Specification-Part 1: Base

2010-10-18 发布　　2011-01-01 实施

中华人民共和国国家质量监督检验检疫总局
中国国家标准化管理委员会
发布

目　次

前　言

GB/T 25500《可扩展商业报告语言（XBRL）技术规范》分为四个部分：

——第1部分：基础；

——第2部分：维度；

——第3部分：公式；

——第4部分：版本。

本部分为GB/T 25500的第1部分。

本部分按照GB/T 1.1-2009给出的规则起草。

本部分技术内容与XBRL国际组织制定的可扩展商业报告语言技术规范2.1版（Extensible Business Reporting Language Specification 2.1）（2008年7月2日的勘误修订版）基本一致。

本部分由中华人民共和国财政部归口。

本部分主要起草单位：中国证券监督管理委员会信息中心、中华人民共和国财政部、上海证券交易所、深圳证券交易所、中国科学院研究生院计算与通信工程学院。

本部分主要起草人：杨淑琴、应唯、白硕、邹胜、王颖、刘世平、初壮、黄敏、杨海峰、程立、郑斌祥、苏梅、俞志刚、赵国强、周晓明、赵伟、廖伟东、王开云、蒋小娜、梁炜、贾霄鹏、陈明哲。

引　言

可扩展商业报告语言（Extensible Business Reporting Language，XBRL）是一种基于可扩展置标语言（Extensible Markup Language，XML）的开放性业务报告技术标准。它通过给财务会计报告等业务报告中的数据增加特定标记、定义相互关系，使计算机能够“读懂”这些报告，并进行符合业务逻辑的处理。

XBRL 的构想最早由美国注册会计师查尔斯·霍夫曼在 1998 年提出。随后，在美国注册会计师协会（AICPA）赞助下提出了第一个 XBRL 原型。XBRL 技术广泛适用于财务会计报告、上市公司年报、金融机构监管报告、税务报告等领域，目前在美国、英国、日本、澳大利亚等很多国家中都已投入实际应用。在我国，XBRL 已应用于上市公司信息披露和基金信息披露领域，取得良好效果。

XBRL 技术的应用，可以避免报告数据的重复性录入、报送、传输、转换、比对等人工操作，减少差错率，提高数据生成、传递、使用效率和信息化水平。因此，推进 XBRL 在我国的应用，有利于促进财务会计报告等业务报告信息的深度分析利用，提高监管效能。XBRL 技术规范，是各项 XBRL 应用所需共同遵循的底层技术标准。制定 XBRL 技术规范，是推进 XBRL 在我国应用的基础性工作。目前，国际上均遵循 XBRL 国际组织制定的技术规范。

本部分是 XBRL 技术规范的核心，规定了 XBRL 的技术架构，定义了 XBRL 分类标准和实例文档中使用的 XML 元素和属性。

可扩展商业报告语言（XBRL）技术规范
第 1 部分：基础

1 范围

GB/T 25500 的本部分规定了 XBRL 的技术架构，定义了 XBRL 分类标准和实例文档中使用的 XML 元素和属性。

本部分适用于 XBRL 分类标准的制定、实例文档的编制或使用，以及 XBRL 相关开发与应用。

2 规范性引用文件

下列文件对于本文件的应用是必不可少的。凡是注日期的引用文件，仅注日期的版本适用于本文件。凡是不注日期的引用文件，其最新版本（包括所有的修改单）适用于本文件。

GB/T 18793－2002 信息技术 可扩展置标语言（XML）1.0

3 术语和定义

下列术语和定义适用于本文件。

3.1

分类标准 Taxonomy

XML 模式文件和 XBRL 链接库的组合。其中，链接库可通过 linkbaseRef 元素被模式文件引用或者内嵌到模式文件中。

3.2

分类标准模式 Taxonomy Schema

定义 XBRL 概念语法的 XML 模式文件。

3.3

链接库 Linkbase

若干个用于描述分类标准中概念的语义的 XLink 扩展链接的集合。

3.4

可发现分类标准集 Discoverable Taxonomy Set；DTS

通过引用形成的一组分类标准模式和链接库的集合。DTS 的范围是可通过遍历分类标准模式和链接库中的链接或引用来发现的所有分类标准模式和链接库。DTS 中至少有一个分类标准模式应引用 xbrl－instance－2003－12－31.xsd 模式文件。

3.5

事实 Fact

具体业务内容，分简单事实 Simple Fact 与复合事实 Compound Fact 两种类型。复合事实是简单事实组合而成。简单事实用数据项来表达，而复合事实用元组表达。

3.6

元素 Element

XML 模式文件中定义的 XML 元素。

3.7

实体 Entity

XBRL 数据项描述的业务主体。

注：当实体指代 XML 规范或标准通用标记语言（Standard Generalized Markup Language，SGML）规范中的语法实体概念时，将专门指出。

3.8

XBRL 实例 XBRL Instance

以 xbrl 为根元素的 XML 片段。

注：XBRL 实例包含商业报告事实，其中每个事实都与 DTS 中已定义的概念相对应，也包含上下文和单位等额外信息来解释实例中的事实。XBRL 实例的根元素是“xbrl”元素。原则上，可在任何 XML 文档中嵌入 XBRL 实例，“xbrl”元素是 XBRL 实例的容器。

3.9

抽象元素 Abstract Eelement

对应业务概念在逻辑上没有具体值、不能在 XBRL 实例中出现的元素，其 abstract 属性值为 true。

注：列报链接库可利用抽象元素对概念进行分组展示。例如资产负债表“balanceSheet”元素仅在分类标准中定义，用于组织其他元素，不能出现在 XBRL 实例中。

3.10

具体元素 Concrete Element

对应业务概念在逻辑上有具体值、可在 XBRL 实例中出现的元素，其 abstract 属性值为 false。

3.11

上下文 Context

XBRL 实例中根元素的子元素，用来说明实体、时期和场景。

注：上下文有助于准确地理解数据项的值。

3.12

数据项 Item

XBRL 数据项替换组中的元素，包含简单事实的值、帮助理解该事实所需的上下文以及数值型数据项的单位。当数据项作为一个元组的子元素出现时，应结合该元组子元素中的其他数据项和元组来理解。数据项包括数值型数据项和非数值型数据项两种，对于数值型数据项，需要指出精度及度量单位。

3.13

元组 Tuple

多个数据项捆绑在一起而形成的一个新的元素，用来表达一个复杂概念。多个元组也可以捆绑起来形成一个更复杂的元组。

注：XBRL元组替换组中的元素，是一个有序的元素列表。

3.14

定位器 Locator

定位分类标准模式中元素的XML指针，为扩展链接弧提供了锚。

3.15

弧 Arc

通过定位器把不同的概念链接到一起的关系定义。弧可连接概念、资源和脚注。弧都有xlink：arcrole属性，用来定义弧关系的种类。

3.16

本名与别名 Essence and Alias

用于表达同一概念的一组名称，用弧来表示，弧的“from”端的概念为本名，“to”端的概念为别名。

注：别名概念的有效值同时对本名概念也是有效值。

3.17

XPATH轴 XPATH Axis

所选节点与当前节点之间的路径关系。

注：应用XPATH中的轴来描述XBRL实例中元素的关系，对于任意元素E，另外一个元素F：

——当且仅当F出现在E的祖先轴上时，F是E的祖先；

——当且仅当F出现在E的子轴上时，F是E的子；

——当且仅当F出现在E的子孙轴上时，F是E的子孙；

——当且仅当F出现在E的父轴上时，F是E的父；

——当且仅当F是E的父元素的父元素时，F是E的祖父；

——当且仅当F出现在E的父元素的子轴上，并且F不是E本身时，F是E的兄弟；

——当且仅当F是E的父元素的兄弟时，F是E的叔父。

3.18

父元素等价 p-equal

实例数据项或者元组有相同父元素。

3.19

结构等价 s-equal

XML节点在XML值空间相同，或者它的XBRL相关子元素和属性结构等价。

3.20

上下文等价 c-equal

数据项、集合或数据项序列有相同的数据项类型，且其上下文结构等价。

3.21

单位等价 u-equal

数值型数据项有相同的度量单位。

3.22

值等价 v - equal

数据项上下文等价，并且对于非数值数据项，值相同；对于数值型数据项，在其精度、推导精度或者小数属性中较小精度所确定的容错范围内值相等。

3.23

路径等价 x - equal

XPATH 等价，XPath“=”操作符返回值为“true”。

3.24

概念 Concept

关于商业活动或其本质可供报告的事实，在语法上被定义为 XML 模式文件中的元素。

3.25

标准弧元素 Standard Arc Element

本文件已定义的，xl：arc 派生出来的元素。只包括以下五个类型：

——link：presentationArc

——link：calculationArc

——link：labelArc

——link：referenceArc

——link：definitionArc

3.26

自定义弧元素 Custom Arc Element

本文件未予定义的，从 xl：arc 派生的弧元素。因此自定义弧元素不包括以下五种类型：

——link：presentationArc

——link：calculationArc

——link：labelArc

——link：referenceArc

——link：definitionArc

3.27

标准扩展链接元素 Standard Extended Link Element

从 xl：link 派生出来的、本部分定义的元素。

注：标准扩展链接元素包含如下类型：

——link：presentationLink

——link：calculationLink

——link：labell. ink

——link：referenceLink

——link：definitionLink

3.28

自定义扩展链接元素 Custom Extend Link Element

从 xl：link 派生出来的、本部分未预定义的扩展链接元素。

注：自定义扩展链接元素不包括以下类型：

——link：presentationLink

——link：ealculationLink

——link：labelLink

——link：referenceLink

——link：definitionLink

3.29

标准资源元素 Standard Resource Element

从 xl：resource 派生出来的、本部分定义的元素。

注：标准资源元素包含如下类型：

——link：label

——link：referenee

——link：footnote

3.30

自定义资源元素 Custom Resource Element

从 xl：resource 派生出来的、本部分未预定义的资源元素。

注：自定义资源元素不包括：

——link：label

——link：referenee

——link：footnote

3.31

重复数据项 Duplicote Items

具有相同的父元素、相同的上下文和相同概念的两个数据项。

3.32

重复元组 Duplicate Tuples

所有子孙元素都有相同内容的两个元组。

3.33

扩展链接 Extended Link

利用 XML 链接语言语法定义的、描述其所含信息与第三方文档信息之间关系的元素。

3.34

最小公共祖先 Least Common Ancestor

两个元素的共同祖先元素，并且该祖先元素的所有子元素都不再是这两个元素的共同祖先元素。

3.35

数值型数据项 Numeric Item

反映数值的数据项。其简单类型可为 decimal、float、double，复杂类型为 fractionItemType。

3.36

非数值型数据项 Non-numeric Item

除数值型数据项以外的数据项。

注：日期类型不属于数值型。

3.37

期间 Period

一个时间点或者一个时间段。

注：在商业报告中，财务数据和其他事实通常是以时间点或者以某个特定时间段来报告的。

3.38

资源 Resource

概念或数据项的额外信息的扩展链接中所包含的 XML 片段。

3.39

单位 Unit

在 XBRL 实例中作为根元素的子元素出现的、以说明数值型数据项度量单位的 XML 片段。一个单位元素只能用于说明一个特定的度量单位。

4 缩略语

下列缩略语适用于本文件。

DTS	可发现分类标准集	Discoverable Taxonomy Set
GAAP	公认会计原则	Generally Accepted Accounting Principles
ISO	国际标准化组织	International Organization for Standardization
URI	通用资源标识符	Universal Resource Identifier
URL	统一资源定位符	Uniform Resource Locator
XBRL	可扩展商业报告语言	eXtensible Business Reporting Language
XLink	XML 链接语言	XML Linking Language
XML	可扩展置标语言	eXtensible Markup Language
Xpath	XML 路径语言	XML Path Language
XPointer	XML 指针语言	XML Pointer Language
XQuery	XML一查询语言	XML Query Language

5 XBRL 处理器应满足的要求及其分级

本部分对 XBRL 处理器设定了最低符合要求和完全符合要求，其中：

——最低符合要求：XBRL 处理器应完整并且正确无误地符合本部分中的全部语法要求；

——完全符合要求：取决于处理器的使用目的，应首先达到最低要求，另外，它应完整并且正确无误地符合与链接库和 XBRL 实例相关的全部语义要求。

除非特别指出，本部分中的全部要求适用于所有满足最低要求的处理器。

6 命名空间前缀惯例说明

本部分在描述元素和属性时采用一系列命名空间前缀，命名空间前缀惯例应用如表 1 所示。

表1　命名空间前缀惯例对照表

命名空间前缀	命名空间 URI
link	http：//www. xbrl. org/2003/1inkbase
xbrli	http：//www. xbrl. org/2003/instance
xl	http：//www. xbrl. org/2003/XLink
xlink	http：//www. w3. org/1999/xlink
xml	http：//www. w3. org/XML/1998/namespace
xsi	http：//www. w3. org/2001/XMLSchema - instance
xsd	http：//www. w3. org/2001/XMLSchema

本部分中的某些元素和属性的定义没有使用命名空间前缀或命名空间。本部分中定义的所有元素和属性的规范化命名空间是由附录A中规范模式文件决定的。本部分以GB/T 18793 - 2002为基础。

7　XBRL架构

7.1　XBRL分类标准概述

XBRL分类标准由一个XML模式以及该模式内包含的或其直接引用的全部链接库组成。该XML模式被称作分类标准模式。

在XBRL术语中，概念是指对一个报告术语的定义，概念以XML模式元素定义的形式出现。分类标准模式应当为概念设置具体的名称和类型。根据概念定义，用类型说明所度量的事实可采用的数据类型。

链接库通过表达概念之间的关系（概念间关系）以及概念与其文档说明间的关系说明概念的含义。

链接库是指扩展链接的集合。在XBRL分类标准中有五种扩展链接用以说明定义、计算、展示、标签和引用这几个概念。其中，前三种类型表达概念问的关系，后两种则是用来表达概念与其文档说明间的关系。

链接库可嵌入在分类标准模式中；也可包含在分类标准模式之外的一个单独的文档中，此时分类标准模式应包括一个linkbaseRef（参见附录B）来指向该链接库文档。

7.2　XBRL实例概述

XBRL分类标准定义了报告概念，但并不包括以这些概念为基础的事实的实际值。事实的值包含在XBRL实例中，被称为“事实”。除了事实的实际值外，XBRL实例还提供必要的上下文信息来解释该实际值。

一个XBRL实例可由一个或多个分类标准来支持，分类标准之间也能以不同的方式相互链接、扩展和修改。通常，在解释XBRL实例时需要综合考虑多个相关的分类标准。这种相互关联的分类标准的集合被称为可发现分类标准集，简称DTS。确定DTS的范围时，应先从某个文档集（实例、分类标准模式或者链接库）开始并遵循DTS发现规则。DTS是分类标准模式和链接库的集合。

DTS发现规则：

DTS中包含的分类标准模式如下：

a）XBRl. 实例通过schemaRef（模式引用）、roleRef（角色引用）、arcroleRef（弧角色引用）或者linkbaseRef（链接库引用）等元素直接引用的分类标准模式。schemaRef、roleRef、arcroleRef或linkbaseRef 元素的 xlink：href（参见附录 C）属性值包含了被发现的分类标准模式的 URL。

b）在一个已发现的分类标准模式中通过 XML 模式的 import（导入）或者 include（包括）元素引用的分类标准模式。

c）在一个已发现的链接库文档中通过 loc（定位）元素引用的分类标准模式。在已发现的链接库中，每个被定位元素上的 xlink：href 属性引用的分类标准模式应被发现。

d）在一个已发现的链接库文档中通过角色引用元素引用的分类标准模式。在已发现的链接库中，每个被角色引用元素上的 xlink：href 属性引用的分类标准模式应被发现。

e）在一个已发现的链接库文档中通过弧角色引用元素引用的分类标准模式。在已发现的链接库中，每个被弧角色引用元素上的 xlink：href 属性引用的分类标准模式应被发现。

f）在一个已发现的分类标准模式中通过链接库引用元素引用的分类标准模式。在已发现的分类标准模式中，每个被链接库引用元素上的 xlink：href 属性引用的链接库文档所涉及的分类标准模式应被发现。

DTS 中包含的链接库如下：

a）XBRL 实例通过 linkbaseRef 元素直接引用的链接库，其 xlink：href 属性包括被发现的链接库的 URL。

b）在一个已发现的分类标准模式中通过 linkbaseRef 元素引用的链接库。其 xlink：href 属性包括被发现的链接库的 URL。

c）在已发现的分类标准模式中，通过 XPath 路径“//xsd：schema/xsd：annotation/xsd：appinfo/*”识别的节点集中的链接库［本部分中 schema（模式），annotation（注释）和 appinfo（应用程序信息）都是在 XML 模式命名空间中定义的元素］。

d）在一个已发现的链接库文档中通过定位“loc”元素引用的链接库。已发现的链接库通过 loc 元素的 xlink：href 属性引用资源，每个包含这种资源的链接库应被发现。

7.3 数据完整性和安全性

XBRL 技术规范不提供传输加密、身份认证等信息安全机制。

7.4 校验

XBRL 实例、XBRL 链接库以及 XBRL 分类标准模式都应遵守本部分中的语法要求。其中很多语法要求都是通过 XML 模式表示的，所以校验程序的部分工作可利用 XML 模式的校验软件完成。语法要求中还有一些不是用 XML 模式或不能用 XML 模式表达，则应使用其他校验技术进行处理。

也可对 XBRL 实例中的数据与支持该实例的 DTS 中表达的语义是否相一致进行检查，而语义矛盾并不能使 XBRL 实例无法通过校验。本部分已指明那些通过完全符合要求的 XBRL 处理器能够识别出的语义矛盾。

7.5 XBRL 中的 XLink

7.5.1 概述

XML 片段之间的链接在 XBRL 中能以多种形式出现。XBRL 采用了 XLink 规范中定义的简单链接和扩展链接来描述各种链接，主要包括：XBRL 实例和相应的 DTS 之间的链接，XBRL 实例中事实和描述这些事实的脚注之间的链接，以及链接库中概念语法定义和语义之间的链接。

XLink 规范确立了在 XLink 命名空间 http：//www.w3.org/1999/xlink 中的一组属性的语法和语义。这些属性可被其他命名空间定义的元素使用，以记录 XML 片段间的各种不同种类的链接。这些属性在 XBRL 中被广泛地应用。其中许多属性都在 XBRL 中得以广泛运用，其他属性不含与 XBRL 中定义的链接相关的语义。这些其他的属性在 XML schema 语法要求中是被允许的，但是本部分中并未予以记录或设置特定的语义，例如 xlink：show 属性和 xlink：actuate 属性。

XBRL 中使用的 XLINK 中一般结构的语法被 xlink - 2003 - 12 - 31. xsd 和 xl - 2003 - 12 - 31. xsd 这两个 XML 模式所约束：前者定义了 XLINK 中属性的语法，后者定义了本部分中各种与链接相关的元素的内容模型。

7.5.2 简单链接

简单链接是指由一个资源指向另外一个资源的链接，其属性如表 2 所示。

表 2 简单链接元素的属性表

属性名称	选择性	描述
xlink：type	必备	应有固定的属性值“simple”
xlink：href	必备	此属性应是一个 URI。URI 应指向一个 XML 文档或者 XML 文档中的一个 XML 片段。相对 URI 在使用前应解析为绝对 URI
xlink：role	可选	应具有 URI 值。如果提供了该属性，该属性一定不能为空
xlink：arcrole	可选	如果存在 xlink：arcrole 属性，该属性不能为空字符串
xml：base	可选	xml：base 属性可出现在简单链接中，用于解析 xlink：href 属性指定的相对 URI

XML 模式对于 XBRL 中的简单链接的约束如下所示：

```
<schema targetNamespace= “http：//www. xbrl. org/2003/XLink”
  xmlns：xlink= “http：//www. w3. org/1999/xlink”
  xmlns：xl= “http：//www. xbrl. org/2003/XLink”
  xmlns= “http：//www. w3. org/2001/XMLSchema”
  elementFormDefault= “qual if ied”
  attributeFormDefault= “unqualified” >

<complexType name= “simpleType”
  <annotation>
   <documentation>
    XBRL 中定义的简单链接的类型
    </documentation>
  </annotation>
  <complexContent>
    <restriction base= “anyType” >
      <attributeGroup ref= “xlink：simpleType” />
      <attribute ref= “xlink：href” use= “required” />
      <attribute ref= “xlink：arcrole” use= “optional” />
      <attribute ref= “xlink：role” use= “optional” />
      <attribute ref= “xlink：title” use= “optional” />
      <attribute ref= “xlink：show” use= “optional” />
      <attribute ref= “xlink：actuate” use= “optional” />
      <anyAttribute namespace= “http：//www. w3. org/XML/1998/namespace”
         processContents= “lax” />
    </restriction>
   </complexContent>
  </complexType>
```

```
<element name= "simple" type= "xl: simpleType" abstract= "true" >
  <annotation>
   <documentation>
   抽象元素作为简单链接替换组中的头元素。
   </documentation>
  </annotation>
 </element>

</schema>
```

7.5.3　linkbase 元素

7.5.3.1　概述

按照 XLink 规范，包含一系列内部链接和第三方链接的文档被称为链接库。链接库是扩展链接或包含扩展链接的元素，也可包含 documentation 元素。linkbase 元素可作为扩展链接的容器，其属性及子元素如表 3 所示。

表 3　linkbase 元素的属性及子元素表

属性/子元素名称	选择性	描　述
id 属性	可选	链接库元素可包含一个 id 属性。此属性的值应遵循 XML 规范中对 id 类型（http://www.w3.org/TR/REC-xml#NT-TokenizedType）的规定
xml：base 属性	可选	xml：base 属性 XML 规范可出现在 linkbase 元素中，用于将扩展链接的相对 URI 解析为绝对 URI
documentation 元素	可选	所有 linkbase 元素中也可包括 documentation 元素。documentation 元素应含有字符串内容。documentation 元素可包含 XBRL 链接库命名空间（http://www.xbrl.org/2003/linkbase）中没有定义的某种属性

XML 模式对 linkbase 元素的约束如下所示：

```
<schema targetNamespace= "http://www.xbrl.org/2003/linkbase"
  xmlns= "http://www.w3.org/2001/XMLSchema"
  xmlns: link= "http://www.xbrl.org/2003/linkbase"
  xmlns: xl= "http://www.xbrl.org/2003/XLink"
  xmlns: xlink= "http://ww.w3.org/1999/xlink"
  elementFormDefault= "qualified" >
  <element name= "linkbase" >
    <annotation>
      <documentation>
      linkbase 元素的定义——用于包含一组零个或多个扩展链接元素
      </documentation>
    </annotation>
    <complexType>
      <choice minOccurs= "0" maxOccurs= "unbounded" >
        <element ref= "link: documentation" />
        <element ref= "link: roleRef" />
        <element ref= "link: arcroleRef" />
```

```
        <element ref= "xl: extended" />
      </choice>
      <attribute name= "id" type= "ID" use= "optional" />
      <anyAttribute namespace= "http: //www. w3. org/XML/1998/namespace"
        processcontents= "lax" />
    </complexType>
  </element>
</schema>
```

示例：链接库框架

```
<linkbase
     xmlns= "http: //www. xbrl. org/2003/linkbase"
     xmlns: samp= "http: //www. xbrl. org/sample"
     xmlns: xlink= "http: //www. w3. org/1999/xlink"
     xmlns: xsi= "http: //www. w3. org/2001/XMLSchema - instance"
     xsi: schemaLocation= "http: //www. xbrl. org/sample samp001. xsd"
     xml: base= "http: //www. xbrl. org/sample" >

<calculationLink
     xlink: role= "http: //www. xbrl. org/2003/role/link"
     xlink: type= "extended" >
     < ! --…-- >
  </calculationLink>
</linkbase>
```

含义：将 linkbase 作为根元素，其中包括命名空间前缀定义和 schemaLocation 属性。“xml:”前缀不需要声明。
calculationLink 作为一个扩展链接元素包含在该链接库中。

XML 模式对 documentation 元素的约束如下所示：

```
<schema targetNamespace= "http: //www. xbrl. org/2003/XLink"
  xmlns: xlink= "http: //www. w3. org/1999/xlink"
  xmlns: xl= "http: //www. xbrl. org/2003/XLink"
  xmlns= "http: //www. w3. org/2001/XMLSchema"
  elementFormDefault= "qual ified"
  attributeFormDefault= "unqualified"
  <complexType name= "documentationType" >
    <annotation>
      <documentation>
      链接库和扩展链接文件中使用的元素类型。
      </documentation>
    </annotation>
```

```
    <simpleContent>
      <extension base= “string” >
        <anyAttribute namespace= “##other” processcontents= “lax” />
        </extension>
      </simplecontent>
    </complexType>
    <element name= “documentation” type= “xl: documentationType” abstract= “true” >
      <annotation>
        <documentation>
        链接库和扩展链接文件中使用的抽象元素。。
        </documentation>
    </annotation>
    </element>
  </schema>
  <schema targetNamespace= “http: //www. xbrl. org/2003/linkbase”
  xmlns= “http: //www. w3. org/2001/XMLSchema”
  xmlns: link= “http: //www. xbrl. org/2003/linkbase”
  xmlns: xl= “http: //www. xbrl. org/2003/XLink”
  xmlns: xlink= “http: //www. w3. org/1999/xlink”
  elementFormDefault= “qualified” >

  <element name = “documentation”
    type= “xl: documentationType” substitutionGroup= “xl: documentation” >
      <annotation>
       <documentation>
       链接库和扩展链接文件中使用的具体元素。
       </documentation>
     </annotation>
    </element>
  </schema>
```

7.5.3.2 roleRef 元素

roleRef 元素用于解析在链接库或 XBRL 实例中用到的自定义的 xlink：role 的值。roleRef 元素是一个简单链接，指向分类标准模式文档中的 roleType 元素，roleType 元素声明了 xlink：role 的属性值，其属性如表 4 所示。

表 4 roleRef 元素的属性表

属性名称	选择性	描 述
xlink：type	必备	其值应为“simple”
xlink：href	必备	xlink：href 属性应是 URI。URI 应指向一个分类标准模式文档中的 roleType 元素。相对 URI 在使用前应解析为绝对 URI。无论 roleRef 在哪里出现，其引用的文档应作为 DTS 的一部分被发现

续表

属性名称	选择性	描 述
xlink：arcrole	可选	该属性在 roleRef 元素中没有语义定义
xlink：role	可选	可选属性 xlink：role 应为 URI 值。如果选用，则该属性不能为空。该属性在 roleRef 元素中没有语义定义
roleURI	必备	roleURI 属性用于确定 roleRef 元素所指向的 XML 资源中定义的 xlink：role 的属性值。此属性的值应和 roleRef 元素所指向的 roleType 元素中的 roleURI 属性值相匹配。在同一个链接库或者 XBRL 实例中，有相同 roleURI 属性值的 roleRef 元素最多只能有一个

XML 模式对 roleRef 元素的约束如下所示：

```
<schema targetNamespace= “http：//www. xbrl. org/2003/linkbase”
  xmlns= “http：//www. w3. org/2001/XMLSchema”
  xmlns：link= “http：//www. xbrl. org/2003/linkbase”
  xmlns：xl= “http：//www. xbrl. org/2003/XLink”
  xmlns：xlink= “http：//www. w3. org/1999/xlink”
  elementFormDefault= “qualified” >
  <element name= “roleRef” substitutionGroup= “xl：simple” >
    <annotation>
     <documentation>
       roleRef 元素定义——用于链接 xlink：role 属性解析值与 roleType 元素的声明
     </documentation>
   </annotation>
    <complexType>
      <complexContent>
       <extension base= “xl：simpleType” >
        <attribute name= “roleURl” type= “xlink：nonEmptyURI” use= “required” >
          <annotation>
            <documentation>
             该属性包含了一个角色名称。
            </documentation>
          </annotation>
       </attribute>
     </extension>
    </complexContent>
   </complexType>
  </element>
 </schema>
```

7. 5. 3. 3 arcroleRef 元素

arcroleRef 元素用于解析在链接库或 XBRL 实例中用到的自定义的 xlink：arcrole 的值。

arcroleRef 元素是一个简单链接，指向声明了 xlink：arcrole 属性值的分类标准模式文档中的 arcroleType 元素，其属性如表 5 所示。

表 5　arcroleRef 元素的属性表

属性名称	选择性	描　述
xlink：type	必备	其值应为“simple”
xlink：href	必备	xlink：href 属性应是 URI。URI 应指向一个分类标准模式文档中的 arcroleTyPe 元素。相对 URI 在使用前应解析为绝对 URI。所有被 xlink：href 属性引用的文档应作为 DTS 的一部分被发现，而不考虑 arcroleRef 元素出现在哪个链接库中
xlink：arcrole	可选	该属性在 arcroleRef 元素中没有语义定义
xlink：role	可选	应为 URI 值。如果选用，则该属性不能为空。该属性在 arcroleRef 元素中没有语义定义
arcroleURI	必备	arcroleURl 属性用于确定 arcroleRef 元素所指向的 XML 资源中定义的 xlink：arcrole 的属性值。此属性的值应和 arcroleRef 元素所指向的 arcroleType 元素中的 arcroleURI 属性值相匹配。在一个链接库或者一个 XBRE 实例中，有相同 arcroleURl 属性值的 arcroleRef 元素最多一个

XML 模式对 arcroleRef 元素的定义如下所示：

```
<schema targetNamespace= “http：//www. xbrl. org/2003/linkbase”
  xmlns= “http：//www. w3. org/2001/XMLSchema”
  xmlns：link= “http：//www. xbrl. org/2003/linkbase”
  xmlns：xl= “http：//www. xbrl. org/2003/XLink”
  xmlns：xlink= “http：//www. w3. org/1999/xlink”
  elementFormDefault= “qualified” >
  <element name= “arcroleRef” substitutionGroup= “xl：simple” >
    <annotation>
     <documentation>
     arcroleRef 元素的定义：用于链接 xlink：arcrole 属性的解析值以及 arcroleType 元素的声明
     </documentation>
    </annotation>
    <complexType>
     <complexContent>
      <extension base= “xl：simpleType” >
       <attribute name= “arcroleURl” type= “Mink：nonEmptyURl” use= “required” >
        <annotation>
         <documentation>
           该属性包含了一个 arcrole 名称
      </documentation>
     </annotation>
    </attribute>
   </extension>
  </complexcontent>
 </complexType>
</element>
</schema>
```

7.5.4 扩展链接的使用

7.5.4.1 概述

扩展链接是有注解的XML片段。XBRL扩展链接说明了以XML片段形式表示的资源间的关系，其属性如表6所示。

表6　扩展链接元素的属性表

属性名称	选择性	描　述
id	可选	扩展链接可有一个id属性。id属性的值应和XML规范中ID类型中属性的规则相一致。id属性标识为一个扩展链接，以便于它可被简单链接直接引用
xlink：type	必备	其值应是“extended”
xlink：role	必备	xlink：role属性应出现在标准扩展链接上。xlink：role属性的内容被称为扩展链接的角色值。扩展链接角色值在应用中用来区分不同的关系。本部分定义的标准扩展链接角色遵循http：//www.xbrl.org/2003/role/link。标准扩展链接可在使用这种角色时，无需使用roleType和roleRef
xml：base	可选	用于处理扩展链接的相对URI

XML模式对XBRL使用的扩展链接的一般约束如下所示：

```
<schema targetNamespace= “http：//www. xbrl. org/2003/XLink”
  xmlns：xlink= “http：//www. w3. org/1999/xlink”
  xmlns：xl= “http：//www. xbrl. org/2003/XLink”
  xmlns= “http：//www. w3. org/2001/XMLSchema”
  elementFormDefault= “qualified”
  attributeFormDefault= “unqualified” >

  <complexType name= “extendedType” >
    <annotation>
      <documentation>
      一般扩展链接类型
     </documentation>
    </annotation>
    <complexContent>
      <restriction base= “anyType” >
        <choice minOccurs= “0” maxOccurs= “unbounded” >
          <element ref= “xl：title” />
            <element ref= “xl：documentation” />
            <element ref= “xl：locator” />
            <element ref= “xl：arc” />
            <element ref= “xl：resource” />
          </choice>
          <attributeGroup ref= “xlink：extendedType” />
          <attribute ref= “xlink：role” use= “required” />
          <attribute ref= “xlink：title” use= “optional” />
```

```
        <attribute name= "id" type= "ID" use= "optional" />
        <anyAttribute namespace= "http://www.w3.org/XML/1998/namespace"
          processcontents= "lax" />
        </restriction>
      </complexcontent>
    </complexType>
  <element name= "extended" type= "xl:extendedType" abstract= "true" >
    <annotation>
      <documentation>
      抽象扩展链接元素作为扩展链接替换组中的头元素。
      </documentation>
    </annotation>
  </element>
</schema>
```

XBRL 扩展链接可包括 5 种不同类型的子元素：documentation（备注）元素、title（标题）元素、locator（定位器）元素、resource（资源）元素和 arc（弧）元素。

documentation 元素仅用于 XBRL 注释，没有 Xlink 特定的语义。title，locator，resource 以及 arc 元素可由特定的 Xlink 属性确定。如果 title，locator，resource 和 arc 元素不是一个扩展链接元素的直接子元素，那么它们在 XLink 规范中就没有特定的意义，在 XBRL 中也就没有特定的意义。

7.5.4.2 documentation 元素

所有 XBRL 扩展链接都可包含 documentation 元素，其与 linkbase 元素中使用的 documentation 元素遵循相同的语法规则。

7.5.4.3 title 元素

所有的 XBRL 扩展链接都可包含标题。相对于 xlink：title 属性的有限表达能力，title 元素可用于说明扩展链接。在需要用多种语言提供信息时，尤其需要使用 title 元素。标题没有 XBRL 特定语义。若要在扩展链接中使用一个标题，就应为抽象的标题元素在替换组中定义一个新的元素，其属性如表 7 所示。

表 7　扩展链接中的标题元素的属性表

属性名称	选择性	描　述
xlink：type	必备	其值应为“title”

XML 模式对 title 元素的约束如下所示：

```
<schema targetNamespace= "http://www.xbrl.org/2003/XLink"
  xmlns:xlink= "http://www.w3.org/1999/xlink"
  xmlns:xl= "http://www.xbrl.org/2003/XLink"
  xmlns= "http://www.w3.org/2001/XMLSchema"
  elementFormDefault= "qualified"
  attributeFormDefault= "unqualified" >

  <complexType name= "titleType" >
```

```
    <annotation>
      <documentation>
      抽象 title 元素的类型——用作一个 title 元素模板。
      </documentation>
    </annotation>
    <complexContent>
      <restriction base= "anyType" >
        <attributeGroup ref= "xlink: titleType" />
      </restriction>
    </complexContent>
  </complexType>
  <element name= "title" type= "xl: titleType" abstract= "true" >
    <annotation>
      <documentation>
      在扩展链接 documentation 中使用的一般 title 元素。
      用于扩展链接，弧，定位器。
      详见 http: //www. w3. org/TR/xlink/ # title - element
      </documentation>
    </annotation>
  </element>

</schema>
```

7.5.4.4　定位器（loc 元素）

定位器是扩展链接的子元素，指向扩展链接本身之外的资源。所有 XBRL 扩展链接都可包括定位器，其属性如表 8 所示。

表 8　定位器元素的属性表

属性名称	选择性	描　述
xlink：type	必备	其值应为“locator”
xlink：href	必备	此属性应是一个 URI。URI 应指向一个 XML 文档或者 XML 文档中的一个或多个 XML 片段。相对 URI 在使用前应解析为绝对 URI。所有被 xlink：href 属性引用的文档应作为 DTS 的一部分被发现，而不考虑该定位器出现在哪个链接库中
xlink：label	必备	在定位器中的 xlink：label 属性标识了该定位器，使得在同一扩展链接中的弧可引用它。在一个扩展链接中的多个定位器和资源可有相同的 xlink：label 属性值。xlink：label 属性值一定为一个 NCName（http：//www. w3. org/TR/REC xml - names/# NTNC-NAME），这要求 xlink：label 属性应以一个字母或者下划线开头

XML 模式对定位器元素的约束如下所示：

```
<schema targetNamespace= "http: //www. xbrl. org/2003/XLink"
  xmlns: xlink= "http: //www. w3. org/1999/xlink"
  mlns: xl= "http: //ww. xbrl. org/2003/XLink"
  xmlns= "http: //www. w3. org/2001/XMLSchema"
  elementFormDefault= "qualified"
```

```
attributeFormDefault= "unqualified" >

<complexType name= "locatorType" >
  <annotation>
    <documentation>
    通用定位器类型。
    </documentation>
  </annotation>
  <complexContent>
      <restriction base= "anyType" >
        <sequence>
          <element ref= "xl: title" minOccurs= "0" maxOccurs= "unbounded" />
        </sequence>
        <attributeGroup ref= "xlink: locatorType" />
        <attribute ref= "xlink: href" use= "required" />
        <attribute ref= "xlink: label" use= "required" />
        <attribute ref= "xlink: role" use= "optional" />
        <attribute ref= "xlink: title" use= "optional" />
      </restriction>
    </complexContent>
   </complexType>
  <element name= "locator" type= "xl: locatorType" abstract= "true" >
   <annotation>
    <documentation>
    抽象定位器元素作为定位器替换组中的头元素
    用于 XBRL 中的所有扩展链接定位器。
   </documentation>
  </annotation>
 </element>
</schema>
```

为了满足一致性，loc 元素是为了应用于 XBRL 扩展链接而定义的唯一定位器。loc 元素是通用定位器的一个具体形式。

XML 模式对 loc 元素的约束如下所示：

```
〈schema targetNamespace= "http: //www. xbrl. org/2003/linkbase"
  xmlns= "http: //www. w3. org/2001/XMLSchema"
  xmlns: link= "http: //www. xbrl. org/2003/linkbase"
  xmlns: xl= "http: //www. xbrl. org/2003/XLink"
  xmlns: xlink= "http: //www. w3. org/1999/xlink"
  elementFormDefault= "qualified"〉
```

```
〈element name= "loc" type= "xl：locatorType" substitutionGroup= "xl：locator"〉
  〈annotation〉
    〈documentation〉
  具体定位器元素。loc 元素是 XBRL 中的所有扩展链接的 XLink 定位器元素。
    〈/documentation〉
  〈/annotation〉
〈/element〉
〈/schema〉
```

定位器可包括标题，应和扩展链接的子标题遵循相同的要求。

7.5.4.5 资源（resource 元素）

资源是扩展链接中的一个 XML 片段，通过扩展链接既可与扩展链接中的资源有联系，也可与扩展链接外部的资源有联系，其属性如表 9 所示。

表 9 Resource 的属性表

属性名称	选择性	描　述
xlink：type	必备	其值一定为“resource”
xlink：label	必备	在资源中的 xlink：label 属性标识了该资源，使得在相同扩展链接中的弧可引用它。资源中的 xlink：label 属性应和定位器甲的 xlink：label 属性遵循相同的规范。在一个扩展链接的多个资源可有相同的标签
xlink：role	可选	资源的可选属性 xlink：role 作为资源的角色值被引用。 资源中可包含 xlink：role 属性，根据资源所含信息的本质，xlink：role 属性被用来区分资源。本部分中定义的一些资源有一组针对它们定义的标准资源角色值。自定义引用角色可使用 roleType 来定义
id	可选	id 属性可在 XBRL 扩展链接的所有资源中存在。id 属性值应遵守 XML 规范中关于带有 ID 类型的属性的规则（http：//www. w3. org/TR/REC - xml # NT - TokenizedType）。id 属性标识了资源，使得它能够被其他弧禁止的扩展链接中的定位器引用

XML 模式对 Resource 的约束如下所示：

```
〈schema targetNamespace= "http：//www. xbrl. org/2003/XLink"
 xmlns：xlink= "http：//www. w3. org/1999/xlink"
 xm/ns：xl= "http：//www. xbrl. org/2003/XLink"
 xmlns= "http：//www. w3. org/2001/XMLSchema"
 elementFormDefault= "qualified"
 attributeFormDefault= "unqualified"〉
   〈complexType name= "resourceType"〉
     〈annotation〉
       〈documentation〉
     资源类型元素的一般类型。
       〈/documentation〉
     〈/annotation〉
     〈complexContent mixed= "true"〉
       〈restriction base= "anyType"〉
```

```
        〈attributeGroup ref= “xlink: resourceType” /〉
        〈attribute ref= “xlink: label” use= “required” /〉
        〈attribute ref= “xlink: role ” use= “optional” /〉
        〈attribute ref= “xlink: title” use= “optional” /〉
        〈attribute name= “id” type= “ID” use= “optional” /〉
      〈/restriction〉
    〈/complexContent〉
  〈/complexType〉
  〈element name= “resource” type= “xl: resourceType” abstract= “true”〉
    〈annotation〉
      〈documentation〉
  抽象元素作为资源元素替换组的头元素使用。
      〈/documentation〉
    〈/annotation〉
  〈/element〉
〈/schema〉
```

7.5.4.6　arc 元素

7.5.4.6.1　概述

所有 XBRL 扩展链接都可包含 arc 元素。弧表示通过扩展链接中的定位器标识的资源间的关系，或者扩展链接中资源间的关系，其属性如表 10 所示。

表 10　arc 元素的属性表

属性名称	选择性	描　述
xlink：type	必备	其值应是“arc”
xlink：from	必备	弧中的 xlink：from 属性应和相同扩展链接元素中的至少一个定位器或资源的 xlink：label 属性值相等。 xlink：from 属性值应是一个 NCName，即 xlink：from 属性应以一个字母或者一个下划线开头
xlink：to	必备	一个弧的 xlink：to 属性应和相同扩展链接元素中的至少一个定位器或资源的 xlink：label 属性值相等。 xlink：to 属性值应是一个 NCName，即 xlink：to 属性应以一个字母或者一个下划线开头
xlink：arcrole	必备	xlink：arcrole 属性用于记录弧所表达的特定类型的关系。它的值称为弧角色值。 本部分定义了一组标准的 arcrole 值，自定义 arcrole 值可使用 arcroleTypes 来定义。
order 属性	可选	order 属性是可选择的，它应有一个小数值；当关系的等级网络展示时，该小数值可表明应用软件在正确展示兄弟概念时的次序。如不选择该属性，order 属性必为默认值“1”。如果在等级网络中的多个兄弟有相同的 order 属性值，那么这些兄弟的展示顺序由应用软件决定。order 属性值不一定是整数，这样可方便在已经定义好的两个兄弟中间添加一个新的兄弟

arc 元素的 XML 模式约束如下所示：

```
〈schema targetNamespace= “http：//www. xbrl. org/2003/XLink”
 xmlns：xlink= “http：//www. w3. org/1999/xlink”
 xmlns：xl= “http：//www. xbrl. org/2003/XLink”
 xmlns= “http：//www. w3. org/2001/XMLSehema”
 elementFormDefault= “qualified”
 attributeFormDefault= “unqualified”〉
   〈simpleType name= “useEnum”〉
     〈annotation〉
       〈documentation〉
     扩展链接弧中 use 属性的枚举值。
      〈/documentation〉
   〈/annotation〉
   〈restriction base= “NMTOKEN”〉
     〈enumeration value= “optional” /〉
     〈enumeration value= “prohibited” /〉
   〈/restriction〉
    〈/simpleType〉
    〈complexType name= “arcType”〉
     〈annotation〉
       〈documentation〉
     基本扩展链接弧类型——在必要时对特定弧进行扩展，通过对一般弧类型增加 use，priori-
ty 和 order 属性进行扩展
       〈/documentation〉
     〈/annotation〉
     〈complexContent〉
       〈restriction base= “anyType”〉
        〈sequence〉
          〈element ref= “xl：title” minOccurs= “0” maxOccurs= “unbounded” /〉
        〈/sequence〉
        〈attributeGroup ref= “xlink：arcType” /〉
        〈attribute ref= “xlink：from” use= “required” /〉
        〈attribute ref= “xlink：to” use= “required” /〉
        〈attribute ref= “xlink：arcrole” use= “required” /〉
        〈attribute ref= “xlink：title” use= “optional” /〉
        〈attribute ref= “xlink：show” use= “optional” /〉
        〈attribute ref= “xlink：actuate” use= “optional” /〉
        〈attribute name= “order” type= “decimal” use= “optional” /〉
        〈attribute name= “use” type= “xl：useEnam” use= “optional” /〉
        〈attribute name= “priority” type= “integer” use= “optional” /〉
        〈anyAttribute namespace= “＃＃other” processContents= “lax” /〉
```

```
        〈/restriction〉
      〈/complexContent〉
    〈/complexType〉
    〈element name= “arc” type= “xl：arcType” abstract= “true”〉
      〈annotation〉
        〈documentation〉
      抽象元素作为弧元素替换组中的头元素使用
        〈/documentation〉
      〈/annotation〉
    〈/element〉
〈/schema〉
```

弧展现了 XML 片段之间的关系，见示例 1、示例 2、示例 3，其 XML 片段是通过弧的两个属性 xlink：from 和 Mink：to 引用的。xlink：from 和 xlink：to 两个属性分别代表了弧的两边。这两个属性包含了定位器和资源的 xlink：label 属性值，该定位器和资源与弧本身在同一个扩展链接中。对于一个定位器，被引用的 XML 片段由定位器的 xlink：href 属性标识的一组 XML 元素组成。对于一个资源，被引用的 XML 片段是资源元素本身。当扩展链接中的多个定位器和/或资源具有相同的 xlink：label 属性值，并且该属性值是靠弧的某端识别的，弧可分别在两端同时引用多个 XML 片段。

示例 1：

一对一的弧关系

该列报链接包含一个弧，它把一个 XBRL 概念和另一个 XBRL 概念链接起来。在“from”端的 XML 片段为概念 A 元素在 example. xsd 分类标准模式中的定义。在“to”端的 XML 片段为概念 B 元素在 example. xsd 分类标准模式中的定义。

```
〈presentationLink xlink：type= “extended”
 xlink：role= “http：//www. xbrl. org/2003/role/link”〉
  〈loc xlink：type= “locator” xlink：label= “a” xlink：href= “example. xsd # conceptA” /〉
  〈loc xlink：type= “locator” xlink：label= “b” xlink：href= “example. xsd # conceptB” /〉
  〈presentationArc xlink：type= “arc” xlink：from= “a” xlink：to= “b”
    xlink：arcrole= “http：//www. xbrl. org/2003/arcrole/parent - child” order= “1” /〉
  〈/presentationLink〉
```

示例 2：

一对多的弧关系

该标签链接包含单一的弧，它把一个 XBRL 概念和两个 XBRL 标签相链接。这是通过给每个标签资源赋予相同的 xlink：label 属性值而实现的，该属性值和弧中的 Mink：to 属性值也是相同的。该弧代表了两种关系，一种是概念 A 和标准标签（“Concept A”）之间的联系，另外一种是概念 A 和合计标签（ “Total of Concept A”）之间的关系。

```
  〈labelLink xlink：type= “extended”
  xlink：role= “http：//www. xbrl. org/2003/role/link”〉
```

〈loc xlink：type= “locator” xlink：label= “a” xlink：href= “example. xsd # conceptA” /〉

〈label xlink：type= “resource” xml：lang= “en” xlink：label= “lab _ a” xlink：role= “http：//www. xbrl. org/2003/role/label”〉 Concept A 〈/label〉

〈label xlink：type= “resource” xml：lang= “en” xlink：label= “lab _ a” xlink：role= “http：//www. xbrl. org/2003/role/totalLabel”〉 Total of Concept A 〈/label〉

〈labelArc xlink：type= “arc” xlink：from= “a” xlink：to= “lab _ a”
xlink：arcrole= “http：//www. xbrl. org/2003/arcrole/concept - label” /〉

〈/labelLink〉

该扩展链接也可表达相同的两种关系，但是需要分别列出各标签和两个弧的 xlink：label 属性值。

〈labelLink xlink：type= “extended”
xlink：role= “http：//www. xbrl. org/2003/role/link”〉

〈loc xlink：type= “locator” xlink：label= “a” xlink：href= “example. xsd # conceptA” /〉

〈label xlink：type= “resource” xml：lang= “en” xlink：label= “lab _ a _ standard” xlink：role= “http：//www. xbrl. org/2003/role/label”〉 Concept A 〈/label〉

〈label xlink：type= “resource” xml：lang= “en” xlink：label= “lab _ a _ total” xlink：role= “http：//www. xbrl. org/2003/role/totalLabel”〉 Total of Concept A 〈/label〉

〈labelArc xlink：type= “arc” xlink：from= “a” xlink：to= “lab _ a _ standard”
xlink：arcrole= “http：//www. xbrl. org/2003/arcrole/concept - label” /〉

〈labelArc xlink：type= “arc” xlink：from= “a” xlink：to= “lab _ a _ total”
xlink：arcrole= “http：//www. xbrl. org/2003/arcrole/concept - label” /〉

〈/labelLink〉

从语义上讲，这两个扩展链接表现的是概念及其标签之间相同的关系集。

示例 3：

多对多的弧关系

该标签链接包含单一的弧，它将两个概念和两个标签联系起来。这是通过给每个概念的定位器赋予相同的 xlink：label 属性值实现的，该属性值和弧中的 xlink：from 属性值是相同的，并且，还给每个标签资源赋予相同的 xlink：label 属性值，该属性值和 xlink：to 属性值是相同的。

〈labelLink xlink：type= “extended”
xlink：role= “http：//www. xbrl. org/2003/role/link”〉

〈loc xlink：type= “locator” xlink：label= “ab” xlink：href= “example. xsd # conceptA” /〉

〈loc xlink：type = “locator” xlink：label = “ab” xlink：href = “example. xsd # conceptB” /〉

〈label xlink：type= “resource” xml：lang= “en” xlink：label= “lab _ ab” xlink：role= “http：//www. xbrl. org/2003/role/label”〉 Concept A or B 〈/label〉

〈label xlink：type= “resource” xml：lang= “en” xlink：label= “lab _ ab”

xlink：role= “http：//www. xbrl. org/2003/role/totallabel”〉 Total of Concept A or B 〈/label〉
〈labelArc xlink：type= “arc” xlink：from= “ab” xlink：to= “lab _ ab”
xlink：arcrole= “http：//www. xbrl. org/2003/arcrole/concept - label” /〉
〈/labelLink〉

弧表示以下四种关系：

a）概念 A 和标签资源 “Concept A or B” 之间的关系；

b）概念 A 和标签资源 “Total of Concept A or B” 之间的关系；

c）概念 B 和标签资源 “Concept A or B” 之间的关系；

d）概念 B 和标签资源 “Total of Concept A or B” 之间的关系。

正如一对多的例子，该扩展链接可用 4 个一对一的弧重写，这四个弧的每个定位器和资源有一个唯一的 xlink：label 属性值。它也可用两个一对二的弧重写，这两个弧的标签资源有相同的 xlink：label 属性值，定位器有唯一的 xlink：label 属性，反之亦然。

在一个扩展链接中，不允许存在任何 XLink 重复的弧。XLink 重复的弧是指一个扩展链接中有相同的 xlink：from 以及 xlink：to 属性值的弧。见示例 4。

示例 4：

依照 XLink 规范正确使用弧

根据 XLINK 规范，在单个扩展链接中禁止出现重复弧，并且在决定是否重复时应忽略 arerole，下面是一个错误的例子：

〈definitionLink xlink：type= “extended”
xlink：role= “http：//www. xbrl. org/2003/role/link”〉
〈loc xlink：type = “locator” xlink：label = “a” xlink：href = “example. xsd # conceptA” /〉
〈loc xlink：type = “locator” xlink：label = “b” xlink：href = “example. xsd # conceptB” /〉
〈definitionArc xlink：type= “arc” xlink：from= “a” xlink：to= “b”
xlink：arcrole= “http：//www. xbrl. org/2003/arcrole/generalspecial” /〉
〈definitionArc xlink：type= “arc” xlink：from= “a” xlink：to= “b”
xlink：arcrole= “http：//www. xbrl. org/2003/arcrole/requires - element” /〉
〈/definitionLink〉

相反，根据 XLink 规范，应使用一个合法的替代构造，例如：

〈definitionLink xlink：type= “extended”
xlink：role= “http：//www. xbrl. org/2003/role/link”〉
〈loc xlink：type = “locator” xlink：label = “a” xlink：href = “example. xsd # conceptA” /〉
〈loc xlink：type = “locator” xlink：label = “b” xlink：href = “example. xsd # conceptB” /〉
〈definitionArc xlink：type= “arc” xlink：from= “a” xlink：to= “b”
xlink：arcrole= “http：//www. xbrl. org/2003/arcrole/generalspecial” /〉
〈/definitionLink〉

```
〈definitionLink xlink：type= “extended”
xlink：role= “http：//www. xbrl. org/2003/role/link”〉
    〈loc xlink：type = “locator” xlink：label = “a” xlink：href = “example. xsd # concep-
tA” /〉
    〈loc xlink：type = “locator” xlink：label = “b” xlink：href = “example. xsd # con-
ceptB” /〉
    〈definitionArc xlink：type= “arc” xlink：from= “a” xlink：to= “b”
    xlink：arcrole= “http：//www. xbrl. org/2003/arcrole/requires - element” /〉
 〈/definitionLink〉
```

7.5.4.6.2 title 元素

弧元素可包含标题，应与扩展链接的子标题遵循相同的要求。

7.5.4.6.3 禁止和覆盖关系

7.5.4.6.3.1 概述

一个分类标准创建者通常不能修改其他分类标准创建者创建的链接库。如果他需要修改这些链接库所表达的关系，那么可以建立一个新的链接库，以此体现对特定关系进行禁止或者覆盖的关系。无论是要覆盖还是禁止一个现有的关系，都需要创建一个新的弧。

禁止弧是表达一个或者一组禁止关系的弧。禁止关系是用于否定其他关系的关系。覆盖弧是表达一个或者一组覆盖关系的弧。覆盖关系是用于取代其他关系的关系。当确定一个 DTS 中的关系网内的不同关系时，禁止和覆盖是相关的。

用于表达禁止和覆盖关系的弧受 use 和 priority 两个属性控制，本部分中定义的所有弧元素都有这两个属性，其属性如表 11 所示。

表 11　禁止和覆盖关系的弧元素的属性表

属性名称	选择性	描　述
use	可选	取值应是“optional”和“prohibited”两者之一。 其中，若 use= “optional”，则表示该弧代表的一个或者一组关系可参与到 DTS 中的关系网中。当 use 属性不明确时，其默认值为“optional”。 若 use= “prohibited”，则表示该弧代表的一个或者一组关系禁止其本身及其他等价关系参与到 DTS 中的关系网络中。这种关系被称为是禁止关系
priority	可选	priority 属性的内容应是一个整数，其默认值为“0”。在关系网中应用禁止以及覆盖规则时，应使用此属性。每个关系都有一个优先权，它的值等于用于表达此关系的弧的 priority 属性值

7.5.4.6.3.2 DTS 中的关系网

DTS 中的扩展链接所表示的弧描述了 XML 片段之间的关系网。

单独地来说，每个弧描述一个或者多个关系。但是，在一个 DTS 的内部，仅仅其中的一些关系参与到 DTS 所描述的关系网中。

DTS 的所有关系都是 DTS 所描述的内部关系网的候选关系。但是，有一些被其他关系禁止或者覆盖的关系是被 DTS 所描述的关系网排斥在外的。

DTS 中的所有弧被分为组织到弧的几个基础集中。在一个弧基础集中的全部弧需要满足以下条件：

a）有相同的本地名称、命名空间以及 xlink：arcrole 属性值；

b）被包含在有相同的本地名称、命名空间以及 xlink：role 属性值的扩展链接元素中。

DTS 中的每个弧的每个基础集都是表达内部关系网候选关系的集合。对于 DTS 中的弧的每个弧基础集，关系禁止和覆盖的规则决定了参与到 DTS 中内部相应关系网的基础集中的关系的子集。

7.5.4.6.3.3 等价关系

应用关系禁止和覆盖规则时，基础集中的弧表达的每个关系都要和该基础集中的弧表达的所有其他关系进行比较。

在下列情形下认为给定的基础集中的弧所表达的两种关系是等价的：

a）下面的条件需要满足后模式验证信息集（post - schema - validation infoset）：

——弧有非豁免属性（non - exempt attributes）的同样数字；

——第一弧的每个非豁免属性，在第二弧有一个相对应的结构等价的非豁免属性（弧的 use 和 priority 两个属性是豁免属性，以下命名空间中的其他属性也都是豁免属性）：

- http：//www. w3. org/2000/xmlns/；
- http：//www. w3. org/1999/xlink；

——所有其他属性是非豁免属性。

b）XML 片段中关系的“from”端相同。

c）XML 片段中关系的“to”端相同。

7.5.4.6.3.4 禁止和覆盖关系规则

对于一个基础集中的弧所表达的每个关系，如果该关系包含在该弧的基础集的关系网中，禁止和覆盖关系规则由弧的 use 和 priority 属性以及关系等价概念来决定。

禁止和覆盖规则按下列方式应用在每个等价关系集合上，每个等价关系集合是由基础集中的弧表示：

a）基础集中的弧表达的关系网不包含该集合中的任何禁止关系。

b）如果只有一个关系有最高优先级，而且该关系不是禁止关系，那么该关系是覆盖关系，应包含在基础集的关系网中。弧基础集中的所有其他等价关系都不包含在关系网中。

c）如果不止一个关系有最高优先级，而且都不是禁止关系，那么这些最高优先级关系有且仅有一个应包含在弧基础集的关系网中。被选中的关系应当是覆盖关系。所有其他等价关系（即“被覆盖关系”）不允许包含在弧基础集的关系网中。具体选择哪个关系包含在弧基础集的关系网中，由应用程序决定。

d）如果不止一个关系有最高优先级，并且这些关系中至少有一个是禁止关系的，那么这些等价的关系都不能被包含在弧的基础集的关系网中（这些不是禁止等价关系，而是被禁止了）。

禁止和覆盖关系规则的具体示例见示例 5。

示例 5：

禁止和覆盖关系

以下这组示例包含了一些很少能够遇到的情况，并且示范了如何根据禁止和覆盖关系规则处理这些情况。这些例子给出了一系列扩展分类标准，这些扩展分类标准可以是由分类标准创建者以外的人创建。

<table>
<tr><td>如果弧基础集中的两个弧表现的是一组等价关系（如下所示），那么这两个关系都没有被包含在与该弧基础集相关联的关系网中。
• 弧 A 用 use＝“optional”并且 priority＝“1”表示关系 A；
• 弧 B 用 use＝“prohibited”并且 priority＝“2”表示关系 B。
弧 B 的优先级较高，并且表达一种禁止关系。因此关系 A 被关系 B 排除在与弧基础集相关的关系网之外。由于关系 B 禁止了关系 A，因此，根据定义，它不被包括在与弧的基础集相关的关系网中。</td></tr>
<tr><td>如果后续有另外一个弧按照以下形式介入到弧的基础集中：
• 弧 C 用 use＝“prohibited”和 priority＝“3”表示关系 C。
并且，关系 C 与关系 A、B 是等价的，因为关系 C 有最高优先级，它是一个禁止关系。因此，关系 A 被关系 C 排除在与弧的基础集相关联的关系网之外。关系 B 和 C 是禁止关系，因此，根据定义，它们不被包含在与此弧基础集相关联的关系网中。</td></tr>
<tr><td>如果后续有另外一个弧按照以下形式介入到弧的基础集中：
• 弧 D 用 use＝“optional”和 priority＝“4”表示关系 D。
并且关系 D 与关系 A、B、C 是等价的，因为关系 D 有最高优先级，所以，它是一个覆盖关系。因此，关系 A、B 和 C 不被包含在与此弧基础集相关联的关系网中。从而，该关系 D 实际地覆盖了禁止关系 B 和 C 的效果，因此被包含在与弧基础集相关联的关系网中。</td></tr>
<tr><td>如果后续有另外一个弧按照以下形式介入到弧的基础集中：
• 弧 E 用 use＝“optional”和 priority＝“4”表示关系 E。
并且，关系 E 和关系 A、B、C、D 等价，因为关系 E 和关系 D 的优先级相等，所以，关系 E 和关系 D 究竟哪一个是覆盖关系，需要由应用程序决定。关系 A、B 和 C 仍然不被包含在与此弧基础集相关联的关系网中。因为这几个关系是等价的，那么，关系 E 和关系 D 究竟哪一个是覆盖关系要由应用程序决定的事实，变得不重要了，因为任选其中的哪一个都不会影响所要表达的语义。</td></tr>
<tr><td>如果后续有另外一个弧按照以下形式介入到弧的基础集组中：
• 弧 F 用 use＝“prohibited”和 priority＝“4”表示关系 F。
并且，关系 F 和关系 A、B、C、D、E 都是等价的，因为关系 F 是有最高优先级的关系之中的一个，而且关系 F 是一个禁止关系，因此关系 A、B、C、D、E、F 都不被包含在与此弧基础集相关联的关系网中。</td></tr>
</table>

将一个 DTS 中所有被发现的弧划分为基础集并在一系列关系网中的禁止和覆盖规则的应用过程产生了一系列的关系网，每个关系网中包括的关系如下：

——用具有相同本地名称、命名空间以及 xlink：arcrole 属性值的 arcType 元素的弧表达；

——用包含在有相同本地名字、命名空间以及 xlink：role 属性值的 extendedType 元素中的弧表达；

——不是被禁止关系、禁止关系或者覆盖关系。

7.5.5 在 URI 片段标识符中使用 XPointer

为了能够指向一个特定的 XML 元素，在 XLink 规范中多个链接（href）中用到的 URI 应以一个片段标识符结束。根据 XLink 规范，XPointer 语法允许在片段标识符中使用。片段标识符的格式应符合快捷指针的要求（http：//www. w3. org/TR/xptr - framework/＃shorthand），或者符合一个基于架构的指针的要求（http：//www. w3. org/TR/xptr - framework/＃scheme）。

在 XBRL 链接中唯一允许的基于架构的指针是元素模式。

示例：

xlink：href 值示例

示例	含义
＃f1	当前文档片段有值为“f1”的 id 属性
us _ bs _ v21. xsd＃currentAssets	us _ bs _ v21. xsd 文档有 id 属性值为“current Assets”的元素
us _ bs _ v21. xsd＃element（/1/14）	us _ bs _ v21. xsd 文档有该元素是根元素的第 14 子元素（根据文档顺序）
us _ bs _ v21. xsd＃element（currentAssets）	us _ bs _ v21. xsd 文档的该元素有一个值为“currentAssets”的 id 属性

8 XBRL 实例

8.1 概述

XBRL 实例是以“xbrl”为根元素的 XML 片段。XBRL 实例包含若干事实，每个事实都对应着一个概念，概念在 DTS 中被定义。XBRL 实例还包含 context 和 unit 元素，它们为解释实例中的事实提供所需的额外信息。

事实可以是简单的，在这种情况下事实值将被表示成简单的内容（那些以比率表示其值的简单事实除外）；事实也可以是复合的，在这种情况下事实值由其他的简单事实或者复合事实的值复合而成。简单事实用数据项来表达，而复合事实用元组表达。

虽然任何给定元组或数据项的语法仅能在单个分类标准模式中进行定义，XBRL 实例中出现的数据项或者元组却可取自任意个分类标准模式。

XBRL 实例可识别一些分类标准模式和 XBRL 链接库，并且以此作为起点进而发现支持这些实例的 DTS。在获取 DTS 的过程中作为起点的分类标准模式与链接库由 XBRL 实例中的 schemaRef 元素和 linkbaseRef 元素分别识别。这使得 XBRL 实例能够对其所报告信息的解释加以控制。

一份 XBRL 实例应遵循以下规则：XBRL 实例的语法通过一组 XML 模式进行约束；所有的 XBRL 实例应是符合 XML 模式定义的有效的 XML 文档。

至于 XBRL 实例的语义及其内容，仅在其会对使用本部分的软件应用程序产生影响时予以说明。

8.2 根元素 xbrl

每个 XBRL 实例，都至少包括一个名称为 xbrl 的元素，作为封装 XBRL 实例的根元素。元素 xbrl 不能为空，至少包括一个数据项和本身包含子元素的上下文元素。如果一个更大的文档中包含多个由 XBRL 标记的数据块，每个数据块都要有一个 xbrl 元素作为容器。因此，一个 XBRL 实例的根元素应是容器元素，其属性如表 12 所示。

表12　XBRL实例的根元素xbrl的属性表

属性名称	选择性	描　述
id	可选	id属性的值应满足XML规范中关于ID类型属性的规定（http：//www. w3. org/TR/REC - xml＃NT - TokenizedType）
xml：base	可选	xbrl元素可有一个xml：base属性，用于解析XBRL实例中的相对URI

XML模式对xbrl元素的约束如下所示：

```
〈schema targetNamespace= “http：//www. xbrl. org/2003/instance”
 xmlns= “http：//www. w3. org/2001/XML Schema”
 xmlns：xbrli= “http：//www. xbrl. org/2003/instance”
 xmlns：link= “http：//www. xbrl. org/2003/linkbase”
 elementFormDefault= “qualified”〉
  〈element name= “xbrl”〉
   〈annotation〉
     〈documentation〉
    XBRL实例的根元素。
     〈/documentation〉
    〈/annotation〉
    〈complexType〉
     〈sequence〉
       〈element ref= “link：schemaRef” minOccurs= “1” maxOccurs= “unbounded” /〉
       〈element ref= “link：iinkbaseRef” minOccurs= “0” maxoccurs= “unbounded” /〉
       〈element ref= “link：roleRef” minOccurs= “0” mexOccurs= “unbounded” /〉
       〈element ref= “link：arcroleRef” minOccurs= “0” maxOccurs= “unbounded” /〉
       〈choice minOccurs= “0” maxOccurs= “unbounded”〉
         〈element ref= “xbrli：item” /〉
         〈element ref= “xbrli：tuple” /〉
         〈element ref= “xbrli：context” /〉
         〈element ref= “xbrli：unit” /〉
         〈element ref= “link：footnoteLink” /〉
       〈/choice〉
     〈/sequence〉
     〈attribute name= “id” type= “ID” use= “optional” /〉
     〈anyAttribute namespace= “http：//www. w3. org/XML/1998/namespace”
      processcontents= “lax” /〉
    〈/complexType〉
   〈/element〉
〈/schema〉
```

示例：

使用xbrl作为根元素

```
〈xbrl xmlns= “http：//www. xbrl. org/2003/instance”
      xmlns：xlink= “http：//www. w3. org/1999/xlink”
      xmlns：link= “http：//www. xbrl. org/2003/linkbase”
      xmlns：xsi= “http：//www. w3. org/2001/XML Schema - instance”
      xmlns：ci= “http：//www. xbrl. org/us/gaap/ci/2003/usfr - ci - 2003”
      xsi：schemaLocation= “http：//www. xbrl. org/us/fr/ci/2003/usfr - ci - 2003
      http：//www. xbrl. org/us/fr/ci/2000 - 07 - 31/usfr - ci - 2003. xsd”〉

      〈link：schemaRef xlink：type= “simple”
        xlink：href= “http：//www. xbrl. org/us/fr/ci/2000-07-31/usfr-ci-2003. xsd” /〉
      〈ci：assets precision= “3” unitRef= “u1” contextRef= “c1”〉 727 〈/ci：assets〉
      〈ci：liabilities precision= “3” unitRef= “u1” contextRef= “c1”〉 635 〈/ci：liabilities〉
      〈context id= “c1”〉〈! —……—〉〈/context〉
      〈unit id= “u1”〉〈! —……—〉〈/unit〉
   〈/xbrl〉
```

含义：xbrl 保留命名空间前缀定义和 schemaLocation 属性。

8.3 schemaRef 元素

每个 XBRL 实例应包含至少一个 schemaRef（模式引用）元素。它是一个简单链接，应作为 xbrl 元素的子元素出现。XBRL 实例中所有的 schemaRef 元素在文档中都应先于 xbrl 元素的其他子元素出现。

在 XBRL 实例中，schemaRef 元素指向一个分类标准模式，该分类标准模式是支持该 XBRL 实例的 DTS 的一部分，其属性如表 13 所示。

表 13　模式引用元素的属性表

属性名称	选择性	描　述
xlink：type	必备	其值为“simple”
xlink：href	必备	xlink：href 属性应是 URI。URI 应指向某个 XML 模式。相对 URI 在使用前应解析为绝对 URI
xlink：arcrole	可选	本部分没有赋予该属性任何语义。xlink：arcrole 属性值应是符合 XLink 规范定义的 URI
xlink：role	可选	xlink：role 属性可用于 schemaRef 元素。本部分没有对出现在 schemaRef 元素上的 xlink：role 的语义作出定义。xlink：role 属性值应是符合 XLink 规范定义的 URI
xml：base	可选	可出现在 schemaRef 元素中，参与解析 xlink：href 属性中的相对 URI

注：同一 XBRL 实例中，若 schemaRef 元素与 schemaLocation 属性不符，则 XBRL 处理器可能无法正确解析。

xlink：schemaRef 的 XML 模式定义如下所示：

```
〈schema targetNamespace= “http：//www. xbrl. org/2003/XLink”
 xmlns：xlink= “http：//www. w3. org/1999/xlink”
 xmlns：xl= “http：//ww. xbrl. org/2003/XLink”
 xmlns= “http：//www. w3. org/2001/XML Schema”
 elementFormDefault= “qualified”
 attributeFormDefault= “unqualified”〉
   〈complexType name= “simpleType”〉
     〈annotation〉
       〈documentation〉
     XBRL 中定义的简单链接类型。
       〈/documentation〉
     〈/annotation〉
     〈complexContent〉
       〈restriction base= “angrype”〉
         〈attributeGroup ref= “xlink：simpleType” /〉
         〈attribute ref= “xlink：href” use= “required” /〉
         〈attribute ref= “xlink：arcrole” use= “optional” /〉
         〈attribute ref= “xlink：role” use= “optional” /〉
         〈attribute ref= “xlink：title” use= “optional” /〉
         〈attribute ref= “xlink：show” use= “optional” /〉
         〈attribute ref= “xlink：actuate” use= “optional” /〉
         〈anyAttribute namespace= “http：//www. w3. org/XMB/1998/namespace”
           processContents= “lax” /〉
       〈/restriction〉
     〈/complexContent〉
   〈/complexType〉
〈/schema〉
〈schema targetNamespace= “http：//www. xbrl. org/2003/linkbase”
 xmlns= “http：//www. w3. org/2001/XML Schema”
 xmlns：link= “http：//www. xbrl. org/2003/linkbase”
 xmlns：xl= “http：//www. xbrl. org/2003/XLink”
 xmlns：xlink= “http：//www. w3. org/1999/xlink”
 elementFormDefault= “qualified”〉
〈element name= “schemaRef” type= “xl：simpleType” substitutionGroup= “xl：simple”〉
   〈annotation〉
    〈documentation〉
   定义 schemaRef 元素——用于链接 XBRL 实例和 XBRL 分类标准模式。
    〈/documentation〉
   〈/annotation〉
  〈/element〉
〈/schema〉
```

8.4 linkbaseRef 元素

XLink 规范提出了一种查找链接库的标准方法。linkbaseRef（链接库引用）元素通过使用某个特定的 xlink：arcrole 值来遵循这一标准。

xbrl 元素允许一个或多个 linkbaseRef 元素作为其子元素出现。如果 linkbaseRef 元素在 xbrl 元素中作为子元素出现，则它们在文档中的顺序应紧随 schemaRef 元素之后，并且在其他任何元素之前。

linkbaseRef 元素标识 XBRL 实例的一个链接库，该链接库是支持该 XBRL 实例的 DTS 的一部分，其属性如表 14 所示，角色如表 15 所示。

表 14 linkbaseRef 元素的属性表

属性名称	选择性	描　述
xlink：type	必备	其值为“simple”
xlink：href	必备	xlink：href 属性应是一个 URI，该 URI 应指向一个链接库。该链接库包含适当的扩展链接，扩展链接的类型由 xlink：role 属性的值决定。相对 URI 在使用前应解析为绝对 URI
xlink：arcrole	必备	tinkbaseRef 元素的属性 xlink：arcrole 应设置为 XLink 规范中规定的恒值“http：//www. w3. org/1999/xlink/properties/linkbase”
xlink：role	可选	属性限定了由 linkbaseRef 元素所标识的链接库中所允许的扩展链接的种类。扩展链接的种类（计算、定义、标签、展示和参考链接）： ——应被具有标准 xlink：role 属性值的 linkbaseRef 元素指向的链接库所包含； ——应不被具有标准 xlink：role 属性值的 linkbaseRef 元素指向的链接库所包含。 如果一个 linkbaseRef 元素关联到某个包含扩展链接的链接库，而且该扩展链接尚未在本部分中定义，那么可使用 xlink：role 的非标准值，或者忽略 xlink：role 该属性。 linkbaseRef 元素中的角色值如表 15 所示
xlink：base	可选	属性可出现在 linkbaseRef 元素中，参与解析在 xlink：href 属性中的相对 URI

XML 模式对链接库引用元素的约束如下所示：

```
〈schema targetNamespace= “http：//www. xbrl. org/2003/linkbase”
  xmlns= “http：//www. w3. org/2001/XML Schema”
  xmlns：link= “http：//www. xbrl. org/2003/linkbase”
  xmlns：xl= “http：//www. xbrl. org/2003/XLink”
  xmlns：xlink= “http：//www. w3. org/1999/xlink”
  elementFormDefault= “qualified”〉
   〈element name= “linkbaseRef” substitutionGroup= “xl：simple”〉
     〈annotation〉
       〈documentation〉
     定义了链接库引用元素：该元素用于从分类标准模式和 XBRL 实例链接到 XBRL 分类标准的
扩展链接。
           〈/documentation〉
       〈/annotation〉
       〈complexType〉
           〈complexContent〉
               〈restriction base= “xl：simpleType”〉
```

```
            〈attribute ref= "xlink: arcrole" use= "required"〉
              〈annotation〉
                〈documentation〉
                该属性的值为：
                http: //www. w3. org/1999/xlink/properties/linkbase
                  〈/documentation〉
                〈/annotation〉
              〈/attribute〉
            〈anyAttribute namespace= "http: //www. w3. org/XML/1998/namespace"
processContents= "lax" /〉
            〈/restriction〉
          〈/complexContent〉
        〈/complexType〉
      〈/element〉
 〈/schema〉
```

表 15 linkbaseRef 元素中的角色

linkbaseRef 中的 xlink：role 属性值	xlink：href 所指向的元素
未指定	可包含任何扩展链接元素
http：//www. xbrl. org/2003/role/calculationLinkbaseRef	应且仅能包含 calculationLink 元素
http：//www. xbrl. org/2003/role/definitionLinkbaseRef	应且仅能包含 definitionLink 元素
http：//www. xbrl. org/2003/role/labelLinkbaseRef	应且仅能包含 labelLink 元素
http：//www. xbrl. org/2003/role/presentationLinkbaseRef	应且仅能包含 presentationLink 元素
http：//www. xbrl. org/2003/role/referenceLinkbaseRef	应且仅能包含 referenceLink 元素

8.5 roleRef 元素

XBRL 实例中可使用一个或多个 roleRef（角色引用）元素。如果用了 roleRef 元素，它们在 XBRL 实例文档中出现的顺序应紧随 linkbaseRef 元素之后。XBRL 实例使用 roleRef 元素来引用任何自定义的 xlink：role 属性值。这些属性值用于 XBRL 实例的脚注链接。

8.6 arcroleRef 元素

XBRL 实例中可使用一个或多个 arcroleRef（弧角色引用）元素。如果用了 arcroleRef 元素，它们在 XBRL 实例文档中出现的顺序应紧随 roleRef 元素之后。XBRL 实例使用 arcroleRef 元素来引用任何自定义的 xlink：arcrole 属性值。这些属性值用于 XBRL 实例的脚注链接。

8.7 item 元素

一个数据项表示单一事实或业务度量。在 XBRL 实例的 XML 模式中，数据项被定义为一个抽象的元素 item，即其本身不会出现在 XBRL 实例中。

数据项不允许自身嵌套。如果一个 XBRL 实例需要表达结构化的关系，应借助元组来表示。智能化的结构——财务概念在不同角度上的相互关联——应借助分类标准链接库的链接结构来体现，而不是将 XBRL 实例中的事实嵌套在一起。

8.8 数据类型定义

8.8.1 概述

数据项以及数据项替换组元素的数据类型在 XML 模式中的定义如下：

```
〈schema targetNamespace= "http://www.xbrl.org/2003/instance"
 xmlns= "http://www.w3.org/2001/XML Schema"
 xmlns:xbrli= "http://www.xbrl.org/2003/instance"
 xmlns:link= "http://www.xbrl.org/2003/linkbase"
 elementFormDefault= "qualified"〉
   〈attributeGroup name= "factAttrs"〉
     〈annotation〉
       〈documentation〉
     所有数据项和元组元素的属性。
       〈/documentation〉
   〈/annotation〉
   〈attribute name= "id" type= "ID" use= "optional" /〉
   〈anyAttribute namespace= "##other" processContents= "lax" /〉
 〈/attributeGroup〉
 〈attributeGroup name= "tupleAttrs"〉
   〈annotation〉
     〈documentation〉
     元组元素的属性组。
     〈/documentation〉
   〈/annotation〉
   〈attributeGroup ref= "xbrli:factAttrs" /〉
 〈/attributeGroup〉
 〈attributeGroup name= "itemAttrs"〉
   〈annotation〉
     〈documentation〉
   所有数据项的属性。
     〈/documentation〉
   〈/annotation〉
   〈attributeGroup ref= "xbrli:factAttrs" /〉
   〈attribute name= "contextRef" type= "IDREF" use= "required" /〉
   〈/attributeGroup〉
     〈attributeGroup name= "essentialNumericItemAttrs"〉
       〈annotation〉
         〈documentation〉
       所有数值型数据项〈分数型和非分数型〉的属性。
       〈/documentation〉
```

```
    〈/annotation〉
    〈attributeGroup ref= “xbrli：itemAttrs” /〉
    〈attribute name= “unitRef” type= “IDREF” use= “required” /〉
  〈/attributeGroup〉
  〈attributeGroup name= “numericItemAttrs”〉
    〈annotation〉
      〈documentation〉
      非分数的数值型数据项的属性组。
      〈/documentation〉
    〈/annotation〉
      〈attributeGroup ref= “xbrli：essentialNumericItemAttrs” /〉
    〈attribute name= “precision” type= “xbrli：precisionType” use= “optional” /〉
    〈attribute name= “decimals” type= “xbrli：decimalsType” use= “optional” /〉
  〈/attributeGroup〉
  〈attributeGroup name= “nonNumericItemAttrs”〉
    〈annotation〉
      〈documentation〉
    非数值型数据项的属性组。
      〈/documentation〉
    〈/annotation〉
    〈attributeGroup ref= “xbrli：itemAttrs” /〉
  〈/attributeGroup〉
  〈annotation〉
    〈documentation〉
  XBRL 中的域数值型数据项类型：用于概念元素的定义。
  一共定义了下列 4 种数值类型，与 XBRL 的域空间有特别关联，因此和 XML 模式的内建类型
一起被包括在内。
    〈/documentation〉
    〈/annotation〉
    〈complexType name= “monetaryItemType” final= “extension”〉
      〈simpleContent〉
        〈extension base= “xbrli：monetary”〉
          〈attributeGroup ref= “xbrli：numericItemAttrs” /〉
        〈/extension〉
      〈/simplecontept〉
    〈/complexType〉
    〈complexType name= “sharesItemType” final= “extension”〉
      〈simpleContent〉
        〈extension base= “xbrli：shares”〉
          〈attributeGroup ref= “xbrli：numericItemAttrs” /〉
```

```
        〈/extension〉
      〈/simpleContent〉
    〈/complexType〉
      〈complexType name= "pureItemType" final= "extension"〉
        〈simpleContent〉
          〈extension base= "xbrli: pure"〉
            〈attributeGroup ref= "xbrli: numericItemAttrs" /〉
          〈/extension〉
        〈/simpleContent〉
       〈/complexType〉
      〈element name= "numerator" type= "decimal" /〉
      〈element name= "denominator" type= "xbrli: nonZeroDecimal" /〉
      〈complexType name= "fractionItemType" final= "extension"〉
       〈sequence〉
        〈element ref= "xbrli: numerator" /〉
        〈element ref= "xbrli: denominator" /〉
       〈/sequence〉
       〈attributeGroup ref= "xbrli: essentialNumericItemAttrs" /〉
     〈/complexType〉
     〈complexType name= "stringItemType" final= "extension"〉
       〈simpleContent〉
         〈extension base= "string"〉
           〈attributeGroup ref= "xbrli: nonNumericItemAttrs" /〉
         〈/extension〉
       〈/simpleContent〉
     〈/complexType〉
〈! --
booleanItemType, hexBinaryItemType, base64BinaryItemType, anyURIItemType, QNameItem-
Type, durationItemType, dateTimeItemType, timeItemType, dateItemType, gYearMonthItem-
Type, gYearItemType, gMonthDayItemType, gDayItemType, gMonthItemType, normalized-
StringItemType, tokenItemType, languageItemType, NameItemType, …
 --〉
      〈element name= "item" type= "anyType" abstract= "true"〉
        〈annotation〉
          〈documentation〉
          作为数据项替换组头元素的抽象数据项。
          〈/documentation〉
        〈/annotation〉
      〈/element〉
    〈/schema〉
```

示例1：

一个具有三位有效数字的数值型事实

〈ci：capitalLeases contextRef= “c1” unitRef= “u1” precision= “3”〉727432〈/ci：capitalLeases〉

含义：在上下文c1下的融资租赁协议的值如果精确到三位有效数字，应为727000。注意：有必要参考上下文以获取关于该数值的其他细节信息，如实体、期间等。同样有必要参考引用的unit元素以获取相关的度量单位信息。

示例2：

非数值型数据项

〈ci：concentrationsNote contextRef= “c1”〉

因为公司现金管理策略，所以短期投资信用风险的集中被认为是不重要的。公司的这些策略限制投资资金用在低风险、高流动性的有价证券上，概括描述了发行者的信用需求，并且限制了可投资在任何一个发行者的现金数量。

〈/ci：concentrationsNote〉

含义：上下文c1的专门注释文本。

抽象item元素的内容可派生于anyType。数据项替换组的每个成员应拥有一个已定义的XBRL数据项类型。这将允许实例中每个数据项替换组校验自身的数据类型。对于XML模式中定义的每个合适的内建类型，都为之定义一个派生于该类型的XBRL数据项类型，fractionItemType类型也是如此。某一个数据项除非其类型通过约束fractionItemType派生而来，否则不能包含复合内容。

contextRef属性是指向context（上下文）元素的一个IDREF，context元素包含所表示事实的额外信息。一个数据项应包含一个contextRef属性，该contextRef属性引用同一XBRL实例的某个context元素。XBRL实例是xbrl元素的一次出现，而非整个文档。如果数据项的数据类型派生于XML模式的内建数值类型（包括decimal、float、double或派生于它们的内建类型）或fractionItemType约束，数据项应同时使用contextRef属性和unitRef属性；其他的数据项应使用contextRef属性。

unitRef属性是指向unit（单位）元素的IDREF。它包含数值型事实度量单位的信息。unitRef属性不能出现在非数值型数据项中。unitRef属性应出现在数值型数据项中，引用同一XBRL实例的某个unit元素。

数值型数据项还提供了两个可选属性：precision和小数decimals（fractionItemType除外），从而使得XBRL实例创建者能够说明所表示事实的精度。其属性如表16所示。

表16　数据项的属性表

属性名称	选择性	描　述
contextRef		所有的数据项都应具备相应的上下文，但所有的元组都不允许包含相应的上下文。数据项使用contextRef属性识别对应的context元素。该context元素与包含contextRef属性的数据项关联。 contextRef属性值应与XBRL实例中某个context元素的id属性值相等，该实例同样包含出现contextRef属性的数据项中

续表

属性名称	选择性	描　述
unitRef		所有的数值型数据项应指明度量单位。一切元组和非数值型数据项均不能指定度量单位。数值型数据项通过 unitRef 属性识别其度量单位，该 unit 元素与出现 unitRef 属性的那个数据项相关联。 unitRef 属性值应与 XBRL 实例中 unit 元素的 id 属性值相等，该实例同样包含出现 unitRef 属性的数据项
precision	可选	precision 属性应为非负整数或"INF"字符串。precision 属性反映计量精度，从而反映在此基础上参与下一步计算的有效位数这种计量方法对于后续计算的作用。不同的软件包可提供不同精度的数字。precision 属性使任意厂商能够以相同的方式声明产品的精度。对于任何精度指定或推断为 n 的数值，应用程序应忽略位有效数字之后的任何数位。n 位有效数字起始于该数左边第一位不为 0 的数字。 若 precision＝"INF"，即该数的词法表示就是所表示事实的精确数值。 注：本部分中的定义表明 precision 和 decimals 属性表示一个范围，XBRL 实例中表示的数值所对应的事实的实际值就处在该范围中
decimals	可选	decimals 属性值须为整数或"INF"。decimals 属性决定了所表示事实数值所能精确到的小数点后的位数，可看作是舍入或截断的结果。如果某个数据事实包含一个值为 n 的 decimals 属性，就意味着能够精确到小数点后 n 位。 decimals＝"INF"，即该数的词法表示就是所表示事实的精确数值

8.8.2　precision 和 decimals 属性

一个数值型数据项应拥有一个 precision（精度）属性或 decimals（小数）属性，除非它的数据类型为 fractionItemType 或经由 fractionItemType 限制而派生的类型，或者包含某个空值。在这种情况下，不能包括 precision 属性或 decimals 属性。

数值型数据项不能同时包含 precision 属性和 decimals 属性。

非数值型数据项不能包含 precision 属性或 decimals 属性。

当需要判断两个数值型数据项是否值等价时，应考虑这两个数值型数据项的 precision 属性值。

precision 表示见示例 1；decimals 表示见示例 2。

示例 1：

精度和词法表示

示　例		含　义		
precision＝"9"		精度为 9 位数字。从数值型事实的数值左边第一位不为 0 的数字开始的 9 位数字被认为是精确的，可参与该数值型事实的相关运算		
精度	XBRL 实例词法表示示例	显示（省略或清除所有多余数字后）	大于或等于	小于
INF	476.334	476.334	476.334	476.33400000000…1
3	205	205e0	204.5	205.5
4	2002000	2002e3	2001500	2002500
4	－2002000	－2002e3	－2002500	－2001500
2	2012	20e2	1950	2050
2	2000	20e2	1950	2050
1	99	9e1	85	95
0	1234	1234	未知	未知

简单类型 precisionType 定义了精度属性值的值空间。定义如下：

```
〈schema targetNamespace= “http：//www. xbrl. org/2003/instance”
 xmlns= “http：//www. w3. org/2001/XML Schema”
 xmlns：xbrli= “http：//www. xbrl. org/2003/instance”
 xmlns：link= “http：//www. xbrl. org/2003/linkbase”
 elementFormDefault= “qualified”〉
   〈simpleType name= “precisionType”〉
     〈annotation〉
     〈documentation〉
     该类型用于规定数值型数据项的 precision 属性值，它包括
     非负整数和 INF（表示无限精确或准确值）。
       〈/documentation〉
     〈/annotation〉
     〈union memberTypes= “nonNegativeInteger”〉
       〈simpleType〉
         〈restriction base= “string”〉
           〈enumeration value= “INF” /〉
         〈/restriction〉
       〈/simpleType〉
     〈/union〉
   〈/simpleType〉
〈/schema〉
```

示例 2：

小数和词法表示

<table>
<tr><th colspan="2">示　例</th><th colspan="3">含　义</th></tr>
<tr><td colspan="2">decimals= “2”</td><td colspan="3">该数值型事实的值精确到小数点后两位</td></tr>
<tr><td colspan="2">decimals= “2”</td><td colspan="3">该数值型事实的值精确到小数点前两位，百位左边的数字都是精确的</td></tr>
<tr><td>decimals 属性</td><td>XBRL 实例词法表示示例</td><td>显示（省略或清除所有多余数字后）</td><td>大于或等于</td><td>小于</td></tr>
<tr><td>INF</td><td>436.749</td><td>436.749</td><td>436.749</td><td>436.74900000…1</td></tr>
<tr><td>2</td><td>10.00</td><td>10.00</td><td>9.995</td><td>10.005</td></tr>
<tr><td>2</td><td>10</td><td>10.00</td><td>9.995</td><td>10.005</td></tr>
<tr><td>2</td><td>10.000</td><td>10.00</td><td>9.995</td><td>10.005</td></tr>
<tr><td>2</td><td>10.009</td><td>10.00</td><td>9.995</td><td>10.005</td></tr>
<tr><td>0</td><td>10</td><td>10</td><td>9.5</td><td>10.5</td></tr>
<tr><td>−1</td><td>10</td><td>10</td><td>5</td><td>15</td></tr>
<tr><td>−1</td><td>11</td><td>10</td><td>5</td><td>15</td></tr>
<tr><td>3</td><td>205</td><td>205.000</td><td>204.9995</td><td>205.0005</td></tr>
<tr><td>4</td><td>2002000</td><td>2002000.0000</td><td>2001999.99995</td><td>2002000.00005</td></tr>
</table>

续表

decimals 属性	XBRL 实例词法表示示例	显示（省略或清除所有多余数字后）	大于或等于	小于
−2	−205	−200	−250	−150
−2	205	200	150	250
−2	2002000	2002000	2001950	2002050
−3	2002000	2002000	2001500	2002500
−4	2002000	2000000	1995000	2005000
−3	777000	777000	776500	777500

简单类型 decimalsType 定义了 decimals 属性的合法取值。其 XML 模式文件定义如下：

```
<schematargetNamespace= “http：//www. xbrl. org/2003/instance”
  xmlns= “http：//www. w3. org/2001/XML Schema”
  xmlns：xbrli= “http：//www. xbrl. org/2003/instance”
  xmlns：link= “http：//www. xbrl. org/2003/linkbase”
  elementFormDefault= “qualified” >

  <simpleType name= “decimalsType” >
   <annotation>
     <documentation>
     该类型用于规定数值型数据项的 decimals 属性值。它包括
     整数和 INF（用来表示无穷小数或“准确值”）。
      </documentation>
    </annotation>
      <union memberTypes= “integer” >
        <simpleType>
          <restriction base= “string” >
            <enumeration value= “INF” >
       </restriction>
      </simpleType>
     </union>
   </simpleType>

 </schema>
```

8.8.3 推导精度

XBRL 实例的用户能够在数值型数据项的 precision 属性值缺失的情况下按以下规则推测其值：

对于 fractionltemType 及其受限派生类型的数值项，如果运算中需要使用精度信息，应用程序应推测出其精度值为“INF”。

如果一个数值型数据项仅有 decimals 属性而无 precision 属性，而计算或者在 XBRL 实例中查找重复数据项时又需要使用精度信息，相应的应用程序应能够推测出数值型事实的精度。

如果已知decimals属性的值，假定数据项的precision属性值为n，n等于0和下列计算结果中的较大值：

——如果小数点（如果没有的话，则指默认的小数点位置）左边有非零数字，取该数值型事实的词法表示中小数点左边第一位非零数字开始的整数部分的位数；

——否则，如果小数点右边有非零数字，先计算出小数点和该数值型事实词法表示中第一个不为0的数位之间0的个数，取前者的相反数；

——否则取0，加上：

该数值型事实词法表示的指数值（如果有的话）；

加上：

该数值型事实所能精确到的小数点后位数。

示例：

词法表示，精度和小数

词法表示	小数属性的值	精确度属性的推断值
123	2	3+2=5
123.4567	2	3+2=5
123e5	−3	3+5+（−3）=5
123.45e5	−3	3+5+（−3）=5
0.1e−2	5	0+（−2）+5=3
0.001E−2	5	（−2）+（−2）+5=1
0.001e−3	4	（−2）+（−3）+4=−1小于0，值为0

8.8.4　准确性

在字长受到限制的前提下，一个数值类型数据项的取值，还需一种规则来描述如何舍弃次要的字节，并确保数值的准确性。本部分定义了如下两个规则：

a）“n位有效数字”

如果词法表示某个数值保留n位有效数字，即从该数的词法表示中最左边的非零数字开始的n位数字（包括最左边的非零数字本身）是准确的，可参与该数的计算。

b）“舍入”

通常在计算之后需要进行舍入。为了舍入一个有n位有效数字的数，将第n位之后的所有数字均丢弃，一般情况下按“四舍五入”的原则进行。

示例：

舍入

原始数值	舍入为n位有效数字	
	n=2	n=3
3.5643	3.6	3.56
3.5673	3.6	3.57
0.49787	0.50	0.498
3.9999	4.0	4.00
9.999991	10	10.0

续表

原始数值	舍入为 n 位有效数字	
	n=2	n=3
22.55	23	22.6
0.0019	0.0019	0.00190
0.00002	0.000020	0.0000200

若同样的过程适用于 n 取任意值的情况，则说某个词法表示的数值保留 n 位有效数字。这项技术用于生成 XBRL 实例中 precision 属性值为 n 的事实的词法表示。

c）精确到小数点后 n 位

如果某个数精确到小数点后 n 位，那么该数与其真值的差（也称作绝对差- eebs）小于或等于 0.5×10^{-n}。n 可取正整数，也可取负整数或零。

其数学表达形式如下：

对于任意实数 X，当且仅当满足以下条件时，x 表示精确到小数点后 n 位的 x，

$$E_{abs}=|X-x|\leqslant0.5\times10^{-n}$$

或者，根据舍入约定

$$-0.5\times10^{-n}\leqslant x-X<0.5\times10^{-n}$$

示例：

精确到小数点后 n 位

123456.789012 精确到小数点后 n 位				
n=−3	n=−2	n=0	n=3	n=6
123000	123500	123457	123456.789	123456.789012

8.9 context 元素

8.9.1 概述

context（上下文）元素包含所描述实体的信息、报告期间和报告场景，对于理解可作为 XBRI。数据项的业务事实都是必要的。

上下文元素的 XML 模式约束如下所示：

```
<schema targetNamespace= “http：//www. xbrl. org/2003/instancen”
  xmlns= “http：//www. w3. org/2001/XMLSchema”
  xmlns：xbrli= “http：//www. xbrl. org/2003/instance”
  xmlns：link= “http：//www. xbrl. org/2003/linkbase”
  elementFormDefault= “qualified” >
  <element name= “context” >
    <annotation>
      <documentation>
      用于联系事实的上下文。
      </documentation>
    </annotation>
```

```
    <complexType>
      <sequence>
        <element name= "entity" type= "xbrli: contextEntityType" />
        <element name= "period" type= "xbrli: contextPeriodType" />
        <element name="scenario" type= "xbrli: contextscenarioType"
                        minOccurs= "0" />
      </sequence>
      <attribute name= "id" type= "ID" use= "required" />
    </complexType>
  </element>

</schema>
```

8.9.2 id 属性

每个 context 元素应包含 id 属性。id 属性值应遵循 XML 规范中有关 ID 类型属性的规定（http：//www. w3. org/TR/REC - xml # NT - TokenizedType）。id 属性标识上下文元素并确保它可被数据项所引用。

示例：ID 属性示例

正例	id= “C2424”	
反例	id= “42”	ID 类型的内容不能以数字开头

8.9.3 period 元素

period（时间类型）元素包含 item 元素需要引用的时间点或时间间隔。period 的子元素用于构造若干可选择的日期间隔表达中的其中一个，其含义如表 17 所示，数据类型如表 18 所示。

表 17 period 的子元素含义对照表

元 素	含 义
起始日期（startDate），结束日期（endDate）	具有指定起点和终点的一段时间
时间点（instant）	某个时间点
永久（forever）	表示“永久”的元素

每个时间子元素均使用日期的标准 XML 模式表示。

时间元素的 XML 模式约束如下所示：

```
<schema targetNamespace= "http: //www. xbrl. org/2003/instance"
  xmlns= "http: //www. w3. org/2001/XML Schema"
  xmlns: xbrli= "http: //www. xbrl. org/2003/instance"
  xmlns: tlink= "http: //www. xbrl. org/2003/linkbase"
  elementFormDefault= "qualified" >

  <simpleType name= "dateUnion" >
     <annotation>
```

```
      <documentation>
      日期和日期与时间的结合的联合体
      </documentation>
    </annotation>
  <union memberTypes= "date dateTime" />
 </simpleType>
<complexType name= "contextPeriodType" >
  <annotation>
    <documentation>
    时间元素的类型，用于描述报告日期信息
     </documentation>
    </annotation>
     <choice>
      <sequence>
        <element name= "startDate" type= "xbrli: dateUnion" />
        <element name= "endDate" type= "xbrli: dateUnion" />
     </sequence>
     <element name= "instant" type= "xbrli: dateUnion" />
     <element name= "forever" >
      <complexType/>
     </element>
    </choice>
  </complexType>

</schema>
```

表 18　子元素数据类型对照表

子元素	XML 数据类型
instant（时间点）	date 或 dateTime
forever（永久）	Empty
startDate（起始日期）	date 或 dateTime
endDate（结束日期）	date 或 dateTime

instant、startDate 和 endDate 元素的内容使用 ISO 8601 中定义的数据表示形式，同时 xBRL 增添了进一步的约束与限制：

——对于 periodType= "instant" 的数据项，period 应包含时间点元素。

——对于 periodType=" duration" 的数据项，时间应包含 forever 元素或一个由 startDate 和 endDate 元素构成的有效序列。

若 startDate 元素的内容为一个没有具体时间的日期，默认其值等同于一个具有相同日期并且具体时间为 T00：00：00（一天开始时的午夜时分）的日期和时间类型值。

若 endDate 元素或 instant 元素的内容为一个没有具体时间的日期，默认其值等同于一个具有相同日期，附加上 P1D，具体时间为 T00：00：00 的 dateTime 类型值。此处代表一天结束时的午夜时分。将其定义为第二天开始时的午夜时分的原因在于：SCHEMA 规范规定时间的小时字段不允许取值 24。

注：P1D 为 ISO8601 的一个专用标签。

8.9.4 entity 元素

entity（实体）元素说明事实所描述的实体（包括商业、政府部门、个人等）。实体是上下文元素的必需内容。实体应包含标识符元素，同时可包含片段元素。其元素如表 19 所示。

表 19　entity 元素表

元素名称	选择性	描　述
identifier（标识符）	必备	identifier 元素指定了验证业务实体所需的 scheme 属性。必需的 scheme 属性包含了校验 scheme 所属命名空间的 URI，为引用命名机构提供了框架。元素的内容应是一个表征字符串类型的值，它是 scheme 属性所引用命名空间内的一个有效标识符。XBRL 并未作出如下假设：应用程序能够解析任何特定模式属性内以元素内容形式出现的标识符
segment（片段）	可选	segment 元素是可选的容器元素。当实体的标识符不足以帮助 XBRL 实例更为完整地标识商业部门时，segment 元素可作为额外标记供 XBRL 实例编制者需要使用。一般而言，segment 的具体内容与 XBRL 实例的目的相关。segment 元素中包含的子元素不能在 http：//www. xbrl. org/2003/instance 命名空间中定义，同样不能是该命名空间中已定义元素的替换元素。segment 元素也不能为空

entity 元素的 XML 模式约束如下所示：

```
<schema targetNamespace= “http：//www. xbrl. org/2003/instance”
  xmlns= “http：//www. w3. org/2001/XML Schema”
  xmlnstxbrli= “http：//www. xbrl. org/2003/instance”
  xmlns：link= “http：//www. xbrl. org/2003/linkbase”
    elementFormDefault= “qualified” >

  <complexType name= “contextEntityType” >
    <annotation>
      <documentation>
        实体元素的类型用来描述报告实体。
        请注意，模式属性是必要和不能为空。
        </documentation>
      </annotation>
      <sequence>
        <element name= “identifier” >
          <complexType>
            <simpleContent>
              <extension base= “token” >
                <attribute name= “scheme” use= “required” >
                  <simpleType>
                    <restriction base= “anyURI” >
                      <minLength value= “1” />
                    </restriction>
```

```
          </simpleType)
         </attribute)
        </extension>
       </simpleContent)
      </complexType>
     </element>
    <element ref= "xbrli: segment" minOccurs= "0" />
   </sequence>
  </complexType>

</schema>
```

示例：

实体标识符

示　例	含　义
<identifier scheme= "http: //www. sse. com. cn" >SINA</identifier>	上证所股票代码为 SINA 的公司
< identifier scheme = "http: //www. dnb. corn" >121064880</identifier>	D—U—N—S～号为 121064880 的公司或其附属子公司
< identifier scheme = "http: //www. cusip. org" >G81477104< /identifier>	SINA 公司的 CUSIP 为 G81477104
<identifier scheme= "http: //www. nacao. org. cn" >12345678 - 9</i - dentifier>	某非盈利组织的国家机构代码为 12345678 - 9

8. 9. 5　segment 元素

当实体标识符无法完全满足需要时，XBRL 实例的编制者可使用 segment（片段）元素更完整地描述业务片段信息。通常情况下，片段的内容根据 XBRL 实例的目的确定。segment 元素包含的子元素不能在 http：//www. xbrl. org/2003/instance 命名空间中定义，同样不能作为该命名空间中已定义元素的替换元素。segment 元素不能为空。

segment 元素的 XML 模式约束如下所示：

```
<schema targetNamespace= "http: //www. xbrl. org/2003/instance"
    xmlns= "http: //www. w3. org/2001/XML Schema"
    xmlns: xbrli= "http: //www. xbrl. org/2003/instance"
    xnlns: link= "http: //www. xbrl. org/2003/linkbase"
    elementFormDefault= "qualified" >

    <element name= "segment" >
      <complexType>
       <sequence>
        <any namespace= "##other" processContents= "lax"
          minOccurs= "1" maxOccurs= "unbounded" />
        </sequence>
```

```
    </complexType>
  </element>

</schema>
```

示例：

segment 元素的用法

```
<xbrl xmlns= “http：//www. xbrl. org/2003/instance”
    xmlns：my=http：//www. someCompany. com/segment
    xmlns：xsi= “http：//www. w3. org/2001/XMLSchema - instance”
  xsi：schemaLocation= “http：//www. someCompany. com/segment
      http：//www. someCompany. com/segment/segment - schema. xsd” >
<! —…此处至少有一个 link：schemaRef 元素…—>
<! —…此处为包含事实数据值的元素…—>
    <context id= “c1” >
      <entity>
        <! - required content —>
        <identifier scheme= “http：//www. dnb. com” 7121064880 </identifier>
      <! - optional content ->
        &lt;segment&gt;
          <my：Province>BeiJing</my：Province>
        &lt;/segment&gt;
       </entity>
      <period><instant>2002 - 12 - 01</instant></period>
     </context>
    </xbrl>
```

```
<! — Company specific segment sub - element —>
<schema targetNamespace：“http：//www. someCompany. com/segment”
          xmlns：my= “http：//www. someCompany. com/segment”
          xmlns = “http：//www. w3. org/2001/XMLSchema” elementFormDefault = “quali-
fied” >
  <simpleType name= “ProvinceType” >
    <restriction base= “token” >
       <enumeration value= “BeiJing” />
       <enumeration value= “ON” />
      </restriction>
     </simpleType>

  <element name= “Province” type= “my：ProvinceType” />
     </schema>
```

续表

含义：报告编制者使用了一个 segment 元素来表述此业务数据与北京相关。该公司的 XML 模式文件定义了 Province 元素，其包含中国除台湾地区以外的 31 个省、自治区和直辖市名称。
分类标准的创建者应预料到 XBRL 实例创建者将会定义新的元素并插入片段元素中以表达的一个或多个维度差别，例如： ・组织结构，比如一个公司的总部和附属子公司； ・区域划分，比如在亚洲、欧洲和北美经营业务； ・功能差别，比如连续和非连续操作得到的结果； ・产品差别，比如渔业林业、畜牧业和农业的业务； ・操作差别，例如是经常性收入还是非经常性收人，是首次签约还是到续签。

文档的制定者可决定提供命名空间方面的适当支持和 xsi：schemaLocation 提示，从而确保 segment 元素能够通过 XML 模式校验。

8.9.6 scenario 元素

业务事实可通过四种形式报告：决算、预算、重估和预估。就内部报告而言，编制者希望将更多的元数据与数据项关联，为此可用 scenario（场景）元素来添加额外标记。

scenario 元素中包含的子元素不能在 http：//www. xbrI. org/2003/instance 命名空间中定义，同样不能作为该命名空间中已定义元素的替换元素。scenario 元素不能为空。

scenario 元素的 XML 模式约束如下所示：

```
<schema targetNamespace= "http：//www. xbrl. org/2003/instance"
  xmlns= "http：//www. w3. org/2001/XML Schema"
  xmlns：xbrli= "http：//www. xbrl. org/2003/instance"
  xmlns：link= "http：//www. xbrl. org/2003/linkbase"
  elementFormDefault= "qualified" >

  <complexType name= "contextscenarioType" >
    <annotation>
      <documentation>在事实被报告的情况下用于场景</documentation>
    </annotation>
    <sequence>
      <any namespace= "##othe" processContents= "lax"
        minoccurs= "1" maxOccurs= "unbounded" />
   </sequence>
  </complexType>

</schema>
```

示例：

scenario 元素的使用

```
<xbrl xmlns= "http：//www. xbrl. org/2003/instance"
    xmlns：fid= "http：//www. someInsuranceCo. com/scenarios"
    xmlns：other= "http：//www. example. com"
    xmlnstxsi= "http：//www. w3. org/2001/XMLSchema - instance"
    xsi：schemaLocation= "http：//www. someInsuranceCo. com/scenarios
        http：//www. someInsuranceCo. com/scenarios/scenarios - schema. xsd
        http：//www. example. com http：//www. example. com/other/other - schema. xsd" >
<! --…此处至少有一个 link：schemaRef 元素…-->
(! --…此处为包含事实数据值的元素…-->
    <context id= "c1" >
      <entity>
    <identifier scheme= "http：//www. example. com" >someInsuranceCo</identifier>
      </entity>
      <scenario>
        <other：bestEstimate/>
       <fid：dwSlice>
      <fid：residence>BeiJing</fid：residence>
      <fid：nonSmoker>true</fid：nonSmoker>
      <fid：minAge>34</fid：minAge>
      <fid：maxAge>49</fid：maxAge>
      </fid：dwSlice>
    </scenario>
   </context>
 </xbrl>
```

含义：报告编制者使用了一个 scenario 元素来表述此业务数据与北京特定年龄组不吸烟人群相关。

实例的生成者还需提供对命名空间和 xsi：schemaLocation 的支持，确保 scenario 元素可通过 XML 模式验证环节的验证。

scenario 子元素和 segment 子元素的结构完全一致，但用途不同。片段用于说明业务实体的某些组成部分，而场景用于说明一组事实的度量环境。与 segment 元素相同，scenario 元素的内容也是与特定应用相关的。

8.9.7　unit 元素

unit（单位）元素指定了数值型数据项的度量单位，其内容可是由单一的 measure 元素表示的简单度量单位，也可是通过 divide 元素表示的比率单位。其中，分子单位和分母单位均由 measure 元素表示。

unit 元素的 XML 模式约束如下所示：

```
<schema targetNamespace= "http：//www. xbrl. org/2003/instance"
  xmlns= "http：//www. w3. org/2001/XML Schema"
  xmlns：xbrli= "http：//www. xbrl. org/2003/instance"
  xmlns：link= "http：//www. xbrl. org/2003/linkbase"
```

```
elementFormDefault= “qualified” >

<annotation>
  <documentation>
  对 unit 元素的起作用的 XML 模式组件
  </documentation>
</annotation>

<element name= “measure” type= “QName” />
<complexType name= “measuresType” >
  <annotation>
  <documentation>
  兄弟度量元素的收集
    </documentation>
  </annotation)
   <sequellCe>
   <element ref= “xbrli：measure” minOccurs= “1” maxOccurs= “unbounded” />
  </sequence>
 </complexType>

<element name= “divide” >
  <annotation>
   <documentation>
   用于描述比率单位
   </documentation>
   </annotation>
   <complexType>
    <sequence>
       <element name= “unitNumerator” type= “xbrli：measuresType” />
       <element name= “unitDenominator” type= “xbrli：measuresType” />
    </sequence>
  </complexType>
 </element>

   <element name= “unit” >
     <annotation>
     <documentation>
     用来描述数值型数据项的单位信息
     </documentation>
     </annotation>
```

```
    <complexType>
     <choice>
       <element ref= "xbrli: measure" minOccurs= "1" maxOccurs= "unbounded" />
       <element ref= "xbrli: divide" />
      </choice>
       <attribute name= "id" type= "ID" use= "required" />
      </complexType>
     </element>

</schema>
```

a）id 属性

每个 unit 元素应包含 id 属性，其取值应遵循 XML 规范中关于 ID 类型属性的规定（http://www.w3.org/8TR/REC-xml#NT-TokenizedType）。id 属性能够标识单位，这样该单位就可被 item 元素引用。

b）measure 元素

measure（度量）元素的类型为 xsd：QName。

数据项对应的类型约束了 unit 元素的内容和 measure 元素的值，如表 20 所示。

表 20 基于数据项类型的单位约束

数据项类型	要求单位应包含
monetaryhemType 及其派生类型	单一的 xbrli：measure 元素的 xsd：QName 内容被约束如下：xsd：QName 的本地部分应是 ISO 4217 指定的“货币”，并且在数据项上下文中的期间元素所指定的时间范围内有效。xsd：QName 的命名空间应是 http://www.xbrl.org/2003/isO4217
shareshemType 及其派生类型	单一的 xbrli：measure 元素的 xsd：QName 内容被约束如下：xsd：QName 的本地部分应是“shares”，并且 xsd：QName 的命名空间名称应是 http://www.xbrl.org/2003/instance

为了表示分子和分母具有相同单位的百分数或者比率，事实应使用 unitRef 属性关联到某个包含唯一 measure 子元素的单位元素。

复杂的度量单位可通过其他度量单位间的数学关系来表达，比如若干并列的兄弟 measure 元素表示乘积单位，单一的 divide 元素表示比率单位。

c）divide 元素

divide（除）元素应包含 unitNumerator 元素和 unitDenominator 元素。

d）uintNumerator 和 uniteDnominator 元素

unitNumerator（分子单位）元素和 unitDenominator（分母单位）元素应包含一个或多个 measure 元素。

单位的表示要求尽可简单。divide 元素中的 unitNumerator 元素和 unitDenominator 元素中的 measure 元素不能出现结构等价（s-equal）的情况。

示例 1：

使用单位元素

示例	含义
〈unit id= “u1”〉〈measure xmlns：ISO4217= “http：//www. xbrl. org/2003/iso4217” 〉 ISO4217：CNY 〈/measure〉〈unit〉	货币，人民币元
〈unit id= “u2”〉〈measure xmlns：ISO4217= “http：//www. xbrl. org/2003/iso4217”〉 ISO4217：cny 〈/measure〉〈/unit〉	货币指定采用了不正确的小写形式
〈unit id= “u1”〉〈measure〉 xbrli：pure 〈/measure〉〈/unit〉	一个纯小数
〈unit id= “u3”〉 〈measure〉 meter 〈/measure〉 〈measure〉 meter 〈/measure〉 〈/unit〉	平方米——米乘以米
〈unit id= “u4”〉〈measure〉 xbrli：shares 〈/measure〉 〈/unit〉	股份数
〈unit id= “u5”〉〈measure〉 FTE 〈/measure〉 〈/unit〉	工作强度（正式员工的数量）
〈unit id= “u6”〉 〈divide〉 〈unitNumerator〉 〈measure〉 ISO 4217：CNY 〈/measure〉 〈/unitNumerator〉 〈unitDenominator〉 〈measure〉 xbrli：shares 〈/measure〉 〈/unitDenominator〉 〈/divide〉 〈/unit〉	每股所得收益（EPS），以人民币元/每股度量
〈unit id= “u6”〉 〈divide〉 〈unitNumerator〉 〈measure〉 TSO 4217：CNY 〈/measure〉 〈/unitNumerator〉 〈unitDenominator〉 〈measure〉 SO 4217：CNY 〈/measure〉 〈/unitDenominator〉 〈/divide〉 〈/unit〉	不规范，divide 元素申的分子和分母中出现了相同的度量元素

示例 2：

简单度量单位和复杂度量单位

简单度量单位	复杂度量单位
〈unit id= “u1”〉 〈measure〉 meter 〈/measure〉 〈/unit〉	〈unit id= “u4”〉 〈measure〉 meter 〈/measure〉 〈measure〉 meter 〈/measure〉 〈/unit〉

8.10 元组的应用

元组有复杂的内容，可包含数据项和其他的元组。tuple（元组）是抽象元素。以下规则适用于元组和元组在分类标准模式中的声明：

a）所有元组应是以 tuple 为头元素的替换组的成员。因此，应声明元组为全局元素，因为只有全局元素才能出现在替换组中。

b）元组在分类标准模式中的声明一定不能包含 periodType 属性和 balance 属性。

c）可从他处（如脚注）引用元组。因此，所有元组在分类标准模式中的声明都应当（但不要求）包含一个可选的本地属性的声明，且属性的名字 id 标识符类型为 xsd：ID。扩展分类标准的创建者在限制元组的数据类型时，不应禁止已存在的 id 属性（如果分类标准的创建者并未定义或者禁止一个元组的 id 属性，那么该元组将不能通过缩写的 XPointer 被引用）。

d）在元组声明中，属性应使用 SCHEMA 规范中定义属性，不能引用下列命名空间中定义的属性：

——http：//www. xbrl. org/2003/instance

——http：//www. xbrl. org/2003/lnkbase

——http：//www. xbrl. org/2003/XLink

——http：//www. w3. org/1999/xlink

e）元组和元组在分类标准模式中的声明均不应含有混合内容或简单内容。

f）除“id”属性以外，元组在分类标准模式中的声明不需要明确说明本地属性。

g）实例中元组的孩子应是元素，并且这些元素在一个以数据项或者元组为头元素的替换组里。

h）在元组的声明中一般不定义非概念性的元组，即元组的子元素应是全局元素（分类标准的创建者不宜将非概念性元素归入元组声明的内容模型中），在元组在分类标准模式中的声明中，该元组子元素的声明应参照替换组中的全局性元素的声明，且该替换组是以数据项或者元组为头元素。

示例 1：

将元组定义为一个“tuple”替换组成员

分类标准模式的简短示例

```
〈schema targetNamespace= “http：//mycompany. com/xbrl/Taxonomy”
        xmlns= “http：//www. w3. org/2001/XML Schema”
        xmlns：s= “http：//mycompany. com/xbrl/Taxonomy”
        xmlns：xbrli= “http：//www. xbrl. org/2003/instance”〉
〈element name= “managementName” type= “xbrli：tokenItemType” xbrli：periodType= “in-
stant”
        substitutionGroup= “xbrli：item” /〉
〈element name= “managementTitle” type= “xbrli：tokenItemType” xbrli：periodType= “in-
stant”
        substitutionGroup= “xbrli：item” /〉
〈element name= “managementAge” type= “xbrli：nonNegativeIntegerItemType”
        xbrli：periodType= “instant” substitutionGroup= “xbrli：item” /〉
〈element name= “managementInformation” substitutionGroup= “xbrli：tuple”〉
    〈complexType〉
     〈complexContent〉
      〈restriction base= “anyType”〉
        〈sequence〉
```

```
        〈element ref= “s：managementName” /〉
        〈element ref= “s：managementTitle” /〉
        〈element ref= “s：managementAge” minOccurs= “0” /〉
      〈/sequence〉
      〈attribute name= “id” type= “ID” use= “optional” /〉
     〈/restriction〉
    〈/complexContent〉
  〈/complexType〉
〈/element〉
〈/schema〉
```

示例2：

分类标准的一个XBRL实例（未显示上下文和单位元素和链接库引用元素）

```
〈xbrl xmlns= “http：//www. xbrl. org/2003/instance”
        xmlns：s= “http：//mycompany. com/xbrl/Taxonomy”〉
〈! —…one link：schemaRef element MUST exist here referencing previous taxonomy…—〉
      〈s：managementInformation〉
        〈s：managementName contextRef= “c1”〉张三〈/s：managementName〉
        〈s：managementTitle contextRef= “c1”〉COB〈/s：managementTitle〉
        〈s：managementAge precision = “2” contextRef = “nl” unitRef = “u1”〉42〈/s：
managementAge〉
    〈/s：managementlnfqrmation〉
    〈s：managementlnformation〉
      〈s：managementName contextRef= “c1”〉李四〈/s：managementName〉
      〈s：managementTitle contextRef= “c1”〉CEO〈/s：managementTitle〉
    〈/s：managementlnformation〉
〈! —…上下文应在此定义…—〉
〈! —…单位应在此定义…—〉
〈/xbrl〉
```

元组中可出现all、sequence和choice元素。

示例3：

描述所持有及处置的商业不动产的元素

标签	元素名称	平衡	替换组
Property（不动产）	Property		元组
Property description（不动产描述）	Description		数据项
Date property acquired（不动产购入日期）	dateAcquired		数据项
Date property disposed of（不动产处置日期）	dateDisposedOf		数据项
Property fair market value（不动产的公允市场价值）	fairMarketValue		数据项

描述内容和购入日期对于任何不动产都是适用的，但公允市场价值和被处置的情况不可同时出

现，即不动产或含有公允市场价值或已经被处置。

示例4：元组中的层级结构

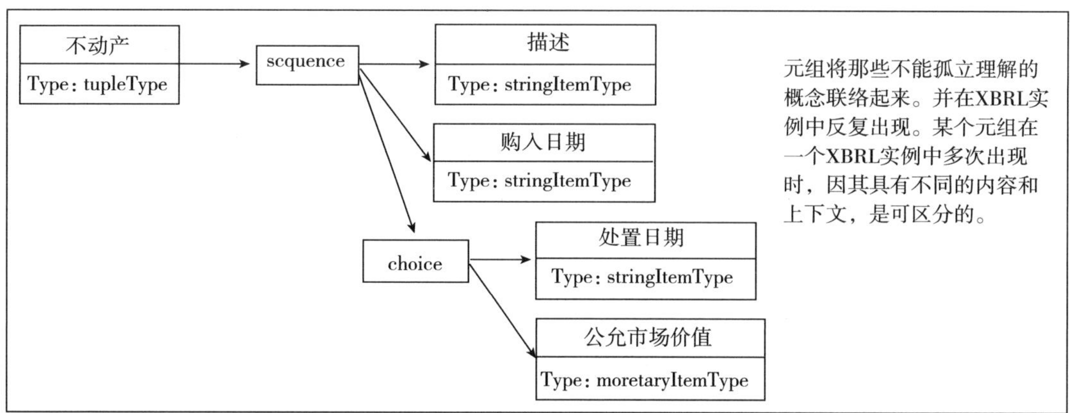

元组的内容模型仅能通过XML模式予以定义。任何XBRL链接库都不能定义或修改元组的内容模型。

8.11 等价性谓词表

等价性谓词表是检查数据项和元组是否是重复的谓词词表。

“等价”一词在XBRL实例中与重复性的检查相关。等价词表里都是对称的谓词，不同的等价谓词形式也不同，并且用递归方法定义，如表21所示。

表21 等价谓词的解释

参数类型	谓 词	定 义
节点（node）	identical（同一）	完全相同的XML节点
序列（sequence）	s-equal（结构等价） v-equal（值等价） c-equal（上下文等价） u-equal（单位等价）	序列中的每个节点均与另一序列中处于相同位置的节点{结构等价，值等价，上下文等价，单位等价}
集合（set）	identical（同一） s-equal（结构等价） v-equal（值等价） c-equal（上下文等价） u-equal（单位等价）	集合X与集合Y满足{同一，结构等价，值等价，上下文等价，单位等价}，当集合X里的每个节点都能在集合Y中找到某个节点与之{同一，结构等价，值等价，上下文等价，单位等价}，并且两个集合中的元素数目相同
任何XML对象（any XML object）	x-equal （XML路径等价）	XML对象A与XML对象B XML路径等价，当XPATH表达式A=B返回true
文本（text）	s-equal（结构等价）	两个文本字符串
属性（attribute）	s-equal（结构等价）	两个属性的本地名字和命名空间是结构等价的，数值是XML路径等价的
元素（element） （本表所列的单独处理的元素除外）	s-equal（结构等价）	不同一，但它们的元素本地名称和命名空间是结构等价的，而且其属性集是结构等价的，文本和子元素的内容也是结构等价的
实体（entity）	s-equal（结构等价）	identifier元素是结构等价的，segment元素是结构等价的（如果没有segment元素，则认为是与空的segment元素结构等价）
起始日期（startDate）	s-equal（结构等价）	包含的日期/时间是相等的
结束日期（endDate）	s-equal（结构等价）	包含的日期/时间是相等的
时间点（instant）	s-equal（结构等价）	包含的日期/时间是相等的

续表

参数类型	谓　词	定　义
时间（period）	s-equal（结构等价）	当下列条件之一成立时： a）两个元素均包含 forever 子元素； b）它们的 instant 子元素是结构等价的； c）它们的 startDate 子元素和 endDate 子元素是结构等价的
单位（unit）	s-equal（结构等价）	divide 子元素和 measure 元素集是结构等价的
除（divide）	s-equal（结构等价）	unitNumerator 和 unitDenominator 元素是结构等价的
单位分（unitNumerator）	s-equal（结构等价）	measure 子元素集是结构等价的
单位分母（unitDenominator）	s-equal（结构等价）	measure 子元素集是结构等价的
度量（measure）	s-equal（结构等价）	两个度量元素内容的命名空间前缀指向同一个命名空间，并且这两个度量元素内容的本地名字是结构等价的
上下文（context）	s-equal（结构等价）	period 元素、entity 元素、scenario 元素均是结构等价的
数据项（item）	s-equal（结构等价）	它们是上下文等价和单位等价的，它们的 precision 属性和 decimals 是结构等价的，将数值型数据项的值转换成十进制表示之后，其内容文本是结构等价的
元组（tuple）	s-equal（结构等价）	（数据项和元组）子元素的集合是结构等价的
可用性（usedOn）	s-equal（结构等价）	两个 usedOn 元素内容的命名空间前缀指向同一命名空间，并且这两个 usedOn 元素内容的本地名字是结构等价的
数据项（item）	p-equal（父元素等价）	节点具有相同的父元素
元组（tuple）	pequal（父元素等价）	节点具有相同的父元素
数据项（item）	c-equal（上下文等价）	它们的 contextRef 属性标识同一或结构等价的上下文
任何一对数值型数据项（any pair of numeric items）	u-equal（单位等价）	当且仅当下列所有条件成立，数值型数据项 X 和 Y 是单位等价的： a）UX 的子孙元素 unitNumerator 的集合与 UY 的子孙元素 unitNumerator 的集合是结构等价的； b）UX 的子孙元素 unitDenominator 的集合与 UY 的子孙元素 unitDenominator 的集合是结构等价的； c）UX 的子元素 measure 的集合与 UY 的子元素 measure 的集合是结构等价的。 UX 代表 X 的 unitRef 属性引用的 unit 元素，UY 代表 Y 的 unitRef 属性引用的 unit 元素
任何一对非数值型数据项（any pair of non-numeric items）	u-equal（单位等价）	真
一个数值型数据项和一个非数值型数据项（one numeric item and one nonnumeric items）	u-equal（单位等价）	假

续表

参数类型	谓 词	定 义
数值型数据项，但类型不是 fractionItemType 类型或其受到某种限制后派生出来的类型（numeric items not of type fractionItemType or a type derived from fractionItemType by restriction）	v - equal（值等价）	当且仅当下列所有条件成立，A 和 B 是值等价的： a） A 和 B 既是上下文等价的也是单位等价的； b） 数值 AN 和 BN 是 XMl，路径等价的，A 的数值保留 N 位有效数字后舍人得到 AN，B 的数值保留 N 位有效数字后舍入得到 BN。 其中，N 是以下两个数中的较小值： 1） A 的指定精度或推断精度； 2） B 的指定精度或推断精度。
数值型数据项，类型为 fraction－ItemType 或其受到某种限制后派生出来的类型（numeric items of type fraction-ItemType or a type derived from fractionItemType by restriction）	v - equal（值等价）	当且仅当以下的所有条件成立时，A 和 B 是值等价的： a） A 和 B 既是上下文等价的又是单位等价的； b） AN 与 BN 和 AD 与 BD 都是 XML 路径等价的。 其中 AN 是 A 的正规式的分子，AD 是分母，BN 是 B 的正规式的分子，BD 是分母。 对于类型为 fractionItemType 或其受到限值派生出来的类型的任意数值型数据项 F，其正规式的分子 FN 和分母 FD 均为整数，并且没有公因子。此外，存在整数 H，将 FN 乘以 H 得到 F 的分子，将 FD 乘以 H 得到 F 的分母
数值型数据项，其中之一的类型为 fraction-ItemType 或其受限派生类型，而另一数值型数据项则不是（numeric items，one of which is of type fraetionhem-Type or a type derived from fractionhem Type by restriction and the other of which is not）	v - equal（值等价）	对于数值型数据项的这样一种结合，值等价的值通常为假
非数值型数据项（non - numeric items）	v - equal（值等价）	当且仅当下列所有条件都成立时，A 和 B 是值等价的： a） A 和 B 是上下文等价的 b）〔XPATH〕标准化空间（AC）＝标准化空间（BC） 其中，AC 代表 A 的内容，BC 代表 B 的内容
数据项（item）	duplicate（重复）	当且仅当下列所有条件均成立时，数据项 x 和 Y 是重复的： a） X 和 Y 不同一； b） X 元素的本地名字与 Y 元素的本地名字是结构等价的； c） X 和 Y 定义在同一命名空间； d） X 和 Y 是父元素等价的； e） X 和 Y 是上下文等价的； f） x 和 Y 是单位等价的

续表

参数类型	谓词	定义
元组（tuple）	duplicate（重复）	当且仅当下列所有条件均满足时，元组 X 和 Y 是重复的： a）X 和 Y 不同一； b）X 元素的本地名字与 Y 元素的本地名字结构等价； c）X 和 Y 定义于同一个命名空间； d）X 和 Y 是父元素等价的； e）对于 X 的子元组组成的集合中的每个节点 A，都能在 Y 的子元组组成的集合中找到节点 B，并且 A 和 B 满足除父元素等价以外的重复元组的所有需求； f）X 和 Y 有着相同数目的子元组； g）对于 X 的子数据项组成的集合中的每个节点 A，都能在 Y 的子数据项组成的集合中找到节点 B，并且 A 和 B 满足除父元素等价外的重复数据项的所有需求； h）X 和 Y 有着相同数目的子数据项

以下的扩展示例针对每个谓词列示了正例和反例。

示例 1：

重复的数据项，元组和上下文

元素	一个包含两个结构等价的上下文元素和双重嵌套元组的 XBRL 实例（左列列举了若干元素）
	〈xbrl xmlns= “http：//www. xbrl. org/2003/instance”
	xmlns：s= “http：//mycompany. com/xbrl/Taxonomy”
	xmlns：xbrli= “http：//www. xbrl. org/2003/instance”
	xmlns：xsi= “http：//www. w3. org/2001/XML Schema - instanc9”〉
a analysis	〈s：analysis〉
b customer	〈s：customer〉
b name	〈s：name contextRef= “np3”〉 SINA 〈/s：name〉
b gross	〈s：gross unitRef= “u3” contextRef= “np3” precision= “4”〉 3001 〈/s：gross〉
	〈s：returns unitRef= “u3” contextRef= “np3”
	precision= “3”〉 100 〈/s：returns〉
b returns	〈s：net unitRef= “u3” contextRef= “np3”
	precision= “4”〉 2900 〈/s：net〉
	〈/s：customer〉
	〈s：customer〉
	〈s：name contextRef= “Xnnp3X”〉 SINA 〈/s：name〉
c customer	〈s：gross unitRef= “u3” contextRef= “np3” precision= “3”〉 3000 〈/s：gross〉
c name	〈s：returns unitRef= “u3” contextRef= “np3”
	precision= “3”〉 100 〈/s：returns〉
c gross	〈s：net unitRef= “u3” contextRef= “np3”
	precision= “4”〉 2900 〈/s：net〉
	〈/s：customer〉
	〈s：customer〉
	〈s：name contextRef= “np3”〉 SINA 〈/s：name〉
	〈s：gross unitRef= “u3” contextRef= “np3” precision= “4”〉 3000 〈/s：gross〉
	〈s：returns unitRef= “u3” contextRef= “np3” precision= “3”〉 500 〈/s：returns〉
d customer	〈s：net unitRef= “u3” contextRef= “np3”
	precision= “4”〉 2500 〈/s：net〉
	〈/s：customer〉
	〈s：customer〉
	〈s：name contextRef= “np3”〉 Bree 〈/s：name〉
d returns	〈s：name contextRef= “Xnnp3X”〉 Bree 〈/s：name〉
	〈s：gross unitRef= “u3” contextRef= “np3” precision= “4”〉 3000 〈/s：gross〉

续表

元素	一个包含两个结构等价的上下文元素和双重嵌套元组的 XBRL 实例（左列列举了若干元素）
e customer	〈s：returns unitRef= “u3” contextRef= “np3”
f name	precision= “3”〉 200 〈/s：returns〉
g name	〈s：net unitRef= “u3” contextRef= “np3”
	precision= “4”〉 2800 〈/s：net〉
	〈/s：customer〉
	〈s：totalGross unitRef= “u3” contextRef= “np3”
	precision= “3”〉 12000 〈/s：totalGross〉
	〈/s：analysis〉
	〈！－－个冗余的上下文 Xnnp3X=period，2003－〉
	〈context id= “np3”〉
h totalGross	〈entity〉
	〈identifier scheme= “http：//www. nasdaq. com”〉 SAMP 〈/identifier〉
	〈/entity〉
	〈period〉
np3	〈startDate〉 2003－01－01 〈/startDate〉
	〈endDate〉 2003－12－31 〈/endDate〉
	〈/period〉
	〈/context〉
	〈unit id= “u3”〉〈measure〉 ISO4217：USD 〈/measure〉〈/unit〉
	〈context id= “Xnnp3X”〉
	〈entity〉
	〈identifier scheme= “http：//www. nasdaq. com”〉 SAMP 〈/identifier〉
	〈/entity〉
	〈period〉
u3	〈startDate〉 2003－01－01 〈/startDate〉
Xnnp3X	〈endDate〉 2003－12－31 〈/endDate〉
	〈/period〉
	〈/context〉
	〈/xbrl〉

注：尽管本例缺少计算链接库，但“htotalGross”的总和 12000 仍然是最精确的数值，其计算方法是四位顾客的总额之和（3001＋3000＋3000＋3000＝12001，但由于 c 的 precision 为 3，该数据仅能保留三位有效数字，为 12000）。

示例 2：

检测重复的谓词

节点 1	节点 2	类　型	谓　词	是否为真	原　因
np3	Xnnp3X	上下文	Identical	否	不同的节点
np3	Xnnp3X	上下文	S－equai	是	entity 和 period 是结构等价的
f name	g name	数据项	s－equal	是	尽管结构等价，但具有不同上下文标识符 np3 和 Xnnp3X
f name	g name	数据项	p－equal	是	相同的父元素
f name	g name	数据项	e－equal	是	相同内容的上下文元素 np3 和 Xnnp3X
f name	g name	数据项	v－equal	是	相同的内容“Bree”
f name	g name	数据项	duplicates	是	父元素等价和上下文等价

续表

节点 1	节点 2	类型	谓词	是否为真	原　因
b name	c name	数据项	s - equal	是	尽管结构等价，但具有不同上下文标识符 np3 和 Xnnp3X
b name	c name	数据项	p - equal	否	它们位于不同的顾客元组中
b name	c name	数据项	c - equal	是	相同内容的上下文元素 np3 和 Xnnp3X
b name	c name	数据项	v - equal	是	相同的“SINA”内容
b name	c name	数据项	duplicates	否	不是父元素等价的，所以，即使值等价也没有关系
b gross	c gross	数据项	S - equal	否	
b gross	c gross	数据项	p - equal	否	不同的父元素
b gross	c gross	数据项	c - equal	是	它们都有上下文 np3 和 u3 单位
b gross	c gross	数据项	v - equal	是	“3 001”保留三位精度，等于“3 000”
b gross	c gross	数据项	duplicates	否	不是父元素等价，所以，即使值等价也没有关系
b ustomer	e customer	元组	s - equal	否	不同的上下文标识符：np3 和 Xnnp3X
b customer	c customer	元组	p - equal	是	相同的父元素“a analysis”
b customer	c customer	元组	c - equal	不适用	上下文等价并不适用于元组
b customer	c customer	元组	v - equal	不适用	值等价并不适用于元组
b customer	c customer	元组	duplicates	是	是父元素等价的，并且子数据项 name，gross，returns 和 net 互相是值等价的
b returns	d returns	数据项	s - equal	否	不同的值
b returns	d returns	数据项	p - equal	否	父元素是 b customer 和 d customer
b returns	d returns	数据项	c - equal	是	均包含上下文 np3 和 u3 单位
b returns	d returns	数据项	v - equal	否	b 的值为 100，d 值为 500
b returns	d returns	数据项	duplicates	否	不是父元素等价的，所以，即使值等价也没有关系
b customer	d customer	元组	s - equal	否	returns 和 net 不同值
b customer	d customer	元组	p - equal	是	相同的父元素“a analysis”
b customer	d customer	元组	c - equal	不适用	上下文等价不适用于元组
b customer	d customer	元组	v - equal	不适用	值等价不适用于元组
b customer	d customer	元组	duplicates	否	是父元素等价的，并且子数据项 b name 和 b gross 与 d name 和 d gross 是值等价的，但子数据项 b returns 和 b net 与 d returns 和 d net 并非值等价

重复数据项定义中的等价谓词属于等价定位，而不是等价内容。就此进行比较时，contextRef、

unitRef、precision 和 decimals 之外的属性都应忽略。

判断两个数值型数据项是否值等价（该谓词在多种其他等价类型的谓词定义中出现和使用）时，应将两个数值型数据项的 precision 值考虑在内。

8.12　脚注

XBRL 使用 footnoteLink（脚注链接）元素来描述 XBRL 实例中事实之间的不规则结构化的关联。

footnoteLink 元素是一个扩展链接，它包含定位器、资源和描述 XBRL 实例中事实之间的不规则关系的弧。

footnoteLink 元素的 XML 模式约束如示例 1 和示例 2 所示。

示例 1：

XBRL 实例中的脚注

```
〈schema targetNamespace= “http：//www. xbrl. org/2003/linkbase”
  xmlns= “http：//www. w3. org/2001/XML Schema”
  xmlns：link= “http：//www. xbrl. org/2003/linkbase”
  xmlns：xl= “http：//www. xbrl. org/2003/XLink”
  xmlns：xlink= “http：//www. w3. org/1999/xlink”
  elementFormDefault= “qual ified”〉
   〈element name= “footnoteLink” substitutionGroup= “xl：extended”〉
    〈annotation〉
    〈documentation〉
    footnootLink 链接元素的定义
     〈/documentation〉
   〈/annotation〉
   〈complexType〉
     〈complexContent〉
      〈restriction base= “xl：extendedType”〉
       〈choice minOccurs= “0” maxOccurs= “unbounded”〉
        〈element ref= “xl：title” /〉
        〈element ref= “link：documentation” /〉
        〈element ref= “link：loc” /〉
        〈element ref= “link：footnoteArc” /〉
        〈element ref= “link：footnote” /〉
      〈/choice〉
      〈anyAttribute namespace = “http：//www. w3. org/XML/1998/namespace” processcon-
tents= “lax” /〉
     〈/restriction〉
    〈/complexContent〉
   〈/complexType〉
 〈/element〉
〈/schema〉
```

示例 2：

XBRL 实例中的脚注

```
〈? xml version= “1. 0” encoding= “UTF - 8” ?〉
〈xbrl
    xmlns= “http：//www. xbrl. org/2003/instance”
    xmlns：xsi= “http：//www. w3. org/2001/XMLSchema - instance”
    xmlns：fr= “http：//www. xbrl - fr. org/xbrl/2003 - 02 - 29”
    xmlns：link= “http：//www. xbrl. org/2003/linkbase”
    xmlns：xlink= “http：//www. w3. org/1999/xlink”
    xmlns：ISO4217= “http：//www. xbrl. org2003/2003/ISO4217”
    xsi：schemaLocation= “http：//www. xbrl - fr. org/xbrl/2003 - 02 - 29 fr. xsd”〉
      〈link：schemaRef xlink：type= “simple” xlink：href= “fr. xsd” /〉
      〈fr：propertyPlantEquipmentGross precision = “4” unitRef = “u1” contextRef = “c1”〉
1200 〈/fr：propertyPlantE - quipmentGross〉
      〈fr：assetsTotal id= “fl” precision= “4” unitRef= “u1” contextRef= “c1”〉 2600 〈/fr：
assetsTotal〉
      〈fr：equityTotal id= “f3” precision= “4” unitRef= “u1” contextRef= “c1”〉 1100 〈/fr：
equityTotal〉
      〈fr：liabilitiesTotal id= “f2” precision= “4” unitRef= “u1” contextRef= “c1”〉 2600 〈/
fr：liabilitiesTotal〉
      〈link：footnoteLink
      xlink：type= “extended” xlink：title= “1”
    xlink：role= “http：//www. xbrl. org/2003/role/link”〉
      〈1ink：footnote
      xlink：type= “resource”
      xlink：label= “footnotel”
      xlink：role= “http：//www. xbrl. org/2003/role/footnote”
      xml：lang= “en”〉 Including the effects of the merger. 〈/link：footnote〉
    〈link：footnote
      xlink：type= “resource”
      xlink：label= “footnotel”
      xlink：role= “http：//www. xbrl. org/2003/role/footnote”
      xml：lang= “fr”〉 Y compris les effets de la fusion. 〈/link：footnote〉
    〈link：loc xlink：type= “locator” xlink：label= “factl” xlink：href= “＃f1” /〉
    〈link：loc xlink：type= “locator” xlink：label= “factl” xlink：href= “＃f2” /〉
    〈link：loc xlink：type= “locator” xlink：label= “factl” xlink：href= “＃f3” /〉
    〈link：footnoteArc
    xlink：type= “arc”
    xlink：from= “factl” xlink：to= “footnotel”
    xlink：title= “view explanatory footnote”
    xlink：arcrole= “http：//www. xbrl. org/2003/arcrole/fact - footnote” /〉
    〈/link：footnoteLink〉
    〈context id= “c1”〉
```

```
      〈entity〉
        〈identifier scheme= "http://www.un.org/"〉Example plc〈/identifier〉
      〈/entity〉
      〈period〉
        〈instant〉2001-08-16〈/instant〉
      〈/period〉
      〈scenario name= "Actual values"〉
        〈fr:scenarioType〉actual〈/fr:scenarioType〉
      〈/scenario〉
    〈/context〉
    〈unit id= "u1"〉〈measure〉ISO4217:EUR〈/measure〉〈/unit〉
〈/xbrl〉
```

含义：一个 footnoteArc 将三个事实链接到两个脚注。这两个脚注使用不同的语言。footnoteArc 元素使用 xlink：title 属性来说明通过该事实可访问的资源的本质。

a）footnoteArc 元素的定位器

footnoteArc 元素包含的定位器应是 loc 元素。当在 footnoteLink 元素中使用 loc 元素时，它应且仅能指向同一 XBRL 实例中包含该 loc 元素的数据项或元组。

b）脚注元素（footnote）

footnote 元素是 footnoteLink 元素中允许出现的唯一资源。footnote 资源的内容相对于普通资源来说是受限的。尤其是 footnote 资源可有混合内容，其中包含一个简单的字符串或一个 XHTML 片段，或者二者兼而有之。

footnote 元素的 XML 模式约束如示例 3 所示。

示例 3：

fnotnote 元素的 XML 模式约束

```
〈schema targetNamespace= "http://www.xbrl.org/2003/linkbase"
 xmlns= "http://www.w3.org/2001/XMLSchema"
 xmlns:link= "http://www.xbrl.org/2003/linkbase"
 xmlns:xl= "http://www.xbrl.org/2003/XLink"
 xmlns:xlink= "http://www.w3.org/1999/xlink"
 elementFormDefault= "qualified"〉
   〈element name= "footnote" substitutionGroup= "xl:resource"〉
     〈annotation〉
       〈documentation〉
       引用资源元素的定义
       〈/documentation〉
     〈/annotation〉
     〈complexType mixed= "true"〉
       〈complexContent mixed= "true"〉
         〈extension base= "xl:resourceType"〉
```

```
        〈sequence〉
          〈any namespace= "http://www.w3.org/l999/xhtml"
          processContents= "skip" minoccurs= "0" maxoccurs= "unbounded" /〉
        〈/sequence〉
        〈anyAttribute namespace= "http://www.w3.org/XML/1998/namespace"
      processContents= "lax" /〉
      〈/extension〉
    〈/complexContent〉
  〈/complexType〉
 〈/element〉
〈/schema〉
```

所有 footnote 资源应包含 xml：lang 属性，该属性用于校验脚注内容所使用的语言。xml：lang 属性的值应遵循相应的 XML 规范。

c）脚注弧（footnoteArc）元素

footnoteArc 元素具有与普通扩展链接弧相同的语法，其属性如表 22 所示。

表 22　footnoteArc 元素的属性表

属性名称	选择性	描　述
xlink：arcrole		xlink：arerole 属性的值应是一个能够表明弧含义的 URL 该弧角色值被从数据项或元组定位器到脚注资源的某个 footnoteArc 元素所用，旨在表明该 footnote 传递了关于事实的可读信息
xlink：title	可选	xlink：title 属性用于向那些在事实和脚注之间来回转换的用户传达关于事实和相关脚注之间关系的信息，其内容应是一个字符串，并且对于使用 XLINK 规范的应用程序的用户是可视的

footnoteArc 元素的 XML 模式约束如示例 4 所示：

示例 4：

footnoteArc 元素的 XML 模式约束

```
〈schema targetNamespace= "http://www.xbrl.org/2003/linkbase"
  xmlns= "http://www.w3.org/2001/XMLSchema"
  xmlns:link= "http://www.xbrl.org/2003/linkbase"
  xmlns:xl= "http://www.xbrl.org/2003/XLink"
  xmlns:xlink= "http://www.w3.org/1999/xlink"
  elementFormDefault= "qualified"〉
  〈element name= "footnoteArc" type= "xl:arcType" substitutionGroup= "xl:arc"〉
  〈annotation〉
   〈documentation〉
   在 footnootLink 链接中具体使用的弧
    〈/documentation〉
   〈/annotation〉
 〈/element〉
〈/schema〉
```

9 XBRL 分类标准

9.1 分类标准模式

9.1.1 概述

本部分中，分类标准中出现的 XML 模式文件被称为“分类标准模式”。分类标准应包含分类标准模式。分类标准模式应是某个 XML 模式的有效实例。

如果一个分类标准中包含可扩展链接，该分类标准模式应包含一个指向相应链接库的 linkbaseRef 元素，或者该可扩展链接应嵌入到分类标准模式本身所包含的链接库中。

分类标准模式不一定非要导入 XBRL 实例模式文件（例如，在上下文中，仅仅为了定义 segment 或 scenario 的语法）。然而，如果分类标准模式要定义概念（在数据项或者元组替换组中的元素），它应引入 XBRL 实例模式文件 xbrl - instance - 2003 - 12 - 31. xsd，这是因为 XBRL 实例模式文件定义了抽象元素数据项和元组。

分类标准模式应该指定一个目标命名空间，如果一个目标命名空间值被指定，其目标命名空间的值不能为空。当创建分类标准模式时，应包含其他模式的命名空间声明，比如 XML 模式文件本身的命名空间。

示例：

一个框架分类标准模式显示对链接库的引用

```
〈schema
 targetNamespace= “http：//www. mycompany. com/taxonomy/2003 - 10 - 19”
 xmlns= “http：//www. w3. org/2001/XMLSchema”
 xmlns：xbrli= “http：//ww. xbrl. org/2003/instance”
 xmlns：link= “http：//www. xbrl. org/2003/linkbase”
 xmlns：ci= “http：//www. mycompany. com/taxonomy/2003 - 10 - 19”
 xmlns：xlink= “http：//www. w3. org/1999/xlink”〉
   〈annotation〉
   〈appinfo〉
    〈link：linkbaseRef
       xlink：type= “simple”
       xlink：href= “linkbase _ presentation. xml”
       xlink：role= “http：//ww. xbrl. org/2003/role/presentationLinkbaseRef”
       xlink：arcrole= “http：//www. w3. org/1999/xlink/properties/linkbase” /〉
    〈link：linkbaseRef
       xlink：type= “simple”
       xlink：href= “iinkbase calculation. xml”
       xlink：role= “http：//www. xbrl. org/2003/role/calculationLinkbaseRef”
       xlink：arcrole= “http：//www. w3. org/1999/xlink/properties/linkbase” /〉
    〈1ink：linkbaseRef
       xlink：type= “simple”
       xlink：href= “linkbase definition. xml”
```

```
        xlink: role= "http: //www. xbrl. org/2003/role/definitionLinkbaseRef"
        xlink: arcrole= "http: //www. w3. org/1999/xlink/properties/linkbase" />
    <link: linkbaseRef
        xlink: type= "simple"
        xlink: href= "linkbase label. xml"
        xlink: role= "http: //www. xbrl. org/2003/role/labelLinkbaseRef"
        xlink: arcrole= "http: //www. w3. org/1999/xlink/properties/linkbase" />
    <1ink: linkbaseRef
        xlink: type= "simple"
        xlink: href= "linkbase reference. xml"
        xlink: role= "http: //www. xbrl. org/2003/role/referenceLinkbaseRef"
        xlink: arcrole= "http: //www. w3. org/1999/xlink/properties/linkbase" />
    </appinfo>
  </annotation>
<import
  namespace= "http: //www. xbrl. org/2003/instance"
  schemaLocation= "http: //www. xbrl. org/2003/xbrl - instance - 2003 - 12 - 31. xsd" />
<! --…taxonomy elements declaration starts here…-->
</schema>
```

创建的 XBRL 分类标准可引用其他的分类标准，可扩展性是 XBRL 的关键特色。XBRL 分类标准模式可引用其他分类标准模式和附加 XBRL 链接库，以达到其可扩展性。在引用链接库时，分类标准模式也可自定义角色值以及弧角色值。

9.1.2 关于概念

在分类标准模式文件中，元素是用来描述概念的。为了和概念定义保持一致，模式文件的元素定义应指定元素的名称、替换组以及类型。在一个分类标准模式中的元素名称都应是唯一的，元素应是数据项或元组替换组的成员。

元素在语法上应有 id 属性，以简化链接库 loc 元素中 xlink：href 属性的内容。一些 XML 模式文件验证器需要所有 id 属性的唯一性，这些 id 属性是出现在分类标准模式以及所有直接或间接引入或包含的 XML 模式中。为了提高对 XML 模式文件解析的鲁棒性，应该注意限制 id 属性值与相关模式中 id 属性值发生冲突的可性。在下面的例子中，通过在元素名称前面加一个附加字符串“ci _”来避免冲突。

示例 1：

在分类标准模式中典型的元素定义

```
<schema
  xmlns= "http: //www." w3. org/2001/XMLSchema
xmlns: xbrli= "http: //www. xbrl. org/2003/instance">
<! --…in this the example unused namespaces declarations
            are missing at root element…-->
<! --…linkbases and imports go here…-->
    <element
```

```
    id= "ci _ preferredDividends"
    name= "preferredDividends"
    xbrli: periodType= "duration"
    type= "xbrli: monetaryItemType"
    substitutionGroup= "xbrli: item" nillable= "true" />
  <element
    id= "ci _ stockBasedCompensationPolicy"
    name= "stockBasedCompensationPolicy"
    xbrli: periodType= "duration"
    type= "xbrli: stringItemType"
    substitutionGroup= "xbrli: item" nillable= "true" />
  </schema>
```

定义了两个概念，一个与 preferredDividends（优先股息）元素相关，另一个与 stockBasedCompensationPolicy（股权激励政策）元素相关。在 XBRL 实例中这两个值都可用空值来表达。在 XBRL 实例中优先股息概念在它的上下文中应表现为一个时间段的数值型数据项（numeric item），股权激励政策概念在它的上下文中应表现为一个时间点的非数值型数据项。

XBRL 还定义了 periodType（时期类型）和 balance（借贷方向）属性，可用于元素的语法定义，如表 23 所示。

表 23 概念的属性表

属性名称	选择性	描 述
periodType（时间类型）		时间类型属性应用在数据项替换组的元素上。时间类型属性的值为时间点时，表示当该元素用在一个 XBRL 实例时应与一个时间是时间点的上下文相关。值为时间段时，表示当该元素用在一个 XBRL 实例时应与一个时间是时间段的上下文相关，并使用起始日期和结束日期元素或者永久元素来表达
balance（借贷方向）	可选	balance 属性只能在货币项类型或者货币项类型的派生类型的元素中进行定义。 balance 属性在消费数目与资产、负债、权益、收入、费用等会计概念相关的应用中非常重要。当提供了借方/贷方指标时，balance 属性为如何授权和解释 XBRL 实例中的值提供了权威性的说明

XML 模式文件约束了时间类型属性，如下所示：

```
<schema targetNamespace= "http://ww. xbrl. org/2003/instance"
  xmlns= "http://www. w3. org/2001/XMLSchema"
  xmlns: xbrli= "http://ww. xbrl. org/2003/instance"
  xmlns: link= "http://www. xbrl. org/2003/linkbase"
  elementFormDefault= "qualified">
   <attribute name= "periodType">
     <annotation>
       <documentation>
       时间类型属性（限制 XBRL 数据项的时间）
       </documentation>
     </annotation>
     <simpleType>
```

```
    〈restriction base= "token"〉
      〈enumeration value= "instant" /〉
      〈enumeration value= "duration" /〉
    〈/restriction〉
    〈/simpleType〉
  〈/attribute〉
〈/schema〉
```

示例 2：

时间点和时间段概念定义

```
〈element id= "al" name= "changeInRetainedEarnings"
        xbrli：periodType= "duration"
        type= "xbrli：monetaryItemType" substitutionGroup= "xbrl i：item" /〉
〈element id= "a2" name= "fixedAssets"
        xbrli：balance= "debit"
        xbrli：periodType= "instant"
        type= "xbrli：monetaryItemType" substitutionGroup= "xbrli：item" /〉
```

balance 属性的 XML 模式约束如下所示：

```
〈schema targetNamespace= "http：//www. xbrl. org/2003/instance"
 xmlns= "http：//www. w3. org/2001/XMLSchema"
 xmlns：xbrli= "http：//www. xbrl. org/2003/instance"
 xmlns：link= "http：//www. xbrl. org/2003/linkbase"
 elementFormDefault= "qualified"〉
  〈attribute name= "balance"〉
    〈annotation〉
      〈documentation〉
      balance 属性（约束计算关系）
      〈/documentation〉
    〈/annotation〉
    〈simpleType〉
      〈restriction base= "token"〉
        〈enumeration value= "debit" /〉
        〈enumeration value= "credit" /〉
      〈/restriction〉
    〈/simpleType〉
  〈/attribute〉
〈/schema〉
```

示例 3：

应用 balance 元素来表示标准的借方和贷方余额

```
〈element
  id= “netIncome” name= “netIncome” xbrli：balance= “credit”
  xbrli：periodType= “duration”
  type= “xbrli：monetaryItemType” substitutionGroup= “xbrli：item” /〉
〈element
  id= “fixedAssets” name= “fixedAssets” xbrli：bafance= “debit”
  xbrli：periodType= “instant”
  type= “xbrli：monetaryItemType” substitutionGroup= “xbrli：item” /〉
```

表24　实例中的正确符号

分类标准元素	账户类型	XBRL实例元素符号
balance= “credit”	贷方	正或零
balance= “credit”	借方	负或零
balance= “debit”	借方	正或零
balance= “debit”	贷方	负或零

在XBRL实例中，一个借方/贷方数据项的数字表达通常是正的。

示例4：

在一个XBRL实例中有正值概念和负值概念

```
〈my：netIncome precision= “3” unitRef= “u1”
        contextRef= “c1”〉 500 〈/my：netIncome〉
〈my：netIncome precision= “3” unitRef= “u1”
        contextRef= “c2”〉 －200 〈/my：netIncome〉
```

在不同的上下文中，一个利润是500，一个亏损是200。

在计算弧元素中，对balance属性的赋值限制了合法的权值，如表25所示。

表25　balance属性和计算弧权值的限制

“from”项的balance属性	“to”项的余额属性	计算弧上权值属性的非法值
借方	借方	负（<0）
借方	贷方	正（>0）
贷方	借方	正（<0）
贷方	贷方	负（>0）

所有的数据项类型应是以下所列的类型或者是由其通过约束派生的类型（参见附录D）。XBRL所提供的基本类型覆盖XML模式文件内嵌类型的子集SCHEMA规范（基类型或者派生类型）以及XBRL指定4种类型与领域空间相关的（货币项类型、股份项类型、纯数据项类型、分数项类型），因此明确地定义了XBRL的命名空间。除了分数项类型外，所有类型都有简单的内容，所以在一个分类标准中不可包含复杂内容，除非它是通过分数项类型来约束。

数据项类型或元组类型应指定在适当的分类标准模式中，如表26所示，数据类型如表27所示。

表 26　已定义的数据项类型

XBRL 数据项类型	基本类型	unitRef（单位引用）属性	数值类型说明
decimalhemType	Decimal	yes	
floatlemType	Float	yes	
doubleItemType	Double	yes	
integerItemType	Integer	yes	基于从十进制受限派生的 XML 模式的内置类型
nonPositiveIntegerItemType	nonPositiveInte-ger	yes	基于从十进制受限派生的 XML 模式的内置类型
negativeIntegerItemType	negativeInteger	yes	基于从十进制受限派生的 XML 模式的内置类型
longItemType	Long	yes	基于从十进制受限派生的 XML 模式的内置类型
intItemType	Int	yes	基于从十进制受限派生的 XML 模式的内置类型
shortItemType	Short	yes	基于从十进制受限派生的 XML 模式的内置类型
byteItemType	Byte	yes	基于从十进制受限派生的 XML 模式的内置类型
nonNegativeIntegerItemType	nonNegativeIn-teger	yes	基于从十进制受限派生的 XML 模式的内置类型
unsignedLongItemType	unsignedLong	yes	基于从十进制受限派生的 XML 模式的内置类型
unsignedIntItemType	unsignedInt	yes	基于从十进制受限派生的 XML 模式的内置类型
unsignedShortItemType	unsignedShort	yes	基于从十进制受限派生的 XML 模式的内置类型
unsignedByteItemType	unsignedByte	yes	基于从十进制受限派生的 XML 模式的内置类型
positiveIntegerItemType	positiveInteger	yes	基于从十进制受限派生的 XML 模式的内置类型
monetaryItemType	xbrli：monetary	yes	与 XBRL 指定的领域空间特别相关，因此，除了 XML schema 内置的类型，该数值类型也被包含在内
sharesItemType	xbrli：shares	yes	与 XBRL 指定的领域空间特别相关，因此，除了 XML schema 内置的类型，该数值类型也被包含在内
pureItemType	xbrli：pure	yes	与 XBRL 指定的领域空间特别相关，因此，除了 XML schema 内置的类型，该数值类型也被包含在内
fractionItemType	具有小数分子和非零小数分母的复杂类型（xbr-li：nonZeroDec-imal）	yes	与 XBRL 指定的领域空间特别相关，因此，除了 XML schema 内置的类型，该数值类型也被包含在内
stringItemType	String	no	该类型基于 XML 模式的内置类型，而这些内置类型不是由十进制或者字符串派生而来

续表

XBRL数据项类型	基本类型	unitRef（单位引用）属性	数值类型说明
booleanItemType	Boolean	no	该类型基于XML模式的内置类型，而这些内置类型不是由十进制或者字符串派生而来
hexBinaryItemType	hexBinary	no	该类型基于XML模式的内置类型，而这些内置类型不是由十进制或者字符串派生而来
base64BinaryItemType	base64Binary	no	该类型基于XML模式的内置类型，而这些内置类型不是由十进制或者字符串派生而来
anyURIItemType	anyURI	no	该类型基于XML模式的内置类型，而这些内置类型不是由十进制或者字符串派生而来
QNameItemType	Qname	no	该类型基于XML模式的内置类型，而这些内置类型不是由十进制或者字符串派生而来
durationItemType	Duration	no	该类型基于XML模式的内置类型，而这些内置类型不是由十进制或者字符串派生而来
dateTimeItemType	xbrli：dateUnion	no	该类型基于XML模式的内置类型，而这些内置类型不是由十进制或者字符串派生而来
timeItemType	Time	no	该类型基于XML模式的内置类型，而这些内置类型不是由十进制或者字符串派生而来
dateItemType	Date	no	该类型基于XML模式的内置类型，而这些内置类型不是由十进制或者字符串派生而来
gYearMonthItemType	gYearMonth	no	该类型基于XML模式的内置类型，而这些内置类型不是由十进制或者字符串派生而来
gYearItemType	gYear	no	该类型基于XML模式的内置类型，而这些内置类型不是由十进制或者字符串派生而来
gMonthDayItemType	gMonthDay	no	该类型基于XML模式的内置类型，而这些内置类型不是由十进制或者字符串派生而来
gDayItemType	gDay	no	该类型基于XML模式的内置类型，而这些内置类型不是由十进制或者字符串派生而来
gMonthItemType	gMonth	no	该类型基于XML模式的内置类型，而这些内置类型不是由十进制或者字符串派生而来
normalizedStringItemType	normalizedString	no	基于由字符串受限派生而来的XMLschema的内置类型
tokenItemType	Token	no	基于由字符串受限派生而来的XMLschema的内置类型
languageItemType	Language	no	基于由字符串受限派生而来的XMLschema的内置类型
NameItemType	Name	no	基于由字符串受限派生而来的XMLschema的内置类型
NCNameItemType	NCName	no	基于由字符串受限派生而来的XMLschema的内置类型

示例5：

派生一个枚举数据项类型

```
<schema targetNamespace= "http://www.someCompany.com/taxonomy"
  xmlns:my= "http://www.someCompany.com/taxonomy"
  xmlns:xbrli= "http://www.xbrl.org/2003/instance"
  xmlns: "http://www.w3.org/2001/XMLSchema"
  elementFormDefault= "qualified" >
```

```
<import
  namespace= "http://www.xbrl.org/2003/instance"
    schemaLocation= "http://www.xbrl.org/2003/xbrl-instance-2003-12-31.xsd" />

  <complexType name= "stateProvinceItemType" >
    <simpleContent>
      <restriction base= "xbrli:tokenItemType" >
        <enumeration value= "MI" />
        <enumeration value= "ON" /)
      </restriction>
    </simpleContent)
  </complexType>

  <element name= "stateProvince" id= "my _ stateProvlnce"
  xbrli:periodType= "instant" substitutionGroup= "xbrli:item"
  type= "my:stateProvinceItemType" />
schema>
```

在分类标准模式中唯一允许的方法是从 XBRL 提供的数据项类型中受限派生新的数据项类型。示例 5 定义了 stateProvinceType 类型，并用来定义一个 segment 的子元素。这里，定义一个在公司自己分类标准中的 XBRL 概念。注意，没有使用前面定义的简单类型。

表 27 数据类型参照表

数据类型	内容
monetary（货币），shares（股份）和 pure（纯）数据类型	XBRL 实例模式文件定义了货币数据类型，它专指 XML 模式文件的十进制类型。XBRL 分类标准中表示所有货币值的数值元素应使用货币项类型或者由它派生的数据类型；股份类型表示基于股份的值；纯数据表示增长率、百分比以及其他量度。此处隐含地认为分子与分母具有相同的单位
fractionhemType（分数项）数据类型	XBRL 为了能够表达精确的值，提供了一种分数项数据类型。分数项数据类型中的数据值应是精确的。即分数项的分子和分母不能是根据精度推导规则推导出，而应在分数式中以原精度直接、完整表达的值，不能出现精度和小数属性

XML 模式文件对货币、股份和纯数据类型的定义如下所示：

```
<schema targetNamespace= "http://www.xbrl.org/2003/instance"
  xmlns= "http://www.w3.org/2001/XMLSchema"
  xmlns:xbrli= "http://www.xbrl.org/2003/instance"
  xmlns:link= "http://www.xbrl.org/2003/linkbase"
  elementFormDefault= "qualified" >

  <annotation>
    <documentation>
    定义简单类型作为数据项类型的基类
    </documentation>
```

```
  </annotation>

  <simpleType name= "monetary" >
    <annotation>
      <documentation>
      在表示货币单位的分类标准中，货币类型被用来表示财务概念的数据类型，
      这种类型的实例数据项的度量单位应出自 ISO 4217 货币名空间
      </documentation>
    </annotation>
    <restriction base= "decimal" />
  <simpleType>

  <simpleType name= "shares" >
    <annotation>
      <documentation>
      股份类型用于基于股份的财务概念
    </documentation>
   </annotation>
   <restriction base= "decimal" />
  </simpleType>

  <simpleType name= "pure" >
    <annotation>
      <documentation>
      纯数据类型用来作为无计量单位的类型，例如百分比变化，增长率和其他一些比率
      </documentation>
    </annotation>
    <restriction base= "decimal" />

  <simpleType>

</schema>
```

fractionItemType 的 XML 模式约束如下所示：

```
<schema targetNamespace= "http：//www. xbrl. org/2003/instance"
    xmlns= "http：//www. w3. org/2001/XMLSchema"
    xmlns：xbrli= "http：//www. xbrl. org/2003/instance"
    xmlns：link= "http：//www. xbrl. org/2003/linkbase"
    elementFormDefault= "qualified" >
  <element name= "numerator" type= "decimai" />
  <element name= "denominator" type= "xbrli：nonZeroDecimal" />
  <complexType name= "fractionItemType" final= "extension" >
```

```
    <sequence>
      <element ref= "xbrli: numerator" />
      <element ref= "xbrli: denominator" />
    </sequence>
    <attributeGroup ref: "xbrli: essentialNumericltemAttrs" />
  </complexType>

</schema>
```

示例 6：

表达小数

分　数	表　示
1/3	<myTaxonomy：oneThird id= "oneThird" unitRef= "u1" contextRef= "numCl" > <numerator>l</numerator> <denominator>3</denominator> </myTaxonomy：oneThird>

分子元素应包含数字值，分母元素应包含有限且非零的数字值。

9.1.3　linkbaseRef 元素

在分类标准模式中，linkbaseRef（链接库引用）元素用于识别一个链接库。如果分类标准模式在一个 DTS 中，该链接库也应在该 DTS 中。

在分类标准模式中，链接库引用元素的语法与 XBRL 实例中链接库引用元素的语法是相同的。

9.1.4　自定义 roleType 元素

roleType（角色类型）元素包含一个自定义角色类型。roleType 元素使用 roleURI 定义角色类型，列出可使用该角色的元素，并提供该角色类型的说明。

角色类型为 XLINK 可扩展链接和资源元素的 xlink：role 属性定义自定义值。角色类型元素应放在 XPATH 路径（http：//xsd：schema/xsd：annotation/xsd：appinfo/＊）所标识的节点集合中。本部分（作为标准的角色属性值）定义的角色值不能对角色类型元素作出重复定义。

一个分类标准模式中不可有多于一个角色类型元素有同一个 roleURI 属性值。在一个 DTS 中，可有不止一个的角色类型元素具有相同 roleURI 属性值。然而，具有相同 roleURI 属性值的所有角色类型元素应是结构等价的。

roleURI 属性值标识了要定义的 xlink：role 属性值。自定义角色类型子元素的值被用来指定允许哪个元素使用自定义角色类型。由于在使用自定义角色的链接库时通过角色引用指向角色类型元素，因此角色类型元素可有一个 id 属性，其属性以及子元素如表 28 所示。

表 28　roleType 元素的属性和子元素表

属性和子元素名称	选择性	描　述
roleURI 属性	必备	应包含已经定义的角色值。当使用自定义角色类型时，xlink：role 属性值与 roleURI 值相匹配
Id 属性	可选	id 属性的值应遵循具有 id 类型的属性的 XML 规范
definition 元素	可选	roleType 元素可包含一个 definition 元素，其内容应是一个赋予角色类型意义的字符串

续表

属性和子元素名称	选择性	描　述
usedOn 元素	可选	roleType 元素可包含一个或多个 usedOn 元素，列出可使用该角色类型的元素。在一个 roleType 元素中，不能包含结构等价的 usedOn 元素。标准扩展链接元素和资源元素应由 usedOn 元素来标识，而用户自定义扩展链接元素和资源元素则不受此条件限制

示例：

定义一个自定义角色类型

示例一个角色的角色类型定义：http：//www. mycomp. com/role/endnote，以用来展示仅在文档末尾表达的一个 XBRL 实例中的脚注。

```
<schema targetNamespace= “http：//www. mycomp. corn/mytaxonomy”
          xmlns：link= “http：//www. xbrl. org/2003/inkbase”
          xmlns= “http：//www. w3. org/2001/XMLSchema” elementFormDefault= “quali-
          fied” >
  <annotation>
  <appinfo>
    <link：roleType roleURl= “http：//www. mycompany. com/role/endnote”
    id= “endnote” >
    <link：definition>
    A footnote that should be displayed only at the end of a document
    </link：definition>
    <link：usedOn>link：footnote</link：usedOn>
  </link：roleType>
  </appinfo>
</annotation>
</schema>
```

该 roleType 元素定义了一个角色。

```
  <link：roleRef xlink：type= “simple”
    xlink：href= “mycomproles. xsd＃endnote”
    roleURI= “http：//www. mycomp. com/role/endnote” />

    <link：footnote xlink：role= “http：//www. mycomp. com/role/endnote”
                    xlink：type= “resource” xlink：label= “endnotel” >
  Excluding the effects of the merger and contingent liabilities.
  </link：footnote>
```

xlink：role 值通过查找具有与 xlink：role 值匹配的 roleURI 属性值的角色引用元素来追溯到 roleType 元素。在分类标准模式 mycomproles. xsd 中角色引用元素的 xlink：href 属性直接指向（通过片段标识器）id 属性等于“endnote”的 roleType 元素。该 roleType 元素有一个匹配的 roleURI 属性值。

roleType 元素及其子元素的 XML 模式约束如下所示：

```
<schema targetNamespace= "http://www. xbrl. org/2003/linkbase"
  xmlns= "http://www. w3. org/2001/XMLShema"
  xmlns:link= "http://www. xbrl. org/2003/linkbase"
  xmlns:xl= "http://www. xbrl. org/2003/XLink"
  xmlns:xlink= "http://www. w3. org/1999/xlink"
  elementFormDefault= "qualified" >

<element name= "definition" type= "string" >
    <annotation>
      <documentation>
      该元素用来表示自定义角色和角色弧的可读定义
      </documentation>
    </annotation>
  </element>

  <element name= "usedOn" type= "QName" >
    <annotation>
    <documentation>
    usedOn 元素的定义——用来标识哪些元素可使用分类标准所定义的角色或者角色弧的值
    </documentation>
  </annotation>
<element>
<element name= "roleType" >
  <annotation>
    <documentation>
    roleType 元素的定义——用来定义扩展链接中自定义角色的值
    </documentation>
  </annotation>
  <complexType>
    <sequence>
      <element ref= "link:definition" minOccurs= "0" />
      <element ref= "link:usedOn" maxOccurs= "unbounded" />
    </sequence>
    <attribute name= "roleURI" type= "xlink:nonEmptyURI" use= "required" />
    <attribute name= "id" type= "ID" />
  </complexType>
</element>
</schema>
```

9.1.5　自定义 arcroleType 元素

arcroleType（弧角色类型）元素包含一个自定义弧角色的定义。arcroleType 元素通过声明弧角色值来描述自定义 arcroleType，阐明 arcroleType 可用于的元素，通过允许使用 arcroleType 的关系网络的循环类型来描述自定义弧角色的类型，并提供一个便于读者阅读的 arcroleType 意义的定义。

arcroleType 元素应存在 XPATH 路径（http：//xsd：schema/xsd：annotation/xsd：appinfo/*）所标识的节点集合中。在本部分中定义的弧角色值（作为标准的弧角色值）不能使用 arcroleType 元素再次定义。其属性如表 29 所示。

表 29　arcroleType 元素的属性表

属性名称	选择性	描　述
arcroleURI	必备	应包含已定义的弧角色的值。当使用已定义的 arcroleType 时，xlink：arcrole 的属性值应与 arcroleURI 的值相匹配
id	可选	该 id 属性的值应遵循具有 id 类型的属性的 XML 规范。它提供了一个 id 属性从而简化了 arcroleType 元素 xlink：href 属性的内容
cyclesAllowed	必备	此属性用来鉴定在一个关系网络中允许出现的循环类型。具有完全一致性的 XBRL 处理器应能检测并标明那些违反该属性限制的自定义角色类型关系网络，因为自定义角色关系类型的网络出现在标准扩展链接的标准弧上。需要注明的是，自定义弧元素的网络不受此约束条件的限制，出现在自定义的扩展链接中标准弧元素的网络也不受此限制

在一个分类标准模式中不同的 arcroleType 元素的 arcroleURI 属性值不同。在一个 DTS 中，可有多个 arcroleType 元素具有相同的 arcroleURI 值。然而，具有相同 arcroleURI 值的所有的 arcroleType 元素应是结构等价的。

arcroleURI 属性值标识了那些已被定义的 xlink：arcrole 属性值。自定义角色类型子元素的值可标识哪些弧可使用该 arcroleType。由于在使用自定义弧角色值的链接库中是由弧角色引用元素来指向 arcroleType 元素的，因此 arcroleType 元素可有一个 id 属性。

示例 1：

定义一个自定义弧角色值

定义计算链接库中链接数据项的弧角色值“http：//www. mycomp. com/arcrole/average - item”

```
<schema targetNamespace= “http：//www. mycomp. com/mytaxonomy”
        xmlns：link= “http：//www. xbrl. org/2003/linkbase”
        xmlns = http：//www. w3. org/2001/XMLSchema  elementFormDefault = “qualified” >
<annotation>
<appinfo>
  <link：arcroleType arcroleURI= “http：//www. mycomp. com/arcrole/average - item”
  id= “average - item”
  cyclesAllowed= “none” >
  <link：usedOn> link：calculationArc</link：usedOn)
    </link：arcroleType>
  </appinfo>
</annotation>
</schema>
```

```
<link：arcroleRef xlink：type= "simple"
   xlink：href= "mycomparcroles. xsd # average - item"
   arcroleURI= "http：//www. mycomp. com/arcrole/average - item" />
…
< link： calculationArc xlink： arcrole = "http：//www. mycomp. com/arcrole/average - i-
tem"
                         xlink：type= "arc"
                         xlink：from= "salesAverage" xlink：to= "salesDetail"
                         link：weight= "1" />
```

xlink：arcrole 值是通过查找具有与 xlink：arcrole 值相匹配的 arcroleURI 属性值的弧角色引用元素来追溯 areroleType 元素的。在分类标准模式 mycomparcroles. xsd 中，弧角色引用元素的 xlink：href 属性直接指向（通过片段标识器）某个 id 属性等于"average - item"的 arcroleType 元素。该 arcroleType 元素有一个匹配的 arcroleURI 属性值。

arcroleType 元素及其子元素的 XML 模式约束如下所示：

```
<schema targetNamespace= "http：//www. xbrl. org/2003/linkbase"
   xmlns= "http：//www. w3. org/2001/XMLSchema"
   xmlns：link= "http：//www. xbrl. org/2003/linkbase"
   xmlns：xi= "http：//www. xbrl. org/2003/XLink"
   xmlns：xlink= "http：//www. w3. org/1999/xlink"
   elementFormDefault= "qualified" >

   <element name= "definition" type= "string" >
     <annotation>
       <documentation>
       该元素用来表示自定义角色和角色弧的可读取定义
       </documentation>
     </annotation>
   </element>

   <element name= "usedOn" type= "QName")
     <annotation>
       <documentation>
       使用自定义角色类型元素的定义，
       用来标识哪些元素可使用分类标准来定义角色或者角色弧的值
       </documentation>
       </annotation>
     </element>

     <element name= "arcroleType" >
```

```
        <annotation>
          <documentation>
          arcroleType 元素的定义，
          用来定义 XBRL 扩展链接中自定义弧角色的值
          </documentation>
        </annotation>
        <complexType>
          <sequence>
            <element ref= "link: definition" minOccurs= "0" />
            <element ref= "link: usedOn" maxOccurs= "unbounded" />
          </sequence>
          <attribute  name = "arcroleURI" type = "xlink: nonEmptyURI" use = "re-
quired" />
          <attribute name= "id" type= "ID" />
          <attribute name= "cyclesAllowed" use= "required" >
           <simpleType>
            <restriction base= "NMTOKEN" >
             <enumeration value= "any" />
             <enumeration value= "undirected" />
             <enumeration value= "none" />
            </restriction>
           </simpleType>
         </attribute>
       </complexType>
     </element>

  </schema>
```

在 XBRL 中的关系网络形成了连通图。由于 XPTR 中 XPointer 在 XBRL 中的应用，图中的节点将总会同 XML 的元素相对应。就 9.2 中所指定的关系来说，这些节点也会与概念或者资源相对应。在网络中的每一个关系都会同图中的一条有向的边相对应，形成了一对有序的节点对$<$u，v$>$。

一条路径即为节点的一条顺序序列。$<V_0，V_1，\cdots，V_{n-1}，V_n>$

当考虑了边的方向，若存在任意一个结点到其自身的路径，则称一个有向图包含一个有向的环。即，当存在一个节点的有序序列$<V_0，V_1，\cdots，V_{n-1}，V_n>$，且 $V_0=V_n$，则对于任意一个 V_i，当 $0\leqslant i<n$，就存在一条有向的边（V_i，V_{n+1}）。

示例 2：

有向环

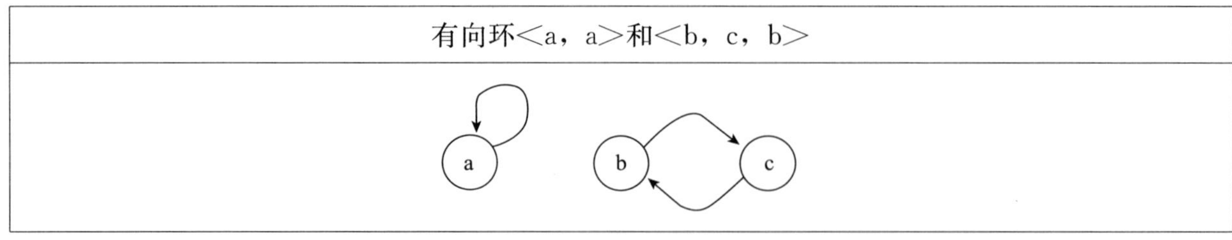

当忽略边的方向性，若存在任意一个结点到其自身的路径，则称一个有向图包含一个无向环。即，当存在一个节点的有序序列<V_0，V_1，…，V_{n-1}，V_n>，且 $V_0=V_n$，则对于任意一个 V_i，当 $0\leqslant i<n$，就存在一条有向边（V_i，V_{i+1}）或（V_{i+1}，V_i），其不同于之前的所有边。

示例 3：

无向环

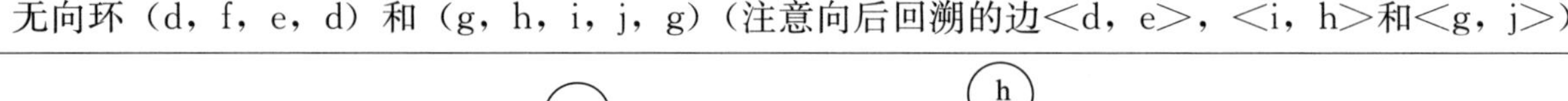

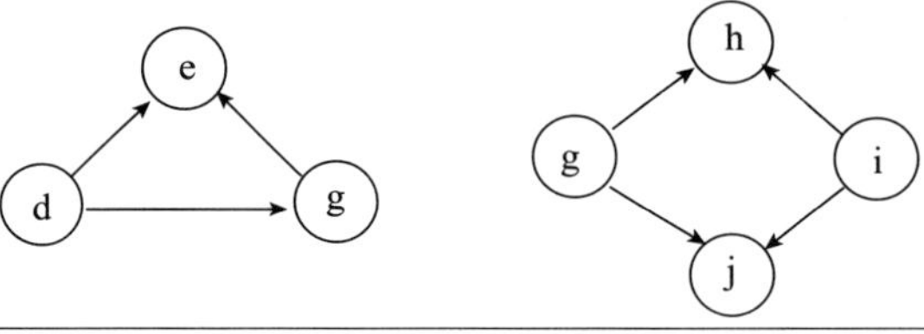

cyclesAllowed 属性应具有下列值之一，如表 30 所示。

表 30　cyclesAllowed 属性值注释表

值	注　释
any	一张图可含有任何数目的有向环和无向环
undirected	一张图可含有任何数目的无向环，但不允许含有任意一条有向环
none	一张图不允许含有任何有向环和无向环

a）definition 元素

arcroleType 元素可含有一个 definition 元素，该元素应含有一个对 arcroleType 元素进行解释性定义的字符串。

b）usedOn 元素

arcroleType 元素可包含一个或多个 usedOn 类型元素。该 usedOn 类型元素可识别哪些元素可使用已定义的 arcroleType。在一个 arcroleType 元素中不能有结构等价的 usedOn 类型元素。使用已定义 arcroleType 的标准弧元素应在 arcroleType 元素中用 usedOn 元素来标识，无论其何时出现在标准扩展链接中。

重定义结构会让引用定位器的链接库中的链接目标模糊不清，因此禁止使用。

9.2　分类标准链接库

9.2.1　概述

在 XBRL 分类标准中，使用扩展链接来表达概念之间的关系以及对这些概念的进一步说明。分类标准包含五种不同的扩展链接，分别是：定义、计算、列报、标签和参考。其中，定义、计算和列报链接表达的是分类标准中概念之间的关系；标签和参考链接库表达的是概念与描述其含义的文档之间的关系：标签链接管理与多种语言表示的分类标准元素相关的文本；参考链接管理对权威文献的引用（在线或纸质形式）。

在分类标准中，如果一个链接库没有被嵌入在分类标准模式文档里，该分类标准模式应包含一个指向包含该链接库的文件的链接库引用元素。

在一个 DTS 的列报、计算和定义扩展链接中，弧将 XBRL 概念组织成关系网络，以便把每个概念与其他概念关联起来。在标签和引用扩展链接中，弧表示其中的概念和它们文档间的关系网络。

DTS 中的每个概念内部之间的关系网络可包含若干根概念。对于一个给定的关系网络，根概念不是该网络中任何关系的“to”侧的 XML 片段。一个概念在一个关系网络中是根概念，但可在另一个关系网络中不是根概念。如果一个概念既不是“from”，又不是“to”侧的 XML 片段，则它是根概念。

概念间的关系以及概念与描述它们的资源间的关系可被代替或禁止，如下是一个关于禁止的例子。若考虑第三方想要在“子”概念间创建一个新的“小计”概念中介，而原来在“子”概念间已经存在对“合计”概念的合计一项弧。该“小计”概念的创建者将会从小计概念到子概念以及合计概念到小计概念各增加一条弧。那从子概念到合计概念就会有两条路径，一条使用经过小计概念的新弧，另一条使用原来的直接来自合计概念的弧。在计算链接的情况下，这将导致值的两次计算。小计概念的创建者应设立禁止弧来阻止这种情况的发生，在计算时有效地移去关系网络中直接从合计概念到子概念的弧。

示例 1：

使用关系禁止在计算网络中插入一个新的小计

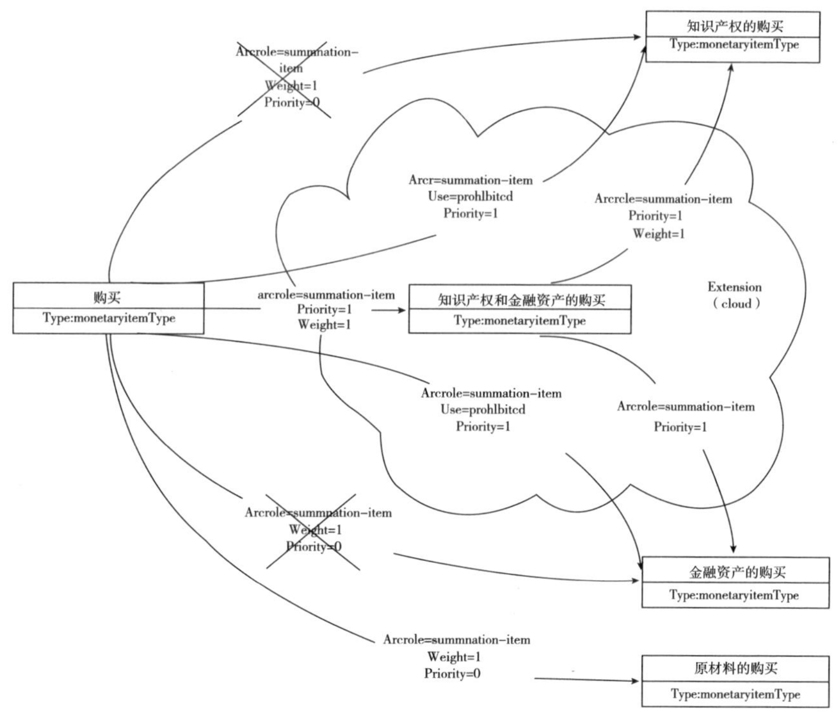

在一个关系网络中的一个或多个关系可形成一个环（即，在网络中可存在一条路径从一个 XML 片段到同一个 XML 片段，而不需要多次涉及其他的任何关系）。在一个网络中，根据关系的语义的不同，不同类型的循环在语义上可是一致的也可是不一致的，这种不一致性可被应用程序检测出来。

具有完全一致性的 XBRL 处理器应能够检测构成语义矛盾的循环。在本部分中每个给定语义意义的网络语义矛盾的循环都已被标记。

示例 2：

循环的类型

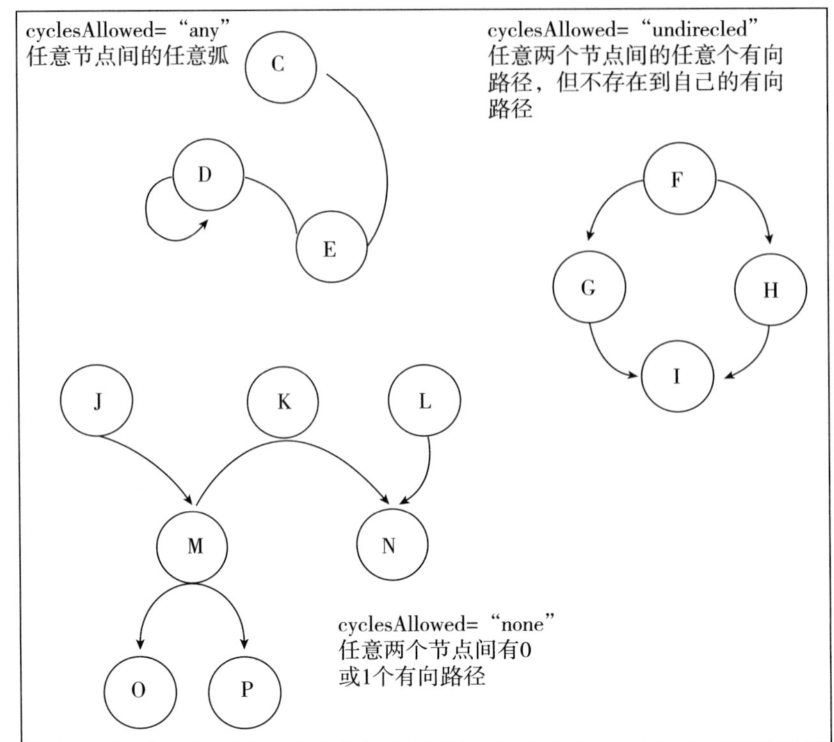

为了阐明概念间的关系网络，考虑以下可被定义到分类标准中的概念。

示例3：

财务报表分类标准中的元素

标　签	元素名	balance	替换组
利润表	incomeStatement		
税前净收益	netIncomeBeforeTax	贷方	数据项
税	taxes	借方	数据项
税后净收益	netIncomeAfterTax	贷方	数据项
特别项目	extraordinaryItems	借方	数据项
净收益	netIncome	贷方	数据项
业绩计量	performanceMeasures		数据项

假设将分类标准中表达的元素的概念间的数学关系表示如下：

税后净收益＝税前净收益－税

净收益＝税后净收益－特别项目

计算链接库可包含计算扩展链接以便计算净收益、税前净收益、税后净收益。在一个应用中，上面的每个公式都被表示为一个树型层次结构。

示例4：

计算链接库中的层次

图示	说明
净收益 Type：monetaryItemType summation−ltem weight=1（净收益→税后净收益） summation−ltem weight=1（净收益→特别项目） 税后净收益 Type：monetaryItemType 特别项目 Type：monetaryItemType summation−ltem weight=1（税后净收益→税前净收益） summation−ltem weight=1（税后净收益→税后净收益） 税前净收益 Type：monetaryItemType 税后净收益 Type：monetaryItemType	计算层次：在该层次中的每个数据项对合计都有贡献。 弧通过权值来注解。该权值表示该属性对计算或者合计的贡献度

定义链接库中也可包含一个概念与其他概念相关联的定义扩展链接。在下例中，业绩计量（performanceMeasures）是分类标准中定义的一个元素，业绩计量的类型是：净收益、税前净收益和税后净收益。链接的 xlink：arcrole 是一个 URI，解释了对关系定义的联系类型。

示例 5：

定义链接库中从一般到特殊的弧的层次

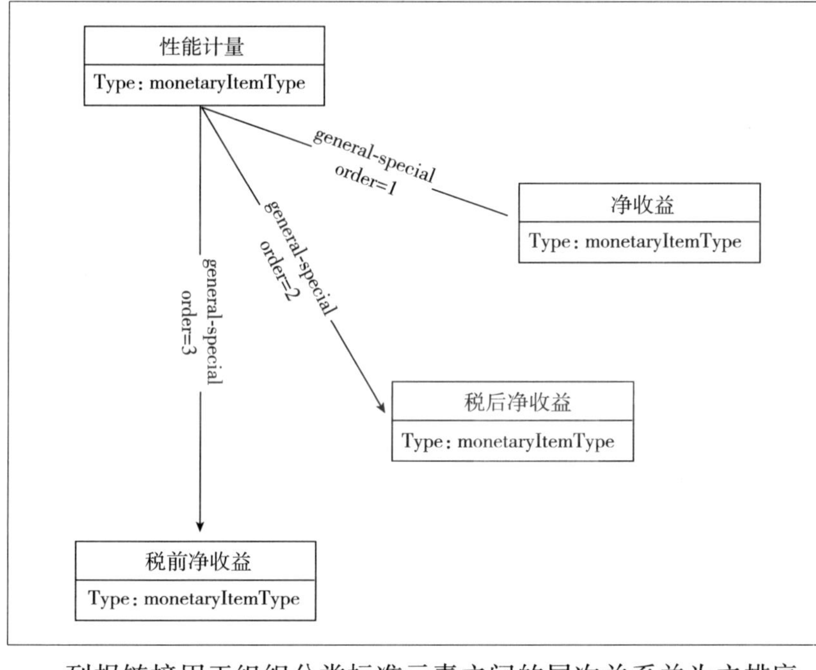

定义层次：在该层次中定义了多种“业绩计量”的概念
弧用展示层次的“次序”属性来注释

列报链接用于组织分类标准元素之间的层次关系并为之排序。

不同的应用需要不同的列报链接。有一组用户的集合——分类标准开发者和使用分类标准的领域专家，他们的列报需要在分类标准的整个生命时间相关。当分类标准发布时，它们不可包含所有可能的列报，但是可包含至少一个“开发者角度”的视图，该视图与上下文无关，它不必考虑 XBRL 实例上下文。在该例子中的列报链接库可包含一个列报链接来组织概念，从而使它们看起来像在财务报表中的行项目。其他列报链接库可包含某一链接以将那些相同的概念子集组成一个数据集合。

示例 6：

列报链接库中的层次

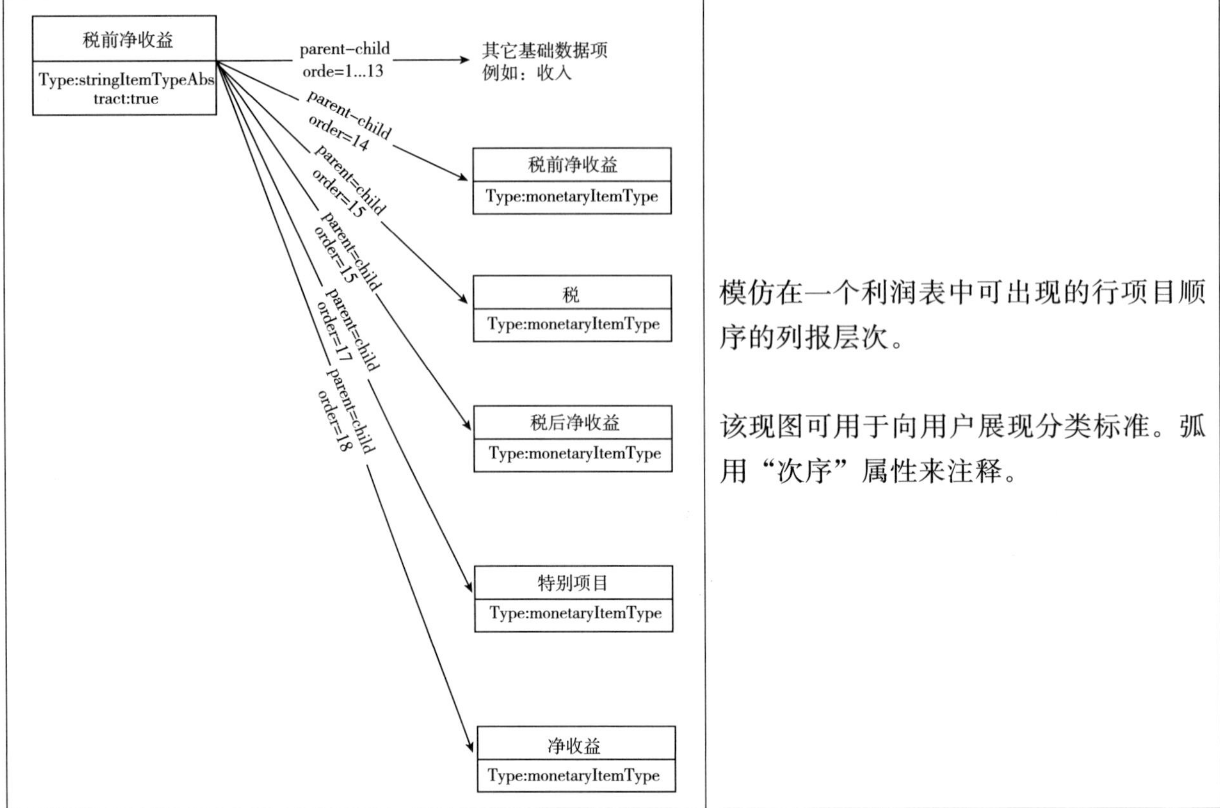

模仿在一个利润表中可出现的行项目顺序的列报层次。

该现图可用于向用户展现分类标准。弧用“次序”属性来注释。

9.2.2 labelLink 元素

labelLink（标签链接）元素是一个扩展链接，其目的是包含概念和原文文档及这些概念标签的关系。

labelLink 元素的 XML 模式约束如下：

```
<schema targetNamespace= “http：//www. xbrl. org/2003/linkbase”
  xmlns= “http：//www. w3. org/2001/XMLSchema”
  xmlns：link= “http：//www. xbrl. org/2003/linkbase”
  xmlns：xl= “http：//www. xbrl. org/2003/XLink”
  xmlns：xlink= “http：//www. w3. org/1999/xlink”
  elementFormDefault= “qualified” >

  <element name= “labelLink” substitutionGroup= “xl：extended”)
    <annotation>
      <documentation>
      标签扩展链接元素的定义
      </documentation>
    </annotation>
    <complexType>
    <complexContent>
      <restriction base= “xl：extendedType” >
        <choice minOccurs= “0” maxOccurs= “unbounded” >
          <element ref= “xl：title” />
```

```
            <element ref="link: documentation" />
            <element ref="link: loc" />
            <element ref="link: labelArc" />
            <element ref="link: label" />
          </choice>
          <anyAttribute namespace="http: //www.w3.org/XML/1998/namespace"
processContents="lax" />
        </restriction>
      </complexContent>
    </complexType>
  </element>

</schema>
```

a）定位器

labelLink 元素不能包含非 loc 元素的定位器。

b）label 元素

尽管每个分类标准都定义了一个表示一系列业务报告概念的单独元素集，但是对于其他概念的可阅读 XBRL 文档，包括标签（字符串，其能让每个概念都有一个可理解的名字）和其他说明文档，均被放置在标签链接库的资源元素中。该资源元素用 xml：lang 属性来指定所使用的语言（通过 XML 的标准语言属性）和一个对文件目的可选的分类标准（通过角色属性），其属性如表 31 所示。

表 31　label 元素的属性表

属性名称	选择性	描　述
xml：lang	必备	用于识别标签内容所使用的语言，xml：lang 属性值应遵循 XML 规范
xlink：role	可选	该属性应通过标签资源所提供的 XBRL 概念文档的性质来在标签资源之间进行区分。标准标签的角色属性值如表 32 所示

XBRL 概念文档应被包含在标签链接的扩展链接标签元素中。label 元素是一个 XLINK 资源，应有标准 xml：lang 属性，而且应出现在一个标签链接元素的内部。label 元素的内容是混合的，可以是一个简单的字符串，一个 XHTML 规范片段或者两者的组合。

XBRL 处理器没有必要检测或者显示出现在标签元素以外的概念文档。

lable 元素的 XML 模式约束如下：

```
<schema targetNamespace="http: //www.xbrl.org/2003/linkbase"
  xmlns="http: //www.w3.org/2001/XMLSchema"
  xmlns: link="http: //www.xbrl.org/2003/linkbase"
  xmlns: xl="http: //www.xbrl.org/2003/XLink"
  xmlns: xlink="http: //www.w3.org/1999/xlink"
  elementFormDefault="qualified" >

  <element name="label" substitutionGroup="xl: resource" >
```

```
    <annotation>
      <documentation>
        标签资源元素的定义
      </documentation>
    </annotation>
    <complexType mixed= "true" >
      <complexContent mixed= "true" >
        <extension base= "xl: resourceType" >
          <sequence>
          <any namespace= "http://www.w3.org/1999/xhtml"
              processcontents= "skip" minOccurs= "0" maxOccurs= "unbounded" />
          </sequence>
          <anyAttribute namespace= "http://www.w3.org/XML/1998/namespace"
            processContents= "lax" />
        </extension>
      </complexContent>
    </complexType>
  </element>

</schema>
```

示例 1：

标签资源示例

```
<label xlink: type= "resource" xlink: role= "http://www.xbrl.org/2003/role/label"
    xlink: label= "ci_currentAssets_en"
    xml: lang= "en" >Current Assets</label>
```

```
<label xlink: type= "resource" xlink: role= "http://www.xbrl.org/2003/role/label"
    xmlns: xhtml= "http://www.w3.org/1999/xhtml" xlink: label= "ci_netIncome_en"
    xml: lang= "en" ><xhtml: b>Net Income</xhtml: b> (Loss) </label>
```

表 32　标准标签角色属性值

标签资源 xlink：role 属性值	含　义
无 xlink：role 属性值	概念的标准标签
http：//www.xbrl.org/2003/role/label	概念的标准标签
http：//www.xbrl.org/2003/role/terseLabel	概念的短标签，当该概念在其他相关概念的上下文中使用时，通常省略能推导出的内容
http：//www.xbrl.org/2003/role/verboseLabel	概念的扩展标签，确保该标签在单独使用时不忽略该概念被理解的信息

续表

标签资源 xlink：role 属性值	含　义
http：//www. xbrl. org/2003/role/positiveLabel http：//www. xbrl. org/2003/role/positiveTerseLabel http：//www. xbrl. org/2003/role/positiveVerboseLabel http：//www. xbrl. org/2003/role/negativeLabel http：//www. xbrl. org/2003/role/negativeTerseLabel http：//www. xbrl. org/2003/role/negativeVerboseLa-bel http：//www. xbrl. org/2003/role/zeroLabel http：//www. xbrl. org/2003/role/zeroTerseLabel http：//www. xbrl. org/2003/role/zeroVerboseLabel	当概念要表达的值是正（负或零）时使用的标签。例如，标准标签和标准的正标签可以是“税后利润”，而标准的负标签是“税后亏损”，短标签和正的短标签可以都是“利润”，而负的短标签可以是“亏损”
http：//www. xbrl. org/2003/role/totalLabel	当该概念被用于表示一组其他值的集合的总数时使用的标签
http：//www. xbrl. org/2003/role/periodStartLabel http：//www. xbrl. org/2003/role/periodEndLabel	时间类型＝“时间点”概念的标签，当它在一段时间值的开始（结束）点上出现时，即被用于表示与概念相关的值
http：//www. xbrl. org/2003/role/documentation	概念的文档，它提供了对该概念的含义，适当的用法和其他必要文档的解释
http：//www. xbrl. org/2003/role/definitionGuidanee	概念的精确定义，提供了对该概念的含义和适当用法的解释
http：//www. xbrl. org/2003/role/disclosureGuidanee	对与该概念相关的披露需求的解释，指出该披露是否是： 1）强制性的（例如：在权威文献上描述的）； 2）建议性的（例如：权威文献上提倡的）； 3）普遍实践性的（例如：不是权威文献所描述的，但披露是普遍的）； 4）结构完整的（例如：包含在完备的分类标准结构中）
http：//www. xbrl. org/2003/role/presentationGuidance	在一个或多个具体类型的业务报告的其他概念的上下文中对该概念的定向表达（布置或者标签）的规则进行解释（例如：净余额应能在损益表中显示出来）
http：//www. xbrl. org/2003/role/measurementGuid-ance	对在业务报告中与该概念相关的度量值所需要的度量方法的解释
http：//www. xbrl. org/2003/role/commentaryGuidance	任何其他的有助于对概念的解释、发布、度量、展示或者使用的通用注释
http：//www. xbrl. org/2003/role/exampleGuidance	一个被概念捕获的信息类型的例子

示例2：

概念和它的某个标签之间的弧

```
<label
  xlink：type＝“resource”
xlink：label＝“A”
xlink：role＝“http：//www. xbrl. org/2003/role/label”
xml：lang＝“en”>Current Assets</label>
<loc
xlink：type＝“locator”
```

```
xlink: href= "us _ bs _ v2. xsd # currentAssets"
xlink: label= "B" />
<labelArc
xlink: type= "arc"
xlink: from= "B"
xlink: to= "A"
xlink: arcrole= "http: //ww. xbrl. org/2003/arcrole/concept - label" />
```

c）labelArc 元素

labelArc（标签弧）元素是一个 XLINK 弧。在 labelLink 元素中，它将概念和标签资源链接起来。

labelArc 元素的 XML 模式约束如下：

```
<schema targetNamespace= "http: //www. xbrl. org/2003/linkbase"
  xmlns= "http: //www. w3. org/2001/XMLSchema"
  xmlns: link= "http: //www. xbrl. org/2003/linkbase"
  xmlns: xl= "http: //wWw. xbrl. org/2003/XLink"
  xmlns: xlink= "http: //ww. w3. org/1999/xlink"
  elementFormDefault= "qualified" >

  <element name= "labelArc" type= "xl: arcType" substitutionGroup= "xl arc" >
    <annotation>
      <documentation>
          在标签扩展链接中对弧的具体使用
      </documentation>
    </annotation>
  </element>

</schema>
```

labelArc 元素不能描述概念间的循环关系，因为它只是把概念与标签资源相关联，而没把概念同其他概念相关联，所以没有对循环标签弧网络的约束进行描述。

当标签弧上的可用性属性是“禁止”时，label 元素可是 XLINK 本地资源或者是 XLINK 的远程资源；当标签弧上的可用性属性不是“禁止”时，参与 labelArc 元素描述关系的标签元素应是 XLINK 本地资源。

9.2.3 referenceLink 元素

referenceLink（参考链接）元素是一个扩展链接，其目的是包含概念和相关法律法规（条款）间的引用关系。

referenceLink 元素的 XML 模式约束如下：

```
<schema targetNamespace= "http://www.xbrl.org/2003/linkbase"
  xmlns= "http://www.w3.org/2001/XMLSchema"
  xmlns:link= "http://www.xbrl.org/2003/linkbase"
  xmlns:xl= "http://www.xbrl.org/2003/XLink"
  xmlns:xlink= "http://www.w3.org/1999/xlink"
  elementFormDefault= "qualified" >

  <element name= "referenceLink" substitutionGroup= "xl:extended" >
    <annotation>
      <documentation>
        参考扩展链接元素的定义
      </documentation>
    </annotation>
    <complexType>
      <complexContent>
        <restriction base= "xl:extendedType" >
          <choice minOccurs= "0" maxOccurs= "unbounded" >
            <element ref= "xl:title" />
            <element ref= "link:documentation" />
            <element ref= "link:loc" />
            <element ref= "link:referenceArc" />
            <element ref= "link:reference" />
          </choice>
          <anyAttribute namespace= "http://www.w3.org/XML/1998/namespace"
        processcontents= "lax" />
        </restriction>
      </complexContent>
    </complexType>
  </element>

</schema>
```

示例1：

几个参考链接元素的 xlink：role 值的样本

```
http://www.my.org/role/balanceSheet
http://www.my.org/role/incomeStatement
http://www.my.org/role/statementOfComprehensiveIncome
http://www.my.org/role/statementOfStockholdersEquity
http://www.my.org/role/cashFlows
```

分类标准给每个引用链接的扩展链接一个“角色”来划分一个会计相关的分类标准中的扩展链接，基于该会计相关的分类标准来划分与之相关的财务报告。

a）定位器

referenceLink 元素不能包含非 loc 元素的定位器。

b）reference 元素

XBRL 分类标准使用 reference（参考）元素对已公开出版的商业、经济、会计文献中概念定义的权威陈述进行引用。reference 元素只提供必要信息来查找和理解与已定义概念的适当用法相关的引用资料，不包含这些参考资料本身的内容。当需要文本文档来完成对一个 XBRL 内容的定义时，它应包含在标签元素之中。

reference 元素是一个 XLINK 资源，应出现在 referenceLink 元素中。

参考元素的 XML 模式约束如下：

```
<schema targetNamespace= "http://www.xbrl.org/2003/linkbase"
  xmlns= "http://www.w3.org/2001/XMLSchema"
  xmlns:link= "http://www.xbrl.org/2003/linkbase"
  xmlns:xl= "http://www.xbrl.org/2003/XLink"
  xmlns:xlink= "http://www.w3.org/1999/xlink"
  elementFormDefault= "qualified" >

  <element name= "part" type= "anySimpleType" abstract= "true" >
    <annotation>
      <documentation>
      定义参考部分元素，为了在参考资源中使用
      </documentation>
    </annotation>
  </element>

  <element name= "reference" substitutionGroup= "xl:resource" >
    <annotation>
      <documentation>
        参考资源元素的定义
      </documentation>
    </annotation>
    <complexType mixed= "true" >
      <complexContent mixed= "true" >
        <extension base= "xl:resourceType" >
          <sequence>
            <element ref= "link:part" minOccurs= "0" maxOccurs= "unbounded" />
          </sequence>
        </extension>
      </complexContent>
    </complexType>
  </element>

</schema>
```

reference 元素由很多部分组成。由于各个领域对参考文献的划分均不同，因此本文件中定义了一个 part 抽象元素。分类标准可定义元素来替代 part 元素，以包含在 reference 元素中。

示例 2：

概念和支撑参考之间的弧

```
<linkbase xmlns= "http：//www. xbrl. org/2003/linkbase"
          xmlns：ref= "http：//www. xbrl. org/2003/ref"
          xmlns：link= "http：//www. xbrl. org/2003/linkbase"
          xmlns：xlink= "http：//www. w3. org/1999/xlink"
          xmlns：xsi= "http：//www. w3. org/2001/XMLSchema - instance" >
 <referenceLink xlink：type= "extended"
   xlink：role= "http：//www. xbrl. org/2003/role/link" >
   <! -- locator for element -->
   <loc xlink：type= "locator"
       xlink：href= "samp001. xsd # s _ customerName"
       xlink：label= "s _ customerName" />
   <! -- arcs -->
   <referenceArc
     xlink：type= "arc" xlink：from= "s _ customerName" xlink：to= "s _ customerName
   _ REF"
     xlink：arcrole= "http：//www. xbrl. org/2003/arcrole/concept - reference" />
     <! -- references all with the same xlink：label -->
   <reference
     xlink：type= "resource"
     xlink：label= "s _ customerName REF"
     xlink：role= "http：//www. xbrl. org/2003/role/definitionRef" >
     <ref：name>Handbook of Business Reporting</ref：name>
     <ref：pages>5</ref：pages>
   </reference>
   <reference
     xlink：type= "resource"
     xlink：label= "s _ customerName _ REF"
     xlink：role= "http：//www. xbrl. org/2003/role/measurementRef" >
     <ref：name>Handbook of Business Reporting</ref：name>
     <ref：pages>45 - 50</ref：pages>
   </reference>
 </referenceLink>
</linkbase>
```

该参考元素包含两个文献引用，它们以不同的 xlink：role 属性来进行区分。弧将概念和两个参考相关联。元素名称和页码被定义为部分替换组成员，在分类标准中通过“ref:”命名空间前缀进行引用，如下所示：

```
<schema targetNamespace= “http：//www. xbrl. org/2003/ref”
          xmlns：ref= “http：//www. xbrl. org/2003/ref”
          xmlns：xlink= “http：//www. w3. org/1999/xlink”
          xmlns：link= “http：//www. xbrl. org/2003/linkbase”
          xmlns = “http：//www. w3. org/2001/XMLSchema” elementFormDefault = “quali-
          fied” >
  <import namespace= “http：//www. xbrl. org/2003/linkbase”
            schemaLocation= “xbrl - linkbase. xsd” />
  <element name= “name” type= “string” substitutionGroup= “link：part” />
  <element name= “number” type= “string” substitutionGroup= “link：part” />
  <element name= “paragraph” type= “string” substitutionGroup= “link：part” />
  <element name= “subparagraph” type= “string” substitutionGroup= “link：part” />
  <element name= “clause” type= “string” substitutionGroup= “link：part” />
  <element name= “pages” type= “string” substitutionGroup= “link：part” />
</schema>
```

示例 3：

参考资源

```
<reference
  xlink：type= “resource” xlink：label= “ci _ propertyPlantAndEquipmentNet _ APB” >
  <ci：name>ABP</ci：name>
  <ci：page>42</ci：page>
</reference>
```

reference 元素可包含 xlink：role 属性，用于区分 reference 元素的类型。表 33 说明了标准 xlink：role 属性的值以及参考资源的含义，与标签资源的标准 xlink：role 属性值类似。

表 33 参考角色属性值

参考资源 xlink：role 属性值	含 义
无 xlink：role 属性值	概念的标准引用
http：//www. xbrl. org/2003/role/reference	概念的标准引用
http：//www. xbrl. org/2003/role/definitionRef	对概念精确定义的文档的引用
http：//www. xbrl. org/2003/role/disclosureRef http：//www. xbrl. org/2003/role/mandatoryDisclosureRef http：//www. xbrl. org/2003/role/recommendedDisclosure-Ref	对与概念相关的发布需求解释文档的引用。指定种类包括：强制性，建议性

续表

参考资源 xlink：role 属性值	含 义
http：//www. xbrl. org/2003/role/unspecifiedDisclosureRef	对与概念相关的发布需求解释细节文档的引用。非指定种类包括，但不局限于：一般实践，结构完整性。后者没有引用文档，但是隐含在链接角色中来暗示为什么该概念被包含在分类标准中
http：//www. xbrl. org/2003/role/presentationRef	对文档的引用，此文档详细解释了在一个或多个具体类型的财务报告的其他概念的上下文中的该概念的展示、位置和标签
http：//www. xbrl. org/2003/role/measurementRef	在财务报告中对与该概念相关的度量值所用方法的引用
http：//www. xbrl. org/2003/role/commentaryRef	其他的对该概念的一般解释，这些解释有助于对其恰当的使用
http：//www. xbrl. org/2003/role/exampleRef	对该概念应用实例的阐述文档的引用，这有助于其恰当的应用

c）referenceArc 元素

referenceArc（参考弧）元素是一个 XLINK 弧。在 referenceLink 元素中，referenceArc 元素链接概念和参考资源。

referenceArc 元素的 XML 模式约束如下：

```
<schema targetNamespace= "http：//www. xbrl. org/2003/linkbase"
  xmlns= "http：//www. w3. org/2001/XMLSchema"
  xmlns：link= "http：//ww. xbrl. org/2003/linkbase"
  xmlns：xl= "http：//www. xbrl. org/2003/XLink"
  xmlns：xlink= "http：//www. w3. org/1999/xlink"
  elementFormDefault= "qualified" >

  <element name= "referenceArc" type= "xl：arcType"
substitutionGroup= "xl：arc" >
       <annotation>
         <documentation>
           在参考列报链接中弧的具体使用
       </documentation>
     </annotation>
  </element>

</schema>
```

referenceArc 值是从一个概念 loc 元素到参考资源的引用弧，指向描述概念含义的相关资料。

referenceArc 元素不能描述概念间的循环关系，因为它只是表达概念和引用资源间的关系，而不是概念和其他概念间的关系。所以没有对循环参考弧网络的约束进行描述。

当 referenceArc 上的可用性属性是“禁止”时，引用元素可是 XLINK 本地资源或者是 XLINK 的远程资源；当 referenceArc 上的可用性属性不是“禁止”时，参与 referenceArc 元素描述关系的引用元素应是 XLINK 本地资源。

9.2.4 presentationLink 元素

presentationLink（列报链接）元素是一个扩展链接，描述分类标准中概念间的列示关系。presentationLink 元素不能包含 XLINK 资源。

presentation Link 元素的 XML 模式约束如下：

```
<schema targetNamespace= "http: //www. xbrl. org/2003/] inkbase"
  xmlns= "http: //www. w3. org/2001/XMLSchema"
  xmlns: link= "http: //www. xbrl. org/2003/linkbase"
  xmlns: xl= "http: //www. xbrl. org/2003/XLink"
  xmlns: xlink= "http: //www. w3. org/1999/xlink"
  elementFormDefault= "qualified" >

  <element name= "presentationLink" substitutionGroup= "xl: extended" >
    <annotation>
      <documentation>
      列报扩展链接元素的定义
      </documentation>
    </annotation>
    <complexType>
      <complexContent>
        <restriction base= "xl: extendedType" >
          <choice minOccurs= "0" maxOccurs= "unbounded" >
            <element ref= "xl: title" />
            <element ref= "link: documentation" />
            <element ref= "link: ioc" />
            <element ref= "link: presentationArc" />
          </choice>
          <anyAttribute namespace= "http: //www. w3. org/XML/1998/namespace"
processContents= "lax" />
        </restriction>
      </complexContent>
    </complexType>
  </element>

</schema>
```

a）定位器

presentationLink 元素中不能包含非 loc 元素的定位器。当 loc 元素用于一个列报链接时，其只能指向分类标准模式中的概念。

b）presentationArc 元素

presentationArc（展示弧）元素是一个 XLINK 弧。presentationArc 元素定义了一个概念在展示时如何与其他概念相关联。

presentationArc 元素语法的 XML 模式约束如下：

```
<schema targetNamespace= “http：//www. xbrl. org/2003/linkbase”
  xmlns= “http：//www. w3. org/2001/XMLSchema”
  xmlns：link= “http：//www. xbrl. org/2003/linkbase”
  xmlns：xl= “http：//www. xbrl. org/2003/XLink”
  xmlns：xlink= “http：//www. w3. org/1999/xlink”
  elementFormDefault= “qualified” >

  <element name= “presentationArc” substitutionGroup= “xl：arc” >
    <complexType>
      <annotation>
        <documentation>
    为展示弧而对列报链接弧类型的扩充。增加一个 preferredLabel 属性来记录首选标签的角色属
性值（当它们在标签扩展链接中出现时）
                              </documentation>
                          </annotation>
                          <complexContent>
                            <extension base= “xl：arcType” >
                              <attribute name= “preferredLabel” use= “optional” >
                                <simpleType>
                                  <restriction base= “anyURI” >
                                    <minLength value= “1” />
                                </restriction>
                            </simpleType)
                        </attribute>
                    </extension>
                </complexContent>
            </complexType>
        </element>
  </schema>
```

示例1：

展示弧

```
<presentationArc
  xlink：type= “arc”
  xlink：from= “ci _ currentAssets”
  xlink：to= “ci _ prepaidExpenses”
  xlink：arcrole= “http：//www. xbrl. org/2003/arcrole/parent－child”
  order= “4” /)
```

Current assets（流动资产）应展示为 prepaidExpenses（预收费用）的父元素。预收费用应出现在任何次序小于4的流动资产的子元素的后面，出现在任何次序大于4的流动资产的子元素的前面。

分类标准可定义抽象元素并创建展示关系到这些元素或者创建源于它们的展示关系，允许分类标准展示应用程序来表达概念组，即使这些概念在其他任何方式上均无关联。抽象元素应出现在抽象的 XBRL 数据项的替换组中。

示例 2：

抽象概念定义

```
<element name= "balanceSheet" id= "ci _ balanceSheet"
  = "xbrli: stringItemType"
  substitutionGroup= "xbrli: item" abstract= "true"
  xbrli: periodType= "instant" />
```

存在于分类标准中的 balanceSheet（资产负债表）元素仅用来组织其他元素；它不能出现在一个 XBRL 实例中。它有任意类型的属性，这些任意的属性不增加任何语义信息。

preferredLabel 属性是一个 URI，它可被用在一个“父—子”弧中来指出当展示一个弧的子元素时应采用的最恰当的标签类型。如果使用 preferredLabel 属性，其值应与标签资源（在标签链接的扩展链接中）的 xlink：role 属性值相等，该标签资源是源于展示弧元素的子概念的“概念—标签”弧的目标。

XBRL 处理器可使用 preferredLabel 属性值来在与某个概念相关的不同标签间进行选择，特别是当一个给定的概念在 DTS 中被用于多种不同的方式时。

包含首选标签的标签扩展链接的 xlink：role 属性值与包含展示弧元素的展示扩展链接的 xlink：role 属性值不必相等。

9.2.5 calculationLink 元素

calculationLink（计算链接）元素是一个扩展链接，描述分类标准中概念间的计算关系。计算链接元素不能包含 XLINK 资源。

calculationLink 元素的 XML 模式约束如下：

```
<schema targetNamespace= "http: //www. xbrl. org/2003/linkbase"
  xmlns= "http: //www. w3. org/2001/XMLSchema"
  xmlns: link= "http: //www. xbrl. org/2003/linkbase"
  xmlns: xl= "http: //www. xbrl. org/2003/XLink"
  xmlns: xlink= "http: //www. w3. org/1999/xlink"
  elementFormDefault= "qualified" >

  <element name= "calculationLink" substitutionGroup= "xl: extended" >
    <annotation>
      <documentation>
    计算扩展链接元素的定义
      </documentation>
    </annotation>
  <complexType>
      <complexContent>
        <restriction base= "xl: extendedType" >
```

```
          <choice minOccurs= "0" maxOccurs= "unbounded" >
            <element ref= "xl: title" />
            <element ref= "link: documentation" />
            <element ref= "link: loc" />
            <element ref= "link: calculationArc" />
          </choice>
          <anyAttribute namespace= "http: //www. w3. org/XML/1998/namespace"
processContents= "lax" />
          </restriction>
        </complexContent>
      </complexType>
    </element>

  </schema>
```

a）定位器

calculationLink 元素不能包含非 loc 元素的定位器，该定位器应且仅能指向分类标准模式中的概念。

b）calculationArc（计算弧）元素

calculationArc 是一个 XLINK 弧表达概念间的计算关系。

calculationArc 元素语法的 XML 模式约束如下：

```
<schema targetNamespace=
"http: //www. xbrl. org/2003/linkbase"
  xmlns= "http: //www. w3. org/2001/XMLSchema"
  xmlns: link= "http: //www. xbrl. org/2003/linkbase"
  xmlns: xl= "http: //www. xbrl. org/2003/XLink"
  xmlns: xlink= "http: //www. w3. orq/1999/xlink"
  elementFormDefault= "qualified" >
  <element name= "calculationArc" substitutionGroup= "xl: arc" >
    <complexType>
      <annotation>
        <documentation>
      为计算弧而对扩展链接弧类型的扩充。
      增加一个 weight（权值）属性来追踪权值以便求和。
        </documentation>
      </annotation>
      <complexContent>
        <extension base= "xl: arcType" >
          <attribute name= "weight" type= "decimal" use= "required" />
        </extension>
      </complexContent>
```

```
    </complexType>
  </element>

</schema>
```

计算仅仅是检查在实例中已经明确提供的信息，不考虑通过本名一别名关系推断出的不同项的和值。如果几个数据项（它们都对应于一个概念）不是重复的，则可被绑定到一个和项上。这与通过元组计算处理的上下文相关，并且这意味着重复检测的方法对 XBRI。实例中的双重计算问题并不是一个充分的测试。

绑定计算的和被定义为，在绑定中的贡献数值型数据项经过四舍五人之后的和，每个数值型数据项都乘以与该数据项相关的计算弧的权值属性值。该乘法在任何必要的舍入之后进行。数值型数据项的舍入值由该数据项的值根据它的精度或者推理精度舍入后得到。如果合计项的舍入值与该合计项的总数的舍人精度或者推理精度相同，则将该绑定计算定义为一致的。

如果 XBRL 实例中所有的绑定计算都是一致的，则该 XBRL 实例与它所支撑 DTS 中的计算链接库的语义一致。

示例 1：

涉及小数和精度的计算

假设数值型数据项（numeirc item）a 是数值型数据项 b 与数值型数据项 c（权值为 1.0）的和，并在该实例中存在着一个 id 为“c1”的上下文和一个 id 为“u1”的单位，因此该总和被绑定。为了进行计算，首先将 984.8 舍入成精度为 3 的 985，然后将 582.334973 舍入为推理精度为 4 的 582.3，因而，合计为 1567.3。合计舍入精度为 2 时（和数据项 a 的精度）1600 与总和项相等，因而该计算具有一致性。

```
<a contextRef= “c1” unitRef= “u1” precision= “2” >1559</a>
<b contextRef= “c1” unitRef= “u1” precision= “3” >984.8</b>
<c contextRef= “c1” unitRef= “u1” decimals= “1” >582.334973</c>
```

该计算不具有一致性，因为合计的精度是 2，仍然是 1600，但是总和项到精度为 2 时的值却为 1500。

```
<a contextRef= “c1” unitRef= “u1” precision= “2” >1527</a>
<b contextRef= “c1” unitRef= “u1” precision= “3” >984.8 (/b>
<c contextRef= “c1” unitRef= “u1” decimals= “1” >582.334973</c>
```

示例 2：

计算弧的语法

```
<calculationArc
     xlink: type= “arc”
     xlink: arcrole= “http: //www.xbrl.org/2003/arcrole/summation-item”
     xlink: from= “currentAssets”
     xlink: to= “prepaidExpenses”
     weight= “1.0”
     order= “1” />
```

一个 DTS 可包含一个不同视角的单个元素或者有几个不同的维度。在下面的例子中，现金概念可按照分支机构的位置，账户类型和可用性划分。

示例3：

现金、现金等价物通过分支机构位置和账户类型进行计算

现金
■由分支结构位置划分的现金 ■国内分支机构的现金 ■国外分支机构的现金 ■由账户类型划分的现金 ■带息账户现金 ■无息账户现金 ■通过认可方式划分的现金 ■库存现金 ■结欠余额现金

表34　数据项含义表

数据项	含　义
weight 属性	weight 属性应出现在计算弧元素上，其属性应是一个非零小数值
计算范围	在 XBRL 实例中的计算要考虑元组的结构。“from” 项应是计算关系绑定的 “from” 和 “to” 项的最小共同祖先的一个子项。这种范围致使重复元组内的数据项不能同时参与计算

示例4：

具有嵌套元组的 XBRL 实例片段

在该计算链接中有三个计算弧：

从（合计项）净额到（项）总额，权值=1.0

从（合计项）净额到（项）利润，权值=－1.0

从（合计项）总额合计到（项）总额，权值=1.0

下面是一个 XBRL 实例片段。注意所有数值型数据项（numeric item）共享一个单独的上下文 c1

```
<analysis>
    <customer>
      <name contextRef= “c1” >SINA</name>
      <gross precision= “4” unitRef=” u1” contextRef= “c1” >3000</gross>
      <returns precision= “3” unitRef= “u1” contextRef= “c1” >100</returns>
      <net precision= “4” unitRef= “u1” contextRef= “c1” >2900</net>
    </customer>
    <customer>
      <name contextRef= “c1” >Bree</name>
```

```
    <gross precision= "4" unitRef= "u1" contextRef= "c1" >2000</gross>
    <returns precision= "3" unitRef= "u1" contextRef= "c1") 200</returns>
    <net precision= "4" unitRef= "u1" contextRef= "c1" >1800</net>
  </customer>
  <totalGross precision= "4" unitRef= "u1" contextRef= "c1" >5000</totalGross>
  </analysis>
```

计算数据项"to"的路径	计算数据项"from"的路径	匹配	理由
analysis/customer [1] /gross	analysis/customer [1] /net	是	它们是兄弟
analysis/customer [2] /gross	analysts/customer [2] /net	是	它们是兄弟
analysis/customer [1] /returns	analysis/customer [1] /net	是	它们是兄弟
analysis/customer [2] /gross	analysis/customer [2] /net	是	它们是兄弟
analysis/customer [1] /gross	analysis/customer [2] /net	否	"to"侧的和不是项的兄弟或者叔叔
analysis/customer [2] /gross	analysis/customer [1] /net	否	"to"侧的和不是项的兄弟或者叔叔
analysis/customer [1] /gross	analysis/totaIGross	是	在祖先 analysis 下 total-Gross 是项的叔叔
analysis/customer [2] /gross	analysis/totalGross	是	在祖先 analysis 下 total-Gross 是项的叔叔

9.2.6 definitionLink 元素

9.2.6.1 概述

definitionLink（定义链接）元素是一个扩展链接，包含分类标准中概念间多种复杂的关系。

definitionLink 元素不能包含 XLINK 资源。

definitionLink 元素的 XML 模式约束如下：

```
<schema targetNamespace= "http://www.xbrl.orgf2003ninkbase"
  xmlns= "http://www.w3.org/2001/XMLSchema"
  xmlns:link:"http://www.xbrl.org/2003/linkbase"
  xmins:xl= "http://www.xbrl.org/2003/XLink"
  xmlns:xlink= "http://www.w3.org/1999/xlink"
  elementFormDefault= "qualified" >
  <element name= "definitionLink" substitutionGroup= "xl:extended" >
    <annotation>
      <documentation>
      定义扩展链接元素的定义
      </documentation>
    </annotation>
   <complexType>
```

```
  <complexContent)
    <restriction base= "xl: extendedType" >
      <choice minOccurs= "O" maxOccurs= "unbounded" >
        <element ref= "xl: title" />
        <element ref= "link: documentation" />
        <element ref= "link: loc" />
        <element ref= "link: definitionArc" />
      </choice>
      <anyAttribute namespace= "http: //www. w3. org/XML/1998/namespace"
     processContents= "lax" />
     </restriction>
    </complexContent>
   </complexType>
  </element>

</schema>
```

9.2.6.2　定位器

definitionLink 元素不能包含非 loc 元素的定位器，且只能指向分类标准模式中的概念。

9.2.6.3　definitionArc

9.2.6.3.1　概述

definitionArc（定义弧）元素是一个 XLINK 弧，定义了概念间的多种关系。

定义弧元素语法的 XML 模式约束如下：

```
<schema targetNamespace= "http: //www. xbrl. org/2003/linkbase"
  xmlns= "http: //www. w3. org/2001/XMLSchema"
  xmlns: link= "http: //www. xbrl. org/2003/linkbase"
  xmlns: xl= "http: //www. xbrl. org/2003/XLink"
  xmlns: xlink= "http: //www. w3. org/1999/xlink"
  elementFormDefault= "qualified" >

<element name= "definitionArc" type= "xl: arcType" substitutionGroup= "xl: arc" >
      <annotation>
      <documentation>.
      在定义扩展链接中弧的具体使用
    </documentation>
    </annotation>
  </element>

</schema>
```

定义弧元素定义了“通用—特殊”（general - special）弧、“本名—别名”（essence - alias）弧、“相似元组”（similar - tuples）弧、“必需元素”（requires - element）弧等四个标准弧角色值。

9.2.6.3.2　通用—特殊弧

“通用—特殊”（general - special）弧角色值定义的弧元素应表示仅仅存在于数据项替换组中的概念间的关系。

“通用—特殊”弧链接一个通用的概念定位器和一个特殊化的概念定位器。在 XBRL 实例中，通用数据项是通用概念的体现，特殊化数据项是特殊化概念的体现。特殊化数据项的有效值即为它的通用数据项的有效值（如果两者是上下文等价并且单位等价的）。但是，通用数据项的有效值不一定是它的特殊化数据项的有效值，即使它们是上下文等价并且单位等价的。

在“通用—特殊”弧的网络中只允许存在无向环。具有完全一致性的 XBRL 处理器应能检测和报告“通用—特殊”弧网络中的有向环。

示例：“通用—特殊”弧

```
<definitionArc
    xlink：type= “arc”
    xlink：from= “postalCode”
    xlink：to= “zipCode”
    xlink：arcrole= “http：//www. xbrl. org/2003/arcrole/general-special”
    order= “1” />
```

postalCode（地区编码）是 zipCode（邮政编码）的通用形式。次序属性指出当该链接展现给用户时，它出现在次序小于 1 的链接之后，次序大于 1 的链接之前。

9.2.6.3.3　“本名—别名”弧

“本名—别名”（essence - alias）弧角色值定义的弧元素应表达仅存在于数据项替换组中的概念之间的关系。

该弧角色值用于一个从本名概念定位器到别名概念定位器的定义弧。

在“本名—别名”弧的网络中只允许出现无向环。具有完全一致性的 XBRL 处理器应能检测在“本名—别名”弧网络中存在的任何有向环。

通常的情况是，在一个单独的分类标准或一个分类标准集中，特定的概念会不止一次地被定义。在这种情况下，分类标准的制定者对一个概念有一个单独的“规范的最好元素”或“本名”并将它用“本名—别名”定义弧与其他“别名”概念相关联，并指定给 XBRL 验证器和其他 XBRL 实例应用程序，该数据项应与下面的定义一致。

“本名—别名”弧表示两个概念间的关系，从本名（基本的、主要的）概念到其他别名（选择性名称）概念。

在一个 XBRL 实例里的结构等价的上下文中，对于具有相同本名概念的“本名—别名”弧的任何集合，术语“别名概念集合”意味着与该弧集合相关的别名概念集合，术语“别名项集合”则意味着相关数据项的集合。下面的情形可用于定义弧——其在具有这种弧角色的任何扩展分类标准中没有被禁止，也可用于定义这种弧的别名概念和本名概念，以及它们相应的别名项和本名项。

a）别名概念可是任意个其他别名概念的本名概念。

b）弧的别名概念和本名概念应有相同的数据项类型并且 periodType 属性应有相同的值。同样，如果一个弧的别名概念和本名概念都出现了 balance 属性，则两个概念应有相同的值。如果这两个概念中有一个没有 balance 属性，则就没有类似的要求。

c）如果在XBRL实例中的结构等价的上下文中别名数据项和本名数据项是上下文等价且是父元素等价的，但非值等价或非单位等价，那么这两个数据项在支撑该实例的DTS中语义冲突。

只有在这两个数据项都不是空值时才需要进行判断，也只有完全遵照XBRL规范的处理器才要求应检测出这种冲突。

d）对任何一个非数值的本名概念E，E在XBRL实例上下文C中没有相关的其父元素是P的本名数据项EI，一个XBRL处理器可推导出存在一个数据项EI，该EI有一个与非空别名项集s的所有成员值（非空值）是值等价的，与集合S相应的本名别名弧是以E作为本名概念、P为双亲。如果S集合的所有成员（非空值的）不是值等价的，那么该XBRL实例与在DTS中所表达的定义链接语义是不一致的，具有完全一致性的处理器应能检测并通告这种不一致性。如果 一个应用软件程序采用了该规则，并且S的任意成员M没有提供一个值，或者有一个空值，但是本名数据项存在于“本名—别名”弧的某些集合中，该规则应被递归地应用于在推导E值之前推导M的值。

示例1：

对由本名—别名弧链接的概念的非数值型数据项值的推理

在XBRL实例中，存在一个上下文c1。概念D和E是由一个“本名—别名”定义弧链接的字符串数据项类型，E是本名概念，D是别名概念。在上下文c1下，E的值为“Bert”，D的值为“Ernie”。这些值与已经表达的定义弧语义不一致。

e）对任何数值本名概念E，E在XBRL实例上下文C中没有其父元素为P的相关本名数据项EI，一个XBRL处理器可推断出存在一个数据项EI，EI有一个与非空别名项集S的所有成员值（非空值）值等价并取可取的最大精度和小数值，与集合S相应的本名别名弧是以E作为本名概念、P为双亲。如果所有S的所有成员（非空）不是值等价的，那么该XBRL实例与它在DTS中所表达的定义链接语义是不一致的，那么具有完全一致性的XBRL处理器应能够检测这种不一致性。如果一个应用软件程序采用这条规则，并且集合S的任意成员M没有提供一个值，或者有一个空值，但是本名数据项存在于“本名—别名”弧的某些集合中，那么该规则应被递归地应用在推理E的值之前推理M值。

XBRL处理器不需要从本名数据项的值去推断别名数据项的值，而且在本部分中也没有定义这样的规则。

示例2：

对由“本名—别名”弧链接的数值型数据项概念的值的推断

案例1 　概念A，B，C由本名—别名弧链接，A是本名，B，C是别名。在XBRL实例中，B有一个精度为2的值110，C有一个精度为2的值99。A，B，C是上下文等价的。 　B，C的值在它们指定的精度2上是不一致的。所以，对A不能进行推断。 案例2 　概念A，B，C由本名—别名弧链接，A是本名，B，C是别名。在XBRL实例中，B有一个精度为1的值110，C有一个精度为1的值99。A，B，C是上下文等价的。 　四舍五入B的精度到1的结果是100。 　四舍五入C的精度到1的结果是100。 　这两个值是相等的，可推断A在精度是1时，值为100。

9.2.6.3.4　“相似元组”弧

“相似元组”（similar - tuples）弧角色值定义的弧元素只能表达存在于元组替换组中概念间的关系。

“相似元组”弧表达了具有等价定义的元组概念间的关系，即使它们有不同的 XML 内容模型。

“相似元组”弧的语义关系是对称的。弧源于哪个元组与弧到哪个元组去是没有关系的。

9.2.6.3.5　“必需元素”弧

“必需元素”（requires-element）弧角色值定义的弧元素只能表达概念（根据定义，这些概念是在元组或数据项替换组中的）间的关系。

如果在一个 XBRL 实例中出现了弧的来源的概念实例，那么在该 XBRL 实例中也应出现弧的目标概念实例。当测试该需求时，对这些概念实例的上下文等价和单位等价没有要求。同样，该需求也没有在元组概念实例的相对位置上加以要求。具有完全一致性的 XBRL 处理器应检测和通告违反了该关系的实例。

在“必需元素”弧的网络中，允许环的存在。

附录 A
（规范性附录）
模式文件

A. 1　xbrl - instance - 2003 - 12 - 31. xsd

```
<? xml version= “1. 0” ? >
<! -- (c) XBRLInternational. See www. xbrl. org/legal -->
<schema targetNamespace= “http：//www. xbrl. org/2003/instance”
  xmlns= “http：//www. w3. org/2001/XMLSchema”
  xmlns：xbrli= “http：//www. xbrl. org/2003/instance”
  xmlns：link= “http：//www. xbrl. org/2003/linkbase”
  elementFormDefault= “qualified” >
  <annotation>
    <documentation>
    Taxonomy schema for XBRL. This schema defines syntax relating to
    XBRL instances.
    </documentation>
  </annotation>
  <import namespace= “http：//www. xbrl. org/2003/linkbase”
    schemaLocation= “xbrl - linkbase - 2003 - 12 - 31. xsd” />
  <annotation>
    <documentation>
    Define the attributes to be used on XBRL concept definitions
    </documentation>
  </annotation>
  <attribute name= “periodType” >
    <annotation>
      <documentation>
      The periodType attribute (restricting the period for XBRL items)
      </documentation>
    </annotation>
    <simpleType>
      <restriction base= “token” >
        <enumeration value= “instant” />
        <enumeration value= “duration” />
      </restriction>
    </simpleType>
  </attribute>
```

```
  <attribute name= “balance” >
    <annotation>
      <documentation>
      The balance attribute (imposes calculation relationship restrictions)
      </documentation>
    </annotation>
    <simpleType>
    <restriction base= “token” >
      <enumeration value= “debit” />
      <enumeration value= “credit” />
    </restriction>
  </simpleType>
</attribute>
<annotation>
  <documentation>
  Define the simple types used as a base for for item types
  </documentation>
</annotation>
<simpleType name= “monetary” >
  <annotation>
    <documentation>
    The monetary type serves as the datatype for those financial
    concepts in a taxonomy which denote units in a currency.
    Instance items with this type must have a unit of measure
    from the ISO 4217 namespace of currencies.
    </documentation>
  </annotation>
  <restriction base= “decimal” />
  </simpleType>
  <simpleType name= “shares” >
    <annotation>
      <documentation>
      This datatype serves as the datatype for share based
      financial concepts.
      </documentation>
    </annotation>
    <restriction base= “decimal” />
  </simpleType>
  <simpleType name= “pure” >
    <annotation>
      <documentation>
```

```
        This datatype serves as the type for dimensionless numbers
        such as percentage change, growth rates, and other ratios
        where the numerator and denominator have the same units.
        </documentation>
      </annotation>
      <restriction base= "decimal" />
    </simpleType>
    <simpleType name= "nonZeroDecimal" >
      <annotation>
        <documentation>
        As the name implies this is a decimal value that can not take
        the value 0 - it is used as the type for the denominator of a
        fractionItemType.
        </documentation>
      </annotation>
      <union>
        <simpleType>
        <restriction base= "decimal" >
          <minExclusive value= "0" />
        </restriction>
      </simpleType>
      <simpleType>
        <restriction base= "decimal" >
          <maxExclusive value= "0" />
        </restriction>
      </simpleType>
    </union>
  </simpleType>
  <simpleType name= "precisionType" >
    <annotation>
      <documentation>
      This type is used to specify the value of the
      precision attribute on numeric items. It consists
      of the union of nonNegativeInteger and "INF" (used
      to signify infinite precision or "exact value") .
      </documentation>
    </annotation>
    <union memberTypes= "nonNegativeInteger" >
    <simpleType>
      <restriction base= "string" >
        <enumeration value= "INF" />
```

```
        </restriction>
      </simpleType>
    </union>
  </simpleType>
  <simpleType name= “decimalsType” >
    <annotation>
      <documentation>
      This type is used to specify the value of the decimals attribute
      on numeric items. It consists of the union of integer and “INF”
       (used to signify that a number is expressed to an infinite number
      of decimal places or “exact value”) .
      </documentation>
      </annotation>
      <union memberTypes= “integer ” >
        <simpleType>
          <restriction base= “string” >
            <enumeration value= “INF” />
          </restriction>
        </simpleType>
      </union>
  </simpleType>
  <attributeGroup name= “numericItemAttrs” >
      <annotation>
        <documentation>
        Group of attributes for numeric items
        </documentation>
      </annotation>
      <attribute name= “contextRef” type= “IDREF” use= “required” />
      <attribute name= “unitRef” type= “IDREF” use= “required”/>
      <attribute name= “precision” type= “xbrli: precisionType” use= “optional” />
      <attribute name= “decimals” type= “xbrli: decimalsType” use= “optional” />
      <attribute name= “id” type= “ID” use= “optional” />
    </attributeGroup>
    <attributeGroup name= “nonNumericItemAttrs” >
      <annotation>
        <documentation>
        Group of attributes for non-numeric items
        </documentation>
      </annotation>
      <attribute name= “contextRef” type= “IDREF” use= “required” />
      <attribute name= “id” type= “ID” use= “optional” />
```

```
</attributeGroup>
<annotation>
  <documentation>
  General numeric item types - for use on concept element definitions
  The following 3 numeric types are all based on the built - in
  data types of XML Schema.
  </docementation>
</annotation>
<complexType name= "decimalItemType" final= "extension" >
  <simpleContent>
    <extension base= "decimal" >
      <attributeGroup ref= "xbrli: namericItemAttrs" />
      <anyAttribute namespace= "## other" processContents= "lax" />
    </extension>
  </simpleContent>
</complexType>
<complexType name= "floatItemType" final= "extension" >
  <simpleContent>
    <extension base= "float" >
      <attributeGroup ref= "xbrli: numericItemAttrs" />
      <anyAttribute namespace= "## other" processContents= "lax" />
    </extension>
  </simpleContent>
</complexType>
<complexType name= "doubleItemType" final= "extension" >
  <simpl eContent>
    <extension base= "double" >
      <attributeGroup ref= "xbrli: numericItemAttrs" />
      <anyAttribute namespace= "## other" processContents= "lax" />
    </extension>
  </simpleContent>
</complexType>
<annotation>
  <documentation>
  XBRL domain numeric item types - for use on concept element definitions
  The following 4 numeric types are all types that have been identified as
  having particular relevance to the domain space addressed by XBRL and are
  hence included in addition to the built - in types from XML Schema.
</documentation>
</annotation>
<complexType name= "monetaryItemType" final= "extension" >
```

```
    <simpleContent>
      <extension base= “xbrli：monetary” >
        <attributeGroup ref= “xbrli：namericItemAttrs” />
        <anyAttribute namespace= “##other” processContents= “lax” />
      </extension>
    </simpleContent>
  </complexType>
  <complexType name= “sharesItemType” final= “extension” >
    <simpleContent>
      <extension base= “xbrli：shares” >
        <attributeGroup ref= “xbrli：numericItemAttrs” />
        <anyAttribute namespace= “##other” processContents= “lax” />
      </extension>
    </simpleContent>
  </complexType>
  <complexType name= “pureItemType” final= “extension” >
    <simpleContent>
      <extension base= “xbrli：pure” >
        <attributeGroup ref= “xbrli：numericItemAttrs” />
        <anyAttribute namespace= “##other” processContents= “lax” />
      </extension>
    </simpleContent>
  </complexType>
  <complexType name= “fractionltemType” final= “extension” >
    <sequence>
      <element name= “numerator” type= “decimal” />
      <element name= “denominator” type= “xbrli：nonZeroDecimal” />
    </sequence>
    <attribute name= “contextRef” type= “IDREF” use= “required” />
    <attribute name= “unitRef” type= “IDREF” use= “required” />
    <attribute name= “id” type= “ID” use= “optional” />
    <anyAttribute namespace= “##other” processContents= “lax” />
  </complexType>
  <annotation>
    <documentation>
    The following 13 numeric types are all based on the XML Schema
    built—in types that are derived by restriction from decimal.
    </documentation>
  </annotation>
  <complexType name= “integerItemType” final= “extension” >
    <simpleContent>
```

```
    <extension base= "integer" >
      <attributeGroupref= "xbrli: numericItemAttrs" />
      <anyAttribute namespace= "# # other" processContents= "lax" />
    </extension>
  </simpleContent>
</complexType>
<complexType name= "nonPos it iveIntegerItemType" final= "extension" >
  <simpleContent>
    <extension base= "nonPositiveInteger" >
      <attributeGroup ref= "xbrli: numericItemAttrs" />
      <anyAttribute namespace= "# # other" processContents= "lax" />
    </extension>
  </simpleContent>
</complexType>
<complexType name= "negat iveIntegerItemType" final= "extension" >
  <simpleContent>
    <extension base= "negativeInteger" >
      <attributeGroup ref= "xbrli: numericItemAttrs" />
      <anyAttribute namespace= "# # other" processContents= "lax" />
    </extension>
  </simpleContent>
</complexType>
<complexType name= "longItemType" final= "extension" >
  <simpleContent>
    <extension base= "long" >
      <attributeGroup ref= "xbrli: numericItemAttrs" />
      <anyAttribute namespaee= "# # other" processContents= "lax" />
    </extension>
  </simpleContent>
</complexType>
<complexType name= "intItemType" final= "extension" >
  <simpleContent>
    <extension base= "int" >
      <attributeGroup ref= "xbrli: numericltemAttrs" />
      <anyAttribute namespace= "# # other" processContents= "lax" />
    </extension>
  </simpleContent>
</complexType>
<complexType name= "shortItemType" final= "extension" >
  <simpleContent>
    <extension base= "short" >
```

```
      <attributeGroup ref= “xbrli：numericItemAttrs” />
      <anyAttribute namespace= “# # other” processContents= “lax” />
    </extension>
  </simpleContent>
</complexType>
<complexType name= “byteItemType” final= “extension” >
  <simpleContent>
    <extension base= “byte” >
      <attributeGroup ref= “xbrli：numericItemAttrs” />
      <anyAttribute namespace= “# # other” processContents= “lax” />
    </extension>
  </simpleContent>
</complexType>
<complexType name= “nonNegativeIntegerItemType” final= “extension” >
  <simpleContent>
    <extension base= “nonNegativeInteger” >
      <attributeGroup ref= “xbrli：numericItemAttrs” />
      <anyAttribute namespace= “# # other” processContents= “lax” />
    </extension>
  </simpleContent>
</complexType>
<complexType name= “uns ignedLongItemType” final= “extension” >
  <simpleContent>
    <extension base= “unsignedLong” >
      <attributeGroup ref= “xbrli：numericItemAttrs” />
      <anyAttribute namespace= “# # other” processContents= “lax” />
    </extension>
  </simpleContent>
</complexType>
<complexType name= “unsignedIntItemType” final= “extension” >
  <simpleContent>
    <extension base= “unsignedInt” >
      <attributeGroup ref= “xbrli：numericItemAttrs” />
      <anyAttribute namespace= “# # other” processContents= “lax” />
    </extension>
  </simpleContent>
</complexType>
<complexType name= “uns ignedShort ItemType” final= “extension” >
  <simpleContent>
    <extension base= “unsignedShort” >
      <attributeGroup ref= “xbrli：numericItemAttrs” />
```

```
        <anyAttribute namespace= “# # other” processContents= “lax” />
      </extension>
    </simpleContent>
  </complexType>
  <complexType name= “unsignedByteItemType” final= “extension” >
    <simpleContent>
      <extension base= “unsignedByte” >
        <attributeGroup ref= “xbrli：numericItemAttr s” />
        <anyAttribute namespace= “# # other” processContents= “lax” />
      </extension>
    </simpleContent>
  </complexType>
  <complexType name= “positiveIntegerItemType” final= “extension” >
    <simpleContent>
      <extension base= “positiveInteger” >
        <attributeGroup ref= “xbrli：numericItemAttrs” />
      </extension>
    </simpl eContent>
  </complexType>
  <annotation>
    <documentation>
    The following 17 non - numeric types are all based on the primitive built - in
    data types of XML Schema.
  </documentation>
  </annotation>
  <complexType name= “stringItemType” final= “extension” >
    <simpleContent>
      <extension base= “string” >
        <attributeGroup ref= “xbrli：nonNumericItemAttrs” />
        <anyAttribute namespace= “# # other” processContents= “lax” />
      </extension>
    </simpleContent>
  </complexType>
  <complexType name= “booleanItemType” final= “extension” >
    <simpleContent>
      <extension base= “boolean” >
        <attributeGroup ref= “xbrli：nonNumericItemAttrs” />
        <anyAttribute namespace= “# # other” processContents= “lax” />
      </extension>
    </simpleContent>
  </complexType>
```

```
<complexType name= “hexBinaryItemType” final= “extension” >
  <simpleContent>
    <extension base= “hexBinary” >
      <attributeGroup ref= “xbrli：nonNumericItemAttrs” />
      <anyAttribute namespace= “＃＃ other” processContents= “lax” />
    </extension>
  </simpleContent>
</complexType>
<complexType name= “base64BinaryItemType” final= “extension” >
  <simpleContent>
    <extension base= “base64Binary” >
      <attributeGroup ref= “xbrli：nonNumericItemAttrs” />
      <anyAttribute namespace= “＃＃ other” processContents= “lax” />
    </extension>
  </simpleContent>
</complexType>
<complexType name= “anyURIItemType” final= “extension” >
  <simpleContent>
    <extension base= “anyURI” >
      <attributeGroup ref= “xbrli：nonNumericItemAttrs” />
      <anyAttribute namespace= “＃＃ other” proeessContents= “lax” />
    </extension>
  </simpleContent>
</complexType>
<complexType name= “QNameItemType” final= “extension” >
  <simpleContent>
    <extension base= “QName” >
      <attributeGroup ref= “xbrli：nonNumericItemAttrs” />
      <anyAttribute namespaee= “＃＃ other” processContents= “lax” />
    </extension>
  </simpleContent>
</complexType>
<complexType name= “durationItemType” final= “extension” >
  <simpleContent>
    <extension base= “duration” >
      <attributeGroup ref= “xbrli：nonNumericItemAttrs” />
      <anyAttribute namespace= “＃＃ other” processContents= “lax” />
    </extension>
  </simpleContent>
</complexType>
<complexType name= “dateTimeItemType” final= “extension” >
```

```
  <simpleContent>
    <extension base= "xbrli: dateUnion" >
      <attributeGroupref= "xbrli: nonNumericItemAttrs" />
      <anyAttribute namespace= "## other" processContents= "lax" />
    </extension>
  </simpleContent>
</complexType>
<complexType name= "timeItemType" final= "extension" >
  <simpleContent>
    <extension base= "time" >
      <attributeGroup ref= "xbrli: nonNumericItemAttrs" />
      <anyAttribute namespace= "## other" processContents= "lax" />
    </extension>
  </simpleContent>
</complexType>
<complexType name= "dateItemType" final= "extension" >
  <simpleContent>
    <extension base= "date" >
      <attributeGroup ref= "xbrli: nonNumericItemAttrs" />
      <anyAttribute namespace= "## other" processContents= "lax" />
    </extension>
  </simpleContent>
</complexType>
<complexType name= "gYearMonthItemType" final= "extension" >
  <simpleContent>
    <extension base= "gYearMonth" >
      <attributeGroup ref= "xbrli: nonNumericItemAttrs" />
      <anyAttribute namespace= "## other" processContents= "lax" />
    </extension>
  </simpleContent>
</complexType>
<complexTypename= "gYearItemType" final= "extension" >
  <simpleContent>
    <extension base= "gYear" >
      <attributeGroup ref= "xbrli: nonNumericItemAttrs" />
      <anyAttribute namespace= "## other" processContents= "lax" />
    </extension>
  </simpleContent>
</complexType>
<complexType name= "gMonthDayItemType" final= "extension" >
  <simpleContent>
```

```
        <extension base= “gMonthDay” >
          <attributeGroup ref= “xbrli：nonNumericItemAttrs” />
          <anyAttribute namespace= “##other” processContents= “lax” />
        </extension>
      </simpleContent>
    </complexType>
    <complexType name= “gDayItamType” final= “extension” >
      <simpleContent>
        <extension base= “gDay” >
          <attributeGroup ref= “xbrli：nonNumericItemAttrs” />
          <anyAttribute namespace= “##other” processContents= “lax” />
        </extension>
      </simpleContent>
    </complexType>
    <complexType name= “gMonthItemType” final= “extension” >
      <simpleContent>
        <extension base= “gMonth” >
          <attributeGroup ref= “xbrli：nonNumericItemAttrs” />
          <anyAttribute namespace= “##other” processContents= “lax” />
        </extension>
      </simpleContent>
    </complexType>
    <annotation>
      <documentation>
      The following 4 non—numeric types are all based on the XML Schema
      built—in types that are derived by restriction and/or list from string.
      </documentation>
    </annotation>
    <complexType name= “normalizedStringItemType” final= “extension” >
      <simpleContent>
        <extension base= “normalizedString” >
          <attributeGroup ref= “xbrli：nonNumericItemAttrs” />
        </extension>
      </simpleContent>
    </complexType>
    <complexType name= “tokenItemType” final= “extension” >
      <simpleContent>
        <extension base= “token” >
          <attributeGroup ref= “xbrli：nonNumericItemAttrs” />
          </extension>
        </simpleContent>
```

```
  </complexType>
  <complexType name= “languageItemType” final= “extension” >
    <simpleContent>
      <extension base= “language” >
      <attributeGroup ref= “xbrli: nonNumericItemAttrs” />
    </extension>
  </simpleContent>
</complexType>
<complexType name= “NameItemType” final= “extension” >
  <simpleContent>
    <extension base= “Name” >
      <attributeGroup ref= “xbrli: nonNumericItemAttrs” />
    </extension>
  </simpleContent>
</complexType>
  <complexType name= “NCNameItemType” final= “extension” >
    <simpleContent>
      <extension base= “NCName” >
        <attributeGroup ref= “xbrli: nonNumericItemAttrs” />
      </extension>
    </simpleContent>
  </complexType>
  <annotation>
    <documentation>
    XML Schema components contributing to the context element.
  </documentation>
</annotation>
<element name= “segment” >
  <complexType>
    <sequence>
      <any namespace= “##other” processContents= “lax”
        minOccurs= “1” maxOccurs= “unbounded” />
      </sequence>
    </complexType>
  </element>
  <complexType name= “contextEntityType” >
    <annotation>
      <documentation>
      The type for the entity element, used to describe the reporting entity.
      Note that the scheme attribute is required and cannot be empty.
      </documentation>
```

```
    </annotation>
    <sequence>
      <element name= “identifier” >
        <complexType>
          <simpleContent>
            <extension base= “token” >
              <attribute name= “scheme” use= “required” >
                <simpleType>
                  <restriction base= “anyURI” >
                    <minLength value= “1” />
                  </restriction>
                </simpleType>
              </attribute>
            </extension>
          </simpleContent>
        </complexType>
      </element>
    <element ref= “xbrli：segment” minOccurs= “0” />
  </sequence>
</complexType>
<simpleType name= “dateUnion” >
  <annotation>
    <documentation>
    The union of the date and dateTime simple types.
    </documentation>
  </annotation>
  <union memberTypes= “date dateTime ” />
</simpleType>
<complexType name= “contextPeriodType” >
  <annotation>
    <documentation>
    The type for the period element，used to describe the reporting date info.
    </documentation>
  </annotation>
  <choice>
    <sequence>
      <element name= “startDate” type= “xbrli：dateUnion” />
      <element name= “endDate” type= “xbrli：dateUnion” />
    </sequence>
    <element name= “instant” type= “xbrli：dateUnion” />
    <element name= “forever” >
```

```
        <complexType/>
      </element>
    </choice>
  </complexType>
  <complexType name= “contextScenarioType” >
    <annotation>
      <documentation>
      Used for the scenario under which fact have been reported.
      </documentation>
    </annotation>
    <sequence>
      <any namespace= “# # other” processContents= “lax”
        minOccurs= “1” maxOccurs= “unbounded” />
      </sequence>
    </complexType>
    <element name= “context” >
      <annotation>
        <documentation>
        Used for an island of context to which facts can be related.
        </documentation>
      </annotation>
      <complexType>
        <sequence>
          <element name= “entity” type= “xbrli: contextEntityType” />
          <element name= “period” type= “xbrli: contextPeriodType” />
            < element name = “scenario” type = xbrli: contextScenarioType minOccurs = “0” />
        </sequence>
        <attribute name= “id” type= “ID” use= “required” />
      </complexType>
  </element>
  <annotation>
    <documentation>
    XML Schema components contributing to the unit element
    </documentation>
  </annotation>
  <element name= “measure” type= “QName” />
  <complexType name= “measuresType” >
    <annotation>
      <documentation>
      A collection of sibling measure elements.
```

```
      </documentation>
    </annotation>
    <sequence>
      <element ref= "xbrli: measure" minOccurs= "1" maxOccurs= "unbounded" />
    </sequence>
  </complexType>
  <element name= "divide" >
    <annotation>
      <documentation>
      Element used to represent division in units.
      </documentation>
    </annotation>
    <complexType>
      <sequence>
        <element name= "unitNumerator" type= "xbrli: measuresType" />
        <element name= "unitDenominator" type= "xbrli: measuresType" />
      </sequence>
    </complexType>
  </element>
  <element name= "unit" >
    <annotation>
      <documentation>
      Element used to represent units information about numeric items.
      </documentation>
    </annotation>
    <complexType>
      <choice>
        <element ref= "xbrli: measure" minOceurs= "1" maxOccurs= "unbounded" />
        <element ref= "xbrli: divide" />
      </choice>
      <attribute name= "id" type= "ID" use= "required" />
    </complexType>
  </element>
  <annotation>
    <documentation>
    Elements to use for facts in instances.
    </documentation>
  </annotation>
  <element name= "item" type= "anyType" abstract= "true" >
    <annotation>
      <documentation>
```

```
      Abstract item element used as head of item substitution.
      </documentation>
    </annotation>
  </element>
  <element name= "tuple" type= "anyType" abstract= "true" >
    <annotation>
      <documentation>
      Abstract tuple element used as head of tuple substitution.
      </documentation>
    </annotation>
  </element>
  <element name= "xbrl" >
    <annotation>
      <documentation>
      XBRL instance root element.
      </documentation>
    </annotation>
    <complexType>
      <sequence>
        <element ref= "link: schemaRef" minOccurs= "1" maxOccurs= "unbounded" />
        <element ref= "link: linkbaseRef" minOccurs= "0" maxOccurs= "unbounded" />
        <element ref= "link: roleRef" minOccurs= "0" maxOccurs= "unbounded" />
        <element ref= "link: arcroleRef" minOccurs= "0" maxOccurs= "unbounded" />
        <choice minOccurs= "0" maxOccurs= "unbounded" >
          <element ref= "xbrli: item" />
          <element ref= "xbrli: tuple" />
          <element ref= "xbrli: context" />
          <element ref= "xbrli: unit " />
          <element ref= "link: footnoteLink" />
        </choice>
      </sequence>
      <attribute name= "id" type= "ID" use= "optional" />
       < anyAttribute namespace = "http: //www. w3. org/XML/1998/namespace" process-
Contents= "lax" />
    </complexType>
  </element>
</schema>
```

A. 2　xbrl - linkbase - 2003 - 12 - 31. xsd

```
  <? xml version= "1. 0"? >
  <! -- (c) XBRL International. See www. xbrl. org/legal -->
  <schema targetNamespace= "http: //www. xbrl. org/2003/linkbase"
```

```
  xmlns= “http：//www. w3. org/2001/XMLSchema”
  xmlns：link= “http：//www. xbrl. org/2003/linkbase”
  xmlns：xl= “http：//www. xbrl. org/2003/XLink”
  xmlns：xlink= “http：//www. w3. org/1999/xlink”
  elementFormDefault= “qualified” >
  <annotation>
  <documentation>
  XBRL simple and extended link schema constructs
  </documentation>
</annotation>
<import namespace= “http：//www. xbrl. org/2003/XLink”
  schemaLocation= “xl-2003-12-31. xsd” />
<import namespace= “http：//www. w3. org/1999/xlink”
  schemaLocation= “xlink-2003-12-31. xsd” />
<element name= “documentation”
  type= “xl：documentationType”
  substitutionGroup= “xl：documentation” >
  <annotation>
    <documentation>
    Concrete element to use for documentation of
    extended links and linkbases.
    </documentation>
  </annotation>
</element>
<element name= “loc” type= “xl：locatorType” substitutionGroup= “xl：iocator” >
  <annotation>
    <documentation>
    Concrete locator element. The loc element is the
    XLink locator element for all extended links in XBRL.
    </documentation>
  </annotation>
</element>
<element name= “labelArc” type= “xl：arcType” substitutionGroup= “xl：arc” >
  <annotation>
    <documentation>
    Concrete arc for use in label extended links.
    </documentation>
  </annotation>
</element>
<element name= “referenceArc” type= “xl：arcType” substitutionGroup= “xl：arc” >
  <annotation>
```

```
    <documentation>
    Concrete arc for use in reference extended links.
    </documentation>
  </annotation>
</element>
<element name= "definitionArc" type= "xl: arcType" substitutionGroup= "xl: arc" >
  <annotation>
    <documentation>
    Concrete arc for use in definition extended links.
    </documentation>
  </annotation>
</element>
<element name= "presentationArc" substitutionGroup= "xl: arc" >
  <complexType>
    <annotation>
      <documentation>
      Extension of the extended link arc type for presentation arcs.
      Adds a preferredLabel attribute that documents the role attribute
      value of preferred labels (as they occur in label extended links) .
      </documentation>
    </annotation>
    <complexContent>
      <extension base= "xl: arcType" >
        <attribute name= "preferredLabel" use= "optional" >
          <simpleType>
            <restriction base= "anyURI" >
              <minLength value= "1" />
            </restriction>
          </simpleType>
        </attribute>
      </extension>
    </complexContent>
  </complexType>
</element>
<element name= "calculationArc" substitutionGroup= "xl: arc" >
  <complexType>
    <annotation>
      <documentation>
      Extension of the extended link arc type for calculation arcs.
      Adds a weight attribute to track weights on contributions to
      summations.
```

```
        </documentation>
      </annotation>
      <complexContent>
        <extension base= “xl：arcType” >
          <attribute name= “weight” type= “decimal” use. = “required” />
        </extension>
      </complexContent>
    </complexType>
  </element>
  <element name= “footnoteArc” type= “xl：arcType” substitutionGroup= “xl：arc” >
    <annotation>
      <documentation>
      Concrete arc for use in footnote extended links.
      </documentation>
    </annotation>
  </element>
  <element name= “label” substitutionGroup= “xl：resource” >
    <annotation>
      <documentation>
      Definition of the label resource element.
    </documentation>
    </annotation>
    <complexType mixed= “true” >
      <complexContent mixed= “true” >
        <extension base= “xl：resourceType” >
          <sequence>
              < any namespace = “http：//www. w3. org/1999/xhtml” processContents =
“skip” minOccurs= “0” maxOccurs= “unbounded” />
          </sequence>
           <anyAttribute namespace = “http：//www. w3. org/XML/1998/namespace” pro-
cessContents= “lax” />
        </extension>
      </complexContent>
    </complexType>
  </element>
  <element name= “part” type= “string” abstract= “true” >
    <annotation>
      <documentation>
      Definition of the reference part element - for use in reference resources.
      </documentation>
    </annotation>
```

```
</element>
<element name= "reference" substitutionGroup= "xl: resource" >
  <annotation>
    <documentation>
    Definition of the reference resource element.
    </documentation>
  </annotation>
  <complexType mixed= "true" >
    <complexContent mixed= "true" >
      <extension base= "xl: resourceType" >
        <sequence>
          <element ref= "link: part" minOccurs= "0" maxOccurs= "unbounded" />
        </sequence>
      </extension>
    </complexContent>
  </complexType>
</element>
<element name= "footnote" substitutionGroup= "xl: resource" >
  <annotation>
    <documentation>
    Definition of the reference resource element.
    </documentation>
  </annotation>
  <complexType mixed= "true" >
    <complexContent mixed= "true" >
      <extension base= "xl: resourceType" >
        <sequence>
            < any namespace = "http: //www. w3. org/1999/xhtml" processContents =
"skip" minOccurs= "0" maxOccurs= "unbounded" />
        </sequence>
          <anyAttribute namespace= "http: //www. w3. org/XML/1998/namespace" pro-
cessContents= "lax" />
      </extension>
    </complexContent>
  </complexType>
</element>
<element name= "presentationLink" substitutionGroup= "xl: extended" >
  <annotation>
    <documentation>
    Presentation extended link element definition.
    </documentation>
```

```
      </annotation>
      <complexType>
        <complexContent>
          <restriction base= “xl：extendedType” >
            <choice minOccurs= “0” maxOccurs= “unbounded” >
              <element ref= “xl：title” />
              <element ref= “link：documentation” />
              <element ref= “link：loc” />
              <element ref= “link：presentationArc” />
            </choice>
             <anyAttribute namespace = “http：//www. w3. org/XML/1998/namespace” processContents= “lax” />
          </restriction>
        </complexContent>
      </complexType>
    </element>
    <element name= “definitionLink” substitutionGroup= “xl：extended” >
      <annotation>
        <documentation>
        definition extended link element definition
        </documentation>
      </annotation>
      <complexType>
        <complexContent>
          <restriction base= “xl：extendedType” >
            <choice minOccurs= “0” maxOccurs= “unbounded” >
              <element ref= “xl：title” />
              <element ref= “link：documentation” />
              <element ref= “link：ioc” />
              <element ref= “link：definitionArc” />
            </choice>
             <anyAttribute namespace = “http：//www. w3. org/XML/1998/namespace” processContents= “lax” />
          </restriction>
        </complexContent>
      </complexType>
    </element>
    <element name= “calculationLink” substitutionGroup= “xl：extended” >
      <annotation>
        <documentation>
        Calculation extended link element definition.
```

```
        </documentation>
      </annotation>
      <complexType>
        <complexContent>
          <restriction base= “xl：extendedType” >
            <choice minOccurs= “0” maxOccurs= “unbounded” >
              <element ref= “xl：title” />
              <element ref= “link：documentation” />
              <element ref= “link：loc” />
              <element ref= “link：calculationArc” />
            </choice>
            <anyAttribute namespace= “http：//www. w3. orq/XML/1998/namespace” processContents= “lax” />
          </restriction>
        </complexContent>
      </complexType>
    </element>
    <element name= “labelLink” substitutionGroup= “xl：extended” >
      <annotation>
        <documentation>
        Label extended link element definition.
        </documentation>
      </annotation>
      <complexType>
        <complexContent>
          <restriction base= “xl：extendedType” >
            <choice minOccurs= “0” maxOccurs= “unbounded” >
              <element ref= “xl：title” />
              <element ref= “link：documentation” />
              <element ref= “link：loc” />
              <element ref= “link：labelArc” />
              <element ref= “link：label” />
            </choice>
            <anyAttribute namespace= “http：//www. w3. org/XML/1998/namespace” processContents= “lak” />
          </restriction>
        </complexContent>
      </complexType>
    </element>
    <element name= “referenceLink” substitutionGroup= “xl：extended” >
      <annotation>
```

```
      <documentation>
      Reference extended link element definition.
      </documentation>
    </annotation>
    <complexType>
      <complexContent>
        <restriction base= “xl：extendedType” >
        <choice minOccurs= “0” maxOccurs= “unbounded” >
          <element ref= “xl：title” />
          <element ref= “link：documentation” />
          <element ref= “link：loc” />
          <element ref= “link：referenceArc” />
          <element ref= “link：reference” />
        </choice>
        <anyAttribute namespace= “http：//www. w3. org/XML/1998/namespace” processContents= “lax” />
      </restriction>
      </complexContent>
    </complexType>
  </element>
  <element name= “footnoteLink” substitutionGroup= “xl：extended” >
    <annotation>
      <documentation>
      Footnote extended link element definition.
      </documentation>
    </annotation>
    <complexType>
      <complexContent>
        <restriction base= “xl：extendedType” >
          <choice minOccurs= “0” maxOccurs= “unbounded” >
            <element ref= “xl：title” />
            <element ref= “link：documentation” />
            <element ref= “link：loc” />
            <element ref= “link：footnoteArc” />
            <element ref= “link：footnote” />
          </choice>
           <anyAttribute namespace = “http：//www. w3. org/XML/1998/namespace” processContents= “lax” />
        </restriction>
      </complexContent>
    </complexType>
```

```
</element>
<element name= "linkbase" >
  <annotation>
    <documentation>
    Definition of the linkbase element. Used to
    contain a set of zero or more extended link elements.
    </documentation>
  </annotation>
  <complexType>
    <choice minOccurs= "0" maxOccurs= "unbounded" >
      <element ref= "link: documentation" />
      <element ref= "link: roleRef" />
      <element ref= "link: arcroleRef" />
      <element ref= "xl: extended" />
    </choice>
    <attribute name= "id" type= "ID" use= "optional" />
     < anyAttribute namespace = "http: //www. w3. org/XML/1998/namespace" process-
Contents= "lax" />
  </complexType>
</element>
<element name= "linkbaseRef" substitutionGroup= "xl: simple" >
  <annotation>
    <documentation>
    Definition of the linkbaseRef element - used
    to link to XBRL taxonomy extended links from
    taxonomy schema documents and from XBRL
    instances.
    </documentation>
  </annotation>
  <complexType>
    <complexContent>
      <restriction base= "xl: simpleType" >
        <attribute ref= "xlink: arcrole" use= "required" >
        <annotation>
        <documentation>
          This attribute must have the value:
          http: //www. w3. org/1999/xlink/properties/linkbase
          </documentation>
        </annotation>
      </attribute>
      <anyAttribute namespace= "http: //www. w3. org/XML/1998/namespace" process-
```

```
Contents= “lax” />
        </restriction>
        </complexContent>
      </complexType>
    </element>
    < element name = “schemaRef” type = “xl：simpleType” substitutionGroup = “xl：simple” >
      <annotation>
        <documentation>
        Definition of the schemaRef element - used
        to link to XBRL taxonomy schemas from
        XBRL instances.
        </documentation>
      </annotation>
    </element>
    <element name= “roleRef” substitutionGroup= “xl：simple” >
      <annotation>
        <documentation>
        Definition of the roleRef element - used
        to link to resolve xlink：role attribute values to
        the roleType element declaration.
        </documentation>
      </annotation>
      <complexType>
        <complexContent>
          <extension base= “xl：simpleType” >
            <attribute name= “roleURI” type= “xlink：nonEmptyURI” use= “required” >
              <annotation>
                <documentation>
                  This attribute contains the role name.
                </documentation>
              </annotation>
            </attribute>
          </extension>
        </complexContent>
      </complexType>
    </element>
    <element name= “arcroleRef” substitutionGroup= “xl：simple” >
    <annotation>
      <documentation>
      Definition of the roleRef element - used
```

```
  to link to resolve xlink：arcrole attribute values to
  the arcroleType element declaration.
  </documentation>
</annotation>
<complexType>
  <complexContent>
    <extension base= “xl：simpleType” >
      <attribute name= “arcroleURI” type= “xlink：nonEmptyURI” use= “required” >
        <annotation>
          <documentation>
            This attribute contains the arc role name.
              </documentation>
                </annotation>
            </attribute>
        </extension>
    </complexContent>
  </complexType>
</element>
<element name= “definition” type= “string” >
  <annotation>
    <documentation>
    The element to use for human - readable definition
    of custom roles and arc roles.
    </documentation>
  </annotation>
</element>
<element name= “usedOn” type= “QName” >
  <annotation>
    <documentation>
    Definition of the usedOn element - used
    to identify what elements may use a
    taxonomy defined role or arc role value.
    </documentation>
  </annotation>
</element>
<element name= “roleType” >
  <annotation>
    <documentation>
    The roleType element definition - used to define custom
    role values in XBRL extended links.
    </documentation>
```

```
    </annotation>
    <complexType>
      <sequence>
        <element ref= "link: definition" minOccurs= "0" />
        <element ref= "link: usedOn" maxOccurs= "unbounded" />
      </sequence>
      <attribute name= "roleURI" type= "xlink: nonEmptyURl" use= "required" />
      <attribute name= "id" type= "ID" />
    </complexType>
  </element>
  <element name= "arcroleType" >
    <annotation>
      <documentation>
      The arcroleType element definition - used to define custom
      arc role values in XBRL extended links.
      </documentation>
    </annotation>
    <complexType>
      <sequence>
        <element ref= "link: def inition" minOccurs= "0" />
        <element ref= "link: usedOn" maxOccurs= "unbounded" />
      </sequence>
      <attribute name= "arcroleURI" type= "xlink: nonEmptyURI" use= "required" />
      <attribute name= "id" type= "ID" />
      <attribute name= "cyclesAllowed" use= "required" >
        <simpleType>
              <restriction base= "NMTOKEN" >
             <enumeration value= "any" />
            <enumeration value= "undirected" />
           <enumeration value= "none" />
          </restriction>
         </simpleType>
        </attribute>
      </complexType>
    </element>
  </schema>
```

A. 3 xlink - 2003 - 12 - 31. xsd

```
  <? xml version= "1. 0" encoding= "UTF - 8"? >
  <! -- (c) XBRLInternational. See www. xbrl. org/legal -->
  <schema targetNamespace= "http: //www. w3. org/1999/xlink"
    xmlns: xlink= "http: //www. w3. org/1999/xlink"
```

```
  xmlns= "http://www.w3.org/2001/XMLSchema"
  elementFormDefault= "qualified"
  attributeFormDefault= "qualified" >
  <annotation>
    <documentation>
    XLink attribute specification
    </documentation>
  </annotation>
  <simpleType name= "nonEmptyURI" >
    <annotation>
      <documentation>
      A URI type with a minimum length of 1 character.
      Used on role and arcroleandhref elements.
      </documentation>
    </annotation>
    <restriction base= "anyURI" >
      <minLength value= "1" />
    </restriction>
  </simpleType>
    <simpleType name= "typeEnum" >
      <annotation>
        <documentation>
          Enumeration of values for the type attribute.
          </documentation>
          </annotation>
          <restriction base= "string" >
            <enumeration value= "simple" />
            <enumeration value= "extended" />
            <enumeration value= "locator" />
            <enumeration value= "arc" />
            <enumeration value= "resource" />
            <enumeration value= "title" />
          </restriction>
        </simpleType>
<attributeGroup name= "simpleType" >
  <attribute name= "type" use= "required" >
    <simpleType>
      <restriction base= "token" >
        <enumeration value= "simple" />
      </restriction>
    </simpleType>
```

```
    </attribute>
  </attributeGroup>
  <attributeGroupname= “extendedType” >
    <attribute name= “type” use= “required” >
      <simpleType>
        <restriction base= “token” >
          <enumeration value= “extended” />
        </restriction>
      </simpleType>
    </attribute>
  </attributeGroup>
  <attributeGroup name= “locatorType” >
    <attribute name= “type” use= “required” >
      <simpleType>
        <restriction base= “token” >
          <enumeration value= “locator” />
        </restriction>
      </simpleType>
    </attribute>
  </attributeGroup>
  <attributeGroup name= “arcType” >
    <attribute name= “type” use= “required” >
      <simpleType>
        <restriction base= “token” >
          <enumeration value= “arc” />
        </restriction>
      </simpleType>
    </attribute>
  </attributeGroup>
  <attributeGroupname= “resourceType” >
    <attribute name= “type” use= “required” >
      <simpleType>
        <restriction base= “token” >
          <enumeration value= “resource” />
        </restriction>
      </simpleType>
    </attribute>
  </attributeGroup>
  <attributeGroup name= “titleType” >
    <attribute name= “type” use= “required” >
      <simpleType>
```

```
    <restriction base= "token" >
      <enumeration value= "title" />
    </restriction>
    </simpleType>
  </attribute>
</attributeGroup>
<simpleType name= "showEnum" >
  <annotation>
    <documentation>
    Enumeration of values for the show attribute.
    </documentation>
  </annotation>
  <restriction base= "string" >
    <enumeration value= "new" />
    <enumeration value= "replace" />
    <enumeration value= "embed" />
    <enumeration value= "other" />
    <enumeration value= "none" />
  </restriction>
</simpleType>
<simpleType name= "actuateEnum" >
  <annotation>
    <documentation>
    Enumeration of values for the actuate attribute.
    </documentation>
  </annotation>
  <restriction base= "string" >
    <enumeration value= "onLoad" />
    <enumeration value= "onRequest" />
    <enumeration value= "other" />
    <enumeration value= "none" />
  </restriction>
</simpleType>
<attribute name= "type" type= "xlink: typeEnum" />
<attribute name= "role" type= "xlink: nonEmptyURI" />
<attribute name= "arcrole" type= "xlink: nonEmptyURI" />
<attribute name= "title" type= "string" />
<attribute name= "show" type= "xlink: showEnum" />
<attribute name= "actuate" type= "xlink: actuateEnum" />
<attribute name= "label" type= "NCName" />
<attribute name= "from" type= "NCName" />
```

```
    <attribute name= “to” type= “NCName” />
    <attribute name= “href” type= “anyURI” />
  </schema>
```

A. 4 xi - 2003 - 12 - 31. xsd

```
  <? xml version= “1. 0” encoding= “UTF - 8”? >
  <! — (c) XBRL International. See www. xbrl. org/legal —>
  <schema targetNamespace= “http: //www. xbrl. org/2003/XLink”
    xmlns: xlink= “http: //www. w3. org/1999/xlink”
    xmlns: xl= “http: //www. xbrl. org/2003/XLink”
    xmlns= “http: //www. w3. org/2001/XMLSchema”
    elementFormDefault= “qualified”
    attributeFormDefault= “unqualified” >
    <import namespace= “http: //www. w3. org/1999/xlink” schemaLocation= “xlink - 2003 -12 -
31. xsd” />
    <complexType name= “documentationType” >
      <annotation>
        <documentation>
        Element type to use for documentation of
        extended links and linkbases.
      </documentation>
    </annotation>
    <simpleContent>
      <extension base= “str ing” >
        <anyAttribute namespace= “# # other” processContents= “lax” />
      </extension>
    </simpleContent>
  </complexType>
  <element name= “documentation” type= “xl: documentationType” abstract= “true” >
    <annotation>
      <documentation>
      Abstract element to use for documentation of
      extended links and linkbases.
      </documentation>
    </annotation>
  </element>
  <annotation>
    <documentation>
    XBRL simple and extended link schwa constructs
    </documentation>
  </annotation>
  <complexType name= “titleType” >
```

```
  <annotation>
    <documentation>
    Type for the abstract title element -
    used as a title element template.
    </documentation>
  </annotation>
  <complexContent>
    <restriction base= "anyType" >
      <attributeGroup ref= "xlink: titleType" />
    </restriction>
  </complexContent>
</complexType>
<element name= "title" type= "xl: titleType" abstract= "true" >
  <annotation>
    <documentation>
    Generic title element for use in extended link documentation.
    Used on extended links, arcs, locators.
    See http: //www. w3. org/TR/xlink/~ title - element for details.
    </documentation>
  </annotation>
</element>
<complexType name= "locatorType" >
  <annotation>
    <documentation>
    Generic locator type.
    </documentation>
  </annotation>
  <complexContent>
    <restriction base= "anyType" >
      <sequence>
        <element ref= "xl: title" minOccurs= "0" maxOccurs= "unbounded" />
      </sequence>
      <attributeGroup ref= "xlink: locatorType" />
      <attribute ref= "xlink: href" use= "required" />
      <attribute ref= "xlink: label" use= "required" />
      <attribute ref= "xlink: role" use= "optional" />
      <attribute ref= "xlink: title" use= "optional" />
    </restriction>
  </complexContent>
</complexType>
<element name= "locator" type= "xl: locatorType" abstract= "true" >
```

```
  <annotation>
    <documentation>
    Abstract locator element to be used as head of locator substitution
    for all extended link locators in XBRL.
    </documentation>
  </annotation>
</element>
<simpleType name= "useEnum" >
  <annotation>
    <documentation>
    Enumerated values for the use attribute on extended link arcs.
    </documentation>
  </annotation>
  <restriction base= "NMTOKEN" >
    <enumeration value= "optional" />
    <enumeration value= "prohibited" />
  </restriction>
</simpleType>
<complexType name= "arcType" >
  <annotation>
    <documentation>
    Basic extended link arc type - extended where necessary for specific arcs
    Extends the generic arc type by adding use, priority and order attributes.
    </documentation>
  </annotation>
  <complexContent>
    <restriction base= "anyType" >
      <sequence>
        <element ref= "xl: title" minOccurs= "0" maxOccurs= "unbounded" />
      </sequence>
      <attributeGroup ref= "xlink: arcType" />
      <attribute ref= "xlink: from" use= "required" />
      <attribute ref= "xlink: to" use= "required" />
      <attribute ref= "xlink: arcrole" use= "required" />
      <attribute ref= "xlink: title" use= "optional" />
      <attribute ref= "xlink: show" use= "optional" />
      <attribute ref= "xlink: actuate" use= "optional" />
      <attribute name= "order" type= "decimal" use= "optional" />
      <attribute name= "use" type= "xl: useEnum" use= "optional" />
      <attribute name= "priority" type= "integer" use= "optional" />
      <anyAttribute namespace= "##other" processContents= "lax" />
```

```
      </restriction>
    </complexContent>
  </complexType>
  <element name= “arc” type= “xl：arcType” abstract= “true” >
    <annotation>
      <documentation>
      Abstract element to use as head of arc element substitution.
      </documentation>
    </annotation>
  </element>
  <complexType name= “resourceType” >
    annotation>
      <documentation>
      Generic type for the resource type element
      </documentation>
    </annotation>
    <complexContent mixed= “true” >
      <restriction base= “anyType” >
        <attributeGroup ref= “xlink：resourceType” />
        <attribute ref= “xlink：label” use= “required” />
        <attribute ref= “xlink：role” use= “optional” />
        <attribute ref= “xlink：title” use= “optional” />
        <attribute name= “id” type= “ID” use= “optional” />
      </restriction>
      </complexContent>
  </complexType>
  <element name= “resource” type= “xl：resourceType” abstract= “true” >
    <annotation>
      <documentation>
      Abstract element to use as headof resource element substitution.
      </documentation>
    </annotation>
  </element>
  <complexType name= “extendedType” >
    <annotation>
      <documentation>
      Generic extended link type
      </documentation>
    </annotation>
    <complexContent>
      <restriction base= “anyType” >
```

```
<choice minOccurs= “0” maxOccurs= “unbounded” >
  <element ref= “xl：title” />
  <element ref= “xl：documentation” />
  <element ref= “xl：loeator” />
  <element ref= “xl：arc” />
  <element ref= “xl：resource” />
  </choice>
  <attributeGroup ref= “xlink：extendedType” />
  <attribute ref= “xlink：role” use= “required” />
  <attribute ref= “xlink：title” use= “optional” />
  <attribute name= “id” type= “ID” use= “optional” />
   <anyAttribute namespace = “http：//www. w3. org/XML/1998/namespace” processContents= “lax” />
</restriction>
</complexContent>
</complexType>
<element name= “extended” type= “xl：extendedType” abstract= “true” >
  <annotation>
    <documentation>
    Abstract extended link element at head of extended link substitution.
    </documentation>
  </annotation>
</element>
<complexType name= “SimpleType” >
  <annotation>
    <documentation>
    Type for the simple links defined in XBRL.
    </documentation>
  </annotation>
  <complexContent>
    <restriction base= “anyType” >
      <attributeGroup ref= “xlink：simpleType” />
      <attribute ref= “xlink：href” use= “required” />
      <attribute ref= “xlink：arcrole” use= “optional” />
      <attribute ref= “xlink：role” use= “optional” />
      <attribute ref= “xlink：title” use= “optional” />
      <attribute ref= “xlink：show” use= “optional” />
      <attribute ref= “xlink：actuate” use= “optional” />
       <anyAttribute namespace = “http：//www. w3. org/XML/1998/namespace” processContents= “lax” />
    </restriction>
```

```
    </complexContent>
  </complexType>
  <element name= “simple” type= “xl：simpleType” abstract= “true” >
    <annotation>
      <documentation>
      The abstract element at the head of the simple link substitution.
      </documentation>
    </annotation>
  </element>
</schema>
```

附录 B
（资料性附录）
元素表

XBRL 元素	说　明
Attribute	属性
Divide	除
Documentation	注释
essence - alias	本名—别名关系
footnoteArc	脚注弧
footnoteLink	脚注链接
Instance	实例
Label	标签
labelAre	标签弧
labelLink	标签链接
Link	链接
Linkbase	链接库
linkbaseRef	链接库引用
Loc	定位
Measure	度量
Namespace	命名空间
Presentation	展示
presentationArc	展示弧
presentationLink	列报链接
Referenee	引用
referenceArc	参考弧
referenceLink	引用链接
requirement - element	必需元素关系
Role	角色
roleRef	角色引用
Scenario	场景
Schema	模式文件
Schemaref	模式引用
Segment	段
similar - tuple	相似元组关系

续表

XBRL 元素	说 明
substitution group	替换组
summation - item	加总关系
Unit	单位
unitDenominator	单位分母
unitNumerator	单位分子
usedOn	使用于

附录C
（资料性附录）
属性表

XBRL 属性名称	释　义
Arcrole	弧角色
arcroleType	弧角色类型
arcroleURI	弧角色通用资源标识符
Balance	余额
Base	基准路径
contextRef	上下文引用
cyclesAllowed	允许出现环路
Decimals	小数位数
Href	超文本引用
Ref	引用
id，identifier	标识符
Name	名称
periodType	期间类型
Precision	整数位数
Priority	优先权
Role	角色
roleURI	角色通用资源标识符
Title	标题
Type	类型
unitRef	单位引用
Use	可用性
Weight	权重

附录 D
（资料性附录）
数据类型表

数据类型	说　明
anyURI	任何通用资源标识符
anyURIItemType	任何通用资源标识符项类型
arcroleURI	弧角色通用资源标识符
base64Binary	基于 64 位的二进制数据
base64BinaryItemType	基于 64 位的二进制数据项类型
Boolean	布尔
booleanItemType	布尔项类型
Byte	字节
byteItemType	字节项类型
Date	日期
dateItemType	日期项类型
dateTime	日期与时间
dateTimeItemType	日期与时间项类型
decimalItemType	小数项类型
Double	双精度浮点数
doubleItemType	双精度浮点数项类型
Duration	时间段
durationItemType	时间段项类型
endDate	结束日期
Float	浮点数
floathemType	浮点数项类型
fractionItemType	分数项类型
gDay	日
gDayItemType	日项类型
gMonth	月份
gMonthDay	月与天
gMonthDayItemType	月与天项类型
gMonthItemType	月份项类型
gYear	年份
gYearItemType	年份项类型

续表

数据类型	说　明
gYearMonth	年与月
gYearMonthItemType	年与月项类型
hexBinary	十六进制的二进制数据
hexBinaryItemType	十六进制的二进制数据项类型
Identical	同一的
IDREF	唯一标识符引用
Instant	时间点
Int	整型
Integer	整数
integerItemType	整数项类型
intItemType	整型项类型
languageItemType	语言项类型
Long	长整型
longItemType	长整型项类型
Measure	度量
Monetary	货币
monetaryItemType	货币项类型
NameItemType	姓名项类型
NCName	无前缀名称
NCNameItemType	无前缀名称项类型
negativeInteger	负整数
negativeIntegerItemType	负整数项类型
NMTOKEN	名称符号
nonNegativeInteger	非负整数
nonNegativeIntegerItemType	非负整数项类型
non - numeric item	非数值型数据项
nonPositiveInteger	非正整数
nonPositiveIntegerItemType	非正整数项类型
normalizedString	标准化字符串
normalizedStringItemType	标准化字符串项类型
numeric item	数值型数据项
positiveInteger	正整数
positiveIntegerItemType	正整数项类型
pureItemType	纯数项类型
Qname	带限定名名称

续表

数据类型	说　明
QNameItemType	带限定名名称项类型
roleType	角色类型
shareshemType	股份项类型
Short	短整型
shortItemType	短整型项类型
startDate	起始日期
String	字符串
stringItemType	字符串项类型
Time	时间
timeItemType	时间项类型
Token	表征字符串
tokenhemType	表征字符串项类型
unslgnedByte	无符号字节
unslgnedByteItemType	无符号字节项类型
unsignedInt	无符号整型
unstgnedIntItemType	无符号整型项类型
unslgnedLong	无符号长整型
unslgnedLongItemType	无符号长整型项类型
unsignedShort	无符号短整型
unslgnedShortItemType	无符号短整型项类型

参考文献

[1] http：//www. w3. org/TR/REC－xml－names/

[2] http：//www. ietf. org/rfc/rfc2119. txt

[3] http：//www. w3. org/TR/xmlschema－0/

[4] http：//www. w3. org/TR/xmlschema－1/

[5] http：//www. w3. org/TR/xmlschema－2/

[6] http：//www. iso. ch/iso/en/CatalogueDetailPage. CatalogueDetail? CSNUMBER＝16387

[7] http：//www. ietf. org/rfc/rfc2396. txt

[8] http：//www. ietf. org/rfc/rfc2732. txt

[9] http：//www. w3. org/TR/xhtml－modularization/

[10] http：//www. w3. org/TR/xmlbase/

[11] http：//www. w3. org/TR/xlink/

[12] http：//www. w3. org/TR/xpath

[13] http：//www. w3. org/TR/xptr－framework/

ICS 03.060
A11
备案号

JR

中华人民共和国金融行业标准

JR/T 0021－2004

上市公司信息披露电子化规范

Electronic Information Disclosure Specification for Listed Companies

2005－03－25 发布　　　　2005－03－25 实施

中国证券监督管理委员会　发布

目　次

前　言

本标准附录 A、附录 B、附录 C、附录 E 为规范性附录，附录 D 为资料性附录。

本标准由中国证券监督管理委员会牵头，组织上市公司信息披露标准化小组共同制定。

本标准由全国金融标准化技术委员会归口。

本标准由全国金融标准化技术委员证券分委员会进行维护。

本标准主要起草单位和人员：

中国证券监督管理委员会：孙议政、周惠东、刘连起

深圳证券交易所：邹胜、苏梅、俞志钢、寻晓青、张兴东、苗咏

上海证券交易所：赵小平、黄宏斌、董国群、赵志刚、周舶、郑斌祥

上海新利多数字技术有限公司：陈林坚、陈来日

天津神州浩天软件技术有限公司：王志强、李云峰、郦铂

上海上证所信息公司：王勇、杨廷刚、陈良刚

深圳证券信息公司：赵文奇、赵海军、秦宁

引　言

上市公司信息是证券市场信息的重要组成部分，是证券监管机构、投资者、市场其他参与主体获取上市公司经营情况和运作情况的重要渠道，是实施监管和投资决策的重要依据。上市公司的信息披露是证券市场的一项重要制度，在我国实行的是强制信息披露制度，它要求上市公司必须披露对上市公司股票价格可能产生重大影响的所有信息。

上市公司信息披露电子化是信息披露制度与现代信息技术，尤其是计算机网络技术紧密结合的产物。随着计算机网络技术的普及，互联网成为资讯传播最高效、最便捷的方式之一，指定报刊和指定网站互为补充，为我国证券市场上市公司信息披露提供更高效和更丰富的手段。

本标准是上市公司信息编制、上报、审核以及披露过程中的规范。它不仅规范了上市公司的电子公告文档，同时也规范了电子公告文档中重要信息的数据化过程，包括信息披露和信息采集合而为一的过程。本标准的制定有助于实现证券业内、业间的上市公司信息的共享，推动我国上市公司信息披露和证券信息服务业规范、有序地发展；本标准的制定为建立上市公司信息披露电子化体系奠定了良好的基础。

本标准是上市公司信息披露体系中的基础应用标准，旨在满足上市公司日常信息披露电子文档的生成以及各种信息需求者使用数据的需要。

上市公司信息披露电子化规范

1 范围

本标准规定了上市公司信息披露电子化中电子公告文档的基本要求，包括公告、数据元和应用。

上市公司信息披露电子文档包括上市公司对外公开发布的各类公告、上市公司向证券监管机构报送的各类待审查的公告以及所需提供的相关材料。

本标准适用于上市公司的各类公告的对外公开发布过程，以及上市公司向证券监管机构上报的各类待审查的公告以及所需提供的相关材料的传送过程。

本标准同样适用于信息咨询机构、证券投资机构或市场上其他上市公司信息需求者获取上市公司信息和采集、使用数据的过程。

本标准旨在提供一个数据描述规范，为上市公司的披露信息提供一个统一、规范的描述方式。而诸如加密、数据完整性等安全机制的有关规范，不在本标准考虑的范畴之内。

本标准所提供的数据描述规范涵盖监管者、市场参与者所关注的各类定期报告包含的信息，在财务信息部分，本标准只针对一般工业企业公开披露的财务信息制定。

2 规范性引用文件

下列文件中的条款通过本标准的引用而成为本标准的条款。凡注明日期的引用文件，其随后所有的修改单（不包括勘误的内容）或修订版均不适用于本标准。然而，鼓励根据本标准达成协议的各方研究是否可使用这些文件的最新版本。凡是不注明日期的引用文件，其最新版本适用于本标准。

GB/T 7408－1994 数据元文献格式 信息交换 日期和时间表示法

GB/T 2659 世界各国和地区名称代码（eqv ISO 3166）

GB 12406－90 货币代码（eqv ISO 4217）

Extensible Business Reporting Language（XBRL） 2.0 Specification 可扩展商业报告语言 2.0 版技术规范 XBRL. org 2003－12－31

企业会计制度（2001）

公开发行股票公司信息披露实施细则（试行）

公开发行证券的公司信息披露编报规则第 9 号

公开发行证券的公司信息披露编报规则第 2 号——年度报告内容与格式特别规定（2003 修订）

公开发行证券的公司信息披露内容与格式准则第 3 号——半年度报告

公开发行证券的公司信息披露编报规则第 13 号——季度报告内容与格式特别规定（2003 修订）

3 术语及定义

3.1

属性 Attribute

某个对象或实体的一种特性。

3.2

属性值 Attribute Value

某种属性的一个实例表示。

3.3

数据元 Data Element

用一组属性描述其定义、标识、表达和允许值的一个数据单元。

数据元和数据科目属于同一概念的不同语言表述。

3.4

数据元概念 Data Concept

能以数据元形式表示，且与任何特定的表示法无关的一种概念。

3.5

数据元字典 Data Element Dictionary

列出并定义了全部相关数据科目的一种信息资源。

3.6

数据域 Data Element Entity

某个数据科目的一个实例表示。

3.7

数据元值 Data Element Value

数据科目允许值集合中的一个值，又称数据值。

3.8

数据元名称 Data Element Name

用于表示数据元的主要手段，有一个或多个词构成的命名。

3.9

数据类型 Data Type

由数据元操作决定的用于采集字母、数字和（或）符号的格式，以描述数据元的值。

3.10

数据对象 Data Object

由一个或多个相互关联的数据科目组合而成的科目集合，用于描述一个完整的概念。

注：数据对象可以重复使用。一个数据对象可以以嵌套的方式包含另外的数据对象模块。

3.11

数据标识符 Data Identifier

注册机构内与数据无关的数据元的唯一标识符。给定相关环境的对象的无歧义的名称。

3.12

注册机构（RA）Registration Authority

经授权对数据元或其他对象注册的组织。

3.13

内容模块 Content Module

与一个业务概念相关的，内容上互相关联的数据对象集合的定义。

3.14

内容实体 Content Block

信息内容是由一个或多个内容模块组成，每个数据块是内容模块的实例表示。

3.15

数据项 Item

在特定时间内关于一个特定商业实体的某项客观事实。

例如“某公司 2002 年度总收入为 3.7 亿元人民币”这个客观事实就是一个数据项。在本标准中，数据项通常是数字信息，但并不局限于数字信息。

为了在 Schema 中表达数据项的概念，XBRL 2.0 Specification 定义了一个抽象元素——Item 元素，Item 元素不会在实例文档中出现，它仅仅用来表达数据项的概念。

3.16

元素 Element

XML 元素，它对应一个客观概念。

例如：本标准定义的元素“流动资产”即对应财务报表中的“流动资产”这个概念。

3.17

元组 Tuple

在一个特定商业实体的报告中，某些信息需要和其他信息相关联才能得到正确的理解，尤其是那些在报告中多次出现的同类信息。

例如：上市公司披露的董事、监事及高级管理人员情况可能涉及多个董事、监事或者高级管理人员的信息，每个董事、监事或者高级管理人员都包括姓名、职务、年龄等信息，且其姓名、职务、年龄是一一对应的。每个董事、监事或者高级管理人员的信息都是一个信息集合（姓名 / 职务 / 年龄/ ……），这样一种信息集合就被称为 Tuple。Tuple 在概念上类似于数据库中的记录行，而 Tuple 类型的元素则可以被看作一种容器，用来囊括某些数据项或者其他 Tuple 类型的元素。

3.18

分类信息 Taxonomy

一组 XML 文件，用于定义一些元素以及这些元素之间的关系。

分类信息是 XML Schema 的扩展，它包括模式定义文件和一系列链接库。

3.19

模式定义文件 Schema

一个合法的 XML Schema 文件，符合 XML Schema 规范的要求。

分类信息的模式定义文件还应同时符合 XBRL 2.0 Specification 的要求。

3.20

命名空间 Name Space

命名空间是 XML 1.0 规范中引入的一种元素同名冲突解决机制。命名空间本身只是一个标识符，通常为一个 URI（如：http：//www.csrc.gov.cn/taxonomy/disclosure/core/draft），由于 URI 在 Internet 上具有唯一性，利用这一特性唯一确定一个 XML Schema 文件，进而唯一确定该 XML Schema 文件内的一个元素，从而避免不同 XML Schema 文件之间潜在的元素同名冲突。

3.21

链接库 Linkbase

一个合法的 XML 文件，同时符合 XBRL 2.0 Specification 的要求。

链接库用来描述分类信息中一系列元素之间的关系、元素与其他相关信息的关系。

3.22

实例文档 Instance Document

根据特定分类信息生成的、包含实际数据的、符合 XBRL 2.0 Specification 的 XML 文档，与 XBRL 2.0Specification 中的术语定义一致。

3.23

电子公告文档

包含数据化的公告信息的电子文件。包括根据本标准产生的实例文档以及由实例文档转化而成用于媒体披露的其他格式的电子文件（如：Pdf 文件、Html 文件、Txt 文本文件和 Word 文件）。

3.24

全局通用文档分类信息　Global Common Document Taxonomy

一个特定的分类信息，本身定义了一系列元素，这些元素用来描述各种实例文档本身，以及与该实例文档相关联的商业实体。

全局通用文档分类信息（Global Common Document Taxonomy）是由 IAS Taxonomy Development、XBRL US Domain Working Group 共同制定的。

4　符号和缩略语

4.1

W3C

World Wide Web Consortium 万维网联盟

4.2

XML

eXtensible Markup Language 可扩展置标语言

4.3

XBRL

eXtensible Business Reporting Language 可扩展商业报告语言

4.4

GAAP

Generally Accepted Accounting Principles 通用会计准则

5 电子公告文档规范

基于 XML 的电子公告文档的管理，应确保能够形成具有真实、可靠、完整、可用特性的电子文件。

5.1 真实性

基于 XML 的电子公告文档，其真实性具有以下三重含义：

a）文件与其意图相符；

b）文件的形成和发送与其既定的形成者和发送者相符；

c）文件的形成和发送与其既定的形成时间和发送时间一致。

5.2 可靠性

基于 XML 的电子公告文档，其可靠性是指文件的内容可信，能够准确、充分地反映其所证明的业务活动、活动过程或事实，并在后续的业务活动中仍可以其为依据。

5.3 完整性

基于 XML 的电子公告文档，其完整性是指文件是完全的、未加改动，并且受到保护，以防止未经授权情况下对电子公告文档的增、删、改及利用、销毁和移动。

5.4 可用性

基于 XML 的电子公告文档，其可用性是指文件可被查找、检索、显现和理解，能够表明电子文件与形成它的业务活动的直接关系。电子公告文档的背景信息应该包含有文件的形成和利用的信息，有助于理解业务活动过程的信息，有利于确认电子公告文档所处的宏观业务活动背景和职能活动背景及文件之间联系的信息。

6 上市公司公告

6.1 公告的结构

6.1.1 公告

公告由公告头、公告体二部分组成。其结构如图 1 所示。

图 1 公告的结构

6.1.2 公告头

公告头包含了公告标识、公司简称、公司代码、发布主体名称、公告发布主体类别、发布主体类别码、公告标题、副标题、公告类别、公告类别码、公告编号、公告发布日期等内容。

公告头各项内容的说明如下：

公告标识：能唯一识别深沪两地上市公司所有公告的编码。编码可采用“发布主体类别码”＋“上市交易所简称”＋“公司代码”＋“公告编号”。

公司简称：使用公司的股票简称（对于有特别标识的股票简称，如 ST、＊ST 和 PT 的股票，公司简称使用该公司特别处理之前的股票简称）。

公司代码：使用公司的股票代码或其他方式唯一标识。

公告发布主体及类别：发布公告的主体，可以是公司、公司董事会、公司监事会、股东大会、公司主要股东、交易所、中国证监会、证券公司、会计师事务所、律师事务所、中介机构、法院等等。

发布主体类别码：给上述公告发布主体类别编码，以唯一标识发布主体的代码。

公告标题、副标题：公告本身的名称。公告名称应遵循现有的信息披露各项准则和制度规定，由公司自行定义。

公告类别和公告类别码：参照本标准正文 6.4 节——“上市公司公告分类”，对公司的公告信息进行分类并编码。在同一份公告中，根据公告内容允许有多个公告类别码。

公告编号：各发布主体按“年度＋流水号”的方式对公司公告文件编码，以唯一识别本年度对外发布的所有公告。如，某公司发布编号为“2003－003”的公告，表明该公告是公司 2003 年度对外发布的第 3 份公告。

公告发布日期：公告正式发布的日期。

6.1.3 公告体

公告体是公告的正文部分，包含了公告需揭示的重要公司信息。

公告体的组织和行文应遵照中国证监会和交易所颁布的披露准则或格式指引的要求进行，如果没有可依据的披露准则或格式指引，应言简意赅，同时保证公告内容的真实、准确和完整。

6.2 公告的组织模型

对所有公告进行分类和编码，每类信息公告对应各自的披露规则。

公告体的内容是依照披露规则的要求，组织必要的数据元信息形成的。

公告体的组织模型如图 2 所示。

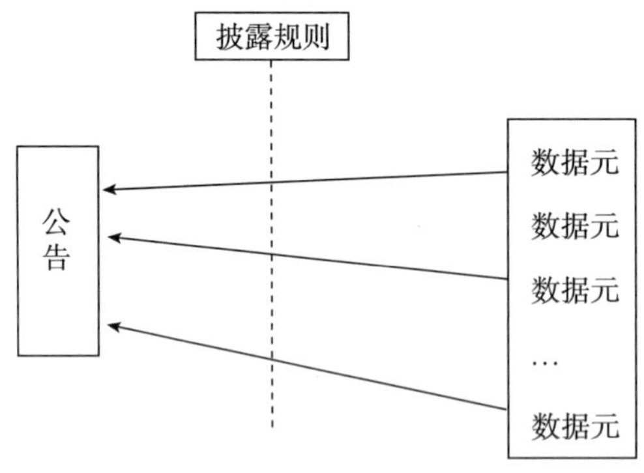

图 2 公告的组织

6.3 电子公告文档产生过程

使用特定的电子描述语言对数据元和披露规则分别进行描述，进而生成电子公告文档，电子公告文档是数据化和结构化的公告。电子公告文档的产生过程如图 3 所示，如使用 XML 语言、生成应用文档。

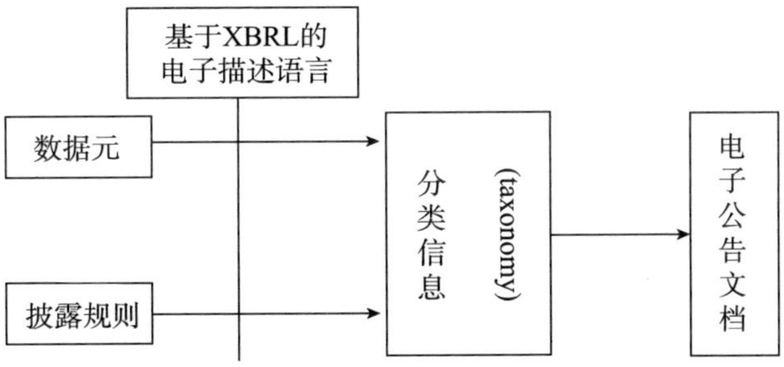

图 3　电子公告文档的产生过程

6.4　上市公司公告分类

6.4.1　分类原则

为了方便检索，将上市公司公开的信息按不同业务分成大类、中类和小类。

根据上市公司业务，共划分了 16 大类，100 中类，276 小类，见附录 A。

公告类别和公告类别码将由指定的维护机构根据上市公司业务发展的需要进行统一调整。

具体公告分类大类和编码如下：

大类	代码
首次公开发行及上市	GA
定期报告	GB
配股	GC
增发	GD
可转换债券	GE
其他融资	GF
权益分派与限制出售股份上市	GG
股份质押、冻结与股权变动	GH
交易	GI
股东大会	GJ
澄清、风险提示、业绩预告事项	GK
其他重大事项	GL
特别处理和退市	GM
补充及更正	GN
中介机构报告	GO
上市公司制度文件	GP

6.4.2　编码方法

公告类别采用层次和顺序相结合的编码方法：大类、中类和小类三个层次，其中大类为双字母 GA、GB、GC 升序赋码；中类为双字母加两位数字按升序赋码；小类为双字母加四位数字按升序赋码。

各类中均带有“其他”字样的收容类，以所属类的相应代码后加两位数字“99”表示。

中类、小类均采取跳跃增码，以适应今后增加或调整类的需要。

6.4.3　使用方法

一份公告可以有多种的业务类别。因此，一份公告可以选择多个公告分类并标引出公告类别码。电子公告文档的生成过程中，可依照本标准的附录 A 选择公告类别并标引公告类别码。

例如某公司董事会召开会议并形成了三项决议：决定发行可转债、决定对外投资 1 亿元和更换一名董事，公司在董事会决议公告中依次陈述以上三项决议的内容，并为该董事会决议公告标引三个公告类别码——GE0101、GI05 和 GL0301。

7 数据元规范

7.1 说明

本章定义了数据元的具体内容；说明了数据元分类原则；给出了数据元的详细分类和属性描述等；并据此对上市公司的各类信息进行了必要的提取，归纳出满足各类信息使用者需要的、通常的、最基本的数据科目（数据元）清单。

7.2 数据元描述

7.2.1 数据元属性描述

为了明确在各种场合下使用的同一数据元代表的内容上的差异，引进了数据元属性的描述方法。一个数据元的完整描述应该包含唯一命名、多个业务属性及其相互关系等内容。数据元属性列表见附录 B。

以下是数据元属性的清单定义：

A 所属类型（如：年度报告、半年度报告等）

B 所属年度（如：2002、2001 等）

以属性来表达数据元所的具体的来源出处。

例：对于 2002 年年度报告中的“每股收益”的所属类型属性应为“年度报告”，年度属性为“2002”。

C 货币单位（如：RMB 人民币、USD 美元等）

用以明确每个上市公司在披露信息中涉及金额内容的计量单位。

D 描述对象（如：母公司、合并公司等）

同一个数据元可以用于表达不同对象的相应内容。

例：“净利润”可用于表达母公司的净利润，也可用于表达合并公司的净利润。

E 科目类别（如：资产类、负债类等）

为了便于规范数据元的具体引用，根据数据元的固有内容性质，对数据元进行分类。

F 规则属性（如：××年披露准则）

同样的科目可能由于依据的披露准则的不同，所对应的具体内容可能有所不同。

例：主营业务利润（1997）与主营业务利润（2001）的会计要求处理过程不一样；应收账款（1998）与应收账款（2001）会计要求处理过程不一样等。

G 交易代码（如：600601）

H 周期（如：期初、期末等）

由于会计政策的调整或其他影响因素的变动，可能对以前年度的科目内容进行调整，形成了期初，期末属性。

I 操作性质（如：公开披露、修正、补充、追溯调整等）

上市公司披露信息后，可能会发生对其信息进行补充、修正等情况。

J 公布属性（如：定期报告公布、临时公告公布等）

用以明确被引用的内容出自那里。

例：当年报中的“每股收益”披露有误，上市公司进行了修正。那么对于“每股收益”的公布属性应为“临时公告公布”。

一个完整数据域的 XML 表示，例如“每股收益”可以表示成以下形式：

〈每股收益 所属类型＝“年报”所属年度＝“2002”货币单位＝“RMB”交易代码＝“600601”操作性质＝“修正”公布性质＝“临时公告公布”〉0.3457〈/每股收益〉

7.2.2 数据元分类

依据 7.3.2 数据元的分类原则，上市公司披露信息共分六大类，十九小类。详细列表见附录 C。

7.2.2.1 基本信息类

主要描述有关上市公司的基本情况，包括定期报告中公司基本情况、董、监事及高管人员情况和财务注释中的关联方情况。

01 公司基本情况

上市公司的地址、电话、联系方式等相关情况。

02 管理人员情况

03 关联方情况

关联方的关联关系及与上市公司债权债务的往来情况。

04 公司经营及治理情况

披露公司经营状况和法人治理情况。

7.2.2.2 上市公司股本、股东类主要描述上市公司股东情况及股权变动情况。

01 公司股东

公司的主要股东持股及持股变化情况。

02 股权转让

公司股权转让中收购方、收购方式、收购情况及对公司的影响等情况。

03 公司股本结构及分派

公司股本结构和权益分派等情况。

7.2.2.3 募集资金类

主要描述上市公司募集资金的使用情况。

01 募集资金类

公司承诺使用情况、变动使用情况和项目进展情况等。

02 非募集资金类

公司非募集资金的使用情况。

7.2.2.4 关联交易类

主要描述公司发生关联交易的情况。

01 关联交易

交易金额、比例、目的、影响等情况。

02 收购和出售资产类

公司收购和出售资产过程中发生的关联交易。

03 承包及租赁

公司承包及租赁过程中发生的关联交易。

7.2.2.5 重大事项类

主要描述对公司可能产生重大影响的相关事项、潜在的义务及或有损失等。

01 诉讼

上市公司是否被起诉、起诉原因、标的、判决及对公司的影响等。

02　仲裁

仲裁对象、原因、标的及对公司的影响等。

03　担保

担保方、被担保方、担保方式、金额、期限及可能的连带清偿责任等。

04　委托理财

理财金额、起止时间、约定收益、实际收益等相关情况。

7.2.2.6　财务数据类

主要描述上市公司定期报告中的财务状况、经营业绩、现金流量及主要指标等相关情况。

01　主要会计数据及财务指标

反映公司经营业绩情况最直观的数据。

02　会计报表

资产负债、利润及利润分配、现金流量、资产减值准备表等重要会计报表。

03　报表注释

对较重要的报表科目进行详细披露。

031　投资及投资收益

上市公司长（短）期投资成本、跌价（减值）准备、期末市值及投资收益等情况。

032　应收款项

上市公司应收账款、其他应收款的账龄分类及计提坏账准备的相关情况。

033　分部营业收入

公司主营业务按行业、产品、地域分类的收入、成本、毛利及增长率等情况。

财务数据间的勾稽关系见附录D。

7.3　自定义规范

7.3.1　数据元的命名

数据元（数据科目）是构成上市公司信息最基本的信息单元。数据元名称使用汉字进行命名。

数据元命名的原则：

a）唯一性原则

规则1：在一定语境下数据元名称应该唯一，名称中一般包括对象词、特性词、表示词和限定词。

例如：在数据元“股东持有股份比例”中，“股东”为对象词，“持有股份”是该数据元的特性词，“比例”是该数据元的表示词。

b）语义规则

规则2：对象词表示数据元所属的事物或概念，它表示在一定语境下的一个活动或对象，它是数据元中占支配地位的部分。

规则3：数据元名称中应有一个且仅有一个对象词。

规则4：特性词是表示数据元的对象类的显著的、有区别的特征。

规则5：数据元名称中应有一个且仅有一个特性词。

规则6：表示词是数据元名称中描述数据元素表示形成的一个成分。它表示了数据元有效值集合的格式。

规则7：数据元名称中应有且仅有一个表示词。

规则8：当需要描述一个数据元并使其在特定的语境下唯一时，可以使用限定词对对象类词、特性词或表示词进行限定。限定词是可选的。

c）语法规则

规则 9：对象词应处于名称的第一（最左）位置。

规则 10：特性词应处于第二位置。

规则 11：表示词处于最后位置。

规则 12：限定词可以附加到对象类词、特性词和表示词上。限定词应该位于被限定成分的前面，限定名称的顺序不同不能用于区别不同的数据元。

规则 13：当表示词与特性词有重复或部分重复时，可以从名称中将冗余词删除。

7.3.2 数据元分类原则

将数据元按照科学性、有序性、兼容性和扩展性的目标进行分类，有利于数据元的使用和管理。数据元分类的主要依据是内容的同质性，即业务原则。如：重大事项中的诉讼、仲裁、担保等，其本质都是上市公司的潜在风险，是形成上市公司或有负债的原因之一，因此将其归于一类。

数据元分类原则：

1）业务原则

以满足信息披露业务需求为原则，对数据元进行抽取、定义和分类。

例如："营业外收支净额"属于财务数据中的会计报表。

2）描述对象完整性原则

描述同一对象类的数据元应该归入同一数据元分类。

例如："A 股代码""A 股上市地"都属于基本信息中的基本情况类。

3）唯一性原则

数据元必须保证唯一性。在不同的类别中，不应出现相同的数据元定义。

例如：重大事项的诉讼类中有"公布日期"，仲裁类也有"公布日期"，但是保证唯一性原则，需要分别命名为："诉讼公布日期"和"仲裁公布日期"。

8 应用技术

8.1 总体说明

信息披露电子化应用技术规范为上市公司公告的内容和组织形式提供了统一的描述规范，通过技术手段统一公告的披露文件格式，其目的在于使上市公司、证券监管机构、交易所、会计师事务所、投资者、研究机构、证券信息服务商等上市公司信息的使用者能够以更低的成本、更高的效率实现信息的生成、提取、分析、交换和共享。

信息披露电子化应用技术规范确定了上市公司信息披露电子化与数据化的过程。流转于信息发布者、信息使用者之间的电子公告文档，不仅在形式上更便于进行跨平台、跨操作系统交换的无格式电子文件，而且其数据内容也可以通过相关的计算机应用程序直接提取和使用，不需再进行人工摘录。这种电子公告文档即是实例文档。

8.1.1 实例文档的基本要求

实例文档是整个信息披露电子化公告的核心内容。上市公司信息披露电子化所要实现的，就是电子公告文档在制作者、发布者、证券监管者、披露媒体和投资者之间的自由流转。

公告的发布者是实例文档唯一合法的编辑者，对实例文档进行的所有修改都必须由公告发布者来发起和完成。证券监管者、投资者可以从正式发布的实例文档中获取数据，从而保证公告文档和公告数据的唯一性。

实例文档必须是数据化的文件，文件中所包含的公告信息数据必须以约定的形式进行描述、组织，能够方便且无歧义地被相关计算机应用程序直接读取或应用。

8.1.2　实例文档与数据元、分类信息、公告分类的关系

将上市公司电子公告文档中的信息分解成一系列数据项（如：某公司某年的年度报告中的总资产、净资产和净利润等财务数据），同时使用信息披露电子化应用技术规范描述上述数据项，并按照特定的公告格式组织这些描述了的数据项，得到的即是实例文档。

数据元定义了披露信息中哪些信息是需要被数据化的、是可以被看作数据项的，这是实例文档选择数据项的依据。

公告分类对上市公司信息披露公告的类别进行了划分，公告分类和中国证监会及交易所对各种公告的内容要求，决定了实例文档应该包括的数据项。

分类信息则基于数据元和公告分类提供了统一的数据描述规范。

图 4 描述了实例文档与数据元、分类信息、公告类别之间的关系。

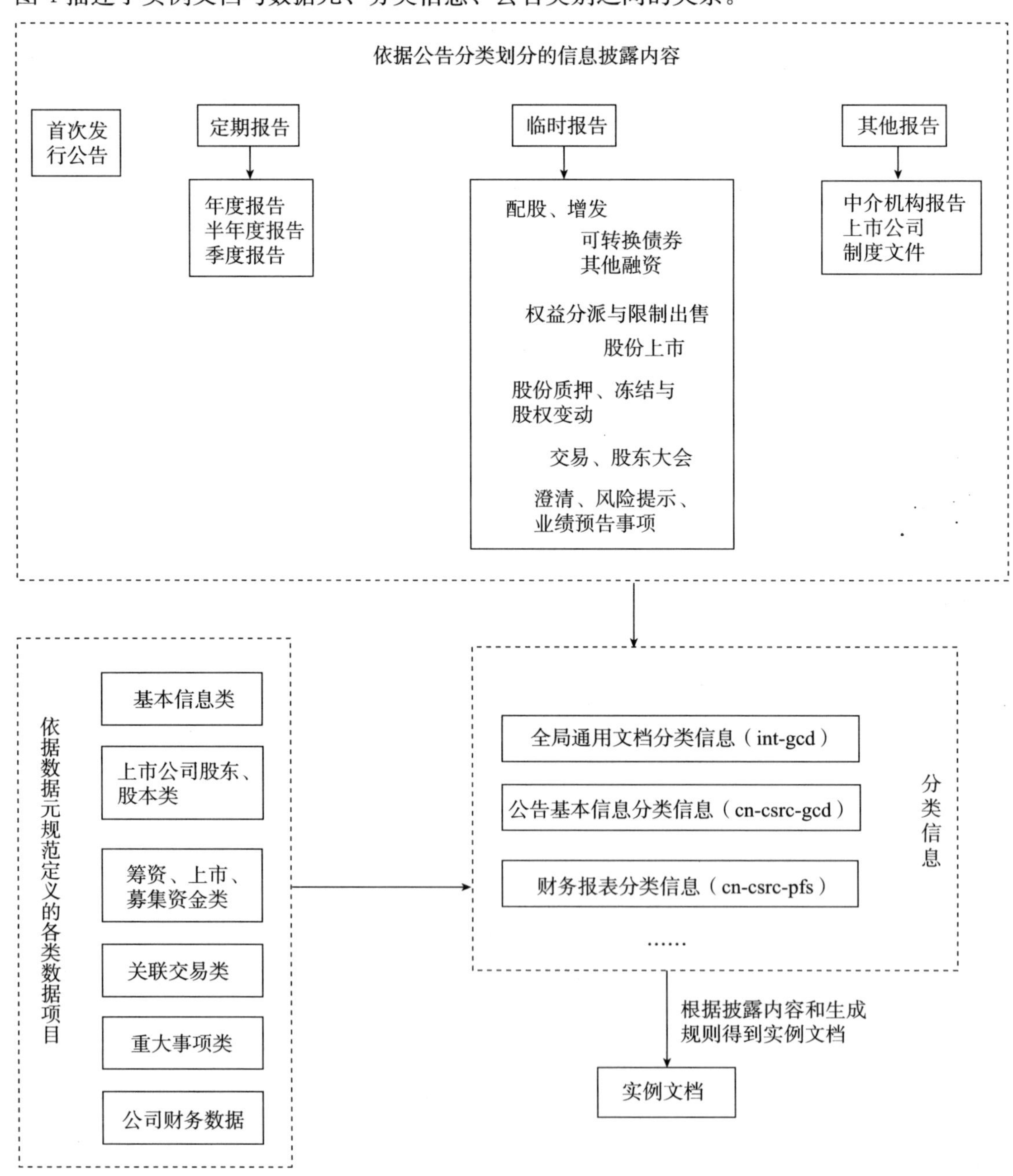

图 4　实例文档与数据元、分类信息、公告分类的关系

8.1.3 数据元与元素之间的关系

数据元是对公告信息中所包含的数据信息进行筛选、提取、分类、抽象后得到的，是进行分类信息元素定义的主要依据。

在分类信息中，这些数据元被描述成一系列元素。

分类信息所定义的元素与数据元存在基本的对应关系，但元素与数据元之间仍然存在细微差异。

这种差异表现为：

• 一些在分类信息中定义的元素在数据元中没有合适的对应。

• 一些数据元中的信息，在分类信息中可能有几个概念类似的元素与其对应。

造成这两种差异的原因如下：

• 分类信息中包含 Tuple 类型元素的定义以及一些可能存在的抽象元素，但数据元都是有实体对应的，数据元中定义的层次结点仅仅用于方便阅读，并不是数据元的内容。因此，Tuple 类型元素、抽象元素可能在数据元中没有合适对应。

• 有些元素是为了实现实例文档或为了标识文件而设置的，如公告标识，它由公司代码、上市地点代码、公告分类代码、时间戳等信息按照一定的原则拼接而成，并不是公告文件中真实存在的数据项，因此可能在数据元中无合适对应。

8.2 分类信息体系结构

8.2.1 框架及说明

8.2.1.1 框架

分类信息的体系结构框架实际上是定义了一系列相互关联的分类信息。

根据上市公司信息披露所包含的各个数据项在含义上的内在联系，对包含所有元素的全集进行划分，将描述同类信息的元素组织在一起，形成一个个单独的分类信息。这些分类信息又相互关联或引用，从而形成了图 5 所示的分类信息体系结构。

上市公司信息披露核心分类信息（cn-csrc-core，简称“核心分类信息”）是本标准所定义的分类信息中最关键的部分。凡是在上市公司信息披露中会被多个公告使用的元素，均被认为是公用元素，核心分类信息应该包含所有已知的公用元素。根据公用元素的在含义上的内在联系，本标准又将这些公用元素划分至不同的分类信息，这些分类信息被称为基本分类信息（Basic Taxonomies），核心分类信息正是通过引入（Import）多个基本分类信息而形成的，主要的数据项定义均在这些基本分类信息中实现。

8.2.1.2 基本分类信息

本标准描述的分类信息体系架构包含的基本分类信息包括：

• 基本概念分类信息；

• 通用术语分类信息；

• 全局通用文档分类信息；

• 公告基本信息分类信息；

• 财务报表分类信息；

• 公告非财务信息分类信息。

其中：

“基本概念分类信息”“通用术语分类信息”这两个分类信息是为将来系统的模块化而设立的，这两个分类信息的内容被分散定义在其他的分类信息中。

“全局通用文档分类信息”是 XBRL International 组织定义的国际公用分类信息，它定义了创

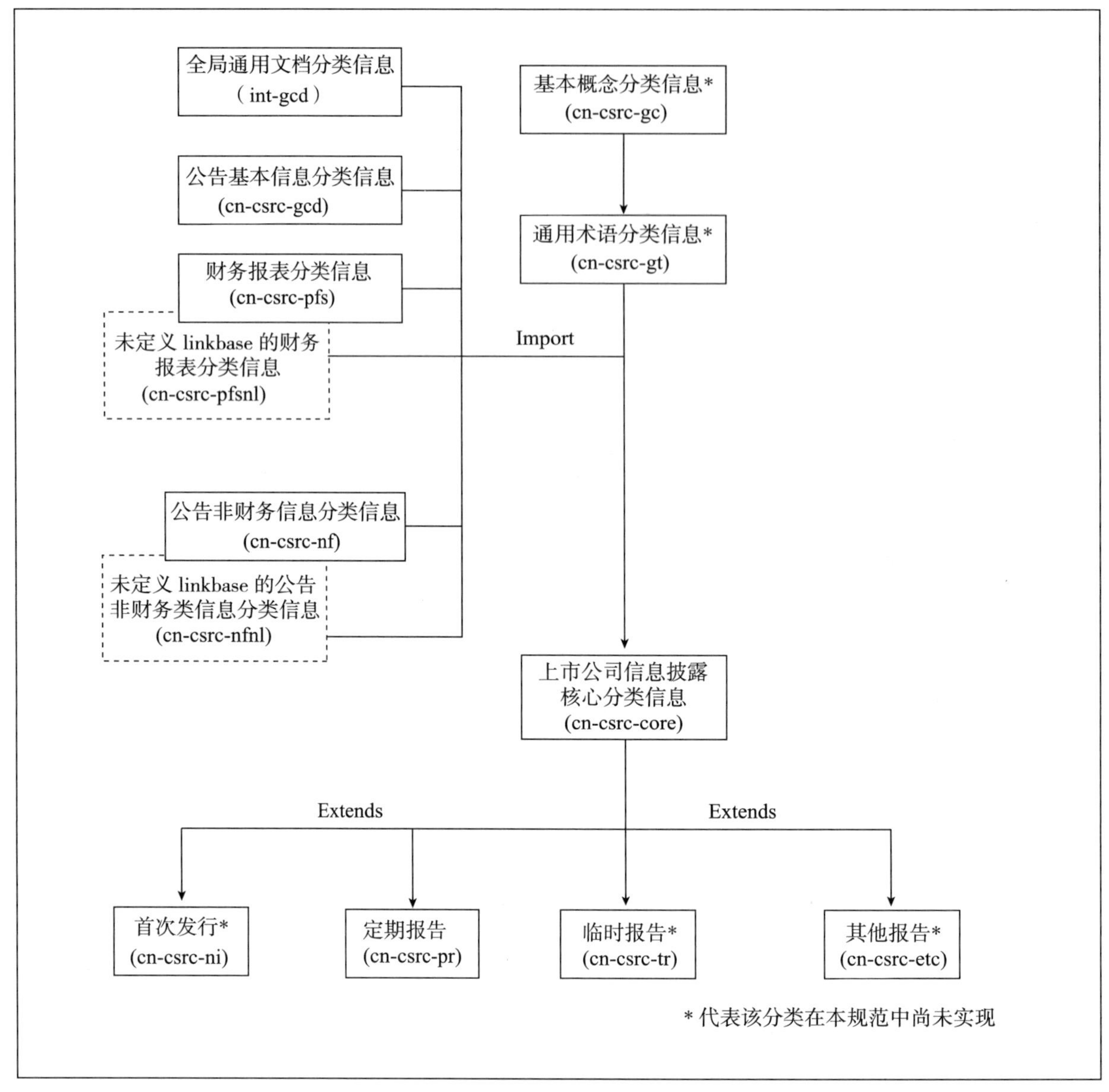

图 5 分类信息的体系结构框架

建实例文档时需要包含的许多重要信息，如文档信息（标题、版本）、报告机构信息、联系方式信息及修订信息等等。在本标准实现的“核心分类信息”的定义中，暂时没有引入“全局通用文档分类信息”，但不排除以后修订版中会引入的可能性。目前，将类似的信息定义在“公告基本信息分类信息”中并被引入“核心分类信息”。

“公告基本信息分类信息”“财务报表分类信息”“公告非财务信息分类信息”这三个分类信息是参考现行的上市公司信息披露业务规则及对披露内容的要求而制定的，“财务报表分类信息”的制定依据了《企业会计制度》(2001)。

“公告基本信息分类信息”包含了对公告本身的公用描述信息，如用来唯一标识一个公告的公告标识、上市公司代码、公司简称、公告的发布主体、公告类别编码、公告的发布时间、公告的修改版本等信息。

“财务报表分类信息”包含了上市公司披露的基本财务数据信息，它定义了上市公司在定期报告中披露的财务报表里各项会计科目所对应的元素，并根据《企业会计制度》(2001) 定义了一定的约束性规范。

“公告非财务信息分类信息”提取并定义了上市公司信息披露中涉及的主要非财务信息所对应的元素，并根据业务需要对这些元素定义了一定的约束性规范。如公司基本情况、公司股本及股东情况、公司的经营概况、公司筹资或募集资金情况、公司进行关联交易情况、公司的重大事项情况等信息都包含在“公告非财务信息分类信息”中。

本标准已经完成以下基本分类信息的定义：

- 公告基本信息分类信息；
- 财务报表分类信息；
- 公告非财务信息分类信息。

通过引入以上基本分类信息，本标准定义了“核心分类信息”。

8.2.1.3 扩展分类信息

根据上市公司信息披露业务的要求，在“核心分类信息”的基础上，为不同类型的公告分别定义分类信息，这些分类信息在本标准中被称为扩展分类信息（Extended Taxonomies）。将扩展分类信息引入“核心分类信息”并进行扩展，加入特定公告类别所特有的元素，得到符合特定公告类别需要的分类信息。根据本标准的上市公司公告分类，扩展分类信息包含的分类信息分别与特定公告类别相对应。

目前，仅实现了对应于定期报告的扩展分类信息：年度报告摘要分类信息、半年度报告摘要分类信息、季度报告摘要分类信息，其他的扩展分类信息将根据需要在标准的修订版本中陆续实现。

8.2.2 分类信息的构成

本标准所定义的分类信息遵循 XBRL 2.0 规范。通常情况下，每个分类信息都应包括以下部分：

- 模式定义文件（*.xsd）：

分类信息包括的模式定义文件必须是一个合法的 XML Schema 文件，即满足 XML Schema 规范的要求。此外，它还必须满足 XBRL 2.0 Specification 的要求。分类信息包括的模式定义文件声明了一系列元素，包括元素命名、ID 属性、元素类型等内容。

- 链接库，包括以下链接库文件（*.xml）：

Definition Linkbase（定义链接库文件）

描述模式定义文件中包含的元素之间的层次结构关系。

Calculation Linkbase（计算链接库文件）

描述模式定义文件中包含的元素之间的计算关系。

Presentation Linkbase（表示链接库文件）

描述模式定义文件中包含的元素的展现顺序，通常这种展现顺序和 Definition Linkbase 中描述的层次结构关系类似甚至一致。

Label Linkbase（标签链接库文件）

为模式定义文件中包含的元素定义个性化的标签，以便展现时使用。通常，元素的标签名称与元素名称一致。

Reference Linkbase（参考链接库文件）

为模式定义文件中包含的元素提供参考信息，如：元素来源依据。

分类信息的模式定义文件和链接库之间存在一定的联系，图 6 以元素“主营业务收入”为例，对模式定义文件与链接库的联系给予了说明。

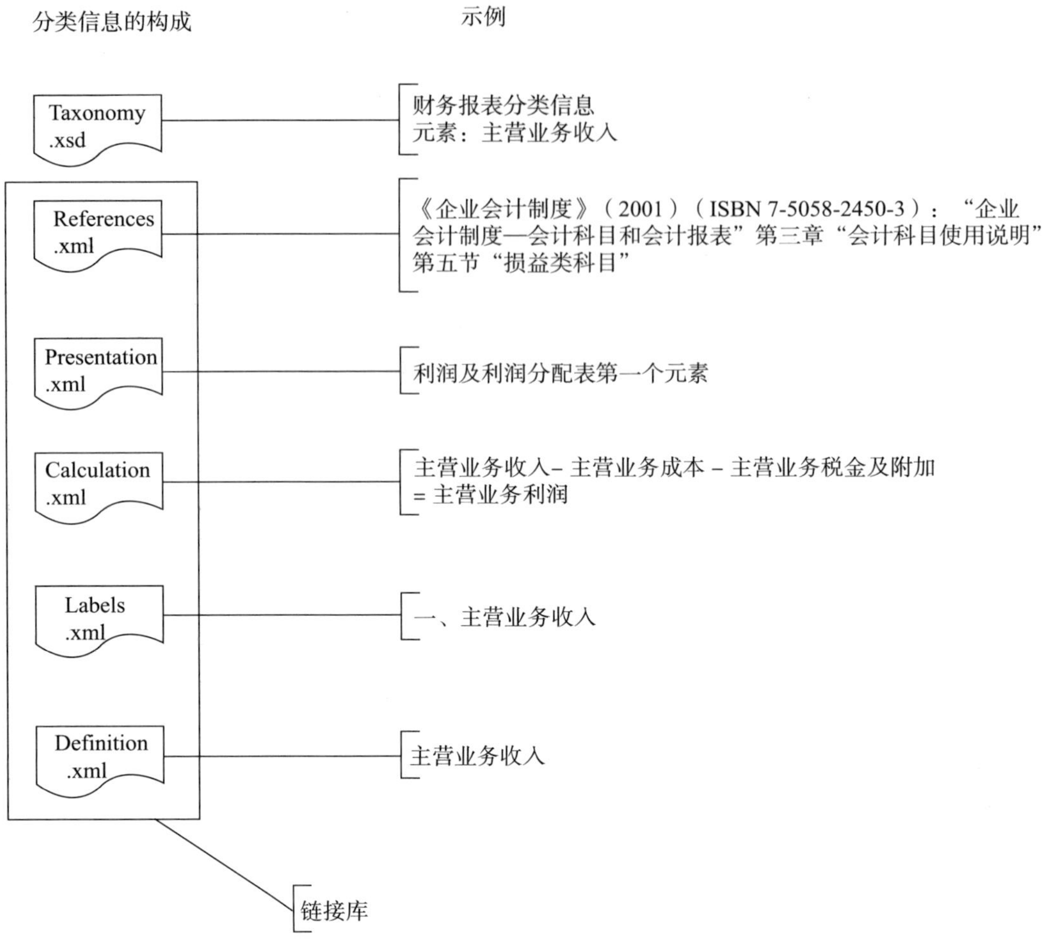

图 6　分类信息的构成

8.2.3　命名空间

命名空间（Namespace）的定义规则如下：

http：//www. csrc. gov. cn/taxonomy/disclosure/〈分类信息模块名称缩写〉。

其中，

〈分类信息模块标识符〉＝"cn-csrc-"＋〈分类信息模块名称缩写〉。

本标准中定义的分类信息模块名称及其缩写、分类信息模块标识符、命名空间如表 1 所示。

表 1　分类信息模块名称及其缩写、标识符、命名空间

分类信息模块名称（缩写）	分类信息模块标识符	命名空间
上市公司信息披露核心分类信息（core）	cn-csrc-core	http：//www. csrc. gov. cn/taxonomy/disclosure/core
公告基本信息分类信息（gcd）	cn-csrc-gcd	http：//www. csrc. gov. cn/taxonomy/disclosure/gcd
财务报表分类信息（pfs）	cn-csrc-pfs	http：//www. csrc. gov. cn/taxonomy/disclosure/pfs
公告非财务信息分类信息（nf）	cn-csrc-nf	http：//www. csrc. gov. cn/taxonomy/disclosure/nf
年度报告摘要分类信息（ar）	cn-csrc-ar	http：//www. csrc. gov. cn/taxonomy/disclosure/ar
半年度报告摘要分类信息（sar）	cn-csrc-sar	http：//www. csrc. gov. cn/taxonomy/disclosure/sar
季度报告摘要分类信息（qr）	cn-csrc-qr	http：//www. csrc. gov. cn/taxonomy/disclosure/qr

8.2.4 分类信息文件命名约定

模式定义文件的命名规则：

〈分类信息模块标识符〉-draft. xsd

模式定义文件对应的链接库的命名规则如表 2 所示。

表 2 链接库命名规则

链接库	链接库命名规则
Label 链接库	〈分类信息模块标识符〉_ label. xml
Definition 链接库	〈分类信息模块标识符〉_ definition. xml
Calculation 链接库	〈分类信息模块标识符〉_ calculation. xml
Presentation 链接库	〈分类信息模块标识符〉_ presentation. xml
References 链接库	〈分类信息模块标识符〉_ reference. xml

本标准定义的模式定义文件名称如表 3 所示。

表 3 分类信息模块模式定义文件名称列表

分类信息	模式定义文件名称
上市公司信息披露核心分类信息	cn-csrc-core. xsd
公告基本信息分类信息	cn-csrc-gcd. xsd
财务报表分类信息	cn-csrc-pfs. xsd
公告非财务信息分类信息	cn-csrc-nf. xsd
年度报告摘要分类信息	cn-csrc-ar. xsd
半年度报告摘要分类信息	cn-csrc-sar. xsd
季度报告摘要分类信息	cn-csrc-qr. xsd

8.3 分类信息说明

8.3.1 概述

分类信息是上市公司信息披露电子化标准的核心部分，它规范了各类公告信息的定义和描述方式，是各类公告信息的描述规范，也是各类公告信息的交换标准。

以下几节将详细介绍本标准已实现的各分类信息的细节。

基本分类信息（Basic Taxonomies），包括：

- 公告基本信息分类信息
- 财务报表分类信息
- 公告非财务信息分类信息
- 上市公司信息披露核心分类信息

8.3.2 公告基本信息分类信息（cn-csrc-gcd）

8.3.2.1 功能描述

“公告基本信息分类信息”定义了一系列用于描述公告文件本身信息的元素，通过这些元素，可以详细记录一个公告文件的信息，包括：公告类别、公告标识、公告披露日期、公告披露媒体，以及与该公告文件相关联的商业实体的基本信息，如公司简称、公司代码等。

8.3.2.2 命名空间

命名空间：http：//www. csrc. gov. cn/taxonomy/disclosure/gcd

8.3.2.3 与其他分类信息的关系

“公告基本信息分类信息”将被直接引入到“核心分类信息”中。其他扩展分类信息将通过引入“核心分类信息”间接引入“公告基本信息分类信息”。

如有必要，扩展分类信息也可以直接引入“公告基本信息分类信息”。

8.3.2.4 主要层次结构

“公告基本信息分类信息”包含以下几部分：

• 模式定义文件：

cn-csrc-gcd. xsd

• 相关链接库：

cn-csrc-gcd _ labels. xml（标签链接库）；

cn-csrc-gcd _ references. xml（参考链接库）；

cn-csrc-gcd _ presentation. xml（表示链接库）；

cn-csrc-gcd _ calculation. xml（计算链接库）；

cn-csrc-gcd _ definition. xml（定义链接库）。

8.3.2.5 分类信息编写说明

本着有效表示公告文件的基本信息的原则，“公告基本信息分类信息”的现有版本中仅仅包含必要的元素。

8.3.3 财务报表分类信息（cn-csrc-pfs）

8.3.3.1 功能描述

在整个分类信息体系结构中，“财务报表分类信息”是一个非常主要的层次。“财务报表分类信息”提取了上市公司披露信息中涉及财务报表的元素。它描述了上市公司定期报告包含的各个财务报表，规范了报表中各会计科目间的勾稽关系和计算关系，确定了上市公司财务数据的命名空间。

8.3.3.2 命名空间

命名空间：http：//www. csrc. gov. cn/taxonomy/disclosure/pfs

http：//www. csrc. gov. cn/taxonomy/disclosure/pfs/Window

8.3.3.3 与其他分类信息的关系

“财务报表分类信息”在本标准中直接被引入到“核心分类信息”中。其他扩展分类信息如“季度报告摘要分类信息”等通过引入“核心分类信息”间接引用“财务报表分类信息”。

8.3.3.4 主要层次结构

“财务报表分类信息”包含以下几部分：

• 模式定义文件：

cn-csrc-pfs. xsd

cn-csrc-pfs-Window. xsd

• 相关链接库：

cn-csrc-pfs _ labels. xml（标签链接库）；

cn-csrc-pfs _ references. xml（参考链接库）；

cn-csrc-pfs _ presentation. xml（表示链接库）；

cn-csrc-pfs _ calculation. xml（计算链接库）；

cn-csrc-pfs _ definition. xml（定义链接库）。

注：为了更加方便扩展分类信息的引用，“财务报表分类信息”提供了两个模式定义文件：cn-csrc-pfs. xsd、cn-csrc-pfs-Window. xsd。

cn-csrc-pfs. xsd 仅与 cn-csrc-pfs _ references. xml（参考链接库）相关联。

cn-csrc-pfs-Window. xsd 与全部链接库相关联。

8.3.3.5　分类信息编写说明

8.3.3.5.1　财务报表分类信息的内容结构

根据中国现行企业会计制度和会计准则，“财务报表分类信息”中定义了上市公司披露信息中涉及到的几大财务报表以及主要会计数据和财务指标中的所有元素，主要包括以下部分的元素：

• 资产负债表（财务报表）；
• 利润及利润分配表（财务报表）；
• 现金流量表（财务报表）；
• 资产减值准备变动明细表（财务报表）；
• 主要会计数据和财务指标；
• 报告期内股东权益变动情况；
• 净资产收益率及每股收益计算表（《公开发行证券的公司信息披露编报规则第九号》中规定）；
• 国内外会计准则差异表。

本分类信息定义了近 360 个元素，大部分是货币金额类型的元素（Monetary Item Type），分别代表了财务报表中的某项特定数据；少量数值类型的元素，比如净资产收益率等；以及近 50 个抽象元素（Abstract= “true”）。这些抽象元素包括以上提到的一些财务报表的表名。

为了阅读的需要，本分类信息定义了以上各表的表名为抽象元素，其他元素分类放置在各表名元素下。

举例：以资产负债表为例说明其中的元素，见图 7。

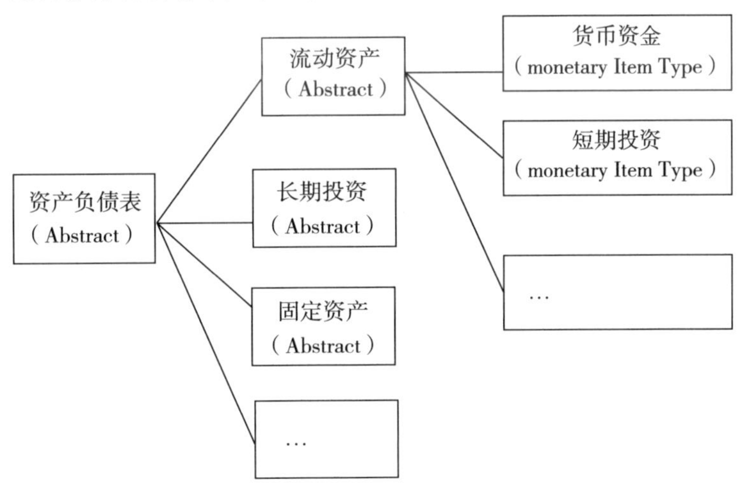

图 7　资产负债表的内容

以上图例说明资产负债表包含了流动资产、长期投资等部分内容。流动资产包括货币资金、短期投资等。

8.3.3.5.2　等价元素的抽取原则在财务报表分类信息中的应用

财务报表的元素中存在一些等价元素，它们从不同的角度出发表达的相同的概念。在本标准涉及的财务报表范围内，这些等价元素表现出以下两种现象：

现象 1：在资产负债表中，有“资产总计”和“负债和所有者权益总计”两个元素，在主要会计数据和财务指标中，有元素“总资产”。这三个元素的值应该是相等的。

现象 2：在现金流量表中，“现金及现金等价物净增加额”有两个计算公式：

公式 1

现金及现金等价物净增加额＝经营活动产生的现金流量净额＋投资活动产生的现金流量净额＋筹资活动产生的现金流量净额＋汇率变动对现金的影响

公式 2

现金及现金等价物净增加额＝现金的期末余额－现金的期初余额＋现金等价物的期末余额－现金等价物的期初余额根据等价元素的抽取原则，在本标准定义的分类信息中将这些等价概念抽取成不同的元素。例如在现象 2 中，为了把两个计算关系都体现出来使用同一个元素来定义是不够的。分别定义为“现金及现金等价物净增加额直接法”和“现金及现金等价物净增加额间接法”两个元素。

在分类信息定义中，还需要将这些等价元素间的等价关系体现出来。根据 Extensible Business-Reporting Language（XBRL）2.0 Specification，本标准将这些元素之间的关系定义为元素和维度的关系（Element-dimension）。这种关系可以在定义链接库（Definition Linkbase）中体现，也可以在计算链接库（Calculation Linkbase）中体现。本标准约定将其定义在计算链接库（Calcuation Linkbase）中。

在分类信息中，有如表 4 所示的元素和维度（Element-dimension）关系。

表 4　元素和维度对应列表

数据项目	元素及维度
总资产	“总资产”（主要会计数据和财务指标） “资产总计”（资产负债表） “负债和所有者权益合计”（资产负债表）
主营业务收入	“主营业务收入”（主要会计数据和财务指标） “主营业务收入”（利润及利润分配表）
利润总额	“利润总额”（主要会计数据和财务指标） “利润总额”（利润及利润分配表）
净利润	“净利润”（主要会计数据和财务指标） “净利润”（利润及利润分配表） “净利润”（现金流量表补充资料）
主营业务利润	“主营业务利润”（主要会计数据和财务指标） “主营业务利润”（利润及利润分配表）
其他业务利润	“其他业务利润”（主要会计数据和财务指标） “其他业务利润”（利润及利润分配表）
营业利润	“营业利润”（主要会计数据和财务指标） “营业利润”（利润及利润分配表）
投资收益	“投资收益”（主要会计数据和财务指标） “投资收益”（利润及利润分配表）
补贴收入	“补贴收入”（主要会计数据和财务指标） “补贴收入”（利润及利润分配表）

续表

数据项目	元素及维度
股东权益	"股东权益（不含少数股东权益）"（主要会计数据和财务指标） "股东权益合计"（资产负债表）
经营活动产生的现金流量净额	"经营活动产生的现金流量净额"（主要会计数据和财务指标） "经营活动产生的现金流量净额直接法"（现金流量表） "经营活动产生的现金流量净额间接法"（现金流量表）
现金及现金等价物净增加额	"现金及现金等价物净增加额"（主要会计数据和财务指标） "现金及现金等价物净增加额直接法"（现金流量表） "现金及现金等价物净增加额间接法"（现金流量表）

8.3.3.5.3　计算链接库和定义链接库

"财务报表分类信息"的定义链接库（Definition Linkbase）中，在定义了以上所有元素的基础上，还以财务报表的结构为依据，定义了这些元素在各个财务报表中的勾稽关系。

"财务报表分类信息"的计算链接库（Calculation Linkbase）中，定义了各个元素间的计算校验关系。目前建立的计算校验关系主要参考了当前的上市公司信息披露应用系统中使用的计算校验关系。

8.3.3.5.4　当前财务报表分类信息的制定约束

本标准仅对适用于一般工业企业的会计制度和相关财务报表定义了适用于上市公司信息披露的"财务报表分类信息"。

8.3.4　公告非财务信息分类信息（cn-csrc-nf）

8.3.4.1　功能描述

"公告非财务信息分类信息"定义了上市公司披露信息中除财务报表和相关财务数据以外的信息元素。公告非财务信息包括：公司基本信息；公司股东、股本及权益分派信息；公司筹资、上市及募集资金使用信息；交易和关联交易信息；重大事项信息；公司财务数据信息；其他信息等。"公告非财务信息分类信息"规范了上市公司披露信息中非财务数据的信息，确定了上市公司非财务数据信息的命名空间。

"公告非财务信息分类信息"依照中国证监会与交易所颁布的一系列有关上市公司信息披露的证券法规、披露准则和格式指引等规范文件，对上市公司各种信息披露的内容，尤其是定期报告的披露准则作了较完整的诠释，使得公司在依照此规范报送定期报告时，披露信息能做到数据化和规范化。"公告非财务信息分类信息"除了定义上市公司非财务信息的各种元素之外，还描述了这些元素之间的各种关系，如包含关系、部分数据之间的计算关系等，使得扩展分类信息可以很方便地引用。

8.3.4.2　命名空间

命名空间：http：//www. csrc. gov. cn/taxonomy/disclosure/nf。

http：//www. csrc. gov. cn/taxonomy/disclosure/nf/Window。

8.3.4.3　与其他分类信息的关系

"公告非财务信息分类信息"被直接引入"核心分类信息"中。其他扩展分类信息如"季度报告摘要分类信息"等通过引入"核心分类信息"间接引入"公告非财务信息分类信息"。

如有必要，扩展分类信息也可以直接引入"公告非财务信息分类信息"。

8.3.4.4　主要层次结构

"公告非财务信息分类信息"包含以下几部分：

• 模式定义文件：

cn-csrc-nf-draft. xsd。

cn-csrc-nf-draft-Window. xsd。

• 相关链接库：

cn-csrc-nf _ labels. xml（标签链接库）；

cn-csrc-nf _ references. xml（参考链接库）；

cn-csrc-nf _ presentation. xml（表示链接库）；

cn-csrc-nf _ calculation. xml（计算链接库）；

cn-csrc-nf _ definition. xml（定义链接库）。

注：为了更加方便扩展分类信息的引用，“公告非财务信息分类信息”提供了两个模式定义文件：cn-csrc-nf. xsd，cn-csrc-nf-Window. xsd。

cn-csrc-nf. xsd 仅与 cn-csrc-nf _ references. xml（参考链接库）相关联。

cn-csrc-nf-Window. xsd 与全部链接库相关联。

8.3.4.5 分类信息编写说明

“公告非财务信息分类信息”在内容上包含了定期报告中涉及的主要非财务信息，在“公告非财务信息分类信息”编制的过程中以本标准定义的数据元为依据，参考了《深圳证券交易所上市规则》、本标准上市公司公告分类一节、以及中国证券监督管理委员会颁布的年度报告、半年度报告和季度报告的信息披露准则，“公告非财务信息分类信息”在内容上涵盖以下主要内容：

• 报告基本信息；
• 重要提示；
• 公司基本情况；
• 股票发行与上市情况；
• 公司股东情况；
• 股份变动情况；
• 公司董、监事及高管人员情况；
• 公司治理结构；
• 股东大会情况；
• 董事会报告；
• 监事会报告；
• 重大事项；
• 公司股权转让情况。

8.3.5 上市公司信息披露核心分类信息（cn-csrc-core）

8.3.5.1 功能描述

“核心分类信息”定义了上市公司各类信息公告的公共元素集合，根据中国证监会与交易所颁布的一系列有关上市公司信息披露的证券法规、披露准则和格式指引等规范文件，制定“核心分类信息”的内容。

“核心分类信息”是各种业务类型的信息披露公告分类信息的扩展基础。在“核心分类信息”定义的基础上，可以进一步对上市公司需披露的所有公告业务进行规定，并可根据业务类型特有的要求分别扩展成其他分类信息。一个内容完整、分类明晰和定义准确的“核心分类信息”为扩展分类信息提供引用的来源和扩展的基础。

8.3.5.2 命名空间

命名空间：http：//www.csrc.gov.cn/taxonomy/disclosure/core

http：//www.csrc.gov.cn/taxonomy/disclosure/core/Window

8.3.5.3 与其他分类信息的关系

“核心分类信息”是本标准的一个核心。所有针对具体公告类别的分类信息（如“季度报告摘要分类信息”“年度报告摘要分类信息”）都由此“核心分类信息”扩展而来。“核心分类信息”本身引入了以下的分类信息：

- 公告基本信息分类信息；
- 财务报表分类信息；
- 公告非财务信息分类信息。

8.3.5.4 主要层次结构

“核心分类信息”包含以下几部分：

- 模式定义文件：

  cn-csrc-core.xsd

  cn-csrc-core-Window.xsd

- 相关链接库：

  cn-csrc-core _ labels.xml（标签链接库）；

  cn-csrc-core _ references.xml（参考链接库）；

  cn-csrc-core _ presentation.xml（表示链接库）；

  cn-csrc-core _ calculation.xml（计算链接库）；

  cn-csrc-core _ definition.xml（定义链接库）。

注：为了更加方便扩展分类信息（Extended Taxonomies）的引用，“核心分类信息”提供了两个模式定义文件：cn-csrc-core.xsd，cn-csrc-core-Window.xsd。

cn-csrc-core.xsd 仅与 cn-csrc-core _ references.xml（参考链接库）相关联，同时引入“财务报表分类信息”中的 cn-csrc-pfs.xsd 以及“公告非财务信息分类信息”中的 cn-csrc-nf.xsd。

cn-csrc-core-Window.xsd 与全部链接库相关联，同时引入“财务报表分类信息”中的 cn-csrc-pfs-Window.xsd 以及“公告非财务信息分类信息”中的 cn-csrc-nf-Window.xsd。

8.3.5.5 分类信息编写说明

目前我们完成的“核心分类信息”仅仅是一个逻辑上的层次，它本身没有定义任何新元素，而是引入了“公告基本信息分类信息”“财务报表分类信息”和“公告非财务信息分类信息”。

8.3.6 年度报告摘要分类信息（cn-csrc-ar）

8.3.6.1 功能描述

“年度报告摘要分类信息”是为了满足上市公司年度报告的业务需求而扩展定义的分类信息，它在“核心分类信息”的基础上进行了适当扩展：界定了年度报告摘要中涉及的披露信息的内容，并重新定义了这些信息（在分类信息中表现为各种元素）的组织方式。

8.3.6.2 命名空间

命名空间：http：//www.csrc.gov.cn/taxonomy/disclosure/ar

8.3.6.3 与其他分类信息的关系

“年度报告摘要分类信息”直接引用了“核心分类信息”，并通过“核心分类信息”间接引用了“财务报表分类信息”和“公告非财务信息分类信息”。

“年度报告摘要分类信息”被其他分类信息引用的可能性较小，如有特殊需要，用户也可以对其进行引用。

8.3.6.4 主要层次结构

"年度报告摘要分类信息"包含以下几部分：

- 模式定义文件：

  cn-csrc-ar. xsd

- 相关链接库：

  cn-csrc-ar _ labels. xml（标签链接库）；

  cn-csrc-ar _ references. xml（参考链接库）；

  cn-csrc-ar _ presentation. xml（表示链接库）；

  cn-csrc-ar _ calculation. xml（计算链接库）；

  cn-csrc-ar _ definition. xml（定义链接库）。

8.3.6.5 分类信息编写说明

鉴于"年度报告摘要分类信息"适用于具体的披露业务——年度报告，在编写过程中，我们主要参考了《公开发行证券的公司信息披露编报规则第 2 号——年度报告内容与格式特别规定（2003 修订）》《年度报告摘要披露格式》的规定和要求。

8.3.7 半年度报告摘要分类信息（cn-csrc-sar）

8.3.7.1 功能描述

"半年度报告摘要分类信息"是为了满足上市公司半年度报告的业务需求而扩展定义的分类信息，它在"核心分类信息"的基础上进行了适当扩展：界定了半年度报告摘要中涉及的披露信息的内容，并重新定义了这些信息（在分类信息中表现为各种元素）的组织方式。

8.3.7.2 命名空间

命名空间：http：//www. csrc. gov. cn/taxonomy/disclosure/sar

8.3.7.3 与其他分类信息的关系

"半年度报告摘要分类信息"直接引用了"核心分类信息"，并通过"核心分类信息"间接引用了"财务报表分类信息"和"公告非财务信息分类信息"。

"半年度报告摘要分类信息"被其他分类信息引用的可能性较小，如有特殊需要，用户也可以对其进行引用。

8.3.7.4 主要层次结构

"半年度报告摘要分类信息"包含以下几部分：

- 模式定义文件：

  cn-csrc-sar. xsd

- 相关链接库：

  cn-csrc-sar _ labels. xml（标签链接库）；

  cn-csrc-sar _ references. xml（参考链接库）；

  cn-csrc-sar _ presentation. xml（表示链接库）；

  cn-csrc-sar _ calculation. xml（计算链接库）；

  cn-csrc-sar _ definition. xml（定义链接库）。

8.3.7.5 分类信息编写说明

鉴于"半年度报告摘要分类信息"适用于具体的披露业务——半年度报告，在编写过程中，主要参考了《公开发行证券的公司信息披露内容与格式准则第 3 号——半年度报告》《半年度报告摘要披露格式》的规定和要求。

8.3.8 季度报告摘要分类信息（cn-csrc-qr）

8.3.8.1 功能描述

“季度报告摘要分类信息”是为了满足上市公司季度报告摘要的业务需求而扩展定义的分类信息，它在“核心分类信息”的基础上进行了适当扩展：界定了季度报告中涉及的披露信息的内容，并重新定义了这些信息（在分类信息中表现为各种元素）的组织方式。

8.3.8.2 命名空间

命名空间：http：//www. csrc. gov. cn/taxonomy/disclosure/qr

8.3.8.3 与其他分类信息的关系

“季度报告摘要分类信息”直接引用了“核心分类信息”，并通过“核心分类信息”间接引用了“财务报表分类信息”和“公告非财务信息分类信息”。

“季度报告摘要分类信息”被其他分类信息引用的可能性较小，如有特殊需要，用户也可以对其进行引用。

8.3.8.4 主要层次结构

“季度报告摘要分类信息”包含以下几部分：

• 模式定义文件：

cn-csrc-qr. xsd

• 相关链接库：

cn-csrc-qr _ labels. xml（标签链接库）；

cn-csrc-qr _ references. xml（参考链接库）；

cn-csrc-qr _ presentation. xml（表示链接库）；

cn-csrc-qr _ calculation. xml（计算链接库）；

cn-csrc-qr _ definition. xml（定义链接库）。

8.3.8.5 分类信息编写说明

鉴于“季度报告摘要分类信息”适用于具体的披露业务——季度报告，在编写过程中，主要参考了《公开发行证券的公司信息披露编报规则第 13 号——季度报告内容与格式特别规定（2003 修订）》《季度报告摘要披露格式》的规定和要求。

8.4 实例文档

电子信息披露应用技术规范对上市公司发布的实例文档进行了相应的约定，且每一类实例文档都有特定的分类信息与之相对应。

8.4.1 实例文档命名

实例文档的命名应该具有唯一性，而且要易于辨识、存储与检索。其命名规则如下：

〈国别编码〉_〈上市交易所简称〉_〈公司代码〉_〈公告编号〉_〈提交日期〉

其中：

• 国别编码：实例文档的国别代码一律为 CN。

• 上市交易所简称：上市公司上市地简称，约定以大写字符串”SZ”代表深圳证券交易所，以大写字符串”SS”代上海证券交易所。

• 公司代码：交易所为上市公司分配的公司代码。

• 公告编号：上市公司分配给本公司公告文件的唯一编码，通过公告编号可以在该公司的所有公告文件中唯一识别一个公告文件。其编码规则为：

〈年度〉+〈流水号（3 位）〉。

• 提交日期：向监管机构提交实例文档的日期，如果文档通过审核，提交日期应改为披露日期，提交日期的格式为：

YYYYMMDD。

• 各项信息之间以下划线“ _ ”连接

例如：遵循此规则的中兴通讯的 2003 年第一季报应命名为：

CN _ SZ _ 000062 _ 2003006 _ 20030523. XML。

（上例中假设该季报为该公司当年第 6 号公告，披露日期为 2003－05－23）

8.4.2 实例文档格式

本标准定义的实例文档和其他 XML 文档一样，只包含对数据内容的描述，而不包含在各种应用环境中用于显示本身内容的任何格式信息，这些格式信息可能包括字体、字号、字形、字体颜色、段落版式等等，也不提供数据的展现形式（纸张打印或电脑屏幕的显示），不同的用户需要根据自己的要求，自行将实例文档展现成所需的样式。

实例文档是一份格式良好（Well-Formed）的 XML 文档，即满足 XML1.0 对格式良好的 XML 文档的定义，同时应当遵循 Extensible Business Reporting Language（XBRL）2.0 Specification 中定义的有关 XBRL 实例文档的语法要求。

8.4.3 实例文档结构

在形式上，实例文档和其他 XML 文档一样，是一系列元素的集合。这些元素都包含元素标签及相应的元素内容。但值得说明的是：在通常情况下，出现在实例文档中的元素并不按照分类信息规定的层次结构组织在一起，它们可以按照任意的顺序被罗列出来。因此，从实例文档中无法获得这些元素之间的层次结构关系。分类信息的相应链接库中描述了元素之间的层次结构关系。

8.4.4 实例文档与分类信息的关系

实例文档与分类信息的关系见图 8。

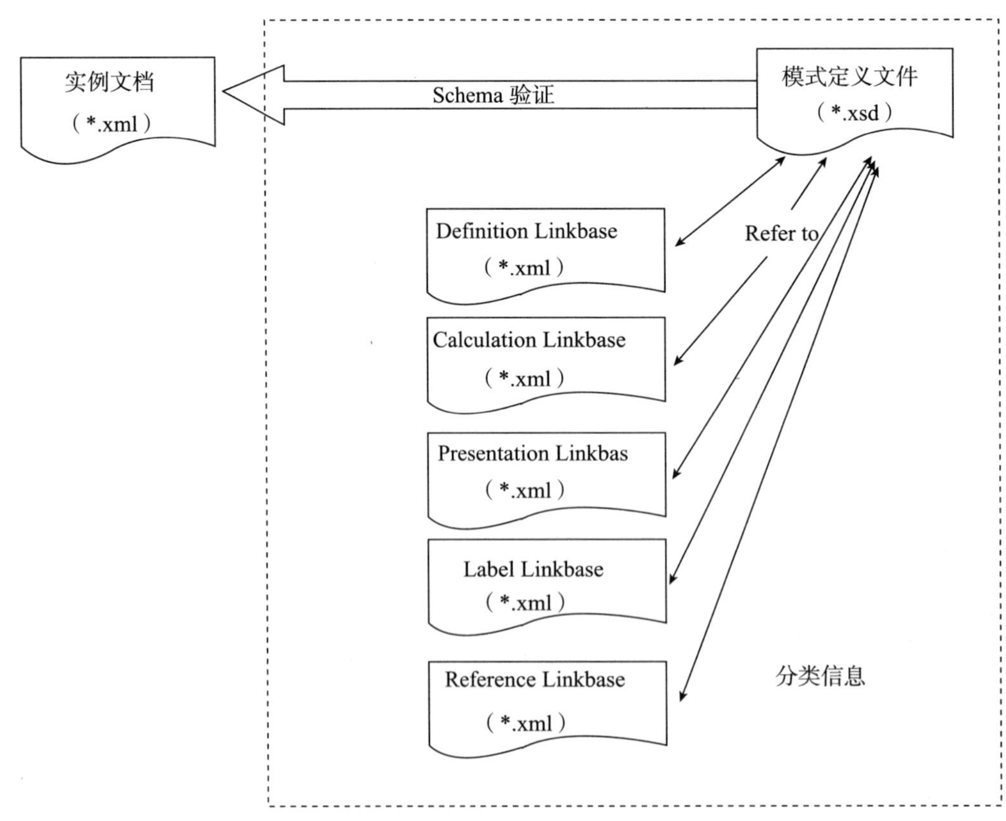

图 8 实例文档与分类信息的关系

通常情况下，一个分类信息应该包含两部分：模式定义文件（*.xsd）、链接库。

分类信息文件用于对实例文档提供 Schema 验证（Schema Validation），实例文档必须满足其定义的各项规则，包括：实例文档中出现的每个元素都必须在该模式定义文件中被声明，或者在该模式定义文件引用的其他模式定义文件中被声明；实例文档中出现的每个元素，其内容都必须与模式定义文件中声明该元素时指定的元素类型一致等等（关于 Schema 验证，请参考 W3C XML Schema 规范中已经给出的详细定义）。

只有在分类信息的模式定义文件（以及它所引入的模式定义文件）中声明的元素才被允许出现在实例文档中。我们将出现在实例文档中的元素称为元素实例（下同），以便于和分类信息的模式定义文件中声明的元素相区别。

链接库是对模式定义文件的进一步描述。实例文档同样必须满足它所定义的各项规则，但是这些规则未被包括在 Schema 验证中。当应用程序从实例文档的一系列元素中提取出数据并加以利用时，链接库将为应用程序提供这些数据之间的各种关系。

8.4.5 实例文档中的上下文元素

8.4.5.1 元素实例与上下文元素的关系

实例文档中的大多数元素实例都具有一定的时间特性，这一特性将通过实例文档中的一系列上下文元素——context 元素予以描述（注意：上下文元素还同时包含对其他特性的描述，如：这些信息所属的上市公司，如果表示的是货币金额，则在上下文元素中还需要指定相关的货币单位）。

实例文档中的每一个元素实例通过一个 context 元素关联到某个特定的 cdontext 元素。一个 context 元素可能同时与多个元素实例相关联。

如果实例文档中的元素为数字类型，则必须通过 unitRef 属性关联到一个特定的 unit 元素。一个 unit 元素可能同时与多个元素实例相关联。

分类信息的模式定义文件中声明的元素可能在实例文档中对应多个元素实例。例如，“年度报告摘要分类信息”中声明了一个“总资产”元素，但在对应的实例文档中可能会出现两个“总资产”元素实例，这两个“总资产”元素实例的上下文元素是不一样的：一个上下文元素表明与之关联的总资产是年末值，另一个上下文元素则表明与之关联的总资产是年初值。

Tuple 类型元素不与任何上下文元素相关联。

8.4.5.2 上下文元素命名规则

上下文元素命名规则：

〈时间类型标识符〉_〈流水号（3 位）〉

其中：

时间类型标识符：

（XBRL 2.0 规范将元素的时间特性按类型分为两大类：时间点、时间段）

时间点类型标识符：　　instant

时间段类型标识符：　　duration

附录 A
（规范性附录）
上市公司公告分类结构和编码

GA　首次公开发行及上市

GA01　发行获准公告

GA03　招股说明书

GA0101　招股说明书全文

GA0120　招股说明书摘要

GA05　发行公告

GA0501　网上发行公告

GA0510　网下发行公告

GA0520　网上网下发行公告

GA07　发行提示性公告

GA09　发行价格确定公告

GA0901　发行定价公告

GA0910　竞价发行公告

GA0920　询价区间公告

GA0930　其他定价公告

GA11　发行结果公告

GA1101　发行中签率（结果）公告

GA1110　网下配售结果公告

GA1120　摇号结果公告

GA13　上市公告书

GA15　首次发行配套文件

GA99　其他发行事项公告

GA9901　网上路演推介公告

GA9910　公司成立公告

GB　定期报告

GB01　年度报告

GB0101　年度报告正文

GB0110　年度报告摘要

GB03　半年度报告

GB0301　半年度报告正文

GB0310　半年度报告摘要

GB05　一季度报告

GB0501　一季度报告正文
GB0510　一季度报告摘要
GB07　三季度报告
GB0701　三季度报告正文
GB0710　三季度报告摘要
GB09　月度报告

GC　配股
GC01　配股预案
GC0101　配股初次预案
GC0110　配股预案修改
GC0120　配发议案取消
GC03　配股获准公告
GC05　配股说明书
GC07　配股提示性公告
GC09　股份变动及配股上市公告

GD　增发
GD01　增发预案
GD0101　增发初次预案
GD0110　增发预案修改
GD0120　增发议案取消
GD03　增发获准公告
GD05　增发说明书
GD07　发行公告
GD0701　网上发行公告
GD0710　网下发行公告
GD0720　机构投资者预约公告
GD09　询价区间公告
GD11　增发结果公告
GD1101　增发结果公告
GD1110　增发余额包销公告
GD13　增发上市
GD1301　股份变动及增发上市公告
GD15　增发配套文件
GD99　增发其他公告
GD9901　增发路演推介公告
GD9999　其他增发事项公告

GE　可转换债券
GE01　可转债发行预案

GE0101　可转债发行初次预案
GE0110　可转债发行预案修改
GE0120　可转债发行议案取消
GE03　可转债发行获准公告
GE05　可转债募集说明书
GE07　可转债发行公告
GE0701　可转债网上发行公告
GE0710　可转债网下发行公告
GE0720　可转债网上（下）发行公告
GE09　可转债发行提示公告
GE11　可转债发行结果公告
GE1101　可转债中签结果公告
GE1110　可转债其他发行结果公告
GE13　可转债上市公告
GE15　转股事项
GE1501　可转债开始转股的公告
GE1510　可转债每季度转股情况的公告
GE1520　可转债停止转股的公告
GE1530　可转债调整转股价格的公告
GE1540　可转债停止交易的公告
GE17　回售事项
GE1701　可转债回售公告
GE1710　可转债回售结果公告
GE19　赎回事项
GE1901　可转债赎回公告
GE1910　可转债赎回结果公告
GE21　付息事项
GE2101　可转债付息公告
GE23　可转债发行配套文件
GE99　可转债其他公告
GE9901　可转债路演推介公告
GE9999　可转债其他事项公告

GF　其他融资
GF01　发行企业债券
GF0101　企业债发行公告
GF0110　企业债招募说明书
GF0120　企业债其他事项公告
GF03　其他融资事项
GF0301　其他融资（ADR、海外上市等）预案
GF0310　其他融资（ADR、海外上市等）获准公告

GF0320 其他融资（ADR、海外上市等）事项公告

GG 权益分派与限制出售股份上市
GG01 权益分派预案及实施
GG0101 利润分配及公积金转增股本预案
GG0110 修改利润分配及公积金转增股本预案
GG0120 利润分配及公积金转增股本实施公告
GG03 限制出售股份上市
GG0301 职工股上市公告
GG0310 机构配售股份上市公告
GG0320 转配股上市公告
GG0330 外资股限制股份上市公告
GG0340 其他限制股份上市公告

GH 股份质押、冻结与股权变动
GH01 持股变动
GH0101 持股变动提示性公告
GH0110 股东持股变动报告书
GH0120 上市公司关于股权转让提示性公告
GH0130 上市公司关于股权转让公告
GH0140 持股 5%以上股东通过竞价系统增（减）1%公告
GH0199 其他持股变动公告
GH03 股权收购
GH0301 股权收购的提示性公告
GH0310 上市公司收购报告书摘要
GH0320 上市公司收购报告书
GH0330 被收购公司董事会报告书
GH0340 有关收购的中介机构意见
GH05 要约收购
GH0501 要约收购的提示性公告
GH0510 要约收购报告书摘要
GH0520 要约收购报告书
GH0530 要约期间公告及要约结果公告
GH0540 相关中介机构的报告
GH07 股权变动进展
GH0701 股权转让获准公告
GH0710 股权托管公告
GH0720 股权转让进展公告
GH0730 股份过户（登记）公告
GH0740 中止或取消股权转让协议公告
GH09 国有股配售事项

GH0901　国有股配售预案
GH0910　国有股配售公告
GH11　吸收合并
GH1101　吸收合并获准公告
GH1110　吸收合并提示公告
GH1120　吸收合并进展公告
GH1130　吸收合并实施公告
GH1199　吸收合并其他说明公告
GH13　公司减资、分立事项
GH1301　股份回购预案
GH1310　股份回购进展公告
GH1320　公司减资公告
GH1330　公司分立公告

GI　交易
GI01　收购出售资产
GI0101　收购、出售资产提示性公告
GI0110　收购、出售资产公告
GI0120　收购、出售资产进展公告
GI03　债务重组
GI0301　债务重组提示性公告
GI0310　债务重组公告
GI0320　债务重组进展公告
GI05　对外投资
GI0501　对外投资提示性公告
GI0510　对外投资公告
GI0520　对外投资进展公告
GI0530　委托理财公告
GI07　委（受）托经营、承包、租赁
GI0701　委托经营事项公告
GI0710　受托经营事项公告
GI0720　承包事项公告
GI0730　租赁事项公告
GI09　借贷
GI0901　大额借款事项
GI0910　授信额度事项
GI0999　其他借贷事项
GI11　担保
GI1101　公司为他人提供担保公告
GI1110　履行担保义务公告
GI1120　到期担保义务无法解除公告

GI1130　解除担保责任公告
GI13　提供财务资助
GI1301　承担费用公告
GI1310　提供资金公告
GI15　赠与
GI1501　接受赠与公告
GI1510　提供赠与公告
GI17　研究与开发项目的转移
GI1701　研究项目的转移公告
GI1710　开发项目的转移公告
GI19　持续性关联交易
GI1901　购买原材料、动力、燃料的关联交易公告
GI1910　销售产成品、商品的关联交易公告
GI1920　提供和接受劳务的关联交易公告
GI1930　提供和接受销售代理的关联交易公告
GI99　其他交易事项公告

GJ　股东大会
GJ01　股东大会通知
GJ0101　董事会决议召开年度股东大会通知
GJ0110　董事会提议召开临时股东大会的通知
GJ0120　监事会提议召开临时股东大会的通知
GJ0130　股东自行提议召开临时股东大会的通知
GJ03　股东大会相关事项变更
GJ0301　增加股东大会议案公告
GJ0310　变更股东大会议案公告
GJ0320　变更股东大会时间公告
GJ0330　变更股东大会地点公告
GJ0340　取消股东大会公告
GJ0350　取消股东大会议案公告
GJ05　股东大会决议公告
GJ0501　正常股东大会决议公告
GJ0510　增加、变更或否决议案的决议公告
GJ99　股东大会其他公告
GJ9901　股东大会法律意见书
GJ9910　未能如期刊登股东大会决议公告
GJ9920　征集投票权公告

GK　澄清、风险提示、业绩预告事项
GK01　澄清公告
GK03　股票交易异常波动风险提示

GK0301　连续三个交易日达到涨幅限制公告
GK0310　连续三个交易日达到跌幅限制公告
GK0320　连续五个交易日列入公开信息公告
GK0330　振幅连续三个交易日达到 15%公告
GK0340　日均成交金额连续五个交易日逐日增加 50%
GK0399　中国证监会或交易所认为属于异常波动的其他情况公告
GK05　暂停上市风险提示
GK07　退市风险提示
GK09　其他风险提示
GK0901　重大经营性或非经营性亏损
GK0910　预计出现资不抵债
GK0920　发生重大债务或未清偿到期重大债务
GK0930　被担保人出现影响还款能力事项
GK0940　股价风险提示
GK0950　涉讼风险提示
GK0960　意外风险提示
GK0970　重组风险提示
GK0980　异常审计意见解决情况进展公告
GK11　业绩预告
GK1101　预计盈利公告
GK1110　预计亏损公告
GK1120　业绩大幅增加公告
GK1130　业绩大幅减少公告
GK1140　无法预计公告
GK1150　盈利预测公告
GK1160　业绩快报

GL　其他重大事项
GL01　公司基本信息变更
GL0101　公司章程变更公告
GL0110　公司注册资本变更公告
GL0120　公司注册地变更公告
GL0130　公司名称变更公告
GL0140　公司经营方针重大变化
GL0150　公司经营范围重大变化
GL0160　公司股份性质变更公告
GL0160　公司中介机构变更
GL0199　公司其他基本信息变更
GL03　变更董事、监事及高管
GL0301　变更董事公告
GL0310　变更监事公告

GL0320 变更高级管理人员公告
GL0330 独立董事提名人声明
GL0340 独立董事候选人声明
GL05 经营环境重大变化
GL0501 获得财政补贴公告
GL0510 税费变化公告
GL0520 通过资格认证公告
GL0530 政策变更公告
GL0540 价格调整公告
GL0550 业务停顿公告
GL0599 经营环境其他重大变化公告
GL07 股份质押、冻结
GL0701 股份质押公告
GL0710 股份冻结公告
GL0720 股份质押解除公告
GL0730 股份解冻公告
GL09 重大诉讼
GL0901 重大诉讼公告
GL0910 诉讼事项进展公告
GL0920 诉讼判决公告
GL0930 判决执行公告
GL11 重大仲裁
GL1101 重大仲裁公告
GL1110 仲裁事项进展公告
GL1120 仲裁事项裁决公告
GL1130 裁决执行公告
GL13 重大损失
GL1301 大额银行退票
GL1310 遭受不可抗力重大损失
GL1320 可能依法承担的赔偿责任
GL1330 主要债务人进入破产程序
GL15 募集资金使用
GL1501 变更募股资金用途公告
GL1510 募集资金使用进展情况公告
GL1520 前次募集资金使用情况公告
GL1530 募集资金使用专项报告
GL1540 回访报告
GL17 公司处罚、整改及自查
GL1701 因涉嫌违反证券法规被监管机构调查或正受到处罚
GL1710 重大行政处罚
GL1720 公开谴责

GL1730　公司高管人员受处罚
GL1740　公开批评
GL1750　内部通报批评
GL1760　整改报告
GL1770　自查报告
GL1780　建立现代企业制度的自查报告
GL1790　公司接受调查的提示公告
GL19　破产、清算事项
GL1901　上市公司进入破产、清算状态
GL1910　法院发布受理破产公告
GL1920　法院发布终结破产程序公告
GL1930　法院宣告破产的公告
GL1940　上市公司申请破产公告
GL1950　上市公司公告法院受理破产的公告
GL1960　上市公司公告法院终结破产程序公告
GL21　决议被依法撤销事项
GL2101　股东大会决议被依法撤销
GL2110　董事会决议被依法撤销
GL23　换股
GL2301　换购说明书
GL1510　换购公告
GL99 其他事项公告
GL9901　其他董事会（决议）公告
GL9910　其他监事会（决议）公告
GL9999　其他临时公告

GM　特别处理和退市
GM01　特别处理
GM0101　实施特别处理公告
GM0110　实施警示终止上市风险的特别处理公告
GM0120　撤消特别处理公告
GM03　暂停上市
GM0301　暂停上市提示公告
GM0310　暂停上市前的停牌公告
GM0320　暂停特别转让公告
GM0330　恢复特别转让公告
GM0340　暂停上市公告
GM05　恢复上市
GM0501　宽限期申请的相关公告
GM0510　恢复上市申请
GM0520　恢复上市推荐书

GM07　终止上市
GM0701　终止上市提示公告
GM0710　终止上市公告
GN　补充及更正
GN01　定期报告补充、更正
GN0101　定期报告的补充公告
GN0110　定期报告的更正公告
GN03　临时报告补充、更正
GN0101　临时报告补充公告
GN0110　临时报告更正公告
GN99　其他补充、更正公告
GN9901　误导公告
GN9910　遗漏公告
GN9920　技术性差错公告

GO　中介机构报告
GO01　独立财务顾问报告
GO03　法律意见书
GO05　资产评估报告
GO07　项目可行性分析报告
GO09　证券咨询机构投资分析报告

GP　上市公司制度文件
GP01　公司章程
GP03　股东大会与监事会
GP0301　股东大会议事规则
GP0310　监事会议事规则
GP05　董事与董事会
GP0501　董事会议事规则
GP0505　董事会战略委员会议事规则
GP0510　董事会提名委员会议事规则
GP0515　董事会审计委员会议事规则
GP0520　董事会薪酬与考核委员会议事规则
GP0525　董事会战略委员会实施细则
GP0530　董事会薪酬与考核委员会实施细则
GP0535　董事会薪酬与考核委员会实施细则
GP0540　董事会投资审查与决策程序的规定
GP0545　独立董事工作制度
GP0550　独立董事候选人及提名人声明
GP0555　独立董事声明及承诺书
GP0560　独立董事履历表
GP0565　独立董事意见

GP99　其他治理准则

GP9901　信息披露管理办法

GP9910　总裁工作细则

附录 B
（规范性附录）
数据元所涉及属性

B. 1 业务数据中涉及的单位

股本结构　　　　　　以“万股”为单位。

涉及发行额度　　　　以“万股”为单位。

筹集资金　　　　　　以“万元”为单位。

分红送配的比例 以“每 10 股”为单位。

交易金额　　　　　　以“元”为单位。

关于是否的问题 1 是；0 否。

B. 2 重要提示及目录（以下为定期报告属性表）

序号	字段名	属性选项
7	审计意见	01 无保留意见无解释性说明 02 解释性说明 03 保留意见 04 否定意见 05 拒绝发表意见 06 保留加解释 07 拒绝加解释

B. 3 公司基本情况简介

序号	字段名	属性选项
31	企业经济性质或类型	01 国有企业（全民所有制企业） 02 国有独资公司 03 集体所有制 04 民营企业 05 国资局 06 中外合资 07 外商独资 08 行政事业单位 09 国有控股 10 自然人 13 股份公司 14 有限责任公司 15 其他（自行定义）
36	A 股上市地	01 上海证券交易所 02 深圳证券交易所
37	B 股上市地	01 上海证券交易所 02 深圳证券交易所
38	H 股上市地	01 香港联合交易所
39	其他上市地	01 新加坡证券交易所 02 纽约证券交易所

B.4　十大股东持股情况

序号	字段名	属性选项
5	股份类别	01 已流通 02 非流通
6	股份状态	01 质押 02 托管
8	股东性质	01 国有股东 02 外资股东 03 法人股东 04 自然人股东

B.5　控股股东和其他实际控制人情况

序号	字段名	属性选项
6	控股股东性质	01 国有企业（全民所有制企业） 02 国有独资公司 03 集体所有制 04 民营企业 05 国资局 06 中外合资 07 外商独资 08 行政事业单位 09 国有控股 10 自然人 13 股份公司 14 有限责任公司 15 其他（自行定义）
10	经济性质	01 国有企业（全民所有制企业） 02 国有独资公司 03 集体所有制 04 民营企业 05 国资局 06 中外合资 07 外商独资 08 行政事业单位 09 国有控股 10 自然人 13 股份公司 14 有限责任公司 15 其他（自行定义）

B.6　股东大会情况简介

序号	字段名	属性选项
8	审议结果	01 审议通过 02 被否决

B.7 募集资金使用情况

序号	字段名	属性选项
2	募集类型	01A 股新股发行 02B 股新股发行 03A 股配股募集 04B 股配股募集 05A 股再发行 06B 股再发行 07H 股新股发行 08 发行债券（包括可转债、企债）

B.8 募集资金变更项目

序号	字段名	属性选项
5	变更后项目投资类型	01 技改 02 新建 03 收购资产 04 收购股权 05 合资 06 合作 07 扩建 08 补充流动资金 09 其他
8	项目进展类型	01 未达到承诺进度已解释原因 02 未达到承诺进度但未解释原因 03 达到进度但未投产 04 已投产但未产生收益 05 募股资金已产生收益 06 其他

B.9 董事会日常报告

序号	字段名	属性选项
8	审议结果	01 审议通过 02 被否决

B.10 重大诉讼、仲裁

序号	字段名	属性选项
2	上市公司角色	01 原告 02 被告 03 连带责任人
3	诉讼仲裁属性	01 诉讼
3	诉讼仲裁属性	02 仲裁

B.11 资产购并

序号	字段名	属性选项
13	购并方式	01 承担债务，整体购买，保留法人地位 02 承担债务，整体兼并，取消法人地位 03 收购股权 04 购买除商品以外的资产 05 组建合资公司（购并方出资产，上市公司出资金） 06 组建合资公司（购并方出资产，上市公司出无形资产） 07 产权置换 08 其他

B.12 重大担保

序号	字段名	属性选项
4	担保性质	01 一般担保 02 连带责任担保
8	担保类型	01 互保 02 对等担保 03 交叉担保 04 抵押担保

B.13 委托理财

序号	字段名	属性选项
6	委托理财投资品种	01 国债

B.14 财务报告

序号	字段名	属性选项
4	境内报告审计意见	01 无保留意见无解释性说明 02 解释性说明 03 保留意见 04 否定意见 05 拒绝发表意见 06 保留加解释 07 拒绝加解释
10	境外审计报告审计意见	01 无保留意见无解释性说明 02 解释性说明 03 保留意见 04 否定意见 05 拒绝发表意见 06 保留加解释 07 拒绝加解释

B. 15 坏账核算方法

序号	字段名	属性选项
1	应收账款核算方法	01 余额百分比法 02 账龄分析法
18	其他应收款核算方法	01 余额百分比法 02 账龄分析法

B. 16 控股子公司及合营企业

序号	字段名	属性选项
2	关联关系	01 控股子公司 02 合营企业 03 联营企业

B. 17 关联公司

序号	字段名	属性选项
5	关联关系	01 控股子公司 02 全资子公司 03 母公司 04 控股股东 05 参股股东 06 合营公司 07 联营公司 08 间接控股股东 09 母公司的全资子公司 10 母公司的控股子公司 11 股东的子公司 12 集团兄弟公司 13 关联人（与公司同一董事长） 14 关联人（与公司同一总经理） 15 其他
6	关联方企业经济性质或类型	01 国有企业（全民所有制企业） 02 国有独资公司 03 集体所有制 04 民营企业 05 国资局 06 中外合资 07 外商独资 08 行政事业单位 09 国有控股 10 自然人 13 股份公司 14 有限责任公司 15 其他（自行定义）

B.18 关联交易

序号	字段名	属性选项
2	关联交易类型	01 购买商品 02 销售商品 03 购买除商品以外的资产 04 销售除商品以外的资产 05 提供劳务 06 接受劳务 07 租赁 08 应收款项 09 应付款项 10 担保和抵押 11 管理方面的合同 12 研究与开发项目的转移 13 许可协议 14 收购股权 15 关键管理人员报酬 16 其他

附录 C
（规范性附录）
数据元清单

说明：数据科目属性维中的字符串组合，A、B、C、……代表的含义是数据元描述方法中提及的属性定义。它们分别代表的含义是：

A 所属类型

B 所属年度

C 货币单位

D 描述对象

E 科目类别

F 规则属性

G 交易代码

H 周期

I 操作性质

J 公布属性

C.1 基本信息类

01 公司基本情况

序号	描述	字段类型	数据科目属性维	属性	使用数据科目的内容模块
1	A 股代码	String	ABGIJ		上市公司基本信息
2	中文 A 股简称	String	ABGIJ		
3	B 股代码	String	ABGIJ		
4	中文 B 股简称	String	ABGIJ		
5	H 股代码	String	ABGIJ		
6	H 股简称	String	ABGIJ		
7	其他代码	String	ABGIJ		
8	其他简称	String	ABGIJ		
9	变更前的股票代码	String	ABGIJ		
10	变更前的股票简称	String	ABGIJ		
11	公司法定中文名称	String	ABGIJ		
12	公司法定英文名称	String	ABGIJ		
13	英文名称缩写	String	ABGIJ		
14	注册地址	String	ABGIJ		上市公司基本信息、关联方基本情况、股权转让
15	注册地址邮编	Integer	ABGIJ		

续表

序号	描述	字段类型	数据科目属性维	属性	使用数据科目的内容模块
16	办公地址	String	ABGIJ		上市公司基本信息
17	办公地址邮编	Integer	ABGIJ		
18	公司电子信箱	String	ABGIJ		
19	公司国际互联网网址	String	ABGIJ		
20	董事会秘书姓名	String	ABGIJ		
21	董事会秘书联系地址	String	ABGIJ		
22	董事会秘书电话	String	ABGIJ		
23	董事会秘书传真	String	ABGIJ		
24	董事会秘书电子信箱	String	ABGIJ		
25	证券事务代表姓名	String	ABGIJ		
26	证券事务代表联系地址	String	ABGIJ		
27	证券事务代表电话	String	ABGIJ		
28	证券事务代表传真	String	ABGIJ		
29	证券事务代表电子信箱	String	ABGIJ		
30	法定代表人姓名	String	ABGIJ		上市公司基本信息、关联方基本情况、公司控股股东情况
31	总经理姓名	String	ABGIJ		上市公司基本信息
32	注册资本	Integer	ABCGIJ		上市公司基本信息、关联方基本情况、公司股东情况、股权转让
33	企业经济性质或类型	String	ABGIJ		上市公司基本信息、关联方基本情况、公司股东情况、股权转让
34	地域	String	ABGIJ		上市公司基本信息
35	行业	String	ABGIJ		
36	板块	String	ABGIJ		
37	主营业务	String	ABGIJ		上市公司基本信息、关联方基本情况、公司股东情况、股权转让
38	A股上市地	String	ABGIJ		上市公司基本信息
39	A股上市日期	Date	ABGIJ		
40	B股上市地	String	ABGIJ		
41	B股上市日期	Date	ABGIJ		
42	H股上市地	String	ABGIJ		
43	H股上市日期	Date	ABGIJ		

续表

序号	描述	字段类型	数据科目属性维	属性	使用数据科目的内容模块
44	其他上市地	String	ABGIJ		上市公司基本信息
45	公司最新注册登记日期	Date	ABGIJ		
46	公司最新注册登记地点	String	ABGIJ		
47	公司首次注册登记日期	Date	ABGIJ		
48	公司首次注册登记地点	String	ABGIJ		
49	企业法人营业执照注册号	String	ABGIJ		
50	税务登记号码	String	ABGIJ		
51	公司聘请境内会计师事务所	String	ABGIJ		
52	公司聘请境内会计师事务所地址	String	ABGIJ		上市公司基本信息
53	公司聘请境内会计师事务所审计费用	Decimal	ABGIJ		
54	原聘境内会计师事务所	String	ABGIJ		
55	原聘境内会计师事务所地址	String	ABGIJ		
56	原聘境内会计师事务所审计费用	Decimal	ABGIJ		
57	原聘境内会计师事务所审计年限	Decimal	ABGIJ		
58	是否聘请境外会计师事务所	String	ABGIJ		
59	公司聘请境外会计师事务所	String	ABGIJ		
60	公司聘请境外会计师事务所地址	String	ABGIJ		
61	公司聘请境外会计师事务所审计费用	Decimal	ABGIJ		上市公司基本信息
62	董事人数	Integer	ABGIJ		
63	独立董事人数	Integer	ABGIJ		
64	监事人数	Integer	ABGIJ		
65	员工人数	Integer	ABGIJ		
66	股东人数	Integer	ABGIJ		
67	原聘境外会计师事务所	String	ABGIJ		
68	原聘境外会计师事务所地址	String	ABGIJ		
69	原聘境外会计师事务所审计费用	Decimal	ABGIJ		
70	原聘境外会计师事务所审计年限	Decimal	ABGIJ		
71	董事会对解聘原会计师事务所的说明	String	ABGIJ		
72	指定刊登定期报告的报刊名称	String	ABGIJ		
73	指定刊登定期报告的国际互联网址	String	ABGIJ		

02　公司管理人员情况类

序号	描述	字段类型	数据科目属性维	属性	使用数据科目的内容模块
1	姓名	String	ABGIJ		公司董事、监事及高管人员情况、公司董事、监事及高管人员持股、公司董事、监事及高管人员薪酬、董（监）事声明及承诺
2	任职类别	String	ABGIJ		
3	性别	String	ABGIJ		
4	年龄	Decimal	ABGIJ		
5	人物履历	String	ABGIJ		
6	现任职务	String	ABGIJ		
7	任期起始日期	Date	ABGIJ		
8	任期终止日期	Date	ABGIJ		
9	期初持股数	Decimal	ABGIJ		
10	期末持股数	Decimal	ABGIJ		
11	持股增减变动量	Decimal	ABGIJ		
12	变动原因	String	ABGIJ		
13	是否现任	Decimal	ABGIJ		
14	离任原因	String	ABGIJ		
15	实际离任日期	Date	ABGIJ		
16	是否在本公司领薪	String	ABGIJ		
17	本报告期薪酬	String	ABCGIJ		
18	本报告期津贴	Decimal	ABCGIJ		
19	是否在股东单位任职	String	ABGIJ		
20	任职的股东单位名称	String	ABGIJ		
21	在股东单位担任的职务	String	ABGIJ		
22	任职期间	String	ABGIJ		
23	是否在股东单位领取报酬、津贴	String	ABGIJ		
24	年度报酬总额	Decimal	ABCGIJIJ		
25	金额最高的前三名董事的报酬总额	Decimal	ABCGIJIJ		
26	金额最高的前三名高管人员的报酬总额	Decimal	ABCGIJIJ		
27	独立董事津贴	Decimal	ABCGIJIJ		
28	独立董事其他待遇	String	ABGIJ		
29	不在公司领取报酬、津贴的董事、监事姓名	String	ABCGIJIJ		
30	报酬区间	String	ABCGIJIJ		
31	人数	Decimal	ABGIJ		
32	董（监）事声明及承诺	String	ABGIJ		

03　关联方情况类

序号	描述	字段类型	数据科目属性维	属性	使用数据科目的内容模块
1	关联方企业名称	String	ABGIJ		关联方基本情况
2	是否存在控制关系	String	ABGIJ		
3	注册地址	String	ABGIJ	引用“公司基本情况”类科目	
4	主营业务	String	ABGIJ	引用“公司基本情况”类科目	
5	关联关系	String	ABGIJ	参见附录C（属性表十七）	
6	企业经济性质或类型	String	ABGIJ	引用“公司基本情况”类科目	
7	法定代表人姓名	String	ABGIJ	引用“公司基本情况”类科目	
8	注册资本	Decimal	ABCGIJ	引用“公司基本情况”类科目	
9	关联方所占权益比例	Decimal	ABGIJ		
10	是否存在关联交易	String	ABGIJ		
11	是否存在债权债务的往来	String	ABGIJ		
12	债权债务的形成原因	String	ABGIJ		
13	清偿情况	String	ABGIJ		
14	有关的承诺	String	ABGIJ		
15	对经营成果与财务状况的影响	String	ABGIJ		

04　公司经营治理情况

序号	描述	字段类型	数据科目属性维	属性	使用数据科目的内容模块
1	报告期内主营业务范围	String	ABGIJ		其他重要事项
2	主营业务及其结构发生重大变化的原因说明	String	ABGIJ		
3	主营业务盈利能力与上年相比发生重大变化的原因说明	String	ABGIJ		
4	公司参股或控股公司名称	String	ABGIJ		参股公司经营情况
5	公司参股或控股公司主要产品及服务	String	ABGIJ		
6	公司参股或控股公司净利润	Decimal	ABGIJ		

续表

序号	描述	字段类型	数据科目属性维	属性	使用数据科目的内容模块
7	经营中出现的困难与解决方案	String	ABGIJ		其他重要事项
8	盈利预测与完成情况的差异说明	String	ABGIJ		
9	报告期内财务状况变动说明	String	ABGIJ		
10	报告期内利润构成变动说明	String	ABGIJ		
11	公司经营环境及政策法规发生重大变化的说明	String	ABGIJ		
12	公司新年度经营计划	String	ABGIJ		
13	新年度盈利预测	String	ABGIJ		
14	主营业务收入预测	Decimal	ABGIJ		盈利预测表
15	利润总额预测	Decimal	ABGIJ		
16	净利润预测	Decimal	ABGIJ		
17	会计师事务所是否对盈利预测出具意见	String	ABGIJ		
18	会计师事务所对盈利预测的审核意见	String	ABGIJ		
19	公司治理情况	String	ABGIJ		
20	独立董事履行职责情况	String	ABGIJ		
21	公司与控股股东在五分开方面的情况说明	String	ABGIJ		审计表
22	考评和激励机制的建立与实施情况说明	String	ABGIJ		

C.2 上市公司股本、股东类

01 公司股东类

序号	描述	字段类型	数据科目属性维	属性	使用数据科目的内容模块
1	股东名称	String	ABGIJ		公司前十名股东情况、公司控股股东情况、股份质押情况、股份冻结、查封情况
2	A 股股东人数	Integer	ABGIJ		
3	B 股股东人数	Integer	ABGIJ		
4	H 股股东人数	Integer	ABGIJ		
5	年度内增减股份数	Decimal	ABGIJ		
6	股东持有股份数量	Decimal	ABGIJ		
7	股东持有股份比例	Decimal	ABGIJ		
8	股份类别	String	ABGIJ	参见附录 C（属性表四）	
9	股份状态	Decimal	ABGIJ	参见附录 C（属性表四）	
10	涉及股份数量	Decimal	ABGIJ		
11	股东性质	String	ABGIJ	参见附录 C（属性表四）	
12	持股 5%以上法人股东的情况说明	String	ABGIJ		

续表

序号	描述	字段类型	数据科目属性维	属性	使用数据科目的内容模块
13	控股股东或实际控制人名称	String	ABGIJ		公司前十名股东情况、公司控股股东情况、股份质押情况、股份冻结、查封情况
14	是否新控股股东或实际控制人	String	ABGIJ		
15	控股股东性质	String	ABGIJ	参见附录C（属性表五）	
16	控股股东法定代表人	String	ABGIJ		
17	控股股东注册资本	Decimal	ABGIJ		
18	控股股东主营业务	String	ABGIJ		
19	控股股东实际控制股份数量	Integer	ABGIJ		
20	控股股东实际控制股份比例	Decimal	ABGIJ		
21	最终控股股东名称	String	ABGIJ		
22	控股股东变更日期	Date	ABGIJ		
23	控股股东变更情况刊登报刊	String	ABGIJ		
24	控股股东变更情况刊登日期	Date	ABGIJ		
25	企业经济性质或类型	String	ABGIJ	引用“公司基本情况”类科目	
26	法定代表人姓名	String	ABGIJ	引用“公司基本情况”类科目	
27	注册地址	String	ABGIJ	引用“公司基本情况”类科目	
28	注册资本	Integer	ABGIJ	引用“公司基本情况”类科目	
29	主营业务	String	ABGIJ	引用“公司基本情况”类科目	
30	最终控股股东姓名	String	ABGIJ		

02 股权转让类

序号	描述	字段类型	数据科目属性维	属性	使用数据科目的内容模块
1	公布日期	Date	ABGIJ		股权转让意向及进展情况、股权转让对应关系表、股份托管情况
2	上市公司股票简称	String	ABGIJ		
3	股票代码	Decimal	ABGIJ		
4	上市地点	String	ABGIJ		
5	收购人的姓名或名称	String	ABGIJ		
6	收购人身份证号（自然人）	Decimal	ABGIJ		
7	国籍（自然人）	String	ABGIJ		
8	住所	String	ABGIJ		
9	通讯地址	String	ABGIJ		
10	通讯方式（自然人）	string	ABGIJ		
11	联系电话	String	ABGIJ		
12	收购人声明	String	ABGIJ		
13	签署日期	Date	ABGIJ		
14	注册地址	String	ABGIJ	引用“公司基本情况”类科目	
15	注册资本	Decimal	ABCGIJ	引用“公司基本情况”类科目	
16	企业代码	String	ABGIJ		
17	企业类型及经济性质（企业经济性质或类型）	String	ABGIJ	引用“公司基本情况”类科目	
18	主营业务	String	ABGIJ	引用“公司基本情况”类科目	
19	经营期限	Decimal	ABGIJ		
20	税务登记号码	String	ABGIJ		
21	股东或者发起人的姓名或者名称	String	ABGIJ		
22	通讯方式	String	ABGIJ		
23	收购人股权关系结构图	String	ABGIJ		
24	收购人合法经营状况	String	ABGIJ		
25	收购人董监事高管姓名	String	ABGIJ	以下序号23～30的字段记录数可相应增减	
26	身份证号	Decimal	ABGIJ		
27	国籍	String	ABGIJ		
28	居住地	String	ABGIJ		
29	是否取得其他国家或地区居留权	String	ABGIJ		

续表

序号	描述	字段类型	数据科目属性维	属性	使用数据科目的内容模块
30	收购人持有、控制其他上市公司5%以上的发行在外的股份的简要情况	String	ABGIJ		
31	是否取得其他国家或地区居留权（自然人）	String	ABGIJ		
32	最近五年内的职业、职务（自然人）	String	ABGIJ		
33	最近五年之内受过的处罚（自然人）	String	ABGIJ		
34	持有、控制其他上市公司5%以上的发行在外的股份的简要情况（自然人）	String	ABGIJ		
35	收购人持股情况	String	ABGIJ		股权转让意向及进展情况、股权转让对应关系表、股份托管情况
36	通过证券交易所的集中竞价交易进行上市公司收购的情况	String	ABGIJ		
37	通过协议转让方式进行上市公司收购的情况	String	ABGIJ		
38	通过资产管理方式进行上市公司收购的情况	String	ABGIJ		
39	通过股权控制关系及其他方式进行上市公司收购的情况	String	ABGIJ		
40	通过国有股权行政划转而进行上市公司收购的情况	String	ABGIJ		
41	因执行司法裁决对上市公司股份采取拍卖措施而取得上市公司实际控制权的情况	String	ABGIJ		股权转让意向及进展情况、股权转让对应关系表、股份托管情况
42	通过公开征集受让人方式取得上市公司实际控制权的情况	String	ABGIJ		
43	属于上市公司管理层及员工收购的情况	String	ABGIJ		
44	因根据股东大会的决议向收购人发行股份而进行上市公司收购的情况	String	ABGIJ		
45	因继承取得上市公司股份而进行上市公司收购的情况	String	ABGIJ		
46	持有、控制的上市公司股份是否存在任何权利限制	String	ABGIJ		

续表

序号	描述	字段类型	数据科目属性维	属性	使用数据科目的内容模块
47	前六个月内买卖挂牌交易股份的情况	String	ABGIJ		
48	与上市公司之间的重大交易	String	ABGIJ		
49	资金来源	String	ABGIJ		
50	后续计划	String	ABGIJ		
51	对上市公司的影响分析	String	ABGIJ		
52	收购人的财务资料	String	ABGIJ		
53	其他重大事项	String	ABGIJ		
54	律师意见	String	ABGIJ		
55	备查文件	String	ABGIJ		
56	股份托管情况	String	ABGIJ		
57	其他	String	ABGIJ		

03　公司股本结构及分派类

序号	描述	字段类型	数据科目属性维	属性	使用数据科目的内容模块
1	发起人股份	Decimal	ABGIJ		股本结构
2	国家持有股份	Decimal	ABGIJ		
3	境内法人持有股份	Decimal	ABGIJ		
4	境外法人持有股份	Decimal	ABGIJ		
5	其他发起人股份	Decimal	ABGIJ		
6	募集法人股份	Decimal	ABGIJ		
7	内部职工股股份	Decimal	ABGIJ		
8	优先股或其他	Decimal	ABGIJ		
9	基金配售股份	Decimal	ABGIJ		
10	柜台交易公司内部职工股份	Decimal	ABGIJ		
11	战略投资者配售股份	Decimal	ABGIJ		
12	一般法人配售股份	Decimal	ABGIJ		
13	未上市流通股份	Decimal	ABGIJ		
14	人民币普通股份	Decimal	ABGIJ		
15	其中：高管股	Decimal	ABGIJ		
16	境内上市的外资股份	Decimal	ABGIJ		
17	境外上市的外资股份	Decimal	ABGIJ		
18	境外上市的 H 股股份	Decima	ABGIJ		
19	其他已上市流通股份	Decimal	ABGIJ		
20	已上市流通股份	Decimal	ABGIJ		
21	股份总数	Decimal	ABGIJ		

续表

序号	描述	字段类型	数据科目属性维	属性	使用数据科目的内容模块
22	是否分配或转增	String	ABGIJ		股票分红派息
23	每 10 股送红股比例	Decimal	ABGIJ		
24	每 10 股派息比例	Decimal	ABGIJ		
25	每 10 股转增比例	Decimal	ABGIJ		
26	预案详细情况	String	ABGIJ		
27	盈利且不分配原因	String	ABGIJ		

C.3 公司筹资、上市、募集资金类

01 募集资金类

序号	描述	字段类型	数据科目属性维	属性	使用数据科目的内容模块
1	募集年度	Decimal	ABGIJ		募集资金使用总体情况、募集资金使用分项目情况
2	募集类型	String	ABGIJ	参见附录 C（属性表七）	
3	承诺投资项目	String	ABGIJ		
4	承诺投资日期	Date	ABGIJ		
5	承诺投资金额	Decimal	ABCGIJ		
6	承诺项目预计收益	Decimal	ABCGIJ		
7	是否发生变更	String	ABGIJ		
8	实际投入金额	Decimal	ABCGIJ		
9	其中：募集资金	Decimal	ABCGIJ		
10	变更原因及变更程序说明	String	ABGIJ		
11	变更后投资项目	String	ABGIJ		
12	变更后拟投入金额	Decimal	ABCGIJ		
13	变更后项目投资日期	Date	ABGIJ		
14	变更后项目投资类型	String	ABGIJ	参见附录 C（属性表八）	
15	变更后项目实际投入金额	Decimal	ABCGIJIJ		
16	其中：募集资金	Decimal	ABCGIJIJ		
17	项目进度的结果	String	ABGIJ		
18	项目进展类型	String	ABGIJ	参见附录 C（属性表八）	
19	项目实际收益	Decimal	ABCGIJIJ		
20	是否达到计划进度和预计收益	String	ABGIJ		
21	未达到计划进度和收益的说明	String	ABGIJ		
22	募集资金总额	Decimal	ABGIJ		
23	报告期内已投资的募集资金总额	Decimal	ABGIJ		
24	已累计的募集资金投资总额	Decimal	ABGIJ		
25	未使用的募集资金情况	String	ABGIJ		

02　非募集资金类

序号	描述	字段类型	数据科目属性维	属性	使用数据科目的内容模块
1	非募集资金项目名称	String	ABGIJ		非募集使用情况
2	非募集资金项目金额	Decimal	ABGIJ		
3	非募集资金项目进度	String	ABGIJ		
4	非募集资金项目收益情况	String	ABGIJ		
5	非募集资金项目资金合计	Decimal	ABGIJ		
6	非募集资金项目收益合计	Decimal	ABGIJ		

C.4　交易、关联交易类

01　关联交易类

序号	描述	字段类型	数据科目属性维	属性	备注
1	关联方名称	String	ABGIJ		关联交易情况
2	关联交易类型	String	ABGIJ	参见附录 C（属性表十八）	
3	交易日期	Date	ABGIJ		
4	交易价格	Decimal	ABGIJ		
5	交易金额	Decimal	ABCGIJIJ		
6	交易比例	Decimal	ABGIJ		
7	未结算金额	Decimal	ABCGIJIJ		
8	定价原则	String	ABGIJ		
9	交易的目的	String	ABGIJ		
10	交易的影响	String	ABGIJ		
11	交易概述	String	ABGIJ		
12	与关联方关系	String	ABGIJ		
13	是否存在控制关系	String	ABGIJ		
14	关联方企业经济性质或类型	String	ABGIJ	引用“公司基本情况”类科目	
15	关联方企业法定代表人	String	ABGIJ	引用“公司基本情况”类科目	
16	关联方企业注册地址	String	ABGIJ	引用“公司基本情况”类科目	
17	关联方企业注册资本	Decimal	ABGIJ	引用“公司基本情况”类科目	
18	关联方企业主营业务	String	ABGIJ	引用“公司基本情况”类科目	
19	向关联方提供资金_发生额	String	ABGIJ		
20	向关联方提供资金_余额	String	ABGIJ		

续表

序号	描述	字段类型	数据科目属性维	属性	备注
21	本期收取的资金占用费的金额	Decimal	ABGIJ		关联交易情况
22	关联方向上市公司提供资金_发生额	String	ABGIJ		
23	关联方向上市公司提供资金_余额	String	ABGIJ		

02　收购和出售资产类

序号	描述	字段类型	数据科目属性维	属性	使用数据科目的内容模块
1	交易对方	String	ABEGIJ		资产运营表
2	资产名称	String	ABEGIJ		
3	交易日期	Date	ABEGIJ		
4	交易价格	Decimal	ABEGIJ		
5	至本年末为上市公司贡献的净利润	Decimal	ABEGIJ		
6	是否为关联交易	String	ABEGIJ		
7	为关联交易时的定价原则	String	ABEGIJ		
8	产生的损益	String	ABEGIJ		

03　承包和租赁类

序号	描述	字段类型	数据科目属性维	属性	使用数据科目的内容模块
1	出包方	String	ABGIJ		资产管理表
2	承包方	String	ABGIJ		
3	承包资产的情况	String	ABGIJ		
4	承包资产金额	String	ABGIJ		
5	承包起始日期	String	ABGIJ		
6	承包终止日期	String	ABGIJ		
7	承包带来的收益或损失	String	ABGIJ		
8	承包收益或损失确定依据	String	ABGIJ		
9	出租方	String	ABGIJ		
10	承租方	String	ABGIJ		
11	出租资产的情况	String	ABGIJ		
12	出租资产金额	Decimal	ABGIJ		
13	出租起始日期	Date	ABGIJ		
14	出租终止日期	Date	ABGIJ		
15	出租带来的收益或损失	Decimal	ABGIJ		
16	出租收益或损失确定依据	Decimal	ABGIJ		

C.5 重大事项类

01 诉讼类

序号	描述	字段类型	数据科目属性维	属性	使用数据科目的内容模块
1	诉讼公布日期	Date	ABGIJ		重大诉讼及进展情况
2	一、上市公司是否起诉方	String	ABGIJ		
3	起诉对象	String	ABGIJ		
4	起诉时间	Date	ABGIJ		
5	至公告时是否已受理	String	ABGIJ		
6	法院受理时间	Date	ABGIJ		
7	起诉原因	String	ABGIJ		
8	起诉标的	String	ABGIJ		
9	法院的判决时间	Date	ABGIJ		
10	法院判决书的主要内容	String	ABGIJ		
11	二、上市公司是否应诉方	String	ABGIJ		
12	接到诉讼通知书时间	Date	ABGIJ		
13	诉讼方名称	String	ABGIJ		
14	法院受理时间	Date	ABGIJ		
15	被起诉原因	String	ABGIJ		
16	被起诉标的	String	ABCGIJ		
17	诉讼法院判决书的主要内容	String	ABGIJ		
18	诉讼审理结果及影响	String	ABGIJ		
19	诉讼执行情况	String	ABGIJ		

02 仲裁类

序号	描述	字段类型	数据科目属性维	属性	使用数据科目的内容模块
1	仲裁公布日期	Date	ABGIJ		重大仲裁情况
2	仲裁机构	String	ABGIJ		
3	仲裁对象	String	ABGIJ		
4	申请仲裁时间	Date	ABGIJ		
5	至公告时是否已受理	String	ABGIJ		
6	仲裁机构受理时间	Date	ABGIJ		
7	仲裁原因	String	ABGIJ		
8	仲裁标的	String	ABCGIJ		
9	仲裁机构的裁决时间	Date	ABGIJ		
10	仲裁书的主要内容	String	ABGIJ		
11	仲裁审理结果及影响	String	ABGIJ		
12	仲裁执行情况	String	ABGIJ		
13	上市公司在仲裁中角色	String	ABGIJ		

03 担保类

序号	描述	字段类型	数据科目属性维	属性	使用数据科目的内容模块
1	担保方	String	ABGIJ		重大担保事项
2	被担保方	String	ABGIJ		
3	担保金额	Decimal	ABCGIJ		
4	担保性质	String	ABGIJ		
5	担保期限	String	ABGIJ		
6	担保起始日期	Date	ABGIJ		
7	担保到期日期	Date	ABGIJ		
8	担保类型	String	ABGIJ		
9	是否逾期	String	ABGIJ		
10	是否存在反担保	String	ABGIJ		重大担保事项
11	是否已经履行完毕	String	ABGIJ		
12	担保的决策程序	String	ABGIJ		
13	未到期担保可能承担连带清偿责任说明	String	ABGIJ		
14	是否为关联方担保	String	ABGIJ		
15	担保余额合计	Decimal	ABGIJ		
16	关联担保余额合计	Decimal	ABGIJ		
17	因担保计提的预计负债	Decimal	ABGIJ		
18	因担保实际承担的偿债金额	Decimal	ABGIJ		
19	为大股东及其关联方担保金额	Decimal	ABGIJ		
20	为控股子公司担保金额	Decimal	ABGIJ		
21	为参股子公司担保金额	Decimal	ABGIJ		

04　委托理财类

序号	描述	字段类型	数据科目属性维	属性	使用数据科目的内容模块
1	委托人	String	ABGIJ		委托理财情况
2	受托人	String	ABGIJ		
3	委托理财金额	Decimal	ABCGIJ		
4	委托理财起始日	Date	ABGIJ		
5	委托理财到期日	Date	ABGIJ		
6	委托理财投资品种	String	ABGIJ	参见附录C（属性表十三）	
7	约定收益比例	Decimal	ABGIJ		
8	约定收益	Decimal	ABCGIJ		
9	收回金额	Decimal	ABCGIJ		
10	实际获得收益	Decimal	ABCGIJ		
11	理财费用	Decimal	ABCGIJ		
12	是否关联交易	String	ABGIJ		

C.6　公司财务数据

01　主要会计数据及财务指标类

序号	描述	字段类型	数据科目属性维	属性	使用数据科目的内容模块
1	每股收益	Decimal	ABCGIJ		主要财务指标
2	每股收益2	Decimal	ABCGIJ		
3	净资产收益率	Decimal	ABGIJ		
4	扣除非经常性损益的净利润的净资产收益	Decimal	ABCGIJ		扣除非经常性损益项目表
5	每股经营活动的现金流量	Decimal	ABCGIJ		
6	每股净资产	Decimal	ABCGIJ		
7	调整后的每股净资产	Decimal	ABCGIJ		
8	交易价格显失公允关联交易的损益	Decimal	ABCGIJ		
9	处理下属部门被投资单位股权损益	Decimal	ABCEGIJ		
10	资产置换损益	Decimal	ABCEGIJ		
11	税收返还减免以及其他政府补贴	Decimal	ABCEGIJ		
12	会计政策变更对期间净利润调整数	Decimal	ABCEFGIJ		
13	流动资产盘盈盘亏损益	Decimal	ABCGIJ		
14	支付或收取的资金占用费	Decimal	ABCGIJ		

续表

序号	描述	字段类型	数据科目属性维	属性	使用数据科目的内容模块
15	委托投资损益	Decimal	ABCGIJ		扣除非经常性损益项目表
16	各项营业外收入支出净额	Decimal	ABCEGIJ		
17	扣除非经常性损益后的净利润	Decimal	ABCEGIJ		
18	合并价差	Decimal	ABCGIJ		
19	新股申购利息	Decimal	BCGIJ		
20	非经常性损益的扣除项目对所得税的影响	Decimal	ABCEGIJ		
21	股权投资转让收益	Decimal	ABCGIJ		
22	股权投资减值准备	Decimal	ABCEGIJ		扣除非经常性损益项目表
23	其他非经常性损益	Decimal	ABCGIJ		
24	非经常性损益合计	Decimal	ABCEGIJ		
25	非经常性损益_其他项合计	Decimal	ABCGIJ		
26	差异说明	String	ABCFGIJ		财务报表差异调节表
27	审计意见类型	String	ABCFGIJ		审计情况表
28	非标准无保留意见内容	String	ABCFGIJ		
29	签字会计师	String	ABCFGIJ		
30	董事会对非标准无保留意见的说明	String	ABCFGIJ		

02 会计报表

序号	描述	字段类型	数据科目属性维	属性	使用数据科目的内容模块
资产类					
1	货币资金	Decimal	ABCDEGHIJ		资产负债（非金融类）
2	短期投资	Decimal	ABCDEGHIJ		
3	应收票据	Decimal	ABCDEGHIJ		
4	应收股利	Decimal	ABCDEGHIJ		
5	应收利息	Decimal	ABCDEGHIJ		
6	应收账款	Decimal	ABCDEGHIJ		
7	其他应收款	Decimal	ABCDEGHIJ		
8	预付账款	Decimal	ABCDEGHIJ		
9	应收补贴款	Decimal	ABCDEGHIJ		
10	应收关联公司款	Decimal	ABCDEGHIJ		
11	存货	Decimal	ABCDEGHIJ		
12	待摊费用	Decimal	ABCDEGHIJ		

续表

序号	描述	字段类型	数据科目属性维	属性	使用数据科目的内容模块
13	短期贷款	Decimal	ABCDEGHIJ		资产负债（非金融类）
14	待处理流动资产净损失	Decimal	ABCDEGHIJ		
15	一年内到期的长期债权投资	Decimal	ABCDEGHIJ		资产负债（非金融类）
16	期货保证金	Decimal	ABCDEGHIJ		
17	其他流动资产	Decimal	ABCDEGHIJ		
18	流动资产合计	Decimal	ABCDEGHIJ		
19	长期股权投资	Decimal	ABCDEGHIJ		
20	其他长期投资	Decimal	ABCDEGHIJ		资产负债（非金融类）
21	长期债权投资	Decimal	ABCDEGHIJ		
22	长期投资合计	Decimal	ABCDEGHIJ		
23	其中：合并价差	Decimal	ABCDEGHIJ		
24	其中：股权投资差额	Decimal	ABCDEGHIJ		
25	固定资产原价	Decimal	ABCDEGHIJ		
26	减：累计折旧	Decimal	ABCDEGHIJ		
27	固定资产净值	Decimal	ABCDEGHIJ		
28	减：固定资产减值准备	Decimal	ABCDEGHIJ		资产负债、资产减值准备明细表（非金融类）
29	固定资产净额	Decimal	ABCDEGHIJ		资产负债（非金融类）
30	工程物资	Decimal	ABCDEGHIJ		
31	在建工程	Decimal	ABCDEGHIJ		
32	固定资产清理	Decimal	ABCDEGHIJ		
33	待处理固定资产净损失	Decimal	ABCDEGHIJ		
34	固定资产合计	Decimal	ABCDEGHIJ		
35	无形资产	Decimal	ABCDEGHIJ		
36	长期待摊费用	Decimal	ABCDEGHIJ		
37	其他长期资产	Decimal	ABCDEGHIJ		资产负债（非金融类）
38	无形资产及其他资产合计	Decimal	ABCDEGHIJ		
39	递延税款借项	Decimal	ABCDEGHIJ		
40	资产总计	Decimal	ABCDEGHIJ		资产负债（非金融类）、主要会计数据
负债类					
41	短期借款	Decimal	ABCDEGHIJ		资产负债（非金融类）
42	应付票据	Decimal	ABCDEGHIJ		
43	应付账款	Decimal	ABCDEGHIJ		
44	预收账款	Decimal	ABCDEGHIJ		

续表

序号	描述	字段类型	数据科目属性维	属性	使用数据科目的内容模块
45	应付关联公司款	Decimal	ABCDEGHIJ		资产负债（非金融类）
46	应付工资	Decimal	ABCDEGHIJ		
47	应付福利费	Decimal	ABCDEGHIJ		
48	应付股利	Decimal	ABCDEGHIJ		
49	应付利息	Decimal	ABCDEGHIJ		
50	应交税金	Decimal	ABCDEGHIJ		
51	其他应交款	Decimal	ABCDEGHIJ		
52	其他应付款	Decimal	ABCDEGHIJ		
53	预提费用	Decimal	ABCDEGHIJ		
54	预计负债	Decimal	ABCDEGHIJ		
55	一年内到期的长期负债	Decimal	ABCDEGHIJ		
56	其他流动负债	Decimal	ABCDEGHIJ		
57	流动负债合计	Decimal	ABCDEGHIJ		
58	长期借款	Decimal	ABCDEGHIJ		
59	应付债券	Decimal	ABCDEGHIJ		
60	长期应付款	Decimal	ABCDEGHIJ		
61	专项应付款	Decimal	ABCDEGHIJ		
62	其他长期负债	Decimal	ABCDEGHIJ		
63	长期负债合计	Decimal	ABCDEGHIJ		
64	递延税款贷项	Decimal	ABCDEGHIJ		
65	递延损益	Decimal	ABCDEGHIJ		
66	负债合计	Decimal	ABCDEGHIJ		
所有者权益类					
67	少数股东权益	Decimal	ABCDEGHIJ		资产负债表（非金融类）
68	实收资本（或股本）	Decimal	ABCDEGHIJ		
69	减：已归还投资	Decimal	ABCDEGHIJ		
70	实收资本（或股本）净额	Decimal	ABCDEGHIJ		
71	资本公积	Decimal	ABCDEGHIJ		
72	盈余公积	Decimal	ABCDEGHIJ		
73	其中：法定公益金	Decimal	ABCDEGHIJ		
74	未分配利润	Decimal	ABCDEGHIJ		资产负债、利润及利润分配、（非金融类）
75	未确认投资损失	Decimal	ABCDEGHIJ		资产负债（非金融类）

续表

序号	描述	字段类型	数据科目属性维	属性	使用数据科目的内容模块
76	外币报表折算差额	Decimal	ABCDEGHIJ		资产负债（非金融类）
77	非正常经营项目收益调整	Decimal	ABCDEGHIJ		
78	合计	Decimal	ABCDEGHIJ		资产负债（非金融类）、主要会计数据
79	负债和所有者权益（或股东权益）总计	Decimal	ABCDEGHIJ		资产负债（非金融类）
损益类					
80	主营业务收入	Decimal	ABCDEGHIJ		利润及利润分配（非金融类）、主要会计数据、主营业务分布
81	主营业务成本	Decimal	ABCDEGHIJ		利润及利润分配（非金融类）、主营业务分布
82	主营业务税金及附加	Decimal	ABCDEGHIJ		利润及利润分配（非金融类）
83	主营业务利润	Decimal	ABCDEGHIJ		
84	营业费用	Decimal	ABCDEGHIJ		
85	管理费用	Decimal	ABCDEGHIJ		
86	财务费用	Decimal	ABCDEGHIJ		利润及利润分配、现金流量表（非金融类）
87	期间费用	Decimal	ABCDEGHIJ		利润及利润分配（非金融类）
88	营业利润	Decimal	ABCDEGHIJ		
89	投资收益	Decimal	ABCDEGHIJ		
90	期货损益	Decimal	ABCDEGHIJ		
91	补贴收入	Decimal	ABCDEGHIJ		
92	营业外收入	Decimal	ABCDEGHIJ		
93	营业外支出	Decimal	ABCDEGHIJ		
94	其他业务利润	Decimal	ABCDEGHIJ		
95	营业外收支净额	Decimal	ABCDEGHIJ		
96	利润总额	Decimal	ABCDEGHIJ		利润及利润分配（非金融类）、主要会计数据
97	所得税	Decimal	ABCDEGHIJ		
98	少数股东损益	Decimal	ABCDEGHIJ		利润及利润分配、现金流量表（非金融类）
99	加：未确认的投资损失	Decimal	ABCDEGHIJ		利润及利润分配、现金流量表（非金融类）
100	净利润	Decimal	ABCDEGHIJ		利润及利润分配、现金流量表（非金融类）、主要会计数据、财务报表差异调节表

续表

序号	描述	字段类型	数据科目属性维	属性	使用数据科目的内容模块
101	年初未分配利润	Decimal	ABCDEGHIJ		利润及利润分配（非金融类）
102	住房周转金转入	Decimal	ABCDEGHIJ		
103	其他转入	Decimal	ABCDEGHIJ		
104	资本公积补亏	Decimal	ABCDEGHIJ		
105	财政返还	Decimal	ABCDEGHIJ		
106	购并（重组）利润	Decimal	ABCDEGHIJ		
107	减：单项转出利润	Decimal	ABCDEGHIJ		
108	加：影响可供分配利润的其他科目	Decimal	ABCDEGHIJ		
109	可供分配的利润	Decimal	ABCDEGHIJ		
110	提取法定盈余公积	Decimal	ABCDEGHIJ		
111	提取法定公益金	Decimal	ABCDEGHIJ		
112	提取职工奖励及福利基金	Decimal	ABCDEGHIJ		
113	提取储备基金	Decimal	ABCDEGHIJ		
114	提取企业发展基金	Decimal	ABCDEGHIJ		
115	利润归还投资	Decimal	ABCDEGHIJ		
116	加：影响可供投资者分配利润的其他科目	Decimal	ABCDEGHIJ		
117	可供投资者分配的利润	Decimal	ABCDEGHIJ		
118	应付优先股股利	Decimal	ABCDEGHIJ		
119	提取任意盈余公积	Decimal	ABCDEGHIJ		
120	应付普通股股利	Decimal	ABCDEGHIJ		
121	转作资本（或股本）的普通股股利	Decimal	ABCDEGHIJ		
122	出售、处置部门或被投资单位所的收益	Decimal	ABCDEGHIJ		
123	自然灾害发生的损失	Decimal	ABCDEGHIJ		
124	会计政策变更增加（或减少）利润总额	Decimal	ABCDEGHIJ		
125	会计估计变更增加（或减少）利润总额	Decimal	ABCDEGHIJ		
126	债务重组损失	Decimal	ABCDEGHIJ		
127	利润分配表其他附注	Decimal	ABCDEGHIJ		
现金流量类					
128	销售商品、提供劳务收到的现金	Decimal	ABCDEGHIJ		
129	收到的税费返还	Decimal	ABCDEGHIJ		

续表

序号	描述	字段类型	数据科目属性维	属性	使用数据科目的内容模块
130	收到的其他与经营活动有关的现金	Decimal	ABCDEGHIJ		
131	经营活动现金流入小计	Decimal	ABCDEGHIJ		
132	购买商品、接受劳务支付的现金	Decimal	ABCDEGHIJ		
133	支付给职工以及为职工支付的现金	Decimal	ABCDEGHIJ		
134	支付的各项税费	Decimal	ABCDEGHIJ		
135	支付的其他与经营活动有关的现金	Decimal	ABCDEGHIJ		
136	经营活动现金流出小计	Decimal	ABCDEGHIJ		
137	经营活动产生的现金流量净额	Decimal	ABCDEGHIJ		现金流量（非金融类）、主要会计数据
138	收回投资所收到的现金	Decimal	ABCDEGHIJ		现金流量（非金融类）
139	取得投资收益所收到的现金	Decimal	ABCDEGHIJ		
140	处置固定资产、无形资产和其他长期资产所收回的现金净额	Decimal	ABCDEGHIJ		
141	收到的其他与投资活动有关的现金	Decimal	ABCDEGHIJ		
142	投资活动现金流入小计	Decimal	ABCDEGHIJ		
143	购建固定资产、无形资产和其他长期资产所支付的现金	Decimal	ABCDEGHIJ		
144	投资所支付的现金	Decimal	ABCDEGHIJ		
145	支付的其他与投资活动有关的现金	Decimal	ABCDEGHIJ		
146	投资活动现金流出小计	Decimal	ABCDEGHIJ		
147	投资活动产生的现金流量净额	Decimal	ABCDEGHIJ		
148	吸收投资所收到的现金	Decimal	ABCDEGHIJ		
149	其中：子公司吸收少数股东权益性投资收到的现金	Decimal	ABCDEGHIJ		
150	借款所收到的现金	Decimal	ABCDEGHIJ		
151	收到的其他与筹资活动有关的现金	Decimal	ABCDEGHIJ		

续表

序号	描述	字段类型	数据科目属性维	属性	使用数据科目的内容模块
152	筹资活动现金流入小计	Decimal	ABCDEGHIJ		现金流量（非金融类）
153	偿还债务所支付的现金	Decimal	ABCDEGHIJ		
154	分配股利、利润或偿付利息所支付的现金	Decimal	ABCDEGHIJ		
155	其中：子公司支付少数股东股利所支付的现金	Decimal	ABCDEGHIJ		
156	支付的其他与筹资活动有关的现金	Decimal	ABCDEGHIJ		
157	其中：子公司依法减资支付给少数股东的现金	Decimal	ABCDEGHIJ		
158	筹资活动现金流出小计	Decimal	ABCDEGHIJ		
159	筹资活动产生的现金流量净额	Decimal	ABCDEGHIJ		
160	汇率变动对现金的影响	Decimal	ABCDEGHIJ		
161	现金及现金等价物净增加额	Decimal	ABCDEGHIJ		
162	计提的资产减值准备	Decimal	ABCDEGHIJ		
163	固定资产折旧	Decimal	ABCDEGHIJ		
164	无形资产摊销	Decimal	ABCDEGHIJ		
165	长期待摊费用摊销	Decimal	ABCDEGHIJ		
166	待摊费用减少（减：增加）	Decimal	ABCDEGHIJ		
167	预提费用的增加（减：减少）	Decimal	ABCDEGHIJ		
168	处置固定资产、无形资产和其他长期资产的损失（减：收益）	Decimal	ABCDEGHIJ		
169	固定资产报废损失	Decimal	ABCDEGHIJ		
170	投资损失（减：收益）	Decimal	ABCDEGHIJ		
171	递延税款贷项（减：借项）	Decimal	ABCDEGHIJ		
172		Decimal	ABCDEGHIJ		
173	将净利润调节为经营活动现金流量_其他	Decimal	ABCDEGHIJ		
174	经营性应收项目的减少	Decimal	ABCDEGHIJ		
175	经营性应付项目的增加	Decimal	ABCDEGHIJ		

续表

序号	描述	字段类型	数据科目属性维	属性	使用数据科目的内容模块
176	经营活动其他金额	Decimal	ABCDEGHIJ		现金流量（非金融类）
177	债务转为资本	Decimal	ABCDEGHIJ		
178	一年内到期的可转换公司债券	Decimal	ABCDEGHIJ		
179	融资租入固定资产	Decimal	ABCDEGHIJ		
180	现金的期末余额	Decimal	ABCDEGHIJ		
181	减：三个月以上定期存款的年末余额	Decimal	ABCDEGHIJ		
182	减：本期转入现金	Decimal	ABCDEGHIJ		
183	加：本期转出现金	Decimal	ABCDEGHIJ		
184	现金的期初余额	Decimal	ABCDEGHIJ		
185	现金等价物的期末余额	Decimal	ABCDEGHIJ		
186	现金等价物的期初余额	Decimal	ABCDEGHIJ		
187	加：三个月以上定期存款的年初余额	Decimal	ABCDEGHIJ		
资产减值类					
188	坏账准备合计	Decimal	ABCGIJH		资产减值准备明细表
189	应收账款坏账准备	Decimal	ABCGIJH		
190	其他应收款坏账准备	Decimal	ABCGIJH		
191	短期投资跌价准备合计	Decimal	ABCGIJH		
192	股票投资跌价准备	Decimal	ABCGIJH		
193	债券投资跌价准备	Decimal	ABCGIJH		
194	存货跌价准备合计	Decimal	ABCGIJH		
195	库存商品跌价准备	Decimal	ABCGIJH		
196	原材料跌价准备	Decimal	ABCGIJH		
197	长期投资减值准备合计	Decimal	ABCGIJH		
198	长期股权投资减值准备	Decimal	ABCGIJH		
199	长期债权投资减值准备	Decimal	ABCGIJH		
200	房屋、建筑物减值准备	Decimal	ABCGIJH		
201	机器设备减值准备	Decimal	ABCGIJH		
202	无形资产减值准备合计	Decimal	ABCGIJH		
203	专利权减值准备	Decimal	ABCGIJH		
204	商标权减值准备	Decimal	ABCGIJH		
205	在建工程减值准备合计	Decimal	ABCGIJH		
206	委托贷款减值准备合计	Decimal	ABCGIJH		

03 报表注释

序号	描述	字段类型	数据科目属性维	属性	使用数据科目的内容模块
1	短期股权投资合计	Decimal	ABCEGHIJ		投资情况及投资收益
2	短期股权投资期末市值	Decimal	ABCEGHIJ		
3	短期股权投资跌价准备	Decimal	ABCEGHIJ		
4	其中：股票投资	Decimal	ABCEGHIJ		
5	股票投资期末市值	Decimal	ABCEGHIJ		
6	股票投资跌价准备	Decimal	ABCEGHIJ		投资情况及投资收益
7	短期债券投资合计	Decimal	ABCEGHIJ		
8	短期债券投资期末市值	Decimal	ABCEGHIJ		
9	短期债券投资跌价准备	Decimal	ABCEGHIJ		
10	其中：国债投资	Decimal	ABCEGHIJ		
11	国债投资期末市值	Decimal	ABCEGHIJ		
12	国债投资跌价准备	Decimal	ABCEGHIJ		
13	其他债券	Decimal	ABCEGHIJ		
14	其他债券期末市值	Decimal	ABCEGHIJ		
15	其他债券跌价准备	Decimal	ABCEGHIJ		
16	其他短期投资	Decimal	ABCEGHIJ		
17	其他短期投资期末市值	Decimal	ABCEGHIJ		
18	其他短期投资跌价准备	Decimal	ABCEGHIJ		
19	长期股权投资合计	Decimal	ABCEGHIJ		
20	长期股权投资期末市值	Decimal	ABCEGHIJ		
21	长期股权投资减值准备	Decimal	ABCEGHIJ		
22	其中：对子公司投资	Decimal	ABCEGHIJ		投资情况及投资收益
23	对子公司投资期末市值	Decimal	ABCEGHIJ		
24	对子公司投资减值准备	Decimal	ABCEGHIJ		
25	合营企业投资	Decimal	ABCEGHIJ		
26	合营企业投资期末市值	Decimal	ABCEGHIJ		
27	合营企业投资减值准备	Decimal	ABCEGHIJ		
28	对联营企业投资	Decimal	ABCEGHIJ		投资情况及投资收益
29	对联营企业投资期末市值	Decimal	ABCEGHIJ		
30	对联营企业投资减值准备	Decimal	ABCEGHIJ		
31	长期债权投资合计	Decimal	ABCEGHIJ		
32	长期债权投资期末市值	Decimal	ABCEGHIJ		
33	长期债权投资减值准备	Decimal	ABCEGHIJ		
34	长期国债投资	Decimal	ABCEGHIJ		
35	长期国债投资期末市值	Decimal	ABCEGHIJ		

续表

序号	描述	字段类型	数据科目属性维	属性	使用数据科目的内容模块
36	长期国债投资减值准备	Decimal	ABCEGHIJ		投资情况及投资收益
37	其他股权投资	Decimal	ABCEGHIJ		
38	其他股权投资期末市值	Decimal	ABCEGHIJ		
39	其他股权投资减值准备	Decimal	ABCEGHIJ		
40	股权投资收益	Decimal	ABCEGHIJ		
41	债权投资收益	Decimal	ABCEGHIJ		
42	联营或合营公司分配来的利润	Decimal	ABCEGHIJ		
43	年末所有者权益净增减	Decimal	ABCEGHIJ		
44	其他投资收益	Decimal	ABCEGHIJ		
45	应收账款一年以内金额	Decimal	ABCEGIJ		应收账项账龄情况
46	应收账款一到两年金额	Decimal	ABCEGIJ		
47	应收账款两到三年金额	Decimal	ABCEGIJ		
48	应收账款三年以上金额	Decimal	ABCEGIJ		
49	应收账款应收持股 5%以上股份股东的金额	Decimal	ABCEGIJ		
50	应收账款一年以内坏账准备	Decimal	ABCEGIJ		
51	应收账款一到两年坏账准备	Decimal	ABCEGIJ		
52	应收账款两到三年坏账准备	Decimal	ABCEGIJ		
53	应收账款三年以上坏账准备	Decimal	ABCEGIJ		
54	应收账款应收持股 5%以上股份股东的金额	Decimal	ABCEGIJ		
55	其他应收款一年以内金额	Decimal	ABCEGIJ		
56	其他应收款一到两年金额	Decimal	ABCEGIJ		
57	其他应收款两到三年金额	Decimal	ABCEGIJ		
58	其他应收款三年以上金额	Decimal	ABCEGIJ		
59	其他应收款应收持股 5%以上股份股东的金额	Decimal	ABCEGIJ		
60	其他应收款一年以内坏账准备	Decimal	ABCEGIJ		
61	其他应收款一到两年坏账准备	Decimal	ABCEGIJ		

续表

序号	描述	字段类型	数据科目属性维	属性	使用数据科目的内容模块
62	其他应收款两到三年坏账准备	Decimal	ABCEGIJ		应收账项账龄情况
63	其他应收款三年以上坏账准备	Decimal	ABCEGIJ		
64	其他应收款应收持股 5% 以上股份股东的金额	Decimal	ABCEGIJ		
65	主营业务收入增减率		ABGIJH		主营业务分布
66	主营业务成本增减率		ABGIJ		
67	毛利率	Decimal	ABGIJ		
68	毛利率增减率		ABGIJ		
69	关联交易的定价原则	String	ABGIJ		
70	关联交易必要性持续性的说明	string	ABGIJ		

附录D
（资料性附录）
勾稽公式定义

D.1 资产负债表

1）流动资产合计＝货币资金＋短期投资＋应收票据＋应收股利＋应收利息＋应收账款＋其他应收款＋预付账款＋应收补贴款＋应收关联公司款＋存货＋待摊费用＋短期贷款＋待处理流动资产净损失＋一年内到期的长期债权投资＋其他流动资产＋期货保证金

2）长期投资合计＝长期股权投资＋其他长期投资＋长期债权投资

3）固定资产净值＝固定资产原价－累计折旧

4）固定资产净额＝固定资产净值－固定资产减值准备

5）固定资产合计＝固定资产净额＋工程物资＋在建工程＋固定资产清理＋待处理固定资产净损失

6）无形资产及其他资产合计＝无形资产＋长期待摊费用＋其他长期资产

7）资产总计＝流动资产合计＋长期投资合计＋固定资产合计＋无形资产及其他资产合计＋递延税款借项

8）流动负债合计＝短期借款＋应付票据＋应付账款＋预收账款＋应付工资＋应付福利费＋应付股利＋应交税金＋其他应交款＋其他应付款＋预提费用＋预计负债＋一年内到期的长期负债＋其他流动负债＋应付关联公司款＋应付利息

9）长期负债合计＝长期借款＋应付债券＋长期应付款＋专项应付款＋其他长期负债

10）负债合计＝流动负债合计＋长期负债合计＋递延税款贷项＋递延损益

11）实际资本（股本）净额＝实收资本（或股本）－已归还投资

12）所有者权益（股东权益）合计＝实收资本（或股本）净额＋资本公积＋盈余公积＋未分配利润＋未确认投资损失＋非正常经营项目收益调整＋外币报表折算差额

13）负债及所有者权益（股东权益）合计＝负债合计＋所有者权益（股东权益）合计＋少数股东权益

D.2 利润及利润分配表

1）主营业务利润＝主营业务收入－主营业务成本－主营业务税金及附加

2）营业利润＝主营业务利润＋其他业务利润－营业费用－管理费用－财务费用

3）利润总额＝营业利润＋投资收益＋期货损益＋补贴收入＋营业外收入－营业外支出

4）净利润＝利润总额－所得税－少数股东损益

5）可供分配的利润＝净利润＋年初未分配利润＋其他转入＋住房周转金转入＋资本公积补亏＋财政返还＋购并（重组）利润－单项转出利润＋影响可供分配利润的其他科目

6）可供投资者分配的利润＝可供分配的利润－提取法定盈余公积－提取法定公益金－提取职工奖励及福利基金－提取储备基金－提取企业发展基金－利润归还投资＋影响可供投资者分配利润的其他科目

7）未分配利润＝可供投资者分配的利润－应付优先股股利－提取任意盈余公积－应付普通股

股利—转作资本（或股本）的普通股股利

D.3 现金流量表

1）经营活动现金流入小计＝销售商品、提供劳务收到的现金＋收到的税费返还＋收到的其他与经营活动有关的现金

2）经营活动现金流出小计＝购买商品、接受劳务支付的现金＋支付给职工以及为职工支付的现金＋支付的各项税费＋支付的其他与经营活动有关的现金

3）经营活动产生的现金流量净额＝经营活动现金流入小计－经营活动现金流出小计

4）投资活动现金流入小计＝收回投资所收到的现金＋取得投资收益所收到的现金＋处置固定资产、无形资产和其他长期资产所收回的现金净额＋收到的其他与投资活动有关的现金

5）投资活动现金流出小计＝购建固定资产、无形资产和其他长期资产所支付的现金＋投资所支付的现金＋支付的其他与投资活动有关的现金

6）投资活动产生的现金流量净额＝投资活动现金流入小计－投资活动现金流出小计

7）筹资活动现金流入小计＝吸收投资所收到的现金＋借款所收到的现金＋收到的其他与筹资活动有关的现金

8）筹资活动现金流出小计＝偿还债务所支付的现金＋分配股利、利润或偿付利息所支付的现金＋支付的其他与筹资活动有关的现金

9）筹资活动产生的现金流量净额＝筹资活动现金流入小计－筹资活动现金流出小计

10）现金及现金等价物净增加额＝经营活动产生的现金流量净额＋投资活动产生的现金流量净额＋筹资活动产生的现金流量净额＋汇率变动对现金的影响补充材料

11）经营活动产生的现金流量净额＝净利润＋计提的资产减值准备＋固定资产折旧＋无形资产摊销＋长期待摊费用摊销＋待摊费用减少（减：增加）＋预提费用增加（减：减少）＋处置固定资产、无形资产和其他长期资产的损失（减：收益）＋固定资产报废损失＋财务费用＋投资损失（减：收益）＋递延税款贷项（减：借项）＋存货的减少（减：增加）＋经营性应收项目的减少（减：增加）＋经营性应付项目的增加（减：减少）＋其他＋少数股东本期收益＋未确认投资损失

12）现金及现金等价物净增加额＝现金的期末余额－现金的期初余额＋现金等价物的期末余额－现金等价物的期初余额－三个月以上定期存款的年末余额－本期转入现金＋本期转出现金＋三个月以上定期存款的年初余额

附录 E
（规范性附录）
分类信息定义及元素清单

E.1 核心分类信息元素清单

元素清单

名称	含义（描述）	数据类型		备注	命名空间
		类型	值域说明		
公告编号		string ItemType		一个上市公司分配给本公司公告文件的唯一编码，通过公告编号可以在该公司的所有公告文件中唯一识别一个公告文件。编号规则：年度＋流水号，如 200301	cn-csrc-gcd
公告类别		string ItemType			cn-csrc-gcd
公告类别编码		string ItemType			cn-csrc-gcd
公告标识		string ItemType		证监会或交易所分配给上市公司公告文件的唯一编码，通过公告标识可以在全部上市公司的所有公告文件中唯一识别一个公告文件。编码规则：可采用“公告类别编码”＋“上市交易所简称”＋“公司代码”＋“公告编号”	cn-csrc-gcd
公司代码		string ItemType		同“A 股代码”	cn-csrc-gcd
公司简称		string ItemType		同“A 股简称”	cn-csrc-gcd
公告披露媒体		string ItemType		如：刊登公告的网站名称	cn-csrc-gcd
公告披露日期		datetime Item Type			cn-csrc-gcd
董事会及董事声明		string ItemType			cn-csrc-nf

续表

名称	含义（描述）	数据类型		备注	命名空间
		类型	值域说明		
董事异议声明		string ItemType		不同的董事其声明内容可能不同	cn-csrc-nf
未出席董事		tupleType			cn-csrc-nf
未出席董事姓名		string ItemType			cn-csrc-nf
未出席董事职务		string ItemType	董事、独立董事		cn-csrc-nf
公司负责人及会计负责人声明		string ItemType			cn-csrc-nf
财务报告是否经过审计		string ItemType	是、否		cn-csrc-nf
审计意见		string ItemType			cn-csrc-nf
审计意见全文		string ItemType			cn-csrc-nf
A 股代码		string ItemType			cn-csrc-nf
A 股简称		string ItemType			cn-csrc-nf
A 股上市地		string ItemType	参见：枚举值列表——A 股上市地		cn-csrc-nf
B 股代码		string ItemType			cn-csrc-nf
B 股简称		string ItemType			cn-csrc-nf
B 股上市地		string ItemType	参见：枚举值列表——B 股上市地		cn-csrc-nf
H 股代码		string ItemType			cn-csrc-nf

续表

名称	含义（描述）	数据类型		备注	命名空间
		类型	值域说明		
H 股简称		string ItemType			cn-csrc-nf
H 股上市地		string ItemType	参见：枚举值列表——H 股上市地		cn-csrc-nf
其他股票代码		string ItemType			cn-csrc-nf
其他股票简称		string ItemType			cn-csrc-nf
其他股票上市地		string ItemType	参见：枚举值列表——其他股票上市地		cn-csrc-nf
变更前的股票代码		string ItemType		变更前的股票代码不再划分 A、B 等	cn-csrc-nf
变更前的股票简称		string ItemType			cn-csrc-nf
公司法定中文名称		string ItemType			cn-csrc-nf
公司法定英文名称		string ItemType			cn-csrc-nf
英文名称缩写		string ItemType			cn-csrc-nf
公司注册地址信息		tupleType			cn-csrc-nf
公司注册地址		string ItemType			cn-csrc-nf
公司注册地址的邮政编码		string ItemType			cn-csrc-nf
公司办公地址信息		tupleType			cn-csrc-nf
公司办公地址		string ItemType			cn-csrc-nf

续表

名称	含义（描述）	数据类型		备注	命名空间
		类型	值域说明		
公司办公地址的邮政编码		stringItemType			cn-csrc-nf
公司电子信箱		stringItemType			cn-csrc-nf
公司国际互联网网址		stringItemType			cn-csrc-nf
董事会秘书		tupleType			cn-csrc-nf
董事会秘书姓名		stringItemType			cn-csrc-nf
董事会秘书联系地址		stringItemType			cn-csrc-nf
董事会秘书电话		stringItemType			cn-csrc-nf
董事会秘书传真		stringItemType			cn-csrc-nf
董事会秘书电子信箱		stringItemType			cn-csrc-nf
证券事务代表		tupleType			cn-csrc-nf
证券事务代表姓名		stringItemType			cn-csrc-nf
证券事务代表联系地址		stringItemType			cn-csrc-nf
证券事务代表电话		stringItemType			cn-csrc-nf
证券事务代表传真		stringItemType			cn-csrc-nf
证券事务代表电子信箱		stringItemType			cn-csrc-nf
法定代表人姓名		stringItemType			cn-csrc-nf
总经理姓名		stringItemType			cn-csrc-nf

续表

名称	含义（描述）	数据类型		备注	命名空间
		类型	值域说明		
公司注册资本		monetary ItemType			cn-csrc-nf
企业经济性质或类型		string ItemType	参见：枚举值列表——企业经济性质		cn-csrc-nf
公司所属地域		string ItemType			cn-csrc-nf
公司所属行业		string ItemType	参见：行业属性表		cn-csrc-nf
公司所属板块		string ItemType			cn-csrc-nf
主营业务		string ItemType			cn-csrc-nf
公司最新注册登记日期		date timeItem Type			cn-csrc-nf
公司最新注册登记地点		string ItemType		指接受公司注册登记的工商局	cn-csrc-nf
公司首次注册登记日期		date timeItem Type			cn-csrc-nf
公司首次注册登记地点		string Item Type		指接受公司注册登记的工商局	cn-csrc-nf
企业法人营业执照注册号		string ItemType			cn-csrc-nf
税务登记号码		string ItemType			cn-csrc-nf
公司聘请的境内会计师事务所名称		string ItemType			cn-csrc-nf
公司聘请的境内会计师事务所办公地址		string ItemType			cn-csrc-nf
公司聘请的境内会计师事务所审计费用		monetary ItemType			cn-csrc-nf

续表

名称	含义（描述）	数据类型		备注	命名空间
		类型	值域说明		
原聘境内会计师事务所名称		stringItemType			cn-csrc-nf
原聘境内会计师事务所办公地址		stringItemType			cn-csrc-nf
原聘境内会计师事务所审计费用		monetaryItemType			cn-csrc-nf
原聘境内会计师事务所审计年限		decimalItemType			cn-csrc-nf
公司聘请的境外会计师事务所名称		stringItemType			cn-csrc-nf
公司聘请的境外会计师事务所办公地址		stringItemType			cn-csrc-nf
公司聘请的境外会计师事务所审计费用		monetaryItemType			cn-csrc-nf
原聘境外会计师事务所名称		stringItemType			cn-csrc-nf
原聘境外会计师事务所办公地址		stringItemType			cn-csrc-nf
原聘境外会计师事务所审计费用		monetaryItemType			cn-csrc-nf
原聘境外会计师事务所审计年限		decimalItemType			cn-csrc-nf
聘任及解聘会计师事务所情况说明		stringItemType			cn-csrc-nf
公司指定刊登定期报告的报刊		tupleType			cn-csrc-nf
指定刊登定期报告的报刊名称		stringItemType			cn-csrc-nf
指定刊登定期报告的报刊所在地		stringItemType			cn-csrc-nf
指定刊登定期报告的国际互联网址		stringItem Type			cn-csrc-nf
定期报告备置地点		stringItemType			cn-csrc-nf

续表

名称	含义（描述）	数据类型		备注	命名空间
		类型	值域说明		
董事人数		decimal ItemType			cn-csrc-nf
独立董事人数		decimal ItemType			cn-csrc-nf
监事人数		decimal ItemType			cn-csrc-nf
员工人数		decimal ItemType			cn-csrc-nf
本届董事会届次		string ItemType			cn-csrc-nf
本届董事会任期		string ItemType			cn-csrc-nf
各董监事或高管人员情况		tupleType			cn-csrc-nf
董监事或高管人员姓名		string ItemType			cn-csrc-nf
董监事或高管人员性别		string ItemType	男、女		cn-csrc-nf
董监事或高管人员年龄		decimal ItemType			cn-csrc-nf
董事会成员、监事会成员、高管人员					
董监事或高管人员任职类别		string ItemType			cn-csrc-nf
董监事或高管人员履历		string ItemType			
董事局主席、董事、董事会秘书、监事会主席、监事、总经理、副总经理、财务总监、营销总监等等					
董监事或高管人员现任职务		string ItemType		董（监）事的“现任职务”可能存在多个	cn-csrc-nf
董监事或高管人员上任日期		date timeItem Type		每项“现任职务”都需要采集相应的“任期起始日期”和“任期终止日期”	cn-csrc-nf

续表

名称	含义（描述）	数据类型		备注	命名空间
		类型	值域说明		
董监事或高管人员任期终止日期		date timeItem Type		指预期	cn-csrc-nf
董监事或高管人员持股数		shares ItemType			cn-csrc-nf
董监事或高管人员持股数增减变动量		decimal ItemType			cn-csrc-nf
董监事或高管人员持股数增减变动原因		string ItemType			cn-csrc-nf
董监事或高管人员是否在本公司领薪		string ItemType	是、否		cn-csrc-nf
董监事或高管人员年度薪酬		string ItemType			cn-csrc-nf
董监事或高管人员年度津贴		monetary ItemType			cn-csrc-nf
董监事或高管人员是否在股东单位任职		string ItemType	是、否		cn-csrc-nf
董监事或高管人员任职的股东单位名称		string ItemType			cn-csrc-nf
董事局主席、董事、董事会秘书、监事会主席、监事、总经理、副总经理、财务总监、营销总监等等					
董监事或高管人员在股东单位担任的职务		string ItemType			cn-csrc-nf
董监事或高管人员是否在股东单位领取报酬或津贴		string ItemType	是、否		cn-csrc-nf
独立董事津贴		monetary ItemType			cn-csrc-nf
独立董事其他待遇		string ItemType			cn-csrc-nf
报告期内董监事及高管人员离职情况		tupleType			cn-csrc-nf

续表

名称	含义（描述）	数据类型		备注	命名空间
		类型	值域说明		
董监事或高管人员实际离任日期		date timeItem Type			cn-csrc-nf
董监事或高管人员离任原因		string ItemType			cn-csrc-nf
董监事及高管人员年度报酬总额		monetary ItemType			cn-csrc-nf
金额最高的前三名董事的报酬总额		monetary ItemType			cn-csrc-nf
金额最高的前三名高管人员的报酬总额		monetary ItemType			cn-csrc-nf
不在公司领取报酬津贴的董事监事姓名		string ItemType			cn-csrc-nf
董监事及高管人员报酬区间及人数		tupleType			cn-csrc-nf
董监事及高管人员报酬区间		string ItemType			cn-csrc-nf
董监事及高管人员报酬区间人数		decimal ItemType			cn-csrc-nf
关联方企业名称		string ItemType			cn-csrc-nf
关联方企业经济性质或类型		string ItemType	参见：枚举值列表——企业经济性质		cn-csrc-nf
关联方企业注册地址		string ItemType			cn-csrc-nf
关联方企业注册资本		monetary ItemType			cn-csrc-nf
关联方企业主营业务		string ItemType			cn-csrc-nf
关联方企业法定代表人姓名		string ItemType			cn-csrc-nf
关联关系		string ItemType	参见：枚举值列表——关联关系		cn-csrc-nf

续表

名称	含义（描述）	数据类型		备注	命名空间
		类型	值域说明		
是否与关联方存在控制关系		string ItemType	是、否		cn-csrc-nf
关联方所占权益比例		decimal ItemType			cn-csrc-nf
报告期内主营业务范围		string ItemType			cn-csrc-nf
主营业务的行业分布		**tupleType**			cn-csrc-nf
行业名称		string ItemType		公司主营业务可能同时涉及多个行业	cn-csrc-nf
该行业的主营业务收入		monetary ItemType			cn-csrc-nf
该行业的主营业务成本		monetary ItemType			cn-csrc-nf
该行业的主营业务毛利率		decimal ItemType			cn-csrc-nf
该行业的主营业务收入比上年增减百分比		decimal ItemType			cn-csrc-nf
该行业的主营业务成本比上年增减百分比		decimal ItemType			cn-csrc-nf
该行业的主营业务毛利率比上年增减百分比		decimal ItemType			cn-csrc-nf
各行业主营业务收入中涉及关联交易的总额		monetary ItemType			cn-csrc-nf
各行业主营业务成本中涉及关联交易的总额		monetary ItemType			cn-csrc-nf
各行业主营业务中涉及关联交易的合计毛利率		decimal ItemType			cn-csrc-nf
各行业主营业务收入中涉及关联交易的总额比上年增减百分比		decimal ItemType			cn-csrc-nf
各行业主营业务成本中涉及关联交易的总额比上年增减百分比		decimal ItemType			cn-csrc-nf

续表

名称	含义（描述）	数据类型		备注	命名空间
		类型	值域说明		
各行业主营业务中涉及关联交易的合计毛利率比上年增减百分比		decimal ItemType			cn-csrc-nf
主营业务的产品分布		**tupleType**			cn-csrc-nf
产品名称		string ItemType		公司可能存在多种主要产品	cn-csrc-nf
该产品的主营业务收入		monetary ItemType			cn-csrc-nf
该产品的主营业务成本		monetary ItemType			cn-csrc-nf
该产品的主营业务毛利率		decimal ItemType			cn-csrc-nf
该产品的主营业务收入比上年增减百分比		decimal ItemType			cn-csrc-nf
该产品的主营业务成本比上年增减百分比		decimal ItemType			cn-csrc-nf
该产品的主营业务毛利率比上年增减百分比		decimal ItemType			cn-csrc-nf
各产品主营业务收入中涉及关联交易的总额		monetary ItemType			cn-csrc-nf
各产品主营业务成本中涉及关联交易的总额		monetary ItemType			cn-csrc-nf
各产品主营业务中涉及关联交易的合计毛利率		decimal ItemType			cn-csrc-nf
各产品主营业务收入中涉及关联交易的总额比上年增减百分比		decimal ItemType			cn-csrc-nf
各产品主营业务成本中涉及关联交易的总额比上年增减百分比		decimal ItemType			cn-csrc-nf
各产品主营业务中涉及关联交易的合计毛利率比上年增减百分比		decimal ItemType			cn-csrc-nf
主营业务的地区分布		**tupleType**			cn-csrc-nf
地区名称		string ItemType		公司经营可能涉及多个地区	cn-csrc-nf

续表

名称	含义(描述)	数据类型		备注	命名空间
		类型	值域说明		
该地区的主营业务收入		monetary ItemType			cn-csrc-nf
该地区的主营业务成本		monetary ItemType			cn-csrc-nf
该地区的主营业务毛利率		decimal ItemType			cn-csrc-nf
该地区的主营业务收入比上年增减百分比		decimal ItemType			cn-csrc-nf
该地区的主营业务成本比上年增减百分比		decimal ItemType			cn-csrc-nf
该地区的主营业务毛利率比上年增减百分比		decimal ItemType			cn-csrc-nf
主营业务及其结构发生重大变化的原因说明		string ItemType			cn-csrc-nf
主营业务盈利能力与上年相比发生重大变化的原因说明		string ItemType			cn-csrc-nf
某被控股或参股公司情况		tupleType			cn-csrc-nf
被控股或参股公司名称		string Item Type			cn-csrc-nf
被控股或参股公司主要产品及服务		string ItemType			cn-csrc-nf
被控股或参股公司净利润		monetary ItemType			cn-csrc-nf
被参股公司本期贡献的投资收益		monetary ItemType			cn-csrc-nf
被参股公司本期贡献的投资收益占上市公司净利润的比重		decimal ItemType			cn-csrc-nf
前五大供应商采购金额合计		monetary ItemType			cn-csrc-nf
前五大供应商采购金额合计占年度采购总额的比例		decimal ItemType			cn-csrc-nf

续表

名称	含义（描述）	数据类型		备注	命名空间
		类型	值域说明		
前五大客户销售金额合计		monetary ItemType			cn-csrc-nf
前五大客户销售金额合计占年度销售总额的比例		decimal ItemType			cn-csrc-nf
经营中出现的困难与解决方案		string ItemType			cn-csrc-nf
盈利预测与完成情况的差异说明		string ItemType			cn-csrc-nf
财务状况变动说明		string ItemType			cn-csrc-nf
利润构成变动说明		string ItemType			cn-csrc-nf
生产经营环境及政策法规发生重大变化的说明		string ItemType			cn-csrc-nf
新年度经营计划		string ItemType			cn-csrc-nf
新年度盈利预测		string ItemType			cn-csrc-nf
新年度主营业务收入预测		monetary ItemType			cn-csrc-nf
新年度利润总额预测		monetary ItemType			cn-csrc-nf
新年度净利润预测		monetary ItemType			cn-csrc-nf
会计师事务所对公司新年度盈利预测的审核意见		string ItemType			cn-csrc-nf
报告期的整体经营情况的讨论与分析		string ItemType			cn-csrc-nf
本年度盈利预测的主营收入		monetary ItemType			cn-csrc-nf
本年度盈利预测的利润总额		monetary ItemType			cn-csrc-nf
本年度盈利预测的净利润		monetary ItemType			cn-csrc-nf

续表

名称	含义（描述）	数据类型		备注	命名空间
		类型	值域说明		
本年度实际主营收入		monetary ItemType			cn-csrc-nf
本年度实际利润总额		monetary ItemType			cn-csrc-nf
本年度实际净利润		monetary ItemType			cn-csrc-nf
完成盈利预测的差异说明		string ItemType			cn-csrc-nf
原拟订的本年度经营计划收入		monetary ItemType			cn-csrc-nf
原拟订的本年度经营计划成本及费用		monetary ItemType			cn-csrc-nf
本年度实际收入		monetary ItemType			cn-csrc-nf
本年度实际成本及费用		monetary ItemType			cn-csrc-nf
完成经营计划的差异说明		string ItemType			cn-csrc-nf
对净利润产生重大影响的其他经营活动		tupleType			cn-csrc-nf
其他经营业务		string ItemType			cn-csrc-nf
其他经营活动产生的损益		string ItemType			cn-csrc-nf
其他经营业务产生损益占净利润的比重		string ItemType			cn-csrc-nf
公司治理情况		string ItemType			cn-csrc-nf
公司独立董事履行职责情况		string ItemType			cn-csrc-nf
公司与控股股东在五分开方面的情况说明		string ItemType			cn-csrc-nf
公司考评和激励机制的建立与实施情况说明		string ItemType			cn-csrc-nf

续表

名称	含义（描述）	数据类型		备注	命名空间
		类型	值域说明		
各次董事会会议		tupleType			cn-csrc-nf
董事会会议届次		string ItemType			cn-csrc-nf
董事会诀议刊登日期		date timeItem Type			cn-csrc-nf
董事会决议刊登报刊		string ItemType			cn-csrc-nf
董事会召开日期		date timeItem Type			cn-csrc-nf
董事会召开地点		string ItemType			cn-csrc-nf
董事会投票背景		string ItemType			cn-csrc-nf
董事会审议对象		tupleType			cn-csrc-nf
董事会审议内容		string ItemType			cn-csrc-nf
董事会审议结果		string ItemType			cn-csrc-nf
董事会执行股东大会决议情况		string ItemType			cn-csrc-nf
各次监事会会议		tupleType			cn-csrc-nf
监事会会议届次		string ItemType			cn-csrc-nf
监事会会议召开日期		date timeItem Type			cn-csrc-nf
监事会会议审计内容		string ItemType			cn-csrc-nf
监事会会议刊登日期		date timeItem Type			cn-csrc-nf
监事会会议刊登报刊		string Item Type			cn-csrc-nf

续表

名称	含义（描述）	数据类型		备注	命名空间
		类型	值域说明		
股东总数		decimal ItemType			cn-csrc-nf
流通股股东人数		decimal ItemType			cn-csrc-nf
A 股股东人数		decimal ItemType			cn-csrc-nf
B 股股东人数		decimal ItemType			cn-csrc-nf
H 股股东人数		decimal ItemType			cn-csrc-nf
前十大股东关联关系或属于一致行动人的情况说明		string ItemType			cn-csrc-nf
各股东情况		tupleType			cn-csrc-nf
股东名次		decimal ItemType		指前十大股东	cn-csrc-nf
股东名称		string ItemType		指前十大股东	cn-csrc-nf
股东持有股份数量		shares ItemType		指前十大股东	cn-csrc-nf
股东持有股份比例		decimal ItemType		指前十大股东	cn-csrc-nf
年度内增减股份数		decimal ItemType		指前十大股东	cn-csrc-nf
股东持有股份类别构成		tupleType		因为某股东可能同时持有已流通股份和未流通股份	cn-csrc-nf
股份类别		string ItemType	参见：枚举值列表——股份类别	指前十大股东	cn-csrc-nf
该类别股份数量		shares ItemType		指前十大股东	cn-csrc-nf
股东所持股份的质押或冻结情况		tupleType		因为某股东所持股份可能同时存在被质押和冻结的情况	cn-csrc-nf

续表

名称	含义（描述）	数据类型		备注	命名空间
		类型	值域说明		
股份状态		decimal ItemType	参见：枚举值列表——股份状态	指前十大股东	cn-csrc-nf
该状态股份数量		shares ItemType		指前十大股东	cn-csrc-nf
股东性质		string ItemType	参见：枚举值列表——股东性质	指前十大股东	cn-csrc-nf
战略投资人或一般法人因配售新股成为前十大股东的情况说明		tupleType		可能存在多个战略投资人因配售新股成为前十大股东	cn-csrc-nf
战略投资者或一般法人名称		string ItemType		战略投资者或一般法人参与配售新股时	cn-csrc-nf
约定持股起始日期		date timeItem Type		战略投资者或一般法人参与配售新股时	cn-csrc-nf
约定持股终止日期		date timeItem Type		战略投资者或一般法人参与配售新股时	cn-csrc-nf
持股5%以上法人股东的情况说明		string ItemType			cn-csrc-nf
控股股东名称		string ItemType		控股股东为法人时	cn-csrc-nf
控股股东企业经济性质或类型		string ItemType	参见：枚举值列表——企业经济性质	控股股东为法人时	cn-csrc-nf
控股股东法定代表人		string ItemType		控股股东为法人时	cn-csrc-nf
控股股东成立日期		date timeItem Type		控股股东为法人时	cn-csrc-nf
控股股东注册资本		monetary ItemType		控股股东为法人时	cn-csrc-nf

续表

名称	含义（描述）	数据类型		备注	命名空间
		类型	值域说明		
控股股东主营业务		stringItemType		控股股东为法人时	cn-csrc-nf
控股股东姓名		stringItemType		控股股东为自然人时	cn-csrc-nf
控股股东国籍		stringItemType		控股股东为自然人时	cn-csrc-nf
控股股东拥有其他国家或地区居留权的情况		stringItemType		控股股东为自然人时	cn-csrc-nf
控股股东最近五年的职业及职务		stringItemType		控股股东为自然人时	cn-csrc-nf
控股股东实际控制股份数量		monetaryItemType		控股股东为法人、自然人时	cn-csrc-nf
控股股东实际控制股份比例		decimalItemType		控股股东为法人、自然人时	cn-csrc-nf
控股股东变更日期		datetimeItemType		控股股东为法人、自然人时	cn-csrc-nf
控股股东变更情况刊登报刊		stringItemType		控股股东为法人、自然人时	cn-csrc-nf
控股股东变更情况刊登日期		datetimeItemType		控股股东为法人、自然人时	cn-csrc-nf
实际控制人名称		stringItemType		最终控股股东为法人时	cn-csrc-nf
实际控制人企业经济性质或类型		stringItemType	参见：枚举值列表——企业经济性质	最终控股股东为法人时	cn-csrc-nf
实际控制人法定代表人		stringItemType		最终控股股东为法人时	cn-csrc-nf
实际控制人成立日期		datetimeItemType		最终控股股东为法人时	cn-csrc-nf
实际控制人注册地址		stringItemType		最终控股股东为法人时	cn-csrc-nf

续表

名称	含义（描述）	数据类型		备注	命名空间
		类型	值域说明		
实际控制人注册资本		monetary ItemType		最终控股股东为法人时	cn-csrc-nf
实际控制人主营业务		string ItemType		最终控股股东为法人时	cn-csrc-nf
实际控制人姓名		string ItemType		最终控股股东为自然人时	cn-csrc-nf
实际控制人国籍		string ItemType		最终控股股东为自然人时	cn-csrc-nf
实际控制人拥有其他国家或地区居留权的情况		string ItemType		最终控股股东为自然人时	cn-csrc-nf
实际控制人最近五年的职业及职务		string ItemType		最终控股股东为自然人时	cn-csrc-nf
各次股东大会		tupleType			cn-csrc-nf
股东大会届次		string ItemType			cn-csrc-nf
股东大会通知刊登日期		date timeItem Type			cn-csrc-nf
股东大会通知刊登报刊		string ItemType			cn-csrc-nf
股东大会召开日期		date timeItem Type			cn-csrc-nf
股东大会召开地点		string ItemType			cn-csrc-nf
股东大会投票背景		string ItemType			cn-csrc-nf
股东大会审议内容		string ItemType			cn-csrc-nf
股东大会审议结果		string ItemType	参见：枚举值列表——审议结果		cn-csrc-nf

续表

名称	含义（描述）	数据类型		备注	命名空间
		类型	值域说明		
股东大会聘请律师事务所		stringItemType			cn-csrc-nf
股东大会聘请律师		stringItemType			cn-csrc-nf
股东大会聘请律师意见		stringItemType			cn-csrc-nf
选举更换董监事情况		stringItemType			cn-csrc-nf
股东大会决议刊登日期		datetimeItemType			cn-csrc-nf
股东大会决议刊登报刊		stringItemType			cn-csrc-nf
发起人股份_变动_小计		decimalItemType			cn-csrc-nf
发起人股份_变动_配股		sharesItemType			cn-csrc-nf
发起人股份_变动_送股		sharesItemType			cn-csrc-nf
发起人股份_变动_公积金转股		sharesItemType			cn-csrc-nf
发起人股份_变动_增发		sharesItemType			cn-csrc-nf
发起人股份_变动_其他		decimalItemType			cn-csrc-nf
国家持有股份_变动_小计		decimalItemType			cn-csrc-nf
国家持有股份_变动_配股		sharesItemType			cn-csrc-nf

续表

名称	含义（描述）	数据类型		备注	命名空间
		类型	值域说明		
国家持有股份_变动_送股		shares ItemType			cn-csrc-nf
国家持有股份_变动_公积金转股		shares ItemType			cn-csrc-nf
国家持有股份_变动_增发		shares ItemType			cn-csrc-nf
国家持有股份_变动_其他		decimal ItemType			cn-csrc-nf
境内法人持有股份_变动_小计		decimal ItemType			cn-csrc-nf
境内法人持有股份_变动_配股		shares ItemType			cn-csrc-nf
境内法人持有股份_变动_送股		shares ItemType			cn-csrc-nf
境内法人持有股份_变动_公积金转股		shares ItemType			cn-csrc-nf
境内法人持有股份_变动_增发		shares ItemType			cn-csrc-nf
境内法人持有股份_变动_其他		decimal ItemType			cn-csrc-nf
境外法人持有股份_变动_小计		decimal ItemType			cn-csrc-nf
境外法人持有股份_变动_配股		shares ItemType			cn-csrc-nf
境外法人持有股份_变动_送股		shares ItemType			cn-csrc-nf

续表

名称	含义（描述）	数据类型		备注	命名空间
		类型	值域说明		
境外法人持有股份_变动_公积金转股		shares ItemType			cn-csrc-nf
境外法人持有股份_变动_增发		shares ItemType			cn-csrc-nf
境外法人持有股份_变动_其他		decimal ItemType			cn-csrc-nf
其他发起人股份_变动_小计		decimal ItemType			cn-csrc-nf
其他发起人股份_变动_配股		shares ItemType			cn-csrc-nf
其他发起人股份_变动_送股		shares ItemType			cn-csrc-nf
其他发起人股份_变动_公积金转股		shares ItemType			cn-csrc-nf
其他发起人股份_变动_增发		shares ItemType			cn-csrc-nf
其他发起人股份_变动_其他		decimal ItemType			cn-csrc-nf
募集法人股份_变动_小计		decimal ItemType			cn-csrc-nf
募集法人股份_变动_配股		shares ItemType			cn-csrc-nf
募集法人股份_变动_送股		shares ItemType			cn-csrc-nf
募集法人股份_变动_公积金转股		shares ItemType			cn-csrc-nf

续表

名称	含义（描述）	数据类型		备注	命名空间
		类型	值域说明		
募集法人股份_变动_增发		shares ItemType			cn-csrc-nf
募集法人股份_变动_其他		decimal ItemType			cn-csrc-nf
内部职工股_变动_小计		decimal ItemType			cn-csrc-nf
内部职工股_变动_配股		shares ItemType			cn-csrc-nf
内部职工股_变动_送股		shares ItemType			cn-csrc-nf
内部职工股_变动_公积金转股		shares ItemType			cn-csrc-nf
内部职工股_变动_增发		shares ItemType			cn-csrc-nf
内部职工股_变动_其他		decimal ItemType			cn-csrc-nf
优先股或其他_变动_小计		decimal ItemType			cn-csrc-nf
优先股或其他_变动_配股		shares ItemType			cn-csrc-nf
优先股或其他_变动_送股		shares ItemType			cn-csrc-nf
优先股或其他_变动_公积金转股		shares ItemType			cn-csrc-nf
优先股或其他_变动_增发		shares ItemType			cn-csrc-nf

续表

名称	含义（描述）	数据类型		备注	命名空间
		类型	值域说明		
优先股或其他_变动_其他		decimal ItemType			cn-csrc-nf
未上市流通股份合计_变动_小计		decimal ItemType			cn-csrc-nf
未上市流通股份合计_变动_配股		shares ItemType			cn-csrc-nf
未上市流通股份合计_变动_送股		shares ItemType			cn-csrc-nf
未上市流通股份合计_变动_公积金转股		shares ItemType			cn-csrc-nf
未上市流通股份合计_变动_增发		shares ItemType			cn-csrc-nf
未上市流通股份合计_变动_其他		decimal ItemType			cn-csrc-nf
人民币普通股_变动_小计		decimal ItemType			cn-csrc-nf
人民币普通股_变动_配股		shares ItemType			cn-csrc-nf
人民币普通股_变动_送股		shares ItemType			cn-csrc-nf
人民币普通股_变动_公积金转股		shares ItemType			cn-csrc-nf
人民币普通股_变动_增发		shares ItemType			cn-csrc-nf
人民币普通股_变动_其他		decimal ItemType			cn-csrc-nf

续表

名称	含义（描述）	数据类型		备注	命名空间
		类型	值域说明		
境内上市的外资股_变动_小计		decimal ItemType			cn-csrc-nf
境内上市的外资股_变动_配股		shares ItemType			cn-csrc-nf
境内上市的外资股_变动_送股		shares ItemType			cn-csrc-nf
境内上市的外资股_变动_公积金转股		shares ItemType			cn-csrc-nf
境内上市的外资股_变动_增发		shares ItemType			cn-csrc-nf
境内上市的外资股_变动_其他		decimal ItemType			cn-csrc-nf
境外上市的外资股_变动_小计		decimal ItemType			cn-csrc-nf
境外上市的外资股_变动_配股		shares ItemType			cn-csrc-nf
境外上市的外资股_变动_送股		shares ItemType			cn-csrc-nf
境外上市的外资股_变动_公积金转股		shares ItemType			cn-csrc-nf
境外上市的外资股_变动_增发		shares ItemType			cn-csrc-nf
境外上市的外资股_变动_其他		decimal ItemType			cn-csrc-nf
其他已上市流通股份_变动_小计		decimal ItemType			cn-csrc-nf

续表

名称	含义（描述）	数据类型		备注	命名空间
		类型	值域说明		
其他已上市流通股份_变动_配股		shares ItemType			cn-csrc-nf
其他已上市流通股份_变动_送股		shares ItemType			cn-csrc-nf
其他已上市流通股份_变动_公积金转股		shares ItemType			cn-csrc-nf
其他已上市流通股份_变动_增发		shares ItemType			cn-csrc-nf
其他已上市流通股份_变动_其他		decimal ItemType			cn-csrc-nf
已上市流通股份合计_变动_小计		decimal ItemType			cn-csrc-nf
已上市流通股份合计_变动_配股		shares ItemType			cn-csrc-nf
已上市流通股份合计_变动_送股		shares ItemType			cn-csrc-nf
已上市流通股份合计_变动_公积金转股		shares ItemType			cn-csrc-nf
已上市流通股份合计_变动_增发		shares ItemType			cn-csrc-nf
已上市流通股份合计_变动_其他		decimal ItemType			cn-csrc-nf
股份总数_变动_小计		decimal ItemType			cn-csrc-nf
股份总数_变动_配股		shares ItemType			cn-csrc-nf

续表

名称	含义（描述）	数据类型		备注	命名空间
		类型	值域说明		
股份总数_变动_送股		shares ItemType			cn-csrc-nf
股份总数_变动_公积金转股		shares ItemType			cn-csrc-nf
股份总数_变动_增发		shares ItemType			cn-csrc-nf
股份总数_变动_其他		decimal ItemType			cn-csrc-nf
基金配售股份		shares ItemType		期末数	cn-csrc-nf
柜台交易公司内部职工股份		shares ItemType		期末数	cn-csrc-nf
战略投资者配售股份		shares ItemType		期末数	cn-csrc-nf
一般法人配售股份		shares ItemType		期末数	cn-csrc-nf
股权转让公布日期		date timeItem Type			cn-csrc-nf
被转让的股票简称		string ItemType			cn-csrc-nf
被转让的股票代码		decimal ItemType			cn-csrc-nf
被转让的股票上市地		string ItemType	参见：枚举值列表——A股上市地、B股上市地		cn-csrc-nf
收购人声明		string ItemType			cn-csrc-nf

续表

名称	含义（描述）	数据类型		备注	命名空间
		类型	值域说明		
股权转让签署日期		date timeItem Type			cn-csrc-nf
收购人名称		string ItemType		收购人为法人时	cn-csrc-nf
收购人注册地址		string ItemType		收购人为法人时	cn-csrc-nf
收购人注册资本		monetary ItemType		收购人为法人时	cn-csrc-nf
收购人企业经济性质或类型		string ItemType	参见：枚举值列表——企业经济性质	收购人为法人时	cn-csrc-nf
收购人主营业务		string ItemType		收购人为法人时	cn-csrc-nf
收购人经营期限		decimal ItemType		收购人为法人时	cn-csrc-nf
收购人税务登记号码		string ItemType		收购人为法人时	cn-csrc-nf
收购人股权关系结构		string ItemType		收购人为法人时	cn-csrc-nf
收购人合法经营状况		string ItemType		收购人为法人时	cn-csrc-nf
收购人各股东或发起人情况		tupleType		因为收购人股东或发起人可能有多个	cn-csrc-nf
收购人股东或发起人名称或姓名		string ItemType		收购人为法人时	cn-csrc-nf
收购人股东或发起人通讯方式		string ItemType		收购人为法人时	cn-csrc-nf
收购人董监事及高管人员情况		tupleType			cn-csrc-nf
收购人董监事或高管人员姓名		string ItemType		收购人为法人时	cn-csrc-nf

续表

名称	含义（描述）	数据类型		备注	命名空间
		类型	值域说明		
收购人董监事或高管人员身份证号码		decimal ItemType		收购人为法人时	cn-csrc-nf
收购人董监事或高管人员国籍		string ItemType		收购人为法人时	cn-csrc-nf
收购人董监事或高管人员居住地		string ItemType		收购人为法人时	cn-csrc-nf
收购人董监事或高管人员拥有其他国家或地区居留权的情况		string ItemType		收购人为法人时	cn-csrc-nf
收购人姓名		string ItemType		收购人为自然人时	cn-csrc-nf
收购人身份证号码		decimal ItemType		收购人为自然人时	cn-csrc-nf
收购人国籍		string ItemType		收购人为自然人时	cn-csrc-nf
收购人住所		string ItemType		收购人为自然人时	cn-csrc-nf
收购人通讯地址		string ItemType		收购人为自然人时	cn-csrc-nf
收购人联系电话		string ItemType		收购人为自然人时	cn-csrc-nf
收购人拥有其他国家或地区居留权的情况		string ItemType		收购人为自然人时	cn-csrc-nf
收购人最近五年的职业及职务		string ItemType		收购人为自然人时	cn-csrc-nf
收购人最近五年受过处罚的情况		string ItemType		收购人为自然人时	cn-csrc-nf
收购人持有本公司股票情况		string ItemType		收购人为法人、自然人时	cn-csrc-nf
收购人持有及控制其他上市公司5%以上发行在外的股份的情况		string ItemType		收购人为法人、自然人时	cn-csrc-nf
通过证券交易所的集中竞价交易进行上市公司收购的情况		string ItemType		收购人为法人、自然人时	cn-csrc-nf

续表

名称	含义（描述）	数据类型		备注	命名空间
		类型	值域说明		
通过协议转让方式进行上市公司收购的情况		string ItemType		收购人为法人、自然人时	cn-csrc-nf
通过资产管理方式进行上市公司收购的情况		string ItemType		收购人为法人、自然人时	cn-csrc-nf
通过股权控制关系及其他方式进行上市公司收购的情况		string ItemType		收购人为法人、自然人时	cn-csrc-nf
通过国有股权行政划转而进行上市公司收购的情况		string ItemType		收购人为法人、自然人时	cn-csrc-nf
因执行司法裁决对上市公司股份采取拍卖措施而取得上市公司实际控制权的情况		string ItemType		收购人为法人、自然人时	cn-csrc-nf
通过公开征集受让人方式取得上市公司实际控制权的情况		string ItemType		收购人为法人、自然人时	cn-csrc-nf
属于上市公司管理层及员工收购的情况		string ItemType		收购人为法人、自然人时	cn-csrc-nf
因根据股东大会的决议向收购人发行股份而进行上市公司收购的情况		string ItemType		收购人为法人、自然人时	cn-csrc-nf
因继承取得上市公司股份而进行上市公司收购的情况		string ItemType		收购人为法人、自然人时	cn-csrc-nf
持有或控制的上市公司股份是否存在任何权利限制		string ItemType		收购人为法人、自然人时	cn-csrc-nf
收购人前六个月内买卖挂牌交易股份的情况		string ItemType		收购人为法人、自然人时	cn-csrc-nf
收购人与上市公司之间的重大交易		string ItemType		收购人为法人、自然人时	cn-csrc-nf
收购人收购资金来源		string ItemType		收购人为法人、自然人时	cn-csrc-nf

续表

名称	含义（描述）	数据类型		备注	命名空间
		类型	值域说明		
收购人后续计划		string ItemType		收购人为法人、自然人时	cn-csrc-nf
股权转让对上市公司的影响分析		string ItemType		收购人为法人、自然人时	cn-csrc-nf
收购人财务资料		string ItemType		收购人为法人、自然人时	cn-csrc-nf
有关股权转让的其他重大事项		string ItemType		收购人为法人、自然人时	cn-csrc-nf
律师对股权转让的意见		string ItemType		收购人为法人、自然人时	cn-csrc-nf
股权转让备查文件		string ItemType		收购人为法人、自然人时	cn-csrc-nf
股份托管情况		string ItemType		收购人为法人、自然人时	cn-csrc-nf
其他有关股权转让的情况		string ItemType			cn-csrc-nf
是否分配或转增		string ItemType	是、否		cn-csrc-nf
每 10 股送红股比例		decimal ItemType			cn-csrc-nf
每 10 股派息比例		decimal ItemType			cn-csrc-nf
每 10 股转增比例		decimal ItemType			cn-csrc-nf
预案详细情况		string ItemType			cn-csrc-nf
盈利且不分配原因		string ItemType			cn-csrc-nf
募集年度		string ItemType			cn-csrc-nf
募集类型		string ItemType	参见：枚举值列表——募集类型		cn-csrc-nf

续表

名称	含义（描述）	数据类型		备注	命名空间
		类型	值域说明		
募集资金总额		monetary ItemType		指最近一次募集	cn-csrc-nf
报告期内已使用的募集资金总额		monetary ItemType			cn-csrc-nf
已累计使用的募集资金总额		monetary ItemType		指最近一次募集	cn-csrc-nf
未使用的募集资金情况		string ItemType			cn-csrc-nf
变更投资项目资金总额		monetary ItemType			cn-csrc-nf
募集资金项目		tupleType		可能存在多个募集资金投资项目	cn-csrc-nf
承诺投资项目名称		string ItemType		承诺投资项目	cn-csrc-nf
承诺投资项目投资日期		date timeItem Type		承诺投资项目	cn-csrc-nf
承诺投资项目投资金额		monetary ItemType		承诺投资项目	cn-csrc-nf
承诺投资项目预计收益		monetary ItemType		承诺投资项目	cn-csrc-nf
承诺投资项目实际投入金额		monetary ItemType		承诺投资项目	cn-csrc-nf
承诺投资项目实际投入的募集资金数		monetary ItemType		承诺投资项目	cn-csrc-nf
是否符合承诺项目计划进度和预计收益		monetary ItemType		承诺投资项目	cn-csrc-nf
未达到承诺项目计划进度和预计收益说明		string ItemType		承诺投资项目	cn-csrc-nf
承诺投资项目是否发生变更		string ItemType	是、否	承诺投资项目	cn-csrc-nf
变更投资项目名称		string ItemType		变更后投资项目	cn-csrc-nf

续表

名称	含义（描述）	数据类型		备注	命名空间
		类型	值域说明		
变更投资项目投资日期		date timeItem Type		变更后投资项目	cn-csrc-nf
变更投资项目投资类型		string ItemType	参见：枚举值列表——项目投资类型	变更后投资项目	cn-csrc-nf
变更投资项目拟投资金额		monetary ItemType		变更后投资项目	cn-csrc-nf
变更投资项目实际投入金额		monetary ItemType		变更后投资项目	cn-csrc-nf
变更投资项目实际投入的募集资金数		monetary ItemType		变更后投资项目	cn-csrc-nf
变更原因及变更程序说明		string ItemType		承诺投资项目	cn-csrc-nf
募集资金投资项目进度		string ItemType		承诺投资项目、变更后投资项目	cn-csrc-nf
募集资金投资项目进展类型		string ItemType	参见：枚举值列表——项目进展类型	承诺投资项目、变更后投资项目	cn-csrc-nf
募集资金项目实际收益		monetary ItemType		承诺投资项目、变更后投资项目	cn-csrc-nf
是否符合变更项目计划进度和预计收益		string ItemType	是、否	变更后投资项目	cn-csrc-nf
未达到变更项目计划进度和预计收益说明		string ItemType		变更后投资项目	cn-csrc-nf
募集资金承诺项目拟投入金额合计		monetary ItemType			cn-csrc-nf
募集资金承诺项目实际投入金额合计		monetary ItemType			cn-csrc-nf
募集资金承诺项目产生的收益金额合计		monetary ItemType			cn-csrc-nf
募集资金变更项目拟投入资金合计		monetary ItemType			cn-csrc-nf

续表

名称	含义（描述）	数据类型		备注	命名空间
		类型	值域说明		
募集资金变更项目实际投入资金合计		monetary ItemType			cn-csrc-nf
募集资金变更项目产生的收益金额合计		monetary ItemType			cn-csrc-nf
非募集资金投资项目		tupleType		可能存在多个非募集资金投资项目	cn-csrc-nf
非募集资金投资项目名称		string ItemType			cn-csrc-nf
非募集资金投资项目金额		monetary ItemType			cn-csrc-nf
非募集资金投资项目进度		string ItemType			cn-csrc-nf
非募集资金投资项目收益		string ItemType			cn-csrc-nf
非募集资金投资项目金额合计		monetary ItemType			cn-csrc-nf
非募集资金投资项目收益合计		monetary ItemType			cn-csrc-nf
非募集资金项目收益说明		string ItemType			cn-csrc-nf
收购出售资产事项对公司业务连续性和管理层稳定性的影响		string ItemType			cn-csrc-nf
各次资产收购情况		tupleType			cn-csrc-nf
资产收购交易对手方		string ItemType		收购或置入资产	cn-csrc-nf
被收购资产		string ItemType		收购或置入资产	cn-csrc-nf
资产购买日期		date timeItem Type		收购或置入资产	cn-csrc-nf
资产收购价格		monetary ItemType		收购或置入资产	cn-csrc-nf

续表

名称	含义（描述）	数据类型		备注	命名空间
		类型	值域说明		
自购买之日起至本年末该收购资产为上市公司贡献的净利润		monetary ItemType		收购或置入资产	cn-csrc-nf
资产收购是否为关联交易		string ItemType	是、否	收购或置入资产	cn-csrc-nf
资产收购定价原则		string ItemType		收购或置入资产，当资产收购为关联交易时需披露	cn-csrc-nf
各次资产出售情况		tupleType			cn-csrc-nf
资产出售交易对手方		string ItemType		出售或置出资产	cn-csrc-nf
被出售资产		string ItemType		出售或置出资产	cn-csrc-nf
资产出售日期		date timeItem Type		出售或置出资产	cn-csrc-nf
资产出售价格		monetary ItemType		出售或置出资产	cn-csrc-nf
本年初起至出售日该出售资产为上市公司贡献的净利润		monetary ItemType		出售或置出资产	cn-csrc-nf
资产出售产生的损益		string ItemType		出售或置出资产	cn-csrc-nf
资产出售是否为关联交易		string ItemType	是、否	出售或置出资产	cn-csrc-nf
资产出售定价原则		string ItemType		出售或置出资产，当资产出售为关联交易时需披露	cn-csrc-nf
关联方关系及其交易		tupleType			cn-csrc-nf
关联方企业名称		string ItemType		同（上市）公司关联方情况“关联方企业名称”	cn-csrc-nf
关联关系		string ItemType	参见：枚举值列表——关联关系	同（上市）公司关联方情况“关联关系”	cn-csrc-nf

续表

名称	含义（描述）	数据类型		备注	命名空间
		类型	值域说明		
是否与关联方存在控制关系		string ItemType	是、否	同（上市）公司关联方情况“是否与关联方存在控制关系”	cn-csrc-nf
关联方企业经济性质或类型		string ItemType	参见：枚举值列表——企业经济性质	同（上市）公司关联方情况“关联方企业经济性质或类型”	cn-csrc-nf
关联方企业法定代表人姓名		string ItemType		同（上市）公司关联方情况“关联方企业法定代表人姓名”	cn-csrc-nf
关联方企业注册地址		string ItemType		同（上市）公司关联方情况“关联方企业注册地址”	cn-csrc-nf
关联方企业注册资本		monetary ItemType		同（上市）公司关联方情况“关联方企业注册资本”	cn-csrc-nf
关联方企业主营业务		string ItemType		同（上市）公司关联方情况“关联方企业主营业务”	cn-csrc-nf
关联方所占权益比例		decimal ItemType		同（上市）公司关联方情况“关联方所占权益比例”	cn-csrc-nf
关联方与公司是否存在关联交易		string ItemType	是、否	本报告期内	cn-csrc-nf
关联交易事项		tupleType			cn-csrc-nf
关联交易类型		string ItemType		销售货物、采购货物、关联担保、服务协议等	cn-csrc-nf
关联交易日期		date timeItem Type			cn-csrc-nf
关联交易价格		monetary ItemType			cn-csrc-nf
关联交易金额		monetary ItemType			cn-csrc-nf
关联交易比例		decimal Item Type			cn-csrc-nf
关联交易未结算金额		monetary ItemType			cn-csrc-nf

续表

名称	含义（描述）	数据类型		备注	命名空间
		类型	值域说明		
关联交易定价原则		stringItemType			cn-csrc-nf
关联交易目的		stringItemType			cn-csrc-nf
关联交易对本公司的影响		stringItemType			cn-csrc-nf
关联交易说明		stringItemType			cn-csrc-nf
关联方与公司是否存在关联债权债务往来		stringItemType	是、否	本报告期内	cn-csrc-nf
向关联方提供资金_发生额		stringItemType		关联债权债务往来	cn-csrc-nf
向关联方提供资金_余额		stringItemType		关联债权债务往来	cn-csrc-nf
本期收取的资金占用费的金额		monetaryItemType		关联债权债务往来	cn-csrc-nf
关联方向上市公司提供资金_发生额		monetaryItemType		关联债权债务往来	cn-csrc-nf
关联方向上市公司提供资金_余额		monetaryItemType		关联债权债务往来	cn-csrc-nf
关联债权债务形成原因		stringItemType			cn-csrc-nf
关联债权债务清偿情况		stringItemType			cn-csrc-nf
与关联债权债务有关的承诺		stringItemType			cn-csrc-nf
关联债权债务对公司经营成果及财务状况的影响		stringItemType			cn-csrc-nf
关联方向上市公司提供资金_余额合计		monetaryItemType			cn-csrc-nf
关联方向上市公司提供资金_发生额合计		monetaryItemType			cn-csrc-nf
向关联方提供资金_余额合计		monetaryItemType			cn-csrc-nf

续表

名称	含义（描述）	数据类型		备注	命名空间
		类型	值域说明		
向关联方提供资金_发生额合计		monetary ItemType			cn-csrc-nf
承包事项		tupleType			cn-csrc-nf
出包方		string ItemType		本公司为出包方、承包方时	cn-csrc-nf
承包方		string ItemType		本公司为出包方、承包方时	cn-csrc-nf
承包资产情况		string ItemType		本公司为出包方、承包方时	cn-csrc-nf
承包资产金额		string ItemType		本公司为出包方、承包方时	cn-csrc-nf
承包起始日期		string ItemType		本公司为出包方、承包方时	cn-csrc-nf
承包终止日期		string ItemType		本公司为出包方、承包方时	cn-csrc-nf
承包带来的收益或损失		string ItemType		本公司为出包方、承包方时	cn-csrc-nf
租赁事项		tupleType			cn-csrc-nf
出租方		string ItemType		本公司为出租方、承租方时	cn-csrc-nf
承租方		string ItemType		本公司为出租方、承租方时	cn-csrc-nf
出租资产情况		string ItemType		本公司为出租方、承租方时	cn-csrc-nf
出租资产金额		monetary ItemType		本公司为出租方、承租方时	cn-csrc-nf
出租起始日期		date timeItem Type		本公司为出租方、承租方时	cn-csrc-nf
出租终止日期		date timeItem Type		本公司为出租方、承租方时	cn-csrc-nf

续表

名称	含义（描述）	数据类型		备注	命名空间
		类型	值域说明		
出租带来的收益或损失		monetary ItemType		本公司为出租方、承租方时	cn-csrc-nf
诉讼事项		tupleType			cn-csrc-nf
诉讼公布日期		date timeItem Type			cn-csrc-nf
上市公司是否起诉方		string ItemType	是、否		cn-csrc-nf
起诉对象		string ItemType		上市公司为起诉方	cn-csrc-nf
起诉时间		date timeItem Type		上市公司为起诉方	cn-csrc-nf
起诉原因		string ItemType		上市公司为起诉方	cn-csrc-nf
起诉标的		string ItemType		上市公司为起诉方	cn-csrc-nf
上市公司是否应诉方		string ItemType	是、否		cn-csrc-nf
诉讼方名称		string ItemType		上市公司为应诉方	cn-csrc-nf
接到诉讼通知书时间		date timeItem Type		上市公司为应诉方	cn-csrc-nf
被起诉原因		string ItemType		上市公司为应诉方	cn-csrc-nf
被起诉标的		string ItemType		上市公司为应诉方	cn-csrc-nf
至公告时诉讼是否已被受理		string ItemType		上市公司为起诉方、应诉方	cn-csrc-nf
法院受理时间		date timeItem Type		上市公司为起诉方、应诉方	cn-csrc-nf

续表

名称	含义（描述）	数据类型		备注	命名空间
		类型	值域说明		
法院判决时间		date timeItem Type		上市公司为起诉方、应诉方	cn-csrc-nf
法院判决书主要内容		string ItemType		上市公司为起诉方、应诉方	cn-csrc-nf
诉讼审理结果及影响		string ItemType		上市公司为起诉方、应诉方	cn-csrc-nf
诉讼判决执行情况		string ItemType		上市公司为起诉方、应诉方	cn-csrc-nf
在编制上一期定期报告之后发生的重大诉讼仲裁事项的涉及金额		monetary ItemType			cn-csrc-nf
已编入上一期定期报告但当时尚未结案的重大诉讼仲裁事项的涉及金额		monetary ItemType			cn-csrc-nf
因诉讼仲裁计提的预计负债		monetary ItemType			cn-csrc-nf
重大诉讼说明		string ItemType			cn-csrc-nf
仲裁事项		tupleType			cn-csrc-nf
仲裁公布日期		date timeItem Type			cn-csrc-nf
仲裁对手方		string ItemType			cn-csrc-nf
仲裁机构		string ItemType			cn-csrc-nf
仲裁对象		string ItemType			cn-csrc-nf
申请仲裁或接到仲裁通知书时间		date timeItem Type			cn-csrc-nf
仲裁原因		string ItemType			cn-csrc-nf

续表

名称	含义（描述）	数据类型		备注	命名空间
		类型	值域说明		
仲裁标的		string ItemType			cn-csrc-nf
上市公司在仲裁中角色		string ItemType			cn-csrc-nf
仲裁至公告时是否已被受理		string ItemType			cn-csrc-nf
仲裁机构受理时间		date timeItem Type			cn-csrc-nf
仲裁机构裁决时间		date timeItem Type			cn-csrc-nf
仲裁书主要内容		string ItemType			cn-csrc-nf
仲裁审理结果及影响		string ItemType			cn-csrc-nf
仲裁裁决执行情况		string ItemType			cn-csrc-nf
担保事项		tupleType			cn-csrc-nf
担保方		string ItemType		本公司为担保方、被担保方时	cn-csrc-nf
被担保方		string ItemType		本公司为担保方、被担保方时	cn-csrc-nf
担保金额		decimal ItemType		本公司为担保方、被担保方时	cn-csrc-nf
担保期限		string ItemType		本公司为担保方、被担保方时	cn-csrc-nf
担保起始日期		date timeItem Type		本公司为担保方、被担保方时	cn-csrc-nf
担保到期日期		date timeItem Type		本公司为担保方、被担保方时	cn-csrc-nf

续表

名称	含义（描述）	数据类型		备注	命名空间
		类型	值域说明		
担保类型		stringItemType	参见：枚举值列表——担保类型	本公司为担保方、被担保方时	cn-csrc-nf
担保是否预期		stringItemType	是、否	本公司为担保方、被担保方时	cn-csrc-nf
是否存在反担保		stringItemType	是、否	本公司为担保方、被担保方时	cn-csrc-nf
担保是否已经履行完毕		stringItemType	是、否	本公司为担保方、被担保方时	cn-csrc-nf
担保的决策程序		stringItemType		本公司为担保方、被担保方时	cn-csrc-nf
未到期担保可能承担连带清偿责任说明		stringItemType		本公司为担保方时	cn-csrc-nf
是否为关联方担保		stringItemType	是、否	本公司为担保方、被担保方时	cn-csrc-nf
担保余额合计		monetaryItemType		本公司为担保方、被担保方时	cn-csrc-nf
关联担保余额合计		monetaryItemType		本公司为担保方、被担保方时	cn-csrc-nf
因担保计提的预计负债		monetaryItemType		本公司为担保方时	cn-csrc-nf
因担保实际承担的偿债金额		monetaryItemType		本公司为担保方时	cn-csrc-nf
为大股东及其关联方担保金额		monetaryItemType		本公司为担保方时	cn-csrc-nf
为控股子公司担保金额		monetaryItemType		本公司为担保方时	cn-csrc-nf
为参股子公司担保金额		monetaryItemType		本公司为担保方时	cn-csrc-nf
委托理财事项		tupleType			cn-csrc-nf
委托人		stringItemType		本公司为委托人、受托人时	cn-csrc-nf

续表

名称	含义（描述）	数据类型		备注	命名空间
		类型	值域说明		
受托人		string ItemType		本公司为委托人、受托人时	cn-csrc-nf
委托理财金额		monetary ItemType		本公司为委托人、受托人时	cn-csrc-nf
委托理财起始日期		date timeItem Type		本公司为委托人、受托人时	cn-csrc-nf
委托理财终止日期		date timeItem Type		本公司为委托人、受托人时	cn-csrc-nf
委托理财投资品种		string ItemType		本公司为委托人、受托人时	cn-csrc-nf
委托理财约定收益		monetary ItemType		本公司为委托人、受托人时	cn-csrc-nf
委托理财约定收益比例		decimal ItemType		本公司为委托人、受托人时	cn-csrc-nf
委托理财实际收回金额		monetary ItemType		本公司为委托人、受托人时	cn-csrc-nf
委托理财实际获得收益		monetary ItemType		本公司为委托人、受托人时	cn-csrc-nf
理财费用		decimal ItemType		本公司为委托人、受托人时	cn-csrc-nf
委托理财是否关联交易		string ItemType	是、否	本公司为委托人、受托人时	cn-csrc-nf
委托理财金额合计		monetary ItemType			cn-csrc-nf
委托理财约定收益合计		monetary ItemType			cn-csrc-nf
委托理财实际收回金额合计		monetary ItemType			cn-csrc-nf
委托理财实际获得收益合计		monetary ItemType			cn-csrc-nf
报告期内承诺事项及履行情况		string ItemType			cn-csrc-nf

续表

名称	含义（描述）	数据类型		备注	命名空间
		类型	值域说明		
公司及董事董事会受到行政稽查或处罚的情况		string ItemType			cn-csrc-nf
报告期内其他重大事项		string ItemType			cn-csrc-nf
公司基本信息					cn-csrc-nf
股票发行与上市情况					cn-csrc-nf
发起人股份					cn-csrc-nf
国家持有股份					cn-csrc-nf
境内法人持有股份					cn-csrc-nf
境外法人持有股份					cn-csrc-nf
其他发起人股份					cn-csrc-nf
募集法人股份					cn-csrc-nf
内部职工股					cn-csrc-nf
优先股或其他					cn-csrc-nf
未上市流通股份合计					cn-csrc-nf
人民币普通股					cn-csrc-nf
境内上市的外资股					cn-csrc-nf
境外上市的外资股					cn-csrc-nf
其他以上市流通股份					cn-csrc-nf
已上市流通股份合计					cn-csrc-nf
股份总数					cn-csrc-nf
特殊股份					cn-csrc-nf
控股股东为自然人时的情况					cn-csrc-nf
控股股东为法人时的情况					cn-csrc-nf
实际控制人为自然人时的情况					cn-csrc-nf
实际控制人为法人时的情况					cn-csrc-nf
股份变动情况					cn-csrc-nf
未上市流通股份					cn-csrc-nf

续表

名称	含义（描述）	数据类型		备注	命名空间
		类型	值域说明		
非募集资金投资项目情况					cn-csrc-nf
收购人股东或发起人情况					cn-csrc-nf
收购人董监事或高管人员情况					cn-csrc-nf
公司注册信息					cn-csrc-nf
公司董监事及高管人员情况					cn-csrc-nf
公司员工情况					cn-csrc-nf
公司治理结构					cn-csrc-nf
已上市流通股份					cn-csrc-nf
公司股东情况					cn-csrc-nf
持有公司5%以上股份的股东或前十大股东的情况					cn-csrc-nf
控股股东情况					cn-csrc-nf
实际控制人情况					cn-csrc-nf
公司股权转让情况					cn-csrc-nf
收购人基本情况					cn-csrc-nf
股东大会情况					cn-csrc-nf
董事会报告					cn-csrc-nf
董事会日常工作报告					cn-csrc-nf
监事会报告					cn-csrc-nf
新年度盈利预测情况说明					cn-csrc-nf
本年度利润分配或资本公积金转增预案					cn-csrc-nf
公司经营情况					cn-csrc-nf
主营业务及经营情况					cn-csrc-nf
被控股或参股公司经营情况					cn-csrc-nf
主要供应商及客户情况					cn-csrc-nf
公司投资情况					cn-csrc-nf

续表

名称	含义（描述）	数据类型		备注	命名空间
		类型	值域说明		
募集资金使用情况					cn-csrc-nf
公司财务状况及经营成果分析					cn-csrc-nf
重大事项					cn-csrc-nf
监事会工作情况					cn-csrc-nf
重大诉讼及仲裁					cn-csrc-nf
收购出售资产事项					cn-csrc-nf
关联方关系及其交易					cn-csrc-nf
重大合同及其履行情况					cn-csrc-nf
重要提示					cn-csrc-nf
作为独立董事时的特殊情况					cn-csrc-nf
完成盈利预测的说明					cn-csrc-nf
完成经营计划情况					cn-csrc-nf
审计报告					cn-csrc-nf
其他应收款		monetary ItemType			cn-csrc-pfs
预付账款		monetary ItemType			cn-csrc-pfs
应收补贴款		monetary ItemType			cn-csrc-pfs
存货		monetary ItemType			cn-csrc-pfs
待摊费用		monetary ItemType			cn-csrc-pfs
一年内到期的长期债权投资		monetary ItemType			cn-csrc-pfs
其他流动资产		monetary ItemType			cn-csrc-pfs
流动资产合计		monetary ItemType			cn-csrc-pfs
长期股权投资		monetary ItemType			cn-csrc-pfs

续表

名称	含义（描述）	数据类型		备注	命名空间
		类型	值域说明		
长期债权投资		monetary ItemType			cn-csrc-pfs
长期投资合计		monetary ItemType			cn-csrc-pfs
合并价差		monetary ItemType			cn-csrc-pfs
固定资产原价		monetary ItemType			cn-csrc-pfs
累计折旧		monetary ItemType		减：累计折旧（固定资产累积折旧）	cn-csrc-pfs
固定资产净值		monetary ItemType			cn-csrc-pfs
固定资产减值准备		monetary ItemType		减：固定资产减值准备（固定资产减值准备）	cn-csrc-pfs
固定资产净额		monetary ItemType			cn-csrc-pfs
工程物资		monetary ItemType			cn-csrc-pfs
在建工程		monetary ItemType			cn-csrc-pfs
固定资产清理		monetary ItemType			cn-csrc-pfs
固定资产合计		monetary ItemType			cn-csrc-pfs
无形资产		monetary ItemType			cn-csrc-pfs
长期待摊费用		monetary ItemType			cn-csrc-pfs
其他长期资产		monetary ItemType			cn-csrc-pfs
无形资产及其他资产合计		monetary ItemType			cn-csrc-pfs
递延税款借项		monetary ItemType			cn-csrc-pfs

续表

名称	含义（描述）	数据类型		备注	命名空间
		类型	值域说明		
资产总计		monetary ItemType			cn-csrc-pfs
短期借款		monetary ItemType			cn-csrc-pfs
应付票据		monetary ItemType			cn-csrc-pfs
应付账款		monetary ItemType			cn-csrc-pfs
预收账款		monetary ItemType			cn-csrc-pfs
应付工资		monetary ItemType			cn-csrc-pfs
应付福利费		monetary ItemType			cn-csrc-pfs
应付股利		monetary ItemType			cn-csrc-pfs
应交税金		monetary ItemType			cn-csrc-pfs
其他应交款		monetary ItemType			cn-csrc-pfs
其他应付款		monetary ItemType			cn-csrc-pfs
预提费用		monetary ItemType			cn-csrc-pfs
预计负债		monetary ItemType			cn-csrc-pfs
一年内到期的长期负债		monetary ItemType			cn-csrc-pfs
其他流动负债		monetary ItemType			cn-csrc-pfs
流动负债合计		monetary ItemType			cn-csrc-pfs
长期借款		monetary ItemType			cn-csrc-pfs

续表

名称	含义（描述）	数据类型		备注	命名空间
		类型	值域说明		
应付债券		monetary ItemType			cn-csrc-pfs
长期应付款		monetary ItemType			cn-csrc-pfs
专项应付款		monetary ItemType			cn-csrc-pfs
其他长期负债		monetary ItemType			cn-csrc-pfs
长期负债合计		monetary ItemType			cn-csrc-pfs
递延税款贷项		monetary ItemType			cn-csrc-pfs
负债合计		monetary ItemType			cn-csrc-pfs
少数股东权益		monetary ItemType			cn-csrc-pfs
股本		monetary ItemType		实收资本（或股本）	cn-csrc-pfs
已归还投资		monetary ItemType		减：已归还投资（已归还投资）	cn-csrc-pfs
股本净额		monetary ItemType		实收资本（或股本）净额	cn-csrc-pfs
资本公积		monetary ItemType			cn-csrc-pfs
盈余公积		monetary ItemType			cn-csrc-pfs
法定公益金		monetary ItemType		其中：法定公益金（法定公益金）	cn-csrc-pfs
未分配利润		monetary ItemType			cn-csrc-pfs
外币报表折算差额		monetary ItemType			cn-csrc-pfs
股东权益合计		monetary ItemType		所有者权益（或股东权益）合计	cn-csrc-pfs

续表

名称	含义（描述）	数据类型		备注	命名空间
		类型	值域说明		
负债和股东权益总计		monetary ItemType		负债和所有者权益（或股东权益）总计	cn-csrc-pfs
股本_本期增加		monetary ItemType			cn-csrc-pfs
股本_本期减少		monetary ItemType			cn-csrc-pfs
资本公积_本期增加		monetary ItemType			cn-csrc-pfs
资本公积_本期减少		monetary ItemType			cn-csrc-pfs
盈余公积_本期增加		monetary ItemType			cn-csrc-pfs
盈余公积_本期减少		monetary ItemType			cn-csrc-pfs
法定公益金_本期增加		monetary ItemType			cn-csrc-pfs
法定公益金_本期减少		monetary ItemType			cn-csrc-pfs
未分配利润_本期增加		monetary ItemType			cn-csrc-pfs
未分配利润_本期减少		monetary ItemType			cn-csrc-pfs
股东权益合计_本期增加		monetary ItemType			cn-csrc-pfs
股东权益合计_本期减少		monetary ItemType			cn-csrc-pfs
主营业务收入		monetary ItemType			cn-csrc-pfs
主营业务成本		monetary ItemType			cn-csrc-pfs
主营业务税金及附加		monetary ItemType			cn-csrc-pfs
主营业务利润		monetary ItemType			cn-csrc-pfs

续表

名称	含义（描述）	数据类型		备注	命名空间
		类型	值域说明		
营业费用		monetary ItemType			cn-csrc-pfs
管理费用		monetary ItemType			cn-csrc-pfs
财务费用		monetary ItemType			cn-csrc-pfs
营业利润		monetary ItemType			cn-csrc-pfs
投资收益		monetary ItemType			cn-csrc-pfs
补贴收入		monetary ItemType			cn-csrc-pfs
营业外收入		monetary ItemType			cn-csrc-pfs
营业外支出		monetary ItemType			cn-csrc-pfs
利润总额		monetary ItemType			cn-csrc-pfs
所得税		monetary ItemType			cn-csrc-pfs
净利润		monetary ItemType			cn-csrc-pfs
年初未分配利润		monetary ItemType			cn-csrc-pfs
其他转入		monetary ItemType			cn-csrc-pfs
可供分配的利润		monetary ItemType			cn-csrc-pfs
提取法定盈余公积		monetary ItemType			cn-csrc-pfs
提取法定公益金		monetary ItemType			cn-csrc-pfs
提取职工奖励及福利基金		monetary ItemType			cn-csrc-pfs

续表

名称	含义（描述）	数据类型		备注	命名空间
		类型	值域说明		
提取储备基金		monetary ItemType			cn-csrc-pfs
提取企业发展基金		monetary ItemType			cn-csrc-pfs
利润归还投资		monetary ItemType			cn-csrc-pfs
可供投资者分配的利润		monetary ItemType			cn-csrc-pfs
应付优先股股利		monetary ItemType			cn-csrc-pfs
提取任意盈余公积		monetary ItemType			cn-csrc-pfs
应付普通股股利		monetary ItemType			cn-csrc-pfs
转作资本或股本的普通股股利		monetary ItemType		转作资本（或股本）的普通股股利	cn-csrc-pfs
出售、处置部门或被投资单位所的收益		monetary ItemType			cn-csrc-pfs
自然灾害发生的损失		monetary ItemType			cn-csrc-pfs
会计政策变更增加或减少利润总额		monetary ItemType		会计政策变更增加（或减少）利润总额	cn-csrc-pfs
会计估计变更增加或减少利润总额		monetary ItemType		会计估计变更增加（或减少）利润总额	cn-csrc-pfs
债务重组损失		monetary ItemType			cn-csrc-pfs
利润分配表其他附注		monetary ItemType			cn-csrc-pfs
其他业务利润		monetary ItemType			cn-csrc-pfs
少数股东损益		monetary ItemType			cn-csrc-pfs
少数股东本期收益		monetary ItemType			cn-csrc-pfs

续表

名称	含义（描述）	数据类型		备注	命名空间
		类型	值域说明		
营业外收支净额		monetary ItemType			cn-csrc-pfs
销售商品、提供劳务收到的现金		monetary ItemType			cn-csrc-pfs
收到的税费返还		monetary ItemType			cn-csrc-pfs
收到的其他与经营活动有关的现金		monetary ItemType			cn-csrc-pfs
经营活动现金流入小计		monetary ItemType			cn-csrc-pfs
购买商品、接受劳务支付的现金		monetary ItemType			cn-csrc-pfs
支付给职工以及为职工支付的现金		monetary ItemType			cn-csrc-pfs
支付的各项税费		monetary ItemType			cn-csrc-pfs
支付的其他与经营活动有关的现金		monetary ItemType			cn-csrc-pfs
经营活动现金流出小计		monetary ItemType			cn-csrc-pfs
经营活动产生的现金流量净额		monetary ItemType			cn-csrc-pfs
收回投资所收到的现金		monetary ItemType			cn-csrc-pfs
取得投资收益所收到的现金		monetary ItemType			cn-csrc-pfs
处置固定资产、无形资产和其他长期资产所收回的现金净额		monetary ItemType			cn-csrc-pfs
收到的其他与投资活动有关的现金		monetary ItemType			cn-csrc-pfs
投资活动产生的现金流入小计		monetary ItemType		投资活动产生的现金流入小计（投资活动产生的现金流入小计）	cn-csrc-pfs

续表

名称	含义（描述）	数据类型		备注	命名空间
		类型	值域说明		
购建固定资产、无形资产和其他长期资产所支付的现金		monetary ItemType			cn-csrc-pfs
投资所支付的现金		monetary ItemType			cn-csrc-pfs
支付的其他与投资活动有关的现金		monetary ItemType			cn-csrc-pfs
投资活动现金流出小计		monetary ItemType			cn-csrc-pfs
投资活动产生的现金流量净额		monetary ItemType			cn-csrc-pfs
吸收投资所收到的现金		monetary ItemType			cn-csrc-pfs
借款所收到的现金		monetary ItemType			cn-csrc-pfs
收到的其他与筹资活动有关的现金		monetary ItemType			cn-csrc-pfs
筹资活动现金流入小计		monetary ItemType			cn-csrc-pfs
偿还债务所支付的现金		monetary ItemType			cn-csrc-pfs
分配股利、利润或偿付利息所支付的现金		monetary ItemType			cn-csrc-pfs
支付的其他与筹资活动有关的现金		monetary ItemType			cn-csrc-pfs
筹资活动现金流出小计		monetary ItemType			cn-csrc-pfs
筹资活动产生的现金流量净额		monetary ItemType			cn-csrc-pfs
汇率变动对现金的影响		monetary ItemType			cn-csrc-pfs
现金及现金等价物净增加额		monetary ItemType			cn-csrc-pfs
计提的资产减值准备		monetary ItemType			cn-csrc-pfs

续表

名称	含义（描述）	数据类型		备注	命名空间
		类型	值域说明		
处置固定资产无形资产和其他长期资产的损失		monetary ItemType		处置固定资产、无形资产和其他长期资产的损失（减：收益）	cn-csrc-pfs
固定资产报废损失		monetary ItemType			cn-csrc-pfs
经营性应收项目的减少		monetary ItemType			cn-csrc-pfs
经营性应付项目的增加		monetary ItemType			cn-csrc-pfs
经营活动其他金额		monetary ItemType			cn-csrc-pfs
债务转为资本		monetary ItemType			cn-csrc-pfs
一年内到期的可转换公司债券		monetary ItemType			cn-csrc-pfs
融资租入固定资产		monetary ItemType			cn-csrc-pfs
现金余额		monetary ItemType			cn-csrc-pfs
现金等价物余额		monetary ItemType			cn-csrc-pfs
固定资产折旧		monetary ItemType			cn-csrc-pfs
无形资产摊销		monetary ItemType			cn-csrc-pfs
长期待摊费用摊销		monetary ItemType			cn-csrc-pfs
待摊费用减少		monetary ItemType		待摊费用减少（减：增加）	cn-csrc-pfs
投资损失		monetary ItemType		投资损失（减：收益）	cn-csrc-pfs
存货的减少		monetary ItemType		存货的减少（减：收益）	cn-csrc-pfs
将净利润调节为经营活动现金流量_其他		monetary ItemType			cn-csrc-pfs

续表

名称	含义（描述）	数据类型		备注	命名空间
		类型	值域说明		
坏账准备合计		monetary ItemType			cn-csrc-pfs
应收账款坏账准备		monetary ItemType			cn-csrc-pfs
其他应收款坏账准备		monetary ItemType			cn-csrc-pfs
短期投资跌价准备合计		monetary ItemType			cn-csrc-pfs
股票投资跌价准备		monetary ItemType			cn-csrc-pfs
债券投资跌价准备		monetary ItemType			cn-csrc-pfs
存货跌价准备合计		monetary ItemType			cn-csrc-pfs
库存商品跌价准备		monetary ItemType			cn-csrc-pfs
原材料跌价准备		monetary ItemType			cn-csrc-pfs
长期投资减值准备合计		monetary ItemType			cn-csrc-pfs
长期股权投资减值准备		monetary ItemType			cn-csrc-pfs
长期债权投资减值准备		monetary ItemType			cn-csrc-pfs
房屋、建筑物减值准备		monetary ItemType			cn-csrc-pfs
机器设备减值准备		monetary ItemType			cn-csrc-pfs
无形资产减值准备合计		monetary ItemType			cn-csrc-pfs
专利权减值准备		monetary ItemType			cn-csrc-pfs
商标权减值准备		monetary ItemType			cn-csrc-pfs

续表

名称	含义（描述）	数据类型		备注	命名空间
		类型	值域说明		
在建工程减值准备		monetary ItemType			cn-csrc-pfs
委托贷款减值准备		monetary ItemType			cn-csrc-pfs
固定资产减值准备合计		monetary ItemType			cn-csrc-pfs
坏账准备合计余额		monetary ItemType			cn-csrc-pfs
坏账准备合计_本期转回数		monetary ItemType			cn-csrc-pfs
应收账款坏账准备余额		monetary ItemType			cn-csrc-pfs
应收账款坏账准备_本期增加数		monetary ItemType			cn-csrc-pfs
应收账款坏账准备_本期转回数		monetary ItemType			cn-csrc-pfs
其他应收款坏账准备余额		monetary ItemType			cn-csrc-pfs
其他应收款坏账准备_本期增加数		monetary ItemType			cn-csrc-pfs
其他应收款坏账准备_本期转回数		monetary ItemType			cn-csrc-pfs
短期投资跌价准备合计余额		monetary ItemType			cn-csrc-pfs
短期投资跌价准备合计_本期增加数		monetary ItemType			cn-csrc-pfs
短期投资跌价准备合计_本期转回数		monetary ItemType			cn-csrc-pfs
股票投资跌价准备余额		monetary ItemType			cn-csrc-pfs
股票投资跌价准备_本期增加数		monetary ItemType			cn-csrc-pfs
股票投资跌价准备_本期转回数		monetary ItemType			cn-csrc-pfs

续表

名称	含义（描述）	数据类型		备注	命名空间
		类型	值域说明		
债券投资跌价准备_本期增加数		monetary ItemType			cn-csrc-pfs
债券投资跌价准备_本期转回数		monetary ItemType			cn-csrc-pfs
债券投资跌价准备余额		monetary ItemType			cn-csrc-pfs
存货跌价准备合计_本期增加数		monetary ItemType			cn-csrc-pfs
存货跌价准备合计_本期转回数		monetary ItemType			cn-csrc-pfs
存货跌价准备合计余额		monetary ItemType			cn-csrc-pfs
库存商品跌价准备_本期增加数		monetary ItemType			cn-csrc-pfs
库存商品跌价准备_本期转回数		monetary ItemType			cn-csrc-pfs
库存商品跌价准备余额		monetary ItemType			cn-csrc-pfs
原材料跌价准备_本期增加数		monetary ItemType			cn-csrc-pfs
原材料跌价准备_本期转回数		monetary ItemType			cn-csrc-pfs
原材料跌价准备余额		monetary ItemType			cn-csrc-pfs
长期投资减值准备合计_本期增加数		monetary ItemType			cn-csrc-pfs
长期投资减值准备合计_本期转回数		monetary ItemType			cn-csrc-pfs
长期投资减值准备合计余额		monetary ItemType			cn-csrc-pfs
长期股权投资减值准备_本期增加数		monetary ItemType			cn-csrc-pfs
长期股权投资减值准备_本期转回数		monetary ItemType			cn-csrc-pfs

续表

名称	含义（描述）	数据类型		备注	命名空间
		类型	值域说明		
长期股权投资减值准备余额		monetary ItemType			cn-csrc-pfs
长期债权投资减值准备_本期增加数		monetary ItemType			cn-csrc-pfs
长期债权投资减值准备_本期转回数		monetary ItemType			cn-csrc-pfs
长期债权投资减值准备余额		monetary ItemType			cn-csrc-pfs
固定资产减值准备合计_本期增加数		monetary ItemType			cn-csrc-pfs
固定资产减值准备合计_本期转回数		monetary ItemType			cn-csrc-pfs
固定资产减值准备合计余额		monetary ItemType			cn-csrc-pfs
房屋建筑物减值准备_本期增加数		monetary ItemType			cn-csrc-pfs
房屋建筑物减值准备_本期转回数		monetary ItemType			cn-csrc-pfs
房屋建筑物减值准备余额		monetary ItemType			cn-csrc-pfs
机器设备减值准备_本期增加数		monetary ItemType			cn-csrc-pfs
机器设备减值准备_本期转回数		monetary ItemType			cn-csrc-pfs
机器设备减值准备余额		monetary ItemType			cn-csrc-pfs
无形资产减值准备合计_本期增加数		monetary ItemType			cn-csrc-pfs
无形资产减值准备合计_本期转回数		monetary ItemType			cn-csrc-pfs
无形资产减值准备合计余额		monetary ItemType			cn-csrc-pfs
专利权减值准备_本期增加数		monetary ItemType			cn-csrc-pfs

续表

名称	含义（描述）	数据类型		备注	命名空间
		类型	值域说明		
专利权减值准备_本期转回数		monetary ItemType			cn-csrc-pfs
专利权减值准备余额		monetary ItemType			cn-csrc-pfs
商标权减值准备_本期增加数		monetary ItemType			cn-csrc-pfs
商标权减值准备_本期转回数		monetary ItemType			cn-csrc-pfs
商标权减值准备余额		monetary ItemType			cn-csrc-pfs
在建工程减值准备_本期增加数		monetary ItemType			cn-csrc-pfs
在建工程减值准备_本期转回数		monetary ItemType			cn-csrc-pfs
在建工程减值准备余额		monetary ItemType			cn-csrc-pfs
委托贷款减值准备_本期增加数		monetary ItemType			cn-csrc-pfs
委托贷款减值准备_本期转回数		monetary ItemType			cn-csrc-pfs
委托贷款减值准备余额		monetary ItemType			cn-csrc-pfs
短期股权投资合计		monetary ItemType			cn-csrc-pfs
短期股权投资期末市值		monetary ItemType			cn-csrc-pfs
短期股权投资跌价准备		monetary ItemType			cn-csrc-pfs
股票投资		monetary ItemType			cn-csrc-pfs
股票投资期末市值		monetary ItemType			cn-csrc-pfs
股票投资跌价准备		monetary ItemType			cn-csrc-pfs

续表

名称	含义（描述）	数据类型		备注	命名空间
		类型	值域说明		
短期债券投资合计		monetary ItemType			cn-csrc-pfs
短期债券投资期末市值		monetary ItemType			cn-csrc-pfs
短期债券投资跌价准备		monetary ItemType			cn-csrc-pfs
国债投资		monetary ItemType			cn-csrc-pfs
国债投资期末市值		monetary ItemType			cn-csrc-pfs
国债投资跌价准备		monetary ItemType			cn-csrc-pfs
其他债券		monetary ItemType			cn-csrc-pfs
其他债券期末市值		monetary ItemType			cn-csrc-pfs
其他债券跌价准备		monetary ItemType			cn-csrc-pfs
其他短期投资		monetary ItemType			cn-csrc-pfs
其他短期投资期末市值		monetary ItemType			cn-csrc-pfs
其他短期投资跌价准备		monetary ItemType			cn-csrc-pfs
长期股权投资合计		monetary ItemType			cn-csrc-pfs
长期股权投资期末市值		monetary ItemType			cn-csrc-pfs
长期股权投资跌价准备		monetary ItemType			cn-csrc-pfs
对子公司投资		monetary ItemType			cn-csrc-pfs
对子公司投资期末市值		monetary ItemType			cn-csrc-pfs

续表

名称	含义（描述）	数据类型		备注	命名空间
		类型	值域说明		
对子公司投资跌价准备		monetary ItemType			cn-csrc-pfs
合营企业投资		monetary ItemType			cn-csrc-pfs
合营企业投资期末市值		monetary ItemType			cn-csrc-pfs
合营企业投资跌价准备		monetary ItemType			cn-csrc-pfs
对联营企业投资		monetary ItemType			cn-csrc-pfs
对联营企业投资期末市值		monetary ItemType			cn-csrc-pfs
对联营企业投资跌价准备		monetary ItemType			cn-csrc-pfs
长期债权投资合计		monetary ItemType			cn-csrc-pfs
长期债权投资期末市值		monetary ItemType			cn-csrc-pfs
长期债权投资跌价准备		monetary ItemType			cn-csrc-pfs
长期国债投资		monetary ItemType			cn-csrc-pfs
长期国债投资期末市值		monetary ItemType			cn-csrc-pfs
长期国债投资跌价准备		monetary ItemType			cn-csrc-pfs
其他股权投资		monetary ItemType			cn-csrc-pfs
其他股权投资期末市值		monetary ItemType			cn-csrc-pfs
其他股权投资跌价准备		monetary ItemType			cn-csrc-pfs
股权投资收益		monetary ItemType			cn-csrc-pfs

续表

名称	含义（描述）	数据类型		备注	命名空间
		类型	值域说明		
债权投资收益		monetary ItemType			cn-csrc-pfs
联营公司分配来的利润		monetary ItemType			cn-csrc-pfs
年末所有者权益净增减		monetary ItemType			cn-csrc-pfs
其他投资收益		monetary ItemType			cn-csrc-pfs
应收账款一年以内金额		monetary ItemType			cn-csrc-pfs
应收账款一到两年金额		monetary ItemType			cn-csrc-pfs
应收账款两到三年金额		monetary ItemType			cn-csrc-pfs
应收账款三年以上金额		monetary ItemType			cn-csrc-pfs
应收账款应收持股 5%以上股份股东的金额		monetary ItemType			cn-csrc-pfs
应收账款一年以内坏账准备		monetary ItemType			cn-csrc-pfs
应收账款一到两年坏账准备		monetary ItemType			cn-csrc-pfs
应收账款两到三年坏账准备		monetary ItemType			cn-csrc-pfs
应收账款三年以上坏账准备		monetary ItemType			cn-csrc-pfs
应收账款应收持股 5%以上股份股东的金额		monetary ItemType			cn-csrc-pfs
其他应收款一年以内金额		monetary ItemType			cn-csrc-pfs
其他应收款一到两年金额		monetary ItemType			cn-csrc-pfs
其他应收款两到三年金额		monetary ItemType			cn-csrc-pfs

续表

名称	含义（描述）	数据类型		备注	命名空间
		类型	值域说明		
其他应收款三年以上金额		monetary ItemType			cn-csrc-pfs
其他应收款应收持股5%以上股份股东的金额		monetary ItemType			cn-csrc-pfs
其他应收款一年以内坏账准备		monetary ItemType			cn-csrc-pfs
其他应收款一到两年坏账准备		monetary ItemType			cn-csrc-pfs
其他应收款两到三年坏账准备		monetary ItemType			cn-csrc-pfs
其他应收款三年以上坏账准备		monetary ItemType			cn-csrc-pfs
其他应收款应收持股5%以上股份股东的金额		monetary ItemType			cn-csrc-pfs
主营业务收入		monetary ItemType			cn-csrc-pfs
主营业务收入增减率		decimal ItemType			cn-csrc-pfs
主营业务成本		monetary ItemType			cn-csrc-pfs
主营业务成本增减率		decimal ItemType			cn-csrc-pfs
毛利率		decimal ItemType			cn-csrc-pfs
毛利率增减率		decimal ItemType			cn-csrc-pfs
关联交易的定价原则		string ItemType			cn-csrc-pfs
关联交易必要性持续性的说明		string ItemType			cn-csrc-pfs
资产负债表					cn-csrc-pfs
流动资产					cn-csrc-pfs
筹资活动产生的现金流量					cn-csrc-pfs

续表

名称	含义（描述）	数据类型		备注	命名空间
		类型	值域说明		
长期投资					cn-csrc-pfs
固定资产					cn-csrc-pfs
无形资产及其他资产					cn-csrc-pfs
流动负债					cn-csrc-pfs
股东权益					cn-csrc-pfs
利润及利润分配表					cn-csrc-pfs
利润分配表补充资料					cn-csrc-pfs
现金流量表					cn-csrc-pfs
经营活动产生的现金流量					cn-csrc-pfs
投资活动产生的现金流量					cn-csrc-pfs
现金流量表补充资料					cn-csrc-pfs
将净利润调节为经营活动现金流量					cn-csrc-pfs
不涉及现金收支的投资和筹资活动					cn-csrc-pfs
现金及现金等价物净增加情况					cn-csrc-pfs
资产减值准备变动明细表					cn-csrc-pfs
坏账准备合计变动情况					cn-csrc-pfs
短期投资跌价准备合计变动情况					cn-csrc-pfs
存货跌价准备合计变动情况					cn-csrc-pfs
长期投资减值准备合计变动情况					cn-csrc-pfs
固定资产减值准备合计变动情况					cn-csrc-pfs
无形资产减值准备变动情况					cn-csrc-pfs

续表

名称	含义（描述）	数据类型		备注	命名空间
		类型	值域说明		
在建工程减值准备变动情况					cn-csrc-pfs
委托贷款减值准备变动情况					cn-csrc-pfs
本年度主要会计数据					cn-csrc-pfs
近年度主要会计数据和财务指标					cn-csrc-pfs
净资产收益率及每股收益计算表					cn-csrc-pfs
股东权益变动情况					cn-csrc-pfs
国内外会计准则差异					cn-csrc-pfs
应扣除的非经常性损益项目					cn-csrc-pfs
股本变动情况					cn-csrc-pfs
资本公积变动情况					cn-csrc-pfs
盈余公积变动情况					cn-csrc-pfs
法定公益金变动情况					cn-csrc-pfs
未分配利润变动情况					cn-csrc-pfs
股东权益合计变动情况					cn-csrc-pfs

E.2 财务报表分类信息

E.2.1 定义链接库（注：括号前是元素名，括号内是元素对应的标签名）

近年度主要会计数据和财务指标｛公司近三年主要会计数据和财务指标｝	
	年度主要会计数据_主营业务收入｛主营业务收入｝
	年度主要会计数据_利润总额｛利润总额｝
	年度主要会计数据_净利润｛净利润｝
	扣除非经常性损益后的净利润｛扣除非经常性损益后的净利润｝
	年度主要会计数据_总资产｛总资产｝
	年度主要会计数据_股东权益｛股东权益（不含少数股东权益）｝
	年度主要会计数据_经营活动产生的现金流量净额｛经营活动产生的现金流量净额｝
	每股收益｛每股收益｝
	每股收益 2｛每股收益 2｝

续表

近年度主要会计数据和财务指标｛公司近三年主要会计数据和财务指标｝	
	净资产收益率｛净资产收益率｝
	扣除非经常性损益后的净资产收益率｛扣除非经常性损益的净利润为基础计算的净资产收益率｝
	每股经营活动产生的现金流量净额｛每股经营活动产生的现金流量净额｝
	每股净资产｛每股净资产｝
	调整后的每股净资产｛调整后的每股净资产｝
	年度主要会计数据_主营业务收入本年比上年增减百分比｛主营业务收入本年比上年增减百分比｝
	年度主要会计数据_利润总额本年比上年增减百分比｛利润总额本年比上年增减百分比｝
	年度主要会计数据_净利润本年比上年增减百分比｛净利润本年比上年增减百分比｝
	年度主要会计数据_扣除非经常性损益后的净利润本年比上年增减百分比｛扣除非经常性损益后的净利润本年比上年增减百分比｝
	年度主要会计数据_总资产本年比上年增减百分比｛总资产本年比上年增减百分比｝
	年度主要会计数据_股东权益本年比上年增减百分比｛股东权益本年比上年增减百分比｝
	年度主要会计数据_经营活动产生的现金流量净额本年比上年增减百分比｛经营活动产生的现金流量净额本年比上年增减百分比｝
	每股收益本年比上年增减百分比｛每股收益本年比上年增减百分比｝
	每股收益 2 本年比上年增减百分比｛每股收益 2 本年比上年增减百分比｝
	年度主要会计数据_净资产收益率本年比上年增减百分比｛净资产收益率本年比上年增减百分比｝
	扣除非经常性损益后的净资产收益率本年比上年增减百分比｛扣除非经常性损益的净利润为基础计算的净资产收益率本年比上年增减百分比｝
	每股经营活动产生的现金流量净额本年比上年增减百分比｛每股经营活动产生的现金流量净额本年比上年增减百分比｝
	每股净资产本年比上年增减百分比｛每股净资产本年比上年增减百分比｝
	调整后的每股净资产本年比上年增减百分比｛调整后的每股净资产本年比上年增减百分比｝
本年度主要会计数据｛年度主要会计数据｝	
	年度主要会计数据_利润总额｛利润总额｝
	年度主要会计数据_净利润｛净利润｝
	扣除非经常性损益后的净利润｛扣除非经常性损益后的净利润｝
	年度主要会计数据_主营业务利润｛主营业务利润｝
	年度主要会计数据_其他业务利润｛其他业务利润｝
	年度主要会计数据_营业利润｛营业利润｝
	年度主要会计数据_投资收益｛投资收益｝
	年度主要会计数据_补贴收入｛补贴收入｝
	年度主要会计数据_营业外收支净额｛营业外收支净额｝
	年度主要会计数据_经营活动产生的现金流量净额｛经营活动产生的现金流量净额｝

续表

近年度主要会计数据和财务指标{公司近三年主要会计数据和财务指标}			
	年度主要会计数据_现金及现金等价物净增减额{现金及现金等价物净增减额}		
	应扣除的非经常性损益项目{应扣除的非经常性损益项目}		
		处理下属部门和被投资单位股权损益{处理下属部门和被投资单位股权损益}	
		收取的资金占用费{收取的资金占用费}	
		交易价格显失公允关联交易的损益{交易价格显失公允关联交易的损益}	
		资产置换损益{资产置换损益}	
		税收返还减免以及其他政府补贴{税收返还减免以及其他政府补贴}	
		会计政策变更对期间净利润调整数{会计政策变更对期间净利润调整数}	
		流动资产盘盈盘亏损益{流动资产盘盈盘亏损益}	
		委托投资损益{委托投资损益}	
		非经常性损益_营业外收入{营业外收入}	
		非经常性损益_营业外支出{营业外支出}	
		其他非经常性损益{其他非经常性损益}	
			其他非经常性损益说明{其他非经常性损益说明}
		应扣除的非经常性损益合计{应扣除的非经常性损益合计}	
利润及利润分配表{利润及利润分配表}			
	主营业务收入{一、主营业务收入}		
		主营业务成本{减：主营业务成本}	
		主营业务税金及附加{主营业务税金及附加}	
	主营业务利润{二、主营业务利润（亏损以“—”号填列）}		
		其他业务利润{加：其他业务利润（亏损以“—”号填列）}	
		营业费用{减：营业费用}	
		管理费用{管理费用}	
		财务费用{财务费用}	
	营业利润{三、营业利润（亏损以“—”号填列）}		
		投资收益{加：投资收益}	
		补贴收入{补贴收入}	
		营业外收入{营业外收入}	
		营业外支出{减：营业外支出}	
	利润总额{四、利润总额（亏损总额以“—”号填列）}		
		所得税{减：所得税}	
		未确认的投资损失本期发生额{未确认的投资损失本期发生额}	
		少数股东损益{减：少数股东损益}	
	净利润{五、净利润（净亏损以“—”号填列）}		
		年初未分配利润{加：年初未分配利润}	
		其他转入{其他转入}	

续表

近年度主要会计数据和财务指标 {公司近三年主要会计数据和财务指标}			
	可供分配的利润 {六、可供分配的利润}		
		提取法定盈余公积金 {减：提取法定盈余公积金}	
		提取法定公益金 {提取法定公益金}	
		提取职工奖励及福利基金 {提取职工奖励及福利基金}	
		提取储备基金 {提取储备基金}	
		提取企业发展基金 {提取企业发展基金}	
		利润归还投资 {利润归还投资}	
	可供投资者分配的利润 {七、可供投资者分配的利润}		
		应付优先股股利 {减：应付优先股股利}	
		提取任意盈余公积 {提取任意盈余公积}	
		应付普通股股利 {应付普通股股利}	
		转作资本或股本的普通股股利 {转作资本（或股本）的普通股股利}	
	未分配利润 {未分配利润}		
	利润分配表补充资料 {利润表补充资料}		
		出售处置部门或被投资单位所得收益 {1. 出售、处置部门或被投资单位所得收益}	
		自然灾害发生的损失 {2. 自然灾害发生的损失}	
		会计政策变更增加或减少利润总额 {3. 会计政策变更增加（或减少）利润总额}	
		会计估计变更增加或减少利润总额 {3. 会计估计变更增加（或减少）利润总额}	
		债务重组损失 {5. 债务重组损失}	
		利润分配表补充资料_其他 {6. 其他}	
			利润分配表补充资料_其他项说明 {其他项说明}
股东权益变动情况 {股东权益变动情况}			
	股本变动情况 {股本}		
		股本数 {股本数}	
		股本 _ 本期增加 {股本 _ 本期增加}	
		股本 _ 本期减少 {股本 _ 本期减少}	
	资本公积变动情况 {资本公积}		
		资本公积 {资本公积}	
		资本公积 _ 本期增加 {资本公积 _ 本期增加}	
		资本公积 _ 本期减少 {资本公积 _ 本期减少}	
	盈余公积变动情况 {盈余公积}		
		盈余公积 {盈余公积}	
		盈余公积 _ 本期增加 {盈余公积 _ 本期增加}	
		盈余公积 _ 本期减少 {盈余公积 _ 本期减少}	
	法定公益金变动情况 {法定公益金}		
		法定公益金 {法定公益金}	

续表

近年度主要会计数据和财务指标{公司近三年主要会计数据和财务指标}		
		法定公益金_本期增加{法定公益金_本期增加}
		法定公益金_本期减少{法定公益金_本期减少}
	未分配利润变动情况{未分配利润}	
		未分配利润{未分配利润}
		未分配利润_本期增加{未分配利润_本期增加}
		未分配利润_本期减少{未分配利润_本期减少}
	股东权益合计变动情况{股东权益合计}	
		股东权益合计{股东权益合计}
		股东权益合计_本期增加{股东权益合计_本期增加}
		股东权益合计_本期减少{股东权益合计_本期减少}
现金流量表{现金流量表}		
	经营活动产生的现金流量{一、经营活动产生的现金流量:}	
		销售商品提供劳务收到的现金{销售商品、提供劳务收到的现金}
		收到的税费返还{收到的税费返还}
		收到的其他与经营活动有关的现金{收到的其他与经营活动有关的现金}
		经营活动产生的现金流入小计{现金流入小计}
		购买商品接受劳务支付的现金{购买商品、接受劳务支付的现金}
		支付给职工以及为职工支付的现金{支付给职工以及为职工支付的现金}
		支付的各项税费{支付的各项税费}
		支付的其他与经营活动有关的现金{支付的其他与经营活动有关的现金}
		经营活动产生的现金流出小计{现金流出小计}
		经营活动产生的现金流量净额直接法{经营活动产生的现金流量净额}
	投资活动产生的现金流量{二、投资活动产生的现金流量:}	
		收回投资所收到的现金{收回投资所收到的现金}
		取得投资收益所收到的现金{取得投资收益所收到的现金}
		处置固定资产无形资产和其他长期资产所收回的现金净额{处置固定资产、无形资产和其他长期资产所收回的现金净额}
		收到的其他与投资活动有关的现金{收到的其他与投资活动有关的现金}
		投资活动产生的现金流入小计{现金流入小计}
		购建固定资产无形资产和其他长期资产所支付的现金{购建固定资产、无形资产和其他长期资产所支付的现金}
		投资所支付的现金{投资所支付的现金}
		支付的其他与投资活动有关的现金{支付的其他与投资活动有关的现金}
		投资活动产生的现金流出小计{现金流出小计}
		投资活动产生的现金流量净额{投资活动产生的现金流量净额}
	筹资活动产生的现金流量{三、筹资活动产生的现金流量}	

续表

近年度主要会计数据和财务指标 {公司近三年主要会计数据和财务指标}		
		吸收投资所收到的现金 {吸收投资所收到的现金}
		借款所收到的现金 {借款所收到的现金}
		收到的其他与筹资活动有关的现金 {收到的其他与筹资活动有关的现金}
		筹资活动产生的现金流入小计 {现金流入小计}
		偿还债务所支付的现金 {偿还债务所支付的现金}
		分配股利利润或偿付利息所支付的现金 {分配股利、利润或偿付利息所支付的现金}
		支付的其他与筹资活动有关的现金 {支付的其他与筹资活动有关的现金}
		筹资活动产生的现金流出小计 {现金流出小计}
		筹资活动产生的现金流量净额 {筹资活动产生的现金流量净额}
	汇率变动对现金的影响 {四、汇率变动对现金的影响}	
	现金及现金等价物净增加额直接法 {五、现金及现金等价物净增加额}	
	现金流量表补充资料 {现金流量表补充资料}	
		不涉及现金收支的投资和筹资活动 {2. 不涉及现金收支的投资和筹资活动：}
		债务转为资本 {债务转为资本}
		一年内到期的可转换公司债券 {一年内到期的可转换公司债券}
		融资租入固定资产 {融资租入固定资产}
		现金及现金等价物净增加情况 {现金及现金等价物净增加情况：}
		现金余额 {现金余额}
		现金等价物余额 {现金等价物余额}
		现金及现金等价物净增加额间接法 {现金及现金等价物净增加额}

将净利润调节为经营活动现金流量 {1. 将净利润调节为经营活动现金流量：}	
	现金流量表补充_净利润 {净利润}
	少数股东本期收益 {加：少数股东损益}
	计提的资产减值准备 {加：计提的资产减值准备}
	固定资产折旧 {固定资产折旧}
	无形资产摊销 {无形资产摊销}
	长期待摊费用摊销 {长期待摊费用摊销}
	待摊费用减少 {待摊费用减少（减：增加）}
	预提费用增加 {预提费用增加（减：减少）}
	处置固定资产无形资产和其他长期资产的损失 {处置固定资产、无形资产和其他长期资产的损失（减：收益）}
	固定资产报废损失 {固定资产报废损失}
	财务费用本期借方发生额 {财务费用}
	投资损失 {投资损失（减：收益）}
	递延税款贷项 {递延税款贷项}
	存货的减少 {存货的减少（减：增加）}

续表

近年度主要会计数据和财务指标｛公司近三年主要会计数据和财务指标｝			
	经营性应收项目的减少｛经营性应收项目的减少（减：增加）｝		
	经营性应付项目的增加｛经营性应付项目的增加（减：减少）｝		
	将净利润调节为经营活动现金流量_其他｛其他｝		
	经营活动产生的现金流量净额间接法｛经营活动产生的现金流量净额｝		
净资产收益率及每股收益计算表｛报告期利润附表｝			
	主营业务利润_全面摊薄_净资产收益率｛净资产收益率（主营业务利润全面摊薄）｝		
	主营业务利润_加权平均_净资产收益率｛净资产收益率（主营业务利润加权平均）｝		
	主营业务利润_全面摊薄_每股收益｛每股收益（主营业务利润全面摊薄）｝		
	主营业务利润_加权平均_每股收益｛每股收益（主营业务利润加权平均）｝		
	营业利润_全面摊薄_净资产收益率｛净资产收益率（营业利润全面摊薄）｝		
	营业利润_加权平均_净资产收益率｛净资产收益率（营业利润加权平均）｝		
	营业利润_全面摊薄_每股收益｛每股收益（营业利润全面摊薄）｝		
	营业利润_加权平均_每股收益｛每股收益（营业利润加权平均）｝		
	净利润_全面摊薄_净资产收益率｛净资产收益率（净利润全面摊薄）｝		
	净利润_加权平_净资产收益率｛净资产收益率（净利润加权平均）｝		
	净利润_全面摊薄_每股收益｛每股收益（净利润全面摊薄）｝		
	净利润_加权平均_每股收益｛每股收益（净利润加权平均）｝		
	扣除非经常性损益后的净利润_全面摊薄_净资产收益率｛净资产收益率（扣除非经常性损益后的净利润全面摊薄）｝		
	扣除非经常性损益后的净利润_加权平均_净资产收益率｛净资产收益率（扣除非经常性损益后的净利润加权平均）｝		
	扣除非经常性损益后的净利润_全面摊薄_每股收益｛每股收益（扣除非经常性损益后的净利润全面摊薄）性损益后的净利润｝		
	扣除非经常性损益后的净利润_加权平均_每股收益｛每股收益（扣除非经常性损益后的净利润加权平均）｝		
资产减值准备变动明细表｛资产减值准备明细表｝			
	坏账准备合计变动情况｛一、坏账准备合计｝		
		坏账准备合计｛一、坏账准备合计｝	
			应收账款计提的坏账准备｛其中：应收账款｝
			其他应收款计提的坏账准备｛其他应收款｝
			计提的其他坏账准备｛计提的其他坏账准备｝
		坏账准备合计_本期增加数｛一、坏账准备合计_本期增加数｝	
			应收账款计提的坏账准备_本期增加数｛其中：应收账款_本期增加数｝
			其他应收款计提的坏账准备_本期增加数｛其他应收款_本期增加数｝
			计提的其他坏账准备_本期增加数｛计提的其他坏账准备_本期增加数｝

续表

近年度主要会计数据和财务指标｛公司近三年主要会计数据和财务指标｝			
		坏账准备合计_本期转回数｛一、坏账准备合计_本期转回数｝	
			应收账款计提的坏账准备_本期转回数｛其中：应收账款_本期转回数｝
			其他应收款计提的坏账准备_本期转回数｛其他应收款_本期转回数｝
			计提的其他坏账准备_本期转回数｛计提的其他坏账准备_本期转回数｝
	短期投资跌价准备合计变动情况｛二、短期投资跌价准备合计｝		
		短期投资跌价准备合计｛二、短期投资跌价准备合计｝	
			短期股票投资跌价准备｛其中：股票投资｝
			短期债券投资跌价准备｛债券投资｝
			计提的其他短期投资跌价准备｛其他短期投资跌价准备｝
		短期投资跌价准备合计_本期增加数｛二、短期投资跌价准备合计_本期增加数｝	
			短期股票投资跌价准备_本期增加数｛其中：股票投资_本期增加数｝
			短期债券投资跌价准备_本期增加数｛债券投资_本期增加数｝
			计提的其他短期投资跌价准备_本期增加数｛其他短期投资跌价准备_本期增加数｝
		短期投资跌价准备合计_本期转回数｛二、短期投资跌价准备合计_本期转回数｝	
			短期股票投资跌价准备_本期转回数｛其中：股票投资_本期转回数｝
			短期债券投资跌价准备_本期转回数｛债券投资_本期转回数｝
			计提的其他短期投资跌价准备_本期转回数｛其他短期投资跌价准备_本期转回数｝
	存货跌价准备合计变动情况｛三、存货跌价准备合计｝		
			存货跌价准备合计｛三、存货跌价准备合计｝
			库存商品跌价准备｛库存商品跌价准备｝
			原材料跌价准备｛原材料_期初余额｝
			计提的其他存货跌价准备｛其他存货跌价准备｝
		存货跌价准备合计_本期增加数｛三、存货跌价准备合计_本期增加数｝	
			库存商品跌价准备_本期增加数｛其中：库存商品_本期增加数｝
			原材料跌价准备_本期增加数｛原材料_本期增加数｝
			计提的其他存货跌价准备_本期增加数｛其他存货跌价准备_本期增加｝
		存货跌价准备合计_本期转回数｛三、存货跌价准备合计_本期增加数｝	
			库存商品跌价准备_本期转回数｛其中：库存商品_本期转回数｝
			原材料跌价准备_本期转回数｛原材料_本期转回数｝
			计提的其他存货跌价准备_本期转回数｛其他存货跌价准备_本期转回｝
	长期投资减值准备合计变动情况｛四、长期投资减值准备合计｝		
		长期投资减值准备合计｛四、长期投资减值准备合计｝	
			长期股权投资减值准备｛其中：长期股权投资｝
			长期债权投资减值准备｛长期债权投资｝
			计提的其他长期投资减值准备｛其他长期投资减值准备｝

续表

近年度主要会计数据和财务指标{公司近三年主要会计数据和财务指标}			
		长期投资减值准备合计_本期增加数{四、长期投资减值准备合计_本期增加数}	
			长期股权投资减值准备_本期增加数{其中：长期股权投资_本期增加数}
			长期债权投资减值准备_本期增加数{长期债权投资_本期增加数}
			计提的其他长期投资减值准备_本期增加数{其他长期投资减值准备_本期增加数}
		长期投资减值准备合计_本期转回数{四、长期投资减值准备合计_本期转回数}	
			长期股权投资减值准备_本期转回数{其中：长期股权投资_本期转回数}
			长期债权投资减值准备_本期转回数{长期债权投资_本期转回数}
			计提的其他长期投资减值准备_本期转回数{其他长期投资减值准备_本期转回数}
	固定资产减值准备合计变动情况{五、固定资产减值准备合计}		
		固定资产减值准备合计{五、固定资产减值准备合计}	
			房屋建筑物减值准备{房屋建筑物减值准备}
			机器设备减值准备{机器设备减值准备}
			计提的其他固定资产减值准备{其他固定资产减值准备}
		固定资产减值准备合计_本期增加数{五、固定资产减值准备合计_本期增加数}	
			房屋建筑物减值准备_本期增加数{其中：房屋、建筑物_本期增加数}
			机器设备减值准备_本期增加数{机器设备_本期增加数}
			计提的其他固定资产减值准备_本期增加数{其他固定资产减值准备_本期增加数}
		固定资产减值准备合计_本期转回数{五、固定资产减值准备合计_本期转回数}	
			房屋建筑物减值准备_本期转回数{其中：房屋、建筑物_本期转回数}
			机器设备减值准备_本期转回数{机器设备_本期转回数}
			计提的其他固定资产减值准备_本期转回数{其他固定资产减值准备_本期转回数}
	无形资产减值准备变动情况{六、无形资产减值准备}		
		无形资产减值准备{六、无形资产减值准备}	
			专利权减值准备{其中：专利权}
			商标权减值准备{商标权}
			计提的其他无形资产减值准备{其他无形资产减值准备}
		无形资产减值准备_本期增加数{六、无形资产减值准备_本期增加数}	
			专利权减值准备_本期增加数{其中：专利权_本期增加数}
			商标权减值准备_本期增加数{商标权_本期增加数}
			计提的其他无形资产减值准备_本期增加数{其他无形资产减值准备_本期增加数}
		无形资产减值准备_本期转回数{六、无形资产减值准备_本期转回数}	
			专利权减值准备_本期转回数{其中：专利权_本期转回数}
			商标权减值准备_本期转回数{商标权_本期转回数}
			计提的其他无形资产减值准备_本期转回数{其他无形资产减值准备_本期转回数}
	在建工程减值准备变动情况{七、在建工程减值准备}		

续表

近年度主要会计数据和财务指标｛公司近三年主要会计数据和财务指标｝		
		在建工程减值准备｛七、在建工程减值准备｝
		在建工程减值准备_本期增加数｛七、在建工程减值准备_本期增加数｝
		在建工程减值准备_本期转回数｛七、在建工程减值准备_本期转回数｝
	委托贷款减值准备变动情况｛八、委托贷款减值准备｝	
		委托贷款减值准备｛八、委托贷款减值准备｝
		委托贷款减值准备_本期增加数｛八、委托贷款减值准备_本期增加数｝
		委托贷款减值准备_本期转回数｛八、委托贷款减值准备_本期转回数｝
资产负债表｛资产负债表｝		
	流动资产｛流动资产：｝	
		货币资金｛货币资金｝
		短期投资｛短期投资｝
		应收票据｛应收票据｝
		应收股利｛应收股利｝
		应收利息｛应收利息｝
		应收账款｛应收账款｝
		其他应收款｛其他应收款｝
		预付账款｛预付账款｝
		应收补贴款｛应收补贴款｝
		存货｛存货｝
		待摊费用｛待摊费用｝
		一年内到期的长期债权投资｛一年内到期的长期债权投资｝
		其他流动资产｛其他流动资产｝
		流动资产合计｛流动资产合计｝
		货币资金｛货币资金｝
		短期投资｛短期投资｝
		应收票据｛应收票据｝
		应收股利｛应收股利｝
		应收利息｛应收利息｝
		应收账款｛应收账款｝
		其他应收款｛其他应收款｝
		预付账款｛预付账款｝
		应收补贴款｛应收补贴款｝
		存货｛存货｝
		待摊费用｛待摊费用｝
		一年内到期的长期债权投资｛一年内到期的长期债权投资｝
		其他流动资产｛其他流动资产｝

续表

近年度主要会计数据和财务指标｛公司近三年主要会计数据和财务指标｝			
		流动资产合计｛流动资产合计｝	
	长期投资｛长期投资：｝		
		长期股权投资｛长期股权投资｝	
		长期债权投资｛长期债权投资｝	
		长期投资合计｛长期投资合计｝	
		长期股权投资｛长期股权投资｝	
		长期债权投资｛长期债权投资｝	
		长期投资合计｛长期投资合计｝	
		合并价差｛合并价差｝	
	固定资产｛固定资产：｝		
		固定资产原价｛固定资产原价｝	
			累计折旧｛累计折旧｝
		固定资产净值｛固定资产净值｝	
			固定资产减值准备｛固定资产减值准备｝
		固定资产净额｛固定资产净额｝	
		工程物资｛工程物资｝	
		在建工程｛在建工程｝	
		固定资产清理｛固定资产清理｝	
		固定资产合计｛固定资产合计｝	
	无形资产及其他资产｛无形资产及其他资产：｝		
		无形资产｛无形资产｝	
		长期待摊费用｛长期待摊费用｝	
		其他长期资产｛其他长期资产｝	
		无形资产及其他资产合计｛无形资产及其他资产合计｝	
		递延税款借项｛递延税款借项｝	
	资产总计｛资产总计｝		
	流动负债｛流动负债：｝		
		短期借款｛短期借款｝	
		应付票据｛应付票据｝	
		应付账款｛应付账款｝	
		预收账款｛预收账款｝	
		应付工资｛应付工资｝	
		应付福利费｛应付福利费｝	
		应付股利｛应付股利｝	
		应交税金｛应交税金｝	

续表

近年度主要会计数据和财务指标｛公司近三年主要会计数据和财务指标｝		
		其他应交款｛其他应交款｝
		其他应付款｛其他应付款｝
		预提费用｛预提费用｝
		预计负债｛预计负债｝
		一年内到期的长期负债｛一年内到期的长期负债｝
		其他流动负债｛其他流动负债｝
		流动负债合计｛流动负债合计｝
	长期负债｛长期负债｝	
		长期借款｛长期借款｝
		应付债券｛应付债券｝
		长期应付款｛长期应付款｝
		专项应付款｛专项应付款｝
		其他长期负债｛其他长期负债｝
		长期负债合计｛长期负债合计｝
		递延税款贷项｛递延税款贷项｝
	负债合计｛负债合计｝	
	少数股东权益｛少数股东权益｝	
	股东权益｛股东权益：｝	
		股本｛股本｝
		已归还投资｛减：已归还投资｝
		股本净额｛股本净额｝
		资本公积｛资本公积｝
		盈余公积｛盈余公积｝
		法定公益金｛其中：法定公益金｝
		未分配利润｛未分配利润｝
		未确认的投资损失｛未确认的投资损失｝
		外币报表折算差额｛外币报表折算差额｝
		股东权益合计｛股东权益合计｝
	负债和股东权益总计｛负债和股东权益总计｝	
国内外会计准则差异｛国内外会计准则差异｝		
	年度主要会计数据_净利润｛净利润｝	
	净利润_境外会计准则计算结果｛净利润｝	
	净资产_境外会计准则计算结果｛净资产（境外会计准则计算结果）｝	
	国内外会计准则差异说明｛国内外会计准则差异说明｝	
	净资产｛净资产｝	

E.2.2　展示链接库（注：括号前是元素名，括号内是元素对应的标签名）

现金流量表{现金流量表}		
	经营活动产生的现金流量{一、经营活动产生的现金流量:}	
		销售商品提供劳务收到的现金{销售商品、提供劳务收到的现金}
		收到的税费返还{收到的税费返还}
		收到的其他与经营活动有关的现金{收到的其他与经营活动有关的现金}
		经营活动产生的现金流入小计{现金流入小计}
		购买商品接受劳务支付的现金{购买商品、接受劳务支付的现金}
		支付给职工以及为职工支付的现金{支付给职工以及为职工支付的现金}
		支付的各项税费{支付的各项税费}
		支付的其他与经营活动有关的现金{支付的其他与经营活动有关的现金}
		经营活动产生的现金流出小计{现金流出小计}
		经营活动产生的现金流量净额直接法{经营活动产生的现金流量净额}
	投资活动产生的现金流量{二、投资活动产生的现金流量:}	
		收回投资所收到的现金{收回投资所收到的现金}
		取得投资收益所收到的现金{取得投资收益所收到的现金}
		处置固定资产无形资产和其他长期资产所收回的现金净额{处置固定资产、无形资产和其他长期资产所收回的现金净额}
		收到的其他与投资活动有关的现金{收到的其他与投资活动有关的现金}
		投资活动产生的现金流入小计{现金流入小计}
		购建固定资产无形资产和其他长期资产所支付的现金{购建固定资产、无形资产和其他长期资产所支付的现金}
		投资所支付的现金{投资所支付的现金}
		支付的其他与投资活动有关的现金{支付的其他与投资活动有关的现金}
		投资活动产生的现金流出小计{现金流出小计}
		投资活动产生的现金流量净额{投资活动产生的现金流量净额}
	筹资活动产生的现金流量{三、筹资活动产生的现金流量}	
		吸收投资所收到的现金{吸收投资所收到的现金}
		借款所收到的现金{借款所收到的现金}
		收到的其他与筹资活动有关的现金{收到的其他与筹资活动有关的现金}
		筹资活动产生的现金流入小计{现金流入小计}
		偿还债务所支付的现金{偿还债务所支付的现金}
		分配股利利润或偿付利息所支付的现金{分配股利、利润或偿付利息所支付的现金}
		支付的其他与筹资活动有关的现金{支付的其他与筹资活动有关的现金}
		筹资活动产生的现金流出小计{现金流出小计}
		筹资活动产生的现金流量净额{筹资活动产生的现金流量净额}

续表

现金流量表{现金流量表}		
	汇率变动对现金的影响{四、汇率变动对现金的影响}	
	现金及现金等价物净增加额直接法{五、现金及现金等价物净增加额}	
	将净利润调节为经营活动现金流量{1. 将净利润调节为经营活动现金流量:}	
		现金流量表补充_净利润{净利润}
		少数股东本期收益{加：少数股东损益}
		计提的资产减值准备{加：计提的资产减值准备}
		固定资产折旧{固定资产折旧}
		无形资产摊销{无形资产摊销}
		长期待摊费用摊销{长期待摊费用摊销}
		待摊费用减少{待摊费用减少（减：增加）}
		预提费用增加{预提费用增加（减：减少）}
		处置固定资产无形资产和其他长期资产的损失{处置固定资产、无形资产和其他长期资产的损失（减：收益）}
		固定资产报废损失{固定资产报废损失}
		财务费用本期借方发生额{财务费用}
		投资损失{投资损失（减：收益）}
		递延税款贷项{递延税款贷项}
		存货的减少{存货的减少（减：增加）}
		经营性应收项目的减少{经营性应收项目的减少（减：增加）}
		经营性应付项目的增加{经营性应付项目的增加（减：减少）}
		将净利润调节为经营活动现金流量_其他{其他}
		经营活动产生的现金流量净额间接法{经营活动产生的现金流量净额}
	不涉及现金收支的投资和筹资活动{2. 不涉及现金收支的投资和筹资活动:}	
		债务转为资本{债务转为资本}
		一年内到期的可转换公司债券{一年内到期的可转换公司债券}
		融资租入固定资产{融资租入固定资产}
	现金及现金等价物净增加情况{现金及现金等价物净增加情况:}	
		现金余额{现金的期末余额}
		现金余额{减：现金的期初余额}
		现金等价物余额{加：现金等价物的期末余额}
		现金等价物余额{减：现金等价物的期初余额}
		现金及现金等价物净增加额间接法{现金及现金等价物净增加额}
资产减值准备变动明细表{资产减值准备明细表}		
	坏账准备合计变动情况{一、坏账准备合计}	
		坏账准备合计余额{一、坏账准备合计_期初余额}

续表

现金流量表{现金流量表}			
			应收账款计提的坏账准备余额{其中：应收账款_期初余额}
			其他应收款计提的坏账准备余额{其他应收款_期初余额}
			计提的其他坏账准备余额{计提的其他坏账准备_期初余额}
		坏账准备合计_本期增加数{一、坏账准备合计_本期增加数}	
			应收账款计提的坏账准备_本期增加数{其中：应收账款_本期增加数}
			其他应收款计提的坏账准备_本期增加数{其他应收款_本期增加数}
			计提的其他坏账准备_本期增加数{计提的其他坏账准备_本期增加数}
		坏账准备合计_本期转回数{一、坏账准备合计_本期转回数}	
			应收账款计提的坏账准备_本期转回数{其中：应收账款_本期转回数}
			其他应收款计提的坏账准备_本期转回数{其他应收款_本期转回数}
			计提的其他坏账准备_本期转回数{计提的其他坏账准备_本期转回数}
		坏账准备合计余额{一、坏账准备合计_期末余额}	
			应收账款计提的坏账准备余额{其中：应收账款_期末余额}
			其他应收款计提的坏账准备余额{其他应收款_期末余额}
			计提的其他坏账准备余额{其他坏账准备_期末余额}
	短期投资跌价准备合计变动情况{二、短期投资跌价准备合计}		
		短期投资跌价准备合计余额{二、短期投资跌价准备合计_期初余额}	
			短期股票投资跌价准备余额{其中：股票投资_期初余额}
			短期债券投资跌价准备余额{债券投资_期初余额}
			计提的其他短期投资跌价准备余额{其他短期投资跌价准备_期初余额}
		短期投资跌价准备合计_本期增加数{二、短期投资跌价准备合计_本期增加数}	
			短期股票投资跌价准备_本期增加数{其中：股票投资_本期增加数}
			短期债券投资跌价准备_本期增加数{债券投资_本期增加数}
			计提的其他短期投资跌价准备_本期增加数{其他短期投资跌价准备_本期增加数}
		短期投资跌价准备合计_本期转回数{二、短期投资跌价准备合计_本期转回数}	
			短期股票投资跌价准备_本期转回数{其中：股票投资_本期转回数}
			短期债券投资跌价准备_本期转回数{债券投资_本期转回数}
			计提的其他短期投资跌价准备_本期转回数{其他短期投资跌价准备_本期转回数}
		短期投资跌价准备合计余额{二、短期投资跌价准备合计_期末余额}	
			短期股票投资跌价准备余额{其中：股票投资_期末余额}
			短期债券投资跌价准备余额{债券投资_期末余额}
			计提的其他短期投资跌价准备余额{计提的其他短期投资跌价准备_期末余额}
	存货跌价准备合计变动情况{三、存货跌价准备合计}		
		存货跌价准备合计余额{三、存货跌价准备合计_期初余额}	
			库存商品跌价准备余额{其中：库存商品_期初余额}

续表

现金流量表｛现金流量表｝			
			原材料跌价准备余额｛原材料_期初余额｝
			计提的其他存货跌价准备余额｛其他存货跌价准备_期初余额｝
		存货跌价准备合计_本期增加数｛三、存货跌价准备合计_本期增加数｝	
			库存商品跌价准备_本期增加数｛其中：库存商品_本期增加数｝
			原材料跌价准备_本期增加数｛原材料_本期增加数｝
			计提的其他存货跌价准备_本期增加数｛其他存货跌价准备_本期增加｝
		存货跌价准备合计_本期转回数｛三、存货跌价准备合计_本期增加数｝	
			库存商品跌价准备_本期转回数｛其中：库存商品_本期转回数｝
			原材料跌价准备_本期转回数｛原材料_本期转回数｝
			计提的其他存货跌价准备_本期转回数｛其他存货跌价准备_本期转回｝
		存货跌价准备合计余额｛三、存货跌价准备合计_期末余额｝	
			库存商品跌价准备余额｛其中：库存商品_期末余额｝
			原材料跌价准备余额｛原材料_期末余额｝
			计提的其他存货跌价准备余额｛其他存货跌价准备_期末余额｝
	长期投资减值准备合计变动情况｛四、长期投资减值准备合计｝		
		长期投资减值准备合计余额｛四、长期投资减值准备合计_期初余额｝	
			长期股权投资减值准备余额｛其中：长期股权投资_期初余额｝
			长期债权投资减值准备余额｛长期债权投资_期初余额｝
			计提的其他长期投资减值准备余额｛其他长期投资减值准备_期初余额｝
		长期投资减值准备合计_本期增加数｛四、长期投资减值准备合计_本期增加数｝	
			长期股权投资减值准备_本期增加数｛其中：长期股权投资_本期增加数｝
			长期债权投资减值准备_本期增加数｛长期债权投资_本期增加数｝
			计提的其他长期投资减值准备_本期增加数｛其他长期投资减值准备_本期增加数｝
		长期投资减值准备合计_本期转回数｛四、长期投资减值准备合计_本期转回数｝	
			长期股权投资减值准备_本期转回数｛其中：长期股权投资_本期转回数｝
			长期债权投资减值准备_本期转回数｛长期债权投资_本期转回数｝
			计提的其他长期投资减值准备_本期转回数｛其他长期投资减值准备_本期转回数｝
		长期投资减值准备合计余额｛四、长期投资减值准备合计_期末余额｝	
			长期股权投资减值准备余额｛其中：长期股权投资_期末余额｝
			长期债权投资减值准备余额｛长期债权投资_期末余额｝
			计提的其他长期投资减值准备余额｛其他长期投资减值准备_期末余额｝
	固定资产减值准备合计变动情况｛五、固定资产减值准备合计｝		
		固定资产减值准备合计余额｛五、固定资产减值准备合计_期初余额｝	
			房屋建筑物减值准备余额｛其中：房屋、建筑物_期初余额｝
			机器设备减值准备余额｛机器设备_期初余额｝

续表

现金流量表{现金流量表}			
			计提的其他固定资产减值准备余额{其他固定资产减值准备_期初余额}
		固定资产减值准备合计_本期增加数{五、固定资产减值准备合计_本期增加数}	
			房屋建筑物减值准备_本期增加数{其中：房屋、建筑物_本期增加数}
			机器设备减值准备_本期增加数{机器设备_本期增加数}
			计提的其他固定资产减值准备_本期增加数{其他固定资产减值准备_本期增加数}
		固定资产减值准备合计_本期转回数{五、固定资产减值准备合计_本期转回数}	
			房屋建筑物减值准备_本期转回数{其中：房屋、建筑物_本期转回数}
			机器设备减值准备_本期转回数{机器设备_本期转回数}
			计提的其他固定资产减值准备_本期转回数{其他固定资产减值准备_本期转回数}
		固定资产减值准备合计余额{五、固定资产减值准备合计_期末余额}	
			房屋建筑物减值准备余额{其中：房屋、建筑物_期末余额}
			机器设备减值准备余额{机器设备_期末余额}
			计提的其他固定资产减值准备余额{其他固定资产减值准备_期末余额}
	无形资产减值准备变动情况{六、无形资产减值准备}		
		无形资产减值准备余额{六、无形资产减值准备_期初余额}	
			专利权减值准备余额{其中：专利权_期初余额}
			商标权减值准备余额{商标权_期初余额}
			计提的其他无形资产减值准备余额{其他无形资产减值准备_期初余额}
		无形资产减值准备_本期增加数{六、无形资产减值准备_本期增加数}	
			专利权减值准备_本期增加数{其中：专利权_本期增加数}
			商标权减值准备_本期增加数{商标权_本期增加数}
			计提的其他无形资产减值准备_本期增加数{其他无形资产减值准备_本期增加数}
		无形资产减值准备_本期转回数{六、无形资产减值准备_本期转回数}	
			专利权减值准备_本期转回数{其中：专利权_本期转回数}
			商标权减值准备_本期转回数{商标权_本期转回数}
			计提的其他无形资产减值准备_本期转回数{其他无形资产减值准备_本期转回数}
		无形资产减值准备余额{六、无形资产减值准备_期末余额}	
			专利权减值准备余额{其中：专利权_期末余额}
			商标权减值准备余额{商标权_期末余额}
			计提的其他无形资产减值准备余额{其他无形资产减值准备_期末余额}
	在建工程减值准备变动情况{七、在建工程减值准备}		
		在建工程减值准备余额{七、在建工程减值准备_期初余额}	
		在建工程减值准备_本期增加数{七、在建工程减值准备_本期增加数}	
		在建工程减值准备_本期转回数{七、在建工程减值准备_本期转回数}	
		在建工程减值准备余额{七、在建工程减值准备_期末余额}	

续表

现金流量表｛现金流量表｝		
	委托贷款减值准备变动情况｛八、委托贷款减值准备｝	
		委托贷款减值准备余额｛八、委托贷款减值准备_期初余额｝
		委托贷款减值准备_本期增加数｛八、委托贷款减值准备_本期增加数｝
		委托贷款减值准备_本期转回数｛八、委托贷款减值准备_本期转回数｝
		委托贷款减值准备余额｛八、委托贷款减值准备_期末余额｝
近年度主要会计数据和财务指标｛公司近三年主要会计数据和财务指标｝		
	年度主要会计数据_主营业务收入｛主营业务收入｝	
	年度主要会计数据_利润总额｛利润总额｝	
	年度主要会计数据_净利润｛净利润｝	
	扣除非经常性损益后的净利润｛扣除非经常性损益后的净利润｝	
	年度主要会计数据_总资产｛总资产｝	
	年度主要会计数据_股东权益｛股东权益（不含少数股东权益）｝	
	年度主要会计数据_经营活动产生的现金流量净额｛经营活动产生的现金流量净额｝	
	每股收益｛每股收益｝	
	每股收益 2｛每股收益 2｝	
	净资产收益率｛净资产收益率｝	
	扣除非经常性损益后的净资产收益率｛扣除非经常性损益的净利润为基础计算的净资产收益率｝	
	每股经营活动产生的现金流量净额｛每股经营活动产生的现金流量净额｝	
	每股净资产｛每股净资产｝	
	调整后的每股净资产｛调整后的每股净资产｝	
国内外会计准则差异｛国内外会计准则差异｝		
	年度主要会计数据_净利润｛净利润｝	
	净利润_境外会计准则计算结果｛净利润｝	
	净资产｛净资产｝	
	净资产_境外会计准则计算结果｛净资产（境外会计准则计算结果）｝	
	国内外会计准则差异说明｛国内外会计准则差异说明｝	
本年度主要会计数据｛年度主要会计数据｝		
	年度主要会计数据_利润总额｛利润总额｝	
	年度主要会计数据_净利润｛净利润｝	
	扣除非经常性损益后的净利润｛扣除非经常性损益后的净利润｝	
	年度主要会计数据_主营业务利润｛主营业务利润｝	
	年度主要会计数据_其他业务利润｛其他业务利润｝	
	年度主要会计数据_营业利润｛营业利润｝	
	年度主要会计数据_投资收益｛投资收益｝	
	年度主要会计数据_补贴收入｛补贴收入｝	
	年度主要会计数据_营业外收支净额｛营业外收支净额｝	

续表

现金流量表｛现金流量表｝		
	年度主要会计数据_经营活动产生的现金流量净额｛经营活动产生的现金流量净额｝	
	年度主要会计数据_现金及现金等价物净增减额｛现金及现金等价物净增减额｝	
	应扣除的非经常性损益项目｛应扣除的非经常性损益项目｝	
		处理下属部门和被投资单位股权损益｛处理下属部门和被投资单位股权损益｝
		收取的资金占用费｛收取的资金占用费｝
		交易价格显失公允关联交易的损益｛交易价格显失公允关联交易的损益｝
		资产置换损益｛资产置换损益｝
		税收返还减免以及其他政府补贴｛税收返还减免以及其他政府补贴｝
		会计政策变更对期间净利润调整数｛会计政策变更对期间净利润调整数｝
		流动资产盘盈盘亏损益｛流动资产盘盈盘亏损益｝
		委托投资损益｛委托投资损益｝
		非经常性损益_营业外收入｛营业外收入｝
		非经常性损益_营业外支出｛营业外支出｝
		其他非经常性损益｛其他非经常性损益｝
		其他非经常性损益说明｛其他非经常性损益说明｝
		应扣除的非经常性损益合计｛应扣除的非经常性损益合计｝
净资产收益率及每股收益计算表｛报告期利润附表｝		
	主营业务利润_全面摊薄_净资产收益率｛净资产收益率（主营业务利润全面摊薄）｝	
	主营业务利润_加权平均_净资产收益率｛净资产收益率（主营业务利润加权平均）｝	
	主营业务利润_全面摊薄_每股收益｛每股收益（主营业务利润全面摊薄）｝	
	主营业务利润_加权平均_每股收益｛每股收益（主营业务利润加权平均）｝	
	营业利润_全面摊薄_净资产收益率｛净资产收益率（营业利润全面摊薄）｝	
	营业利润_加权平均_净资产收益率｛净资产收益率（营业利润加权平均）｝	
	营业利润_全面摊薄_每股收益｛每股收益（营业利润全面摊薄）｝	
	营业利润_加权平均_每股收益｛每股收益（营业利润加权平均）｝	
	净利润_全面摊薄_净资产收益率｛净资产收益率（净利润全面摊薄）｝	
	净利润_加权平均_净资产收益率｛净资产收益率（净利润加权平均）｝	
	净利润_全面摊薄_每股收益｛每股收益（净利润全面摊薄）｝	
	净利润_加权平均_每股收益｛每股收益（净利润加权平均）｝	
	扣除非经常性损益后的净利润_全面摊薄_净资产收益率｛净资产收益率（扣除非经常性损益后的净利润全面摊薄）｝	
	扣除非经常性损益后的净利润_加权平均_净资产收益率｛净资产收益率（扣除非经常性损益后的净利润加权平均）｝	
	扣除非经常性损益后的净利润_全面摊薄_每股收益｛每股收益（扣除非经常性损益后的净利润全面摊薄）性损益后的净利润｝	

续表

现金流量表｛现金流量表｝			
	扣除非经常性损益后的净利润_加权平均_每股收益｛每股收益（扣除非经常性损益后的净利润加权平均)｝		
资产负债表｛资产负债表｝			
	流动资产｛流动资产：｝		
		货币资金｛货币资金｝	
		短期投资｛短期投资｝	
		应收票据｛应收票据｝	
		应收股利｛应收股利｝	
		应收利息｛应收利息｝	
		应收账款｛应收账款｝	
		其他应收款｛其他应收款｝	
		预付账款｛预付账款｝	
		应收补贴款｛应收补贴款｝	
		存货｛存货｝	
		待摊费用｛待摊费用｝	
		一年内到期的长期债权投资｛一年内到期的长期债权投资｝	
		其他流动资产｛其他流动资产｝	
		流动资产合计｛流动资产合计｝	
	长期投资｛长期投资：｝		
		长期股权投资｛长期股权投资｝	
		长期债权投资｛长期债权投资｝	
		长期投资合计｛长期投资合计｝	
		合并价差｛合并价差｝	
	固定资产｛固定资产：｝		
		固定资产原价｛固定资产原价｝	
			累计折旧｛累计折旧｝
		固定资产净值｛固定资产净值｝	
			固定资产减值准备｛固定资产减值准备｝
		固定资产净额｛固定资产净额｝	
		工程物资｛工程物资｝	
		在建工程｛在建工程｝	
		固定资产清理｛固定资产清理｝	
		固定资产合计｛固定资产合计｝	
	无形资产及其他资产｛无形资产及其他资产：｝		
		无形资产｛无形资产｝	
		长期待摊费用｛长期待摊费用｝	

续表

现金流量表｛现金流量表｝			
		其他长期资产｛其他长期资产｝	
		无形资产及其他资产合计｛无形资产及其他资产合计｝	
		递延税款借项｛递延税款借项｝	
	资产总计｛资产总计｝		
	流动负债｛流动负债：｝		
		短期借款｛短期借款｝	
		应付票据｛应付票据｝	
		应付账款｛应付账款｝	
		预收账款｛预收账款｝	
		应付工资｛应付工资｝	
		应付福利费｛应付福利费｝	
		应付股利｛应付股利｝	
		应交税金｛应交税金｝	
		其他应交款｛其他应交款｝	
		其他应付款｛其他应付款｝	
		预提费用｛预提费用｝	
		预计负债｛预计负债｝	
		一年内到期的长期负债｛一年内到期的长期负债｝	
		其他流动负债｛其他流动负债｝	
		流动负债合计｛流动负债合计｝	
	长期负债｛长期负债｝		
		长期借款｛长期借款｝	
		应付债券｛应付债券｝	
		长期应付款｛长期应付款｝	
		专项应付款｛专项应付款｝	
		其他长期负债｛其他长期负债｝	
		长期负债合计｛长期负债合计｝	
		递延税款贷项｛递延税款贷项｝	
	负债合计｛负债合计｝		
	少数股东权益｛少数股东权益｝		
	股东权益｛股东权益：｝		
		股本｛股本｝	
			已归还投资｛减：已归还投资｝
		股本净额｛股本净额｝	
		资本公积｛资本公积｝	

续表

现金流量表｛现金流量表｝		
	盈余公积｛盈余公积｝	
		法定公益金｛其中：法定公益金｝
	未分配利润｛未分配利润｝	
	未确认的投资损失｛未确认的投资损失｝	
	外币报表折算差额｛外币报表折算差额｝	
	股东权益合计｛股东权益合计｝	
负债和股东权益总计｛负债和股东权益总计｝		
利润及利润分配表｛利润及利润分配表｝		
主营业务收入｛一、主营业务收入｝		
	主营业务成本｛减：主营业务成本｝	
	主营业务税金及附加｛主营业务税金及附加｝	
主营业务利润｛二、主营业务利润（亏损以“—”号填列）｝		
	其他业务利润｛加：其他业务利润（亏损以“—”号填列）｝	
	营业费用｛减：营业费用｝	
	管理费用｛管理费用｝	
	财务费用｛财务费用｝	
营业利润｛三、营业利润（亏损以“—”号填列）｝		
	投资收益｛加：投资收益｝	
	补贴收入｛补贴收入｝	
	营业外收入｛营业外收入｝	
	营业外支出｛减：营业外支出｝	
利润总额｛四、利润总额（亏损总额以“—”号填列）｝		
	所得税｛减：所得税｝	
	未确认的投资损失本期发生额｛未确认的投资损失本期发生额｝	
	少数股东损益｛减：少数股东损益｝	
净利润｛五、净利润（净亏损以“—”号填列）｝		
	年初未分配利润｛加：年初未分配利润｝	
	其他转入｛其他转入｝	
可供分配的利润｛六、可供分配的利润｝		
	提取法定盈余公积金｛减：提取法定盈余公积金｝	
	提取法定公益金｛提取法定公益金｝	
	提取职工奖励及福利基金｛提取职工奖励及福利基金｝	
	提取储备基金｛提取储备基金｝	
	提取企业发展基金｛提取企业发展基金｝	
	利润归还投资｛利润归还投资｝	
可供投资者分配的利润｛七、可供投资者分配的利润｝		

续表

现金流量表｛现金流量表｝			
		应付优先股股利｛减：应付优先股股利｝	
		提取任意盈余公积｛提取任意盈余公积｝	
		应付普通股股利｛应付普通股股利｝	
		转作资本或股本的普通股股利｛转作资本（或股本）的普通股股利｝	
	未分配利润｛未分配利润｝		
	利润分配表补充资料｛利润表补充资料｝		
		出售处置部门或被投资单位所得收益｛1. 出售、处置部门或被投资单位所得收益｝	
		自然灾害发生的损失｛2. 自然灾害发生的损失｝	
		会计政策变更增加或减少利润总额｛3. 会计政策变更增加（或减少）利润总额｝	
		会计估计变更增加或减少利润总额｛3. 会计估计变更增加（或减少）利润总额｝	
		债务重组损失｛5. 债务重组损失｝	
		利润分配表补充资料_其他｛6. 其他｝	
			利润分配表补充资料_其他项说明｛其他项说明｝
股东权益变动情况｛股东权益变动情况｝			
	股本变动情况｛股本｝		
		股本数｛股本_期初数｝	
		股本_本期增加｛股本_本期增加｝	
		股本_本期减少｛股本_本期减少｝	
		股本数｛股本_期末数｝	
	资本公积变动情况｛资本公积｝		
		资本公积｛资本公积_期初数｝	
		资本公积_本期增加｛资本公积_本期增加｝	
		资本公积_本期减少｛资本公积_本期减少｝	
		资本公积｛资本公积_期末数｝	
	盈余公积变动情况｛盈余公积｝		
		盈余公积｛盈余公积_期初数｝	
		盈余公积_本期增加｛盈余公积_本期增加｝	
		盈余公积_本期减少｛盈余公积_本期减少｝	
		盈余公积｛盈余公积_期末数｝	
	法定公益金变动情况｛法定公益金｝		
		法定公益金｛法定公益金_期初数｝	
		法定公益金_本期增加｛法定公益金_本期增加｝	
		法定公益金_本期减少｛法定公益金_本期减少｝	
		法定公益金｛法定公益金_期末数｝	
	未分配利润变动情况｛未分配利润｝		
		未分配利润｛未分配利润_期初数｝	

续表

现金流量表｛现金流量表｝		
		未分配利润_本期增加｛未分配利润_本期增加｝
		未分配利润_本期减少｛未分配利润_本期减少｝
		未分配利润｛未分配利润_期末数｝
	股东权益合计变动情况｛股东权益合计｝	
		股东权益合计｛股东权益合计_期初数｝
		股东权益合计_本期增加｛股东权益合计_本期增加｝
		股东权益合计_本期减少｛股东权益合计_本期减少｝
		股东权益合计｛股东权益合计_期末数｝

E.3 公告非财务信息分类信息

E.3.1 定义链接库（注：括号前是元素名，括号内是元素对应的标签名）

公司基本信息｛公司基本信息｝		
	公司法定中文名称｛公司法定中文名称｝	
	公司法定英文名称｛公司法定英文名称｝	
	英文名称缩写｛英文名称缩写｝	
	法定代表人姓名｛法定代表人姓名｝	
	A 股代码｛A 股代码｝	
	A 股简称｛A 股简称｝	
	A 股上市地｛A 股上市地｝	
	B 股代码｛B 股代码｝	
	B 股简称｛B 股简称｝	
	B 股上市地｛B 股上市地｝	
	H 股代码｛H 股代码｝	
	H 股简称｛H 股简称｝	
	H 股上市地｛H 股上市地｝	
	其他股票代码｛其他股票代码｝	
	其他股票简称｛其他股票简称｝	
	其他股票上市地｛其他股票上市地｝	
	公司注册地址信息｛公司注册地址信息｝	
		公司注册地址｛公司注册地址｝
		公司注册地址的邮政编码｛公司注册地址的邮政编码｝
	公司办公地址信息｛公司办公地址信息｝	
		公司办公地址｛公司办公地址｝
		公司办公地址的邮政编码｛公司办公地址的邮政编码｝
	公司国际互联网网址｛公司国际互联网网址｝	
	公司电子信箱｛公司电子信箱｝	

续表

公司基本信息｛公司基本信息｝		
	证券事务代表｛证券事务代表｝	
		证券事务代表姓名｛证券事务代表姓名｝
		证券事务代表联系地址｛证券事务代表联系地址｝
		证券事务代表联系电话｛证券事务代表联系电话｝
		证券事务代表传真｛证券事务代表传真｝
		证券事务代表电子信箱｛证券事务代表电子信箱｝
	公司指定刊登定期报告的报刊｛公司指定刊登定期报告的报刊｝	
		指定报刊的名称｛指定报刊的名称｝
		指定报刊所在地｛指定报刊所在地｝
	指定登载定期报告的国际互联网网址｛指定登载定期报告的国际互联网网址｝	
	报告的备置地点｛报告的备置地点｝	
	公司注册信息｛公司注册信息｝	
		公司首次注册登记地点｛公司首次注册登记地点｝
		公司首次注册登记日期｛公司首次注册登记日期｝
		公司最新注册登记地点｛公司最新注册登记地点｝
		公司最新注册登记日期｛公司首次注册登记日期｝
	公司注册信息｛公司注册信息｝	
		公司首次注册登记地点｛公司首次注册登记地点｝
		公司首次注册登记日期｛公司首次注册登记日期｝
		公司最新注册登记地点｛公司最新注册登记地点｝
		公司最新注册登记日期｛公司首次注册登记日期｝
	企业法人营业执照注册号｛企业法人营业执照注册号｝	
	税务登记号码｛税务登记号码｝	
	变更前的股票代码｛变更前的股票代码｝	
	变更前的股票简称｛变更前的股票简称｝	
	总经理姓名｛总经理姓名｝	
	公司注册资本｛公司注册资本｝	
	企业经济性质或类型｛企业经济性质或类型｝	
	公司所属地域｛公司所属地域｝	
	公司所属行业｛公司所属行业｝	
	公司所属板块｛公司所属板块｝	
	公司聘请的境内会计师事务所名称｛公司聘请的境内会计师事务所名称｝	
	公司聘请的境内会计师事务所办公地址｛公司聘请的境内会计师事务所办公地址｝	
	公司聘请的境内会计师事务所审计费用｛公司聘请的境内会计师事务所审计费用｝	
	原聘境内会计师事务所名称｛原聘境内会计师事务所名称｝	

续表

公司基本信息{公司基本信息}				
	原聘境内会计师事务所办公地址{原聘境内会计师事务所办公地址}			
	原聘境内会计师事务所审计费用{原聘境内会计师事务所审计费用}			
	原聘境内会计师事务所审计年限{原聘境内会计师事务所审计年限}			
	公司聘请的境外会计师事务所名称{公司聘请的境外会计师事务所名称}			
	公司聘请的境外会计师事务所办公地址{公司聘请的境外会计师事务所办公地址}			
	公司聘请的境外会计师事务所审计费用{公司聘请的境外会计师事务所审计费用}			
	原聘境外会计师事务所名称{原聘境外会计师事务所名称}			
	原聘境外会计师事务所办公地址{原聘境外会计师事务所办公地址}			
	原聘境外会计师事务所审计费用{原聘境外会计师事务所审计费用}			
	原聘境外会计师事务所审计年限{原聘境外会计师事务所审计年限}			
	聘任及解聘会计师事务所情况说明{聘任及解聘会计师事务所情况说明}			
	董事会秘书{董事会秘书}			
		董事会秘书姓名{董事会秘书姓名}		
		董事会秘书联系地址{董事会秘书联系地址}		
		董事会秘书联系电话{董事会秘书联系电话}		
		董事会秘书传真{董事会秘书传真}		
		董事会秘书电子信箱{董事会秘书电子信箱}		
董事会报告{董事会报告}				
	董事会日常工作报告{董事会日常工作报告}			
		各次董事会会议{各次董事会会议}		
			董事会会议届次{董事会会议届次}	
			董事会决议刊登日期{董事会决议刊登日期}	
			董事会决议刊登报刊{董事会决议刊登报刊}	
			董事会召开日期{董事会召开日期}	
			董事会召开地点{董事会召开地点}	
			董事会投票背景{董事会投票背景}	
			董事会审议对象{董事会审议对象}	
				董事会审议内容{董事会审议内容}
				董事会审议结果{董事会审议结果}
		董事会执行股东大会决议情况{董事会执行股东大会决议情况}		
	新年度经营计划{新年度经营计划}			
	新年度盈利预测情况说明{新年度盈利预测情况说明}			
		新年度盈利预测{新年度盈利预测}		
		新年度主营收入预测{新年度主营收入预测}		
		新年度利润总额预测{新年度利润总额预测}		
		新年度净利润预测{新年度净利润预测}		

续表

公司基本信息｛公司基本信息｝				
		会计师事务所对公司新年度盈利预测的审核意见｛会计师事务所对公司新年度盈利预测的审核意见｝		
	本年度利润分配或资本公积金转增预案｛本年度利润分配或资本公积金转增预案｝			
		每 10 股送红股比例｛每 10 股送红股比例｝		
		每 10 股派息比例｛每 10 股派息比例｝		
		每 10 股转增比例｛每 10 股转增比例｝		
		预案详细情况｛预案详细情况｝		
		盈利且不分配的原因｛盈利且不分配的原因｝		
		是否分配或转增｛是否分配或转增｝		
	生产经营环境及政策法规发生重大变化的说明｛生产经营环境及政策法规发生重大变化的说明｝			
	董事会对审计报告的专项说明｛董事会对审计报告的专项说明｝			
		各事项说明｛各事项说明｝		
			解释性说明所涉事项｛解释性说明所涉事项｝	
			解释性说明所涉事项说明｛解释性说明所涉事项说明｝	
		董事会对审计意见的总体说明｛董事会对审计意见的总体说明｝		
	公司经营情况｛公司经营情况｝			
		主营业务及经营情况｛主营业务及经营情况｝		
			主营业务｛主营业务｝	
			主营业务的行业分布｛主营业务的行业分布｝	
				行业名称｛行业名称｝
				该行业的主营业务收入｛该行业的主营业务收入｝
				该行业的主营业务成本｛该行业的主营业务成本｝
				该行业的主营业务毛利率｛该行业的主营业务毛利率｝
				该行业的主营业务收入比上年增减百分比｛该行业的主营业务收入比上年增减百分比｝
				该行业的主营业务成本比上年增减百分比｛该行业的主营业务成本比上年增减百分比｝
				该行业的主营业务毛利率比上年增减百分比｛该行业的主营业务毛利率比上年增减百分比｝
			主营业务的产品分布｛主营业务的产品分布｝	
				产品名称｛产品名称｝
				该产品的主营业务收入｛该产品的主营业务收入｝
				该产品的主营业务成本｛该产品的主营业务成本｝
				该产品的主营业务毛利率｛该产品的主营业务毛利率｝
				该产品的主营业务收入比上年增减百分比｛该产品的主营业务收入比上年增减百分比｝
				该产品的主营业务成本比上年增减百分比｛该产品的主营业务成本比上年增减百分比｝
				该产品的主营业务毛利率比上年增减百分比｛该产品的主营业务毛利率比上年增减百分比｝
			主营业务的地区分布｛主营业务的地区分布｝	
				地区名称｛地区名称｝

续表

公司基本信息 {公司基本信息}				
				该地区的主营业务收入 {该地区的主营业务收入}
				该地区的主营业务成本 {该地区的主营业务成本}
				该地区的主营业务毛利率 {该地区的主营业务毛利率}
				该地区的主营业务收入比上年增减百分比 {该地区的主营业务收入比上年增减百分比}
				该地区的主营业务成本比上年增减百分比 {该地区的主营业务成本比上年增减百分比}
				该地区的主营业务毛利率比上年增减百分比 {该地区的主营业务毛利率比上年增减百分比}
			主营业务及其结构发生重大变化的原因说明 {主营业务及其结构发生重大变化的原因说明}	
			主营业务盈利能力与上年相比发生重大变化的原因说明 {主营业务盈利能力与上年相比发生重大变化的原因说明}	
			各行业主营业务收入中涉及关联交易的总额 {各行业主营业务收入中涉及关联交易的总额}	
			各行业主营业务成本中涉及关联交易的总额 {各行业主营业务成本中涉及关联交易的总额}	
			各行业主营业务中涉及关联交易的合计毛利率 {各行业主营业务中涉及关联交易的合计毛利率}	
			各行业主营业务收入中涉及关联交易的总额比上年增减百分比 {各行业主营业务收入中涉及关联交易的总额比上年增减百分比}	
			各行业主营业务成本中涉及关联交易的总额比上年增减百分比 {各行业主营业务成本中涉及关联交易的总额比上年增减百分比}	
			各行业主营业务中涉及关联交易的合计毛利率比上年增减百分比 {各行业主营业务中涉及关联交易的合计毛利率比上年增减百分比}	
			各产品主营业务收入中涉及关联交易的总额 {各产品主营业务收入中涉及关联交易的总额}	
			各产品主营业务成本中涉及关联交易的总额 {各产品主营业务成本中涉及关联交易的总额}	
			各产品主营业务中涉及关联交易的合计毛利率 {各产品主营业务中涉及关联交易的合计毛利率}	
			各产品主营业务收入中涉及关联交易的总额比上年增减百分比 {各产品主营业务收入中涉及关联交易的总额比上年增减百分比}	
			各产品主营业务成本中涉及关联交易的总额比上年增减百分比 {各产品主营业务成本中涉及关联交易的总额比上年增减百分比}	
			各产品主营业务中涉及关联交易的合计毛利率比上年增减百分比 {各产品主营业务中涉及关联交易的合计毛利率比上年增减百分比}	
		被控股或参股公司经营情况 {被控股或参股公司经营情况}		
			某被控股或参股公司情况 {某被控股或参股公司情况}	
				被控股或参股公司名称 {被控股或参股公司名称}
				被控股或参股公司主要产品或服务 {被控股或参股公司主要产品或服务}
				被控股或参股公司净利润 {被控股或参股公司净利润}
				被参股公司本期贡献的投资收益 {被参股公司本期贡献的投资收益}
				被参股公司本期贡献的投资收益占上市公司净利润的比重 {被参股公司本期贡献的投资收益占上市公司净利润的比重}

续表

公司基本信息 {公司基本信息}				
		主要供应商及客户情况 {主要供应商及客户情况}		
			前五大供应商采购金额合计占年度采购总额的比例 {前五大供应商采购金额合计占年度采购总额的比例}	
			前五大供应商采购金额合计 {前五大供应商采购金额合计}	
			前五大客户销售金额合计占年度销售总额的比例 {前五大客户销售金额合计占年度销售总额的比例}	
			前五大客户销售金额合计 {前五大客户销售金额合计}	
		经营中出现的困难与解决方案 {经营中出现的困难与解决方案}		
		盈利预测与完成情况差异说明 {盈利预测与完成情况差异说明}		
		对净利润产生重大影响的其他经营活动 {对净利润产生重大影响的其他经营活动}		
			其他经营业务 {其他业务}	
			其他经营业务产生的损益 {其他经营业务产生的损益}	
			其他经营业务产生损益占净利润的比重 {其他经营业务产生损益占净利润的比重}	
	公司投资情况 {公司投资情况}			
		募集资金使用情况 {募集资金使用情况}		
			募集资金总额 {募集资金总额}	
			报告期内已使用的募集资金总额 {报告期内已使用的募集资金总额}	
			已累计使用的募集资金总额 {已累计使用的募集资金总额}	
			募集资金项目 {募集资金项目}	
			未使用的募集资金情况 {未使用的募集资金情况}	
			募集年度 {募集年度}	
			募集类型 {募集类型}	
			变更投资项目资金总额 {变更投资项目资金总额}	
			募集资金承诺项目拟投入金额合计 {募集资金承诺项目拟投入金额合计}	
			募集资金承诺项目实际投入金额合计 {募集资金承诺项目实际投入金额合计}	
			募集资金承诺项目产生的收益金额合计 {募集资金承诺项目产生的收益金额合计}	
			募集资金变更项目拟投入资金合计 {募集资金变更项目拟投入资金合计}	
			募集资金变更项目实际投入资金合计 {募集资金变更项目实际投入资金合计}	
			募集资金变更项目产生的收益金额合计 {募集资金变更项目产生的收益金额合计}	
		非募集资金投资项目情况 {非募集资金投资项目情况}		
			非募集资金投资项目 {非募集资金投资项目}	
				非募集资金投资项目名称 {非募集资金投资项目名称}
				非募集资金投资项目金额 {非募集资金投资项目金额}
				非募集资金投资项目进度 {非募集资金投资项目进度}
				非募集资金投资项目收益 {非募集资金投资项目收益}

续表

公司基本信息｛公司基本信息｝				
				非募集资金投资项目收益说明｛非募集资金投资项目收益说明｝
			非募集资金投资项目金额合计｛非募集资金投资项目金额合计｝	
			非募集资金投资项目收益合计｛非募集资金投资项目收益合计｝	
	公司财务状况及经营成果分析｛公司财务状况及经营成果分析｝			
		财务状况变动说明｛财务状况变动说明｝		
		利润构成变动说明｛利润构成变动说明｝		
	董事会报告应披露的其他事项｛董事会报告应披露的其他事项｝			
	报告期的整体经营情况的讨论与分析｛报告期的整体经营情况的讨论与分析｝			
	完成盈利预测的说明｛完成盈利预测的说明｝			
		本年度盈利预测的主营收入｛本年度盈利预测的主营收入｝		
		本年度盈利预测的利润总额｛本年度盈利预测的利润总额｝		
		本年度盈利预测的净利润｛本年度盈利预测的净利润｝		
		本年度实际主营收入｛本年度实际主营收入｝		
		本年度实际利润总额｛本年度实际利润总额｝		
		本年度实际净利润｛本年度实际净利润｝		
		完成盈利预测的差异说明｛完成盈利预测的差异说明｝		
	完成经营计划情况｛完成经营计划情况｝			
		原拟定的本年度经营计划收入｛原拟定的本年度经营计划收入｝		
		原拟定的本年度经营计划成本及费用｛原拟定的本年度经营计划成本及费用｝		
		本年度实际收入｛本年度实际收入｝		
		本年度实际成本及费用｛本年度实际成本及费用｝		
		完成经营计划的差异说明｛完成经营计划的差异说明｝		
	审计报告｛审计报告｝			
		财务报告是否经过审计｛财务报告是否经过审计｝		
		审计意见｛审计意见｝		
		审计意见全文｛审计意见全文｝		
公司治理结构｛公司治理结构｝				
	公司治理情况｛公司治理情况｝			
	公司独立董事履行职责情况｛公司独立董事履行职责情况｝			
	公司与控股股东在五分开方面的情况说明｛公司与控股股东在五分开方面的情况说明｝			
	公司考评和激励机制的建立与实施情况说明｛公司考评和激励机制的建立与实施情况说明｝			
公司股权转让情况｛公司股权转让情况｝				
	收购人基本情况｛收购人基本情况｝			
		收购人为自然人时的基本情况｛收购人为自然人时的基本情况｝		
			收购人住所｛收购人住所｝	
			收购人身份证号码｛收购人身份证号码｝	

续表

公司基本信息｛公司基本信息｝					
			收购人国籍｛收购人国籍｝		
			收购人拥有其他国家或地区居留权的情况｛收购人拥有其他国家或地区居留权的情况｝		
			收购人最近五年的职业及职务｛收购人最近五年的职业及职务｝		
			收购人最近五年受过处罚的情况｛收购人最近五年受过处罚的情况｝		
			收购人姓名｛收购人姓名｝		
			收购人通讯地址｛收购人通讯地址｝		
			收购人联系电话｛收购人联系电话｝		
		收购人为法人时的基本情况｛收购人为法人时的基本情况｝			
			收购人企业经济性质或类型｛收购人企业经济性质或类型｝		
			收购人主营业务｛收购人主营业务｝		
			收购人经营期限｛收购人经营期限｝		
			收购人税务登记号码｛收购人税务登记号码｝		
			收购人股东或发起人情况｛收购人股东或发起人情况｝		
				收购人各股东或发起人情况｛收购人各股东或发起人情况｝	
					收购人股东或发起人名称或姓名｛收购人股东或发起人名称或姓名｝
					收购人股东或发起人通讯方式｛收购人股东或发起人通讯方式｝
			收购人董监事及高管人员情况｛收购人董监事及高管人员情况｝		
				收购人各董监事或高管人员情况｛收购人各股东或发起人情况｝	
					收购人董监事或高管人员姓名｛收购人董监事或高管人员姓名｝
					收购人董监事或高管人员身份证号码｛收购人董监事或高管人员身份证号码｝
					收购人董监事或高管人员国籍｛收购人董监事或高管人员国籍｝
					收购人董监事或高管人员居住地｛收购人董监事或高管人员居住地｝
					收购人董监事或高管人员拥有其他国家或地区居留权的情况｛收购人董监事或高管人员拥有其他国家或地区居留权的情况｝
			收购人股权关系结构｛收购人股权关系结构｝		
			收购人合法经营情况｛收购人合法经营情况｝		
			收购人名称｛收购人名称｝		
			收购人注册地址｛收购人注册地址｝		
			收购人注册资本｛收购人注册资本｝		
	股权转让签署日期｛股权转让签署日期｝				
	股权转让公布日期｛股权转让公布日期｝				
	通过协议转让方式进行上市公司收购的情况｛通过协议转让方式进行上市公司收购的情况｝				
	通过资产管理方式进行上市公司收购的情况｛通过资产管理方式进行上市公司收购的情况｝				
	通过股权控制关系及其他方式进行上市公司收购的情况｛通过股权控制关系及其他方式进行上市公司收购的情况｝				

续表

公司基本信息｛公司基本信息｝		
	通过国有股权行政划转而进行上市公司收购的情况｛通过国有股权行政划转而进行上市公司收购的情况｝	
	因执行司法裁决对上市公司股份采取拍卖措施而取得上市公司实际控制权的情况｛因执行司法裁决对上市公司股份采取拍卖措施而取得上市公司实际控制权的情况｝	
	通过公开征集受让人方式取得上市公司实际控制权的情况｛通过公开征集受让人方式取得上市公司实际控制权的情况｝	
	属于上市公司管理层及员工收购的情况｛属于上市公司管理层及员工收购的情况｝	
	因根据股东大会的决议向收购人发行股份而进行上市公司收购的情况｛因根据股东大会的决议向收购人发行股份而进行上市公司收购的情况｝	
	因继承取得上市公司股份而进行上市公司收购的情况｛因继承取得上市公司股份而进行上市公司收购的情况｝	
	持有或控制的上市公司股份是否存在任何权利限制｛持有或控制的上市公司股份是否存在任何权利限制｝	
	收购人前六个月内买卖挂牌交易股份的情况｛收购人前六个月内买卖挂牌交易股份的情况｝	
	收购人与上市公司之间的重大交易｛收购人与上市公司之间的重大交易｝	
	收购人收购资金来源｛收购人收购资金来源｝	
	收购人后续计划｛收购人后续计划｝	
	股权转让对上市公司的影响分析｛股权转让对上市公司的影响分析｝	
	收购人财务资料｛收购人财务资料｝	
	有关股权转让的其他重大事项｛有关股权转让的其他重大事项｝	
	律师对股权转让的意见｛律师对股权转让的意见｝	
	股权转让备查文件｛股权转让备查文件｝	
	股份托管情况｛股份托管情况｝	
	其他有关股权转让的情况｛其他有关股权转让的情况｝	
	被转让的股票简称｛被转让的股票简称｝	
	被转让的股票代码｛被转让的股票代码｝	
	被转让的股票上市地｛被转让的股票上市地｝	
	收购人声明｛收购人声明｝	
	通过证券交易所的集中竞价交易进行上市公司收购的情况｛通过证券交易所的集中竞价交易进行上市公司收购的情况｝	
	收购人持有本公司股票情况｛收购人持有本公司股票情况｝	
	收购人持有及控制其他上市公司5%以上发行在外的股份的情况｛收购人持有及控制其他上市公司5%以上发行在外的股份的情况｝	
股票发行与上市情况｛股票发行与上市情况｝		
	前三年历次股票发行情况｛前三年历次股票发行情况｝	
		股票及衍生证券的种类｛股票及衍生证券的种类｝
		发行日期｛发行日期｝
		发行价格｛发行价格｝

续表

公司基本信息｛公司基本信息｝			
		发行数量｛发行数量｝	
		上市日期｛上市日期｝	
		获准上市交易数量｛获准上市交易数量｝	
		交易终止日期｛交易终止日期｝	
	报告期内公司股份总数及结构的变动说明｛报告期内公司股份总数及结构的变动说明｝		
	现存内部职工股发行情况｛现存内部职工股发行情况｝		
		发行日期｛发行日期｝	
		发行价格｛发行价格｝	
		发行数量｛发行数量｝	
重大事项｛重大事项｝			
	重大诉讼及仲裁｛重大诉讼及仲裁｝		
		仲裁事项｛仲裁事项｝	
		诉讼事项｛诉讼事项｝	
		在编制上一期定期报告之后发生的重大诉讼仲裁事项的涉及金额｛在编制上一期定期报告之后发生的重大诉讼仲裁事项的涉及金额｝	
		已编入上一期定期报告但当时尚未结案的重大诉讼仲裁事项的涉及金额｛已编入上一期定期报告但当时尚未结案的重大诉讼仲裁事项的涉及金额｝	
		因诉讼仲裁计提的预计负债｛因诉讼仲裁计提的预计负债｝	
		重大诉讼说明｛重大诉讼说明｝	
	收购出售资产情况｛收购出售资产情况｝		
		收购出售资产事项对公司业务连续性和管理层稳定性的影响｛收购出售资产事项对公司业务连续性和管理层稳定性的影响｝	
		各次资产出售情况｛各次资产出售情况｝	
		各次资产收购情况｛各次资产收购情况｝	
	关联方关系及其交易｛关联方关系及其交易｝		
		关联方关系及其交易事项｛关联方关系及其交易事项｝	
			关联方企业名称｛关联方企业名称｝
			是否与关联方存在控制关系｛是否与关联方存在控制关系｝
			关联关系｛关联关系｝
			关联方企业经济性质或类型｛关联方企业经济性质或类型｝
			关联方企业注册地址｛关联方企业注册地址｝
			关联方企业注册资本｛关联方企业注册资本｝
			关联方企业主营业务｛关联方企业主营业务｝
			关联方企业法定代表人姓名｛关联方企业法定代表人姓名｝
			关联方所占权益比例｛关联方所占权益比例｝
			是否存在关联交易｛是否存在关联交易｝

续表

公司基本信息｛公司基本信息｝				
			关联交易事项｛关联交易事项｝	
				关联交易类型｛关联交易类型｝
				关联交易日期｛关联交易日期｝
				关联交易价格｛关联交易价格｝
				关联交易金额｛关联交易金额｝
				关联交易比例｛关联交易比例｝
				关联交易未结算金额｛关联交易未结算金额｝
				关联交易定价原则｛关联交易定价原则｝
				关联交易目的｛关联交易目的｝
				关联交易对本公司的影响｛关联交易对本公司的影响｝
				关联交易说明｛关联交易说明｝
			向关联方提供资金_发生额｛向关联方提供资金_发生额｝	
			向关联方提供资金_余额｛向关联方提供资金_余额｝	
			关联方向上市公司提供资金_发生额｛关联方向上市公司提供资金_发生额｝	
			关联方向上市公司提供资金_余额｛关联方向上市公司提供资金_余额｝	
			本期收取的资金占用费的金额｛本期收取的资金占用费的金额｝	
			关联债权债务形成原因｛关联债权债务形成原因｝	
			关联债权债务清偿情况｛关联债权债务清偿情况｝	
			与关联债权债务有关的承诺｛与关联债权债务有关的承诺｝	
			关联债权债务对公司经营成果及财务状况的影响｛关联债权债务对公司经营成果及财务状况的影响｝	
		关联方向上市公司提供资金_余额合计｛关联方向上市公司提供资金_余额合计｝		
		关联方向上市公司提供资金_发生额合计｛关联方向上市公司提供资金_发生额合计｝		
		向关联方提供资金_余额合计｛向关联方提供资金_余额合计｝		
		向关联方提供资金_发生额合计｛向关联方提供资金_发生额合计｝		
	重大合同及其履行情况｛重大合同及其履行情况｝			
		承包事项｛承包事项｝		
		委托理财事项｛委托理财事项｝		
		租赁事项｛租赁事项｝		
		担保事项｛担保事项｝		
		担保余额合计｛担保余额合计｝		
		关联担保余额合计｛关联担保余额合计｝		
		因担保计提的预计负债｛因担保计提的预计负债｝		
		因担保实际承担的偿债金额｛因担保实际承担的偿债金额｝		
		为大股东及其关联方担保金额｛为大股东及其关联方担保金额｝		

续表

公司基本信息｛公司基本信息｝			
		为控股子公司担保金额｛为控股子公司担保金额｝	
		为参股子公司担保金额｛为参股子公司担保金额｝	
		委托理财实际获得收益合计｛委托理财实际获得收益合计｝	
		委托理财金额合计｛委托理财金额合计｝	
		委托理财实际收回金额合计｛委托理财实际收回金额合计｝	
		委托理财约定收益合计｛委托理财约定收益合计｝	
	报告期内承诺事项及履行情况｛报告期内承诺事项及履行情况｝		
	报告期内其他重大事项｛报告期内其他重大事项｝		
	公司及董事董事会受到行政稽查或处罚的情况｛公司及董事董事会受到行政稽查或处罚的情况｝		
公司董监事及高管人员情况｛公司董监事及高管人员情况｝			
	董事人数｛董事人数｝		
	独立董事人数｛独立董事人数｝		
	监事人数｛监事人数｝		
	各董监事或高管人员情况｛各董监事或高管人员情况｝		
		董监事或高管人员姓名｛董监事或高管人员姓名｝	
		董监事或高管人员性别｛董监事或高管人员性别｝	
		董监事或高管人员年龄｛董监事或高管人员年龄｝	
		董监事或高管人员现任职务｛董监事或高管人员现任职务｝	
		董监事或高管人员上任日期｛董监事或高管人员上任日期｝	
		董监事或高管人员任期终止日期｛董监事或高管人员任期终止日期｝	
		董监事或高管人员持股数｛董监事或高管人员持股数｝	
		为独立董事时的特殊情况｛为独立董事时的特殊情况｝	
			独立董事津贴｛独立董事津贴｝
			独立董事其他待遇｛独立董事其他待遇｝
		董监事或高管人员任职类别｛董监事或高管人员任职类别｝	
		董监事或高管人员履历｛董监事或高管人员履历｝	
		董监事或高管人员持股数增减变动量｛董监事或高管人员持股数增减变动量｝	
		董监事或高管人员持股数增减变动原因｛董监事或高管人员持股数增减变动原因｝	
		董监事或高管人员是否在本公司领薪｛董监事或高管人员是否在本公司领薪｝	
		董监事或高管人员是否在股东单位任职｛董监事或高管人员是否在股东单位任职｝	
		董监事或高管人员任职的股东单位名称｛董监事或高管人员任职的股东单位名称｝	
		董监事或高管人员在股东单位担任的职务｛董监事或高管人员在股东单位担任的职务｝	
		董监事或高管人员是否在股东单位领取报酬或津贴｛董监事或高管人员是否在股东单位领取报酬或津贴｝	
		董监事或高管人员在股东单位的任职日期｛董监事或高管人员在股东单位的任职日期｝	
		董监事或高管人员在股东单位的离职日期｛董监事或高管人员在股东单位的离职日期｝	

续表

公司基本信息｛公司基本信息｝			
		董监事及高管人员年度薪酬｛董监事及高管人员年度薪酬｝	
		董监事及高管人员年度津贴｛董监事及高管人员年度津贴｝	
	报告期内董监事及高管人员离职情况｛报告期内董监事及高管人员离职情况｝		
		董监事或高管人员姓名｛董监事或高管人员姓名｝	
		董监事及高管人员离任原因｛董监事及高管人员离任原因｝	
		董监事或高管人员离职日期｛董监事或高管人员离职日期｝	
	董监事及高管人员年度报酬总额｛董监事及高管人员年度报酬总额｝		
	金额最高的前三名董事的报酬总额｛金额最高的前三名董事的报酬总额｝		
	金额最高的前三名高管人员的报酬总额｛金额最高的前三名高管人员的报酬总额｝		
	本届董事会届次｛本届董事会届次｝		
	本届董事会任期｛本届董事会任期｝		
	不在公司领取报酬津贴的董事监事姓名｛不在公司领取报酬津贴的董事监事姓名｝		
	董监事高管人员报酬区间及人数｛董监事高管人员报酬区间及人数｝		
		董监事及高管人员报酬区间｛董监事及高管人员报酬区间｝	
		董监事及高管人员报酬区间人数｛董监事及高管人员报酬区间人数｝	
监事会报告｛监事会报告｝			
	监事会工作情况｛监事会工作情况｝		
		各次监事会会议｛各次监事会会议｝	
			监事会会议届次｛监事会会议届次｝
			监事会会议召开日期｛监事会会议召开日期｝
			监事会会议审议内容｛监事会会议审议内容｝
			监事会决议刊登日期｛监事会决议刊登日期｝
			监事会决议刊登报刊｛监事会决议刊登报刊｝
	公司依法运作情况｛公司依法运作情况｝		
	公司财务执行情况｛公司财务执行情况｝		
	最近一次募集资金投资情况｛最近一次募集资金投资情况｝		
	公司收购出售资产情况｛公司收购出售资产情况｝		
	关联交易情况｛关联交易情况｝		
	监事会关于审计报告等的意见｛监事会关于审计报告等的意见｝		
公司员工情况｛公司员工情况｝			
	员工人数｛员工人数｝		
	公司员工专业构成情况｛公司员工专业构成情况｝		
		各专业员工情况｛各专业员工情况｝	
			专业类别｛专业类别｝
			本专业员工数｛本专业员工数｝
	公司员工教育程度分布情况｛公司员工教育程度分布情况｝		

续表

公司基本信息｛公司基本信息｝				
		各教育程度员工情况｛各教育程度员工情况｝		
			教育程度｛教育程度｝	
			具有此教育程度员工数｛具有此教育程度员工数｝	
	公司须承担费用的离退休职工人数｛公司须承担费用的离退休职工人数｝			
股份变动情况｛股份变动情况｝				
	未上市流通股份｛未上市流通股份｝			
		发起人股份｛发起人股份｝		
			发起人股份｛发起人股份｝	
			发起人股份_变动_小计｛发起人股份_变动_小计｝	
			发起人股份_变动_配股｛发起人股份_变动_配股｝	
			发起人股份_变动_送股｛发起人股份_变动_送股｝	
			发起人股份_变动_公积金转股｛发起人股份_变动_公积金转股｝	
			发起人股份_变动_增发｛发起人股份_变动_增发｝	
			发起人股份_变动_其他｛发起人股份_变动_其他｝	
		国家持有股份｛国家持有股份｝		
			国家持有股份｛国家持有股份｝	
			国家持有股份_变动_小计｛国家持有股份_变动_小计｝	
				国家持有股份_变动_配股｛国家持有股份_变动_配股｝
				国家持有股份_变动_送股｛国家持有股份_变动_送股｝
				国家持有股份_变动_公积金转股｛国家持有股份_变动_公积金转股｝
				国家持有股份_变动_增发｛国家持有股份_变动_增发｝
				国家持有股份_变动_其他｛国家持有股份_变动_其他｝
		境内法人持有股份｛境内法人持有股份｝		
			境内法人持有股份｛境内法人持有股份｝	
			境内法人持有股份_变动_小计｛境内法人持有股份_变动_小计｝	
				境内法人持有股份_变动_配股｛境内法人持有股份_变动_配股｝
				境内法人持有股份_变动_送股｛境内法人持有股份_变动_送股｝
				境内法人持有股份_变动_公积金转股｛境内法人持有股份_变动_公积金转股｝
				境内法人持有股份_变动_增发｛境内法人持有股份_变动_增发｝
				境内法人持有股份_变动_其他｛境内法人持有股份_变动_其他｝
		境外法人持有股份｛境外法人持有股份｝		
			境外法人持有股份｛境外法人持有股份｝	
			境外法人持有股份_变动_小计｛境外法人持有股份_变动_小计｝	
				境外法人持有股份_变动_配股｛境外法人持有股份_变动_配股｝
				境外法人持有股份_变动_送股｛境外法人持有股份_变动_送股｝

续表

公司基本信息｛公司基本信息｝				
				境外法人持有股份_变动_公积金转股｛境外法人持有股份_变动_公积金转股｝
				境外法人持有股份_变动_增发｛境外法人持有股份_变动_增发｝
				境外法人持有股份_变动_其他｛境外法人持有股份_变动_其他｝
		其他发起人股份｛其他发起人股份｝		
			其他发起人股份｛其他发起人股份｝	
			其他发起人股份_变动_小计｛其他发起人股份_变动_小计｝	
				其他发起人股份_变动_配股｛其他发起人股份_变动_配股｝
				其他发起人股份_变动_送股｛其他发起人股份_变动_送股｝
				其他发起人股份_变动_公积金转股｛其他发起人股份_变动_公积金转股｝
				其他发起人股份_变动_增发｛其他发起人股份_变动_增发｝
				其他发起人股份_变动_其他｛其他发起人股份_变动_其他｝
		募集法人股份｛募集法人股份｝		
			募集法人股｛募集法人股｝	
			募集法人股_变动_小计｛募集法人股_变动_小计｝	
				募集法人股_变动_配股｛募集法人股_变动_配股｝
				募集法人股_变动_送股｛募集法人股_变动_送股｝
				募集法人股_变动_公积金转股｛募集法人股_变动_公积金转股｝
				募集法人股_变动_增发｛募集法人股_变动_增发｝
				募集法人股_变动_其他｛募集法人股_变动_其他｝
		内部职工股｛内部职工股｝		
			内部职工股｛内部职工股｝	
			内部职工股_变动_小计｛内部职工股_变动_小计｝	
				内部职工股_变动_配股｛内部职工股_变动_配股｝
				内部职工股_变动_送股｛内部职工股_变动_送股｝
				内部职工股_变动_公积金转股｛内部职工股_变动_公积金转股｝
				内部职工股_变动_增发｛内部职工股_变动_增发｝
				内部职工股_变动_其他｛内部职工股_变动_其他｝
		优先股或其他｛优先股或其他｝		
			优先股或其他｛优先股或其他｝	
			优先股或其他_变动_小计｛优先股或其他_变动_小计｝	
				优先股或其他_变动_配股｛优先股或其他_变动_配股｝
				优先股或其他_变动_送股｛优先股或其他_变动_送股｝
				优先股或其他_变动_公积金转股｛优先股或其他_变动_公积金转股｝
				优先股或其他_变动_增发｛优先股或其他_变动_增发｝
				优先股或其他_变动_其他｛优先股或其他_变动_其他｝

续表

公司基本信息{公司基本信息}				
		未上市流通股份合计{未上市流通股份合计}		
			未上市流通股份合计{未上市流通股份合计}	
			未上市流通股份合计_变动_小计{未上市流通股份合计_变动_小计}	
	已上市流通股份{已上市流通股份}			
		人民币普通股{人民币普通股}		
			人民币普通股{人民币普通股}	
			人民币普通股_变动_小计{人民币普通股_变动_小计}	
				人民币普通股_变动_配股{人民币普通股_变动_配股}
				人民币普通股_变动_送股{人民币普通股_变动_送股}
				人民币普通股_变动_公积金转股{人民币普通股_变动_公积金转股}
				人民币普通股_变动_增发{人民币普通股_变动_增发}
				人民币普通股_变动_其他{人民币普通股_变动_其他}
		境内上市的外资股{境内上市的外资股}		
			境内上市的外资股{境内上市的外资股}	
			境内上市的外资股_变动_小计{境内上市的外资股_变动_小计}	
				境内上市的外资股_变动_配股{境内上市的外资股_变动_配股}
				境内上市的外资股_变动_送股{境内上市的外资股_变动_送股}
				境内上市的外资股_变动_公积金转股{境内上市的外资股_变动_公积金转股}
				境内上市的外资股_变动_增发{境内上市的外资股_变动_增发}
				境内上市的外资股_变动_其他{境内上市的外资股_变动_其他}
		境外上市的外资股{境外上市的外资股}		
			境外上市的外资股{境外上市的外资股}	
			境外上市的外资股_变动_小计{境外上市的外资股_变动_小计}	
				境外上市的外资股_变动_配股{境外上市的外资股_变动_配股}
				境外上市的外资股_变动_送股{境外上市的外资股_变动_送股}
				境外上市的外资股_变动_公积金转股{境外上市的外资股_变动_公积金转股}
				境外上市的外资股_变动_增发{境外上市的外资股_变动_增发}
				境外上市的外资股_变动_其他{境外上市的外资股_变动_其他}
		其他已上市流通股份{其他已上市流通股份}		
			其他已上市流通股份{其他已上市流通股份}	
			其他已上市流通股份_变动_小计{其他已上市流通股份_变动_小计}	
				其他已上市流通股份_变动_配股{其他已上市流通股份_变动_配股}
				其他已上市流通股份_变动_送股{其他已上市流通股份_变动_送股}
				其他已上市流通股份_变动_公积金转股{其他已上市流通股份_变动_公积金转股}
				其他已上市流通股份_变动_增发{其他已上市流通股份_变动_增发}

续表

公司基本信息｛公司基本信息｝					
				其他已上市流通股份_变动_其他｛其他已上市流通股份_变动_其他｝	
		已上市流通股份合计｛已上市流通股份合计｝			
			已上市流通股份合计｛已上市流通股份合计｝		
			已上市流通股份合计_变动_小计｛已上市流通股份合计_变动_小计｝		
				已上市流通股份合计_变动_配股｛已上市流通股份合计_变动_配股｝	
				已上市流通股份合计_变动_送股｛已上市流通股份合计_变动_送股｝	
				已上市流通股份合计_变动_公积金转股｛已上市流通股份合计_变动_公积金转股｝	
				已上市流通股份合计_变动_增发｛已上市流通股份合计_变动_增发｝	
				已上市流通股份合计_变动_其他｛已上市流通股份合计_变动_其他｝	
	股份总数｛股份总数｝				
		股份总数｛股份总数｝			
		股份总数_变动_小计｛股份总数_变动_小计｝			
			股份总数_变动_配股｛股份总数_变动_配股｝		
			股份总数_变动_送股｛股份总数_变动_送股｝		
			股份总数_变动_公积金转股｛股份总数_变动_公积金转股｝		
			股份总数_变动_增发｛股份总数_变动_增发｝		
			股份总数_变动_其他｛股份总数_变动_其他｝		
	特殊股份｛特殊股份｝				
		基金配售股份｛基金配售股份｝			
		柜台交易公司内部职工股份｛柜台交易公司内部职工股份｝			
		战略投资者配售股份｛战略投资者配售股份｝			
		一般法人配售股份｛一般法人配售股份｝			
公司股东情况｛公司股东情况｝					
	股东总数｛股东总数｝				
		流通股股东人数｛流通股股东人数｝			
			A 股股东人数｛A 股股东人数｝		
			B 股股东人数｛B 股股东人数｝		
			H 股股东人数｛H 股股东人数｝		
	持有公司 5%以上股份的股东或前十大股东的情况｛持有公司 5%以上股份的股东或前十大股东的情况｝				
		各股东情况｛各股东情况｝			
			股东名次｛股东名次｝		
			股东名称｛股东名称｝		
			股东持有股份数量｛股东持有股份数量｝		
				股东持有股份类别构成｛股东持有股份类别构成｝	
					股份类别｛股份类别｝

续表

公司基本信息｛公司基本信息｝					
					该类别股份数量｛该类别股份数量｝
			年度内增减股份数｛年度内增减股份数｝		
			股东持有股份比例｛股东持有股份比例｝		
			股东所持股份被质押或冻结情况｛股东所持股份被质押或冻结情况｝		
				股份状态｛股份状态｝	
				该状态股份数量｛该状态股份数量｝	
			股东性质｛股东性质｝		
		前十大股东关联关系或属于一致行动人的情况说明｛前十大股东关联关系或属于一致行动人的情况说明｝			
		战略投资人或一般法人因配售新股成为前十大股东的情况说明｛战略投资人或一般法人因配售新股成为前十大股东的情况说明｝			
		持股5%以上法人股东的情况说明｛持股5%以上法人股东的情况说明｝			
	控股股东情况｛控股股东情况｝				
		控股股东为自然人时的情况｛控股股东为自然人时的情况｝			
			控股股东姓名｛控股股东姓名｝		
			控股股东国籍｛控股股东国籍｝		
			控股股东拥有其他国家或地区居留权的情况｛控股股东拥有其他国家或地区居留权的情况｝		
			控股股东最近五年的职业及职务｛控股股东最近五年的职务及职务｝		
		控股股东为法人时的情况｛控股股东为法人时的情况｝			
			控股股东名称｛控股股东名称｝		
			控股股东法定代表人姓名｛控股股东法定代表人姓名｝		
			控股股东成立日期｛控股股东成立日期｝		
			控股股东注册资本｛控股股东注册资本｝		
			控股股东主营业务｛控股股东主营业务｝		
			控股股东企业经济性质或类型｛控股股东企业经济性质或类型｝		
		控股股东实际控制股份数量｛控股股东实际控制股份数量｝			
		控股股东实际控制股份比例｛控股股东实际控制股份比例｝			
		控股股东变更日期｛控股股东变更日期｝			
		控股股东变更情况刊登报刊｛控股股东变更情况刊登报刊｝			
		控股股东变更情况刊登日期｛控股股东变更情况刊登日期｝			
	实际控制人情况｛实际控制人情况｝				
		实际控制人为自然人时的情况｛实际控制人为自然人的情况｝			
			实际控制人姓名｛实际控制人姓名｝		
			实际控制人国籍｛实际控制人国籍｝		
			实际控制人拥有其他国家或地区居留权的情况｛实际控制人拥有其他国家或地区居留权的情况｝		

续表

公司基本信息｛公司基本信息｝			
			实际控制人最近五年的职业及职务｛实际控制人最近五年的职业及职务｝
		实际控制人为法人时的情况｛实际控制人为法人时的情况｝	
			实际控制人名称｛实际控制人名称｝
			实际控制人法定代表人｛实际控制人法定代表人｝
			实际控制人企业经济性质或类型｛实际控制人企业经济性质或类型｝
			实际控制人注册资本｛实际控制人注册资本｝
			实际控制人主营业务｛实际控制人主营业务｝
			实际控制人成立日期｛实际控制人成立时间｝
			实际控制人注册地址｛实际控制人注册地址｝
		实际控制人变更日期｛实际控制人变更日期｝	
		实际控制人变更情况刊登日期｛实际控制人变更情况刊登日期｝	
		实际控制人变更情况刊登报刊｛实际控制人变更情况刊登报刊｝	
股东大会情况｛股东大会情况｝			
	各次股东大会｛各次股东大会｝		
		股东大会届次｛股东大会届次｝	
		股东大会通知刊登日期｛股东大会通知刊登日期｝	
		股东大会通知刊登报刊｛股东大会通知刊登报刊｝	
		股东大会召开日期｛股东大会召开日期｝	
		股东大会召开地点｛股东大会召开地点｝	
		股东大会投票背景｛股东大会投票背景｝	
		股东大会聘请律师事务所｛股东大会聘请律师事务所｝	
		股东大会聘请律师｛股东大会聘请律师｝	
		股东大会聘请律师意见｛股东大会聘请律师意见｝	
		选举更换董监事情况｛选举更换董监事情况｝	
		股东大会决议刊登日期｛股东大会决议刊登日期｝	
		股东大会决议刊登报刊｛股东大会决议刊登报刊｝	
		股东大会审议内容｛股东大会审议内容｝	
		股东大会审议结果｛股东大会审议结果｝	
重要提示｛重要提示｝			
	董事会及董事声明｛董事会及董事声明｝		
	董事异议声明｛董事异议声明｝		
	未出席董事｛未出席董事｝		
		未出席董事姓名｛未出席董事姓名｝	
		未出席董事职务｛未出席董事职务｝	
	公司负责人及会计负责人声明｛公司负责人及会计负责人声明｝		
	财务报告审计情况声明｛财务报告审计情况声明｝		

E.4 年度报告摘要分类信息

E.4.1 定义链接库（注：括号前是元素名，括号内是元素对应的标签名）

年报摘要｛年报摘要｝				
	公告正文｛公告正文｝			
		重要提示｛重要提示｝		
		公司基本信息｛公司基本信息｝		
		会计数据和财务指标摘要｛会计数据和财务指标摘要｝		
			近年度主要会计数据和财务指标｛公司近三年主要会计数据和财务指标｝	
				年度主要会计数据 _ 主营业务收入｛主营业务收入｝
				年度主要会计数据 _ 利润总额｛利润总额｝
				年度主要会计数据 _ 净利润｛净利润｝
				扣除非经常性损益后的净利润｛扣除非经常性损益后的净利润｝
				年度主要会计数据 _ 总资产｛总资产｝
				年度主要会计数据 _ 股东权益｛股东权益（不含少数股东权益）｝
				年度主要会计数据 _ 经营活动产生的现金流量净额｛经营活动产生的现金流量净额｝
				每股收益｛每股收益｝
				每股收益 2｛每股收益 2｝
				净资产收益率｛净资产收益率｝
				扣除非经常性损益后的净资产收益率｛扣除非经常性损益的净利润为基础计算的净资产收益率｝
				每股经营活动产生的现金流量净额｛每股经营活动产生的现金流量净额｝
				每股净资产｛每股净资产｝
				调整后的每股净资产｛调整后的每股净资产｝
				年度主要会计数据 _ 主营业务收入本年比上年增减百分比｛主营业务收入本年比上年增减百分比｝
				年度主要会计数据 _ 利润总额本年比上年增减百分比｛利润总额本年比上年增减百分比｝
				年度主要会计数据 _ 净利润本年比上年增减百分比｛净利润本年比上年增减百分比｝
				年度主要会计数据 _ 扣除非经常性损益后的净利润本年比上年增减百分比｛扣除非经常性损益后的净利润本年比上年增减百分比｝
				年度主要会计数据 _ 总资产本年比上年增减百分比｛总资产本年比上年增减百分比｝
				年度主要会计数据 _ 股东权益本年比上年增减百分比｛股东权益本年比上年增减百分比｝
				年度主要会计数据 _ 经营活动产生的现金流量净额本年比上年增减百分比｛经营活动产生的现金流量净额本年比上年增减百分比｝
				每股收益本年比上年增减百分比｛每股收益本年比上年增减百分比｝
				每股收益 2 本年比上年增减百分比｛每股收益 2 本年比上年增减百分比｝
				年度主要会计数据 _ 净资产收益率本年比上年增减百分比｛净资产收益率本年比上年增减百分比｝

续表

年报摘要 {年报摘要}					
				扣除非经常性损益后的净资产收益率本年比上年增减百分比 {扣除非经常性损益的净利润为基础计算的净资产收益率本年比上年增减百分比}	
				每股经营活动产生的现金流量净额本年比上年增减百分比 {每股经营活动产生的现金流量净额本年比上年增减百分比}	
				每股净资产本年比上年增减百分比 {每股净资产本年比上年增减百分比}	
				调整后的每股净资产本年比上年增减百分比 {调整后的每股净资产本年比上年增减百分比}	
			国内外会计准则差异 {国内外会计准则差异}		
				国内外会计准则差异是否适用 {国内外会计准则差异是否适用}	
				年度主要会计数据 _ 净利润 {净利润}	
				净利润 _ 境外会计准则计算结果 {净利润}	
				净资产 _ 境外会计准则计算结果 {净资产（境外会计准则计算结果）}	
				国内外会计准则差异说明 {国内外会计准则差异说明}	
				净资产 {净资产}	
		股本变动及股东情况 {股本变动及股东情况}			
			股份变动情况 {股份变动情况}		
			公司股东情况 {公司股东情况}		
				控股股东及实际控制人变更情况 {控股股东及实际控制人变更情况}	
					控股股东及实际控制人变更情况是否适用 {控股股东及实际控制人变更情况是否适用}
		董监事及高管人员 {董事监事和高级管理人员}			
			各董监事或高管人员情况 {各董监事或高管人员情况}		
			董监事及高管人员年度薪酬 {董事监事和高级管理人员年度薪酬}		
				董监事及高管人员年度报酬总额 {董监事及高管人员年度报酬总额}	
				金额最高的前三名董事的报酬总额 {金额最高的前三名董事的报酬总额}	
				金额最高的前三名高管人员的报酬总额 {金额最高的前三名高管人员的报酬总额}	
		董事会报告 {董事会报告}			
		重大事项 {重大事项}			
		监事会报告 {监事会报告}			
		财务报告 {财务报告}			
			现金流量表 {现金流量表}		
				经营活动产生的现金流量 {一、经营活动产生的现金流量：}	
					销售商品提供劳务收到的现金 {销售商品、提供劳务收到的现金}
					收到的税费返还 {收到的税费返还}
					收到的其他与经营活动有关的现金 {收到的其他与经营活动有关的现金}
					经营活动产生的现金流入小计 {现金流入小计}
					购买商品接受劳务支付的现金 {购买商品、接受劳务支付的现金}

续表

年报摘要 {年报摘要}						
					支付给职工以及为职工支付的现金 {支付给职工以及为职工支付的现金}	
					支付的各项税费 {支付的各项税费}	
					支付的其他与经营活动有关的现金 {支付的其他与经营活动有关的现金}	
					经营活动产生的现金流出小计 {现金流出小计}	
					经营活动产生的现金流量净额直接法 {经营活动产生的现金流量净额}	
				投资活动产生的现金流量 {二、投资活动产生的现金流量：}		
					收回投资所收到的现金 {收回投资所收到的现金}	
					取得投资收益所收到的现金 {取得投资收益所收到的现金}	
					处置固定资产无形资产和其他长期资产所收回的现金净额 {处置固定资产、无形资产和其他长期资产所收回的现金净额}	
					收到的其他与投资活动有关的现金 {收到的其他与投资活动有关的现金}	
					投资活动产生的现金流入小计 {现金流入小计}	
					购建固定资产无形资产和其他长期资产所支付的现金 {购建固定资产、无形资产和其他长期资产所支付的现金}	
					投资所支付的现金 {投资所支付的现金}	
					支付的其他与投资活动有关的现金 {支付的其他与投资活动有关的现金}	
					投资活动产生的现金流出小计 {现金流出小计}	
					投资活动产生的现金流量净额 {投资活动产生的现金流量净额}	
				筹资活动产生的现金流量 {三、筹资活动产生的现金流量}		
					吸收投资所收到的现金 {吸收投资所收到的现金}	
					借款所收到的现金 {借款所收到的现金}	
					收到的其他与筹资活动有关的现金 {收到的其他与筹资活动有关的现金}	
					筹资活动产生的现金流入小计 {现金流入小计}	
					偿还债务所支付的现金 {偿还债务所支付的现金}	
					分配股利利润或偿付利息所支付的现金 {分配股利、利润或偿付利息所支付的现金}	
					支付的其他与筹资活动有关的现金 {支付的其他与筹资活动有关的现金}	
					筹资活动产生的现金流出小计 {现金流出小计}	
					筹资活动产生的现金流量净额 {筹资活动产生的现金流量净额}	
				汇率变动对现金的影响 {四、汇率变动对现金的影响}		
				现金及现金等价物净增加额直接法 {五、现金及现金等价物净增加额}		
				现金流量表补充资料 {现金流量表补充资料}		
					不涉及现金收支的投资和筹资活动 {2. 不涉及现金收支的投资和筹资活动：}	
						债务转为资本 {债务转为资本}
						一年内到期的可转换公司债券 {一年内到期的可转换公司债券}
						融资租入固定资产 {融资租入固定资产}

续表

年报摘要｛年报摘要｝						
					现金及现金等价物净增加情况｛现金及现金等价物净增加情况：｝	
						现金余额｛现金余额｝
						现金等价物余额｛现金等价物余额｝
						现金及现金等价物净增加额间接法｛现金及现金等价物净增加额｝
			资产负债表｛资产负债表｝			
				流动资产｛流动资产：｝		
					货币资金｛货币资金｝	
					短期投资｛短期投资｝	
					应收票据｛应收票据｝	
					应收股利｛应收股利｝	
					应收利息｛应收利息｝	
					应收账款｛应收账款｝	
					其他应收款｛其他应收款｝	
					预付账款｛预付账款｝	
					应收补贴款｛应收补贴款｝	
					存货｛存货｝	
					待摊费用｛待摊费用｝	
					一年内到期的长期债权投资｛一年内到期的长期债权投资｝	
					其他流动资产｛其他流动资产｝	
					流动资产合计｛流动资产合计｝	
					货币资金｛货币资金｝	
					短期投资｛短期投资｝	
					应收票据｛应收票据｝	
					应收股利｛应收股利｝	
					应收利息｛应收利息｝	
					应收账款｛应收账款｝	
					其他应收款｛其他应收款｝	
					预付账款｛预付账款｝	
					应收补贴款｛应收补贴款｝	
					存货｛存货｝	
					待摊费用｛待摊费用｝	
					一年内到期的长期债权投资｛一年内到期的长期债权投资｝	
					其他流动资产｛其他流动资产｝	
					流动资产合计｛流动资产合计｝	
				长期投资｛长期投资：｝		

续表

年报摘要｛年报摘要｝						
					长期股权投资｛长期股权投资｝	
					长期债权投资｛长期债权投资｝	
					长期投资合计｛长期投资合计｝	
					长期股权投资｛长期股权投资｝	
					长期债权投资｛长期债权投资｝	
					长期投资合计｛长期投资合计｝	
					合并价差｛合并价差｝	
				固定资产｛固定资产：｝		
					固定资产原价｛固定资产原价｝	
						累计折旧｛累计折旧｝
					固定资产净值｛固定资产净值｝	
						固定资产减值准备｛固定资产减值准备｝
					固定资产净额｛固定资产净额｝	
					工程物资｛工程物资｝	
					在建工程｛在建工程｝	
					固定资产清理｛固定资产清理｝	
					固定资产合计｛固定资产合计｝	
				无形资产及其他资产｛无形资产及其他资产：｝		
					无形资产｛无形资产｝	
					长期待摊费用｛长期待摊费用｝	
					其他长期资产｛其他长期资产｝	
					无形资产及其他资产合计｛无形资产及其他资产合计｝	
					递延税款借项｛递延税款借项｝	
				资产总计｛资产总计｝		
				流动负债｛流动负债：｝		
					短期借款｛短期借款｝	
					应付票据｛应付票据｝	
					应付账款｛应付账款｝	
					预收账款｛预收账款｝	
					应付工资｛应付工资｝	
					应付福利费｛应付福利费｝	
					应付股利｛应付股利｝	
					应交税金｛应交税金｝	
					其他应交款｛其他应交款｝	
					其他应付款｛其他应付款｝	

续表

年报摘要｛年报摘要｝						
					预提费用｛预提费用｝	
					预计负债｛预计负债｝	
					一年内到期的长期负债｛一年内到期的长期负债｝	
					其他流动负债｛其他流动负债｝	
					流动负债合计｛流动负债合计｝	
				长期负债｛长期负债｝		
					长期借款｛长期借款｝	
					应付债券｛应付债券｝	
					长期应付款｛长期应付款｝	
					专项应付款｛专项应付款｝	
					其他长期负债｛其他长期负债｝	
					长期负债合计｛长期负债合计｝	
					递延税款贷项｛递延税款贷项｝	
				负债合计｛负债合计｝		
				少数股东权益｛少数股东权益｝		
				股东权益｛股东权益：｝		
					股本｛股本｝	
						已归还投资｛减：已归还投资｝
					股本净额｛股本净额｝	
					资本公积｛资本公积｝	
					盈余公积｛盈余公积｝	
						法定公益金｛其中：法定公益金｝
					未分配利润｛未分配利润｝	
					未确认的投资损失｛未确认的投资损失｝	
					外币报表折算差额｛外币报表折算差额｝	
					股东权益合计｛股东权益合计｝	
				负债和股东权益总计｛负债和股东权益总计｝		
			利润及利润分配表｛利润及利润分配表｝			
			资产减值准备变动明细表｛资产减值准备明细表｝			
			会计报表附注｛会计报表附注｝			
			审计报告｛审计报告｝			
				财务报告是否经过审计｛财务报告是否经过审计｝		
				审计意见｛审计意见｝		
				审计意见全文｛审计意见全文｝		
	公告基本信息｛公告基本信息｝					

续表

年报摘要｛年报摘要｝		
		公告标识｛公告标识｝
		公告类别｛公告类别｝
		公告类别编码｛公告类别编码｝
		公司代码｛公司代码｝
		公司简称｛公司简称｝
		公告披露日期｛公告披露日期｝
		公告披露媒体｛公告披露媒体｝
		公告编号｛公告编号｝

E.4.2 展示链接库（注：括号前是元素名，括号内是元素对应的标签名）

年报摘要｛年报摘要｝				
	公告基本信息｛公告基本信息｝			
		公告标识｛公告标识｝		
		公告类别｛公告类别｝		
		公告类别编码｛公告类别编码｝		
		公司代码｛公司代码｝		
		公司简称｛公司简称｝		
		公告披露日期｛公告披露日期｝		
		公告披露媒体｛公告披露媒体｝		
		公告编号｛公告编号｝		
	公告正文｛公告正文｝			
		重要提示｛重要提示｝		
			董事会及董事声明｛董事会及董事声明｝	
			董事异议声明｛董事异议声明｝	
			未出席董事｛未出席董事｝	
				未出席董事姓名｛未出席董事姓名｝
				未出席董事职务｛未出席董事职务｝
			公司负责人及会计负责人声明｛公司负责人及会计负责人声明｝	
			财务报告审计情况声明｛财务报告审计情况声明｝	
		公司基本信息｛公司基本信息｝		
			A 股代码｛A 股代码｝	
			A 股简称｛A 股简称｝	
			A 股上市地｛A 股上市地｝	
			B 股代码｛B 股代码｝	

续表

年报摘要 {年报摘要}				
			B 股简称 {B 股简称}	
			B 股上市地 {B 股上市地}	
			H 股代码 {H 股代码}	
			H 股简称 {H 股简称}	
			H 股上市地 {H 股上市地}	
			其他股票代码 {其他股票代码}	
			其他股票简称 {其他股票简称}	
			其他股票上市地 {其他股票上市地}	
			公司注册地址信息 {公司注册地址信息}	
				公司注册地址 {公司注册地址}
				公司注册地址的邮政编码 {公司注册地址的邮政编码}
			公司办公地址信息 {公司办公地址信息}	
				公司办公地址 {公司办公地址}
				公司办公地址的邮政编码 {公司办公地址的邮政编码}
			公司国际互联网网址 {公司国际互联网网址}	
			公司电子信箱 {公司电子信箱}	
			证券事务代表 {证券事务代表}	
				证券事务代表姓名 {证券事务代表姓名}
				证券事务代表联系地址 {证券事务代表联系地址}
				证券事务代表联系电话 {证券事务代表联系电话}
				证券事务代表传真 {证券事务代表传真}
				证券事务代表电子信箱 {证券事务代表电子信箱}
			董事会秘书 {董事会秘书}	
				董事会秘书姓名 {董事会秘书姓名}
				董事会秘书联系地址 {董事会秘书联系地址}
				董事会秘书联系电话 {董事会秘书联系电话}
				董事会秘书传真 {董事会秘书传真}
				董事会秘书电子信箱 {董事会秘书电子信箱}
		会计数据和财务指标摘要 {会计数据和财务指标摘要}		
			主要会计数据 {主要会计数据}	
				年度主要会计数据 _ 主营业务收入 {主营业务收入}
				年度主要会计数据 _ 利润总额 {利润总额}
				年度主要会计数据 _ 净利润 {净利润}
				扣除非经常性损益后的净利润 {扣除非经常性损益后的净利润}
				年度主要会计数据 _ 总资产 {总资产}

续表

<table>
<tr><td colspan="6">年报摘要｛年报摘要｝</td></tr>
<tr><td></td><td></td><td></td><td></td><td colspan="2">年度主要会计数据＿股东权益｛股东权益（不含少数股东权益）｝</td></tr>
<tr><td></td><td></td><td></td><td></td><td colspan="2">年度主要会计数据＿经营活动产生的现金流量净额｛经营活动产生的现金流量净额｝</td></tr>
<tr><td></td><td></td><td></td><td></td><td colspan="2">年度主要会计数据＿主营业务收入本年比上年增减百分比｛主营业务收入本年比上年增减百分比｝</td></tr>
<tr><td></td><td></td><td></td><td></td><td colspan="2">年度主要会计数据＿利润总额本年比上年增减百分比｛利润总额本年比上年增减百分比｝</td></tr>
<tr><td></td><td></td><td></td><td></td><td colspan="2">年度主要会计数据＿净利润本年比上年增减百分比｛净利润本年比上年增减百分比｝</td></tr>
<tr><td></td><td></td><td></td><td></td><td colspan="2">年度主要会计数据＿扣除非经常性损益后的净利润本年比上年增减百分比｛扣除非经常性损益后的净利润本年比上年增减百分比｝</td></tr>
<tr><td></td><td></td><td></td><td></td><td colspan="2">年度主要会计数据＿总资产本年比上年增减百分比｛总资产本年比上年增减百分比｝</td></tr>
<tr><td></td><td></td><td></td><td></td><td colspan="2">年度主要会计数据＿股东权益本年比上年增减百分比｛股东权益本年比上年增减百分比｝</td></tr>
<tr><td></td><td></td><td></td><td></td><td colspan="2">年度主要会计数据＿经营活动产生的现金流量净额本年比上年增减百分比｛经营活动产生的现金流量净额本年比上年增减百分比｝</td></tr>
<tr><td></td><td></td><td></td><td colspan="3">主要财务指标｛主要财务指标｝</td></tr>
<tr><td></td><td></td><td></td><td></td><td colspan="2">每股收益｛每股收益｝</td></tr>
<tr><td></td><td></td><td></td><td></td><td colspan="2">每股收益 2｛每股收益 2｝</td></tr>
<tr><td></td><td></td><td></td><td></td><td colspan="2">净资产收益率｛净资产收益率｝</td></tr>
<tr><td></td><td></td><td></td><td></td><td colspan="2">扣除非经常性损益后的净资产收益率｛扣除非经常性损益的净利润为基础计算的净资产收益率｝</td></tr>
<tr><td></td><td></td><td></td><td></td><td colspan="2">每股经营活动产生的现金流量净额｛每股经营活动产生的现金流量净额｝</td></tr>
<tr><td></td><td></td><td></td><td></td><td colspan="2">每股净资产｛每股净资产｝</td></tr>
<tr><td></td><td></td><td></td><td></td><td colspan="2">调整后的每股净资产｛调整后的每股净资产｝</td></tr>
<tr><td></td><td></td><td></td><td></td><td colspan="2">每股收益本年比上年增减百分比｛每股收益本年比上年增减百分比｝</td></tr>
<tr><td></td><td></td><td></td><td></td><td colspan="2">每股收益 2 本年比上年增减百分比｛每股收益 2 本年比上年增减百分比｝</td></tr>
<tr><td></td><td></td><td></td><td></td><td colspan="2">年度主要会计数据＿净资产收益率本年比上年增减百分比｛净资产收益率本年比上年增减百分比｝</td></tr>
<tr><td></td><td></td><td></td><td></td><td colspan="2">扣除非经常性损益后的净资产收益率本年比上年增减百分比｛扣除非经常性损益的净利润为基础计算的净资产收益率本年比上年增减百分比｝</td></tr>
<tr><td></td><td></td><td></td><td></td><td colspan="2">每股经营活动产生的现金流量净额本年比上年增减百分比｛每股经营活动产生的现金流量净额本年比上年增减百分比｝</td></tr>
<tr><td></td><td></td><td></td><td></td><td colspan="2">每股净资产本年比上年增减百分比｛每股净资产本年比上年增减百分比｝</td></tr>
<tr><td></td><td></td><td></td><td></td><td colspan="2">调整后的每股净资产本年比上年增减百分比｛调整后的每股净资产本年比上年增减百分比｝</td></tr>
<tr><td></td><td></td><td></td><td colspan="3">国内外会计准则差异｛国内外会计准则差异｝</td></tr>
<tr><td></td><td></td><td></td><td></td><td colspan="2">净资产｛净资产｝</td></tr>
<tr><td></td><td></td><td></td><td></td><td colspan="2">净资产＿境外会计准则计算结果｛净资产（境外会计准则计算结果）｝</td></tr>
<tr><td></td><td></td><td></td><td></td><td colspan="2">年度主要会计数据＿股东权益｛股东权益（不含少数股东权益）｝</td></tr>
<tr><td></td><td></td><td></td><td></td><td colspan="2">年度主要会计数据＿净利润｛净利润｝</td></tr>
<tr><td></td><td></td><td></td><td></td><td colspan="2">净利润＿境外会计准则计算结果｛净利润｝</td></tr>
<tr><td></td><td></td><td></td><td></td><td colspan="2">净资产｛净资产｝</td></tr>
<tr><td></td><td></td><td></td><td></td><td colspan="2">净资产＿境外会计准则计算结果｛净资产（境外会计准则计算结果）｝</td></tr>
</table>

续表

年报摘要｛年报摘要｝							
				国内外会计准则差异说明｛国内外会计准则差异说明｝			
				国内外会计准则差异是否适用｛国内外会计准则差异是否适用｝			
				年度主要会计数据 _ 净利润｛净利润｝			
				净利润 _ 境外会计准则计算结果｛净利润｝			
				国内外会计准则差异说明｛国内外会计准则差异说明｝			
		股本变动及股东情况｛股本变动及股东情况｝					
			股份变动情况｛股份变动情况｝				
				未上市流通股份｛未上市流通股份｝			
					发起人股份｛发起人股份｝		
						发起人股份｛发起人股份 _ 变动前｝	
						发起人股份_变动_小计｛发起人股份_变动_小计｝	
							发起人股份_变动_配股｛发起人股份_变动_配股｝
							发起人股份_变动_送股｛发起人股份_变动_送股｝
							发起人股份_变动_公积金转股｛发起人股份_变动_公积金转股｝
							发起人股份_变动_增发｛发起人股份_变动_增发｝
							发起人股份_变动_其他｛发起人股份_变动_其他｝
						发起人股份｛发起人股份 _ 变动后｝	
					国家持有股份｛国家持有股份｝		
						国家持有股份｛国家持有股份 _ 变动前｝	
						国家持有股份_变动_小计｛国家持有股份_变动_小计｝	
							国家持有股份_变动_配股｛国家持有股份_变动_配股｝
							国家持有股份_变动_送股｛国家持有股份_变动_送股｝
							国家持有股份_变动_公积金转股｛国家持有股份_变动_公积金转股｝
							国家持有股份_变动_增发｛国家持有股份_变动_增发｝
							国家持有股份_变动_其他｛国家持有股份_变动_其他｝
						国家持有股份｛国家持有股份 _ 变动后｝	
					境内法人持有股份｛境内法人持有股份｝		
						境内法人持有股份｛境内法人持有股份 _ 变动前｝	
						境内法人持有股份_变动_小计｛境内法人持有股份_变动_小计｝	
							境内法人持有股份_变动_配股｛境内法人持有股份_变动_配股｝
							境内法人持有股份_变动_送股｛境内法人持有股份_变动_送股｝
							境内法人持有股份_变动_公积金转股｛境内法人持有股份_变动_公积金转股｝
							境内法人持有股份_变动_增发｛境内法人持有股份_变动_增发｝
							境内法人持有股份_变动_其他｛境内法人持有股份_变动_其他｝
						境内法人持有股份｛境内法人持有股份 _ 变动后｝	

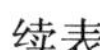
续表

年报摘要 {年报摘要}							
					境外法人持有股份 {境外法人持有股份}		
						境外法人持有股份 {境外法人持有股份 _ 变动前}	
						境外法人持有股份_变动_小计 {境外法人持有股份_变动_小计}	
							境外法人持有股份_变动_配股 {境外法人持有股份_变动_配股}
							境外法人持有股份_变动_送股 {境外法人持有股份_变动_送股}
							境外法人持有股份_变动_公积金转股 {境外法人持有股份_变动_公积金转股}
							境外法人持有股份_变动_增发 {境外法人持有股份_变动_增发}
							境外法人持有股份_变动_其他 {境外法人持有股份_变动_其他}
						境外法人持有股份 {境外法人持有股份 _ 变动后}	
					其他发起人股份 {其他发起人股份}		
						其他发起人股份 {其他发起人股份 _ 变动前}	
						其他发起人股份_变动_小计 {其他发起人股份_变动_小计}	
							其他发起人股份_变动_配股 {其他发起人股份_变动_配股}
							其他发起人股份_变动_送股 {其他发起人股份_变动_送股}
							其他发起人股份_变动_公积金转股 {其他发起人股份_变动_公积金转股}
							其他发起人股份_变动_增发 {其他发起人股份_变动_增发}
							其他发起人股份_变动_其他 {其他发起人股份_变动_其他}
						其他发起人股份 {其他发起人股份 _ 变动后}	
					募集法人股份 {募集法人股份}		
						募集法人股份 {募集法人股 _ 变动前}	
						募集法人股_变动_小计 {募集法人股_变动_小计}	
							募集法人股_变动_配股 {募集法人股_变动_配股}
							募集法人股_变动_送股 {募集法人股_变动_送股}
							募集法人股_变动_公积金转股 {募集法人股_变动_公积金转股}
							募集法人股_变动_增发 {募集法人股_变动_增发}
							募集法人股_变动_其他 {募集法人股_变动_其他}
						募集法人股份 {募集法人股份 _ 变动后}	
					内部职工股 {内部职工股}		
						内部职工股 {内部职工股 _ 变动前}	
						内部职工股_变动_小计 {内部职工股_变动_小计}	
							内部职工股_变动_配股 {内部职工股_变动_配股}
							内部职工股_变动_送股 {内部职工股_变动_送股}
							内部职工股_变动_公积金转股 {内部职工股_变动_公积金转股}
							内部职工股_变动_增发 {内部职工股_变动_增发}
							内部职工股_变动_其他 {内部职工股_变动_其他}

续表

年报摘要{年报摘要}							
						内部职工股{内部职工股 _ 变动后}	
					优先股或其他{优先股或其他}		
						优先股或其他{优先股或其他 _ 变动前}	
						优先股或其他_变动_小计{优先股或其他_变动_小计}	
							优先股或其他_变动_配股{优先股或其他_变动_配股}
							优先股或其他_变动_送股{优先股或其他_变动_送股}
							优先股或其他_变动_公积金转股{优先股或其他_变动_公积金转股}
							优先股或其他_变动_增发{优先股或其他_变动_增发}
							优先股或其他_变动_其他{优先股或其他_变动_其他}
						优先股或其他{优先股或其他 _ 变动后}	
					未上市流通股份合计{未上市流通股份合计}		
						未上市流通股份合计{未上市流通股份合计 _ 变动前}	
						未上市流通股份合计_变动_小计{未上市流通股份合计_变动_小计}	
							未上市流通股份合计_变动_配股{未上市流通股份合计_变动_配股}
							未上市流通股份合计_变动_送股{未上市流通股份合计_变动_送股}
							未上市流通股份合计_变动_公积金转股{未上市流通股份合计_变动_公积金转股}
							未上市流通股份合计_变动_增发{未上市流通股份合计_变动_增发}
							未上市流通股份合计_变动_其他{未上市流通股份合计_变动_其他}
						未上市流通股份合计{未上市流通股份合计 _ 变动后}	
				已上市流通股份{已上市流通股份}			
					人民币普通股{人民币普通股}		
						人民币普通股{人民币普通股 _ 变动前}	
						人民币普通股_变动_小计{人民币普通股_变动_小计}	
							人民币普通股_变动_配股{人民币普通股_变动_配股}
							人民币普通股_变动_送股{人民币普通股_变动_送股}
							人民币普通股_变动_公积金转股{人民币普通股_变动_公积金转股}
							人民币普通股_变动_增发{人民币普通股_变动_增发}
							人民币普通股_变动_其他{人民币普通股_变动_其他}
						人民币普通股{人民币普通股 _ 变动后}	
					境内上市的外资股{境内上市的外资股}		
						境内上市的外资股{境内上市的外资股 _ 变动前}	
						境内上市的外资股_变动_小计{境内上市的外资股_变动_小计}	
							境内上市的外资股_变动_配股{境内上市的外资股_变动_配股}
							境内上市的外资股_变动_送股{境内上市的外资股_变动_送股}

续表

年报摘要{年报摘要}							
							境内上市的外资股_变动_公积金转股{境内上市的外资股_变动_公积金转股}
							境内上市的外资股_变动_增发{境内上市的外资股_变动_增发}
							境内上市的外资股_变动_其他{境内上市的外资股_变动_其他}
						境内上市的外资股{境内上市的外资股 _ 变动后}	
					境外上市的外资股{境外上市的外资股}		
						境外上市的外资股{境外上市的外资股 _ 变动前}	
						境外上市的外资股_变动_小计{境外上市的外资股_变动_小计}	
							境外上市的外资股_变动_配股{境外上市的外资股_变动_配股}
							境外上市的外资股_变动_送股{境外上市的外资股_变动_送股}
							境外上市的外资股_变动_公积金转股{境外上市的外资股_变动_公积金转股}
							境外上市的外资股_变动_增发{境外上市的外资股_变动_增发}
							境外上市的外资股_变动_其他{境外上市的外资股_变动_其他}
						境外上市的外资股{境外上市的外资股 _ 变动后}	
					其他已上市流通股份{其他已上市流通股份}		
						其他已上市流通股份{其他已上市流通股份 _ 变动前}	
						其他已上市流通股份_变动_小计{其他已上市流通股份_变动_小计}	
							其他已上市流通股份_变动_配股{其他已上市流通股份_变动_配股}
							其他已上市流通股份_变动_送股{其他已上市流通股份_变动_送股}
							其他已上市流通股份_变动_公积金转股{其他已上市流通股份_变动_公积金转股}
							其他已上市流通股份_变动_增发{其他已上市流通股份_变动_增发}
							其他已上市流通股份_变动_其他{其他已上市流通股份_变动_其他}
						其他已上市流通股份{其他已上市流通股份 _ 变动后}	
					已上市流通股份合计{已上市流通股份合计}		
						已上市流通股份合计{已上市流通股份合计 _ 变动前}	
						已上市流通股份合计_变动_小计{已上市流通股份合计_变动_小计}	
							已上市流通股份合计_变动_配股{已上市流通股份合计_变动_配股}
							已上市流通股份合计_变动_送股{已上市流通股份合计_变动_送股}
							已上市流通股份合计_变动_公积金转股{已上市流通股份合计_变动_公积金转股}
							已上市流通股份合计_变动_增发{已上市流通股份合计_变动_增发}
							已上市流通股份合计_变动_其他{已上市流通股份合计_变动_其他}
						已上市流通股份合计{已上市流通股份合计 _ 变动后}	
				股份总数{股份总数}			
					股份总数{股份总数 _ 变动前}		

续表

年报摘要 {年报摘要}								
					股份总数_变动_小计 {股份总数_变动_小计}			
						股份总数_变动_配股 {股份总数_变动_配股}		
						股份总数_变动_送股 {股份总数_变动_送股}		
						股份总数_变动_公积金转股 {股份总数_变动_公积金转股}		
						股份总数_变动_增发 {股份总数_变动_增发}		
						股份总数_变动_其他 {股份总数_变动_其他}		
					股份总数 {股份总数 _ 变动后}			
				特殊股份 {特殊股份}				
					基金配售股份 {基金配售股份}			
					柜台交易公司内部职工股份 {柜台交易公司内部职工股份}			
					战略投资者配售股份 {战略投资者配售股份}			
					一般法人配售股份 {一般法人配售股份}			
			公司股东情况 {公司股东情况}					
				股东总数 {股东总数}				
					流通股股东人数 {流通股股东人数}			
						A 股股东人数 {A 股股东人数}		
						B 股股东人数 {B 股股东人数}		
						H 股股东人数 {H 股股东人数}		
				持有公司 5%以上股份的股东或前十大股东的情况 {持有公司 5%以上股份的股东或前十大股东的情况}				
					各股东情况 {各股东情况}			
						股东名次 {股东名次}		
						股东名称 {股东名称}		
						股东持有股份数量 {股东持有股份数量}		
							股东持有股份类别构成 {股东持有股份类别构成}	
								股份类别 {股份类别}
								该类别股份数量 {该类别股份数量}
						年度内增减股份数 {年度内增减股份数}		
						股东持有股份比例 {股东持有股份比例}		
						股东所持股份被质押或冻结情况 {股东所持股份被质押或冻结情况}		
							股份状态 {股份状态}	
							该状态股份数量 {该状态股份数量}	
						股东性质 {股东性质}		
					前十大股东关联关系或属于一致行动人的情况说明 {前十大股东关联关系或属于一致行动人的情况说明}			
			控股股东及实际控制人情况介绍 {控股股东和实际控制人情况介绍}					

续表

年报摘要｛年报摘要｝							
				控股股东及实际控制人变更情况｛控股股东及实际控制人变更情况｝			
					控股股东及实际控制人变更情况是否适用｛控股股东及实际控制人变更情况是否适用｝		
					控股股东变更日期｛控股股东变更日期｝		
					控股股东变更情况刊登报刊｛控股股东变更情况刊登报刊｝		
					控股股东变更情况刊登日期｛控股股东变更情况刊登日期｝		
					实际控制人变更日期｛实际控制人变更日期｝		
					实际控制人变更情况刊登日期｛实际控制人变更情况刊登日期｝		
					实际控制人变更情况刊登报刊｛实际控制人变更情况刊登报刊｝		
				控股股东和其他实际控制人具体情况介绍｛控股股东和其他实际控制人具体情况介绍｝			
					控股股东情况｛控股股东情况｝		
						控股股东为自然人时的情况｛控股股东为自然人时的情况｝	
							控股股东姓名｛控股股东姓名｝
							控股股东国籍｛控股股东国籍｝
							控股股东拥有其他国家或地区居留权的情况｛控股股东拥有其他国家或地区居留权的情况｝
							控股股东最近五年的职业及职务｛控股股东最近五年的职务及职务｝
						控股股东为法人时的情况｛控股股东为法人时的情况｝	
							控股股东名称｛控股股东名称｝
							控股股东法定代表人姓名｛控股股东法定代表人姓名｝
							控股股东成立日期｛控股股东成立日期｝
							控股股东注册资本｛控股股东注册资本｝
							控股股东主营业务｛控股股东主营业务｝
							控股股东企业经济性质或类型｛控股股东企业经济性质或类型｝
						控股股东实际控制股份数量｛控股股东实际控制股份数量｝	
						控股股东实际控制股份比例｛控股股东实际控制股份比例｝	
					实际控制人情况｛实际控制人情况｝		
						实际控制人为自然人时的情况｛实际控制人为自然人的情况｝	
							实际控制人姓名｛实际控制人姓名｝
							实际控制人国籍｛实际控制人国籍｝
							实际控制人拥有其他国家或地区居留权的情况｛实际控制人拥有其他国家或地区居留权的情况｝
							实际控制人最近五年的职业及职务｛实际控制人最近五年的职业及职务｝
						实际控制人为法人时的情况｛实际控制人为法人时的情况｝	
							实际控制人名称｛实际控制人名称｝
							实际控制人法定代表人｛实际控制人法定代表人｝
							实际控制人企业经济性质或类型｛实际控制人企业经济性质或类型｝

续表

年报摘要{年报摘要}							
							实际控制人注册资本{实际控制人注册资本}
							实际控制人主营业务{实际控制人主营业务}
							实际控制人成立日期{实际控制人成立日期}
							实际控制人注册地址{实际控制人注册地址}
		董监事及高管人员{董事监事和高级管理人员}					
			董监事及高管人员持股变动{董监事及高管人员持股变动}				
				董监事或高管人员姓名{董监事或高管人员姓名}			
				董监事或高管人员现任职务{董监事或高管人员现任职务}			
				董监事或高管人员性别{董监事或高管人员性别}			
				董监事或高管人员年龄{董监事或高管人员年龄}			
				董监事或高管人员上任日期{董监事或高管人员上任日期}			
				董监事或高管人员任期终止日期{董监事或高管人员任期终止日期}			
				董监事或高管人员持股数{董监事或高管人员持股数}			
				董监事或高管人员持股数增减变动原因{董监事或高管人员持股数增减变动原因}			
			在股东单位任职的董监事情况{在股东单位任职的董监事情况}				
				在股东单位任职的董监事情况是否适用{在股东单位任职的董监事情况是否适用}			
				在股东单位任职的董监事信息{在股东单位任职的董监事信息}			
					董监事或高管人员姓名{董监事或高管人员姓名}		
					董监事或高管人员任职的股东单位名称{董监事或高管人员任职的股东单位名称}		
					董监事或高管人员在股东单位担任的职务{董监事或高管人员在股东单位担任的职务}		
					董监事或高管人员在股东单位的任职日期{董监事或高管人员在股东单位的任职日期}		
					董监事或高管人员在股东单位的离职日期{董监事或高管人员在股东单位的离职日期}		
					董监事或高管人员是否在股东单位领取报酬或津贴{董监事或高管人员是否在股东单位领取报酬或津贴}		
			董监事及高管人员年度薪酬{董事监事和高级管理人员年度薪酬}				
				董监事及高管人员年度报酬总额{董监事及高管人员年度报酬总额}			
				金额最高的前三名董事的报酬总额{金额最高的前三名董事的报酬总额}			
				金额最高的前三名高管人员的报酬总额{金额最高的前三名高管人员的报酬总额}			
				不在公司领取报酬津贴的董事监事姓名{不在公司领取报酬津贴的董事监事姓名}			
				独立董事津贴{独立董事津贴}			
				独立董事其他待遇{独立董事其他待遇}			
				董监事高管人员报酬区间及人数{董监事高管人员报酬区间及人数}			
					董监事及高管人员报酬区间{董监事及高管人员报酬区间}		
					董监事及高管人员报酬区间人数{董监事及高管人员报酬区间人数}		
		董事会报告{董事会报告}					
			报告期的整体经营情况的讨论与分析{报告期的整体经营情况的讨论与分析}				

续表

年报摘要｛年报摘要｝					
			主营业务及经营情况｛主营业务及经营情况｝		
				主营业务的行业分布｛主营业务的行业分布｝	
					行业名称｛行业名称｝
					该行业的主营业务收入｛该行业的主营业务收入｝
					该行业的主营业务成本｛该行业的主营业务成本｝
					该行业的主营业务毛利率｛该行业的主营业务毛利率｝
					该行业的主营业务收入比上年增减百分比｛该行业的主营业务收入比上年增减百分比｝
					该行业的主营业务成本比上年增减百分比｛该行业的主营业务成本比上年增减百分比｝
					该行业的主营业务毛利率比上年增减百分比｛该行业的主营业务毛利率比上年增减百分比｝
				主营业务的产品分布｛主营业务的产品分布｝	
					产品名称｛产品名称｝
					该产品的主营业务收入｛该产品的主营业务收入｝
					该产品的主营业务成本｛该产品的主营业务成本｝
					该产品的主营业务毛利率｛该产品的主营业务毛利率｝
					该产品的主营业务收入比上年增减百分比｛该产品的主营业务收入比上年增减百分比｝
					该产品的主营业务成本比上年增减百分比｛该产品的主营业务成本比上年增减百分比｝
					该产品的主营业务毛利率比上年增减百分比｛该产品的主营业务毛利率比上年增减百分比｝
				各行业主营业务收入中涉及关联交易的总额｛各行业主营业务收入中涉及关联交易的总额｝	
				各行业主营业务成本中涉及关联交易的总额｛各行业主营业务成本中涉及关联交易的总额｝	
				各行业主营业务中涉及关联交易的合计毛利率｛各行业主营业务中涉及关联交易的合计毛利率｝	
				各行业主营业务收入中涉及关联交易的总额比上年增减百分比｛各行业主营业务收入中涉及关联交易的总额比上年增减百分比｝	
				各行业主营业务成本中涉及关联交易的总额比上年增减百分比｛各行业主营业务成本中涉及关联交易的总额比上年增减百分比｝	
				各行业主营业务中涉及关联交易的合计毛利率比上年增减百分比｛各行业主营业务中涉及关联交易的合计毛利率比上年增减百分比｝	
				各产品主营业务收入中涉及关联交易的总额｛各产品主营业务收入中涉及关联交易的总额｝	
				各产品主营业务成本中涉及关联交易的总额｛各产品主营业务成本中涉及关联交易的总额｝	
				各产品主营业务中涉及关联交易的合计毛利率｛各产品主营业务中涉及关联交易的合计毛利率｝	
				各产品主营业务收入中涉及关联交易的总额比上年增减百分比｛各产品主营业务收入中涉及关联交易的总额比上年增减百分比｝	
				各产品主营业务成本中涉及关联交易的总额比上年增减百分比｛各产品主营业务成本中涉及关联交易的总额比上年增减百分比｝	
				各产品主营业务中涉及关联交易的合计毛利率比上年增减百分比｛各产品主营业务中涉及关联交易的合计毛利率比上年增减百分比｝	
				主营业务中关联交易必要性持续性说明｛主营业务中关联交易必要性持续性说明｝	

续表

年报摘要｛年报摘要｝					
				主营业务中关联交易的定价原则｛主营业务中关联交易的定价原则｝	
			主营业务的地区分布｛主营业务的地区分布｝		
				地区名称｛地区名称｝	
				该地区的主营业务收入｛该地区的主营业务收入｝	
				该地区的主营业务收入比上年增减百分比｛该地区的主营业务收入比上年增减百分比｝	
			主要供应商及客户情况｛主要供应商及客户情况｝		
				前五大供应商采购金额合计占年度采购总额的比例｛前五大供应商采购金额合计占年度采购总额的比例｝	
				前五大供应商采购金额合计｛前五大供应商采购金额合计｝	
				前五大客户销售金额合计占年度销售总额的比例｛前五大客户销售金额合计占年度销售总额的比例｝	
				前五大客户销售金额合计｛前五大客户销售金额合计｝	
			被控股或参股公司经营情况｛被控股或参股公司经营情况｝		
				参股公司经营情况是否适用｛参股公司经营情况是否适用｝	
				某被控股或参股公司情况｛某被控股或参股公司情况｝	
					被控股或参股公司名称｛被控股或参股公司名称｝
					被控股或参股公司主要产品或服务｛被控股或参股公司主要产品或服务｝
					被控股或参股公司净利润｛被控股或参股公司净利润｝
					被参股公司本期贡献的投资收益｛被参股公司本期贡献的投资收益｝
					被参股公司本期贡献的投资收益占上市公司净利润的比重｛被参股公司本期贡献的投资收益占上市公司净利润的比重｝
			主营业务及其结构发生重大变化的情况｛主营业务及其结构发生重大变化的情况｝		
				主营业务及其结构发生重大变化情况是否适用｛主营业务及其结构发生重大变化情况是否适用｝	
				主营业务及其结构发生重大变化的原因说明｛主营业务及其结构发生重大变化的原因说明｝	
			主营业务盈利能力与上年相比发生重大变化的情况｛主营业务盈利能力与上年相比发生重大变化的情况｝		
				主营业务盈利能力与上年相比发生重大变化情况是否适用｛主营业务盈利能力与上年相比发生重大变化情况是否适用｝	
				主营业务盈利能力与上年相比发生重大变化的原因说明｛主营业务盈利能力与上年相比发生重大变化的原因说明｝	
			经营成果和利润构成与上年度相比发生重大变化的情况｛经营成果和利润构成与上年度相比发生重大变化的情况｝		
				经营成果和利润构成与上年度相比发生重大变化情况是否适用｛经营成果和利润构成与上年度相比发生重大变化情况是否适用｝	
				利润构成变动说明｛经营成果和利润构成与上年度相比发生重大变化的原因分析｝	
			整体财务状况与上年度相比发生重大变化的情况｛整体财务状况与上年度相比发生重大变化的原因分析｝		
				整体财务状况与上年度相比发生重大变化情况是否适用｛整体财务状况与上年度相比发生重大变化情况是否适用｝	
				财务状况变动说明｛整体财务状况与上年度相比发生重大变化的原因分析｝	

续表

年报摘要｛年报摘要｝					
			生产经营环境及政策法规发生重大变化的情况｛生产经营环境及政策法规发生重大变化的情况｝		
				生产经营环境及政策法规发生重大变化情况是否适用｛生产经营环境及政策法规发生重大变化情况是否适用｝	
				生产经营环境及政策法规发生重大变化的说明｛生产经营环境及政策法规发生重大变化的说明｝	
			完成盈利预测的说明｛完成盈利预测的说明｝		
				完成盈利预测情况是否适用｛完成盈利预测情况是否适用｝	
				本年度盈利预测的主营收入｛本年度盈利预测的主营收入｝	
				本年度盈利预测的利润总额｛本年度盈利预测的利润总额｝	
				本年度盈利预测的净利润｛本年度盈利预测的净利润｝	
				本年度实际主营收入｛本年度实际主营收入｝	
				本年度实际利润总额｛本年度实际利润总额｝	
				本年度实际净利润｛本年度实际净利润｝	
				完成盈利预测的差异说明｛完成盈利预测的差异说明｝	
			完成经营计划情况｛完成经营计划情况｝		
				完成经营计划情况是否适用｛完成经营计划情况是否适用｝	
				原拟定的本年度经营计划收入｛原拟定的本年度经营计划收入｝	
				原拟定的本年度经营计划成本及费用｛原拟定的本年度经营计划成本及费用｝	
				本年度实际收入｛本年度实际收入｝	
				本年度实际成本及费用｛本年度实际成本及费用｝	
				完成经营计划的差异说明｛完成经营计划的差异说明｝	
			募集资金使用情况｛募集资金使用情况｝		
				募集资金适用情况是否适用｛募集资金适用情况是否适用｝	
				募集资金总额｛募集资金总额｝	
				报告期内已使用的募集资金总额｛报告期内已使用的募集资金总额｝	
				已累计使用的募集资金总额｛已累计使用的募集资金总额｝	
				募集资金项目｛募集资金项目｝	
					承诺投资项目名称｛承诺投资项目名称｝
					承诺投资项目投资金额｛承诺投资项目投资金额｝
					承诺投资项目实际投入金额｛承诺投资项目实际投入金额｝
					募集资金项目实际收益｛募集资金项目实际收益｝
					变更原因及变更程序说明｛变更原因及变更程序说明｝
					是否符合承诺项目计划进度和预计收益｛是否符合承诺项目计划进度和预计收益｝
					未达到承诺项目计划进度和预计收益说明｛未达到承诺项目计划进度和预计收益说明｝
				募集资金承诺项目拟投入金额合计｛募集资金承诺项目拟投入金额合计｝	
				募集资金承诺项目实际投入金额合计｛募集资金承诺项目实际投入金额合计｝	

续表

年报摘要｛年报摘要｝						
				募集资金承诺项目产生的收益金额合计｛募集资金承诺项目产生的收益金额合计｝		
				未达到承诺项目计划进度和预计收益分项目说明｛未达到承诺项目计划进度和预计收益分项目说明｝		
					未达到承诺项目计划进度和预计收益说明｛未达到承诺项目计划进度和预计收益说明｝	
				变更原因及变更程序分项目说明｛变更原因及变更程序分项目说明｝		
					变更原因及变更程序说明｛变更原因及变更程序说明｝	
				募集资金变更项目情况｛募集资金变更项目情况｝		
					募集资金变更项目情况是否适用｛募集资金变更项目情况是否适用｝	
					变更投资项目资金总额｛变更投资项目资金总额｝	
					变更投资项目资金总额｛变更投资项目资金总额｝	
					募集资金变更项目明细｛募集资金变更项目明细｝	
						变更投资项目名称｛变更投资项目名称｝
						承诺投资项目名称｛承诺投资项目名称｝
						变更投资项目拟投资金额｛变更投资项目拟投资金额｝
						变更投资项目实际投入金额｛变更投资项目实际投入金额｝
						募集资金项目实际收益｛募集资金项目实际收益｝
						是否符合变更项目计划进度和预计收益｛是否符合变更项目计划进度和预计收益｝
						未达到变更项目计划进度和预计收益说明｛未达到变更项目计划进度和预计收益说明｝
					募集资金变更项目拟投入资金合计｛募集资金变更项目拟投入资金合计｝	
					募集资金变更项目实际投入资金合计｛募集资金变更项目实际投入资金合计｝	
					募集资金变更项目产生的收益金额合计｛募集资金变更项目产生的收益金额合计｝	
					未达到变更项目计划进度和预计收益分项目说明｛未达到变更项目计划进度和预计收益分项目说明｝	
						未达到变更项目计划进度和预计收益说明｛未达到变更项目计划进度和预计收益说明｝
			非募集资金投资项目情况｛非募集资金投资项目情况｝			
				非募集资金项目情况是否适用｛非募集资金项目情况是否适用｝		
				非募集资金投资项目｛非募集资金投资项目｝		
					非募集资金投资项目名称｛非募集资金投资项目名称｝	
					非募集资金投资项目金额｛非募集资金投资项目金额｝	
					非募集资金投资项目进度｛非募集资金投资项目进度｝	
					非募集资金投资项目收益｛非募集资金投资项目收益｝	
					非募集资金投资项目收益说明｛非募集资金投资项目收益说明｝	
				非募集资金投资项目金额合计｛非募集资金投资项目金额合计｝		
				非募集资金投资项目收益合计｛非募集资金投资项目收益合计｝		
			董事会对审计报告的专项说明｛董事会对审计报告的专项说明｝			

续表

年报摘要｛年报摘要｝					
				董事会对审计报告的专项说明是否适用｛董事会对审计报告的专项说明是否适用｝	
				各事项说明｛各事项说明｝	
					解释性说明所涉事项｛解释性说明所涉事项｝
					解释性说明所涉事项说明｛解释性说明所涉事项说明｝
				董事会对审计意见的总体说明｛董事会对审计意见的总体说明｝	
			董事会新年度经营计划｛董事会新年度经营计划｝		
				董事会新年度经营计划是否适用｛董事会新年度经营计划是否适用｝	
				新年度经营计划｛新年度经营计划｝	
			新年度盈利预测情况说明｛新年度盈利预测情况说明｝		
				新年度盈利预测是否适用｛新年度盈利预测是否适用｝	
				新年度盈利预测｛新年度盈利预测｝	
				新年度主营收入预测｛新年度主营收入预测｝	
				新年度利润总额预测｛新年度利润总额预测｝	
				新年度净利润预测｛新年度净利润预测｝	
				会计师事务所对公司新年度盈利预测的审核意见｛会计师事务所对公司新年度盈利预测的审核意见｝	
			本年度利润分配或资本公积金转增预案｛本年度利润分配或资本公积金转增预案｝		
				董事会本次利润分配或资本公积金转增预案是否适用｛董事会本次利润分配或资本公积金转增预案是否适用｝	
				是否分配或转增｛是否分配或转增｝	
				每 10 股送红股比例｛每 10 股送红股比例｝	
				每 10 股派息比例｛每 10 股派息比例｝	
				每 10 股转增比例｛每 10 股转增比例｝	
				预案详细情况｛预案详细情况｝	
				盈利且不分配的原因｛盈利且不分配的原因｝	
		重大事项｛重大事项｝			
			收购资产｛收购资产｝		
				收购资产是否适用｛收购资产是否适用｝	
				各次资产收购情况｛各次资产收购情况｝	
					资产购买日期｛资产购买日期｝
					资产收购价格｛资产收购价格｝
					自购买之日起至本年末该收购资产为上市公司贡献的净利润｛自购买之日起至本年末该收购资产为上市公司贡献的净利润｝
					资产收购交易对手方｛资产收购交易对手方｝
					被收购资产｛被收购资产｝
					资产收购是否为关联交易｛资产收购是否为关联交易｝
					资产收购定价原则｛资产收购定价原则（当为关联交易时请说明）｝

续表

年报摘要｛年报摘要｝					
			出售资产｛出售资产｝		
				出售资产是否适用｛出售资产是否适用｝	
				各次资产出售情况｛各次资产出售情况｝	
					资产出售日期｛资产出售日期｝
					资产出售价格｛资产出售价格｝
					本年初起至出售日该出售资产为上市公司贡献的净利润｛本年初起至出售日该出售资产为上市公司贡献的净利润｝
					资产出售产生的损益｛资产出售产生的损益｝
					资产出售交易对手方｛资产出售交易对手方｝
					被出售资产｛被出售资产｝
					资产出售是否为关联交易｛资产出售是否为关联交易｝
					资产出售定价原则｛资产出售定价原则（当为关联交易时请说明）｝
			收购出售资产事项对公司业务连续性和管理层稳定性的影响｛收购出售资产事项对公司业务连续性和管理层稳定性的影响｝		
			重大担保｛重大担保｝		
				重大但保是否适用｛重大但保是否适用｝	
				担保事项｛担保事项｝	
					被担保方｛被担保方｝
					担保金额｛担保金额｝
					担保类型｛担保类型｝
					担保是否逾期｛担保是否逾期｝
					是否为关联方担保｛是否为关联方担保｝
					担保是否已经履行完毕｛担保是否已经履行完毕｝
					担保期限｛担保期限｝
					担保起始日期｛担保起始日期｝
					担保终止日期｛担保终止日期｝
				担保余额合计｛担保余额合计｝	
				因担保计提的预计负债｛因担保计提的预计负债｝	
				关联担保余额合计｛关联担保余额合计｝	
			关联债权债务往来｛关联债权债务往来｝		
				关联债权债务往来是否适用｛关联债权债务往来是否适用｝	
				关联方关系及其交易事项｛关联方关系及其交易事项｝	
					关联方企业名称｛关联方企业名称｝
					向关联方提供资金_发生额｛向关联方提供资金_发生额｝
					向关联方提供资金_余额｛向关联方提供资金_余额｝
					关联方向上市公司提供资金_发生额｛关联方向上市公司提供资金_发生额｝

续表

年报摘要{年报摘要}					
					关联方向上市公司提供资金_余额{关联方向上市公司提供资金_余额}
				向关联方提供资金_发生额合计{向关联方提供资金_发生额合计}	
				向关联方提供资金_余额合计{向关联方提供资金_余额合计}	
				关联方向上市公司提供资金_发生额合计{关联方向上市公司提供资金_发生额合计}	
				关联方向上市公司提供资金_余额合计{关联方向上市公司提供资金_余额合计}	
			委托理财{委托理财}		
				委托理财是否适用{委托理财是否适用}	
				委托理财事项{委托理财事项}	
					受托人{受托人}
					委托理财金额{委托理财金额}
					委托起始日期{委托起始日期}
					委托终止日期{委托终止日期}
					委托理财约定收益{委托理财约定收益}
					委托理财约定收益比例{委托理财约定收益比例}
					委托理财实际获得收益{委托理财实际获得收益}
					委托理财实际收回金额{委托理财实际收回金额}
				委托理财金额合计{委托理财金额合计}	
				委托理财约定收益合计{委托理财约定收益合计}	
				委托理财实际获得收益合计{委托理财实际获得收益合计}	
				委托理财实际收回金额合计{委托理财实际收回金额合计}	
			承诺事项履行情况{承诺事项履行情况}		
				承诺事项履行情况是否适用{承诺事项履行情况是否适用}	
				报告期内承诺事项及履行情况{报告期内承诺事项及履行情况}	
			重大诉讼及仲裁{重大诉讼及仲裁}		
				重大诉讼仲裁事项是否适用{重大诉讼仲裁事项是否适用}	
				诉讼事项{诉讼事项}	
					诉讼公布日期{诉讼公布日期}
					上市公司是否起诉方{上市公司是否起诉方}
					上市公司是否应诉方{上市公司是否应诉方}
					至公告时诉讼是否已被受理{至公告时诉讼是否已被受理}
					起诉对象{起诉对象}
					起诉时间{起诉时间}
					起诉原因{起诉原因}
					起诉标的{起诉标的}
					诉讼方名称{诉讼方名称}

续表

年报摘要｛年报摘要｝					
					接到诉讼通知书时间｛接到诉讼通知书时间｝
					被起诉原因｛被起诉原因｝
					被起诉标的｛被起诉标的｝
					法院受理时间｛法院受理时间｝
					法院判决时间｛法院判决时间｝
					法院判决书主要内容｛法院判决书主要内容｝
					诉讼审理结果及影响｛诉讼审理结果及影响｝
					诉讼判决执行情况｛诉讼判决执行情况｝
				在编制上一期定期报告之后发生的重大诉讼仲裁事项的涉及金额｛在编制上一期定期报告之后发生的重大诉讼仲裁事项的涉及金额｝	
				已编入上一期定期报告但当时尚未结案的重大诉讼仲裁事项的涉及金额｛已编入上一期定期报告但当时尚未结案的重大诉讼仲裁事项的涉及金额｝	
				因诉讼仲裁计提的预计负债｛因诉讼仲裁计提的预计负债｝	
				重大诉讼说明｛重大诉讼说明｝	
				仲裁事项｛仲裁事项｝	
					仲裁公布日期｛仲裁公布日期｝
					上市公司在仲裁中角色｛上市公司在仲裁中角色｝
					仲裁对手方｛仲裁对手方｝
					仲裁机构｛仲裁机构｝
					仲裁对象｛仲裁对象｝
					申请仲裁或接到仲裁通知书时间｛申请仲裁或接到仲裁通知书时间｝
					仲裁至公告时是否已被受理｛仲裁至公告时是否已被受理｝
					仲裁原因｛仲裁原因｝
					仲裁标的｛仲裁标的｝
					仲裁机构受理时间｛仲裁机构受理时间｝
					仲裁机构裁决时间｛仲裁机构裁决时间｝
					仲裁书主要内容｛仲裁书主要内容｝
					仲裁审理结果及影响｛仲裁审理结果及影响｝
					仲裁裁决执行情况｛仲裁裁决执行情况｝
			公司独立董事履行职责情况｛公司独立董事履行职责情况｝		
		监事会报告｛监事会报告｝			
			监事会工作情况｛监事会工作情况｝		
				各次监事会会议｛各次监事会会议｝	
					监事会会议届次｛监事会会议届次｝
					监事会会议召开日期｛监事会会议召开日期｝
					监事会会议审议内容｛监事会会议审议内容｝

续表

年报摘要｛年报摘要｝					
					监事会决议刊登日期｛监事会决议刊登日期｝
					监事会决议刊登报刊｛监事会决议刊登报刊｝
			公司依法运作情况｛公司依法运作情况｝		
			公司财务执行情况｛公司财务执行情况｝		
			最近一次募集资金投资情况｛最近一次募集资金投资情况｝		
			公司收购出售资产情况｛公司收购出售资产情况｝		
			关联交易情况｛关联交易情况｝		
			监事会关于审计报告等的意见｛监事会关于审计报告等的意见｝		
		财务报告｛财务报告｝			
			现金流量表｛现金流量表｝		
				经营活动产生的现金流量｛一、经营活动产生的现金流量:｝	
					销售商品提供劳务收到的现金｛销售商品、提供劳务收到的现金｝
					收到的税费返还｛收到的税费返还｝
					收到的其他与经营活动有关的现金｛收到的其他与经营活动有关的现金｝
					经营活动产生的现金流入小计｛现金流入小计｝
					购买商品接受劳务支付的现金｛购买商品、接受劳务支付的现金｝
					支付给职工以及为职工支付的现金｛支付给职工以及为职工支付的现金｝
					支付的各项税费｛支付的各项税费｝
					支付的其他与经营活动有关的现金｛支付的其他与经营活动有关的现金｝
					经营活动产生的现金流出小计｛现金流出小计｝
					经营活动产生的现金流量净额直接法｛经营活动产生的现金流量净额｝
				投资活动产生的现金流量｛二、投资活动产生的现金流量:｝	
					收回投资所收到的现金｛收回投资所收到的现金｝
					取得投资收益所收到的现金｛取得投资收益所收到的现金｝
					处置固定资产无形资产和其他长期资产所收回的现金净额｛处置固定资产、无形资产和其他长期资产所收回的现金净额｝
					收到的其他与投资活动有关的现金｛收到的其他与投资活动有关的现金｝
					投资活动产生的现金流入小计｛现金流入小计｝
					购建固定资产无形资产和其他长期资产所支付的现金｛购建固定资产、无形资产和其他长期资产所支付的现金｝
					投资所支付的现金｛投资所支付的现金｝
					支付的其他与投资活动有关的现金｛支付的其他与投资活动有关的现金｝
					投资活动产生的现金流出小计｛现金流出小计｝
					投资活动产生的现金流量净额｛投资活动产生的现金流量净额｝
				筹资活动产生的现金流量｛三、筹资活动产生的现金流量｝	
					吸收投资所收到的现金｛吸收投资所收到的现金｝

续表

年报摘要｛年报摘要｝					
					借款所收到的现金｛借款所收到的现金｝
					收到的其他与筹资活动有关的现金｛收到的其他与筹资活动有关的现金｝
					筹资活动产生的现金流入小计｛现金流入小计｝
					偿还债务所支付的现金｛偿还债务所支付的现金｝
					分配股利利润或偿付利息所支付的现金｛分配股利、利润或偿付利息所支付的现金｝
					支付的其他与筹资活动有关的现金｛支付的其他与筹资活动有关的现金｝
					筹资活动产生的现金流出小计｛现金流出小计｝
					筹资活动产生的现金流量净额｛筹资活动产生的现金流量净额｝
				汇率变动对现金的影响｛四、汇率变动对现金的影响｝	
				现金及现金等价物净增加额直接法｛五、现金及现金等价物净增加额｝	
				将净利润调节为经营活动现金流量｛1. 将净利润调节为经营活动现金流量：｝	
					现金流量表补充_净利润｛净利润｝
					少数股东本期收益｛加：少数股东损益｝
					计提的资产减值准备｛加：计提的资产减值准备｝
					固定资产折旧｛固定资产折旧｝
					无形资产摊销｛无形资产摊销｝
					长期待摊费用摊销｛长期待摊费用摊销｝
					待摊费用减少｛待摊费用减少（减：增加）｝
					预提费用增加｛预提费用增加（减：减少）｝
					处置固定资产无形资产和其他长期资产的损失｛处置固定资产、无形资产和其他长期资产的损失（减：收益）｝
					固定资产报废损失｛固定资产报废损失｝
					财务费用本期借方发生额｛财务费用｝
					投资损失｛投资损失（减：收益）｝
					递延税款贷项｛递延税款贷项｝
					存货的减少｛存货的减少（减：增加）｝
					经营性应收项目的减少｛经营性应收项目的减少（减：增加）｝
					经营性应付项目的增加｛经营性应付项目的增加（减：减少）｝
					将净利润调节为经营活动现金流量_其他｛其他｝
					经营活动产生的现金流量净额间接法｛经营活动产生的现金流量净额｝
				不涉及现金收支的投资和筹资活动｛2. 不涉及现金收支的投资和筹资活动：｝	
					债务转为资本｛债务转为资本｝
					一年内到期的可转换公司债券｛一年内到期的可转换公司债券｝
					融资租入固定资产｛融资租入固定资产｝
				现金及现金等价物净增加情况｛现金及现金等价物净增加情况：｝	
					现金余额｛现金的期末余额｝

续表

年报摘要｛年报摘要｝						
					现金余额｛减：现金的期初余额｝	
					现金等价物余额｛加：现金等价物的期末余额｝	
					现金等价物余额｛减：现金等价物的期初余额｝	
					现金及现金等价物净增加额间接法｛现金及现金等价物净增加额｝	
			资产负债表｛资产负债表｝			
				流动资产｛流动资产：｝		
					货币资金｛货币资金｝	
					短期投资｛短期投资｝	
					应收票据｛应收票据｝	
					应收股利｛应收股利｝	
					应收利息｛应收利息｝	
					应收账款｛应收账款｝	
					其他应收款｛其他应收款｝	
					预付账款｛预付账款｝	
					应收补贴款｛应收补贴款｝	
					存货｛存货｝	
					待摊费用｛待摊费用｝	
					一年内到期的长期债权投资｛一年内到期的长期债权投资｝	
					其他流动资产｛其他流动资产｝	
					流动资产合计｛流动资产合计｝	
				长期投资｛长期投资：｝		
					长期股权投资｛长期股权投资｝	
					长期债权投资｛长期债权投资｝	
					长期投资合计｛长期投资合计｝	
					合并价差｛合并价差｝	
				固定资产｛固定资产：｝		
					固定资产原价｛固定资产原价｝	
						累计折旧｛累计折旧｝
					固定资产净值｛固定资产净值｝	
						固定资产减值准备｛固定资产减值准备｝
					固定资产净额｛固定资产净额｝	
					工程物资｛工程物资｝	
					在建工程｛在建工程｝	
					固定资产清理｛固定资产清理｝	
					固定资产合计｛固定资产合计｝	

续表

年报摘要{年报摘要}					
				无形资产及其他资产{无形资产及其他资产：}	
					无形资产{无形资产}
					长期待摊费用{长期待摊费用}
					其他长期资产{其他长期资产}
					无形资产及其他资产合计{无形资产及其他资产合计}
					递延税款借项{递延税款借项}
				资产总计{资产总计}	
				流动负债{流动负债：}	
					短期借款{短期借款}
					应付票据{应付票据}
					应付账款{应付账款}
					预收账款{预收账款}
					应付工资{应付工资}
					应付福利费{应付福利费}
					应付股利{应付股利}
					应交税金{应交税金}
					其他应交款{其他应交款}
					其他应付款{其他应付款}
					预提费用{预提费用}
					预计负债{预计负债}
					一年内到期的长期负债{一年内到期的长期负债}
					其他流动负债{其他流动负债}
					流动负债合计{流动负债合计}
				长期负债{长期负债}	
					长期借款{长期借款}
					应付债券{应付债券}
					长期应付款{长期应付款}
					专项应付款{专项应付款}
					其他长期负债{其他长期负债}
					长期负债合计{长期负债合计}
					递延税款贷项{递延税款贷项}
				负债合计{负债合计}	
				少数股东权益{少数股东权益}	
				股东权益{股东权益：}	
					股本{股本}

续表

年报摘要｛年报摘要｝						
						已归还投资｛减：已归还投资｝
					股本净额｛股本净额｝	
					资本公积｛资本公积｝	
					盈余公积｛盈余公积｝	
						法定公益金｛其中：法定公益金｝
					未分配利润｛未分配利润｝	
					未确认的投资损失｛未确认的投资损失｝	
					外币报表折算差额｛外币报表折算差额｝	
					股东权益合计｛股东权益合计｝	
				负债和股东权益总计｛负债和股东权益总计｝		
			利润及利润分配表｛利润及利润分配表｝			
				主营业务收入｛一、主营业务收入｝		
					主营业务成本｛减：主营业务成本｝	
					主营业务税金及附加｛主营业务税金及附加｝	
				主营业务利润｛二、主营业务利润（亏损以“—”号填列）｝		
					其他业务利润｛加：其他业务利润（亏损以“—”号填列）｝	
					营业费用｛减：营业费用｝	
					管理费用｛管理费用｝	
					财务费用｛财务费用｝	
				营业利润｛三、营业利润（亏损以“—”号填列）｝		
					投资收益｛加：投资收益｝	
					补贴收入｛补贴收入｝	
					营业外收入｛营业外收入｝	
					营业外支出｛减：营业外支出｝	
				利润总额｛四、利润总额（亏损总额以“—”号填列）｝		
					所得税｛减：所得税｝	
					未确认的投资损失本期发生额｛未确认的投资损失本期发生额｝	
					少数股东损益｛减：少数股东损益｝	
				净利润｛五、净利润（净亏损以“—”号填列）｝		
					年初未分配利润｛加：年初未分配利润｝	
					其他转入｛其他转入｝	
				可供分配的利润｛六、可供分配的利润｝		
					提取法定盈余公积金｛减：提取法定盈余公积金｝	
					提取法定公益金｛提取法定公益金｝	
					提取职工奖励及福利基金｛提取职工奖励及福利基金｝	

续表

年报摘要{年报摘要}						
					提取储备基金{提取储备基金}	
					提取企业发展基金{提取企业发展基金}	
					利润归还投资{利润归还投资}	
				可供投资者分配的利润{七、可供投资者分配的利润}		
					应付优先股股利{减：应付优先股股利}	
					提取任意盈余公积{提取任意盈余公积}	
					应付普通股股利{应付普通股股利}	
					转作资本或股本的普通股股利{转作资本（或股本）的普通股股利}	
				未分配利润{未分配利润}		
				利润分配表补充资料{利润表补充资料}		
					出售处置部门或被投资单位所得收益{1. 出售、处置部门或被投资单位所得收益}	
					自然灾害发生的损失{2. 自然灾害发生的损失}	
					会计政策变更增加或减少利润总额{3. 会计政策变更增加（或减少）利润总额}	
					会计估计变更增加或减少利润总额{3. 会计估计变更增加（或减少）利润总额}	
					债务重组损失{5. 债务重组损失}	
					利润分配表补充资料_其他{6. 其他}	
						利润分配表补充资料_其他项说明{其他项说明}
			审计报告{审计报告}			
				财务报告是否经过审计{财务报告是否经过审计}		
				审计意见{审计意见}		
				审计意见全文{审计意见全文}		
			会计报表附注{会计报表附注}			

E.5 季度报告摘要分类信息

E.5.1 定义链接库（注：括号前是元素名，括号内是元素对应的标签名）

季度报告摘要{季度报告摘要}					
	公告正文{公告正文}				
		重要提示{重要提示}			
		公司基本情况{公司基本情况}			
			公司基本信息{公司基本信息}		
			财务资料{财务资料}		
				近年度主要会计数据和财务指标{主要会计数据及财务指标}	
					年度主要会计数据_主营业务收入{主营业务收入}
					年度主要会计数据_利润总额{利润总额}
					年度主要会计数据_净利润{净利润}
					扣除非经常性损益后的净利润{扣除非经常性损益后的净利润}

续表

季度报告摘要{季度报告摘要}					
					年度主要会计数据_总资产{总资产}
					年度主要会计数据_股东权益{股东权益}
					年度主要会计数据_经营活动产生的现金流量净额{经营活动产生的现金流量净额}
					每股收益{每股收益}
					每股收益 2{每股收益 2[注 1]}
					净资产收益率{净资产收益率}
					扣除非经常性损益后的净资产收益率{扣除非经常性损益的净利润为基础计算的净资产收益率}
					每股经营活动产生的现金流量净额{每股经营活动产生的现金流量净额}
					每股净资产{每股净资产}
					调整后的每股净资产{调整后的每股净资产}
					年度主要会计数据_主营业务收入本年比上年增减百分比{主营业务收入本年比上年增减百分比}
					年度主要会计数据_利润总额本年比上年增减百分比{利润总额本年比上年增减百分比}
					年度主要会计数据_净利润本年比上年增减百分比{净利润本年比上年增减百分比}
					年度主要会计数据_扣除非经常性损益后的净利润本年比上年增减百分比{扣除非经常性损益后的净利润本年比上年增减百分比}
					年度主要会计数据_总资产本年比上年增减百分比{总资产本年比上年增减百分比}
					年度主要会计数据_股东权益本年比上年增减百分比{股东权益本年比上年增减百分比}
					年度主要会计数据_经营活动产生的现金流量净额本年比上年增减百分比{经营活动产生的现金流量净额本年比上年增减百分比}
					每股收益本年比上年增减百分比{每股收益本年比上年增减百分比}
					每股收益 2 本年比上年增减百分比{每股收益 2 本年比上年增减百分比}
					年度主要会计数据_净资产收益率本年比上年增减百分比{净资产收益率本年比上年增减百分比}
					扣除非经常性损益后的净资产收益率本年比上年增减百分比{扣除非经常性损益的净利润为基础计算的净资产收益率本年比上年增减百分比}
					每股经营活动产生的现金流量净额本年比上年增减百分比{每股经营活动产生的现金流量净额本年比上年增减百分比}
					每股净资产本年比上年增减百分比{每股净资产本年比上年增减百分比}
					调整后的每股净资产本年比上年增减百分比{调整后的每股净资产本年比上年增减百分比}
			股东总数{报告期末股东总人数}		
		管理层讨论与分析{管理层讨论与分析}			
			公司报告期内经营活动总体状况的简要分析{公司报告期内经营活动总体状况的简要分析}		

续表

季度报告摘要｛季度报告摘要｝					
				占主营收入或主营业务利润总额10%以上的主营行业或产品情况｛占主营收入或主营业务利润总额10%以上的主营行业或产品情况｝	
					是否适用占主营收入或主营业务利润总额10%以上的主营行业或产品情况｛是否适用｝
					主营业务的行业分布｛主营业务的行业分布｝
					各行业主营业务收入中涉及关联交易的总额｛各行业主营业务收入中涉及关联交易的总额｝
					各行业主营业务成本中涉及关联交易的总额｛各行业主营业务成本中涉及关联交易的总额｝
					各行业主营业务中涉及关联交易的合计毛利率｛各行业主营业务中涉及关联交易的合计毛利率｝
					各行业主营业务收入中涉及关联交易的总额比上年增减百分比｛各行业主营业务收入中涉及关联交易的总额比上年增减百分比｝
					各行业主营业务成本中涉及关联交易的总额比上年增减百分比｛各行业主营业务成本中涉及关联交易的总额比上年增减百分比｝
					各行业主营业务中涉及关联交易的合计毛利率比上年增减百分比｛各行业主营业务中涉及关联交易的合计毛利率比上年增减百分比｝
					主营业务的产品分布｛主营业务的产品分布｝
					各产品主营业务收入中涉及关联交易的总额｛各产品主营业务收入中涉及关联交易的总额｝
					各产品主营业务成本中涉及关联交易的总额｛各产品主营业务成本中涉及关联交易的总额｝
					各产品主营业务中涉及关联交易的合计毛利率｛各产品主营业务中涉及关联交易的合计毛利率｝
					各产品主营业务收入中涉及关联交易的总额比上年增减百分比｛各产品主营业务收入中涉及关联交易的总额比上年增减百分比｝
					各产品主营业务成本中涉及关联交易的总额比上年增减百分比｛各产品主营业务成本中涉及关联交易的总额比上年增减百分比｝
					各产品主营业务中涉及关联交易的合计毛利率比上年增减百分比｛各产品主营业务中涉及关联交易的合计毛利率比上年增减百分比｝
				占主营收入或主营业务利润总额10%以上的主营行业或产品情况｛占主营收入或主营业务利润总额10%以上的主营行业或产品情况｝	
					是否适用占主营收入或主营业务利润总额10%以上的主营行业或产品情况｛是否适用｝
					主营业务的行业分布｛主营业务的行业分布｝
					各行业主营业务收入中涉及关联交易的总额｛各行业主营业务收入中涉及关联交易的总额｝
					各行业主营业务成本中涉及关联交易的总额｛各行业主营业务成本中涉及关联交易的总额｝
					各行业主营业务中涉及关联交易的合计毛利率｛各行业主营业务中涉及关联交易的合计毛利率｝
					各行业主营业务收入中涉及关联交易的总额比上年增减百分比｛各行业主营业务收入中涉及关联交易的总额比上年增减百分比｝
					各行业主营业务成本中涉及关联交易的总额比上年增减百分比｛各行业主营业务成本中涉及关联交易的总额比上年增减百分比｝

续表

季度报告摘要｛季度报告摘要｝					
					各行业主营业务中涉及关联交易的合计毛利率比上年增减百分比｛各行业主营业务中涉及关联交易的合计毛利率比上年增减百分比｝
					主营业务的产品分布｛主营业务的产品分布｝
					各产品主营业务收入中涉及关联交易的总额｛各产品主营业务收入中涉及关联交易的总额｝
					各产品主营业务成本中涉及关联交易的总额｛各产品主营业务成本中涉及关联交易的总额｝
					各产品主营业务中涉及关联交易的合计毛利率｛各产品主营业务中涉及关联交易的合计毛利率｝
					各产品主营业务收入中涉及关联交易的总额比上年增减百分比｛各产品主营业务收入中涉及关联交易的总额比上年增减百分比｝
					各产品主营业务成本中涉及关联交易的总额比上年增减百分比｛各产品主营业务成本中涉及关联交易的总额比上年增减百分比｝
					各产品主营业务中涉及关联交易的合计毛利率比上年增减百分比｛各产品主营业务中涉及关联交易的合计毛利率比上年增减百分比｝
				公司经营的季节性或周期性特征｛公司经营的季节性或周期性特征｝	
					是否适用公司经营的季节性或周期性特征｛是否适用｝
					公司经营的季节性或周期性特征 _ 内容｛公司经营的季节性或周期性特征 _ 内容｝
				报告期利润构成情况｛报告期利润构成情况｝	
					是否适用报告期利润构成情况｛是否适用｝
					报告期利润构成情况与前一报告期相比的重大变动及原因说明｛报告期利润构成情况与前一报告期相比的重大变动及原因说明｝
				主营业务及其结构与前一报告期相比发生重大变化的情况及原因说明｛主营业务及其结构与前一期相比发生重大变化的情况及原因说明｝	
					是否适用主营业务及其结构与前一报告期相比发生重大变化的情况及原因说明｛是否适用｝
					主营业务及其结构与前一报告期相比发生重大变化的情况及原因说明 _ 内容｛主营业务及其结构与前一报告期相比发生重大变化的情况及原因说明 _ 内容｝
				主营业务盈利能力与前一报告期相比发生重大变化的情况及原因说明｛主营业务盈利能力与上一报告期相比发生重大变化的情况及原因说明｝	
					是否适用主营业务盈利能力与前一报告期相比发生重大变化的情况及原因说明｛是否适用｝
					主营业务盈利能力与前一报告期相比发生重大变化的情况及原因说明 _ 内容｛主营业务盈利能力与前一报告期相比发生重大变化的情况及原因说明 _ 内容｝
			重大事项及其影响和解决方案的分析说明｛重大事项及其影响和解决方案的分析说明｝		
				是否适用重大事项及其影响和解决方案的分析说明｛是否适用｝	
				重大事项及其影响和解决方案的分析说明 _ 内容｛重大事项及其影响和解决方案的分析说明 _ 内容｝	
			会计政策会计估计合并范围变化以及重大会计差错的情况及原因说明｛会计政策、会计估计、合并范围变化以及重大会计差错的情况及原因说明｝		
				是否适用会计政策会计估计合并范围变化以及重大会计差错的情况及原因说明｛是否适用｝	
				会计政策会计估计合并范围变化以及重大会计差错的情况及原因说明 _ 内容｛会计政策会计估计合并范围变化以及重大会计差错的情况及原因说明 _ 内容｝	

续表

季度报告摘要{季度报告摘要}					
			经审计被出具非标意见情况下董事会和监事会出具的相关说明{经审计且被出具“非标意见”情况下董事会和监事会出具的相关说明}		
				是否适用经审计被出具非标意见情况下董事会和监事会出具的相关说明{是否适用}	
				经审计被出具非标意见情况下董事会和监事会出具的相关说明_内容{经审计被出具非标意见情况下董事会和监事会出具的相关说明_内容}	
			预测年初至下一报告期期末的累计净利润可能为亏损或者与上年同期相比发生大幅度变化的警示及原因说明{预测年初至下一报告期期末的累计净利润可能为亏损或者与上年同期相比发生大幅度变化的警示及原因说明}		
				是否适用预测年初至下一报告期期末的累计净利润可能为亏损或者与上年同期相比发生大幅度变化的警示及原因说明{是否适用}	
				预测年初至下一报告期期末的累计净利润可能为亏损或者与上年同期相比发生大幅度变化的警示及原因说明_内容{预测年初至下一报告期期末的累计净利润可能为亏损或者与上年同期相比发生大幅度变化的警示及原因说明_内容}	
			对已披露的年度经营计划或预算的滚动调整计划{对已披露的年度经营计划或预算的滚动调整计划}		
				是否适用对已披露的年度经营计划或预算的滚动调整计划{是否适用}	
				原拟订的本年度经营计划的收入{原拟订的本年度经营计划的收入}	
				原拟订的本年度经营计划的成本{原拟订的本年度经营计划的成本}	
				原拟订的本年度经营计划的费用{原拟订的本年度经营计划的费用}	
				调整后的经营计划的收入{调整后的经营计划的收入}	
				调整后的经营计划的成本{调整后的经营计划的成本}	
				调整后的经营计划的费用{调整后的经营计划的费用}	
				经营计划变更或更正原因及影响的讨论与分析{经营计划变更或更正原因及影响的讨论与分析}	
		会计报表{附录：会计报表}			
			资产负债表{资产负债表}		
				流动资产{流动资产：}	
					货币资金{货币资金}
					短期投资{短期投资}
					应收票据{应收票据}
					应收股利{应收股利}
					应收利息{应收利息}
					应收账款{应收账款}
					其他应收款{其他应收款}
					预付账款{预付账款}
					应收补贴款{应收补贴款}
					存货{存货}
					待摊费用{待摊费用}
					一年内到期的长期债权投资{一年内到期的长期债权投资}
					其他流动资产{其他流动资产}

续表

季度报告摘要｛季度报告摘要｝						
					流动资产合计｛流动资产合计｝	
					货币资金｛货币资金｝	
					短期投资｛短期投资｝	
					应收票据｛应收票据｝	
					应收股利｛应收股利｝	
					应收利息｛应收利息｝	
					应收账款｛应收账款｝	
					其他应收款｛其他应收款｝	
					预付账款｛预付账款｝	
					应收补贴款｛应收补贴款｝	
					存货｛存货｝	
					待摊费用｛待摊费用｝	
					一年内到期的长期债权投资｛一年内到期的长期债权投资｝	
					其他流动资产｛其他流动资产｝	
					流动资产合计｛流动资产合计｝	
				长期投资｛长期投资：｝		
					长期股权投资｛长期股权投资｝	
					长期债权投资｛长期债权投资｝	
					长期投资合计｛长期投资合计｝	
					长期股权投资｛长期股权投资｝	
					长期债权投资｛长期债权投资｝	
					长期投资合计｛长期投资合计｝	
					合并价差｛合并价差｝	
				固定资产｛固定资产：｝		
					固定资产原价｛固定资产原价｝	
						累计折旧｛累计折旧｝
					固定资产净值｛固定资产净值｝	
						固定资产减值准备｛固定资产减值准备｝
					固定资产净额｛固定资产净额｝	
					工程物资｛工程物资｝	
					在建工程｛在建工程｝	
					固定资产清理｛固定资产清理｝	
					固定资产合计｛固定资产合计｝	
				无形资产及其他资产｛无形资产及其他资产：｝		
					无形资产｛无形资产｝	

续表

季度报告摘要{季度报告摘要}					
					长期待摊费用{长期待摊费用}
					其他长期资产{其他长期资产}
					无形资产及其他资产合计{无形资产及其他资产合计}
					递延税款借项{递延税款借项}
				资产总计{资产总计}	
				流动负债{流动负债:}	
					短期借款{短期借款}
					应付票据{应付票据}
					应付账款{应付账款}
					预收账款{预收账款}
					应付工资{应付工资}
					应付福利费{应付福利费}
					应付股利{应付股利}
					应交税金{应交税金}
					其他应交款{其他应交款}
					其他应付款{其他应付款}
					预提费用{预提费用}
					预计负债{预计负债}
					一年内到期的长期负债{一年内到期的长期负债}
					其他流动负债{其他流动负债}
					流动负债合计{流动负债合计}
				长期负债{长期负债}	
					长期借款{长期借款}
					应付债券{应付债券}
					长期应付款{长期应付款}
					专项应付款{专项应付款}
					其他长期负债{其他长期负债}
					长期负债合计{长期负债合计}
					递延税款贷项{递延税款贷项}
				负债合计{负债合计}	
				少数股东权益{少数股东权益}	
				股东权益{股东权益:}	

续表

季度报告摘要｛季度报告摘要｝						
					股本｛股本｝	
						已归还投资｛减：已归还投资｝
					股本净额｛股本净额｝	
					资本公积｛资本公积｝	
					盈余公积｛盈余公积｝	
						法定公益金｛其中：法定公益金｝
					未分配利润｛未分配利润｝	
					未确认的投资损失｛未确认的投资损失｝	
					外币报表折算差额｛外币报表折算差额｝	
					股东权益合计｛股东权益合计｝	
				负债和股东权益总计｛负债和股东权益总计｝		
			利润及利润分配表｛利润及利润分配表｝			
				主营业务收入｛一、主营业务收入｝		
					主营业务成本｛减：主营业务成本｝	
					主营业务税金及附加｛主营业务税金及附加｝	
				主营业务利润｛二、主营业务利润（亏损以“－”号填列）｝		
					其他业务利润｛加：其他业务利润（亏损以“－”号填列）｝	
					营业费用｛减：营业费用｝	
					管理费用｛管理费用｝	
					财务费用｛财务费用｝	
				营业利润｛三、营业利润（亏损以“－”号填列）｝		
					投资收益｛加：投资收益｝	
					补贴收入｛补贴收入｝	
					营业外收入｛营业外收入｝	
					营业外支出｛减：营业外支出｝	
				利润总额｛四、利润总额（亏损总额以“－”号填列）｝		
					所得税｛减：所得税｝	
					未确认的投资损失本期发生额｛未确认的投资损失本期发生额｝	
					少数股东损益｛减：少数股东损益｝	
				净利润｛五、净利润（净亏损以“－”号填列）｝		
					年初未分配利润｛加：年初未分配利润｝	
					其他转入｛其他转入｝	
				可供分配的利润｛六、可供分配的利润｝		
					提取法定盈余公积金｛减：提取法定盈余公积金｝	
					提取法定公益金｛提取法定公益金｝	

续表

季度报告摘要｛季度报告摘要｝						
					提取职工奖励及福利基金｛提取职工奖励及福利基金｝	
					提取储备基金｛提取储备基金｝	
					提取企业发展基金｛提取企业发展基金｝	
					利润归还投资｛利润归还投资｝	
				可供投资者分配的利润｛七、可供投资者分配的利润｝		
					应付优先股股利｛减：应付优先股股利｝	
					提取任意盈余公积｛提取任意盈余公积｝	
					应付普通股股利｛应付普通股股利｝	
					转作资本或股本的普通股股利｛转作资本（或股本）的普通股股利｝	
				未分配利润｛未分配利润｝		
				利润分配表补充资料｛利润表补充资料｝		
					出售处置部门或被投资单位所得收益｛1. 出售、处置部门或被投资单位所得收益｝	
					自然灾害发生的损失｛2. 自然灾害发生的损失｝	
					会计政策变更增加或减少利润总额｛3. 会计政策变更增加（或减少）利润总额｝	
					会计估计变更增加或减少利润总额｛3. 会计估计变更增加（或减少）利润总额｝	
					债务重组损失｛5. 债务重组损失｝	
					利润分配表补充资料_其他｛6. 其他｝	
						利润分配表补充资料_其他项说明｛其他项说明｝
			现金流量表｛现金流量表｝			
				经营活动产生的现金流量｛一、经营活动产生的现金流量：｝		
					销售商品提供劳务收到的现金｛销售商品、提供劳务收到的现金｝	
					收到的税费返还｛收到的税费返还｝	
					收到的其他与经营活动有关的现金｛收到的其他与经营活动有关的现金｝	
					经营活动产生的现金流入小计｛现金流入小计｝	
					购买商品接受劳务支付的现金｛购买商品、接受劳务支付的现金｝	
					支付给职工以及为职工支付的现金｛支付给职工以及为职工支付的现金｝	
					支付的各项税费｛支付的各项税费｝	
					支付的其他与经营活动有关的现金｛支付的其他与经营活动有关的现金｝	
					经营活动产生的现金流出小计｛现金流出小计｝	
					经营活动产生的现金流量净额直接法｛经营活动产生的现金流量净额｝	
				投资活动产生的现金流量｛二、投资活动产生的现金流量：｝		
					收回投资所收到的现金｛收回投资所收到的现金｝	
						取得投资收益所收到的现金｛取得投资收益所收到的现金｝

续表

季度报告摘要｛季度报告摘要｝						
					处置固定资产无形资产和其他长期资产所收回的现金净额｛处置固定资产、无形资产和其他长期资产所收回的现金净额｝	
					收到的其他与投资活动有关的现金｛收到的其他与投资活动有关的现金｝	
						投资活动产生的现金流入小计｛现金流入小计｝
					购建固定资产无形资产和其他长期资产所支付的现金｛购建固定资产、无形资产和其他长期资产所支付的现金｝	
					投资所支付的现金｛投资所支付的现金｝	
					支付的其他与投资活动有关的现金｛支付的其他与投资活动有关的现金｝	
					投资活动产生的现金流出小计｛现金流出小计｝	
					投资活动产生的现金流量净额｛投资活动产生的现金流量净额｝	
				筹资活动产生的现金流量｛三、筹资活动产生的现金流量｝		
					吸收投资所收到的现金｛吸收投资所收到的现金｝	
					借款所收到的现金｛借款所收到的现金｝	
					收到的其他与筹资活动有关的现金｛收到的其他与筹资活动有关的现金｝	
					筹资活动产生的现金流入小计｛现金流入小计｝	
					偿还债务所支付的现金｛偿还债务所支付的现金｝	
					分配股利利润或偿付利息所支付的现金｛分配股利、利润或偿付利息所支付的现金｝	
					支付的其他与筹资活动有关的现金｛支付的其他与筹资活动有关的现金｝	
					筹资活动产生的现金流出小计｛现金流出小计｝	
					筹资活动产生的现金流量净额｛筹资活动产生的现金流量净额｝	
				汇率变动对现金的影响｛四、汇率变动对现金的影响｝		
				现金及现金等价物净增加额直接法｛五、现金及现金等价物净增加额｝		
				现金流量表补充资料｛现金流量表补充资料｝		
					不涉及现金收支的投资和筹资活动｛2. 不涉及现金收支的投资和筹资活动：｝	
						债务转为资本｛债务转为资本｝
						一年内到期的可转换公司债券｛一年内到期的可转换公司债券｝
						融资租入固定资产｛融资租入固定资产｝
					现金及现金等价物净增加情况｛现金及现金等价物净增加情况：｝	
						现金余额｛现金余额｝
						现金等价物余额｛现金等价物余额｝
						现金及现金等价物净增加额间接法｛现金及现金等价物净增加额｝
	公告基本信息｛公告基本信息｝					
		公告标识｛公告标识｝				
		公告类别｛公告类别｝				
		公告类别编码｛公告类别编码｝				

续表

季度报告摘要｛季度报告摘要｝		
		公司代码｛公司代码｝
		公司简称｛公司简称｝
		公告披露日期｛公告披露日期｝
		公告披露媒体｛公告披露媒体｝
		公告编号｛公告编号｝

E. 5. 2　展示链接库（注：括号前是元素名，括号内是元素对应的标签名）

季度报告摘要｛季度报告摘要｝				
	公告基本信息｛公告基本信息｝			
		公告标识｛公告标识｝		
		公告类别｛公告类别｝		
		公告类别编码｛公告类别编码｝		
		公司代码｛公司代码｝		
		公司简称｛公司简称｝		
		公告披露日期｛公告披露日期｝		
		公告披露媒体｛公告披露媒体｝		
		公告编号｛公告编号｝		
	公告正文｛公告正文｝			
		重要提示｛重要提示｝		
			董事会及董事声明｛董事会及董事声明｝	
			董事异议声明｛董事异议声明｝	
			未出席董事｛未出席董事｝	
				未出席董事姓名｛未出席董事姓名｝
				未出席董事职务｛未出席董事职务｝
			公司负责人及会计负责人声明｛公司负责人及会计负责人声明｝	
			财务报告审计情况声明｛财务报告审计情况声明｝	
		公司基本情况｛公司基本情况｝		
			公司基本信息｛公司基本信息｝	
				A 股代码｛A 股代码｝
				A 股简称｛A 股简称｝
				A 股上市地｛A 股上市地｝
				B 股代码｛B 股代码｝
				B 股简称｛B 股简称｝
				B 股上市地｛B 股上市地｝
				H 股代码｛H 股代码｝
				H 股简称｛H 股简称｝

续表

季度报告摘要｛季度报告摘要｝					
				H 股上市地｛H 股上市地｝	
				其他股票代码｛其他股票代码｝	
				其他股票简称｛其他股票简称｝	
				其他股票上市地｛其他股票上市地｝	
				变更前的股票代码｛变更前的股票代码｝	
				变更前的股票简称｛变更前的股票简称｝	
				董事会秘书｛董事会秘书｝	
					董事会秘书姓名｛董事会秘书姓名｝
					董事会秘书联系地址｛董事会秘书联系地址｝
					董事会秘书联系电话｛董事会秘书联系电话｝
					董事会秘书传真｛董事会秘书传真｝
					董事会秘书电子信箱｛董事会秘书电子信箱｝
				证券事务代表｛证券事务代表｝	
					证券事务代表姓名｛证券事务代表姓名｝
					证券事务代表联系地址｛证券事务代表联系地址｝
					证券事务代表联系电话｛证券事务代表联系电话｝
					证券事务代表传真｛证券事务代表传真｝
					证券事务代表电子信箱｛证券事务代表电子信箱｝
			财务资料｛财务资料｝		
				近年度主要会计数据和财务指标｛主要会计数据及财务指标｝	
					年度主要会计数据 _ 净利润｛净利润｝
					年度主要会计数据 _ 利润总额｛利润总额｝
					年度主要会计数据 _ 主营业务收入｛主营业务收入｝
					每股经营活动产生的现金流量净额｛每股经营活动产生的现金流量净额｝
					扣除非经常性损益后的净利润｛扣除非经常性损益后的净利润｝
					年度主要会计数据 _ 主营业务收入｛主营业务收入｝
					年度主要会计数据 _ 利润总额｛利润总额｝
					年度主要会计数据 _ 净利润｛净利润｝
					扣除非经常性损益后的净利润｛扣除非经常性损益后的净利润｝
					年度主要会计数据 _ 总资产｛总资产｝
					年度主要会计数据 _ 股东权益｛股东权益｝
					年度主要会计数据 _ 经营活动产生的现金流量净额｛经营活动产生的现金流量净额｝
					每股收益｛每股收益｝
					每股收益 2｛每股收益 2｝
					净资产收益率｛净资产收益率｝

续表

季度报告摘要{季度报告摘要}						
					扣除非经常性损益后的净资产收益率{扣除非经常性损益的净利润为基础计算的净资产收益率}	
					每股经营活动产生的现金流量净额{每股经营活动产生的现金流量净额}	
					每股净资产{每股净资产}	
					调整后的每股净资产{调整后的每股净资产}	
					年度主要会计数据_总资产{总资产}	
					年度主要会计数据_股东权益{股东权益}	
					每股净资产{每股净资产}	
					调整后的每股净资产{调整后的每股净资产}	
					年度主要会计数据_经营活动产生的现金流量净额{经营活动产生的现金流量净额}	
					每股收益{每股收益}	
					每股收益 2{每股收益 2}	
					净资产收益率{净资产收益率}	
					扣除非经常性损益后的净资产收益率{扣除非经常性损益的净利润为基础计算的净资产收益率}	
					年度主要会计数据_总资产本年比上年增减百分比{总资产本年比上年增减百分比}	
					年度主要会计数据_股东权益本年比上年增减百分比{股东权益本年比上年增减百分比}	
					每股净资产本年比上年增减百分比{每股净资产本年比上年增减百分比}	
					调整后的每股净资产本年比上年增减百分比{调整后的每股净资产本年比上年增减百分比}	
					年度主要会计数据_经营活动产生的现金流量净额本年比上年增减百分比{经营活动产生的现金流量净额本年比上年增减百分比}	
					每股收益本年比上年增减百分比{每股收益本年比上年增减百分比}	
					每股收益 2 本年比上年增减百分比{每股收益 2 本年比上年增减百分比}	
					年度主要会计数据_净资产收益率本年比上年增减百分比{净资产收益率本年比上年增减百分比}	
					扣除非经常性损益后的净资产收益率本年比上年增减百分比{扣除非经常性损益的净利润为基础计算的净资产收益率本年比上年增减百分比}	
					应扣除的非经常性损益项目{应扣除的非经常性损益项目}	
						处理下属部门和被投资单位股权损益{处理下属部门和被投资单位股权损益}
						收取的资金占用费{收取的资金占用费}
						交易价格显失公允关联交易的损益{交易价格显失公允关联交易的损益}
						资产置换损益{资产置换损益}
						税收返还减免以及其他政府补贴{税收返还减免以及其他政府补贴}
						会计政策变更对期间净利润调整数{会计政策变更对期间净利润调整数}

续表

季度报告摘要｛季度报告摘要｝						
						流动资产盘盈盘亏损益｛流动资产盘盈盘亏损益｝
						委托投资损益｛委托投资损益｝
						非经常性损益_营业外收入｛营业外收入｝
						非经常性损益_营业外支出｛营业外支出｝
						其他非经常性损益｛其他非经常性损益｝
						其他非经常性损益说明｛其他非经常性损益说明｝
						应扣除的非经常性损益合计｛应扣除的非经常性损益合计｝
			股东总数｛报告期末股东总人数｝			
		管理层讨论与分析｛管理层讨论与分析｝				
			公司报告期内经营活动总体状况的简要分析｛公司报告期内经营活动总体状况的简要分析｝			
				占主营收入或主营业务利润总额10%以上的主营行业或产品情况｛占主营收入或主营业务利润总额10%以上的主营行业或产品情况｝		
					是否适用占主营收入或主营业务利润总额10%以上的主营行业或产品情况｛是否适用｝	
					主营业务的行业分布｛主营业务的行业分布｝	
						行业名称｛行业名称｝
						该行业的主营业务收入｛该行业的主营业务收入｝
						该行业的主营业务成本｛该行业的主营业务成本｝
						该行业的主营业务毛利率｛该行业的主营业务毛利率｝
					各行业主营业务收入中涉及关联交易的总额｛各行业主营业务收入中涉及关联交易的总额｝	
					各行业主营业务成本中涉及关联交易的总额｛各行业主营业务成本中涉及关联交易的总额｝	
					各行业主营业务中涉及关联交易的合计毛利率｛各行业主营业务中涉及关联交易的合计毛利率｝	
					主营业务的产品分布｛主营业务的产品分布｝	
						产品名称｛产品名称｝
						该产品的主营业务收入｛该产品的主营业务收入｝
						该产品的主营业务成本｛该产品的主营业务成本｝
						该产品的主营业务毛利率｛该产品的主营业务毛利率｝
					各产品主营业务收入中涉及关联交易的总额｛各产品主营业务收入中涉及关联交易的总额｝	
					各产品主营业务成本中涉及关联交易的总额｛各产品主营业务成本中涉及关联交易的总额｝	
					各产品主营业务中涉及关联交易的合计毛利率｛各产品主营业务中涉及关联交易的合计毛利率｝	
				公司经营的季节性或周期性特征｛公司经营的季节性或周期性特征｝		
					是否适用公司经营的季节性或周期性特征｛是否适用｝	
					公司经营的季节性或周期性特征_内容｛公司经营的季节性或周期性特征_内容｝	

续表

季度报告摘要｛季度报告摘要｝					
				报告期利润构成情况｛报告期利润构成情况｝	
					是否适用报告期利润构成情况｛是否适用｝
					报告期利润构成情况与前一报告期相比的重大变动及原因说明｛报告期利润构成情况与前一报告期相比的重大变动及原因说明｝
				主营业务及其结构与前一报告期相比发生重大变化的情况及原因说明｛主营业务及其结构与前一期相比发生重大变化的情况及原因说明｝	
					是否适用主营业务及其结构与前一报告期相比发生重大变化的情况及原因说明｛是否适用｝
					主营业务及其结构与前一报告期相比发生重大变化的情况及原因说明_内容｛主营业务及其结构与前一报告期相比发生重大变化的情况及原因说明_内容｝
				主营业务盈利能力与前一报告期相比发生重大变化的情况及原因说明｛主营业务盈利能力与上一报告期相比发生重大变化的情况及原因说明｝	
					是否适用主营业务盈利能力与前一报告期相比发生重大变化的情况及原因说明｛是否适用｝
					主营业务盈利能力与前一报告期相比发生重大变化的情况及原因说明_内容｛主营业务盈利能力与前一报告期相比发生重大变化的情况及原因说明_内容｝
			重大事项及其影响和解决方案的分析说明｛重大事项及其影响和解决方案的分析说明｝		
				是否适用重大事项及其影响和解决方案的分析说明｛是否适用｝	
				重大事项及其影响和解决方案的分析说明_内容｛重大事项及其影响和解决方案的分析说明_内容｝	
			会计政策会计估计合并范围变化以及重大会计差错的情况及原因说明｛会计政策、会计估计、合并范围变化以及重大会计差错的情况及原因说明｝		
				是否适用会计政策会计估计合并范围变化以及重大会计差错的情况及原因说明｛是否适用｝	
				会计政策会计估计合并范围变化以及重大会计差错的情况及原因说明_内容｛会计政策会计估计合并范围变化以及重大会计差错的情况及原因说明_内容｝	
			经审计被出具非标意见情况下董事会和监事会出具的相关说明｛经审计且被出具“非标意见”情况下董事会和监事会出具的相关说明｝		
				是否适用经审计被出具非标意见情况下董事会和监事会出具的相关说明｛是否适用｝	
				经审计被出具非标意见情况下董事会和监事会出具的相关说明_内容｛经审计被出具非标意见情况下董事会和监事会出具的相关说明_内容｝	
			预测年初至下一报告期期末的累计净利润可能为亏损或者与上年同期相比发生大幅度变化的警示及原因说明｛预测年初至下一报告期期末的累计净利润可能为亏损或者与上年同期相比发生大幅度变化的警示及原因说明｝		
				是否适用预测年初至下一报告期期末的累计净利润可能为亏损或者与上年同期相比发生大幅度变化的警示及原因说明｛是否适用｝	
				预测年初至下一报告期期末的累计净利润可能为亏损或者与上年同期相比发生大幅度变化的警示及原因说明_内容｛预测年初至下一报告期期末的累计净利润可能为亏损或者与上年同期相比发生大幅度变化的警示及原因说明_内容｝	
			对已披露的年度经营计划或预算的滚动调整计划｛对已披露的年度经营计划或预算的滚动调整计划｝		
				是否适用对已披露的年度经营计划或预算的滚动调整计划｛是否适用｝	
				原拟订的本年度经营计划的收入｛原拟订的本年度经营计划的收入｝	
				原拟订的本年度经营计划的成本｛原拟订的本年度经营计划的成本｝	

续表

季度报告摘要｛季度报告摘要｝						
				原拟订的本年度经营计划的费用｛原拟订的本年度经营计划的费用｝		
				调整后的经营计划的收入｛调整后的经营计划的收入｝		
				调整后的经营计划的成本｛调整后的经营计划的成本｝		
				调整后的经营计划的费用｛调整后的经营计划的费用｝		
				经营计划变更或更正原因及影响的讨论与分析｛经营计划变更或更正原因及影响的讨论与分析｝		
		会计报表｛附录：会计报表｝				
			资产负债表｛资产负债表｝			
				流动资产｛流动资产：｝		
					货币资金｛货币资金｝	
					短期投资｛短期投资｝	
					应收票据｛应收票据｝	
					应收股利｛应收股利｝	
					应收利息｛应收利息｝	
					应收账款｛应收账款｝	
					其他应收款｛其他应收款｝	
					预付账款｛预付账款｝	
					应收补贴款｛应收补贴款｝	
					存货｛存货｝	
					待摊费用｛待摊费用｝	
					一年内到期的长期债权投资｛一年内到期的长期债权投资｝	
					其他流动资产｛其他流动资产｝	
					流动资产合计｛流动资产合计｝	
				长期投资｛长期投资：｝		
					长期股权投资｛长期股权投资｝	
					长期债权投资｛长期债权投资｝	
					长期投资合计｛长期投资合计｝	
					合并价差｛合并价差｝	
				固定资产｛固定资产：｝		
					固定资产原价｛固定资产原价｝	
						累计折旧｛累计折旧｝
					固定资产净值｛固定资产净值｝	
						固定资产减值准备｛固定资产减值准备｝
					固定资产净额｛固定资产净额｝	
					工程物资｛工程物资｝	
					在建工程｛在建工程｝	

续表

季度报告摘要｛季度报告摘要｝					
					固定资产清理｛固定资产清理｝
					固定资产合计｛固定资产合计｝
				无形资产及其他资产｛无形资产及其他资产：｝	
					无形资产｛无形资产｝
					长期待摊费用｛长期待摊费用｝
					其他长期资产｛其他长期资产｝
					无形资产及其他资产合计｛无形资产及其他资产合计｝
					递延税款借项｛递延税款借项｝
				资产总计｛资产总计｝	
				流动负债｛流动负债：｝	
					短期借款｛短期借款｝
					应付票据｛应付票据｝
					应付账款｛应付账款｝
					预收账款｛预收账款｝
					应付工资｛应付工资｝
					应付福利费｛应付福利费｝
					应付股利｛应付股利｝
					应交税金｛应交税金｝
					其他应交款｛其他应交款｝
					其他应付款｛其他应付款｝
					预提费用｛预提费用｝
					预计负债｛预计负债｝
					一年内到期的长期负债｛一年内到期的长期负债｝
					其他流动负债｛其他流动负债｝
					流动负债合计｛流动负债合计｝
				长期负债｛长期负债｝	
					长期借款｛长期借款｝
					应付债券｛应付债券｝
					长期应付款｛长期应付款｝
					专项应付款｛专项应付款｝
					其他长期负债｛其他长期负债｝
					长期负债合计｛长期负债合计｝
					递延税款贷项｛递延税款贷项｝
				负债合计｛负债合计｝	
				少数股东权益｛少数股东权益｝	

续表

季度报告摘要｛季度报告摘要｝						
				股东权益｛股东权益：}		
					股本｛股本｝	
						已归还投资｛减：已归还投资｝
					股本净额｛股本净额｝	
					资本公积｛资本公积｝	
					盈余公积｛盈余公积｝	
						法定公益金｛其中：法定公益金｝
					未分配利润｛未分配利润｝	
					未确认的投资损失｛未确认的投资损失｝	
					外币报表折算差额｛外币报表折算差额｝	
					股东权益合计｛股东权益合计｝	
				负债和股东权益总计｛负债和股东权益总计｝		
			利润及利润分配表｛利润及利润分配表｝			
				主营业务收入｛一、主营业务收入｝		
					主营业务成本｛减：主营业务成本｝	
					主营业务税金及附加｛主营业务税金及附加｝	
				主营业务利润｛二、主营业务利润（亏损以“－”号填列）｝		
					其他业务利润｛加：其他业务利润（亏损以“－”号填列）｝	
					营业费用｛减：营业费用｝	
					管理费用｛管理费用｝	
					财务费用｛财务费用｝	
				营业利润｛三、营业利润（亏损以“－”号填列）｝		
					投资收益｛加：投资收益｝	
					补贴收入｛补贴收入｝	
					营业外收入｛营业外收入｝	
					营业外支出｛减：营业外支出｝	
				利润总额｛四、利润总额（亏损总额以“－”号填列）｝		
					所得税｛减：所得税｝	
					未确认的投资损失本期发生额｛未确认的投资损失本期发生额｝	
					少数股东损益｛减：少数股东损益｝	
				净利润｛五、净利润（净亏损以“－”号填列）｝		
					年初未分配利润｛加：年初未分配利润｝	
					其他转入｛其他转入｝	
				可供分配的利润｛六、可供分配的利润｝		
					提取法定盈余公积金｛减：提取法定盈余公积金｝	

续表

季度报告摘要｛季度报告摘要｝						
					提取法定公益金｛提取法定公益金｝	
					提取职工奖励及福利基金｛提取职工奖励及福利基金｝	
					提取储备基金｛提取储备基金｝	
					提取企业发展基金｛提取企业发展基金｝	
					利润归还投资｛利润归还投资｝	
				可供投资者分配的利润｛七、可供投资者分配的利润｝		
					应付优先股股利｛减：应付优先股股利｝	
					提取任意盈余公积｛提取任意盈余公积｝	
					应付普通股股利｛应付普通股股利｝	
					转作资本或股本的普通股股利｛转作资本（或股本）的普通股股利｝	
				未分配利润｛未分配利润｝		
				利润分配表补充资料｛利润表补充资料｝		
					出售处置部门或被投资单位所得收益｛1. 出售、处置部门或被投资单位所得收益｝	
					自然灾害发生的损失｛2. 自然灾害发生的损失｝	
					会计政策变更增加或减少利润总额｛3. 会计政策变更增加（或减少）利润总额｝	
					会计估计变更增加或减少利润总额｛3. 会计估计变更增加（或减少）利润总额｝	
					债务重组损失｛5. 债务重组损失｝	
					利润分配表补充资料_其他｛6. 其他｝	
						利润分配表补充资料_其他项说明｛其他项说明｝
			现金流量表｛现金流量表｝			
				经营活动产生的现金流量｛一、经营活动产生的现金流量：｝		
					销售商品提供劳务收到的现金｛销售商品、提供劳务收到的现金｝	
					收到的税费返还｛收到的税费返还｝	
					收到的其他与经营活动有关的现金｛收到的其他与经营活动有关的现金｝	
					经营活动产生的现金流入小计｛现金流入小计｝	
					购买商品接受劳务支付的现金｛购买商品、接受劳务支付的现金｝	
					支付给职工以及为职工支付的现金｛支付给职工以及为职工支付的现金｝	
					支付的各项税费｛支付的各项税费｝	
					支付的其他与经营活动有关的现金｛支付的其他与经营活动有关的现金｝	
					经营活动产生的现金流出小计｛现金流出小计｝	
					经营活动产生的现金流量净额直接法｛经营活动产生的现金流量净额｝	
				投资活动产生的现金流量｛二、投资活动产生的现金流量：｝		
					收回投资所收到的现金｛收回投资所收到的现金｝	
					取得投资收益所收到的现金｛取得投资收益所收到的现金｝	

续表

季度报告摘要｛季度报告摘要｝					
					处置固定资产无形资产和其他长期资产所收回的现金净额｛处置固定资产、无形资产和其他长期资产所收回的现金净额｝
					收到的其他与投资活动有关的现金｛收到的其他与投资活动有关的现金｝
					投资活动产生的现金流入小计｛现金流入小计｝
					购建固定资产无形资产和其他长期资产所支付的现金｛购建固定资产、无形资产和其他长期资产所支付的现金｝
					投资所支付的现金｛投资所支付的现金｝
					支付的其他与投资活动有关的现金｛支付的其他与投资活动有关的现金｝
					投资活动产生的现金流出小计｛现金流出小计｝
					投资活动产生的现金流量净额｛投资活动产生的现金流量净额｝
				筹资活动产生的现金流量｛三、筹资活动产生的现金流量｝	
					吸收投资所收到的现金｛吸收投资所收到的现金｝
					借款所收到的现金｛借款所收到的现金｝
					收到的其他与筹资活动有关的现金｛收到的其他与筹资活动有关的现金｝
					筹资活动产生的现金流入小计｛现金流入小计｝
					偿还债务所支付的现金｛偿还债务所支付的现金｝
					分配股利利润或偿付利息所支付的现金｛分配股利、利润或偿付利息所支付的现金｝
					支付的其他与筹资活动有关的现金｛支付的其他与筹资活动有关的现金｝
					筹资活动产生的现金流出小计｛现金流出小计｝
					筹资活动产生的现金流量净额｛筹资活动产生的现金流量净额｝
				汇率变动对现金的影响｛四、汇率变动对现金的影响｝	
				现金及现金等价物净增加额直接法｛五、现金及现金等价物净增加额｝	
				将净利润调节为经营活动现金流量｛1. 将净利润调节为经营活动现金流量:｝	
					现金流量表补充 _ 净利润｛净利润｝
					少数股东本期收益｛加：少数股东损益｝
					计提的资产减值准备｛加：计提的资产减值准备｝
					固定资产折旧｛固定资产折旧｝
					无形资产摊销｛无形资产摊销｝
					长期待摊费用摊销｛长期待摊费用摊销｝
					待摊费用减少｛待摊费用减少（减：增加）｝
					预提费用增加｛预提费用增加（减：减少）｝
					处置固定资产无形资产和其他长期资产的损失｛处置固定资产、无形资产和其他长期资产的损失（减：收益）｝
					固定资产报废损失｛固定资产报废损失｝
					财务费用本期借方发生额｛财务费用｝
					投资损失｛投资损失（减：收益）｝

续表

季度报告摘要｛季度报告摘要｝					
					递延税款贷项｛递延税款贷项｝
					存货的减少｛存货的减少（减：增加）｝
					经营性应收项目的减少｛经营性应收项目的减少（减：增加）｝
					经营性应付项目的增加｛经营性应付项目的增加（减：减少）｝
					将净利润调节为经营活动现金流量 _ 其他｛其他｝
					经营活动产生的现金流量净额间接法｛经营活动产生的现金流量净额｝
				不涉及现金收支的投资和筹资活动｛2. 不涉及现金收支的投资和筹资活动:｝	
					债务转为资本｛债务转为资本｝
					一年内到期的可转换公司债券｛一年内到期的可转换公司债券｝
					融资租入固定资产｛融资租入固定资产｝
				现金及现金等价物净增加情况｛现金及现金等价物净增加情况:｝	
					现金余额｛现金的期末余额｝
					现金余额｛减：现金的期初余额｝
					现金等价物余额｛加：现金等价物的期末余额｝
					现金等价物余额｛减：现金等价物的期初余额｝
					现金及现金等价物净增加额间接法｛现金及现金等价物净增加额｝

四、信息安全类

- 证券期货业信息系统安全等级保护基本要求（试行） JR/T 0060—2010
- 证券期货业信息系统安全等级保护测评要求（试行） JR/T 0067—2011

ICS 03.060
A11
备案号

JR

中华人民共和国金融行业标准

JR/T 0060－2010

证券期货业信息系统安全等级保护基本要求（试行）

Securities and Futures Industry－Baseline for Classified Protection of Information System（Trial Basis）

2011－12－22 发布　　2011－12－22 实施

中国证券监督管理委员会　发布

目　次

前　言

本标准附录 A 和附录 B 是规范性附录。

本标准由全国金融标准化技术委员会证券分技术委员会提出。

本标准由全国金融标准化技术委员会归口管理。

本标准已经征得公安部同意。

本标准起草单位：中国证券监督管理委员会信息中心、深圳证券交易所、郑州商品交易所、深圳证券通信公司、上海期货信息技术有限公司、国泰君安证券股份有限公司、兴业证券股份有限公司、南方基金管理有限公司、公安部信息安全等级保护评估中心、中国信息安全测评中心、上海市信息安全测评认证中心。

本标准主要起草人：张野、戴文华、杨淑琴、罗凯、邹胜、邓晖、陈恺、王伟喜、马晨、王孝伟、万璟、陈友清、俞枫、刘斌、王肇东、吴越、葛峰、王伟强、陈凯辉、黎峰、马力、曲洁、班晓芳、应力、徐御。

本标准为首次发布。

引　言

本标准依据国家信息安全等级保护管理规定制定。证券期货业具有信息化程度高、业务持续性要求高、对信息系统的容量和处理能力要求高的特点。本标准从证券期货业实际情况出发，对《信息系统安全等级保护基本要求》（GB/T 22239－2008）的有关要求进行了明确、细化和调整，提出和规定了证券期货业不同等级信息系统的安全要求，适用于指导证券期货业按照等级保护要求进行安全建设、测评和监督管理。

本标准文字中，明确、细化和调整的内容以楷体字表示。

证券期货业信息系统安全等级保护基本要求（试行）

1. 范围

本标准规定了证券期货业不同安全保护等级信息系统的基本保护要求，包括基本技术要求和基本管理要求，适用于指导证券期货业分等级信息系统的安全建设整改、测评和监督管理。

2. 规范性引用文件

下列文件对于本文件的应用是必不可少的。凡是注明日期的引用文件，仅注明日期的版本适用于本文件。凡是不注明日期的引用文件，其最新版本（包括所有的修改单）适用于本文件。

GB/T 5271.8　信息技术 词汇 第 8 部分：安全（GB/T5271.8－2001，idt ISO/IEC 2382－8：1998）

GB17859　计算机信息系统安全保护等级划分准则

GB/T 22240－2008　信息安全技术 信息系统安全等级保护定级指南

GB/T 22239－2008　信息安全技术 信息系统安全等级保护基本要求

3. 术语和定义

GB/T 5271.8 和 GB 17859－1999 确定的以及下列术语和定义适用于本标准。

3.1

安全保护能力 Security Protection Ability

系统能够抵御威胁、发现安全事件以及在系统遭到损害后能够恢复先前状态等的程度。

4　证券期货业信息系统安全等级保护概述

4.1　证券期货业信息系统安全保护等级

证券期货业信息系统根据其在国家安全、经济建设、社会生活中的重要程度，遭到破坏后对国家安全、社会秩序、资本市场稳定、公共利益以及投资者、法人和其他组织的合法权益的危害程度，由低到高划分为五级，五级定义见 GB/T 22240－2008。

4.2　不同等级的安全保护能力

不同等级的信息系统应具备的基本安全保护能力如下：

第一级安全保护能力。应能够防护系统免受来自个人的、拥有很少资源的威胁源发起的恶意攻击、一般的自然灾难，以及其他相当危害程度的威胁所造成的关键资源损害，在系统遭到损害后，能够恢复部分功能。

第二级安全保护能力。应能够防护系统免受来自外部小型组织的、拥有少量资源的威胁源发起的恶意攻击、一般的自然灾难，以及其他相当危害程度的威胁所造成的重要资源损害，能够发现重要的安全漏洞和安全事件，在系统遭到损害后，能够在一段时间内恢复部分功能。

第三级安全保护能力。应能够在统一安全策略下防护系统免受来自外部有组织的团体、拥有较为丰富资源的威胁源发起的恶意攻击、较为严重的自然灾难，以及其他相当危害程度的威胁所造成的主要资源损害，能够发现安全漏洞和安全事件，在系统遭到损害后，能够较快恢复绝大部分功能。

第四级安全保护能力。应能够在统一安全策略下防护系统免受来自国家级别的、敌对组织的、拥有丰富资源的威胁源发起的恶意攻击、严重的自然灾难，以及其他相当危害程度的威胁所造成的资源损害，能够发现安全漏洞和安全事件，在系统遭到损害后，能够迅速恢复所有功能。

第五级安全保护能力（略）。

4.3 基本技术要求和基本管理要求

证券期货业信息系统安全等级保护应依据信息系统的安全保护等级情况保证它们具有相应等级的基本安全保护能力，不同安全保护等级的证券期货业信息系统要求具有不同的安全保护能力。

基本安全要求是针对不同安全保护等级信息系统应该具有的基本安全保护能力提出的安全要求，根据实现方式的不同，基本安全要求分为基本技术要求和基本管理要求两大类。技术类安全要求与信息系统提供的技术安全机制有关，主要通过在信息系统中部署软硬件并正确地配置其安全功能来实现；管理类安全要求与信息系统中各种角色参与的活动有关，主要通过控制各种角色的活动，从政策、制度、规范、流程以及记录等方面做出规定来实现。

基本技术要求从物理安全、网络安全、主机安全、应用安全和数据安全几个层面提出；基本管理要求从安全管理制度、安全管理机构、人员安全管理、系统建设管理和系统运维管理几个方面提出，基本技术要求和基本管理要求是确保信息系统安全不可分割的两个部分。

基本安全要求从各个层面或方面提出了系统的每个组件应该满足的安全要求，信息系统具有的整体安全保护能力通过不同组件实现基本安全要求来保证。除了保证系统的每个组件满足基本安全要求外，还要考虑组件之间的相互关系，来保证信息系统的整体安全保护能力。关于证券期货业信息系统整体安全保护能力的说明见附录A。

对于涉及国家秘密的信息系统，应按照国家保密工作部门的相关规定和标准进行保护。对于涉及密码的使用和管理，应按照国家密码管理的相关规定和标准实施。

4.4 基本技术要求的三种类型

根据保护侧重点的不同，技术类安全要求进一步细分为：保护数据在存储、传输、处理过程中不被泄漏、破坏和免受未授权的修改的信息安全类要求（简记为S）；保护系统连续正常地运行，免受对系统的未授权修改、破坏而导致系统不可用的服务保证类要求（简记为A）；通用安全保护类要求（简记为G）。本标准中对基本安全要求使用了标记，其中的字母表示安全要求的类型，数字表示适用的安全保护等级。

针对不同机构、不同系统的特点，本标准对证券期货业已定级重要信息系统的安全要求和使用原则，参见附录B。

5 第一级基本要求

5.1 技术要求

5.1.1 物理安全

5.1.1.1 物理访问控制（G1）

机房出入口应安排专人负责，控制、鉴别和记录进入的人员。

机房出入口应当安排专人负责管理，人员进出记录应至少保存3个月。

5.1.1.2 防盗窃和防破坏（G1）

本项要求包括：

a）应将主要设备放置在机房内。

b）应将设备或主要部件进行固定，并设置明显的不易除去的标记。

1）主要设备应当安装、固定在机柜内或机架上；

2）主要设备、机柜、机架应有明显且不易除去的标识，如粘贴标签或铭牌。

5.1.1.3 防雷击（G1）

机房建筑应设置避雷装置。

机房或机房所在大楼，应设计并安装防雷击装置，防雷装置应至少包括避雷针或避雷器等。

5.1.1.4 防火（G1）

机房应设置灭火设备。

5.1.1.5 防水和防潮（G1）

本项要求包括：

a）应对穿过机房墙壁和楼板的水管增加必要的保护措施。

b）应采取措施防止雨水通过机房窗户、屋顶和墙壁渗透。

5.1.1.6 温湿度控制（G1）

机房应设置必要的温、湿度控制设施，使机房温、湿度的变化在设备运行所允许的范围之内。

1）开机时机房温度应控制在18℃～28℃；

2）开机时机房相对湿度应控制在35％～75％。

5.1.1.7 电力供应（A1）

应在机房供电线路上配置稳压器和过电压防护设备。

5.1.2 网络安全

5.1.2.1 结构安全（G1）

本项要求包括：

a）应保证关键网络设备的业务处理能力满足基本业务需要。

b）应保证接入网络和核心网络的带宽满足基本业务需要。

c）应绘制与当前运行情况相符的网络拓扑结构图。

应绘制完整的网络拓扑结构图，有相应的网络配置表，包含设备IP地址等主要信息，与当前运行情况相符，并及时更新。

5.1.2.2 访问控制（G1）

本项要求包括：

a）应在网络边界部署访问控制设备，启用访问控制功能。

b）应根据访问控制列表对源地址、目的地址、源端口、目的端口和协议等进行检查，以允许/

拒绝数据包出入。

c）应通过访问控制列表对系统资源实现允许或拒绝用户访问，控制粒度至少为用户组。

5.1.2.3　网络设备防护（G1）

本项要求包括：

a）应对登录网络设备的用户进行身份鉴别。

应删除默认用户或修改默认用户的口令，根据管理需要开设用户，不得使用缺省口令、空口令、弱口令。

b）应具有登录失败处理功能，可采取结束会话、限制非法登录次数和当网络登录连接超时自动退出等措施。

c）当对网络设备进行远程管理时，应采取必要的措施防止鉴别信息在网络传输过程中被窃听。

5.1.3　主机安全

5.1.3.1　身份鉴别（S1）

应对登录操作系统和数据库系统的用户进行身份标识和鉴别。

5.1.3.2　访问控制（S1）

本项要求包括：

a）应启用访问控制功能，依据安全策略控制用户对资源的访问。

b）应限制默认账户的访问权限，重命名系统默认账户，修改这些账户的默认口令。

1）系统无法修改访问权限的特殊默认账户，可不修改访问权限；

2）系统无法重命名的特殊默认账户，可不重命名。

c）应及时删除多余的、过期的账户，避免共享账户的存在。

5.1.3.3　入侵防范（G1）

操作系统应遵循最小安装的原则，仅安装需要的组件和应用程序，并保持系统补丁及时得到更新。

持续跟踪厂商提供的系统升级更新情况，应在经过充分的测试评估后对必要的系统补丁进行及时更新。

5.1.3.4　恶意代码防范（G1）

应安装防恶意代码软件，并及时更新防恶意代码软件版本和恶意代码库。

1）原则上所有主机应安装防恶意代码软件，不支持的主机操作系统除外；

2）未安装防恶意代码软件的主机，应采取有效措施进行恶意代码防范。

5.1.4　应用安全

5.1.4.1　身份鉴别（S1）

本项要求包括：

a）应提供专用的登录控制模块对登录用户进行身份标识和鉴别。

b）应提供登录失败处理功能，可采取结束会话、限制非法登录次数和自动退出等措施。

c）应启用身份鉴别和登录失败处理功能，并根据安全策略配置相关参数。

5.1.4.2　访问控制（S1）

本项要求包括：

a）应提供访问控制功能控制用户组/用户对系统功能和用户数据的访问。

b）应由授权主体配置访问控制策略，并严格限制默认用户的访问权限。

5.1.4.3　通信完整性（S1）

应采用约定通信会话方式的方法保证通信过程中数据的完整性。

5.1.4.4 软件容错（A1）

应提供数据有效性检验功能，保证通过人机接口输入或通过通信接口输入的数据格式或长度符合系统设定要求。

5.1.5 数据安全及备份恢复

5.1.5.1 数据完整性（S1）

应能够检测到重要用户数据在传输过程中完整性受到破坏。

5.1.5.2 备份和恢复（A1）

应能够对重要信息进行备份和恢复。

5.2 管理要求

5.2.1 安全管理制度

5.2.1.1 管理制度（G1）

应建立日常管理活动中常用的安全管理制度。

5.2.1.2 制定和发布（G1）

本项要求包括：

a）应指定或授权专门的人员负责安全管理制度的制定。

b）应将安全管理制度以某种方式发布到相关人员手中。

5.2.2 安全管理机构

5.2.2.1 岗位设置（G1）

应设立系统管理员、网络管理员、安全管理员等岗位，并定义各个工作岗位的职责。

5.2.2.2 人员配备（G1）

应配备一定数量的系统管理员、网络管理员、安全管理员等。

5.2.2.3 授权和审批（G1）

应根据各个部门和岗位的职责明确授权审批部门及批准人，对系统投入运行、网络系统接入和重要资源的访问等关键活动进行审批。

重要审批授权记录应留档备查。

5.2.2.4 沟通和合作（G1）

应加强与兄弟单位、公安机关、电信公司的合作与沟通。

应加强与兄弟单位、公安机关、通信运营商、供电部门、银行等单位和部门的合作与沟通。

5.2.3 人员安全管理

5.2.3.1 人员录用（G1）

本项要求包括：

a）应指定或授权专门的部门或人员负责人员录用。

b）应对被录用人员的身份和专业资格等进行审查，并确保其具有基本的专业技术水平和安全管理知识。

5.2.3.2 人员离岗（G1）

本项要求包括：

a）应立即终止由于各种原因离岗员工的所有访问权限。

b）应取回各种身份证件、钥匙、徽章等以及机构提供的软硬件设备。

5.2.3.3 安全意识教育和培训（G1）

本项要求包括：

a）应对各类人员进行安全意识教育和岗位技能培训。

b）应告知人员相关的安全责任和惩戒措施。

5.2.3.4　外部人员访问管理（G1）

应确保在外部人员访问受控区域前得到授权或审批。

5.2.4　系统建设管理

5.2.4.1　系统定级（G1）

本项要求包括：

a）应明确信息系统的边界和安全保护等级。

b）应以书面的形式说明信息系统确定为某个安全保护等级的方法和理由。

c）应确保信息系统的定级结果经过相关部门的批准。

5.2.4.2　安全方案设计（G1）

本项要求包括：

a）应根据系统的安全保护等级选择基本安全措施，依据风险分析的结果补充和调整安全措施。

b）应以书面的形式描述对系统的安全保护要求和策略、安全措施等内容，形成系统的安全方案。

c）应对安全方案进行细化，形成能指导安全系统建设、安全产品采购和使用的详细设计方案。

5.2.4.3　产品采购和使用（G1）

应确保安全产品采购和使用符合国家的有关规定。

5.2.4.4　自行软件开发（G1）

本项要求包括：

a）应确保开发环境与实际运行环境物理分开。

b）应确保软件设计相关文档由专人负责保管。

5.2.4.5　外包软件开发（G1）

本项要求包括：

a）应根据开发要求检测软件质量。

b）应在软件安装之前检测软件包中可能存在的恶意代码。

c）应确保提供软件设计的相关文档和使用指南。

5.2.4.6　工程实施（G1）

应指定或授权专门的部门或人员负责工程实施过程的管理。

5.2.4.7　测试验收（G1）

本项要求包括：

a）应对系统进行安全性测试验收。

b）在测试验收前应根据设计方案或合同要求等制订测试验收方案，在测试验收过程中应详细记录测试验收结果，并形成测试验收报告。

5.2.4.8　系统交付（G1）

本项要求包括：

a）应制定系统交付清单，并根据交付清单对所交接的设备、软件和文档等进行清点。

b）应对负责系统运行维护的技术人员进行相应的技能培训。

c）应确保提供系统建设过程中的文档和指导用户进行系统运行维护的文档。

5.2.4.9　安全服务商选择（G1）

本项要求包括：

a）应确保安全服务商的选择符合国家的有关规定。

b）应与选定的安全服务商签订与安全相关的协议，明确约定相关责任。

5.2.5 系统运维管理

5.2.5.1 环境管理（G1）

本项要求包括：

a）应指定专门的部门或人员定期对机房供配电、空调、温湿度控制等设施进行维护管理。

应每季度对机房供配电、空调、UPS等设施进行维护管理并保存相关维护记录。

b）应对机房的出入、服务器的开机或关机等工作进行管理。

c）应建立机房安全管理制度，对有关机房物理访问，物品带进、带出机房和机房环境安全等方面的管理作出规定。

5.2.5.2 资产管理（G1）

应编制与信息系统相关的资产清单，包括资产责任部门、重要程度和所处位置等内容。

5.2.5.3 介质管理（G1）

本项要求包括：

a）应确保介质存放在安全的环境中，对各类介质进行控制和保护。

b）应对介质归档和查询等过程进行记录，并根据存档介质的目录清单定期盘点。

5.2.5.4 设备管理（G1）

本项要求包括：

a）应对信息系统相关的各种设备、线路等指定专门的部门或人员定期进行维护管理。

每年至少进行一次维护管理。

b）应建立基于申报、审批和专人负责的设备安全管理制度，对信息系统的各种软硬件设备的选型、采购、发放和领用等过程进行规范化管理。

5.2.5.5 网络安全管理（G1）

本项要求包括：

a）应指定人员对网络进行管理，负责运行日志、网络监控记录的日常维护和报警信息分析和处理工作。

b）应定期进行网络系统漏洞扫描，对发现的网络系统安全漏洞进行及时的修补。

1）每半年至少进行一次漏洞扫描，对漏洞风险持续跟踪，在经过充分的验证测试后对必要的漏洞开展修补工作；

2）实施漏洞扫描或漏洞修补前，应对可能的风险进行评估和做充分准备，如选择恰当时间，并做好数据备份和回退方案；

3）漏洞扫描或漏洞修补后应进行验证测试，以保证网络系统的正常运行。

5.2.5.6 系统安全管理（G1）

本项要求包括：

a）应根据业务需求和系统安全分析确定系统的访问控制策略。

b）应定期进行漏洞扫描，对发现的系统安全漏洞进行及时的修补。

1）每半年至少进行一次漏洞扫描，对漏洞风险持续跟踪，在经过充分的验证测试后对必要的漏洞开展修补工作；

2）实施漏洞扫描或漏洞修补前，应对可能的风险进行评估和做充分准备，如选择恰当时间，并做好数据备份和回退方案；

3）漏洞扫描或漏洞修补后应进行验证测试，以保证系统的正常运行。

c）应安装系统的最新补丁程序，并在安装系统补丁前对现有的重要文件进行备份。

持续跟踪厂商提供的系统升级更新情况，应在经过充分的测试评估后对必要的补丁进行及时更新，并在安装系统补丁前对现有的重要文件进行备份。

5.2.5.7 恶意代码防范管理（G1）

应提高所有用户的防病毒意识，告知及时升级防病毒软件，在读取移动存储设备上的数据以及网络上接收文件或邮件之前，先进行病毒检查，对外来计算机或存储设备接入网络系统之前也应进行病毒检查。

5.2.5.8 备份与恢复管理（G1）

本项要求包括：

a）应识别需要定期备份的重要业务信息、系统数据及软件系统等。

b）应规定备份信息的备份方式、备份频度、存储介质、保存期等。

5.2.5.9 安全事件处置（G1）

本项要求包括：

a）应报告所发现的安全弱点和可疑事件，但任何情况下用户均不应尝试验证弱点。

b）应制定安全事件报告和处置管理制度，规定安全事件的现场处理、事件报告和后期恢复的管理职责。

6 第二级基本要求

6.1 技术要求

6.1.1 物理安全

6.1.1.1 物理位置的选择（G2）

机房和办公场地应选择在具有防震、防风和防雨等设施的建筑内。

1）应具有机房或机房所在建筑物符合当地抗震要求的相关证明。

2）机房外墙壁应没有对外的窗户。否则，应采用双层固定窗，并作密封、防水处理。

6.1.1.2 物理访问控制（G2）

本项要求包括：

a）机房出入口应安排专人值守，控制、鉴别和记录进入的人员。

1）机房出入口应当安排专人负责管理，人员进出记录应至少保存3个月；

2）没有门禁系统的机房，应当安排专人控制、鉴别和记录人员的进出；

3）有门禁系统的机房，应当采用监控设备将机房人员进出情况传输到值班点，对外来人员出入机房进行监控、鉴别和记录。

b）需要进入机房的来访人员应经过申请和审批流程，并限制和监控其活动范围。

1）来访人员进入机房，应有审批流程，记录带进带出的设备、进出时间、工作内容，并有专人陪同其在限定的范围内工作；

2）机房出入口应有视频监控，监控记录至少保存3个月。

6.1.1.3 防盗窃和防破坏（G2）

本项要求包括：

a）应将主要设备放置在机房内。

b）应将设备或主要部件进行固定，并设置明显的不易除去的标记。

1）主要设备应当安装、固定在机柜内或机架上；

2）主要设备、机柜、机架应有明显且不易除去的标识，如粘贴标签或铭牌。

c）应将通信线缆铺设在隐蔽处，可铺设在地下或管道中。

通信线缆可铺设在管道或线槽、线架中。

d）应对介质分类标识，存储在介质库或档案室中。

e）主机房应安装必要的防盗报警设施。

6.1.1.4 防雷击（G2）

本项要求包括：

a）机房建筑应设置避雷装置。

机房或机房所在大楼，应设计并安装防雷击设施，防雷设施应至少包括避雷针或避雷器等。

b）机房应设置交流电源地线。

6.1.1.5 防火（G2）

机房应设置灭火设备和**火灾自动报警系统。**

机房的火灾自动报警系统应向当地公安消防部门备案。

6.1.1.6 防水和防潮（G2）

本项要求包括：

a）水管安装，不得穿过机房屋顶和活动地板下。

1）与机房设备无关的水管不得穿过机房屋顶和活动地板下。

2）机房屋顶和活动地板下铺有水管的，应采取有效防护措施。

b）应采取措施防止雨水通过机房窗户、屋顶和墙壁渗透。

c）应采取措施防止机房内水蒸气结露和地下积水的转移与渗透。

6.1.1.7 防静电（G2）

关键设备应采用必要的接地防静电措施。

6.1.1.8 温湿度控制（G2）

机房应设置**温、湿度自动调节设施**，使机房温、湿度的变化在设备运行所允许的范围之内。

1）开机时机房温度应控制在22℃～24℃；

2）开机时机房相对湿度应控制在40％～55％。

6.1.1.9 电力供应（A2）

本项要求包括：

a）应在机房供电线路上配置稳压器和过电压防护设备。

b）应提供短期的备用电力供应，至少满足关键设备在断电情况下的正常运行要求。

1）机房应配备UPS，UPS实际供电能力能够满足关键设备在断电情况下正常运行2个小时以上；

2）机房应自备或租用发电机，能够保障持续供电。

6.1.1.10 电磁防护（S2）

电源线和通信线缆应隔离铺设，避免互相干扰。

电源线和通信线缆应铺设在不同的桥架或管道，避免互相干扰。

6.1.2 网络安全

6.1.2.1 结构安全（G2）

本项要求包括：

a）应保证关键网络设备的业务处理能力**具备冗余空间，满足业务高峰期需要。**

关键网络设备近一年的CPU负载峰值应小于30％。

b）应保证接入网络和核心网络的带宽**满足业务高峰期需要。**

c）应绘制与当前运行情况相符的网络拓扑结构图。

应绘制完整的网络拓扑结构图，有相应的网络配置表，包含设备IP地址等主要信息，与当前运行情况相符，并及时更新。

d）应根据各部门的工作职能、重要性和所涉及信息的重要程度等因素，划分不同的子网或网段，并按照方便管理和控制的原则为各子网、网段分配地址段。

6.1.2.2　访问控制（G2）

本项要求包括：

a）应在网络边界部署访问控制设备，启用访问控制功能。

b）应能根据会话状态信息为数据流提供明确的允许/拒绝访问的能力，控制粒度为网段级。

网络边界访问控制设备应设定过滤规则集。规则集应涵盖对所有出入边界的数据包的处理方式，对于没有明确定义的数据包，应缺省拒绝。

c）应按用户和系统之间的允许访问规则，决定允许或拒绝用户对受控系统进行资源访问，控制粒度为**单个用户。**

d）应限制具有拨号访问权限的用户数量。

原则上不应通过互联网对重要信息系统进行远程维护和管理。

6.1.2.3　安全审计（G2）

本项要求包括：

a）应对网络系统中的网络设备运行状况、网络流量、用户行为等进行日志记录。

b）审计记录应包括事件的日期和时间、用户、事件类型、事件是否成功及其他与审计相关的信息。

6.1.2.4　边界完整性检查（S2）

应能够对内部网络中出现的内部用户未通过准许私自联到外部网络的行为进行检查。

能够检查内部网络用户采用双网卡跨接外部网络，或采用电话拨号、ADSL拨号、手机、无线上网卡等无线拨号方式连接其他外部网络。

6.1.2.5　入侵防范（G2）

应在网络边界处监视以下攻击行为：端口扫描、强力攻击、木马后门攻击、拒绝服务攻击、缓冲区溢出攻击、IP碎片攻击和网络蠕虫攻击等。

6.1.2.6　网络设备防护（G2）

本项要求包括：

a）应对登录网络设备的用户进行身份鉴别。

应删除默认用户或修改默认用户的口令，根据管理需要开设用户，不得使用缺省口令、空口令、弱口令。

b）应对网络设备的管理员登录地址进行限制。

c）网络设备用户的标识应唯一。

d）身份鉴别信息应具有不易被冒用的特点，口令应有复杂度要求并定期更换。

1）口令应符合以下条件：数字、字母、符号混排，无规律的方式；

2）管理员用户口令的长度至少为12位；

3）管理员用户口令至少每季度更换1次，更新的口令至少5次内不能重复；

4）如果设备口令长度不支持12位或其他复杂度要求，口令应使用所支持的最长长度并适当缩小更换周期，也可以使用动态密码卡等一次性口令认证方式。

e）应具有登录失败处理功能，可采取结束会话、限制非法登录次数和当网络登录连接超时自动退出等措施。

f）当对网络设备进行远程管理时，应采取必要措施防止鉴别信息在网络传输过程中被窃听。

6.1.3 主机安全

6.1.3.1 身份鉴别（S2）

本项要求包括：

a）应对登录操作系统和数据库系统的用户进行身份标识和鉴别。

b）操作系统和数据库系统管理用户身份标识应具有不易被冒用的特点，口令应有复杂度要求并定期更换。

1）口令应符合以下条件：数字、字母、符号混排，无规律的方式；

2）口令的长度至少为12位；

3）口令至少每季度更换1次，更新的口令至少5次内不能重复；

4）如果设备口令长度不支持12位或其他复杂度要求，口令应使用所支持的最长长度并适当缩小更换周期，也可以使用动态密码卡等一次性口令认证方式。

c）应启用登录失败处理功能，可采取结束会话、限制非法登录次数和自动退出等措施。

d）当对服务器进行远程管理时，应采取必要措施，防止鉴别信息在网络传输过程中被窃听。

e）应为操作系统和数据库系统的不同用户分配不同的用户名，确保用户名具有唯一性。

1）应为操作系统的不同用户分配不同的用户名；

2）应为数据库系统的不同用户分配不同的用户名。

6.1.3.2 访问控制（S2）

本项要求包括：

a）应启用访问控制功能，依据安全策略控制用户对资源的访问。

b）应实现操作系统和数据库系统特权用户的权限分离。

HP Tandem、IBM OS400系列、运行DB2数据库的IBM AIX等专用系统的特权用户除外。

c）应限制默认账户的访问权限，重命名系统默认账户，修改这些账户的默认口令。

1）系统无法修改访问权限的特殊默认账户，可不修改访问权限；

2）系统无法重命名的特殊默认账户，可不重命名。

d）应及时删除多余的、过期的账户，避免共享账户的存在。

6.1.3.3 安全审计（G2）

本项要求包括：

a）审计范围应覆盖到服务器上的每个操作系统用户和数据库用户。

应在保证系统运行安全和效率的前提下，启用系统审计或采用第三方安全审计产品实现审计要求。

b）审计内容应包括重要用户行为、系统资源的异常使用和重要系统命令的使用等系统内重要的安全相关事件。

审计内容至少包括：用户的添加和删除、审计功能的启动和关闭、审计策略的调整、权限变更、系统资源的异常使用、重要的系统操作（如用户登录、退出）等。

c）审计记录应包括事件的日期、时间、类型、主体标识、客体标识和结果等。

d）应保护审计记录，避免受到未预期的删除、修改或覆盖等。

审计记录应至少保存6个月。

6.1.3.4 入侵防范（G2）

操作系统应遵循最小安装的原则，仅安装需要的组件和应用程序，并**通过设置升级服务器等方式**保持系统补丁及时得到更新。

持续跟踪厂商提供的系统升级更新情况，应在经过充分的测试评估后对必要的系统补丁进行及时更新。

6.1.3.5 恶意代码防范（G2）

本项要求包括：

a）应安装防恶意代码软件，并及时更新防恶意代码软件版本和恶意代码库。

1）原则上所有的主机应安装防恶意代码软件，系统不支持该要求的除外；

2）未安装防恶意代码软件的主机，应采取有效措施进行恶意代码防范。

b）应支持防恶意代码软件的统一管理。

6.1.3.6 资源控制（A2）

本项要求包括：

a）应通过设定终端接入方式、网络地址范围等条件限制终端登录。

b）应根据安全策略设置登录终端的操作超时锁定。

c）应限制单个用户对系统资源的最大或最小使用限度。

6.1.4 应用安全

6.1.4.1 身份鉴别（S2）

本项要求包括：

a）应提供专用的登录控制模块对登录用户进行身份标识和鉴别。

b）应提供用户身份标识唯一和鉴别信息复杂度检查功能，保证应用系统中不存在重复用户身份标识，身份鉴别信息不易被冒用。

c）应提供登录失败处理功能，可采取结束会话、限制非法登录次数和自动退出等措施。

d）应启用身份鉴别、**用户身份标识唯一性检查、用户身份鉴别信息复杂度检查**以及登录失败处理功能，并根据安全策略配置相关参数。

6.1.4.2 访问控制（S2）

本项要求包括：

a）应提供访问控制功能，**依据安全策略控制用户对文件、数据库表等客体的访问。**

b）访问控制的覆盖范围应包括与资源访问相关的主体、客体及它们之间的操作。

c）应由授权主体配置访问控制策略，并严格限制默认账户的访问权限。

d）应授予不同账户为完成各自承担任务所需要的最小权限，并在它们之间形成相互制约的关系。

6.1.4.3 安全审计（G2）

本项要求包括：

a）应提供覆盖到每个用户的安全审计功能，对应用系统重要安全事件进行审计。

应用系统应能够对每个业务用户的关键操作进行记录，例如用户登录、用户退出、增加用户、修改用户权限等操作。

b）应保证无法删除、修改或覆盖审计记录。

c）审计记录的内容至少应包括事件日期、时间、发起者信息、类型、描述和结果等。

审计记录应至少保存6个月。

6.1.4.4 通信完整性（S2）

应采用校验码技术保证通信过程中数据的完整性。

通过互联网、卫星网进行通信时，应采用校验码技术保证通信过程中数据的完整性。

6.1.4.5 通信保密性（S2）

本项要求包括：

a）在通信双方建立连接之前，应用系统应利用密码技术进行会话初始化验证。

通过互联网、卫星网进行通信时，建立通信连接之前，应用系统应利用密码技术或可靠的身份认证技术进行会话初始化验证。

b）应对通信过程中的敏感信息字段进行加密。

通过互联网、卫星网进行通信时，应对整个报文或会话过程进行加密。

6.1.4.6 软件容错（A2）

本项要求包括：

a）应提供数据有效性检验功能，保证通过人机接口输入或通过通信接口输入的数据格式或长度符合系统设定要求。

b）在故障发生时，应用系统应能够继续提供一部分功能，确保能够实施必要的措施。

6.1.4.7 资源控制（A2）

本项要求包括：

a）当应用系统的通信双方中的一方在一段时间内未作任何响应，另一方应能够自动结束会话。

用户登录应用系统后在规定的时间内未执行任何操作，应自动退出系统。

b）应能够对应用系统的最大并发会话连接数进行限制。

c）应能够对单个账户的多重并发会话进行限制。

6.1.5 数据安全及备份恢复

6.1.5.1 数据完整性（S2）

应能够检测到鉴别信息和重要业务数据在传输过程中完整性受到破坏。

6.1.5.2 数据保密性（S2）

应采用加密或其他保护措施实现鉴别信息的存储保密性。

6.1.5.3 备份和恢复（A2）

本项要求包括：

a）应能够对重要信息进行备份和恢复。

b）应提供关键网络设备、通信线路和数据处理系统的硬件冗余，保证系统的可用性。

6.2 管理要求

6.2.1 安全管理制度

6.2.1.1 管理制度（G2）

本项要求包括：

a）应制定信息安全工作的总体方针和安全策略，说明机构安全工作的总体目标、范围、原则和安全框架等。

b）应对安全管理活动中重要的管理内容建立安全管理制度。

c）应对安全管理人员或操作人员执行的重要管理操作建立操作规程。

6.2.1.2 制定和发布（G2）

本项要求包括：

a）应指定或授权**专门的部门**或人员负责安全管理制度的制定。

b）应组织相关人员对制定的安全管理制度进行论证和审定。

c）应将安全管理制度以某种方式发布到相关人员手中。

6.2.1.3　评审和修订（G2）

应定期对安全管理制度进行评审，对存在不足或需要改进的安全管理制度进行修订。

每年或在发生重大变更时对安全管理制度进行检查，对存在不足或需要改进的安全管理制度进行修订。

6.2.2　安全管理机构

6.2.2.1　岗位设置（G2）

本项要求包括：

a）应设立安全主管、安全管理各个方面的负责人岗位，并定义各负责人的职责。

b）应设立系统管理员、网络管理员、安全管理员等岗位，并定义各个工作岗位的职责。

6.2.2.2　人员配备（G2）

本项要求包括：

a）应配备一定数量的系统管理员、网络管理员、安全管理员等。

每个岗位应有备岗。

b）安全管理员不能兼任网络管理员、系统管理员、数据库管理员等。

6.2.2.3　授权和审批（G2）

本项要求包括：

a）应根据各个部门和岗位的职责明确授权审批部门及批准人，对系统投入运行、网络系统接入和重要资源的访问等关键活动进行审批。

重要审批授权记录应留档备查。

b）应针对关键活动建立审批流程，并由批准人签字确认。

6.2.2.4　沟通和合作（G2）

本项要求包括：

a）应加强各类管理人员之间、组织内部机构之间以及信息安全职能部门内部的合作与沟通。

b）应加强与兄弟单位、公安机关、电信公司的合作与沟通。

应加强与兄弟单位、公安机关、通信运营商、供电部门、银行等单位和部门的合作与沟通。

6.2.2.5　审核和检查（G2）

安全管理员应负责定期进行安全检查，检查内容包括系统日常运行、系统漏洞和数据备份等情况。

安全检查应至少每季度一次。

6.2.3　人员安全管理

6.2.3.1　人员录用（G2）

本项要求包括：

a）应指定或授权专门的部门或人员负责人员录用。

b）应规范人员录用过程，对被录用人员的身份、背景和专业资格等进行审查，**对其所具有的技术技能进行考核。**

c）应与从事关键岗位的人员签署保密协议。

6.2.3.2　人员离岗（G2）

本项要求包括：

a）应规范人员离岗过程，及时终止离岗员工的所有访问权限。

b）应取回各种身份证件、钥匙、徽章等以及机构提供的软硬件设备。

c）应办理严格的调离手续。

6.2.3.3　人员考核（G2）

应定期对各个岗位的人员进行安全技能及安全认知的考核。

安全技能及安全认知的考核应至少每年一次。

6.2.3.4　安全意识教育和培训（G2）

本项要求包括：

a）应对各类人员进行安全意识教育、岗位技能培训和**相关安全技术培训。**

b）应告知人员相关的安全责任和惩戒措施，**并对违反违背安全策略和规定的人员进行惩戒。**

c）应制定安全教育和培训计划，对信息安全基础知识、岗位操作规程等进行培训。

6.2.3.5　外部人员访问管理（G2）

应确保在外部人员访问受控区域前得到授权或审批，**批准后由专人全程陪同或监督，并登记备案。**

6.2.4　系统建设管理

6.2.4.1　系统定级（G2）

本项要求包括：

a）应明确信息系统的边界和安全保护等级。

b）应以书面的形式说明信息系统确定为某个安全保护等级的方法和理由。

c）应确保信息系统的定级结果经过相关部门的批准。

6.2.4.2　安全方案设计（G2）

本项要求包括：

a）应根据系统的安全保护等级选择基本安全措施，依据风险分析的结果补充和调整安全措施。

b）应以书面形式描述对系统的安全保护要求、策略和措施等内容，形成系统的安全方案。

c）应对安全方案进行细化，形成能指导安全系统建设、安全产品采购和使用的详细设计方案。

d）应组织相关部门和有关安全技术专家对安全设计方案的合理性和正确性进行论证和审定，并且经过批准后，才能正式实施。

6.2.4.3　产品采购和使用（G2）

本项要求包括：

a）应确保安全产品采购和使用符合国家的有关规定。

b）应确保密码产品采购和使用符合国家密码主管部门的要求。

c）应指定或授权专门的部门负责产品的采购。

6.2.4.4　自行软件开发（G2）

本项要求包括：

a）应确保开发环境与实际运行环境物理分开。

b）应制定软件开发管理制度，明确说明开发过程的控制方法和人员行为准则。

c）应确保提供软件设计的相关文档**和使用指南**，并由专人负责保管。

6.2.4.5　外包软件开发（G2）

本项要求包括：

a）应根据开发要求检测软件质量。

b）应确保提供软件设计的相关文档和使用指南。

c）应在软件安装之前检测软件包中可能存在的恶意代码。

d）应要求开发单位提供软件源代码，并审查软件中可能存在的后门。

6.2.4.6　工程实施（G2）

本项要求包括：

a）应指定或授权专门的部门或人员负责工程实施过程的管理。

b）应制定详细的工程实施方案，控制工程实施过程。

6.2.4.7 测试验收（G2）

本项要求包括：

a）应对系统进行安全性测试验收。

b）在测试验收前应根据设计方案或合同要求等制订测试验收方案，在测试验收过程中应详细记录测试验收结果，并形成测试验收报告。

c）应组织相关部门和相关人员对系统测试验收报告进行审定，并签字确认。

6.2.4.8 系统交付（G2）

本项要求包括：

a）应制定系统交付清单，并根据交付清单对所交接的设备、软件和文档等进行清点。

b）应对负责系统运行维护的技术人员进行相应的技能培训。

c）应确保提供系统建设过程中的文档和指导用户进行系统运行维护的文档。

6.2.4.9 安全服务商选择（G2）

本项要求包括：

a）应确保安全服务商的选择符合国家的有关规定。

b）应与选定的安全服务商签订与安全相关的协议，明确约定相关责任。

c）应确保选定的安全服务商提供技术支持和服务承诺，必要的与其签订服务合同。

6.2.5 系统运维管理

6.2.5.1 环境管理（G2）

本项要求包括：

a）应指定专门的部门或人员定期对机房供配电、空调、温湿度控制等设施进行维护管理。

1）应每季度对机房供配电、空调、UPS等设施进行维护管理并保存相关维护记录；

2）应每年对防盗报警、防雷、消防等装置进行检测维护并保存相关维护记录。

b）应配备机房安全管理人员，对机房的出入、服务器的开机或关机等工作进行管理。

c）应建立机房安全管理制度，对有关机房物理访问，物品带进、带出机房和机房环境安全等方面的管理作出规定。

d）应加强对办公环境的保密性管理，包括工作人员调离办公室应立即交还该办公室钥匙和不在办公区接待来访人员等。

6.2.5.2 资产管理（G2）

本项要求包括：

a）应编制与信息系统相关的资产清单，包括资产责任部门、重要程度和所处位置等内容。

b）应建立资产安全管理制度，规定信息系统资产管理的责任人员或责任部门，并规范资产管理和使用的行为。

6.2.5.3 介质管理（G2）

本项要求包括：

a）应确保介质存放在安全的环境中，对各类介质进行控制和保护，**并实行存储环境专人管理。**

b）应对介质归档和查询等过程进行记录，并根据存档介质的目录清单定期盘点。

c）应对需要送出维修或销毁的介质，首先清除其中的敏感数据，防止信息的非法泄漏。

d）应根据所承载数据和软件的重要程度对介质进行分类和标识管理。

6.2.5.4 设备管理（G2）

本项要求包括：

a）应对信息系统相关的各种设备（**包括备份和冗余设备**）、线路等指定专门的部门或人员定期进行维护管理。

每季度至少进行一次维护管理。

b）应建立基于申报、审批和专人负责的设备安全管理制度，对信息系统的各种软硬件设备的选型、采购、发放和领用等过程进行规范化管理。

c）应对终端计算机、工作站、便携机、系统和网络等设备的操作和使用进行规范化管理，按操作规程实现关键设备（包括备份和冗余设备）的启动/停止、加电/断电等操作。

d）应确保信息处理设备必须经过审批才能带离机房或办公地点。

6.2.5.5 网络安全管理（G2）

本项要求包括：

a）应指定人员对网络进行管理，负责运行日志、网络监控记录的日常维护和报警信息分析和处理工作。

b）应建立网络安全管理制度，对网络安全配置、日志保存时间、安全策略、升级与打补丁、口令更新周期等方面作出规定。

c）应根据厂家提供的软件升级版本对网络设备进行更新，并在更新前对现有的重要文件进行备份。

应持续跟踪厂商提供的网络设备的软件升级更新情况，在经过充分的测试评估后对必要的补丁进行更新，并在更新前对现有的重要文件进行备份。

d）应定期对网络系统进行漏洞扫描，对发现的网络系统安全漏洞进行及时的修补。

1）每季度至少进行一次漏洞扫描，对漏洞风险持续跟踪，在经过充分的验证测试后对必要的漏洞开展修补工作；

2）实施漏洞扫描或漏洞修补前，应对可能的风险进行评估和充分准备，如选择恰当时间，并做好数据备份和回退方案；

3）漏洞扫描或漏洞修补后应进行验证测试，以保证网络系统的正常运行。

e）应对网络设备的配置文件进行定期备份。

应在配置变更前、变更后分别对网络设备的配置文件进行备份。

f）应保证所有与外部系统的连接均得到授权和批准。

6.2.5.6 系统安全管理（G2）

本项要求包括：

a）应根据业务需求和系统安全分析确定系统的访问控制策略。

b）应定期进行漏洞扫描，对发现的系统安全漏洞及时进行修补。

1）每季度至少进行一次漏洞扫描，对漏洞风险持续跟踪，在经过充分的验证测试后对必要的漏洞开展修补工作；

2）实施漏洞扫描或漏洞修补前，应对可能的风险进行评估和充分准备，如选择恰当时间，并做好数据备份和回退方案；

3）漏洞扫描或漏洞修补后应进行验证测试，以保证系统的正常运行。

c）应安装系统的最新补丁程序，在安装系统补丁前，应首先在测试环境中测试通过，并对重要文件进行备份后，方可实施系统补丁程序的安装。

持续跟踪厂商提供的系统升级更新情况，应在经过充分的测试评估后对必要的补丁进行及时更新，并在安装系统补丁前对现有的重要文件进行备份。

d）应建立系统安全管理制度，对系统安全策略、安全配置、日志管理和日常操作流程等方面作出规定。

e）应依据操作手册对系统进行维护，详细记录操作日志，包括重要的日常操作、运行维护记录、参数的设置和修改等内容，严禁进行未经授权的操作。

f）应定期对运行日志和审计数据进行分析，以便及时发现异常行为。

应至少每月对运行日志和审计数据进行分析。

6.2.5.7　恶意代码防范管理（G2）

本项要求包括：

a）应提高所有用户的防病毒意识，告知及时升级防病毒软件，在读取移动存储设备上的数据以及网络上接收文件或邮件之前，先进行病毒检查，对外来计算机或存储设备接入网络系统之前也应进行病毒检查。

b）应指定专人对网络和主机进行恶意代码检测并保存检测记录。

c）应对防恶意代码软件的授权使用、恶意代码库升级、定期汇报等作出明确规定。

6.2.5.8　密码管理（G2）

应使用符合国家密码管理规定的密码技术和产品。

6.2.5.9　变更管理（G2）

本项要求包括：

a）应确认系统中要发生的重要变更，并制定相应的变更方案。

重要系统变更前应制定详细的变更方案、失败恢复方案、专项应急预案。

b）系统发生重要变更前，应向主管领导申请，审批后方可实施变更，并在实施后向相关人员通告。

6.2.5.10　备份与恢复管理（G2）

本项要求包括：

a）应识别需要定期备份的重要业务信息、系统数据及软件系统等。

b）应规定备份信息的备份方式、备份频度、存储介质、保存期等。

c）应根据数据的重要性及其对系统运行的影响，制定数据的备份策略和恢复策略，备份策略指明备份数据的放置场所、文件命名规则、介质替换频率和数据离站运输方法。

6.2.5.11　安全事件处置（G2）

本项要求包括：

a）应报告所发现的安全弱点和可疑事件，但任何情况下用户均不应尝试验证弱点。

b）应制定安全事件报告和处置管理制度，**明确安全事件类型**，规定安全事件的现场处理、事件报告和后期恢复的管理职责。

c）应根据国家相关管理部门对计算机安全事件等级划分方法和安全事件对本系统产生的影响，对本系统计算机安全事件进行等级划分。

d）应记录并保存所有报告的安全弱点和可疑事件，分析事件原因，监督事态发展，采取措施避免安全事件发生。

6.2.5.12　应急预案管理（G2）

本项要求包括：

a）应在统一的应急预案框架下制定不同事件的应急预案，应急预案框架应包括启动应急预案的条件、应急处理流程、系统恢复流程、事后教育和培训等内容。

b）应对系统相关的人员进行应急预案培训，应急预案的培训应至少每年举办一次。

7　第三级基本要求

7.1　技术要求

7.1.1　物理安全

7.1.1.1　物理位置的选择（G3）

本项要求包括：

a）机房和办公场地应选择在具有防震、防风和防雨等设施的建筑内。

1）应具有机房或机房所在建筑物符合当地抗震要求的相关证明；

2）机房外墙壁应没有对外的窗户。否则，应采用双层固定窗，并作密封、防水处理。

b）机房场地应避免设在建筑物的高层或地下室，以及用水设备的下层或隔壁。

1）机房场地不宜设在建筑物顶层，如果不可避免，应采取有效的防水措施。机房场地设在建筑物地下室的，应采取有效的防水措施；

2）机房场地设在建筑物高层的，应对设备采取有效固定措施；

3）如果机房周围有用水设备，应当有防渗水和疏导措施。

7.1.1.2　物理访问控制（G3）

本项要求包括：

a）机房出入口应安排专人值守，控制、鉴别和记录进入的人员。

1）机房出入口应当安排专人负责管理，人员进出记录应至少保存3个月；

2）没有门禁系统的机房应当安排专人控制、鉴别和记录人员的进出；

3）有门禁系统的机房，应当采用监控设备将机房人员进出情况传输到值班点，对外来人员出入机房进行控制、鉴别和记录。

b）需要进入机房的来访人员应经过申请和审批流程，并限制和监控其活动范围。

1）来访人员进入机房，应有审批流程，记录带进带出的设备、进出时间、工作内容，并有专人陪同其在限定的范围内工作；

2）机房出入口应有视频监控，监控记录至少保存3个月。

c）应对机房划分区域进行管理，区域和区域之间设置物理隔离装置，在重要区域前设置交付或安装等过渡区域。

1）机房应当按照消防要求和管理要求进行合理分区，区域和区域之间设置物理隔离装置；

2）机房应当设置专门的过渡区域，用于设备的交付或安装；

3）重要区域包括：主机房、辅助区、支持区等功能区域。

d）重要区域应配置电子门禁系统，控制、鉴别和记录进入的人员。

7.1.1.3　防盗窃和防破坏（G3）

本项要求包括：

a）应将主要设备放置在机房内。

b）应将设备或主要部件进行固定，并设置明显的不易除去的标记。

1）主要设备应当安装、固定在机柜内或机架上；

2）主要设备、机柜、机架应有明显且不易除去的标识，如粘贴标签或铭牌。

c）应将通信线缆铺设在隐蔽处，可铺设在地下或管道中。

通信线缆可铺设在管道或线槽、线架中。

d）应对介质分类标识，存储在介质库或档案室中。

e）应利用光、电等技术设置机房防盗报警系统。

f）应对机房设置监控报警系统。

1）应至少对机房的出入口、操作台等区域进行摄像监控；

2）监控录像记录至少保存3个月。

7.1.1.4 防雷击（G3）

本项要求包括：

a）机房建筑应设置避雷装置。

机房或机房所在大楼，应设计并安装防雷击设施，防雷设施应至少包括避雷针或避雷器等。

b）应设置防雷保安器，防止感应雷。

c）机房应设置交流电源地线。

7.1.1.5 防火（G3）

本项要求包括：

a）机房应设置火灾自动消防系统，能够自动检测火情、自动报警，并自动灭火。

机房的火灾自动消防系统应向当地公安消防部门备案。

b）机房及相关的工作房间和辅助房应采用具有耐火等级的建筑材料。

c）机房应采取区域隔离防火措施，将重要设备与其他设备隔离开。

7.1.1.6 防水和防潮（G3）

本项要求包括：

a）水管安装，不得穿过机房屋顶和活动地板下。

1）与机房设备无关的水管不得穿过机房屋顶和活动地板下；

2）机房屋顶和活动地板下铺有水管的，应采取有效防护措施。

b）应采取措施防止雨水通过机房窗户、屋顶和墙壁渗透。

c）应采取措施防止机房内水蒸气结露和地下积水的转移与渗透。

d）应安装对水敏感的检测仪表或元件，对机房进行防水检测和报警。

7.1.1.7 防静电（G3）

本项要求包括：

a）**主要设备**应采用必要的接地防静电措施。

b）机房应采用防静电地板。

7.1.1.8 温湿度控制（G3）

机房应设置温、湿度自动调节设施，使机房温、湿度的变化在设备运行所允许的范围之内。

1）开机时机房温度应控制在22℃～24℃；

2）开机时机房相对湿度应控制在40％～55％。

7.1.1.9 电力供应（A3）

本项要求包括：

a）应在机房供电线路上配置稳压器和过电压防护设备。

b）应提供短期的备用电力供应，至少满足**主要设备**在断电情况下的正常运行要求。

机房应配备UPS，UPS实际供电能力能够满足主要设备在断电情况下正常运行2个小时以上。

c）应设置冗余或并行的电力电缆线路为计算机系统供电。

应至少采用双路市电，双路市电应能实现自动切换。

d）应建立备用供电系统。

应配备或租用发电机，能够保障持续供电。

7.1.1.10 电磁防护（S3）

本项要求包括：

a）应采用接地方式防止外界电磁干扰和设备寄生耦合干扰。

1）机房或机房所在的大楼必须有接地措施，并且接地电阻必须小于1欧姆；

2）机房验收报告应提供合格的检测结果。

b）电源线和通信线缆应隔离铺设，避免互相干扰。

电源线和通信线缆应铺设在不同的桥架或管道，避免互相干扰。

c）应对关键设备和磁介质实施电磁屏蔽。

7.1.2 网络安全

7.1.2.1 结构安全（G3）

本项要求包括：

a）应保证**主要网络设备**的业务处理能力具备冗余空间，满足业务高峰期需要。

主要网络设备近一年的CPU负载峰值应小于30%。

b）应保证**网络各个部分的带宽**满足业务高峰期需要。

c）应在业务终端与业务服务器之间进行路由控制建立安全的访问路径。

业务终端和业务服务器应放置在不同的子网内，并建立安全的访问路径。

d）应绘制与当前运行情况相符的网络拓扑结构图。

应绘制完整的网络拓扑结构图，有相应的网络配置表，包含设备IP地址等主要信息，与当前运行情况相符，并及时更新。

e）应根据各部门的工作职能、重要性和所涉及信息的重要程度等因素，划分不同的子网或网段，并按照方便管理和控制的原则为各子网、网段分配地址段。

f）应避免将重要网段部署在网络边界处且直接连接外部信息系统，重要网段与其他网段之间采取可靠的技术隔离手段。

g）应按照对业务服务的重要次序来指定带宽分配优先级别，保证在网络发生拥堵的时候优先保护重要主机。

应对所有业务确定重要性、优先级，制定业务相关带宽分配原则及相应的带宽控制策略，根据安全需求，采取网络QoS或专用带宽管理设备等措施。

7.1.2.2 访问控制（G3）

本项要求包括：

a）应在网络边界部署访问控制设备，启用访问控制功能。

b）应能根据会话状态信息为数据流提供明确的允许/拒绝访问的能力，**控制粒度为端口级。**

c）应对进出网络的信息内容进行过滤，实现对应用层HTTP、FTP、TELNET、SMTP、POP3等协议命令级的控制。

对通过互联网传输的信息内容进行过滤，实现对应用层HTTP、FTP、TELNET、SMTP、POP3等通用性协议命令级的控制。

d）应在会话处于非活跃一定时间或会话结束后终止网络连接。

e）应限制网络最大流量数及网络连接数。

f）重要网段应采取技术手段防止地址欺骗。

g）应按用户和系统之间的允许访问规则，决定允许或拒绝用户对受控系统进行资源访问，控制粒度为单个用户。

h）应限制具有拨号访问权限的用户数量。

原则上不应通过互联网对重要信息系统进行远程维护和管理。

7.1.2.3 安全审计（G3）

本项要求包括：

a）应对网络系统中的网络设备运行状况、网络流量、用户行为等进行日志记录。

b）审计记录应包括：事件的日期和时间、用户、事件类型、事件是否成功及其他与审计相关的信息。

c）应能够根据记录数据进行分析，并生成审计报表。

d）应对审计记录进行保护，避免受到未预期的删除、修改或覆盖等。

7.1.2.4 边界完整性检查（S3）

本项要求包括：

a）应能够对非授权设备私自连接到内部网络的行为进行检查，准确定出位置，并对其进行有效阻断。

b）应能够对内部网络用户私自连接到外部网络的行为进行检查，**准确定出位置，并对其进行有效阻断。**

能够检查内部网络用户采用双网卡跨接外部网络，或采用电话拨号、ADSL拨号、手机、无线上网卡等无线拨号方式连接其他外部网络。

7.1.2.5 入侵防范（G3）

本项要求包括：

a）应在网络边界处监视以下攻击行为：端口扫描、强力攻击、木马后门攻击、拒绝服务攻击、缓冲区溢出攻击、IP碎片攻击和网络蠕虫攻击等。

b）当检测到攻击行为时，记录攻击源IP、攻击类型、攻击目的、攻击时间，在发生严重入侵事件时应提供报警。

7.1.2.6 恶意代码防范（G3）

本项要求包括：

a）应在网络边界处对恶意代码进行检测和清除。

1）在不严重影响网络性能和业务的情况下，应在网络边界部署恶意代码检测系统；

2）如果部署了主机恶意代码检测系统，可选择安装部署网络边界恶意代码检测系统。

b）应维护恶意代码库的升级和检测系统的更新。

7.1.2.7 网络设备防护（G3）

本项要求包括：

a）应对登录网络设备的用户进行身份鉴别。

应删除默认用户或修改默认用户的口令，根据管理需要开设用户，不得使用缺省口令、空口令、弱口令。

b）应对网络设备的管理员登录地址进行限制。

c）网络设备用户的标识应唯一。

d）主要网络设备应对同一用户选择两种或两种以上组合的鉴别技术来进行身份鉴别。

1）通过本地控制台管理主要网络设备时，应采用一种或一种以上身份鉴别技术；

2）以远程方式登录主要网络设备时，应采用两种或两种以上组合的鉴别技术进行身份鉴别。

e）身份鉴别信息应具有不易被冒用的特点，口令应有复杂度要求并定期更换。

1）口令应符合以下条件：数字、字母、符号混排，无规律的方式；

2）管理员用户口令的长度至少为 12 位；

3）管理员用户口令至少每季度更换一次，更新的口令至少 5 次内不能重复；

4）如果设备口令长度不支持 12 位或其他复杂度要求，口令应使用所支持的最长长度并适当缩小更换周期，也可以使用动态密码卡等一次性口令认证方式。

f）应具有登录失败处理功能，可采取结束会话、限制非法登录次数和当网络登录连接超时自动退出等措施。

g）当对网络设备进行远程管理时，应采取必要措施防止鉴别信息在网络传输过程中被窃听。

h）应实现设备特权用户的权限分离。

7.1.3　主机安全

7.1.3.1　身份鉴别（S3）

本项要求包括：

a）应对登录操作系统和数据库系统的用户进行身份标识和鉴别。

b）操作系统和数据库系统管理用户身份标识应具有不易被冒用的特点，口令应有复杂度要求并定期更换。

1）口令应符合以下条件：数字、字母、符号混排，无规律的方式；

2）口令的长度至少为 12 位；

3）口令至少每季度更换 1 次，更新的口令至少 5 次内不能重复；

4）如果设备口令长度不支持 12 位或其他复杂度要求，口令应使用所支持的最长长度并适当缩小更换周期，也可以使用动态密码卡等一次性口令认证方式。

c）应启用登录失败处理功能，可采取结束会话、限制非法登录次数和自动退出等措施。

d）当对服务器进行远程管理时，应采取必要措施，防止鉴别信息在网络传输过程中被窃听。

e）应为操作系统和数据库系统的不同用户分配不同的用户名，确保用户名具有唯一性。

1）应为操作系统的不同用户分配不同的用户名；

2）应为数据库系统的不同用户分配不同的用户名。

f）应采用两种或两种以上组合的鉴别技术对管理用户进行身份鉴别。

1）通过本地控制台管理主机设备时，应采用一种或一种以上身份鉴别技术；

2）以远程方式登录主机设备，应采用两种或两种以上组合的鉴别技术进行身份鉴别。

7.1.3.2　访问控制（S3）

本项要求包括：

a）应启用访问控制功能，依据安全策略控制用户对资源的访问。

b）应根据管理用户的角色分配权限，实现管理用户的权限分离，仅授予管理用户所需要的最小权限。

c）应实现操作系统和数据库系统特权用户的权限分离。

HP Tandem、IBM OS400 系列、运行 DB2 数据库的 IBM AIX 等专用系统的特权用户除外。

d）应严格限制默认账户的访问权限，重命名系统默认账户，修改这些账户的默认口令。

1）系统无法修改访问权限的特殊默认账户，可不修改访问权限；

2）系统无法重命名的特殊默认账户，可不重命名。

e）应及时删除多余的、过期的账户，避免共享账户的存在。

f）应对重要信息资源设置敏感标记。

g）应依据安全策略严格控制用户对有敏感标记重要信息资源的操作。

7.1.3.3　安全审计（G3）

本项要求包括：

a）审计范围应覆盖到服务器和重要客户端上的每个操作系统用户和数据库用户。

应在保证系统运行安全和效率的前提下，启用系统审计或采用第三方安全审计产品实现审计要求。

b）审计内容应包括重要用户行为、系统资源的异常使用和重要系统命令的使用等系统内重要的安全相关事件。

审计内容至少包括：用户的添加和删除、审计功能的启动和关闭、审计策略的调整、权限变更、系统资源的异常使用、重要的系统操作（如用户登录、退出）等。

c）审计记录应包括事件的日期、时间、类型、主体标识、客体标识和结果等。

d）应能够根据记录数据进行分析，并生成审计报表。

e）应保护审计进程，避免受到未预期的中断。

f）应保护审计记录，避免受到未预期的删除、修改或覆盖等。

审计记录应至少保存6个月。

7.1.3.4　剩余信息保护（S3）

本项要求包括：

a）应保证操作系统和数据库系统用户的鉴别信息所在的存储空间，被释放或再分配给其他用户前得到完全清除，无论这些信息是存放在硬盘上还是在内存中。

b）应确保系统内的文件、目录和数据库记录等资源所在的存储空间，被释放或重新分配给其他用户前得到完全清除。

7.1.3.5　入侵防范（G3）

本项要求包括：

a）应能够检测到对重要服务器进行入侵的行为，能够记录入侵的源IP、攻击的类型、攻击的目的、攻击的时间，并在发生严重入侵事件时提供报警。

针对重要服务器的入侵行为检测可通过网络级或主机级入侵检测系统等方式实现。

b）应能够对重要程序的完整性进行检测，并在检测到完整性受到破坏后具有恢复的措施。

应能够对重要程序的完整性进行检测，并在检测到完整性受到破坏后具有恢复的措施，如不能正常恢复，应停止有关服务，并提供报警。

c）操作系统应遵循最小安装的原则，仅安装需要的组件和应用程序，并通过设置升级服务器等方式保持系统补丁及时得到更新。

持续跟踪厂商提供的系统升级更新情况，应在经过充分的测试评估后对必要的系统补丁进行及时更新。

7.1.3.6　恶意代码防范（G3）

本项要求包括：

a）应安装防恶意代码软件，并及时更新防恶意代码软件版本和恶意代码库。

1）原则上所有的主机应安装防恶意代码软件，不支持的主机操作系统除外；

2）未安装防恶意代码软件的主机，应采取有效措施进行恶意代码防范。

b）主机防恶意代码产品应具有与网络防恶意代码产品不同的恶意代码库。

c）应支持防恶意代码的统一管理。

7.1.3.7 资源控制（A3）

本项要求包括：

a）应通过设定终端接入方式、网络地址范围等条件限制终端登录。

b）应根据安全策略设置登录终端的操作超时锁定。

c）应对重要服务器进行监视，包括监视服务器的 CPU、硬盘、内存、网络等资源的使用情况。

d）应限制单个用户对系统资源的最大或最小使用限度。

e）应能够对系统的服务水平降低到预先规定的最小值进行检测和报警。

重要服务器的 CPU 利用率、内存、磁盘存储空间等指标超过预先规定的阈值后应实时进行报警。

7.1.4 应用安全

7.1.4.1 身份鉴别（S3）

本项要求包括：

a）应提供专用的登录控制模块对登录用户进行身份标识和鉴别。

b）应对同一用户采用两种或两种以上组合的鉴别技术实现用户身份鉴别。

1）管理用户通过受控本地控制台管理应用系统时，应采用一种或一种以上身份鉴别技术；

2）管理用户以远程方式登录应用系统，应采用两种或两种以上组合的鉴别技术进行身份鉴别；

3）面向互联网服务的系统应当提供两种或两种以上组合的鉴别技术供用户选择。

c）应提供用户身份标识唯一和鉴别信息复杂度检查功能，保证应用系统中不存在重复用户身份标识，身份鉴别信息不易被冒用。

d）应提供登录失败处理功能，可采取结束会话、限制非法登录次数和自动退出等措施。

e）应启用身份鉴别、用户身份标识唯一性检查、用户身份鉴别信息复杂度检查以及登录失败处理功能，并根据安全策略配置相关参数。

7.1.4.2 访问控制（S3）

本项要求包括：

a）应提供访问控制功能，依据安全策略控制用户对文件、数据库表等客体的访问。

b）访问控制的覆盖范围应包括与资源访问相关的主体、客体及它们之间的操作。

c）应由授权主体配置访问控制策略，并严格限制默认账户的访问权限。

d）应授予不同账户为完成各自承担任务所需要的最小权限，并在它们之间形成相互制约的关系；

e）应具有对重要信息资源设置敏感标记的功能。

f）应依据安全策略严格控制用户对有敏感标记重要信息资源的操作。

7.1.4.3 安全审计（G3）

本项要求包括：

a）应提供覆盖到每个用户的安全审计功能，对应用系统重要安全事件进行审计。

应用系统应能够对每个业务用户的关键操作进行记录，例如用户登录、用户退出、增加用户、修改用户权限等操作。

b）**应保证无法单独中断审计进程，**无法删除、修改或覆盖审计记录。

审计进程应作为应用系统整体进程中的一部分，并且不能单独中断。

c）审计记录的内容至少应包括事件的日期、时间、发起者信息、类型、描述和结果等。

审计记录应至少保存6个月。

d）应提供对审计记录数据进行统计、查询、分析及生成审计报表的功能。

7.1.4.4 剩余信息保护（S3）

本项要求包括：

a）应保证用户鉴别信息所在的存储空间被释放或再分配给其他用户前得到完全清除，无论这些信息是存放在硬盘上还是在内存中。

b）应保证系统内的文件、目录和数据库记录等资源所在的存储空间被释放或重新分配给其他用户前得到完全清除。

7.1.4.5 通信完整性（S3）

应采用密码技术保证通信过程中数据的完整性。

通过互联网、卫星网进行通信时，应采用密码技术保证通信过程中数据的完整性。

7.1.4.6 通信保密性（S3）

本项要求包括：

a）在通信双方建立连接之前，应用系统应利用密码技术进行会话初始化验证。

通过互联网、卫星网进行通信时，建立通信连接之前，应用系统应利用密码技术或可靠的身份认证技术进行会话初始化验证。

b）应对通信过程中的**整个报文或会话过程**进行加密。

通过互联网、卫星网进行通信时，应对整个报文或会话过程进行加密。

7.1.4.7 抗抵赖（G3）

本项要求包括：

a）应具有在请求的情况下为数据原发者或接收者提供数据原发证据的功能。

应用系统的操作与管理记录，至少应记录操作时间、操作人员及操作类型、操作内容等信息。交易系统应能够记录用户交易行为数据，至少包括业务流水号、账户名、IP地址、交易指令等信息。

b）应具有在请求的情况下为数据原发者或接收者提供数据接收证据的功能。

应用系统的操作与管理记录，至少应记录操作时间、操作人员及操作类型、操作内容等信息。交易系统应能够记录用户交易行为数据，至少包括业务流水号、账户名、IP地址、交易指令等信息。

7.1.4.8 软件容错（A3）

本项要求包括：

a）应提供数据有效性检验功能，保证通过人机接口输入或通过通信接口输入的数据格式或长度符合系统设定要求。

b）应提供自动保护功能，当故障发生时自动保护当前所有状态，保证系统能够进行恢复。

7.1.4.9 资源控制（A3）

本项要求包括：

a）当应用系统的通信双方中的一方在一段时间内未作任何响应，另一方应能够自动结束会话。

用户登录应用系统后在规定的时间内未执行任何操作，应自动退出系统。

b）应能够对系统的最大并发会话连接数进行限制。

c）应能够对单个账户的多重并发会话进行限制。

d）应能够对一个时间段内可能的并发会话连接数进行限制。

e）应能够对一个访问账户或一个请求进程占用的资源分配最大限额和最小限额。

f）应能够对系统服务水平降低到预先规定的最小值进行检测和报警。

g）应提供服务优先级设定功能，并在安装后根据安全策略设定访问账户或请求进程的优先级，根据优先级分配系统资源。

7.1.5　数据安全及备份恢复

7.1.5.1　数据完整性（S3）

本项要求包括：

a）应能够检测到**系统管理数据**、鉴别信息和重要业务数据在传输过程中完整性受到破坏，**并在检测到完整性错误时采取必要的恢复措施。**

b）应能够检测到系统管理数据、鉴别信息和重要业务数据在存储过程中完整性受到破坏，并在检测到完整性错误时采取必要的恢复措施。

7.1.5.2　数据保密性（S3）

本项要求包括：

a）应采用加密或其他有效措施实现系统管理数据、鉴别信息和重要业务数据传输保密性。

通过互联网、卫星网传递系统管理数据、鉴别信息和重要业务数据应采取加密方式。

b）应采用加密或其他保护措施实现**系统管理数据**、鉴别信息和**重要业务数据**存储保密性。

7.1.5.3　备份和恢复（A3）

本项要求包括：

a）应提供本地数据备份与恢复功能，完全数据备份至少每天一次，备份介质场外存放。

b）应提供异地数据备份功能，利用通信网络将关键数据定时批量传送至备用场地。

c）应采用冗余技术设计网络拓扑结构，避免关键节点存在单点故障。

d）应提供主要网络设备、通信线路和数据处理系统的硬件冗余，保证系统的高可用性。

7.2　管理要求

7.2.1　安全管理制度

7.2.1.1　管理制度（G3）

本项要求包括：

a）应制定信息安全工作的总体方针和安全策略，说明机构安全工作的总体目标、范围、原则和安全框架等。

b）**应对安全管理活动中的各类管理内容**建立安全管理制度。

c）应对管理人员或操作人员执行的日常管理操作建立操作规程。

d）应形成由安全策略、管理制度、操作规程等构成的全面的信息安全管理制度体系。

7.2.1.2　制定和发布（G3）

本项要求包括：

a）应指定或授权专门的部门或人员负责安全管理制度的制定。

b）安全管理制度应具有统一的格式，并进行版本控制。

c）应组织相关人员对制定的安全管理制度进行论证和审定。

d）安全管理制度应通过正式、有效的方式发布。

e）安全管理制度应注明发布范围，并对收发文进行登记。

7.2.1.3　评审和修订（G3）

本项要求包括：

a）信息安全领导小组应负责定期组织相关部门和相关人员对安全管理制度体系的合理性和适用性进行审定。

信息安全领导小组每年至少组织一次安全管理制度体系的合理性和适用性审定。

b）**应定期或不定期对安全管理制度进行检查和审定，**对存在不足或需要改进的安全管理制度进行修订。

每年或在发生重大变更时对安全管理制度进行检查，对存在不足或需要改进的安全管理制度进行修订。

7.2.2　安全管理机构

7.2.2.1　岗位设置（G3）

本项要求包括：

a）**应设立信息安全管理工作的职能部门，**设立安全主管、安全管理各个方面的负责人岗位，并定义各负责人的职责。

b）应设立系统管理员、网络管理员、安全管理员等岗位，并定义各个工作岗位的职责。

c）**应成立指导和管理信息安全工作的委员会或领导小组，其最高领导由单位主管领导委任或授权。**

d）应制定文件明确安全管理机构各个部门和岗位的职责、分工和技能要求。

7.2.2.2　人员配备（G3）

本项要求包括：

a）应配备一定数量的系统管理员、网络管理员、安全管理员等。

每个岗位应有备岗。

b）应配备专职安全管理员，不可兼任。

c）关键事务岗位应配备多人共同管理。

7.2.2.3　授权和审批（G3）

本项要求包括：

a）应根据各个部门和岗位的职责明确**授权审批事项**、审批部门和批准人等。

重要审批授权记录应留档备查。

b）应针对系统变更、重要操作、物理访问和系统接入等事项建立审批程序，按照审批程序执行审批过程，对重要活动建立逐级审批制度。

c）应定期审查审批事项，及时更新需要授权和审批的项目、审批部门和审批人等信息。

每年至少进行一次审查审批事项。

d）应记录审批过程并保存审批文档。

7.2.2.4　沟通和合作（G3）

本项要求包括：

a）应加强各类管理人员之间、组织内部机构之间以及信息安全职能部门内部的合作与沟通，**定期或不定期召开协调会议，共同协作处理信息安全问题。**

b）应加强与兄弟单位、公安机关、电信公司的合作与沟通。

应加强与兄弟单位、公安机关、通信运营商、供电部门、银行等单位和部门的合作与沟通。

c）应加强与供应商、业界专家、专业的安全公司、安全组织的合作与沟通。

d）应建立外联单位联系列表，包括外联单位名称、合作内容、联系人和联系方式等信息。

e）应聘请信息安全专家作为常年的安全顾问，指导信息安全建设，参与安全规划和安全评审等。

7.2.2.5 审核和检查（G3）

本项要求包括：

a）安全管理员应负责定期进行安全检查，检查内容包括系统日常运行、系统漏洞和数据备份等情况。

安全检查应至少每季度一次。

b）应由内部人员或上级单位定期进行全面安全检查，检查内容包括现有安全技术措施的有效性、安全配置与安全策略的一致性、安全管理制度的执行情况等。

全面安全检查应至少每年一次。

c）应制定安全检查表格实施安全检查，汇总安全检查数据，形成安全检查报告，并对安全检查结果进行通报。

d）应制定安全审核和安全检查制度规范安全审核和安全检查工作，定期按照程序进行安全审核和安全检查活动。

7.2.3 人员安全管理

7.2.3.1 人员录用（G3）

本项要求包括：

a）应指定或授权专门的部门或人员负责人员录用。

b）应**严格**规范人员录用过程，对被录用人的身份、背景、专业**资格**和资质等进行审查，对其所具有的技术技能进行考核。

c）应签署保密协议。

d）应从内部人员中选拔从事关键岗位的人员，并签署岗位安全协议。

7.2.3.2 人员离岗（G3）

本项要求包括：

a）应**严格**规范人员离岗过程，及时终止离岗员工的所有访问权限。

b）应取回各种身份证件、钥匙、徽章等以及机构提供的软硬件设备。

c）应办理严格的调离手续，**关键岗位人员离岗须承诺调离后的保密义务后方可离开。**

7.2.3.3 人员考核（G3）

本项要求包括：

a）应定期对各个岗位的人员进行安全技能及安全认知的考核。

安全技能及安全认知的考核应至少每年一次。

b）应对关键岗位的人员进行全面、严格的安全审查和技能考核。

c）应对考核结果进行记录并保存。

7.2.3.4 安全意识教育和培训（G3）

本项要求包括：

a）应对各类人员进行安全意识教育、岗位技能培训和相关安全技术培训。

b）应对安全责任和惩戒措施进行书面规定并告知相关人员，对违反违背安全策略和规定的人员进行惩戒。

c）应对定期安全教育和培训进行书面规定，针对不同岗位制定不同的培训计划，对信息安全基础知识、岗位操作规程等进行培训。

d）应对安全教育和培训的情况和结果进行记录并归档保存。

7.2.3.5 外部人员访问管理（G3）

本项要求包括：

a）应确保在外部人员访问受控区域前先提出书面申请，批准后由专人全程陪同或监督，并登记备案。

b）对外部人员允许访问的区域、系统、设备、信息等内容应进行书面的规定，并按照规定执行。

7.2.4 系统建设管理

7.2.4.1 系统定级（G3）

本项要求包括：

a）应明确信息系统的边界和安全保护等级。

b）应以书面的形式说明确定信息系统为某个安全保护等级的方法和理由。

c）应组织相关部门和有关安全技术专家对信息系统定级结果的合理性和正确性进行论证和审定。

d）应确保信息系统的定级结果经过相关部门的批准。

7.2.4.2 安全方案设计（G3）

本项要求包括：

a）应根据系统的安全保护等级选择基本安全措施，并依据风险分析的结果补充和调整安全措施。

b）应指定和授权专门的部门对信息系统的安全建设进行总体规划，制定近期和远期的安全建设工作计划。

c）应根据信息系统的等级划分情况，统一考虑安全保障体系的总体安全策略、安全技术框架、安全管理策略、总体建设规划和详细设计方案，并形成配套文件。

d）应组织相关部门和有关安全技术专家对**总体安全策略、安全技术框架、安全管理策略、总体建设规划、详细设计方案等相关配套文件**的合理性和正确性进行论证和审定，并且经过批准后，才能正式实施。

e）应根据等级测评、安全评估的结果定期调整和修订总体安全策略、安全技术框架、安全管理策略、总体建设规划、详细设计方案等相关配套文件。

7.2.4.3 产品采购和使用（G3）

本项要求包括：

a）应确保安全产品采购和使用符合国家的有关规定。

b）应确保密码产品采购和使用符合国家密码主管部门的要求。

c）应指定或授权专门的部门负责产品的采购。

d）应预先对产品进行选型测试，确定产品的候选范围，并定期审定和更新候选产品名单。

7.2.4.4 自行软件开发（G3）

本项要求包括：

a）应确保开发环境与实际运行环境物理分开，**开发人员和测试人员分离，测试数据和测试结果受到控制。**

应保证同一组件或子系统的开发人员和测试人员分离。

b）应制定软件开发管理制度，明确说明开发过程的控制方法和人员行为准则。

c）应制定代码编写安全规范，要求开发人员参照规范编写代码。

d）应确保提供软件设计的相关文档和使用指南，并由专人负责保管。

e）应确保对程序资源库的修改、更新、发布进行授权和批准。

7.2.4.5 外包软件开发（G3）

本项要求包括：

a）应根据开发需求检测软件质量。

b）应在软件安装之前检测软件包中可能存在的恶意代码。

c）应要求开发单位提供软件设计的相关文档和使用指南。

d）应要求开发单位提供软件源代码，并审查软件中可能存在的后门。

7.2.4.6 工程实施（G3）

本项要求包括：

a）应指定或授权专门的部门或人员负责工程实施过程的管理。

b）应制定详细的工程实施方案控制实施过程，**并要求工程实施单位能正式地执行安全工程过程。**

c）应制定工程实施方面的管理制度，明确说明实施过程的控制方法和人员行为准则。

7.2.4.7 测试验收（G3）

本项要求包括：

a）应**委托公正的第三方测试单位**对系统进行安全性测试，**并出具安全性测试报告。**

b）在测试验收前应根据设计方案或合同要求等制订测试验收方案，在测试验收过程中应详细记录测试验收结果，并形成测试验收报告。

c）应对系统测试验收的控制方法和人员行为准则进行书面规定。

d）应指定或授权专门的部门负责系统测试验收的管理，并按照管理规定的要求完成系统测试验收工作。

e）应组织相关部门和相关人员对系统测试验收报告进行审定，并签字确认。

7.2.4.8 系统交付（G3）

本项要求包括：

a）应制定详细的系统交付清单，并根据交付清单对所交接的设备、软件和文档等进行清点。

b）应对负责系统运行维护的技术人员进行相应的技能培训。

c）应确保提供系统建设过程中的文档和指导用户进行系统运行维护的文档。

d）应对系统交付的控制方法和人员行为准则进行书面规定。

e）应指定或授权专门的部门负责系统交付的管理工作，并按照管理规定的要求完成系统交付工作。

7.2.4.9 系统备案（G3）

本项要求包括：

a）应指定专门的部门或人员负责管理系统定级的相关材料，并控制这些材料的使用。

b）应将系统等级及相关材料报系统主管部门备案。

c）应将系统等级及其他要求的备案材料报相应公安机关备案。

7.2.4.10 等级测评（G3）

本项要求包括：

a）在系统运行过程中，应至少每年对系统进行一次等级测评，发现不符合相应等级保护标准要求的应及时整改。

b）应在系统发生变更时及时对系统进行等级测评，发现级别发生变化的应及时调整级别并进行安全改造，发现不符合相应等级保护标准要求的应及时整改。

c）应选择具有国家相关技术资质和安全资质的测评单位进行等级测评。

d）应指定或授权专门的部门或人员负责等级测评的管理。

7.2.4.11 安全服务商选择（G3）

本项要求包括：

a）应确保安全服务商的选择符合国家的有关规定。

b）应与选定的安全服务商签订与安全相关的协议，明确约定相关责任。

c）应确保选定的安全服务商提供技术培训和服务承诺，必要的与其签订服务合同。

7.2.5 系统运维管理

7.2.5.1 环境管理（G3）

本项要求包括：

a）应指定专门的部门或人员定期对机房供配电、空调、温湿度控制等设施进行维护管理。

1）*应每季度对机房供配电、空调、UPS等设施进行维护管理并保存相关维护记录；*

2）*应每年对防盗报警、防雷、消防等装置进行检测维护并保存相关维护记录。*

b）**应指定部门负责机房安全**，并配备机房安全管理人员，对机房的出入、服务器的开机或关机等工作进行管理。

c）应建立机房安全管理制度，对有关机房物理访问，物品带进、带出机房和机房环境安全等方面的管理作出规定。

d）应加强对办公环境的保密性管理，规范办公环境人员行为，包括工作人员调离办公室应立即交还该办公室钥匙、不在办公区接待来访人员、**工作人员离开座位应确保终端计算机退出登录状态和桌面上没有包含敏感信息的纸档文件等。**

7.2.5.2 资产管理（G3）

本项要求包括：

a）应编制并保存与信息系统相关的资产清单，包括资产责任部门、重要程度和所处位置等内容。

b）应建立资产安全管理制度，规定信息系统资产管理的责任人员或责任部门，并规范资产管理和使用的行为。

c）应根据资产的重要程度对资产进行标识管理，根据资产的价值选择相应的管理措施。

d）应对信息分类与标识方法作出规定，并对信息的使用、传输和存储等进行规范化管理。

7.2.5.3 介质管理（G3）

本项要求包括：

a）应建立介质安全管理制度，对介质的存放环境、使用、维护和销毁等方面作出规定。

b）应确保介质存放在安全的环境中，并实行存储环境专人管理。

c）**应对介质在物理传输过程中的人员选择、打包、交付等情况进行控制**，对介质归档和查询等进行登记记录，并根据存档介质的目录清单定期盘点。

d）应对存储介质的**使用过程**、送出维修以及销毁等进行严格的管理，**对带出工作环境的存储介质进行内容加密和监控管理**，对送出维修或销毁的介质应首先清除介质中的敏感数据，**对保密性较高的存储介质未经批准不得自行销毁。**

e）应根据数据备份的需要对某些介质实行异地存储，存储地的环境要求和管理方法应与本地相同。

f）应对重要介质中的数据和软件采取加密存储，并根据所承载数据和软件的重要程度对介质进行分类和标识管理。

7.2.5.4　设备管理（G3）

本项要求包括：

a）应对信息系统相关的各种设备（包括备份和冗余设备）、线路等指定专门的部门或人员定期进行维护管理。

每季度至少进行一次维护管理。

b）应建立基于申报、审批和专人负责的设备安全管理制度，对信息系统的各种软硬件设备的选型、采购、发放和领用等过程进行规范化管理。

c）应建立配套设施、软硬件维护方面的管理制度，对其维护进行有效的管理，包括明确维护人员的责任、涉外维修和服务的审批、维修过程的监督控制等。

d）应对终端计算机、工作站、便携机、系统和网络等设备的操作和使用进行规范化管理，按操作规程实现主要设备（包括备份和冗余设备）的启动/停止、加电/断电等操作。

e）应确保信息处理设备必须经过审批才能带离机房或办公地点。

7.2.5.5　监控管理和安全管理中心（G3）

本项要求包括：

a）应对通信线路、主机、网络设备和应用软件的运行状况、网络流量、用户行为等进行监测和报警，形成记录并妥善保存。

b）应组织相关人员定期对监测和报警记录进行分析、评审，发现可疑行为，形成分析报告，并采取必要的应对措施。

c）应建立安全管理中心，对设备状态、恶意代码、补丁升级、安全审计等安全相关事项进行集中管理。

7.2.5.6　网络安全管理（G3）

本项要求包括：

a）应指定专人对网络进行管理，负责运行日志、网络监控记录的日常维护和报警信息分析和处理工作。

b）应建立网络安全管理制度，对网络安全配置、日志保存时间、安全策略、升级与打补丁、口令更新周期等方面作出规定。

c）应根据厂家提供的软件升级版本对网络设备进行更新，并在更新前对现有的重要文件进行备份。

持续跟踪厂商提供的网络设备的软件升级更新情况，在经过充分的测试评估后对必要的补丁进行更新，并在更新前对现有的重要文件进行备份。

d）应定期对网络系统进行漏洞扫描，对发现的网络系统安全漏洞进行及时的修补。

1）每季度至少进行一次漏洞扫描，对漏洞风险持续跟踪，在经过充分的验证测试后对必要的漏洞开展修补工作；

2）实施漏洞扫描或漏洞修补前，应对可能的风险进行评估和做充分准备，如选择恰当时间，并做好数据备份和回退方案；

3）漏洞扫描或漏洞修补后应进行验证测试，以保证网络系统的正常运行。

e）**应实现设备的最小服务配置，**并对配置文件进行定期离线备份。

应在配置变更前、变更后分别对网络设备的配置文件进行备份。

f）应保证所有与外部系统的连接均得到授权和批准。

g）应依据安全策略允许或者拒绝便携式和移动式设备的网络接入。

h）应定期检查违反规定拨号上网或其他违反网络安全策略的行为。

7.2.5.7　系统安全管理（G3）

本项要求包括：

a）应根据业务需求和系统安全分析确定系统的访问控制策略。

b）应定期进行漏洞扫描，对发现的系统安全漏洞及时进行修补。

1）每季度至少进行一次漏洞扫描，对漏洞风险持续跟踪，在经过充分的验证测试后对必要的漏洞开展修补工作；

2）实施漏洞扫描或漏洞修补前，应对可能的风险进行评估和充分准备，如选择恰当时间，并做好数据备份和回退方案；

3）漏洞扫描或漏洞修补后应进行验证测试，以保证系统的正常运行。

c）应安装系统的最新补丁程序，在安装系统补丁前，首先在测试环境中测试通过，并对重要文件进行备份后，方可实施系统补丁程序的安装。

持续跟踪厂商提供的系统升级更新情况，应在经过充分的测试评估后对必要的补丁进行及时更新，并在安装系统补丁前对现有的重要文件进行备份。

d）应建立系统安全管理制度，对系统安全策略、安全配置、日志管理和日常操作流程等方面作出具体规定。

e）应指定专人对系统进行管理，划分系统管理员角色，明确各个角色的权限、责任和风险，权限设定应当遵循最小授权原则。

f）应依据操作手册对系统进行维护，详细记录操作日志，包括重要的日常操作、运行维护记录、参数的设置和修改等内容，严禁进行未经授权的操作。

g）应定期对运行日志和审计数据进行分析，以便及时发现异常行为。

应至少每月对运行日志和审计数据进行分析。

7.2.5.8　恶意代码防范管理（G3）

本项要求包括：

a）应提高所有用户的防病毒意识，及时告知防病毒软件版本，在读取移动存储设备上的数据以及网络上接收文件或邮件之前，先进行病毒检查，对外来计算机或存储设备接入网络系统之前也应进行病毒检查。

b）应指定专人对网络和主机进行恶意代码检测并保存检测记录。

c）应对防恶意代码软件的授权使用、恶意代码库升级、定期汇报等作出明确规定。

d）应定期检查信息系统内各种产品的恶意代码库的升级情况并进行记录，对主机防病毒产品、防病毒网关和邮件防病毒网关上截获的危险病毒或恶意代码进行及时分析处理，并形成书面的报表和总结汇报。

7.2.5.9　密码管理（G3）

应建立密码使用管理制度，使用符合国家密码管理规定的密码技术和产品。

7.2.5.10　变更管理（G3）

本项要求包括：

a）应确认系统中要发生的变更，并制定变更方案。

重要系统变更前应制定详细的变更方案、失败恢复方案、专项应急预案。

b）**应建立变更管理制度，**系统发生变更前，向主管领导申请，变更和变更方案经过**评审**、审批后方可实施变更，并在实施后将变更情况向相关人员通告。

c）应建立变更控制的申报和审批文件化程序，对变更影响进行分析并文档化，记录变更实施过程，并妥善保存所有文档和记录。

d）应建立中止变更并从失败变更中恢复的文件化程序，明确过程控制方法和人员职责，必要时对恢复过程进行演练。

7.2.5.11　备份与恢复管理（G3）

本项要求包括：

a）应识别需要定期备份的重要业务信息、系统数据及软件系统等。

b）**应建立备份与恢复管理相关的安全管理制度，**对备份信息的备份方式、备份频度、存储介质和保存期等进行规范。

c）应根据数据的重要性和数据对系统运行的影响，制定数据的备份策略和恢复策略，备份策略须指明备份数据的放置场所、文件命名规则、介质替换频率和将数据离站运输的方法。

d）应建立控制数据备份和恢复过程的程序，对备份过程进行记录，所有文件和记录应妥善保存。

e）应定期执行恢复程序，检查和测试备份介质的有效性，确保可以在恢复程序规定的时间内完成备份的恢复。

7.2.5.12　安全事件处置（G3）

本项要求包括：

a）应报告所发现的安全弱点和可疑事件，但任何情况下用户均不应尝试验证弱点。

b）应制定安全事件报告和处置管理制度，明确安全事件的类型，规定安全事件的现场处理、事件报告和后期恢复的管理职责。

c）应根据国家相关管理部门对计算机安全事件等级划分方法和安全事件对本系统产生的影响，对本系统计算机安全事件进行等级划分。

d）应制定安全事件报告和响应处理程序，确定事件的报告流程，响应和处置的范围、程度，以及处理方法等。

e）应在安全事件报告和响应处理过程中，分析和鉴定事件产生的原因，收集证据，记录处理过程，总结经验教训，制定防止再次发生的补救措施，过程形成的所有文件和记录均应妥善保存。

f）对造成系统中断和造成信息泄密的安全事件应采用不同的处理程序和报告程序。

7.2.5.13　应急预案管理（G3）

本项要求包括：

a）应在统一的应急预案框架下制定不同事件的应急预案，应急预案框架应包括启动应急预案的条件、应急处理流程、系统恢复流程、事后教育和培训等内容。

b）应从人力、设备、技术和财务等方面确保应急预案的执行有足够的资源保障。

c）应对系统相关的人员进行应急预案培训，应急预案的培训应至少每年举办一次。

d）应定期对应急预案进行演练，根据不同的应急恢复内容，确定演练的周期。

应至少每年对应急预案进行演练。

e）应规定应急预案需要定期审查和根据实际情况更新的内容，并按照执行。

应规定每年审查应急预案，根据实际情况更新应急预案的内容，并按照执行。

8 第四级基本要求

8.1 技术要求

8.1.1 物理安全

8.1.1.1 物理位置的选择（G4）

本项要求包括：

a）机房和办公场地应选择在具有防震、防风和防雨等设施的建筑内。

1）应具有机房或机房所在建筑物符合当地抗震要求的相关证明；

2）机房外墙壁应没有对外的窗户。否则，应采用双层固定窗，并作密封、防水处理。

b）机房场地应避免设在建筑物的高层或地下室，以及用水设备的下层或隔壁。

1）机房场地不宜设在建筑物顶层，如果不可避免，应采取有效的防震措施。机房场地设在建筑物地下室的，应采取有效的防水措施；

2）机房场地设在建筑物高层的，应对设备采取有效固定措施；

3）如果机房周围有用水设备，应当有防渗水和疏导措施。

8.1.1.2 物理访问控制（G4）

本项要求包括：

a）机房出入口应安排专人值守并**配置电子门禁系统**，控制、鉴别和记录进入的人员。

1）机房出入口应当安排专人负责管理，人员进出记录应至少保存3个月；

2）应当采用监控设备将机房人员进出情况传输到值班点，对外来人员出入机房进行控制、鉴别和记录。

b）需要进入机房的来访人员应经过申请和审批流程，并限制和监控其活动范围。

1）来访人员进入机房，应有审批流程，记录带进带出的设备、进出时间、工作内容，并有专人陪同其在限定的范围内工作；

2）机房出入口应有视频监控，监控记录至少保存3个月。

c）应对机房划分区域进行管理，区域和区域之间设置物理隔离装置，在重要区域前设置交付或安装等过渡区域。

1）机房应当按照消防要求和管理要求进行合理分区，区域和区域之间设置物理隔离装置；

2）机房应当设置专门的过渡区域，用于设备的交付或安装；

3）重要区域包括：主机房、辅助区、支持区等功能区域。

d）重要区域应配置**第二道电子门禁系统**，控制、鉴别和记录进入的人员。

8.1.1.3 防盗窃和防破坏（G4）

本项要求包括：

a）应将主要设备放置在机房内。

b）应将设备或主要部件进行固定，并设置明显的不易除去的标记。

1）主要设备应当安装、固定在机柜内或机架上；

2）主要设备、机柜、机架应有明显且不易除去的标识，如粘贴标签或铭牌。

c）应将通信线缆铺设在隐蔽处，可铺设在地下或管道中。

通信线缆可铺设在管道或线槽、线架中。

d）应对介质分类标识，存储在介质库或档案室中。

e）应利用光、电等技术设置机房防盗报警系统。

f）应对机房设置监控报警系统。

1）应至少对机房的出入口、操作台等区域进行摄像监控；

2）监控录像记录至少保存3个月。

8.1.1.4 防雷击（G4）

本项要求包括：

a）机房建筑应设置避雷装置。

机房或机房所在大楼，应设计并安装防雷击设施，防雷设施应至少包括避雷针或避雷器等。

b）应设置防雷保安器，防止感应雷。

c）机房应设置交流电源地线。

8.1.1.5 防火（G4）

本项要求包括：

a）机房应设置火灾自动消防系统，能够自动检测火情、自动报警，并自动灭火。

机房的火灾自动消防系统应向当地公安消防部门备案。

b）机房及相关的工作房间和辅助房应采用具有耐火等级的建筑材料。

c）机房应采取区域隔离防火措施，将重要设备与其他设备隔离开。

8.1.1.6 防水和防潮（G4）

本项要求包括：

a）水管安装，不得穿过机房屋顶和活动地板下。

1）与机房设备无关的水管不得穿过机房屋顶和活动地板下；

2）机房屋顶和活动地板下铺有水管的，应采取有效防护措施。

b）应采取措施防止雨水通过机房窗户、屋顶和墙壁渗透。

c）应采取措施防止机房内水蒸气结露和地下积水的转移与渗透。

d）应安装对水敏感的检测仪表或元件，对机房进行防水检测和报警。

8.1.1.7 防静电（G4）

本项要求包括：

a）设备应采用必要的接地防静电措施。

b）机房应采用防静电地板。

c）应采用静电消除器等装置，减少静电的产生。

8.1.1.8 温湿度控制（G4）

机房应设置温湿度自动调节设施，使机房温、湿度的变化在设备运行所允许的范围之内。

1）开机时机房温度应控制在22℃～24℃；

2）开机时机房相对湿度应控制在40％～55％。

8.1.1.9 电力供应（A4）

本项要求包括：

a）应在机房供电线路上配置稳压器和过电压防护设备。

b）应提供短期的备用电力供应，至少满足设备在断电情况下的正常运行要求。

机房应配备UPS，UPS实际供电能力能够满足设备在断电情况下正常运行2小时以上。

c）应设置冗余或并行的电力电缆线路为计算机系统供电。

应至少采用双路市电，双路市电应能实现自动切换。

d）应建立备用供电系统。

应配备或租用发电机，能够保障持续供电。

8.1.1.10 电磁防护（S4）

本项要求包括：

a）应采用接地方式防止外界电磁干扰和设备寄生耦合干扰。

1）机房或机房所在的大楼必须有接地措施，并且接地电阻必须小于1欧姆；

2）机房验收报告应提供合格的检测结果。

b）电源线和通信线缆应隔离铺设，避免互相干扰。

电源线和通信线缆应铺设在不同的桥架或管道，避免互相干扰。

c）应对关键区域实施电磁屏蔽。

8.1.2 网络安全

8.1.2.1 结构安全（G4）

本项要求包括：

a）应保证**网络设备**的业务处理能力具备冗余空间，满足业务高峰期需要。

网络设备近一年的CPU负载峰值应小于25%。

b）应保证网络各个部分的带宽满足业务高峰期需要。

c）应在业务终端与业务服务器之间进行路由控制建立安全的访问路径。

业务终端和业务服务器应放置在不同的子网内，并建立安全的访问路径。

d）应绘制与当前运行情况相符的网络拓扑结构图。

应绘制完整的网络拓扑结构图，有相应的网络配置表，包含设备IP地址等主要信息，与当前运行情况相符，并及时更新。

e）应根据各部门的工作职能、重要性和所涉及信息的重要程度等因素，划分不同的原则为各子网、网段分配地址段。

f）应避免将重要网段部署在网络边界处且直接连接外部信息系统，重要网段与其他网段之间采取可靠的技术隔离手段。

g）应按照对业务服务的重要次序来指定带宽分配优先级别，保证在网络发生拥堵的时候优先保护重要主机。

应对所有业务确定重要性、优先级，制定业务相关带宽分配原则及相应的带宽控制策略，根据安全需求，采取网络QoS或专用带宽管理设备等措施。

8.1.2.2 访问控制（G4）

本项要求包括：

a）应在网络边界部署访问控制设备，启用访问控制功能。

b）应不允许数据带通用协议通过。

c）应根据数据的敏感标记允许或拒绝数据通过。

d）应不开放远程拨号访问功能。

8.1.2.3 安全审计（G4）

本项要求包括：

a）应对网络系统中的网络设备运行状况、网络流量、用户行为等进行日志记录。

b）审计记录应包括：事件的日期和时间、用户、事件类型、事件是否成功及其他与审计相关的信息。

c）应能够根据记录数据进行分析，并生成审计报表。

d）应对审计记录进行保护，避免受到未预期的删除、修改或覆盖等。

e）应定义审计跟踪极限的阈值，当存储空间接近极限时，能采取必要的措施，当存储空间被

耗尽时，终止可审计事件的发生。

f）应根据信息系统的统一安全策略，实现集中审计，时钟保持与时钟服务器同步。

8.1.2.4　边界完整性检查（S4）

本项要求包括：

a）应能够对非授权设备私自连接到内部网络的行为进行检查，准确定出位置，并对其进行有效阻断。

b）应能够对内部网络用户私自连接到外部网络的行为进行检查，准确定出位置，并对其进行有效阻断。

能够检查内部网络用户采用双网卡跨接外部网络，或采用电话拨号、ADSL拨号、手机、无线上网卡等无线拨号方式连接其他外部网络。

8.1.2.5　入侵防范（G4）

本项要求包括：

a）应在网络边界处监视以下攻击行为：端口扫描、强力攻击、木马后门攻击、拒绝服务攻击、缓冲区溢出攻击、IP碎片攻击和网络蠕虫攻击等。

b）当检测到攻击行为时，应记录攻击源IP、攻击类型、攻击目的、攻击时间，在发生严重入侵事件时应提供报警及**自动采取相应动作。**

8.1.2.6　恶意代码防范（G4）

本项要求包括：

a）应在网络边界处对恶意代码进行检测和清除。

1）在不严重影响网络性能和业务的情况下，应在网络边界部署恶意代码检测系统；

2）如果部署了主机恶意代码检测系统，可选择安装部署网络边界恶意代码检测系统。

b）应维护恶意代码库的升级和检测系统的更新。

8.1.2.7　网络设备防护（G4）

本项要求包括：

a）应对登录网络设备的用户进行身份鉴别。

应删除默认用户或修改默认用户的口令，根据管理需要开设用户，不得使用缺省口令、空口令、弱口令。

b）应对网络设备的管理员登录地址进行限制。

c）网络设备用户的标识应唯一。

d）主要网络设备应对同一用户选择两种或两种以上组合的鉴别技术来进行身份鉴别。

1）通过本地控制台管理主要网络设备时，应采用一种或一种以上身份鉴别技术；

2）以远程方式登录主要网络设备时，应采用两种或两种以上组合的鉴别技术进行身份鉴别。

e）身份鉴别信息应具有不易被冒用的特点，口令应有复杂度要求并定期更换。

1）口令应符合以下条件：数字、字母、符号混排，无规律的方式；

2）管理员用户口令的长度至少为12位；

3）管理员用户口令至少每季度更换1次，更新的口令至少5次内不能重复；

4）如果设备口令长度不支持12位或其他复杂度要求，口令应使用所支持的最长长度并适当缩小更换周期；也可以使用动态密码卡等一次性口令认证方式。

f）网络设备用户的身份鉴别信息至少应有一种是不可伪造的。

g）应具有登录失败处理功能，可采取结束会话、限制非法登录次数和当网络登录连接超时自动退出等措施。

h）当对网络设备进行远程管理时，应采取必要措施防止鉴别信息在网络传输过程中被窃听。

i）应实现设备特权用户的权限分离。

8.1.3 主机安全

8.1.3.1 身份鉴别（S4）

本项要求包括：

a）应对登录操作系统和数据库系统的用户进行身份标识和鉴别。

b）操作系统和数据库系统管理用户身份标识应具有不易被冒用的特点，口令应有复杂度要求并定期更换。

1）口令应符合以下条件：数字、字母、符号混排，无规律的方式；

2）口令的长度至少为12位；

3）口令至少每季度更换1次，更新的口令至少5次内不能重复；

4）如果设备口令长度不支持12位或其他复杂度要求，口令应使用所支持的最长长度并适当缩小更换周期；也可以使用动态密码卡等一次性口令认证方式。

c）应启用登录失败处理功能，可采取结束会话、限制非法登录次数和自动退出等措施。

d）应设置鉴别警示信息，描述未授权访问可能导致的后果。

e）当对服务器进行远程管理时，应采取必要措施，防止鉴别信息在网络传输过程中被窃听。

f）应为操作系统和数据库系统的不同用户分配不同的用户名，确保用户名具有唯一性。

1）应为操作系统的不同用户分配不同的用户名；

2）应为数据库系统的不同用户分配不同的用户名。

g）应采用两种或两种以上组合的鉴别技术对管理用户进行身份鉴别，**并且身份鉴别信息至少有一种是不可伪造的。**

1）通过本地控制台管理主机设备时，应采用一种或一种以上身份鉴别技术；

2）以远程方式登录主机设备时，应采用两种或两种以上组合的鉴别技术进行身份鉴别。

8.1.3.2 安全标记（S4）

应对所有主体和客体设置敏感标记。

8.1.3.3 访问控制（S4）

本项要求包括：

a）应依据安全策略和所有主体和客体设置的敏感标记控制主体对客体的访问。

b）访问控制的粒度应达到主体为用户级或进程级，客体为文件、数据库表、记录和字段级。

c）应根据管理用户的角色分配权限，实现管理用户的权限分离，仅授予管理用户所需的最小权限。

d）应实现操作系统和数据库系统特权用户的权限分离。

HP Tandem、IBM OS400系列、运行DB2数据库的IBM AIX等专用系统的特权用户除外。

e）应严格限制默认账户的访问权限，重命名系统默认账户，修改这些账户的默认口令。

1）系统无法修改访问权限的特殊默认账户，可不修改访问权限；

2）系统无法重命名的特殊默认账户，可不重命名。

f）应及时删除多余的、过期的账户，避免共享账户的存在。

8.1.3.4 可信路径（S4）

本项要求包括：

a）在系统对用户进行身份鉴别时，系统与用户之间应能够建立一条安全的信息传输路径。

b）在用户对系统进行访问时，系统与用户之间应能够建立一条安全的信息传输路径。

8.1.3.5　安全审计（G4）

本项要求包括：

a）审计范围应覆盖到服务器和重要客户端上的每个操作系统用户和数据库用户。

应在保证系统运行安全和效率的前提下，启用系统审计或采用第三方安全审计产品实现审计要求。

b）审计内容应包括重要用户行为、系统资源的异常使用和重要系统命令的使用等系统内重要的安全相关事件。

审计内容至少包括：用户的添加和删除、审计功能的启动和关闭、审计策略的调整、权限变更、系统资源的异常使用、重要的系统操作（如用户登录、退出）、重要用户（如系统管理员、系统安全员、系统审计员）的各项操作。

c）审计记录应包括日期和时间、类型、主体标识、客体标识、事件的结果等。

d）应能够根据记录数据进行分析，并生成审计报表。

e）应保护审计进程，避免受到未预期的中断。

f）应保护审计记录，避免受到未预期的删除、修改或覆盖等。

审计记录应至少保存6个月。

g）应能够根据信息系统的统一安全策略，实现集中审计。

8.1.3.6　剩余信息保护（S4）

本项要求包括：

a）应保证操作系统和数据库系统用户的鉴别信息所在的存储空间，被释放或再分配给其他用户前得到完全清除，无论这些信息是存放在硬盘上还是在内存中。

b）应确保系统内的文件、目录和数据库记录等资源所在的存储空间，被释放或重新分配给其他用户前得到完全清除。

8.1.3.7　入侵防范（G4）

本项要求包括：

a）应能够检测到对重要服务器进行入侵的行为，能够记录入侵的源IP、攻击的类型、攻击的目的、攻击的时间，并在发生严重入侵事件时提供报警。

针对重要服务器的入侵行为检测可通过网络级或主机级入侵检测系统等方式实现。

b）应能够对重要程序的完整性进行检测，并在检测到完整性受到破坏后具有恢复的措施。

应能够对重要程序的完整性进行检测，并在检测到完整性受到破坏后具有恢复的措施，如不能正常恢复，应停止有关服务，并提供报警。

c）操作系统应遵循最小安装的原则，仅安装需要的组件和应用程序，并通过设置升级服务器等方式保持系统补丁及时得到更新。

持续跟踪厂商提供的系统升级更新情况，应在经过充分的测试评估后对必要的系统补丁进行及时更新。

8.1.3.8　恶意代码防范（G4）

本项要求包括：

a）应安装防恶意代码软件，并及时更新防恶意代码软件版本和恶意代码库。

1）原则上所有的主机应安装防恶意代码软件，不支持的主机操作系统除外；

2）未安装防恶意代码软件的主机，应采取有效措施进行恶意代码防范。

b）主机防恶意代码产品应具有与网络防恶意代码产品不同的恶意代码库。

c）应支持防恶意代码的统一管理。

8.1.3.9 资源控制（A4）

本项要求包括：

a）应通过设定终端接入方式、网络地址范围等条件限制终端登录。

b）应根据安全策略设置登录终端的操作超时锁定。

c）应对重要服务器进行监视，包括监视服务器的CPU、硬盘、内存、网络等资源的使用情况。

d）应限制单个用户对系统资源的最大或最小使用限度。

e）应能够对系统的服务水平降低到预先规定的最小值进行检测和报警。

重要服务器的CPU利用率、内存、磁盘存储空间等指标超过预先规定的阈值后应实时进行报警。

8.1.4 应用安全

8.1.4.1 身份鉴别（S4）

本项要求包括：

a）应提供专用的登录控制模块对登录用户进行身份标识和鉴别。

b）应对同一用户采用两种或两种以上组合的鉴别技术实现用户身份鉴别，其中一种是不可伪造的。

1）管理用户通过受控本地控制台管理应用系统时，应采用一种或一种以上身份鉴别技术；

2）管理用户以远程方式登录应用系统时，应采用两种或两种以上组合的鉴别技术进行身份鉴别；

3）面向互联网服务的系统应当提供两种或两种以上组合的鉴别技术供用户选择。

c）应提供用户身份标识唯一和鉴别信息复杂度检查功能，保证应用系统中不存在重复用户身份标识，身份鉴别信息不易被冒用。

d）应提供登录失败处理功能，可采取结束会话、限制非法登录次数和自动退出等措施。

e）应启用身份鉴别、用户身份标识唯一性检查、用户身份鉴别信息复杂度检查以及登录失败处理功能，并根据安全策略配置相关参数。

8.1.4.2 安全标记（S4）

应提供为主体和客体设置安全标记的功能并在安装后启用。

8.1.4.3 访问控制（S4）

本项要求包括：

a）应提供自主访问控制功能，依据安全策略控制用户对文件、数据库表等客体的访问。

b）自主访问控制的覆盖范围应包括与信息安全直接相关的主体、客体及它们之间的操作。

c）应由授权主体配置访问控制策略，**并禁止默认账户的访问。**

d）应授予不同账户为完成各自承担任务所需的最小权限，并在它们之间形成相互制约的关系。

e）应通过比较安全标记来确定是授予还是拒绝主体对客体的访问。

8.1.4.4 可信路径（S4）

本项要求包括：

a）在应用系统对用户进行身份鉴别时，应能够建立一条安全的信息传输路径。

b）在用户通过应用系统对资源进行访问时，应用系统应保证在被访问的资源与用户之间应能够建立一条安全的信息传输路径。

8.1.4.5 安全审计（G4）

本项要求包括：

a）应提供覆盖到每个用户的安全审计功能，对应用系统重要安全事件进行审计。

应用系统应能够对每个业务用户的关键操作进行记录，例如用户登录、用户退出、增加用户、修改用户权限等操作。

b）应保证无法单独中断审计进程，无法删除、修改或覆盖审计记录。

审计进程应作为应用系统整体进程中的一部分，并且不能单独中断。

c）审计记录的内容至少应包括事件的日期、时间、发起者信息、类型、描述和结果等。

审计记录应至少保存6个月。

d）应提供对审计记录数据进行统计、查询、分析及生成审计报表的功能。

e）应根据系统统一安全策略，提供集中审计接口。

8.1.4.6 剩余信息保护（S4）

本项要求包括：

a）应保证用户的鉴别信息所在的存储空间被释放或再分配给其他用户前得到完全清除，无论这些信息是存放在硬盘上还是在内存中。

b）应保证系统内的文件、目录和数据库记录等资源所在的存储空间被释放或重新分配给其他用户前得到完全清除。

8.1.4.7 通信完整性（S4）

利用密码技术保证通信过程中数据的完整性。

通过互联网、卫星网进行通信时，应采用密码技术保证通信过程中数据的完整性。

8.1.4.8 通信保密性（S4）

本项要求包括：

a）在通信双方建立连接之前，应用系统应利用密码技术进行会话初始化验证。

通过互联网、卫星网进行通信时，建立通信连接之前，应用系统应利用密码技术或可靠的身份认证技术进行会话初始化验证。

b）应对通信过程中的整个报文或会话过程进行加密。

通过互联网、卫星网进行通信时，应对整个报文或会话过程进行加密。

c）应基于硬件化的设备对重要通信过程进行加解密运算和密钥管理。

8.1.4.9 抗抵赖（G4）

本项要求包括：

a）应具有在请求的情况下为数据原发者或接收者提供数据原发证据的功能。

应用系统的操作与管理记录，至少应记录操作时间、操作人员及操作类型、操作内容等信息。交易系统应能够记录用户交易行为数据，至少包括业务流水号、账户名、IP地址、交易指令等信息。

b）应具有在请求的情况下为数据原发者或接收者提供数据接收证据的功能。

应用系统的操作与管理记录，至少应记录操作时间、操作人员及操作类型、操作内容等信息。交易系统应能够记录用户交易行为数据，至少包括业务流水号、账户名、IP地址、交易指令等信息。

8.1.4.10 软件容错（A4）

本项要求包括：

a）应提供数据有效性检验功能，保证通过人机接口输入或通过通信接口输入的数据格式或长度符合系统设定要求。

b）应提供自动保护功能，当故障发生时自动保护当前所有状态。

c）应提供自动恢复功能，当故障发生时立即自动启动新的进程，恢复原来的工作状态。

8.1.4.11 资源控制（A4）

本项要求包括：

a）当应用系统中的通信双方中的一方在一段时间内未作任何响应，另一方应能够自动结束会话。

用户登录应用系统后在规定的时间内未执行任何操作，应自动退出系统。

b）应能够对系统的最大并发会话连接数进行限制。

c）应能够对单个账户的多重并发会话进行限制。

d）应能够对一个时间段内可能的并发会话连接数进行限制。

e）应能够对一个访问账户或一个请求进程占用的资源分配最大限额和最小限额。

f）应能够对系统服务水平降低到预先规定的最小值进行检测和报警。

g）应提供服务优先级设定功能，并在安装后根据安全策略设定访问账户或请求进程的优先级，根据优先级分配系统资源。

8.1.5 数据安全及备份恢复

8.1.5.1 数据完整性（S4）

本项要求包括：

a）应能够检测到系统管理数据、鉴别信息和重要业务数据在传输过程中完整性受到破坏，并在检测到完整性错误时采取必要的恢复措施。

b）应能够检测到系统管理数据、鉴别信息和重要业务数据在存储过程中完整性受到破坏，并在检测到完整性错误时采取必要的恢复措施。

c）应对重要通信提供专用通信协议或安全通信协议服务，避免来自基于通用通信协议的攻击破坏数据完整性。

8.1.5.2 数据保密性（S4）

本项要求包括：

a）应采用加密或其他有效措施实现系统管理数据、鉴别信息和重要业务数据传输保密性。

通过互联网、卫星网传递系统管理数据、鉴别信息和重要业务数据应采取加密方式。

b）应采用加密或其他保护措施实现系统管理数据、鉴别信息和重要业务数据存储保密性。

c）应对重要通信提供专用通信协议或安全通信协议服务，避免来自基于通用协议的攻击破坏数据保密性。

8.1.5.3 备份和恢复（A4）

本项要求包括：

a）应提供数据本地备份与恢复功能，完全数据备份至少每天一次，备份介质场外存放。

b）应建立异地灾难备份中心，配备灾难恢复所需的通信线路、网络设备和数据处理设备，提供业务应用的实时无缝切换。

c）应提供异地实时备份功能，利用通信网络将数据**实时备份至灾难备份中心。**

d）应采用冗余技术设计网络拓扑结构，避免存在网络单点故障。

e）应提供主要网络设备、通信线路和数据处理系统的硬件冗余，保证系统的高可用性。

8.2 管理要求

8.2.1 安全管理制度

8.2.1.1 管理制度（G4）

本项要求包括：

a）应制定信息安全工作的总体方针和安全策略，说明机构安全工作的总体目标、范围、原则和安全框架等。

b）应对安全管理活动中的各类管理内容建立安全管理制度。

c）应对要求管理人员或操作人员执行的日常管理操作建立操作规程。

d）应形成由安全策略、管理制度、操作规程等构成的全面的信息安全管理制度体系。

8.2.1.2　制定和发布（G4）

本项要求包括：

a）应指定或授权专门的部门或人员负责安全管理制度的制定。

b）安全管理制度应具有统一的格式，并进行版本控制。

c）应组织相关人员对制定的安全管理制度进行论证和审定。

d）安全管理制度应通过正式、有效的方式发布。

e）安全管理制度应注明发布范围，并对收发文进行登记。

f）有密级的安全管理制度，应注明安全管理制度密级，并进行密级管理。

8.2.1.3　评审和修订（G4）

本项要求包括：

a）应由信息安全领导小组负责定期组织相关部门和相关人员对安全管理制度体系的合理性和适用性进行审定。

信息安全领导小组每年至少组织一次安全管理制度体系的合理性和适用性审定。

b）应定期或不定期对安全管理制度进行检查和审定，对存在不足或需要改进的安全管理制度进行修订。

每年或在发生重大变更时对安全管理制度进行检查，对存在不足或需要改进的安全管理制度进行修订。

c）应明确需要定期修订的安全管理制度，并指定负责人或负责部门负责制度的日常维护。

d）应根据安全管理制度的相应密级确定评审和修订的操作范围。

8.2.2　安全管理机构

8.2.2.1　岗位设置（G4）

本项要求包括：

a）应设立信息安全管理工作的职能部门，设立安全主管、安全管理各个方面的负责人岗位，并定义各负责人的职责。

b）应设立系统管理员、网络管理员、安全管理员等岗位，并定义各个工作岗位的职责。

c）应成立指导和管理信息安全工作的委员会或领导小组，其最高领导由单位主管领导委任或授权。

d）应制定文件明确安全管理机构各个部门和岗位的职责、分工和技能要求。

8.2.2.2　人员配备（G4）

本项要求包括：

a）应配备一定数量的系统管理员、网络管理员、安全管理员等。

每个岗位应有备岗。

b）应配备专职安全管理员，不可兼任。

c）关键事务岗位应配备多人共同管理。

8.2.2.3　授权和审批（G4）

本项要求包括：

a）应根据各个部门和岗位的职责明确授权审批事项、审批部门和批准人等。

重要审批授权记录应留档备查。

b）应针对系统变更、重要操作、物理访问和系统接入等事项建立审批程序，按照审批程序执行审批过程，对重要活动建立逐级审批制度。

c）应定期审查审批事项，及时更新需授权和审批的项目、审批部门和审批人等信息。

每年至少进行一次审查审批事项。

d）应记录审批过程并保存审批文档。

8.2.2.4　沟通和合作（G4）

本项要求包括：

a）应加强各类管理人员之间、组织内部机构之间以及信息安全职能部门内部的合作与沟通，定期或不定期召开协调会议，共同协作处理信息安全问题。

b）应加强与兄弟单位、公安机关、电信公司的合作与沟通。

应加强与兄弟单位、公安机关、通信运营商、供电部门、银行等单位和部门的合作与沟通。

c）应加强与供应商、业界专家、专业的安全公司、安全组织的合作与沟通。

d）应建立外联单位联系列表，包括外联单位名称、合作内容、联系人和联系方式等信息。

e）应聘请信息安全专家作为常年的安全顾问，指导信息安全建设，参与安全规划和安全评审等。

8.2.2.5　审核和检查（G4）

本项要求包括：

a）安全管理员应负责定期进行安全检查，检查内容包括系统日常运行、系统漏洞和数据备份等情况。

安全检查应至少每月一次。

b）应由内部人员或上级单位定期进行全面安全检查，检查内容包括现有安全技术措施的有效性、安全配置与安全策略的一致性、安全管理制度的执行情况等。

全面安全检查应至少每年一次。

c）应制定安全检查表格实施安全检查，汇总安全检查数据，形成安全检查报告，并对安全检查结果进行通报。

d）应制定安全审核和安全检查制度规范安全审核和安全检查工作，定期按照程序进行安全审核和安全检查活动。

8.2.3　人员安全管理

8.2.3.1　人员录用（G4）

本项要求包括：

a）应指定或授权专门的部门或人员负责人员录用。

b）应严格规范人员录用过程，对被录用人员的身份、背景、专业资格和资质等进行审查，对其所具有的技术技能进行考核。

c）应签署保密协议。

d）应从内部人员中选拔从事关键岗位的人员，并签署岗位安全协议。

8.2.3.2　人员离岗（G4）

本项要求包括：

a）应制定有关管理规范，严格规范人员离岗过程，及时终止离岗员工的所有访问权限。

b）应取回各种身份证件、钥匙、徽章等以及机构提供的软硬件设备。

c）应办理严格的调离手续，并承诺调离后的保密义务后方可离开。

8.2.3.3 人员考核（G4）

本项要求包括：

a）应定期对各个岗位的人员进行安全技能及安全认知的考核。

安全技能及安全认知的考核应至少每年一次。

b）应对关键岗位的人员进行全面、严格的安全审查和技能考核。

c）应建立保密制度，并定期或不定期的对保密制度执行情况进行检查或考核。

d）应对考核结果进行记录并保存。

8.2.3.4 安全意识教育和培训（G4）

本项要求包括：

a）应对各类人员进行安全意识教育、岗位技能培训和相关安全技术培训。

b）应对安全责任和惩戒措施进行书面规定并告知相关人员，对违反违背安全策略和规定的人员进行惩戒。

c）应对定期安全教育和培训进行书面规定，针对不同岗位制定不同的培训计划，对信息安全基础知识、岗位操作规程等进行培训。

d）应对安全教育和培训的情况和结果进行记录并归档保存。

8.2.3.5 外部人员访问管理（G4）

本项要求包括：

a）应确保在外部人员访问受控区域前先提出书面申请，批准后由专人全程陪同或监督，并登记备案。

b）对外部人员允许访问的区域、系统、设备、信息等内容应进行书面的规定，并按照规定执行。

c）对关键区域不允许外部人员访问。

8.2.4 系统建设管理

8.2.4.1 系统定级（G4）

本项要求包括：

a）应明确信息系统的边界和安全保护等级。

b）应以书面的形式说明确定信息系统为某个安全保护等级的方法和理由。

c）应组织相关部门和有关安全技术专家对信息系统定级结果的合理性和正确性进行论证和审定。

d）应确保信息系统的定级结果经过相关部门的批准。

8.2.4.2 安全方案设计（G4）

本项要求包括：

a）应根据系统的安全保护等级选择基本安全措施，依据风险分析的结果补充和调整安全措施。

b）应指定和授权专门的部门对信息系统的安全建设进行总体规划，制订近期和远期的安全建设工作计划。

c）应根据信息系统的等级划分情况，统一考虑安全保障体系的总体安全策略、安全技术框架、安全管理策略、总体建设规划和详细设计方案，并形成配套文件。

d）应组织相关部门和有关安全技术专家对总体安全策略、安全技术框架、安全管理策略、总体建设规划、详细设计方案等相关配套文件的合理性和正确性进行论证和审定，并且经过批准后，才能正式实施。

e）应根据等级测评、安全评估的结果定期调整和修订总体安全策略、安全技术框架、安全管理策略、总体建设规划、详细设计方案等相关配套文件。

8.2.4.3 产品采购和使用（G4）

本项要求包括：

a）应确保安全产品采购和使用符合国家的有关规定。

b）应确保密码产品采购和使用符合国家密码主管部门的要求。

c）应指定或授权专门的部门负责产品的采购。

d）应预先对产品进行选型测试，确定产品的候选范围，并定期审定和更新候选产品名单。

e）应对重要部位的产品委托专业测评单位进行专项测试，根据测试结果选用产品。

8.2.4.4 自行软件开发（G4）

本项要求包括：

a）应确保开发环境与实际运行环境物理分开，测试数据和测试结果受到控制。

b）应制定软件开发管理制度，明确说明开发过程的控制方法和人员行为准则。

c）应制定代码编写安全规范，要求开发人员参照规范编写代码。

d）应确保提供软件设计的相关文档和使用指南，并由专人负责保管。

e）应确保对程序资源库的修改、更新、发布进行授权和批准。

f）应确保开发人员为专职人员，开发人员的开发活动受到控制、监视和审查。

8.2.4.5 外包软件开发（G4）

本项要求包括：

a）应根据开发要求测试软件质量。

b）应在软件安装之前检测软件包中可能存在的恶意代码。

c）应要求开发单位提供软件设计的相关文档和使用指南。

d）应要求开发单位提供软件源代码，并审查软件中可能存在的后门和**隐蔽信道。**

8.2.4.6 工程实施（G4）

本项要求包括：

a）应指定或授权专门的部门或人员负责工程实施过程的管理。

b）应制定详细的工程实施方案控制实施过程，并要求工程实施单位能正式地执行安全工程过程。

c）应制定工程实施方面的管理制度明确说明实施过程的控制方法和人员行为准则。

d）应通过第三方工程监理控制项目的实施过程。

8.2.4.7 测试验收（G4）

本项要求包括：

a）应委托公正的第三方测试单位对系统进行安全性测试，并出具安全性测试报告。

b）在测试验收前应根据设计方案或合同要求等制订测试验收方案，在测试验收过程中应详细记录测试验收结果，并形成测试验收报告。

c）应对系统测试验收的控制方法和人员行为准则进行书面规定。

d）应指定或授权专门的部门负责系统测试验收的管理，并按照管理规定的要求完成系统测试验收工作。

e）应组织相关部门和相关人员对系统测试验收报告进行审定，并签字确认。

8.2.4.8 系统交付（G4）

本项要求包括：

a）应制定详细的系统交付清单，并根据交付清单对所交接的设备、软件和文档等进行清点。

b）应对负责系统运行维护的技术人员进行相应的技能培训。

c）应确保提供系统建设过程中的文档和指导用户进行系统运行维护的文档。

d）应对系统交付的控制方法和人员行为准则进行书面规定。

e）应指定或授权专门的部门负责系统交付的管理工作，并按照管理规定的要求完成系统交付工作。

8.2.4.9 系统备案（G4）

本项要求包括：

a）应指定专门的部门或人员负责管理系统定级的相关材料，并控制这些材料的使用。

b）应将系统等级的相关材料报系统主管部门备案。

c）应将系统等级及其他要求的备案材料报相应公安机关备案。

8.2.4.10 等级测评（G4）

本项要求包括：

a）在系统运行过程中，应至少**每半年**对系统进行一次等级测评，发现不符合相应等级保护标准要求的应及时整改。

b）应在系统发生变更时及时对系统进行等级测评，发现级别发生变化的应及时调整级别并进行安全改造；发现不符合相应等级保护标准要求的应及时整改。

c）应选择具有国家相关技术资质和安全资质的测评单位进行等级测评。

d）应指定或授权专门的部门或人员负责等级测评的管理。

8.2.4.11 安全服务商选择（G4）

本项要求包括：

a）应确保安全服务商的选择符合国家的有关规定。

b）应与选定的安全服务商签订与安全相关的协议，明确约定相关责任。

c）应确保选定的安全服务商提供技术培训和服务承诺，必要的与其签订服务合同。

8.2.5 系统运维管理

8.2.5.1 环境管理（G4）

本项要求包括：

a）应指定专门的部门或人员定期对机房供配电、空调、温湿度控制等设施进行维护管理。

1）*应每季度对机房供配电、空调、UPS等设施进行维护管理并保存相关维护记录；*

2）*应每年对防盗报警、防雷、消防等装置进行检测维护并保存相关维护记录。*

b）应指定部门负责机房安全，并配备机房安全管理人员，对机房的出入、服务器的开机或关机等工作进行管理。

c）应建立机房安全管理制度，对有关机房物理访问，物品带进、带出机房和机房环境安全等方面的管理作出规定。

d）应加强对办公环境的保密性管理，规范办公环境人员行为，包括工作人员调离办公室应立即交还该办公室钥匙、不在办公区接待来访人员、工作人员离开座位确保终端计算机退出登录状态和桌面上没有包含敏感信息的纸档文件等。

e）应对机房和办公环境实行统一策略的安全管理，对出入人员进行相应级别的授权，对进入重要安全区域的活动行为实时监视和记录。

8.2.5.2 资产管理（G4）

本项要求包括：

a）应编制并保存与信息系统相关的资产清单，包括资产责任部门、重要程度和所处位置等内容。

b）应建立资产安全管理制度，规定信息系统资产管理的责任人员或责任部门，并规范资产管理和使用的行为。

c）应根据资产的重要程度对资产进行标识管理，根据资产的价值选择相应的管理措施。

d）应对信息分类与标识方法作出规定，并对信息的使用、传输和存储等进行规范化管理。

8.2.5.3　介质管理（G4）

本项要求包括：

a）应建立介质安全管理制度，对介质的存放环境、使用、维护和销毁等方面作出规定。

b）应确保介质存放在安全的环境中，对各类介质进行控制和保护，实行存储环境专人管理，并根据存档介质的目录清单定期盘点。

c）应对介质在物理传输过程中的人员选择、打包、交付等情况进行控制，并对介质的归档和查询等进行登记记录。

d）应对存储介质的使用过程、送出维修以及销毁等进行严格的管理，重要数据的存储介质带出工作环境必须进行内容加密并进行监控管理，对于需要送出维修或销毁的介质应**采用多次读写覆盖、清除敏感或秘密数据、对无法执行删除操作的受损介质必须销毁，保密性较高的信息存储介质应获得批准并在双人监控下才能销毁，销毁记录应妥善保存。**

e）应根据数据备份的需要对某些介质实行异地存储，存储地的环境要求和管理方法应与本地相同。

f）应对重要介质中的数据和软件采取加密存储，并根据所承载数据和软件的重要程度对介质进行分类和标识管理。

8.2.5.4　设备管理（G4）

本项要求包括：

a）应对信息系统相关的各种设备（包括备份和冗余设备）、线路等指定专门的部门或人员定期进行维护管理。

每季度至少进行一次维护管理。

b）应建立基于申报、审批和专人负责的设备安全管理制度，对信息系统的各种软硬件设备的选型、采购、发放和领用等过程进行规范化管理。

c）应建立配套设施、软硬件维护方面的管理制度，对其维护进行有效的管理，包括明确维护人员的责任、涉外维修和服务的审批、维修过程的监督控制等。

d）应对终端计算机、工作站、便携机、系统和网络等设备的操作和使用进行规范化管理，按操作规程实现设备（包括备份和冗余设备）的启动/停止、加电/断电等操作。

e）应确保信息处理设备必须经过审批才能带离机房或办公地点。

8.2.5.5　监控管理和安全管理中心（G4）

本项要求包括：

a）应对通信线路、主机、网络设备和应用软件的运行状况、网络流量、用户行为等进行监测和报警，形成记录并妥善保存。

b）应组织相关人员定期对监测和报警记录进行分析、评审，发现可疑行为，形成分析报告，并采取必要的应对措施。

c）应建立安全管理中心，对设备状态、恶意代码、补丁升级、安全审计等安全相关事项进行集中管理。

8.2.5.6　网络安全管理（G4）

本项要求包括：

a）应指定专人对网络进行管理，负责运行日志、网络监控记录的日常维护和报警信息分析和处理工作。

b）应建立网络安全管理制度，对网络安全配置、日志保存时间、安全策略、升级与打补丁、口令更新周期等方面作出规定。

c）应根据厂家提供的软件升级版本对网络设备进行更新，并在更新前对现有的重要文件进行备份。

持续跟踪厂商提供的网络设备的软件升级更新情况，在经过充分的测试评估后对必要的补丁进行更新，并在更新前对现有的重要文件进行备份。

d）应定期对网络系统进行漏洞扫描，对发现的网络系统安全漏洞进行及时的修补。

1）每月至少进行一次漏洞扫描，对漏洞风险持续跟踪，在经过充分的验证测试后对必要的漏洞开展修补工作；

2）实施漏洞扫描或漏洞修补前，应对可能的风险进行评估和做充分准备，如选择恰当时间，并做好数据备份和回退方案；

3）漏洞扫描或漏洞修补后应进行验证测试，以保证网络系统的正常运行。

e）应实现设备的最小服务配置和优化配置，并对配置文件进行定期离线备份。

应在配置变更前、变更后分别对网络设备的配置文件进行备份。

f）应保证所有与外部系统的连接均得到授权和批准。

g）应禁止便携式和移动式设备接入网络。

h）应定期检查违反规定拨号上网或其他违反网络安全策略的行为。

i）应严格控制网络管理用户的授权，授权程序中要求必须有两人在场，并经双重认可后方可操作，操作过程应保留不可更改的审计日志。

8.2.5.7　系统安全管理（G4）

本项要求包括：

a）应根据业务需求和系统安全分析确定系统的访问控制策略。

b）应定期进行漏洞扫描，对发现的系统安全漏洞及时进行修补。

1）每月至少进行一次漏洞扫描，对漏洞风险持续跟踪，在经过充分的验证测试后对必要的漏洞开展修补工作；

2）实施漏洞扫描或漏洞修补前，应对可能的风险进行评估和做充分准备，如选择恰当时间，并做好数据备份和回退方案；

3）漏洞扫描或漏洞修补后应进行验证测试，以保证系统的正常运行。

c）应安装系统的最新补丁程序，在安装系统补丁前，首先在测试环境中测试通过，并对重要文件进行备份后，方可实施系统补丁程序的安装。

持续跟踪厂商提供的系统升级更新情况，应在经过充分的测试评估后对必要的补丁进行及时更新，并在安装系统补丁前对现有的重要文件进行备份。

d）应建立系统安全管理制度，对系统安全策略、安全配置、日志管理、日常操作流程等方面作出具体规定。

e）应指定专人对系统进行管理，划分系统管理员角色，明确各个角色的权限、责任和风险，权限设定应当遵循最小授权原则。

f）应依据操作手册对系统进行维护，详细记录操作日志，包括重要的日常操作、运行维护记录、参数的设置和修改等内容，严禁进行未经授权的操作。

g）应定期对运行日志和审计数据进行分析，以便及时发现异常行为。

应至少每月对运行日志和审计数据进行分析。

h）应对系统资源的使用进行预测，以确保充足的处理速度和存储容量，管理人员应随时注意系统资源的使用情况，包括处理器、存储设备和输出设备。

8.2.5.8　恶意代码防范管理（G4）

本项要求包括：

a）应提高所有用户的防病毒意识，及时告知防病毒软件版本，在读取移动存储设备上的数据以及网络上接收文件或邮件之前，先进行病毒检查，对外来计算机或存储设备接入网络系统之前也应进行病毒检查。

b）应指定专人对网络和主机进行恶意代码检测并保存检测记录。

c）应对防恶意代码软件的授权使用、恶意代码库升级、定期汇报等作出明确规定。

d）应定期检查信息系统内各种产品的恶意代码库的升级情况并进行记录，对主机防病毒产品、防病毒网关和邮件防病毒网关上截获的危险病毒或恶意代码进行及时分析处理，并形成书面的报表和总结汇报。

8.2.5.9　密码管理（G4）

应建立密码使用管理制度，使用符合国家密码管理规定的密码技术和产品。

8.2.5.10　变更管理（G4）

本项要求包括：

a）应确认系统中要发生的变更，并制定变更方案。

重要系统变更前应制定详细的变更方案、失败恢复方案、专项应急预案。

b）应建立变更管理制度，系统发生变更前，向主管领导申请，变更和变更方案经过评审、审批后方可实施变更，并在实施后将变更情况向相关人员通告。

c）应建立变更控制的申报和审批文件化程序，控制系统所有的变更情况，对变更影响进行分析并文档化，记录变更实施过程，并妥善保存所有文档和记录。

d）应建立中止变更并从失败变更中恢复的文件化程序，明确过程控制方法和人员职责，必要时对恢复过程进行演练。

e）应定期检查变更控制的申报和审批程序的执行情况，评估系统现有状况与文档记录的一致性。

8.2.5.11　备份与恢复管理（G4）

本项要求包括：

a）应识别需要定期备份的重要业务信息、系统数据及软件系统等。

b）应建立备份与恢复管理相关的安全管理制度，对备份信息的备份方式、备份频度、存储介质和保存期等进行规定。

c）应根据数据的重要性和数据对系统运行的影响，制定数据的备份策略和恢复策略，备份策略须指明备份数据的放置场所、文件命名规则、介质替换频率和将数据离站运输的方法。

d）应建立控制数据备份和恢复过程的程序，记录备份过程，**对需要采取加密或数据隐藏处理的备份数据，进行备份和加密操作时要求两名工作人员在场，**所有文件和记录应妥善保存。

e）应定期执行恢复程序，检查和测试备份介质的有效性，确保可以在恢复程序规定的时间内完成备份的恢复。

f）应根据信息系统的备份技术要求，制定相应的灾难恢复计划，并对其进行测试以确保各个

恢复规程的正确性和计划整体的有效性，测试内容包括运行系统恢复、人员协调、备用系统性能测试、通信连接等，根据测试结果，对不适用的规定进行修改或更新。

8.2.5.12 安全事件处置（G4）

本项要求包括：

a）应报告所发现的安全弱点和可疑事件，但任何情况下用户均不应尝试验证弱点。

b）应制定安全事件报告和处置管理制度，明确安全事件类型，规定安全事件的现场处理、事件报告和后期恢复的管理职责。

c）应根据国家相关管理部门对计算机安全事件等级划分方法和安全事件对本系统产生的影响，对本系统计算机安全事件进行等级划分。

d）应制定安全事件报告和响应处理程序，确定事件的报告流程，响应和处置的范围、程度，以及处理方法等。

e）应在安全事件报告和响应处理过程中，分析和鉴定事件产生的原因，收集证据，记录处理过程，总结经验教训，制定防止再次发生的补救措施，过程形成的所有文件和记录均应妥善保存。

f）对造成系统中断和造成信息泄密的安全事件应采用不同的处理程序和报告程序。

g）发生可能涉及国家秘密的重大失、泄密事件，应按照有关规定向公安、安全、保密等部门汇报。

h）应严格控制参与涉及国家秘密事件处理和恢复的人员，重要操作要求至少两名工作人员在场并登记备案。

8.2.5.13 应急预案管理（G4）

本项要求包括：

a）应在统一的应急预案框架下制定不同事件的应急预案，应急预案框架应包括启动应急预案的条件、应急处理流程、系统恢复流程、事后教育和培训等内容。

b）应从人力、设备、技术和财务等方面确保应急预案的执行有足够的资源保障。

c）应对系统相关的人员进行应急预案培训，应急预案的培训应至少每年举办一次。

d）应定期对应急预案进行演练，根据不同的应急恢复内容，确定演练的周期。

应至少每年对应急预案进行演练。

e）应规定应急预案需要定期审查和根据实际情况更新的内容，并按照执行。

应规定每年审查应急预案，根据实际情况更新应急预案的内容，并按照执行。

f）应随着信息系统的变更定期对原有的应急预案重新评估，修订完善。

9. 第五级基本要求

（略）

附录 A
（规范性附录）
关于证券期货业信息系统整体安全保护能力的要求

证券期货业信息系统安全等级保护的核心是保证不同安全保护等级的信息系统具有相适应的安全保护能力。本标准第 4 章提出了不同安全保护等级信息系统的安全保护能力要求，第 5 章到第 9 章分别针对不同安全保护等级信息系统应该具有的安全保护能力提出了相应的基本安全要求，满足基本安全要求是保证信息系统具有相应等级的安全保护能力的前提。

依据本标准分层面采取各种安全措施时，还应考虑以下总体性要求，保证信息系统的整体安全保护能力。

a）构建纵深的防御体系

本标准从技术和管理两个方面提出基本安全要求，在采取由点到面的各种安全措施时，在系统整体上还应保证各种安全措施的组合从外到内构成一个纵深的安全防御体系，保证信息系统整体的安全保护能力。应从通信网络、局域网络边界、局域网络内部、各种业务应用平台等各个层次落实本标准中提到的各种安全措施，形成纵深防御体系。

b）采取互补的安全措施

本标准以安全控制组件的形式提出基本安全要求，在将各种安全控制组件集成到特定信息系统中时，应考虑各个安全控制组件的互补性，关注各个安全控制组件在层面内、层面间和功能间产生的连接、交互、依赖、协调、协同等相互关联关系，保证各个安全控制组件共同综合作用于信息系统的安全功能上，使得信息系统的整体安全保护能力得以保证。

c）保证一致的安全强度

本标准将基本安全功能要求，如身份鉴别、访问控制、安全审计、入侵防范、安全标记等内容，分解到信息系统中的各个层面，在实现各个层面安全功能时，应保证各个层面安全功能实现强度的一致性。应防止某个层面安全功能的减弱导致系统整体安全保护能力在这个安全功能上消弱。如要实现双因子身份鉴别，则应在各个层面的身份鉴别上均实现双因子身份鉴别；要实现强制访问控制，则应保证在各个层面均给予低层操作系统实现强制访问控制，并保证标记数据在整个信息系统内部流动时标记的唯一性等。

d）建立统一的支撑平台

本标准在较高级别信息系统的安全功能要求上，提到了使用密码技术，多数安全功能（如身份鉴别、访问控制、数据完整性、数据保密性、抗抵赖等）为了获得更高的强度，均要基于密码技术，为了保证信息系统整体安全防护能力，应建立基于密码技术的统一支撑平台，支持高强度身份鉴别、访问控制、数据完整性、数据保密性、抗抵赖等安全功能的实现。

e）进行集中的安全管理

本标准在较高级别信息系统的安全功能管理方面，提出了统一安全策略、统一安全管理等要求，为了保证分散于各个层面的安全功能在统一策略的指导下实现，使各个安全控制组件在可控情况下发挥各自的作用，应建立安全管理中心，集中管理信息系统中的各个安全控制组件，支持统一安全管理。

附录 B
（规范性附录）
证券期货业重要信息系统安全要求的选择和使用

信息系统由于承载的业务不同，对其安全关注点会有所不同，有的更关注信息的安全性，即更关注对搭线窃听、假冒用户等可能导致信息泄密、非法篡改等；有的更关注业务的连续性，即更关注保证系统连续正常的运行，免受对系统未授权的修改、破坏而导致系统不可用引起业务中断。

不同安全保护等级的信息系统，其对业务信息的安全性要求和系统服务的连续性要求是有差异的；即使相同安全保护等级的信息系统，其对业务信息的安全性要求和系统服务的连续性要求也有差异。信息系统的安全保护等级由业务信息安全性等级和系统服务保证性等级较高者决定（见 GB/T22240－2008），因此，对某一个定级后的信息系统的安全保护的侧重点可以有多种组合。

对于确定了安全保护等级的信息系统，选择和使用基本安全要求时，可以按照以下过程进行：

a）明确信息系统应该具有的安全保护能力，根据信息系统的安全保护等级选择基本安全要求，包括技术要求和管理要求。简单的方法是根据本标准，一级系统选择第一级基本安全要求，二级系统选择第二级基本安全要求，三级系统选择第三级基本安全要求，四级系统选择第四级基本安全要求，以此作为出发点。

b）根据信息系统的定级结果对基本安全要求进行调整。根据系统服务保证性等级选择相应等级的系统服务保证类（A 类）基本安全要求；根据业务信息安全性等级选择相应等级的业务信息安全类（S 类）基本安全要求。

c）针对证券期货业不同系统的特点，分析可能在某些方面的特殊安全保护能力要求，选择较高级别的基本安全要求或补充基本安全要求。对于本标准中提出的基本安全要求无法实现或有更加有效的安全措施可以替代的，可以对基本安全要求进行调整，调整的原则是保证不降低整体安全保护能力。

保证不同安全保护等级的信息系统具有相应级别的安全保护能力，满足相应级别的基本安全要求，是信息系统等级保护的核心。选用本标准中提供的基本安全要求是保证信息系统具备一定安全保护能力的一种途径和出发点，在此出发点的基础上，可以参考等级保护的其他相关标准和安全方面的其他相关标准，调整和补充基本安全要求，从而实现信息系统在满足等级保护基本要求的基础上，又具有自身特点的保护。

ICS03.060
A11
备案号

JR

中华人民共和国金融行业标准

JR/T 0067-2011

证券期货业信息系统安全等级保护测评要求（试行）

Securities and Futures Industry - Testing and Evaluation Requirement For Classified Protection of Information System (Trial Basis)

2011-12-22 发布　　　　2011-12-22 实施

中国证券监督管理委员会　发布

目　次

前　言

本标准附录 A、B 是资料性附录。

本标准由全国金融标准化技术委员会证券分技术委员会提出。

本标准由全国金融标准化技术委员会归口管理。

本标准已经征得公安部同意。

本标准起草单位：中国证券监督管理委员会信息中心、上海证券交易所、深圳证券交易所、郑州商品交易所、中国证券登记结算公司、海通证券股份有限公司、国泰君安证券股份有限公司、兴业证券股份有限公司、南方基金管理有限公司。

本标准主要起草人：张野、戴文华、杨淑琴、罗凯、邹胜、陈恺、马晨、王孝伟、王玥、周桉、应力、俞枫、刘斌、吴越、葛峰、王伟强、陈凯辉。

本标准为首次发布。

引　言

本标准依据《证券期货业信息系统安全等级保护基本要求（试行）》（JR/T 0060－2010），主要参考《信息安全技术信息系统安全等级保护测评要求（报批稿）》等有关标准制定，提出了证券期货业不同等级信息系统的测评要求，适用于指导证券期货业信息系统测评工作。

本标准是证券期货业信息安全等级保护相关系列标准之一。

与本标准相关的标准包括：

——JR/T 0060－2010 证券期货业信息系统安全等级保护基本要求（试行）

一般来说，信息系统需要靠多种安全措施进行综合防范以降低其面临的安全风险。本标准针对证券期货业信息系统中的单项安全措施和多个安全措施的综合防范，对应地提出单元测评和整体测评的技术要求，用以指导测评人员从信息安全等级保护的角度对信息系统进行测试评估。单元测评对安全技术和安全管理上各个层面的安全控制点提出不同安全保护等级的测评要求。整体测评根据安全控制点间、层面间和区域间相互关联关系以及信息系统整体结构对信息系统整体安全保护能力的影响提出测评要求。

本标准给出了等级测评结论中应包括的主要内容，未规定给出测评结论的具体方法和量化指标。

如果没有特殊指定，本标准中的信息系统主要指计算机信息系统。

在本标准文本中，黑体字的测评要求表示该要求出现在当前等级而在低于当前等级信息系统的测评要求中没有出现过。

相对于《信息安全技术信息系统安全等级保护测评要求（报批稿）》，本标准文字中，明确、细化和调整的内容以楷体字表示。

证券期货业信息系统安全等级保护测评要求（试行）

1 范围

本标准规定了对信息系统安全等级保护状况进行安全测试评估的要求，包括对第一级信息系统、第二级信息系统、第三级信息系统和第四级信息系统进行安全测试评估的单元测评要求和信息系统整体测评要求。本标准略去对第五级信息系统进行单元测评的具体内容要求。

本标准适用于信息安全测评服务机构、运营使用单位对证券期货业信息系统安全等级保护状况进行的安全测试评估。国家信息安全监管职能部门及证券期货监管部门依法进行的信息安全等级保护监督检查可以参考使用。

2 规范性引用文件

下列文件对于本文件的应用是必不可少的。凡是注明日期的引用文件，仅注日期的版本适用于本文件。凡是不注日期的引用文件，其最新版本（包括所有的修改单）适用于本文件。

GB/T 5271.8 信息技术 词汇 第8部分：安全

JR/T 0060－2010 证券期货业信息系统安全等级保护基本要求（试行）。

3 术语和定义

GB/T 5271.8 和 JR/T 0060－2010 所确立的以及下列术语和定义适用于本标准。

3.1

访谈 Interview

访谈是指测评人员通过引导信息系统相关人员进行有目的的（有针对性的）交流以帮助测评人员理解、澄清或取得证据的过程。

3.2

检查 Examination

检查是指测评人员通过对测评对象（如制度文档、各类设备、安全配置等）进行观察、查验、分析以帮助测评人员理解、澄清或取得证据的过程。

3.3

测试 Testing

测试是指测评人员使用预定的方法/工具使测评对象（各类设备或安全配置）产生特定的结果，将运行结果与预期的结果进行比对的过程。

4 概述

4.1 测评框架

信息系统安全等级保护测评（以下简称等级测评）的概念性框架由三部分构成：测评输入、测评过程和测评输出。测评输入包括 JR/T 0060－2010 第四级目录（即安全控制点的唯一标识符）和采用该安全控制的信息系统的安全保护等级（含业务信息安全保护等级和系统服务保护等级）。过程组件为一组与输入组件中所标识的安全控制相关的特定测评对象和测评方法，输出组件包括一组由测评人员使用的用于确定安全控制有效性的程序化陈述。图 4.1 给出了框架。

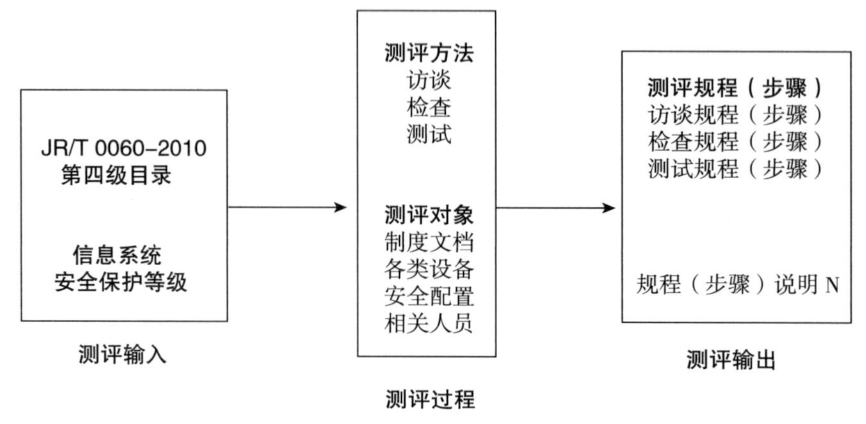

图 4.1　概念性框架

测评对象是指测评实施的对象，即测评过程中涉及到的制度文档、各类设备及其安全配置和相关人员等。

制度文档是指针对信息系统所制定的相关联的文件（如：政策、程序、计划、系统安全需求、功能规格及建筑设计）。各类设备是指安装在信息系统之内或边界，能起到特定保护作用的相关部件（如：硬件、软件、固件或物理设施）。安全配置是指信息系统所使用的设备为了贯彻安全策略而进行的设置。相关人员或部门，是指应用上述制度、设备及安全配置的人。

对于框架来说，每一个被测安全控制（不同级别）均有一组与之相关的预先定义的测评对象（如制度文档、各类设备及其安全配置和相关人员）。

测评方法：在框架的测评过程组件中，测评方法包括：访谈、检查和测试，测评人员通过这些方法试图获取证据。上述三种测评方法（访谈、检查和测评）的测评结果都用以对安全控制的有效性进行评估。

上述的评估方法都由一组相关属性来规范测评方法的测评力度。这些属性是：广度（覆盖面）和深度。对于每一种测评方法都标识（定义）了唯一属性，深度特性适用于访谈和检查，而覆盖面特性则适用于全部三种测评方法。具体的描述参见附录 A。

4.2 等级测评内容

等级测评的实施过程由单元测评和整体测评两部分构成。

针对基本要求各安全控制点的测评称为单元测评。单元测评是等级测评工作的基本活动，支持测评结果的可重复性和可再现性。每个单元测评包括测评指标、测评实施和结果判定三部分。其中，测评指标来源于 JR/T 0060－2010 第四级目录下的各要求项，测评实施描述对测评活动输入、测评对象、测评步骤和方法的要求，结果判定描述测评人员执行测评实施并产生各种测评输出数据后，如何依据这些测评输出数据来判定被测系统是否满足测评指标要求的原则和方法。

单元测评满足概念性框架的三部分内容：测评输入、测评过程和测评输出。

整体测评是在单元测评的基础上，通过进一步分析信息系统安全保护功能的整体相关性，对信息系统实施的综合安全测评。整体测评主要包括安全控制点间、层面间和区域间相互作用的安全测评。整体测评需要与信息系统的实际情况相结合，因此全面地给出整体测评要求的全部输入，测评实施的具体对象、步骤和方法以及明确的结果判定方法是非常困难的，测评人员应根据被测系统的实际情况，结合本标准的要求，实施整体测评。

4.3 测评力度

测评力度是在测评过程中实施测评工作的力度，反映测评的广度和深度，体现为测评工作的实际投入程度。测评广度越大，测评实施的范围越大，测评实施包含的测评对象就越多；测评深度越深，越需要在细节上展开，测评就越严格，因此就越需要更多的投入。投入越多，测评力度就越强，测评就越有保证。测评的广度和深度落实到访谈、检查和测试三种不同的测评方法上，能体现出测评实施过程中访谈、检查和测试的投入程度的不同。

信息安全等级保护要求不同安全保护等级的信息系统应具有不同的安全保护能力，满足相应等级的保护要求。为了检验不同安全保护等级的信息系统是否具有相应等级的安全保护能力，是否满足相应等级的保护要求，需要实施与其安全保护等级相适应的测评，付出相应的工作投入，达到应有的测评力度。

第一级到第四级信息系统的测评力度反映在访谈、检查和测试等三种基本测评方法的测评广度和深度上，落实在不同单元测评中具体的测评实施上。不同安全保护等级的信息系统在总体上所对应的测评力度在附录 A 中描述。

4.4 使用方法

本标准第 5 章到第 8 章分别描述了第一级信息系统、第二级信息系统、第三级信息系统和第四级信息系统所有单元测评的内容，在章节上分别对应 JR/T 0060－2010 的第 5 章到第 8 章。在 JR/T 0060－2010 第 5 章到第 8 章中，各章的二级目录都分为安全技术和安全管理两部分，三级目录从安全层面（如物理安全、网络安全、主机安全等）进行划分和描述，四级目录按照安全控制点进行划分和描述（如主机安全层面下分为身份鉴别、访问控制、安全审计等），第五级目录是每一个安全控制点下面包括的具体安全要求项（以下简称“要求项”，这些要求项在本标准中被称为“测评指标”）。本标准中针对每一个安全控制点的测评就构成一个单元测评，单元测评中的每一个具体测评实施要求项（以下简称“测评要求项”）是与安全控制点下面所包括的要求项（测评指标）相对应的。在对每一要求项进行测评时，可能用到访谈、检查和测试三种测试方法，也可能用到其中一种或两种，为了描述简洁，在测评要求项中，没有针对每一个要求项分别进行描述，而是对具有相同测评方法的多个要求项进行了合并描述，但测评实施的内容完全覆盖了 JR/T 0060－2010 中所有要求项的测评要求，使用时，应当从单元测评的测评实施中抽取出对于 JR/T 0060－2010 中每一个要求项的测评要求，并按照这些测评要求开发测评指导书，以规范和指导安全等级测评活动。

测评过程中，测评人员应注意对测评记录和证据的采集、处理、存储和销毁，保护其在测评期间免遭破坏、更改或遗失，并保守秘密。

测评的最终输出是测评报告，测评报告应结合第 11 章的要求给出等级测评结论。

5 第一级信息系统单元测评

5.1 安全技术测评

5.1.1 物理安全

5.1.1.1 物理访问控制

5.1.1.1.1 测评指标

见 JR/T 0060－2010 5.1.1.1。

5.1.1.1.2 测评实施

本项要求包括：

a）应检查机房出入口是否有专人负责控制人员出入。

检查是否由专人负责管理机房出入，人员进出监控记录是否保存 3 个月以上。

b）应检查是否有来访人员进入机房的登记记录。

5.1.1.1.3 结果判定

如果 5.1.1.1.2 a）和 b）均为肯定，则信息系统符合本单元测评指标要求，否则，信息系统不符合或部分符合本单元测评指标要求。

5.1.1.2 防盗窃和防破坏

5.1.1.2.1 测评指标

见 JR/T 0060－2010 5.1.1.2。

5.1.1.2.2 测评实施

本项要求包括：

a）应检查关键设备是否放置在机房内。

b）应检查关键设备或主要部件是否固定。

检查关键设备是否安装、固定在机柜内或机架上。

c）应检查关键设备或主要部件上是否设置明显的不易除去的标记。

5.1.1.2.3 结果判定

如果 5.1.1.2.2 a）～ c）均为肯定，则信息系统符合本单元测评指标要求，否则，信息系统不符合或部分符合本单元测评指标要求。

5.1.1.3 防雷击

5.1.1.3.1 测评指标

见 JR/T 0060－2010 5.1.1.3。

本项要求包括：

a）应访谈物理安全负责人，询问机房所在建筑物是否设置了避雷装置，是否通过验收或国家有关部门的技术检测。

b）应检查机房所在建筑物的防雷验收文档是否有设置避雷装置的说明。

5.1.1.3.2 结果判定

如果 5.1.1.3.2 a）和 b）均为肯定，则信息系统符合本单元测评指标要求，否则，信息系统不符合或部分符合本单元测评指标要求。

5.1.1.4 防火

5.1.1.4.1 测评指标

见 JR/T 0060－2010 5.1.1.4。

5.1.1.4.2　测评实施

应检查机房是否设置了灭火设备，灭火设备是否是经消防检测部门检测合格的产品，其有效期是否合格。

5.1.1.4.3　结果判定

如果5.1.1.4.2为肯定，则信息系统符合本单元测评指标要求，否则，信息系统不符合或部分符合本单元测评指标要求。

5.1.1.5　防水和防潮

5.1.1.5.1　测评指标

见JR/T 0060－2010 5.1.1.5。

5.1.1.5.2　测评实施

本项要求包括：

a）应检查穿过机房墙壁或楼板的给水排水管道是否采取防渗漏和防结露等保护措施。

1）检查与机房设备无关的水管是否穿过机房屋顶和活动地板下。

2）检查机房屋顶和活动地板下铺有水管的，是否采取了有效的防水措施。

b）应检查机房的窗户、屋顶和墙壁等是否未出现过漏水、渗透和返潮现象，机房的窗户、屋顶和墙壁是否进行过防水防渗处理。

5.1.1.5.3　结果判定

如果5.1.1.5.2 a）和b）均为肯定，则信息系统符合本单元测评指标要求，否则，信息系统不符合或部分符合本单元测评指标要求。

5.1.1.6　温湿度控制

5.1.1.6.1　测评指标

见JR/T 0060－2010 5.1.1.6。

5.1.1.6.2　测评实施

应检查机房内是否有温湿度控制设施，温湿度控制设施是否正常运行，机房温度、相对湿度是否满足电子信息设备的使用要求。

检查机房开机时温度是否控制在JR/T 0060－2010的相关要求之内。

5.1.1.6.3　结果判定如果5.1.1.6.2为肯定，则信息系统符合本单元测评指标要求，否则，信息系统不符合或部分符合本单元测评指标要求。

5.1.1.7　电力供应

5.1.1.7.1　测评指标

见JR/T 0060－2010 5.1.1.7。

5.1.1.7.2　测评实施

应检查机房的计算机系统供电线路上是否设置了稳压器和过电压防护设备，这些设备是否正常运行。

5.1.1.7.3　结果判定

如果5.1.1.7.2为肯定，则信息系统符合本单元测评指标要求，否则，信息系统不符合或部分符合本单元测评指标要求。

5.1.2　网络安全

5.1.2.1　结构安全

5.1.2.1.1　测评指标

见JR/T 0060－2010 5.1.2.1。

5.1.2.1.2　测评实施

本项要求包括：

a）应访谈网络管理员，询问关键网络设备的业务处理能力是否满足基本业务需求。

b）应访谈网络管理员，询问接入网络及核心网络的带宽是否满足基本业务需要。

c）应检查网络拓扑结构图，查看其与当前运行的实际网络系统是否一致。

检查网络拓扑结构图是否完整，是否有相应的网络配置表，包含设备 IP 地址等主要信息，与当前运行情况相符，并及时更新。

5.1.2.1.3　结果判定

本项要求包括：

a）如果 5.1.2.1.2 c）中缺少网络拓扑结构图，则为否定。

b）如果 5.1.2.1.2 a）～ c）均为肯定，则信息系统符合本单元测评指标要求，否则，信息系统不符合或部分符合本单元测评指标要求。

5.1.2.2　访问控制

5.1.2.2.1　测评指标

见 JR/T 0060－2010 5.1.2.2。

5.1.2.2.2　测评实施

本项要求包括：

a）应访谈网络管理员，询问网络访问控制的措施有哪些；询问网络访问控制设备具备哪些访问控制功能。

b）应检查边界网络设备，查看是否有正确的访问控制列表，以通过源地址、目的地址、源端口、目的端口、协议等进行网络数据流控制，其控制粒度是否至少为用户组。

5.1.2.2.3　结果判定

如果 5.1.2.2.2 b）为肯定，则信息系统符合本单元测评指标要求，否则，信息系统不符合或部分符合本单元测评指标要求。

5.1.2.3　网络设备防护

5.1.2.3.1　测评指标

见 JR/T 0060－2010 5.1.2.3。

5.1.2.3.2　测评实施

本项要求包括：

a）应检查边界和关键网络设备的设备防护策略，查看是否配置了对登录用户进行身份鉴别的功能。

b）应检查边界和关键网络设备的设备防护策略，查看是否配置了登录失败处理功能，包括结束会话、限制非法登录次数、登录连接超时自动退出等。

c）应检查边界和关键网络设备的设备防护策略，查看是否配置了对设备远程管理所产生的鉴别信息进行保护的功能。

5.1.2.3.3　结果判定

如果 5.1.2.3.2 a）～c）均为肯定，则信息系统符合本单元测评指标要求，否则，信息系统不符合或部分符合本单元测评指标要求。

5.1.3　主机安全

5.1.3.1　身份鉴别

5.1.3.1.1　测评指标

见 JR/T 0060－2010 5.1.3.1。

5.1.3.1.2 测评实施

应检查关键服务器操作系统和关键数据库管理系统的身份鉴别策略，查看是否提供了身份鉴别措施。

5.1.3.1.3 结果判定

如果 5.1.3.1.2 为肯定，则信息系统符合本单元测评指标要求，否则，信息系统不符合或部分符合本单元测评指标要求。

5.1.3.2 访问控制

5.1.3.2.1 测评指标

见 JR/T 0060－2010 5.1.3.2。

5.1.3.2.2 测评实施

本项要求包括：

a）应检查关键服务器操作系统的访问控制策略，查看是否对重要文件的访问权限进行了限制，对系统不需要的服务、共享路径等进行了禁用或删除。

b）应检查关键服务器操作系统和关键数据库管理系统的访问控制策略，查看是否已禁用或者限制匿名/默认账户的访问权限，是否重命名系统默认账户、修改这些账户的默认口令。

c）应检查关键服务器操作系统和关键数据库管理系统的访问控制策略，是否删除了系统中多余的、过期的以及共享的账户。

1）检查系统中的账号是否为用户工作必须的。

2）检查是否及时删除或禁用了不用或过期的账户。

d）应检查关键服务器操作系统和关键数据库管理系统的权限设置情况，查看是否依据安全策略对用户权限进行了限制。

5.1.3.2.3 结果判定

a）如果系统不支持修改、重命名特权用户，则 5.1.3.2.2 b）、d）为不适用。

b）如果 5.1.3.2.2 a）～d）均为肯定，则信息系统符合本单元测评指标要求，否则，信息系统不符合或部分符合本单元测评指标要求。

5.1.3.3 入侵防范

5.1.3.3.1 测评指标

见 JR/T 0060－2010 5.1.3.3。

5.1.3.3.2 测评实施

本项要求包括：

a）应访谈系统管理员，询问关键服务器操作系统和关键数据库管理系统中所安装的系统组件和应用程序是否都是必须的。

b）应检查关键服务器操作系统和关键数据库管理系统的补丁是否得到了及时更新。

检查是否持续跟踪厂商提供的系统升级更新情况，对关键性补丁是否进行充分的评估测试，并记录了相关评估情况和升级过程。

5.1.3.3.3 结果判定

如果 5.1.3.3.2 a）～b）肯定，则信息系统符合本单元测评指标要求，否则，信息系统不符合或部分符合本单元测评指标要求。

5.1.3.4 恶意代码防范

5.1.3.4.1 测评指标

见 JR/T 0060－2010 5.1.3.4。

5.1.3.4.2 测评实施

应检查关键服务器的恶意代码防范策略，查看是否安装了实时检测与查杀恶意代码的软件产品，并且及时更新了软件版本和恶意代码库。

应检查关键服务器的恶意代码防范策略，对支持安装防恶意代码软件的主机操作系统，查看是否安装了实时检测与查杀恶意代码的软件产品，并且及时更新了软件版本和恶意代码库。

5.1.3.4.3 结果判定

如果5.1.3.4.2为肯定，则信息系统符合本单元测评指标要求，否则，信息系统不符合或部分符合本单元测评指标要求。

5.1.4 应用安全

5.1.4.1 身份鉴别

5.1.4.1.1 测评指标

见JR/T 0060－2010 5.1.4.1。

5.1.4.1.2 测评实施

本项要求包括：

a）应检查关键应用系统，查看是否提供身份标识和鉴别功能。

b）应检查关键应用系统，查看是否提供登录失败处理功能，是否根据安全策略设置了登录失败次数等参数。

5.1.4.1.3 结果判定

如果5.1.4.1.2 a）和b）均为肯定，则信息系统符合本单元测评指标要求，否则，信息系统不符合或部分符合本单元测评指标要求。

5.1.4.2 访问控制

5.1.4.2.1 测评指标

见JR/T 0060－2010 5.1.4.2。

5.1.4.2.2 测评实施

本项要求包括：

a）应检查关键应用系统，查看系统是否提供访问控制功能控制用户组或用户对系统功能和用户数据的访问。

b）应检查关键应用系统，查看是否限制了默认账户的访问权限，是否修改了这些账户的默认口令。

c）应检查关键应用系统，查看是否删除多余的、过期的账户。

5.1.4.2.3 结果判定

如果5.1.4.2.2 a）～c）均为肯定，则信息系统符合本单元测评指标要求，否则，信息系统不符合或部分符合本单元测评指标要求。

5.1.4.3 通信完整性

5.1.4.3.1 测评指标

见JR/T 0060－2010 5.1.4.3。

5.1.4.3.2 测评实施

应检查设计、验收文档或源代码，查看是否有关于保护通信完整性的描述。

5.1.4.3.3 结果判定

如果5.1.4.3.2为肯定，则信息系统符合本单元测评指标要求，否则，信息系统不符合或部分符合本单元测评指标要求。

5.1.4.4 软件容错

5.1.4.4.1 测评指标

见 JR/T 0060－2010 5.1.4.4。

5.1.4.4.2 测评实施

本项要求包括：

a）应检查设计或验收文档，查看应用系统有对人机接口输入或通信接口输入的数据进行有效性检验功能的说明。

b）应测试关键应用系统，查看应用系统是否能明确拒绝不符合格式要求数据。

5.1.4.4.3 结果判定

如果 5.1.4.4.2 a）和 b）均为肯定，则信息系统符合本单元测评指标要求，否则，信息系统不符合或部分符合本单元测评指标要求。

5.1.5 数据安全及备份恢复

5.1.5.1 数据完整性

5.1.5.1.1 测评指标

见 JR/T 0060－2010 5.1.5.1。

5.1.5.1.2 测评实施应检查应用系统的设计、验收文档或源代码，查看是否有关于能检测重要业务数据传输过程中完整性受到破坏的描述。

5.1.5.1.3 结果判定

如果 5.1.5.1.2 为肯定，则信息系统符合本单元测评指标要求，否则，信息系统不符合或部分符合本单元测评指标要求。

5.1.5.2 备份和恢复

5.1.5.2.1 测评指标

见 JR/T 0060－2010 5.1.5.2。

5.1.5.2.2 测评实施

应检查是否对关键网络设备、关键主机操作系统、关键数据库管理系统和关键应用系统的重要信息进行了备份，并定期进行恢复测试。

5.1.5.2.3 结果判定

如果 5.1.5.2.2 为肯定，则信息系统符合本单元测评指标要求，否则，信息系统不符合或部分符合本单元测评指标要求。

5.2 安全管理测评

5.2.1 安全管理制度

5.2.1.1 管理制度

5.2.1.1.1 测评指标

见 JR/T 0060－2010 5.2.1.1。

5.2.1.1.2 测评实施

应检查各项安全管理制度，查看是否覆盖物理、网络、主机系统、数据、应用、建设和运维等层面。

5.2.1.1.3 结果判定

如果 5.2.1.1.2 为肯定，则信息系统符合本单元测评指标要求，否则，信息系统不符合或部分符合本单元测评指标要求。

5.2.1.2 制定和发布

5.2.1.2.1　测评指标

见 JR/T 0060－2010 5.2.1.2。

5.2.1.2.2　测评实施

本项要求包括：

a）应访谈系统安全负责人，询问是否由专人负责制定安全管理制度。

b）应访谈系统安全负责人，询问安全管理制度是否能够发布到相关人员手中。

5.2.1.2.3　结果判定

如果 5.2.1.2.2 a）和 b）均为肯定，则信息系统符合本单元测评指标要求，否则，信息系统不符合或部分符合本单元测评指标要求。

5.2.2　安全管理机构

5.2.2.1　岗位设置

5.2.2.1.1　测评指标

见 JR/T 0060－2010 5.2.2.1。

5.2.2.1.2　测评实施

本项要求包括：

a）应访谈系统安全负责人，询问信息系统是否设置了相关管理岗位，各个岗位的职责分工是否明确。

b）应检查岗位职责分工文档，查看是否明确了相关岗位的职责。

5.2.2.1.3　结果判定

如果 5.2.2.1.2 a）和 b）均为肯定，则信息系统符合本单元测评指标要求，否则，信息系统不符合或部分符合本单元测评指标要求。

5.2.2.2　人员配备

5.2.2.2.1　测评指标

见 JR/T 0060－2010 5.2.2.2。

5.2.2.2.2　测评实施

本项要求包括：

a）应访谈系统安全负责人，询问各个安全管理岗位是否配备了一定数量的人员。

b）应检查安全管理各岗位人员信息表，查看其是否明确相关岗位的人员信息。

5.2.2.2.3　结果判定

如果 5.2.2.2.2 a）和 b）均为肯定，则信息系统符合本单元测评指标要求，否则，信息系统不符合或部分符合本单元测评指标要求。

5.2.2.3　授权和审批

5.2.2.3.1　测评指标

见 JR/T 0060－2010 5.2.2.3。

5.2.2.3.2　测评实施

应访谈系统安全负责人，询问是否对信息系统中的关键活动进行审批，审批活动是否得到授权。

应检查相关内部审批记录，查看部分授权和审批过程。

5.2.2.3.3　结果判定

如果 5.2.2.3.2 为肯定，则信息系统符合本单元测评指标要求，否则，信息系统不符合或部分符合本单元测评指标要求。

5.2.2.4 沟通和合作

5.2.2.4.1 测评指标

见 JR/T 0060－2010 5.2.2.4。

5.2.2.4.2 测评实施

本项要求包括：

a）应访谈系统安全负责人，询问是否与公安机关、电信公司和兄弟单位建立联系。

检查是否同时与供电部门、银行等单位和部门建立了沟通、合作机制。

b）应检查外联单位说明文档，查看外联单位是否包含公安机关、电信公司及兄弟单位，是否说明外联单位的联系人和联系方式等内容。

5.2.2.4.3 结果判定

如果 5.2.2.4.2 a）和 b）均为肯定，则信息系统符合本单元测评指标要求，否则，信息系统不符合或部分符合本单元测评指标要求。

5.2.3 人员安全管理

5.2.3.1 人员录用

5.2.3.1.1 测评指标

见 JR/T 0060－2010 5.2.3.1。

5.2.3.1.2 测评实施

本项要求包括：

a）应访谈人事负责人，询问是否由专门的部门或人员负责人员的录用工作。

b）应访谈人事负责人，询问在人员录用时是否对被录用人的身份和专业资格进行审查。

c）应检查人员录用管理文档，查看是否说明录用人员应具备的条件（如学历、学位要求，技术人员应具备的专业技术水平，管理人员应具备的安全管理知识等）。

d）应检查是否具有人员录用时对录用人身份、专业资格等进行审查的相关文档或记录等。

5.2.3.1.3 结果判定

如果 5.2.3.1.2 a）～d）均为肯定，则信息系统符合本单元测评指标要求，否则，信息系统不符合或部分符合本单元测评指标要求。

5.2.3.2 人员离岗

5.2.3.2.1 测评指标

见 JR/T 0060－2010 5.2.3.2。

5.2.3.2.2 测评实施

本项要求包括：

a）应访谈系统安全负责人，询问是否及时终止离岗人员的所有访问权限，取回各种身份证件、钥匙、徽章以及机构提供的软硬件设备等。

b）应检查是否具有离岗人员交还身份证件、设备等的登记记录。

5.2.3.2.3 结果判定

如果 5.2.3.2.2 a）和 b）均为肯定，则信息系统符合本单元测评指标要求，否则，信息系统不符合或部分符合本单元测评指标要求。

5.2.3.3 安全意识教育和培训

5.2.3.3.1 测评指标

见 JR/T 0060－2010 5.2.3.3。

5.2.3.3.2 测评实施

应访谈系统安全负责人，询问是否对各个岗位人员进行安全教育和岗位技能培训，告知相关的安全知识、安全责任和惩戒措施。

5.2.3.3.3 结果判定

如果5.2.3.3.2为肯定，则信息系统符合本单元测评指标要求，否则，信息系统不符合或部分符合本单元测评指标要求。

5.2.3.4 外部人员访问管理

5.2.3.4.1 测评指标

见JR/T 0060－2010 5.2.3.4。

5.2.3.4.2 测评实施

本项要求包括：

a）应访谈系统安全负责人，询问外部人员访问重要区域（如访问机房、重要服务器或设备区等）是否需经有关部门或负责人批准。

b）应检查外部人员访问管理文档，查看是否具有规范外部人员访问机房等重要区域需经过相关部门或负责人批准的管理要求。

5.2.3.4.3 结果判定

如果5.2.3.4.2 a）和b）均为肯定，则信息系统符合本单元测评指标要求，否则，信息系统不符合或部分符合本单元测评指标要求。

5.2.4 系统建设管理

5.2.4.1 系统定级

5.2.4.1.1 测评指标

见JR/T 0060－2010 5.2.4.1。

5.2.4.1.2 测评实施

本项要求包括：

a）应访谈系统建设负责人，询问是否参照定级指南确定信息系统安全保护等级。

b）应检查系统定级文档，查看文档是否明确信息系统的边界和信息系统的安全保护等级，是否说明定级的方法和理由，是否有相关部门或主管领导的盖章或签名。

5.2.4.1.3 结果判定

如果5.2.4.1.2 a）和b）均为肯定，则信息系统符合本单元测评指标要求，否则，信息系统不符合或部分符合本单元测评指标要求。

5.2.4.2 安全方案设计

5.2.4.2.1 测评指标

见JR/T 0060－2010 5.2.4.2。

5.2.4.2.2 测评实施

本项要求包括：

a）应访谈系统建设负责人，询问是否依据风险分析的结果补充和调整过安全措施，具体做过哪些调整。

b）应检查系统的安全设计方案，查看方案是否描述系统的安全保护等级，是否描述系统的安全保护策略，是否根据系统的安全级别选择了安全措施。

c）应检查系统的安全设计方案，查看是否详细描述安全措施的实现内容，是否有安全产品的功能、性能和部署等描述，是否有安全建设的费用和计划等。

5.2.4.2.3 结果判定

如5.2.4.2.2 a）～c）均为肯定，则信息系统符合本单元测评指标要求，否则，信息系统不符合或部分符合本单元测评指标要求。

5.2.4.3 产品采购和使用

5.2.4.3.1 测评指标

见JR/T 0060-2010 5.2.4.3。

5.2.4.3.2 测评实施

应访谈系统建设负责人，询问系统使用的有关信息安全产品是否符合国家的有关规定，如安全产品获得了销售许可证等。

5.2.4.3.3 结果判定

如果5.2.4.3.2为肯定，则信息系统符合本单元测评指标要求，否则，信息系统不符合或部分符合本单元测评指标要求。

5.2.4.4 自行软件开发

5.2.4.4.1 测评指标

见JR/T 0060-2010 5.2.4.4。

5.2.4.4.2 测评实施

本项要求包括：

a）应访谈系统建设负责人，询问是否进行自主开发软件。

b）应访谈系统建设负责人，询问自主开发软件是否在独立的环境中完成编码和调试，如相对独立的网络区域，询问软件设计相关文档是否由专人负责保管，负责人是何人。

c）应检查网络拓扑图和实际开发环境，查看是否实际运行环境和开发环境有效隔离。

5.2.4.4.3 结果判定

如果5.2.4.4.2 a）～c）均为肯定，则信息系统符合本单元测评指标要求，否则，信息系统不符合或部分符合本单元测评指标要求。

5.2.4.5 外包软件开发

5.2.4.5.1 测评指标

见JR/T 0060-2010 5.2.4.5。

5.2.4.5.2 测评实施

本项要求包括：

a）应访谈系统建设负责人，询问软件交付前是否依据开发要求的技术指标对软件功能和性能等进行验收测试，软件安装之前是否检测软件中的恶意代码。

b）应检查是否具有软件开发的相关文档，如需求分析说明书、软件设计说明书等，是否具有软件操作手册或使用指南。

5.2.4.5.3 结果判定

如果5.2.4.5.2 a）和b）均为肯定，则信息系统符合本单元测评指标要求，否则，信息系统不符合或部分符合本单元测评指标要求。

5.2.4.6 工程实施

5.2.4.6.1 测评指标

见JR/T 0060-2010 5.2.4.6。

5.2.4.6.2 测评实施

应访谈系统建设负责人，询问是否指定专门部门或人员对工程实施过程进行进度和质量控制，由何部门/何人负责。

5.2.4.6.3 结果判定

如果 5.2.4.6.2 为肯定，则信息系统符合本单元测评指标要求，否则，信息系统不符合或部分符合本单元测评指标要求。

5.2.4.7 测试验收

5.2.4.7.1 测评指标

见 JR/T 0060－2010 5.2.4.7

5.2.4.7.2 测评实施

本项要求包括：

a）应访谈系统建设负责人，询问在信息系统建设完成后是否对其进行安全性测试验收。

b）应检查是否具有工程测试验收方案，查看其是否明确说明参与测试的部门、人员、测试验收内容、现场操作过程等内容。

c）应检查是否具有系统测试验收报告。

5.2.4.7.3 结果判定

如果 5.2.4.7.2 a）～c）均为肯定，则信息系统符合本单元测评指标要求，否则，信息系统不符合或部分符合本单元测评指标要求。

5.2.4.8 系统交付

5.2.4.8.1 测评指标

见 JR/T 0060－2010 5.2.4.8。

5.2.4.8.2 测评实施

本项要求包括：

a）应访谈系统建设负责人，询问系统交接工作是否根据交付清单对所交接的设备、文档、软件等进行清点。

b）应访谈系统建设负责人，询问系统正式运行前是否对运行维护人员进行过培训，针对哪些方面进行过培训。

c）应检查是否具有系统交付清单，查看交付清单是否说明系统交付的各类设备、软件、文档等。

d）应检查系统交付提交的文档，查看是否有指导用户进行系统运维的文档等。

5.2.4.8.3 结果判定

如果 5.2.4.8.2 a）～d）均为肯定，则信息系统符合本单元测评指标要求，否则，信息系统不符合或部分符合本单元测评指标要求。

5.2.4.9 安全服务商选择

5.2.4.9.1 测评指标

见 JR/T 0060－2010 5.2.4.9。

5.2.4.9.2 测评实施

本项要求包括：

a）应访谈系统建设负责人，询问信息系统选择的安全服务商有哪些，是否符合国家有关规定。

b）应检查是否具有与安全服务商签订的安全责任合同书或保密协议等文档，查看其内容是否包含保密范围、安全责任、违约责任、协议的有效期限和责任人的签字等。

5.2.4.9.3 结果判定

如果 5.2.4.9.2 a）和 b）均为肯定，则信息系统符合本单元测评指标要求，否则，信息系统不符合或部分符合本单元测评指标要求。

5.2.5 系统运维管理

5.2.5.1 环境管理

5.2.5.1.1 测评指标

见 JR/T 0060－2010 5.2.5.1。

5.2.5.1.2 测评实施

本项要求包括：

a）应访谈系统运维负责人，询问是否有专门的部门或人员对机房供配电、空调、温湿度控制等设施进行定期维护，由何部门/何人负责，维护周期多长。

b）应访谈系统运维负责人，询问是否有专门的部门或人员对机房的出入、服务器开机/关机等日常工作进行管理，由何部门/何人负责。

c）应检查是否有机房安全管理制度，查看其内容是否覆盖机房物理访问、物品带进/带出机房和机房环境安全等方面。

检查维护记录，查验是否每季度对机房供配电、空调、UPS 等设备进行维护管理。

5.2.5.1.3 结果判定

如果 5.2.5.1.2 a）～c）均为肯定，则信息系统符合本单元测评指标要求，否则，信息系统不符合或部分符合本单元测评指标要求。

5.2.5.2 资产管理

5.2.5.2.1 测评指标

见 JR/T 0060－2010 5.2.5.2。

5.2.5.2.2 测评实施

应检查是否有资产清单，查看其内容是否覆盖资产责任部门、责任人、所处位置和重要程度等方面。

5.2.5.2.3 结果判定

如果 5.2.5.2.2 为肯定，则信息系统符合本单元测评指标要求，否则，信息系统不符合或部分符合本单元测评指标要求。

5.2.5.3 介质管理

5.2.5.3.1 测评指标

见 JR/T 0060－2010 5.2.5.3。

5.2.5.3.2 测评实施

本项要求包括：

a）应访谈资产管理员，询问介质的存放环境是否采取保护措施防止介质被盗、被毁等。

b）应访谈资产管理员，询问是否根据介质的目录清单对介质的使用现状进行定期检查。

c）应检查介质使用管理记录，查看其是否记录介质归档和使用等情况。

5.2.5.3.3 结果判定

如果 5.2.5.3.2 a）～c）均为肯定，则信息系统符合本单元测评指标要求，否则，信息系统不符合或部分符合本单元测评指标要求。

5.2.5.4 设备管理

5.2.5.4.1 测评指标

见 JR/T 0060－2010 5.2.5.4。

5.2.5.4.2 测评实施

本项要求包括：

a）应访谈系统运维负责人，询问是否有专门的部门或人员对各种设备、线路进行定期维护，由何部门/何人负责，维护周期多长。

检查配套设施、软硬件维护是否至少每年进行一次。

b）应检查是否有设备安全管理制度，查看其内容是否对各种软硬件设备的选型、采购、发放和领用等环节进行规定。

5.2.5.4.3　结果判定

如果5.2.5.4.2 a）和b）均为肯定，则信息系统符合本单元测评指标要求，否则，信息系统不符合或部分符合本单元测评指标要求。

5.2.5.5　网络安全管理

5.2.5.5.1　测评指标

见JR/T 0060-2010 5.2.5.5。

5.2.5.5.2　测评实施

本项要求包括：

a）应访谈系统运维负责人，询问是否指定专门的部门或人员负责网络管理，维护网络运行日志、监控记录，分析处理报警信息等。

b）应访谈网络管理员，询问是否定期对网络进行漏洞扫描，扫描周期多长，发现漏洞是否及时修补。

c）应检查是否有网络漏洞扫描报告，检查扫描时间间隔与扫描周期是否一致。

1）检查是否至少每半年进行一次漏洞扫描，并对漏洞风险持续跟踪，在经过充分的验证测试后，对必要的漏洞开展修补工作。

2）检查漏洞扫描和修补报告，查看扫描和修补工作是否在恰当的时间，对可能存在的风险进行充分评估和准备，制定回退方案，备份重要数据后进行的。

3）检查漏洞扫描和修补报告，查看完成扫描和修补工作后，是否进行了验证测试，以保证网络系统的正常运行。

5.2.5.5.3　结果判定

如果5.2.5.5.2 a）～c）均为肯定，则信息系统符合本单元测评指标要求，否则，信息系统不符合或部分符合本单元测评指标要求。

5.2.5.6　系统安全管理

5.2.5.6.1　测评指标

见JR/T 0060-2010 5.2.5.6。

5.2.5.6.2　测评实施

本项要求包括：

a）应访谈系统运维负责人，询问是否指定专门的部门或人员负责系统管理，如根据业务需求和系统安全分析制定系统的访问控制策略，控制分配文件及服务的访问权限。

b）应访谈系统管理员，询问是否定期对系统进行漏洞扫描，扫描周期多长，发现漏洞是否及时修补，在安装系统补丁前是否对重要文件进行备份。

c）应检查是否有系统漏洞扫描报告，检查扫描时间间隔与扫描周期是否一致。

1）检查是否至少每半年进行一次漏洞扫描，并对漏洞风险持续跟踪，在经过充分的验证测试后，对必要的漏洞开展修补工作。

2）检查漏洞扫描和修补报告，查看扫描和修补工作是否在恰当的时间，对可能存在的风险进行充分评估和准备，制定回退方案，备份重要数据后进行的。

3）检查漏洞扫描和修补报告，查看完成扫描和修补工作后，是否进行了验证测试，以保证网络系统的正常运行。

5.2.5.6.3 结果判定

如果5.2.5.6.2 a）～c）均为肯定，则信息系统符合本单元测评指标要求，否则，信息系统不符合或部分符合本单元测评指标要求。

5.2.5.7 恶意代码防范管理

5.2.5.7.1 测评指标

见JR/T 0060－2010 5.2.5.7。

5.2.5.7.2 测评实施

应访谈系统运维负责人，询问是否对员工进行基本恶意代码防范意识的教育，是否告知应及时升级软件版本，使用外来设备、网络上接收文件和外来计算机或存储设备接入网络系统之前应进行病毒检查等。

5.2.5.7.3 结果判定

如果5.2.5.7.2为肯定，则信息系统符合本单元测评指标要求，否则，信息系统不符合或部分符合本单元测评指标要求。

5.2.5.8 备份与恢复管理

5.2.5.8.1 测评指标

见JR/T 0060－2010 5.2.5.8。

5.2.5.8.2 测评实施

本项要求包括：

a）应访谈系统运维负责人，询问是否识别出需要定期备份的业务信息、系统数据和软件系统，主要有哪些。

b）应检查备份管理文档，查看其是否明确了备份方式、备份频度、存储介质和保存期等方面内容。

5.2.5.8.3 结果判定

如果5.2.5.8.2 a）和b）均为肯定，则信息系统符合本单元测评指标要求，否则，信息系统不符合或部分符合本单元测评指标要求。

5.2.5.9 安全事件处置

5.2.5.9.1 测评指标

见JR/T 0060－2010 5.2.5.9。

5.2.5.9.2 测评实施

本项要求包括：

a）应访谈系统运维负责人，询问是否告知用户在发现安全弱点和可疑事件时应及时报告。

b）应检查是否有安全事件报告和处置管理制度，查看其是否明确安全事件的现场处理、事件报告和后期恢复等内容。

5.2.5.9.3 结果判定

如果5.2.5.9.2 a）和b）均为肯定，则信息系统符合本单元测评指标要求，否则，信息系统不符合或部分符合本单元测评指标要求。

6 第二级信息系统单元测评

6.1 安全技术测评

6.1.1 物理安全

6.1.1.1 物理位置的选择

6.1.1.1.1 测评指标

见JR/T 0060-2010 6.1.1.1。

6.1.1.1.2 测评实施

本项要求包括：

a) **应访谈物理安全负责人，询问机房和办公场地所在建筑物是否具有防震、防风和防雨等能力。**

b) **应检查是否有机房和办公场地所在建筑物抗震设防审批文档。**

检查机房和办公场地的设计、验收文档或相关证据，查看机房和办公场地所在建筑的防震能力说明。

c) **应检查机房和办公场地所在建筑物是否具有防风和防雨等能力。**

1) 检查机房和办公场地的设计、验收文档或相关证据，查看机房和办公场地所在建筑的防风和防雨说明；

2) 检查设计、验收文档是否与机房和办公场地实际情况相符合；

3) 如果机房外墙壁有对外的窗户，检查是否采用了双层固定窗，并做了密封、防水处理。

6.1.1.1.3 结果判定

如果6.1.1.1.2a)-c)均为肯定，则信息系统符合本单元测评指标要求，否则，信息系统不符合或部分符合本单元测评指标要求。

6.1.1.2 物理访问控制

6.1.1.2.1 测评指标

见JR/T 0060-2010 6.1.1.2。

6.1.1.2.2 测评实施

本项要求包括：

a) 应检查机房**出入口是否有专人值守**负责控制并鉴别进入机房的人员，**是否有值守记录。**

检查是否由专人负责管理机房出入，人员进出监控记录是否保存3个月以上。

b) **应检查机房是否不存在专人值守之外的其他开放的出入口。**

c) 应检查是否有来访人员进入机房的登记记录。

d) **应检查是否有来访人员进入机房的申请、审批记录，查看申请、审批记录是否包括来访人员的访问范围。**

1) 检查对外来人员出入机房是否有审批流程，记录带进带出的设备、进出时间、工作内容，记录应保存3个月以上；

2) 应访谈物理安全负责人，了解是否有专人陪同来访人员。

e) **应检查来访人员进入机房时是否有专人陪同。**

6.1.1.2.3 结果判定

如果6.1.1.2.2a)～e)均为肯定，则信息系统符合本单元测评指标要求，否则，信息系统不符合或部分符合本单元测评指标要求。

6.1.1.3　防盗窃和防破环

6.1.1.3.1　测评指标

见 JR/T 0060－2010 6.1.1.3。

6.1.1.3.2　测评实施

本项要求包括：

a）应检查**重要设备**等是否放置在机房内。

b）应检查**重要设备**等或设备的主要部件是否固定。

检查重要设备是否安装、固定在机柜内或机架上。

c）应检查**重要设备**等或设备的主要部件上是否设置明显的不易除去的标记。

d）**应检查通信线缆铺设是否暗敷或在不易被发现的地方。**

检查通信线缆是否铺设在管道或线槽、线架中。

e）**应检查主机房是否安装防盗报警设施，防盗报警设施是否正常运行，是否通过了国家相关部门检验，并查看是否有防盗报警设施的运行记录。**

f）**应检查介质是否有分类标识，是否分类存放在介质库或档案室内。**

6.1.1.3.3　结果判定

如果 6.1.1.3.2 a）～f）均为肯定，则信息系统符合本单元测评指标要求，否则，信息系统不符合或部分符合本单元测评指标要求。

6.1.1.4　防雷击

6.1.1.4.1　测评指标

见 JR/T 0060－2010 6.1.1.4。

6.1.1.4.2　测评实施

本项要求包括：

a）应访谈物理安全负责人，询问机房所在建筑物是否设置了避雷装置，是否通过验收或国家有关部门的技术检测。

b）**应访谈物理安全负责人，询问机房是否设置有交流电源地线。**

c）应检查机房所在建筑物的防雷验收文档中是否有设置避雷装置的说明。

d）**应检查机房防雷验收文档中是否有设置交流电源地线的说明。**

6.1.1.4.3　结果判定

如果 6.1.1.4.2 a）～d）均为肯定，则信息系统符合本单元测评指标要求，否则，信息系统不符合或部分符合本单元测评指标要求。

6.1.1.5　防火

6.1.1.5.1　测评指标

见 JR/T 0060－2010 6.1.1.5。

6.1.1.5.2　测评实施

本项要求包括：

a）应检查机房是否设置了灭火设备，灭火设备是否是经消防检测部门检测合格的产品，其有效期是否合格。

b）**应检查机房是否部署了火灾自动报警系统，火灾自动报警系统是否是经消防检测部门检测合格的产品，是否处于正常运行状态，是否有火灾自动报警系统的运行记录。**

应检查机房的火灾自动报警系统向当地公安消防部门备案的相关材料。

6.1.1.5.3　结果判定

如果 6.1.1.5.2 a）和 b）均为肯定，则信息系统符合本单元测评指标要求，否则，信息系统不符合或部分符合本单元测评指标要求。

6.1.1.6　防水和防潮

6.1.1.6.1　测评指标

见 JR/T 0060－2010 6.1.1.6。

6.1.1.6.2　测评实施

本项要求包括：

a）**应检查机房屋顶或活动地板下是否未安装水管。**

b）应检查穿过机房墙壁或楼板的给水排水管道是否采取防渗漏和防结露等保护措施。

1）检查与机房设备无关的水管是否穿过机房屋顶和活动地板下；

2）检查机房屋顶和活动地板下铺有水管的，是否采取了有效的防水措施。

c）应检查机房的窗户、屋顶和墙壁等是否未出现过漏水、渗透和返潮现象，机房的窗户、屋顶和墙壁是否进行过防水防渗处理。

d）**如果机房内安装有空调机和加湿器，应检查是否设置了挡水和排水设施。**

e）**如果机房位于湿度较高的地区，应检查机房是否有除湿装置并能够正常运行，是否有防水防潮处理记录。**

6.1.1.6.3　结果判定

如果 6.1.1.6.2 a）～e）均为肯定，则信息系统符合本单元测评指标要求，否则，信息系统不符合或部分符合本单元测评指标要求。

6.1.1.7　防静电

6.1.1.7.1　测评指标

见 JR/T 0060－2010 6.1.1.7。

6.1.1.7.2　测评实施

应检查重要设备是否有接地构造或其他静电泄放措施。

6.1.1.7.3　结果判定

如果 6.1.1.7.2 为肯定，则信息系统符合本单元测评指标要求，否则，信息系统不符合或部分符合本单元测评指标要求。

6.1.1.8　温湿度控制

6.1.1.8.1　测评指标

见 JR/T 0060－2010 6.1.1.8。

6.1.1.8.2　测评实施

本项要求包括：

a）应检查机房内是否配备了**温湿度自动调节设施**，温湿度自动调节设施是否能够正常运行，机房温度、相对湿度是否满足电子信息设备的使用要求。

检查机房开机时温度是否控制在 JR/T 0060－2010 的相关要求之内。

b）应检查**是否有机房的温湿度记录，是否有温湿度自动调节设施的运行记录。**

6.1.1.8.3　结果判定

如果 6.1.1.8.2a）和 b）均为肯定，则信息系统符合本单元测评指标要求，否则，信息系统不符合或部分符合本单元测评指标要求。

6.1.1.9 电力供应

6.1.1.9.1 测评指标

见 JR/T 0060－2010 6.1.1.9。

6.1.1.9.2 测评实施

本项要求包括：

a）应检查机房的计算机系统供电线路上是否设置了稳压器和过电压防护设备，这些设备是否正常运行。

b）**应检查机房计算机系统是否配备了短期备用电源设备，备用电源设备是否正常运行。**

1）检查是否配备或租用了发电机，以及是否配备了 UPS；

2）检查 UPS 实际供电能力是否能够满足关键设备在断电情况下正常运行 2 个小时以上；

3）如果是租用发电机，应检查租用发电机的合同或相关证明材料；

4）检查发电机储油是否能够确保发电机持续供电，并采取了有效措施确保发电机用油的及时补充。

6.1.1.9.3 结果判定

如果 6.1.1.9.2a）和 b）均为肯定，则信息系统符合本单元测评指标要求，否则，信息系统不符合或部分符合本单元测评指标要求。

6.1.1.10 电磁防护

6.1.1.10.1 测评指标

见 JR/T 0060－2010 6.1.1.10。

6.1.1.10.2 测评实施

应检查机房布线，查看是否做到电源线和通信线缆隔离。

检查电源线和通信线缆是否铺设在不同的桥架或者管道内。

6.1.1.10.3 结果判定

如果 6.1.1.10.2 为肯定，则信息系统符合本单元测评指标要求，否则，信息系统不符合或部分符合本单元测评指标要求。

6.1.2 网络安全

6.1.2.1 结构安全

6.1.2.1.1 测评指标

见 JR/T 0060－2010 6.1.2.1。

6.1.2.1.2 测评实施

本项要求包括：

a）**应检查网络设计或验收文档，查看是否有满足关键网络设备业务处理能力需要的设计或描述。**

b）**应检查网络设计或验收文档，查看是否有满足接入网络及核心网络的带宽业务高峰期需要的设计或描述。**

检查网络监控日志，查看关键网络设备近一年的 CPU 负载峰值是否小于 30%。

c）应检查网络拓扑结构图，查看其与当前运行的实际网络系统是否一致。

检查网络拓扑结构图是否完整，是否有相应的网络配置表，包含设备 IP 地址等主要信息，与当前运行情况相符，并及时更新。

d）**应检查网络设计或验收文档，查看是否有根据各部门的工作职能、重要性和所涉及信息的重要程度等因素，划分不同的子网或网段，并按照方便管理和控制的原则为各子网和网段分配地址**

段的设计或描述。

6.1.2.1.3　结果判定

如果 6.1.2.1.2 a）～d）均为肯定，则信息系统符合本单元测评指标要求，否则，信息系统不符合或部分符合本单元测评指标要求。

6.1.2.2　访问控制

6.1.2.2.1　测评指标

见 JR/T 0060－2010 6.1.2.2。

6.1.2.2.2　测评实施

本项要求包括：

a）**应检查边界网络设备的访问控制策略，查看其是否根据会话状态信息对数据流进行控制，控制粒度是否为网段级。**

b）应检查边界网络设备的访问控制策略，查看是否按用户和系统之间的允许访问规则，允许或拒绝对受控系统进行访问，且控制力度为单个用户。

c）**应检查边界网络设备的拨号用户列表，查看其是否对具有拨号访问权限的用户数量进行限制。**

1）检查是否禁止了通过互联网对重要信息系统进行远程维护和管理；

2）测试是否存在拨号接入网络的方式；如果存在拨号接入，检查边界网络设备（如路由器，防火墙，认证网关），查看是否正确的配置了拨号访问控制列表（对系统资源实现允许或拒绝访问）。

6.1.2.2.3　结果判定

如果 6.1.2.2.2 a）～c）均为肯定，则信息系统符合本单元测评指标要求，否则，信息系统不符合或部分符合本单元测评指标要求。

6.1.2.3　安全审计

6.1.2.3.1　测评指标

见 JR/T 0060－2010 6.1.2.3。

6.1.2.3.2　测评实施

本项要求包括：

a）**应检查边界和关键网络设备的安全审计策略，查看其是否包括网络设备运行状况、网络流量、用户行为等。**

b）**应检查边界和关键网络设备的安全审计记录，查看其是否包括：事件的日期和时间、用户、事件类型、事件成功情况及其他与审计相关的信息。**

6.1.2.3.3　结果判定

如果 6.1.2.3.2a）和 b）均为肯定，则信息系统符合本单元测评指标要求，否则，信息系统不符合或部分符合本单元测评指标要求。

6.1.2.4　边界完整性检查

6.1.2.4.1　测评指标

见 JR/T 0060－2010 6.1.2.4。

6.1.2.4.2　测评实施

应检查边界完整性检查设备的非法外联监控策略，查看是否正确设置了对网络内部用户私自连接到外部网络的行为进行有效监控的配置。

6.1.2.4.3　结果判定

如果 6.1.2.4.2 为肯定，则信息系统符合本单元测评指标要求，否则，信息系统不符合本单元测评指标要求。

6.1.2.5　入侵防范

6.1.2.5.1　测评指标

见 JR/T 0060－2010 6.1.2.5。

6.1.2.5.2　测评实施

本项要求包括：

a）**应检查网络入侵防范设备，查看是否能检测以下攻击行为：端口扫描、强力攻击、木马后门攻击、拒绝服务攻击、缓冲区溢出攻击、IP 碎片攻击、网络蠕虫攻击等。**

检查入侵防范设备是否根据系统应用要求进行了规则配置。

b）**应检查网络入侵防范设备的规则库版本，查看其规则库是否及时更新。**

6.1.2.5.3　结果判定

如果 6.1.2.5.2 a）和 b）均为肯定，则信息系统符合本单元测评指标要求，否则，信息系统不符合或部分符合本单元测评指标要求。

6.1.2.6　网络设备防护

6.1.2.6.1　测评指标

见 JR/T 0060－2010 6.1.2.6。

6.1.2.6.2　测评实施

本项要求包括：

a）应检查边界和关键网络设备的设备防护策略，查看是否配置了对登录用户进行身份鉴别的功能。

b）**应检查边界和关键网络设备的设备防护策略，查看是否对网络设备的登录地址进行了限制。**

c）**应检查边界和关键网络设备的账户列表，查看用户标识是否唯一。**

检查是否已经删除默认用户或修改默认用户的口令，根据管理需要开设用户，不得使用缺省口令、空口令、弱口令。

d）**应检查边界和关键网络设备的设备防护策略，查看是否对口令的复杂度和定期修改进行了设置。**

e）应检查边界和关键网络设备的设备防护策略，查看是否配置了登录失败处理功能，包括结束会话、限制非法登录次数、登录连接超时自动退出等。

f）应检查边界和关键网络设备的设备防护策略，查看是否配置了对设备远程管理所产生的鉴别信息进行保护的功能。

6.1.2.6.3　结果判定

如果 6.1.2.6.2 a）～f）均为肯定，则信息系统符合本单元测评指标要求，否则，信息系统不符合或部分符合本单元测评指标要求。

6.1.3　主机安全

6.1.3.1　身份鉴别

6.1.3.1.1　测评指标

见 JR/T 0060－2010 6.1.3.1。

6.1.3.1.2　测评实施

本项要求包括：

a）应检查**重要**服务器操作系统和**重要**数据库管理系统的身份鉴别策略，查看是否提供了身份鉴别措施。

b）应检查重要服务器操作系统和重要数据库管理系统的身份鉴别策略，查看其身份鉴别信息是否具有不易被冒用的特点，如对用户登录口令的最小长度、复杂度和更换周期进行要求和限制。

c）应检查重要服务器操作系统和重要数据库管理系统的身份鉴别策略，查看是否配置了登录失败处理功能、设置了非法登录次数的限制值；查看是否设置网络登录连接超时，并自动退出。

d）应访谈系统管理员和数据库管理员，询问是否对操作系统和数据库管理系统采用了远程管理方式，如果采用远程管理方式，查看是否具有防止鉴别信息在网络传输过程中被窃听的措施。

e）应检查重要服务器操作系统和重要数据库管理系统账户列表，查看管理员用户名或 UID 分配是否唯一。

1）检查是否为操作系统的不同用户分配不同的用户名；

2）检查是否为数据库系统的不同用户分配不同的用户名。

6.1.3.1.3　结果判定

a）如果使用数字证书、动态口令卡等机制实现身份认证，6.1.3.1.2 b）判定为肯定，否则，需要检查用户登录口令的最小长度、复杂度和更换周期等策略和要求。

b）如果 6.1.3.1.2 a）～e）均为肯定，则信息系统符合本单元测评指标要求，否则，信息系统不符合或部分符合本单元测评指标要求。

6.1.3.2　访问控制

6.1.3.2.1　测评指标

见 JR/T0060－2010 6.1.3.2。

6.1.3.2.2　测评实施

本项要求包括：

a）应检查重要服务器操作系统的访问控制策略，查看是否对重要文件的访问权限进行了限制，对系统不需要的服务、共享路径等进行了禁用或删除。

b）应检查重要数据库管理系统的特权用户和重要操作系统的特权用户，查看不同管理员的系统账户权限是否不同，且不应由同一人担任。

如果系统支持操作系统和数据库系统特权用户的权限分离，应检查重要数据库管理系统的特权用户和重要操作系统的特权用户，查看不同管理员的系统账户权限是否不同，且不应由同一人担任。

c）应检查重要服务器操作系统和重要数据库管理系统的访问控制策略，查看是否已禁用或者限制匿名/默认账户的访问权限，是否重命名系统默认账户、修改这些账户的默认口令。

d）应检查重要服务器操作系统和重要数据库管理系统的访问控制策略，是否删除了系统中多余的、过期的以及共享的账户。

1）检查系统中的账号是否为用户工作必须的；

2）检查是否及时删除了多余的、过期的账户。

e）应检查重要服务器操作系统和重要数据库管理系统的权限设置情况，查看是否依据安全策略对用户权限进行了限制。

6.1.3.2.3　结果判定

a）如果系统不支持修改、重命名特权用户，6.1.3.2.2 c）、e）为不适用。

b）如果 6.1.3.2.2 a）～e）均为肯定，则信息系统符合本单元测评指标要求，否则，信息系统不符合或部分符合本单元测评指标要求。

6.1.3.3 安全审计

6.1.3.3.1 测评指标

见 JR/T 0060－2010 6.1.3.3。

6.1.3.3.2 测评实施

本项要求包括：

a）**应检查重要服务器操作系统和重要数据库管理系统的安全审计策略，查看安全审计配置是否包括系统内重要用户行为、系统资源的异常和重要系统命令的使用等重要的安全相关事件。**

1）检查是否在确保系统运行安全和效率的前提下，启用系统审计或采用第三方安全审计产品实现审计要求；

2）检查审计内容是否至少包括：用户的添加和删除、审计功能的启动和关闭、审计策略的调整、权限的变更、系统资源的异常使用、重要的系统操作（如用户登录、退出）等。

b）**应检查重要服务器操作系统和重要数据库管理系统的安全审计策略，查看审计记录信息是否包括事件发生的日期与时间、触发事件的主体与客体、事件的类型、事件成功或失败、事件的结果等内容。**

c）**应检查重要服务器操作系统和重要数据库管理系统的安全审计策略，查看是否通过日志覆盖周期、存储方式、日志文件/空间大小、日志文件操作权限等设置，实现了对审计记录的保护，使其避免受到未预期的删除、修改或覆盖等。**

检查审计记录是否至少保存 6 个月。

6.1.3.3.3 结果判定

如果 6.1.3.3.2 a）～c）均为肯定，则信息系统符合本单元测评指标要求，否则，信息系统不符合或部分符合本单元测评指标要求。

6.1.3.4 入侵防范

6.1.3.4.1 测评指标

见 JR/T 0060－2010 6.1.3.4。

6.1.3.4.2 测评实施

本项要求包括：

a）应访谈系统管理员，询问重要服务器操作系统和重要数据库管理系统中所安装的系统组件和应用程序是否都是必须的。

b）**应检查是否设置了专门的升级服务器实现对重要服务器操作系统补丁的升级。**

c）应检查重要服务器操作系统和重要数据库管理系统的补丁是否得到了及时更新。

检查是否持续跟踪厂商提供的系统升级更新情况，对关键性补丁是否进行充分的评估测试，并记录了相关评估情况和升级过程。

6.1.3.4.3 结果判定

如果 6.1.3.4.2 a）～c）均为肯定，则信息系统符合本单元测评指标要求，否则，信息系统不符合或部分符合本单元测评指标要求。

6.1.3.5 恶意代码防范

6.1.3.5.1 测评指标

见 JR/T 0060－2010 6.1.3.5。

6.1.3.5.2 测评实施

本项要求包括：

a）应检查重要服务器的恶意代码防范策略，查看是否安装了实时检测与查杀恶意代码的软件产品，并且及时更新了软件版本和恶意代码库。

应检查关键服务器的恶意代码防范策略，对支持安装防恶意代码软件的主机操作系统，查看是否安装了实时检测与查杀恶意代码的软件产品，并且及时更新了软件版本和恶意代码库。

b）**应检查防恶意代码软件是否实现了统一管理。**

6.1.3.5.3　结果判定

如果6.1.3.5.2 a）和b）均为肯定，则信息系统符合本单元测评指标要求，否则，信息系统不符合或部分符合本单元测评指标要求。

6.1.3.6　资源控制

6.1.3.6.1　测评指标

见JR/T 0060－2010 6.1.3.6。

6.1.3.6.2　测评实施

本项要求包括：

a）**应检查重要服务器操作系统和重要数据库管理系统的资源控制策略，查看是否设定终端接入方式、网络地址范围等条件限制终端登录。**

b）**应检查访问重要服务器的终端是否都设置了操作超时锁定的配置。**

c）**应检查重要服务器操作系统和重要数据库管理系统的资源控制策略，查看是否设置了单个用户或应用对系统资源的最大或最小使用限度。**

6.1.3.6.3　结果判定

如果6.1.3.6.2 a）～c）均为肯定，则信息系统符合本单元测评指标要求，否则，信息系统不符合或部分符合本单元测评指标要求。

6.1.4　应用安全

6.1.4.1　身份鉴别

6.1.4.1.1　测评指标

见JR/T 0060－2010 6.1.4.1。

6.1.4.1.2　测评实施

本项要求包括：

a）应检查关键应用系统，查看是否提供身份标识和鉴别功能。

b）应检查关键应用系统，查看是否采用了措施保证身份标识具有唯一性，**是否对登录用户的口令最小长度、复杂度和更换周期等进行了要求和限制，保证身份鉴别信息不易被冒用。**

c）应检查关键应用系统，查看其提供的登录失败处理功能，是否根据安全策略设置了登录失败次数等参数。

d）**应测试关键应用系统，可通过试图以合法和非法用户分别登录系统，查看是否成功，验证身份标识和鉴别功能是否有效。**

e）**应测试关键应用系统，可通过多次输入错误的密码，查看系统的处理方式，验证登录失败处理功能是否有效。**

6.1.4.1.3　结果判定

如果6.1.4.1.2 a）～e）均为肯定，则信息系统符合本单元测评指标要求，否则，信息系统不符合或部分符合本单元测评指标要求。

6.1.4.2 访问控制

6.1.4.2.1 测评指标

见 JR/T 0060－2010 6.1.4.2。

6.1.4.2.2 测评实施

本项要求包括：

a）应检查关键应用系统，查看系统是否提供访问控制功能控制用户对客体的访问。

b）应检查关键应用系统，查看其访问控制的覆盖范围是否包括与信息安全直接相关的主体、客体及它们之间的操作；访问控制的粒度是否达到主体为用户级，客体为文件、数据库表级。

c）应检查关键应用系统，查看是否有由授权用户设置其他用户访问系统功能和用户数据的权限的功能，是否限制默认用户的访问权限，是否修改了这些账户的默认口令。

d）应检查关键应用系统，查看是否删除多余的、过期的账户。

e）应检查关键应用系统用户角色或权限的分配情况，查看是否授予不同账户为完成各自承担任务所需的最小权限，特权用户的权限是否分离，权限之间是否相互制约。

f）应测试关键应用系统，可通过以不同权限的用户登录系统，查看其拥有的权限是否与系统赋予的权限一致，验证应用系统访问控制功能是否有效。

6.1.4.2.3 结果判定

如果 6.1.4.2.2 a）～f）均为肯定，则信息系统符合本单元测评指标要求，否则，信息系统不符合或部分符合本单元测评指标要求。

6.1.4.3 安全审计

6.1.4.3.1 测评指标

见 JR/T 0060－2010 6.1.4.3。

6.1.4.3.2 测评实施

本项要求包括：

a）应检查关键应用系统，查看审计范围是否覆盖到每个用户，审计策略是否覆盖系统内重要的安全相关事件，例如，用户标识与鉴别、访问控制的所有操作记录、重要用户行为、系统资源的异常使用、重要系统命令的使用等。

b）应检查关键应用系统的审计记录，查看是否包括事件发生的日期与时间、触发事件的主体与客体、事件的类型、事件成功或失败、身份鉴别事件中请求的来源、事件的结果等内容。

检查审计记录是否至少保存 6 个月。

c）应测试重要应用系统，在应用系统上试图产生一些重要的安全相关事件（如用户登录、修改用户权限等），查看应用系统是否对其进行了审计，验证应用系统安全审计的覆盖情况是否覆盖到每个用户；如果进行了审计则查看审计记录内容是否包含事件的日期、时间、发起者信息、类型、描述和结果等。

d）应测试重要应用系统，试图非授权删除、修改或覆盖审计记录，验证安全审计的保护情况是否无法非授权删除、修改或覆盖审计记录。

6.1.4.3.3 结果判定

如果 6.1.4.3.2 a）～d）均为肯定，则信息系统符合本单元测评指标要求，否则，信息系统不符合或部分符合本单元测评指标要求。

6.1.4.4 通信完整性

6.1.4.4.1 测评指标

见 JR/T 0060－2010 6.1.4.4。

6.1.4.4.2 测评实施

本项要求包括：

a）应检查设计、验收文档或源代码，查看是否有关于保护通信完整性的描述，**如果有则查看是否依据校验码判断对方数据包的有效性。**

b）**应测试关键应用系统，可通过获取通信双方的数据包，查看通信报文中是否含有校验码。**

对于通过互联网、卫星网进行通信的系统，应通过截包分析，检查通信报文是否经过加密保护。

6.1.4.4.3 结果判定

如果6.1.4.4.2 a）和b）均为肯定，则信息系统符合本单元测评指标要求，否则，信息系统不符合或部分符合本单元测评指标要求。

6.1.4.5 通信保密性

6.1.4.5.1 测评指标

见JR/T 0060－2010 6.1.4.5。

6.1.4.5.2 测评实施

本项要求包括：

a）**应检查设计、验收文档或源代码，查看是否有关于保护通信保密性的说明，如果有则查看在通信双方建立连接之前利用密码技术进行会话初始化验证的描述，以及对通信过程中的敏感信息字段进行加密的描述。**

b）**应测试关键应用系统，通过查看通信双方数据包的内容，查看系统是否能在通信双方建立连接之前，利用密码技术进行会话初始化验证（如SSL建立加密通道前是否利用密码技术进行了会话初始化验证）；并系统在通信过程中，对敏感信息字段是否进行加密。**

对通过互联网、卫星网进行通信的系统，检查是否对整个报文或会话过程进行加密。

6.1.4.5.3 结果判定

如果6.1.4.5.2 a）和b）均为肯定，则信息系统符合本单元测评指标要求，否则，信息系统不符合或部分符合本单元测评指标要求。

6.1.4.6 软件容错

6.1.4.6.1 测评指标

见JR/T 0060－2010 6.1.4.6。

6.1.4.6.2 测评实施

本项要求包括：

a）应检查设计或验收文档，查看是否有对人机接口输入或通信接口输入的数据进行有效性检验，**在故障发生时继续提供一部分功能确保实施必要的措施的描述。**

b）应测试**关键**应用系统，查看应用系统是否能明确拒绝不符合格式要求数据。

c）**应测试关键应用系统，验证在故障发生时是否继续提供一部分功能，确保能够实施必要的措施。**

6.1.4.6.3 结果判定

如果6.1.4.6.2 a）～c）均为肯定，则信息系统符合本单元测评指标要求，否则，信息系统不符合或部分符合本单元测评指标要求。

6.1.4.7 资源控制

6.1.4.7.1 测评指标

见JR/T 0060－2010 6.1.4.7。

6.1.4.7.2 测评实施

本项要求包括：

a）**应检查关键应用系统的配置参数，查看是否提供对最大并发会话连接数进行限制。**

b）**应测试关键应用系统，查看能否对单个账户的多重并发会话进行限制。**

c）**应测试关键应用系统，当通信双方中的一方在一段时间内未作任何响应，查看另一方是否能够自动结束会话。**

6.1.4.7.3 结果判定

如果6.1.4.7.2 a）～c）均为肯定，则信息系统符合本单元测评指标要求，否则，信息系统不符合或部分符合本单元测评指标要求。

6.1.5 数据安全及备份恢复

6.1.5.1 数据完整性

6.1.5.1.1 测评指标

见JR/T 0060－2010 6.1.5.1。

6.1.5.1.2 测评实施

本项要求包括：

a）**如果关键网络设备、关键主机操作系统和关键数据库管理系统能够进行远程管理，则应查看其能否检测鉴别信息在传输过程中完整性受到了破坏。**

b）应检查应用系统的设计、验收文档或源代码，查看是否有关于能检测鉴别信息和重要业务数据传输过程中完整性受到破坏的描述。

6.1.5.1.3 结果判定

如果6.1.5.1.2 a）和b）均为肯定，则信息系统符合本单元测评指标要求，否则，信息系统不符合或部分符合本单元测评指标要求。

6.1.5.2 数据保密性

6.1.5.2.1 测评指标

见JR/T 0060－2010 6.1.5.2。

6.1.5.2.2 测评实施

应检查关键网络设备、关键主机操作系统、关键数据库管理系统和关键应用系统，查看其鉴别信息是否采用加密或其他有效措施实现了存储保密性。

6.1.5.2.3 结果判定

如果6.1.5.2.2为肯定，则信息系统符合本单元测评指标要求，否则，信息系统不符合或部分符合本单元测评指标要求。

6.1.5.3 备份和恢复

6.1.5.3.1 测评指标

见JR/T 0060－2010 6.1.5.3。

6.1.5.3.2 测评实施

本项要求包括：

a）应检查是否对关键网络设备、关键主机操作系统、关键数据库管理系统和关键应用系统的重要信息进行了备份，并定期进行恢复测试。

b）**应检查关键网络设备、通信线路和数据处理系统（如包含数据库管理系统在内的数据库服务器）是否提供硬件冗余。**

6.1.5.3.3　结果判定

如果6.1.5.3.2 a）和b）均为肯定，则信息系统符合本单元测评指标要求，否则，信息系统不符合或部分符合本单元测评指标要求。

6.2　安全管理测评

6.2.1　安全管理制度

6.2.1.1　管理制度

6.2.1.1.1　测评指标

见JR/T 0060－2010 6.2.1.1。

6.2.1.1.2　测评实施

本项要求包括：

a）**应检查信息安全工作的总体方针和安全策略文件，查看文件是否明确机构安全工作的总体目标、范围、原则和安全框架等。**

b）应检查各项安全管理制度，查看是否覆盖物理、网络、主机系统、数据、应用、建设和运维等层面的**管理内容。**

c）**应检查是否具有重要管理操作的操作规程（如系统维护手册和用户操作规程等）。**

6.2.1.1.3　结果判定

如果6.2.1.1.2 a）～c）均为肯定，则信息系统符合本单元测评指标要求，否则，信息系统不符合或部分符合本单元测评指标要求。

6.2.1.2　制定和发布

6.2.1.2.1　测评指标

见JR/T 0060－2010 6.2.1.2。

6.2.1.2.2　测评实施

本项要求包括：

a）应访谈安全主管，询问是否由**专门的部门或人员**负责制定安全管理制度。

b）应访谈安全主管，询问安全管理制度是否能够发布到相关人员手中，**是否对制定的安全管理制度进行论证和审定。**

c）**应检查管理制度评审记录，查看是否有相关人员的评审意见。**

6.2.1.2.3　结果判定

如果6.2.1.2.2 a）～c）均为肯定，则信息系统符合本单元测评指标要求，否则，信息系统不符合或部分符合本单元测评指标要求。

6.2.1.3　评审和修订

6.2.1.3.1　测评指标

见JR/T 0060－2010 6.2.1.3。

6.2.1.3.2　测评实施

本项要求包括：

a）**应访谈安全主管，询问是否定期对安全管理制度进行评审，发现存在不足或需要改进的是否进行修订。**

b）**应检查是否具有安全管理制度评审记录；如果对制度做过修订，检查是否有修订版本的安全管理制度。**

检查是否至少每年或在发生重大变更时对安全管理制度进行了检查，评审记录是否完整，对存在不足或需要改进的安全管理制度进行了修订。

6.2.1.3.3　结果判定

如果 6.2.1.3.2 a）和 b）均为肯定，则信息系统符合本单元测评指标要求，否则，信息系统不符合或部分符合本单元测评指标要求。

6.2.2　安全管理机构

6.2.2.1　岗位设置

6.2.2.1.1　测评指标

见 JR/T 0060－2010 6.2.2.1。

6.2.2.1.2　测评实施

本项要求包括：

a）应访谈安全主管，询问信息系统是否设置了系统管理员、网络管理员和安全管理员等岗位，各个岗位的职责分工是否明确；**是否设立安全管理各个方面的负责人。**

b）应检查岗位职责文档，查看文档是否明确设置**安全主管、安全管理各个方面的负责人**、系统管理员、网络管理员和安全管理员等各个岗位，**各个岗位的职责范围是否清晰、明确。**

6.2.2.1.3　结果判定

如果 6.2.2.1.2 a）和 b）均为肯定，则信息系统符合本单元测评指标要求，否则，信息系统不符合或部分符合本单元测评指标要求。

6.2.2.2　人员配备

6.2.2.2.1　测评指标

见 JR/T 0060－2010 6.2.2.2。

6.2.2.2.2　测评实施

本项要求包括：

a）应访谈安全主管，询问各个安全管理岗位是否配备了一定数量的人员。

b）应检查安全管理各岗位人员信息表，查看其是否明确**系统管理员、网络管理员、安全管理员**等重要岗位人员的信息，**查看安全管理员是否没有兼任网络管理员、系统管理员、数据库管理员等岗位。**

6.2.2.2.3　结果判定

如果 6.2.2.2.2a）和 b）均为肯定，则信息系统符合本单元测评指标要求，否则，信息系统不符合或部分符合本单元测评指标要求。

6.2.2.3　授权和审批

6.2.2.3.1　测评指标

见 JR/T 0060－2010 6.2.2.3。

6.2.2.3.2　测评实施

本项要求包括：

a）应访谈安全主管，询问其是否对信息系统中的关键活动进行审批，审批活动是否得到授权。

b）应调阅相关内部审批记录，抽查部分授权和审批过程。

c）应检查审批管理制度文档，查看文档是否明确系统投入运行、网络系统接入和重要资源的访问等关键活动的审批部门、批准人和审批程序。

d）应检查经审批的文档，查看审批程序与文件要求是否一致，是否有批准人的签字和审批部门的盖章。

6.2.2.3.3　结果判定

如果 6.2.2.3.2 a）～d）均为肯定，则信息系统符合本单元测评指标要求，否则，信息系统不符合或部分符合本单元测评指标要求。

6.2.2.4 沟通和合作

6.2.2.4.1 测评指标

见JR/T 0060－2010 6.2.2.4。

6.2.2.4.2 测评实施

本项要求包括：

a）应访谈安全主管，询问是否与公安机关、电信公司和兄弟单位建立联系，**信息安全职能部门内部之间、各类管理人员之间以及与组织机构内其他部门之间是否建立交流和沟通机制。**

检查是否同时与供电部门、银行等单位和部门建立了沟通、合作机制。

b）**应检查部门间和部门内部沟通和合作的相关文档，查看是否包括工作内容、参加人员等的描述。**

c）应检查外联单位说明文档，查看外联单位是否包含公安机关、电信公司及兄弟单位等，是否说明外联单位的联系人和联系方式等内容。

6.2.2.4.3 结果判定如果6.2.2.4.2 a）～c）均为肯定，则信息系统符合本单元测评指标要求，否则，信息系统不符合或部分符合本单元测评指标要求。

6.2.2.5 审核和检查

6.2.2.5.1 测评指标

见JR/T 0060－2010 6.2.2.5。

6.2.2.5.2 测评实施

本项要求包括：

a）**应访谈安全管理员，询问是否定期检查系统日常运行、系统漏洞和数据备份等情况。**

b）**应检查安全管理员定期实施安全检查的记录，查看检查内容是否包括系统日常运行、系统漏洞和数据备份等情况。**

6.2.2.5.3 结果判定

如果6.2.2.5.2 a）和b）均为肯定，则信息系统符合本单元测评指标要求，否则，信息系统不符合或部分符合本单元测评指标要求。

6.2.3 人员安全管理

6.2.3.1 人员录用

6.2.3.1.1 测评指标

见JR/T 0060－2010 6.2.3.1。

6.2.3.1.2 测评实施

本项要求包括：

a）应访谈人事负责人，询问是否由专门的部门或人员负责人员的录用工作。

b）应访谈人事负责人，询问在人员录用时是否对被录用人的身份、背景和专业资格进行审查，**对技术人员的技术技能进行考核。**

c）**应访谈人事负责人，询问录用后是否与从事关键岗位的人员签署保密协议。**

d）应检查人员录用管理文档，查看是否说明录用人员应具备的条件（如学历、学位要求，技术人员应具备的专业技术水平，管理人员应具备的安全管理知识等）。

e）应检查是否具有人员录用时对录用人身份、背景和专业资格等进行审查的相关文档或记录，查看是否记录审查内容和审查结果等。

f）**应检查人员录用时的技能考核文档或记录，查看是否记录考核内容和考核结果等。**

g）**应检查保密协议，查看是否有保密范围、保密责任、违约责任、协议的有效期限和责任人签字等内容。**

6.2.3.1.3 结果判定

如果 6.2.3.1.2 a）～g）均为肯定，则信息系统符合本单元测评指标要求，否则，信息系统不符合或部分符合本单元测评指标要求。

6.2.3.2 人员离岗

6.2.3.2.1 测评指标

见 JR/T 0060－2010 6.2.3.2。

6.2.3.2.2 测评实施

本项要求包括：

a）应访谈安全主管，询问是否及时终止离岗人员的所有访问权限，是否取回各种身份证件、钥匙、徽章以及机构提供的软硬件设备等。

b）**应访谈人事负责人，询问人员离岗是否遵循严格的调离手续。**

c）应检查是否具有离岗人员交还身份证件、设备等的登记记录。

d）**应检查是否具有按照离岗程序办理调离手续的记录。**

6.2.3.2.3 结果判定

如果 6.2.3.2.2 a）～d）均为肯定，则信息系统符合本单元测评指标要求，否则，信息系统不符合或部分符合本单元测评指标要求。

6.2.3.3 人员考核

6.2.3.3.1 测评指标

见 JR/T 0060－2010 6.2.3.3。

6.2.3.3.2 测评实施

本项要求包括：

a）**应访谈安全主管，询问是否定期对各个岗位人员进行安全技能及安全知识的考核。**

b）**应检查考核记录，查看考核人员是否包括各个岗位的人员，考核内容是否包含安全知识、安全技能等。**

检查相关岗位的安全技能和安全认知的考核记录，查验安全技能和安全认知的考核是否至少每年一次。

6.2.3.3.3 结果判定

如果 6.2.3.3.2 a）和 b）均为肯定，则信息系统符合本单元测评指标要求，否则，信息系统不符合或部分符合本单元测评指标要求。

6.2.3.4 安全意识教育和培训

6.2.3.4.1 测评指标

见 JR/T 0060－2010 6.2.3.4。

6.2.3.4.2 测评实施

本项要求包括：

a）应访谈安全主管，询问是否**制定培训计划并按计划**对各个岗位人员进行安全教育和培训；**是否对违反安全策略和规定的人员进行惩戒。**

b）**应检查安全教育和培训计划文档，查看计划是否明确了培训方式、培训对象、培训内容、培训时间和地点等，培训内容是否包含信息安全基础知识、岗位操作规程等。**

c）**应检查安全教育和培训记录，查看记录是否有培训人员、培训内容、培训结果等的描述。**

6.2.3.4.3　结果判定

如果 6.2.3.4.2 a）～c）均为肯定，则信息系统符合本单元测评指标要求，否则，信息系统不符合或部分符合本单元测评指标要求。

6.2.3.5　外部人员访问管理

6.2.3.5.1　测评指标

见 JR/T 0060－2010 6.2.3.5。

6.2.3.5.2　测评实施

本项要求包括：

a）应访谈安全主管，询问外部人员访问重要区域（如访问机房、重要服务器或设备区等）是否需经有关部门或负责人批准，**是否由专人全程陪同或监督，是否进行记录并备案管理。**

b）应检查外部人员访问管理文档，查看是否具有规范外部人员访问机房等重要区域需经过相关部门或负责人批准的管理要求。

c）**应检查外部人员访问重要区域的登记记录，查看是否记录了外部人员访问重要区域的进入时间、离开时间、访问区域及陪同人等信息。**

6.2.3.5.3　结果判定

如果 6.2.3.5.2 a）～c）均为肯定，则信息系统符合本单元测评指标要求，否则，信息系统不符合或部分符合本单元测评指标要求。

6.2.4　系统建设管理

6.2.4.1　系统定级

6.2.4.1.1　测评指标

见 JR/T 0060－2010 6.2.4.1。

6.2.4.1.2　测评实施

本项要求包括：

a）应访谈系统建设负责人，询问是否参照定级指南确定信息系统安全保护等级。

b）应检查系统定级文档，查看文档是否明确信息系统的边界和信息系统的安全保护等级，是否说明定级的方法和理由，是否有相关部门或主管领导的盖章或签名。

6.2.4.1.3　结果判定

如果 6.2.4.1.2 a）和 b）均为肯定，则信息系统符合本单元测评指标要求，否则，信息系统不符合或部分符合本单元测评指标要求。

6.2.4.2　安全方案设计

6.2.4.2.1　测评指标

见 JR/T 0060－2010 6.2.4.2。

6.2.4.2.2　测评实施

本项要求包括：

a）应访谈系统建设负责人，询问是否依据风险分析的结果补充和调整过安全措施，具体做过哪些调整。

b）**应访谈系统建设负责人，询问安全设计方案是否经过论证和审定，是否经过审批。**

c）应检查系统的安全设计方案，查看方案是否描述系统的安全保护等级，是否描述系统的安全保护策略，是否根据系统的安全级别选择了安全措施。

d）应检查系统的安全设计方案，查看是否详细描述安全措施的实现内容，是否有安全产品的功能、性能和部署等描述，是否有安全建设的费用和计划等。

e）**应检查安全设计方案专家论证评审记录或文档，查看是否有相关部门和有关安全技术专家对安全设计方案的评审意见。**

6.2.4.2.3　结果判定

如果6.2.4.2.2 a）～e）均为肯定，则信息系统符合本单元测评指标要求，否则，信息系统不符合或部分符合本单元测评指标要求。

6.2.4.3　产品采购和使用

6.2.4.3.1　测评指标

见JR/T 0060－2010 6.2.4.3。

6.2.4.3.2　测评实施

本项要求包括：

a）**应访谈系统建设负责人，询问是否有专门的部门负责产品的采购，由何部门负责。**

b）**应访谈系统建设负责人，询问系统是否采用了密码产品，密码产品的采购和使用是否符合国家密码主管部门的要求。**

c）应访谈系统建设负责人，询问系统使用的有关信息安全产品是否符合国家的有关规定，如安全产品获得了销售许可证等。

d）**应抽样检查安全产品和密码产品的相关凭证，如销售许可等，查看是否使用了符合国家有关规定产品。**

6.2.4.3.3　结果判定

如果6.2.4.3.2 a）～d）均为肯定，则信息系统符合本单元测评指标要求，否则，信息系统不符合或部分符合本单元测评指标要求。

6.2.4.4　自行软件开发

6.2.4.4.1　测评指标

见JR/T 0060－2010 6.2.4.4。

6.2.4.4.2　测评实施

本项要求包括：

a）应访谈系统建设负责人，询问是否进行自主开发软件。

b）应访谈系统建设负责人，询问自主开发软件是否在独立的环境中完成编码和调试，如相对独立的网络区域，询问软件设计相关文档是否由专人负责保管，负责人是何人。

c）**应检查是否有软件开发方面的管理制度，查看文件是否明确软件设计、开发、测试、验收过程的控制方法和人员行为准则，是否明确哪些开发活动应经过授权、审批等。**

d）**应检查是否具有软件使用指南或操作手册等。**

e）应检查网络拓扑图和实际开发环境，查看是否实际运行环境和开发环境有效隔离。

6.2.4.4.3　结果判定

如果6.2.4.4.2 a）～e）均为肯定，则信息系统符合本单元测评指标要求，否则，信息系统不符合或部分符合本单元测评指标要求。

6.2.4.5　外包软件开发

6.2.4.5.1　测评指标

见JR/T 0060－2010 6.2.4.5。

6.2.4.5.2　测评实施

本项要求包括：

a）应访谈系统建设负责人，询问软件交付前是否依据开发要求的技术指标对软件功能和性能等进行验收测试，软件安装之前是否检测软件中的恶意代码。

b）**应访谈系统建设负责人，是否要求开发单位提供源代码，是否根据源代码对软件中可能存在的后门进行审查。**

c）应检查是否具有软件开发的相关文档，如需求分析说明书、软件设计说明书等，是否具有软件操作手册或使用指南。

d）**应检查部分软件源代码，查看是否具有源代码。**

6.2.4.5.3　结果判定

如果 6.2.4.5.2 a）～d）均为肯定，则信息系统符合本单元测评指标要求，否则，信息系统不符合或部分符合本单元测评指标要求。

6.2.4.6　工程实施

6.2.4.6.1　测评指标

见 JR/T 0060－2010 6.2.4.6。

6.2.4.6.2　测评实施

本项要求包括：

a）应访谈系统建设负责人，询问是否指定专门部门或人员对工程实施过程进行进度和质量控制，由何部门/何人负责。

b）**应检查工程实施方案，查看其是否包括工程时间限制、进度控制和质量控制等方面内容。**

6.2.4.6.3　结果判定

如果 6.2.4.6.2 a）和 b）均为肯定，则信息系统符合本单元测评指标要求，否则，信息系统不符合或部分符合本单元测评指标要求。

6.2.4.7　测试验收

6.2.4.7.1　测评指标

见 JR/T 0060－2010 6.2.4.7。

6.2.4.7.2　测评实施

本项要求包括：

a）应访谈系统建设负责人，询问在信息系统建设完成后是否对其进行安全性测试验收。

b）应检查是否具有工程测试验收方案，查看其是否明确说明参与测试的部门、人员、测试验收内容、现场操作过程等内容。

c）应检查是否具有系统测试验收报告，**是否有相关部门和人员对系统测试验收报告进行审定的意见。**

6.2.4.7.3　结果判定

如果 6.2.4.7.2 a）～c）均为肯定，则信息系统符合本单元测评指标要求，否则，信息系统不符合或部分符合本单元测评指标要求。

6.2.4.8　系统交付

6.2.4.8.1　测评指标

见 JR/T 0060－2010 6.2.4.8。

6.2.4.8.2　测评实施

本项要求包括：

a）应访谈系统建设负责人，询问系统交接工作是否根据交付清单对所交接的设备、文档、软件等进行清点。

b）应访谈系统建设负责人，询问系统正式运行前是否对运行维护人员进行过培训，针对哪些方面进行过培训。

c）应检查是否具有系统交付清单，查看交付清单是否说明系统交付的各类设备、软件、文档等。

d）应检查系统交付提交的文档，查看是否有指导用户进行系统运维的文档等。

e）应检查是否有系统交付技术培训记录，查看是否包括培训内容、培训时间和参与人员等。

6.2.4.8.3　结果判定

如果6.2.4.8.2 a）～e）均为肯定，则信息系统符合本单元测评指标要求，否则，信息系统不符合或部分符合本单元测评指标要求。

6.2.4.9　安全服务商选择

6.2.4.9.1　测评指标

见JR/T 0060－2010 6.2.4.9。

6.2.4.9.2　测评实施

本项要求包括：

a）应访谈系统建设负责人，询问信息系统选择的安全服务商有哪些，是否符合国家有关规定。

b）应检查是否具有与安全服务商签订的安全责任合同书或保密协议等文档，查看其内容是否包含保密范围、安全责任、违约责任、协议的有效期限和责任人的签字等。

c）应检查是否具有与安全服务商签订的服务合同或安全责任合同书，查看是否明确了后期的技术支持和服务承诺等内容。

6.2.4.9.3　结果判定

如果6.2.4.9.2 a）～c）均为肯定，则信息系统符合本单元测评指标要求，否则，信息系统不符合或部分符合本单元测评指标要求。

6.2.5　系统运维管理

6.2.5.1　环境管理

6.2.5.1.1　测评指标

见JR/T 0060－2010 6.2.5.1。

6.2.5.1.2　测评实施

本项要求包括：

a）应访谈系统运维负责人，询问是否有专门的部门或人员对机房供配电、空调、温湿度控制等设施进行定期维护，由何部门/何人负责，维护周期多长。

b）应访谈系统运维负责人，询问是否有专门的部门或人员对机房的出入、服务器开机/关机等日常工作进行管理，由何部门/何人负责。

c）应访谈系统运维负责人，询问为保证办公环境的保密性采取了哪些控制措施，在哪个区域接待来访人员，工作人员调离时是否收回办公室钥匙等。

d）应检查是否有机房安全管理制度，查看其内容是否覆盖机房物理访问、物品带进/带出机房和机房环境安全等方面。

e）应检查是否具有空调、温湿度控制等机房设施的维护保养记录，表明定期对这些设施进行了维护保养。

1）检查维护记录，查验是否每季度对机房供配电、空调、UPS等设备进行维护管理；

2）检查维护记录，查验是否每年对防盗报警、防雷、消防等装置进行检测维护。

6.2.5.1.3　结果判定

如果 6.2.5.1.2 a）～e）均为肯定，则信息系统符合本单元测评指标要求，否则，信息系统不符合或部分符合本单元测评指标要求。

6.2.5.2　资产管理

6.2.5.2.1　测评指标

见 JR/T 0060－2010 6.2.5.2。

6.2.5.2.2　测评实施

本项要求包括：

a）**应访谈系统运维负责人，询问是否有资产管理的责任人员或部门，由何部门/何人负责。**

b）应检查是否有资产清单，查看其内容是否覆盖资产责任部门、责任人、所处位置和重要程度等方面。

c）**应检查是否有资产安全管理方面的制度，查看是否明确信息资产管理的责任部门、责任人，查看其内容是否覆盖资产使用、借用、维护等方面。**

6.2.5.2.3　结果判定

如果 6.2.5.2.2 a）～c）均为肯定，则信息系统符合本单元测评指标要求，否则，信息系统不符合或部分符合本单元测评指标要求。

6.2.5.3　介质管理

6.2.5.3.1　测评指标

见 JR/T 0060－2010 6.2.5.3。

6.2.5.3.2　测评实施

本项要求包括：

a）应访谈资产管理员，询问介质的存放环境是否采取保护措施防止介质被盗、被毁等。

b）应访谈资产管理员，询问是否根据介质的目录清单对介质的使用现状进行定期检查。

c）**应访谈资产管理员，询问是否将介质保管在一个特定环境里，有专人负责，并根据重要性对介质进行分类和标识。**

d）**应访谈资产管理员，询问对送出维修或销毁的介质在送出之前是否对介质内存储数据进行净化处理。**

e）应检查介质使用管理记录，查看其是否记录介质归档和使用等情况。

f）**应检查介质存储环境，查看是否对其进行了分类，并具有不同标识。**

6.2.5.3.3　结果判定

如果 6.2.5.3.2 a）～f）均为肯定，则信息系统符合本单元测评指标要求，否则，信息系统不符合或部分符合本单元测评指标要求。

6.2.5.4　设备管理

6.2.5.4.1　测评指标

见 JR/T 0060－2010 6.2.5.4。

6.2.5.4.2　测评实施

本项要求包括：

a）应访谈系统运维负责人，询问是否有专门的部门或人员对各种设备、线路进行定期维护，由何部门/何人负责，维护周期多长。

检查配套设施、软硬件维护是否至少每季度进行一次。

b）应检查是否有设备安全管理制度，查看其内容是否对各种软硬件设备的选型、采购、发放和领用等环节进行规定。

c）**应检查设备安全管理制度中是否有对终端计算机、便携机和网络设备等使用方式、操作原则、注意事项等方面的规定，是否有信息处理设备必须经过审批才能带离机房或办公地点的要求。**

6.2.5.4.3 结果判定

如果6.2.5.4.2 a）～c）均为肯定，则信息系统符合本单元测评指标要求，否则，信息系统不符合或部分符合本单元测评指标要求。

6.2.5.5 网络安全管理

6.2.5.5.1 测评指标

见JR/T 0060－2010 6.2.5.5。

6.2.5.5.2 测评实施

本项要求包括：

a）应访谈系统运维负责人，询问是否指定专门的部门或人员负责网络管理，维护网络运行日志、监控记录，分析处理报警信息等。

b）应访谈网络管理员，询问是否定期对网络进行漏洞扫描，扫描周期多长，发现漏洞是否及时修补。

1）询问是否持续跟踪网络设备的安全漏洞隐患的情况；

2）询问修补漏洞前是否进行了必要的测试评估。

c）**应访谈网络管理员，询问是否根据厂家提供的软件升级版本对网络设备进行过升级，目前的版本号为多少，升级前是否对重要文件进行备份，采取什么方式备份。**

d）**应访谈网络管理员，网络的外联种类有哪些，是否都得到授权与批准，由何部门或何人批准，申请和批准的过程。**

1）检查是否至少每季度进行一次漏洞扫描，并对漏洞风险持续跟踪，在经过充分的验证测试后，对必要的漏洞开展修补工作；

2）检查漏洞扫描和修补报告，查看扫描和修补工作是否在恰当的时间，对可能存在的风险进行充分评估和准备，制定回退方案，备份重要数据后进行的；

3）检查漏洞扫描和修补报告，查看完成扫描和修补工作后，是否进行了验证测试，以保证网络系统的正常运行。

e）**应检查是否有网络安全管理制度，查看其是否覆盖网络安全配置、安全策略、升级与打补丁、授权访问、日志保存时间、口令更新周期等方面内容。**

f）应检查是否有网络漏洞扫描报告，检查扫描时间间隔与扫描周期是否一致。

g）**应检查是否具有网络设备配置文件的备份文件。**

检查在设备配置变更前后，是否对网络设备的配置文件进行了备份。

h）**应检查是否具有内部网络外联的授权批准书。**

6.2.5.5.3 结果判定

如果6.2.5.5.2 a）～h）均为肯定，则信息系统符合本单元测评指标要求，否则，信息系统不符合或部分符合本单元测评指标要求。

6.2.5.6 系统安全管理

6.2.5.6.1 测评指标

见JR/T 0060－2010 6.2.5.6。

6.2.5.6.2 测评实施

本项要求包括：

a）应访谈系统运维负责人，询问是否指定专门的部门或人员负责系统管理，如根据业务需求和系统安全分析制定系统的访问控制策略，控制分配文件及服务的访问权限。

b）应访谈系统管理员，询问系统日常管理的主要内容，是否有操作规程指导日常管理工作，包括重要的日常操作、参数的设置和修改等。

c）应访谈系统管理员，询问是否定期对系统进行漏洞扫描，扫描周期多长，发现漏洞是否及时修补，在安装系统补丁前是否对重要文件进行备份，是否先在测试环境中测试通过再安装。

1）检查是否至少每季度进行一次漏洞扫描，并对漏洞风险持续跟踪，在经过充分的验证测试后，对必要的漏洞开展修补工作；

2）检查漏洞扫描和修补报告，查看扫描和修补工作是否在恰当的时间，对可能存在的风险进行充分评估和准备，制定回退方案，备份重要数据后进行的；

3）检查漏洞扫描和修补报告，查看完成扫描和修补工作后，是否进行了验证测试，以保证网络系统的正常运行。

d）应检查是否有系统安全管理制度，查看其内容是否覆盖系统安全策略、安全配置、日志管理和日常操作流程等方面。

e）应检查是否有系统漏洞扫描报告，检查扫描时间间隔与扫描周期是否一致。

f）应检查是否有详细日常运行维护操作日志。

检查是否至少每月对运行日志和审计数据进行分析。

6.2.5.6.3　结果判定

如果 6.2.5.6.2 a）～f）均为肯定，则信息系统符合本单元测评指标要求，否则，信息系统不符合或部分符合本单元测评指标要求。

6.2.5.7　恶意代码防范管理

6.2.5.7.1　测评指标

见 JR/T 0060－2010 6.2.5.7。

6.2.5.7.2　测评实施

本项要求包括：

a）应访谈系统运维负责人，询问是否对员工进行基本恶意代码防范意识的教育，是否告知应及时升级软件版本，使用外来设备、网络上接收文件和外来计算机或存储设备接入网络系统之前进行病毒检查等。

b）应访谈系统运维负责人，询问是否指定专人对恶意代码进行检测，发现病毒后是否及时处理。

c）应检查是否有恶意代码防范方面的管理制度，查看其内容是否覆盖防恶意代码软件的授权使用、恶意代码库升级、定期汇报等方面。

6.2.5.7.3　结果判定

如果 6.2.5.7.2 a）～c）均为肯定，则信息系统符合本单元测评指标要求，否则，信息系统不符合或部分符合本单元测评指标要求。

6.2.5.8　密码管理

6.2.5.8.1　测评指标

见 JR/T 0060－2010 6.2.5.8。

6.2.5.8.2　测评实施

应访谈系统运维负责人，询问系统中是否使用密码技术和产品，密码技术和产品的使用是否遵照国家密码管理规定。

6.2.5.8.3 结果判定

如果 6.2.5.8.2 为肯定，则信息系统符合本单元测评指标要求，否则，信息系统不符合或部分符合本单元测评指标要求。

6.2.5.9 变更管理

6.2.5.9.1 测评指标

见 JR/T 0060-2010 6.2.5.9。

6.2.5.9.2 测评实施

本项要求包括：

a）**应访谈系统运维负责人，询问是否针对系统的重大变更制定变更方案指导系统变更工作的开展。**

b）**应访谈系统运维负责人，询问重要系统变更前是否得到有关领导的批准，由何人批准，对发生的变更情况是否通知了所有相关人员，以何种方式通知。**

c）**应检查系统变更方案，查看其是否覆盖变更类型、变更原因、变更过程、变更前评估等方面内容。**

d）**应检查重要系统的变更申请书，查看其是否有主管领导的批准签字。**

6.2.5.9.3 结果判定

如果 6.2.5.9.2 a）～d）均为肯定，则信息系统符合本单元测评指标要求，否则，信息系统不符合或部分符合本单元测评指标要求。

6.2.5.10 备份与恢复管理

6.2.5.10.1 测评指标

见 JR/T 0060-2010 6.2.5.10。

6.2.5.10.2 测评实施

本项要求包括：

a）应访谈系统运维负责人，询问是否识别出需要定期备份的业务信息、系统数据和软件系统，主要有哪些。

b）应检查备份管理文档，查看其是否明确了备份方式、备份频度、存储介质和保存期等方面内容。

c）**应检查数据备份和恢复策略文档，查看其内容是否覆盖备份数据的存放场所、文件命名规则、介质替换频率、数据离站传输方法等方面。**

6.2.5.10.3 结果判定

如果 6.2.5.10.2 a）～c）均为肯定，则信息系统符合本单元测评指标要求，否则，信息系统不符合或部分符合本单元测评指标要求。

6.2.5.11 安全事件处置

6.2.5.11.1 测评指标

见 JR/T 0060-2010 6.2.5.11。

6.2.5.11.2 测评实施

本项要求包括：

a）应访谈系统运维负责人，询问是否告知用户在发现安全弱点和可疑事件时应及时报告。

b）**应检查是否有安全事件报告和处置管理制度，查看其是否明确安全事件的级别，明确不同级别安全事件的报告和处置方式等内容。**

c）**应检查安全事件处理记录，查看其是否记录引发安全事件的原因，是否记录事件处理过程，**

是否与管理规定的处理要求一致等。

6.2.5.11.3 结果判定

如果 6.2.5.11.2 a）～c）均为肯定，则信息系统符合本单元测评指标要求，否则，信息系统不符合或部分符合本单元测评指标要求。

6.2.5.12 应急预案管理

6.2.5.12.1 测评指标

见 JR/T 0060－2010 6.2.5.12。

6.2.5.12.2 测评实施

本项要求包括：

a）**应访谈系统运维负责人，询问是否制定不同事件的应急预案，是否对系统相关人员进行应急预案培训，多长时间举办一次。**

b）**应检查应急预案框架，查看其内容是否覆盖启动应急预案的条件、应急处理流程、系统恢复流程、事后教育和培训等方面。**

c）**应检查是否具有根据应急预案框架制定的不同事件的应急预案。**

6.2.5.12.3 结果判定

如果 6.2.5.12.2 a）～c）均为肯定，则信息系统符合本单元测评指标要求，否则，信息系统不符合或部分符合本单元测评指标要求。

7 第三级信息系统单元测评

7.1 安全技术测评

7.1.1 物理安全

7.1.1.1 物理位置的选择

7.1.1.1.1 测评指标

见 JR/T 0060－2010 7.1.1.1。

7.1.1.1.2 测评实施

本项要求包括：

a）应访谈物理安全负责人，询问机房和办公场地所在建筑物是否具有防震、防风和防雨等能力。

b）应检查是否有机房和办公场地所在建筑物抗震设防审批文档。

检查机房和办公场地的设计、验收文档或相关证据，查看机房和办公场地所在建筑的防震能力说明。

c）应检查机房和办公场地所在建筑物是否具有防风和防雨等能力。

1）检查机房和办公场地的设计、验收文档或相关证据，查看机房和办公场地所在建筑的防风和防雨说明；

2）检查设计、验收文档是否与机房和办公场地实际情况相符合；

3）如果机房外墙壁有对外的窗户，检查是否采用了双层固定窗，并做了密封、防水处理。

d）**应检查机房场地是否不在用水区域的垂直下方。**

e）**如果机房场地位于建筑物的高层或地下室或用水设备的隔壁，应检查机房是否采取了防水和防潮措施。**

如果机房位于建筑物的顶层、地下室或用水设备的隔壁或下层，应检查是否有相应的防水和防潮措施，防水和防潮措施是否有验收合格的记录。

7.1.1.1.3 结果判定

如果7.1.1.1.2 a）～e）均为肯定，则信息系统符合本单元测评指标要求，否则，信息系统不符合或部分符合本单元测评指标要求。

7.1.1.2 物理访问控制

7.1.1.2.1 测评指标

见JR/T 0060－2010 7.1.1.2。

7.1.1.2.2 测评实施

本项要求包括：

a）应检查机房出入口是否有专人值守负责控制并鉴别进入机房的人员，是否有值守记录。

检查是否由专人负责管理机房出入，人员进出监控记录是否保存3个月以上。

b）应检查机房是否不存在专人值守之外的其他开放出入口。

c）应检查是否有来访人员进入机房的登记记录。

d）应检查是否有来访人员进入机房的申请、审批记录，查看申请、审批记录是否包括来访人员的访问范围。

检查对于外来人员出入机房是否有审批流程，记录带进带出的设备、进出时间、工作内容，记录应保存3个月以上。

e）**应检查来访人员进入机房时是否对其行为进行限制和监控。**

应访谈物理安全负责人，了解是否有专人陪同来访人员。

f）**应检查机房是否合理划分区域，是否在机房重要区域前设置交付或安装等过渡区域；是否在不同机房间和同一机房不同区域间设置了有效的物理隔离装置。**

g）**应检查重要区域是否配置了电子门禁系统，查看电子门禁系统是否有验收文档或产品安全认证资质。**

h）**应检查部署在机房重要区域的电子门禁系统是否正常工作（不考虑断电后的工作情况）；检查电子门禁系统记录，查看是否能够鉴别和记录进入人员的身份；检查是否有电子门禁系统运行、定期检查和维护记录。**

7.1.1.2.3 结果判定

本项要求包括：

如果7.1.1.2.2 a）～h）均为肯定，则信息系统符合本单元测评指标要求，否则，信息系统不符合本单元测评指标要求。

7.1.1.3 防盗窃和防破坏

7.1.1.3.1 测评指标

见JR/T 0060－2010 7.1.1.3。

7.1.1.3.2 测评实施

本项要求包括：

a）应检查**主要设备**等是否放置在机房内。

b）应检查**主要设备**等或设备的主要部件是否固定。

检查主要设备是否安装、固定在机柜内或机架上。

c）应检查**主要设备**等或设备的主要部件上是否设置明显的不易除去的标记。

d）应检查通信线缆铺设是否暗敷或在不易被发现的地方。

检查通信线缆是否铺设在管道或线槽、线架中。

e）应检查**机房**是否安装防盗报警设施，防盗报警设施是否正常运行，并查看是否有防盗报警设施的运行记录、**定期检查和维护记录。**

f）应检查介质是否有分类标识，是否分类存放在介质库或档案室内。

g）**应检查机房是否安装摄像、传感等监控报警系统，监控报警系统是否正常运行，并查看是否有监控报警系统的监控记录、定期检查和维护记录。**

h）**应检查是否有机房防盗报警设施和监控报警设施的安全资质材料、安装测试和验收报告。**

7.1.1.3.3 结果判定

如果7.1.1.3.2 a）～h）均为肯定，则信息系统符合本单元测评指标要求，否则，信息系统不符合或部分符合本单元测评指标要求。

7.1.1.4 防雷击

7.1.1.4.1 测评指标

见JR/T 0060－2010 7.1.1.4。

7.1.1.4.2 测评实施

本项要求包括：

a）应访谈物理安全负责人，询问机房所在建筑物是否设置了避雷装置，是否通过验收或国家有关部门的技术检测。

b）应访谈物理安全负责人，询问机房是否设置有交流电源地线。

c）应检查机房所在建筑物的防雷验收文档中是否有设置避雷装置的说明。

d）应检查机房防雷验收文档中是否有设置交流电源地线的说明。

e）**应检查机房是否安装防止感应雷的防雷装置，防雷装置是否通过了具有防雷检测资质的检测部门的测试。**

7.1.1.4.3 结果判定

如果7.1.1.4.2 a）～e）均为肯定，则信息系统符合本单元测评指标要求，否则，信息系统不符合或部分符合本单元测评指标要求。

7.1.1.5 防火

7.1.1.5.1 测评指标

见JR/T 0060－2010 7.1.1.5。

7.1.1.5.2 测评实施

本项要求包括：

a）应检查机房是否设置了**自动检测火情、自动报警、自动灭火的自动消防系统，自动消防系统是否是经消防检测部门检测合格的产品**，其有效期是否合格；应检查**自动消防系统**是否处于正常运行状态，查看是否有运行记录、定期检查和维护记录。

应检查机房的火灾自动消防系统向当地公安消防部门备案的相关材料。

b）**应检查机房设计或验收文档，查看是否说明机房及相关的工作房间和辅助房采用具有耐火等级的建筑材料。**

c）**应检查机房重要区域与其他区域之间是否采取隔离防火措施。**

7.1.1.5.3 结果判定

如果7.1.1.5.2 a）～c）均为肯定，则信息系统符合本单元测评指标要求，否则，信息系统不符合或部分符合本单元测评指标要求。

7.1.1.6　防水和防潮

7.1.1.6.1　测评指标

见 JR/T 0060－2010 7.1.1.6。

7.1.1.6.2　测评实施

本项要求包括：

a）应检查机房屋顶或活动地板下是否未安装水管。

b）应检查穿过机房墙壁或楼板的给水排水管道是否采取防渗漏和防结露等防水保护措施。

1）检查与机房设备无关的水管是否穿过机房屋顶和活动地板下。

2）检查机房屋顶和活动地板下铺有水管的，是否采取了有效的防水措施。

c）应检查机房的窗户、屋顶和墙壁等是否未出现过漏水、渗透和返潮现象，机房的窗户、屋顶和墙壁是否进行过防水防渗处理。

d）如果机房内安装有空调机和加湿器，应检查是否设置了挡水和排水设施。

e）如果机房位于湿度较高的地区，应检查机房是否有除湿装置并能够正常运行，是否有防水防潮处理记录和**除湿装置运行记录、定期检查和维护记录。**

f）**应检查是否设置对水敏感的检测仪表或元件，对机房进行防水检测和报警，查看该仪表或元件是否正常运行，是否有运行记录、定期检查和维护记录。**

7.1.1.6.3　结果判定

如果 7.1.1.6.2 a）～f）均为肯定，则信息系统符合本单元测评指标要求，否则，信息系统不符合或部分符合本单元测评指标要求。

7.1.1.7　防静电

7.1.1.7.1　测评指标

见 JR/T 0060－2010 7.1.1.7。

7.1.1.7.2　测评实施

本项要求包括：

a）应检查**主要设备**是否有安全接地构造或其他静电泄放措施。

b）**应检查机房是否采用了防静电地板或敷设防静电地面。**

7.1.1.7.3　结果判定

如果 7.1.1.7.2a）和 b）均为肯定，则信息系统符合本单元测评指标要求，否则，信息系统不符合或部分符合本单元测评指标要求。

7.1.1.8　温湿度控制

7.1.1.8.1　测评指标

见 JR/T 0060－2010 7.1.1.8。

7.1.1.8.2　测评实施

本项要求包括：

a）应检查机房内是否配备了温湿度自动调节设施，温湿度自动调节设施是否能够正常运行，机房温度、相对湿度是否满足电子信息设备的使用要求。

检查机房开机时温度是否控制在 JR/T 0060－2010 的相关要求之内。

b）应检查是否有机房的温湿度记录，是否有温湿度自动调节设施的运行记录、**定期检查和维护记录。**

7.1.1.8.3　结果判定

如果 7.1.1.8.2a）和 b）均为肯定，则信息系统符合本单元测评指标要求，否则，信息系统不符合或部分符合本单元测评指标要求。

7.1.1.9 电力供应

7.1.1.9.1 测评指标

见JR/T 0060-2010 7.1.1.9。

7.1.1.9.2 测评实施

本项要求包括：

a）**应访谈物理安全负责人，询问是否采用冗余或并行的电力电缆线路为计算机系统供电。**

1）检查机房是否采用了双路市电；

2）检查双路市电线路切换记录或供电部门相关协议，查看双路市电是否能够自动切换。

b）应检查机房的计算机系统供电线路上是否设置了稳压器和过电压防护设备，这些设备是否正常运行，**查看供电电压是否正常。**

c）应检查机房计算机系统是否配备了短期备用电源设备，短期备用电源设备是否正常运行。

检查是否配备了UPS，查看UPS实际供电能力是否能够满足主要设备在断电情况下正常运行2个小时以上。

d）**应检查是否为机房计算机系统建立了备用供电系统，备用供电系统的基本容量是否能够满足主要设备的正常运行。**

1）检查是否配备或租用了发电机，如果是租用发电机，应检查租用发电机的合同或相关证明材料；

2）检查发电机储油是否能够确保发电机持续供电，并采取了有效措施确保发电机用油的及时补充。

e）应检查是否有稳压器、过电压防护设备、短期备用电源设备以及**备用供电系统**等设备的检查和维护记录，**备用供电系统运行记录、定期检查和维护记录。**

7.1.1.9.3 结果判定

如果7.1.1.9.2 a）～e）均为肯定，则信息系统符合本单元测评指标要求，否则，信息系统不符合或部分符合本单元测评指标要求。

7.1.1.10 电磁防护

7.1.1.10.1 测评指标

见JR/T 0060-2010 7.1.1.10。

7.1.1.10.2 测评实施

本项要求包括：

a）**应检查机房设备外壳是否有安全接地。**

b）应检查机房布线，查看是否做到电源线和通信线缆隔离。

检查电源线和通信线缆是否铺设在不同的桥架或者管道内。

c）**应检查磁介质和处理秘密级信息的设备是否存放在具有电磁屏蔽功能的容器中。**

7.1.1.10.3 结果判定

如果7.1.1.10.2 a）～c）均为肯定，则信息系统符合本单元测评指标要求，否则，信息系统不符合或部分符合本单元测评指标要求。

7.1.2 网络安全

7.1.2.1 结构安全

7.1.2.1.1 测评指标

见JR/T 0060-2010 7.1.2.1。

7.1.2.1.2　测评实施

本项要求包括：

a）应检查网络设计或验收文档，查看是否有满足**主要**网络设备业务处理能力需要的设计或描述。

b）应检查网络设计或验收文档，查看是否有满足接入网络及核心网络的带宽业务高峰期的需要以及**不存在带宽瓶颈等方面**的设计或描述。

检查网络监控日志，查看主要网络设备近一年的CPU负载的峰值是否小于30%。

c）**应检查边界和主要网络设备的路由控制策略，查看是否建立安全的访问路径。**

d）应检查网络拓扑结构图，查看其与当前运行的实际网络系统是否一致。

检查网络拓扑结构图是否完整，是否有相应的网络配置表，包含设备IP地址等主要信息，与当前运行情况相符，并及时更新。

e）应检查网络设计或验收文档，查看是否有根据各部门的工作职能、重要性和所涉及信息的重要程度等因素，划分不同的子网或网段，并按照方便管理和控制的原则为各子网和网段分配地址段的设计或描述。

f）**应检查边界和主要网络设备，查看重要网段是否采取了技术隔离手段与其他网段隔离。**

测试业务终端与业务服务器之间的访问路径，验证业务终端与业务服务器之间的访问路径是否安全。

g）**应检查边界和主要网络设备，查看是否配置对带宽进行控制的策略，这些策略是否能够保证在网络发生拥堵的时候优先保护重要业务。**

检查带宽分配原则及相应的带宽控制策略是否是根据所有业务重要性、优先级制定的。

7.1.2.1.3　结果判定

如果7.1.2.1.2 a）～g）均为肯定，则信息系统符合本单元测评指标要求，否则，信息系统不符合或部分符合本单元测评指标要求。

7.1.2.2　访问控制

7.1.2.2.1　测评指标

见JR/T 0060－2010 7.1.2.2。

7.1.2.2.2　测评实施

本项要求包括：

a）应检查边界网络设备的访问控制策略，查看其是否根据会话状态信息对数据流进行控制，**控制粒度是否为端口级。**

b）**应检查边界网络设备的访问控制策略，查看其是否对进出网络的信息内容进行过滤，实现对应用层HTTP、FTP、TELNET、SMTP、POP3等协议命令级的控制。**

应检查是否对通过互联网传输的信息内容进行过滤，实现对应用层HTTP、FTP、TELNET、SMTP、POP3等通用性协议命令级控制。

c）**应检查边界网络设备，查看是否有会话处于非活跃的时间或会话结束后自动终止网络连接的配置，查看是否设置网络最大流量数及网络连接数。**

d）**应检查边界和主要网络设备地址绑定配置，查看重要网段是否采取了地址绑定的措施。**

e）**应测试边界网络设备，可通过试图访问未授权的资源，验证访问控制措施对未授权的访问行为的控制是否有效，控制粒度是否为单个用户。**

f）应检查边界网络设备的拨号用户列表，查看其是否对具有拨号访问权限的用户数量进行限制。

1）检查是否禁止了通过互联网对重要信息系统进行远程维护和管理；

2）测试是否存在拨号接入网络的方式；如果存在拨号接入，检查边界网络设备（如路由器，防火墙，认证网关），查看是否正确的配置了拨号访问控制列表（对系统资源实现允许或拒绝访问）。

g）应对网络访问控制措施进行渗透测试，可通过采用多种渗透测试技术，验证网络访问控制措施不存在明显弱点。

应当从互联网和电话系统向被测对象进行渗透测试。

7.1.2.2.3 结果判定

如果 7.1.2.2.2 a）～g）均为肯定，则信息系统符合本单元测评指标要求，否则，信息系统不符合或部分符合本单元测评指标要求。

7.1.2.3 安全审计

7.1.2.3.1 测评指标

见 JR/T 0060－2010 7.1.2.3。

7.1.2.3.2 测评实施

本项要求包括：

a）应检查边界和**主要**网络设备的安全审计策略，查看是否包含网络系统中的网络设备运行状况、网络流量、用户行为等。

b）应检查边界和**主要**网络设备的安全审计记录，查看是否包括：事件的日期和时间、用户、事件类型、事件成功情况，及其他与审计相关的信息。

c）应检查边界和主要网络设备，查看是否为授权用户浏览和分析审计数据提供专门的审计工具，并能根据需要生成审计报表。

d）应测试边界和主要网络设备，可通过以某个非审计用户登录系统，试图删除、修改或覆盖审计记录，验证安全审计的保护情况与要求是否一致。

7.1.2.3.3 结果判定

如果 7.1.2.3.2 a）～d）均为肯定，则信息系统符合本单元测评指标要求，否则，信息系统不符合或部分符合本单元测评指标要求。

7.1.2.4 边界完整性检查

7.1.2.4.1 测评指标

见 JR/T 0060－2010 7.1.2.4。

7.1.2.4.2 测评实施

本项要求包括：

a）应检查边界完整性检查设备的非法外联和非授权接入策略，查看是否设置了对非法连接到内网和非法连接到外网的行为进行监控**并有效的阻断的配置。**

b）应测试边界完整性检查设备，测试是否能够确定出非法外联设备的位置，并对其进行有效阻断。

c）应测试边界完整性检查设备，测试是否能够对非授权设备私自接入内部网络的行为进行检查，并准确定出位置，对其进行有效阻断。

7.1.2.4.3 结果判定

如果 7.1.2.4.2 a）～c）均为肯定，则信息系统符合本单元测评指标要求，否则，信息系统不符合或部分符合本单元测评指标要求。

7.1.2.5 入侵防范

7.1.2.5.1 测评指标

见 JR/T 0060－2010 7.1.2.5。

7.1.2.5.2 测评实施

本项要求包括：

a）应检查网络入侵防范设备，查看是否能检测以下攻击行为：端口扫描、强力攻击、木马后门攻击、拒绝服务攻击、缓冲区溢出攻击、IP 碎片攻击、网络蠕虫攻击等。

检查入侵防范设备是否根据系统应用要求进行了规则配置。

b）应检查网络入侵防范设备的入侵时间记录，查看记录中是否包括入侵的源 IP、攻击的类型、攻击的目的、攻击的时间等。

c）应检查网络入侵防范设备的规则库版本，查看其规则库是否及时更新。

d）应测试网络入侵防范设备，验证其检测策略是否有效。

e）应测试网络入侵防范设备，验证其报警策略是否有效。

7.1.2.5.3 结果判定

如果 7.1.2.5.2 a）～e）均为肯定，则信息系统符合本单元测评指标要求，否则，信息系统不符合或部分符合本单元测评指标要求。

7.1.2.6 恶意代码防范

7.1.2.6.1 测评指标

见 JR/T 0060－2010 7.1.2.6。

7.1.2.6.2 测评实施

本项要求包括：

a）应检查在网络边界及核心业务网段处是否有相应的防恶意代码措施。

1）如果部署了主机恶意代码检测系统，可选择安装部署网络边界恶意代码检测系统。

2）部署网络边界恶意代码防范产品，应检查部署后网络性能是否足够。

b）应检查防恶意代码产品，查看其运行是否正常，恶意代码库是否及时更新。

可对不同安全域区别对待，在确保系统安全运行的前提下，更新恶意代码库。

7.1.2.6.3 结果判定

如果 7.1.2.6.2 a）和 b）均为肯定，则信息系统符合本单元测评指标要求，否则，信息系统不符合或部分符合本单元测评指标要求。

7.1.2.7 网络设备防护

7.1.2.7.1 测评指标

见 JR/T 0060－2010 7.1.2.7。

7.1.2.7.2 测评实施

本项要求包括：

a）应检查边界和**主要**网络设备的设备防护策略，查看是否配置了对登录用户进行身份鉴别的功能。

b）应检查边界和**主要**网络设备的设备防护策略，查看是否对网络设备的登录地址进行了限制。

c）应检查边界和**主要**网络设备的账户列表，查看用户标识是否唯一。

检查是否已经删除默认用户或修改默认用户的口令，根据管理需要开设用户，不得使用缺省口令、空口令、弱口令。

d）应检查边界和主要网络设备，查看是否对同一用户选择两种或两种以上组合的鉴别技术来进行身份鉴别。

1）检查远程方式登录网络设备是否采用两种或两种以上组合的鉴别技术进行身份鉴别。

2）检查本地控制台管理网络设备是否采用一种或一种以上身份鉴别技术。

e）应检查边界和**主要**网络设备的设备防护策略，查看口令设置是否有复杂度和定期修改要求。

f）应检查边界和**主要**网络设备的设备防护策略，查看是否配置了鉴别失败处理功能，包括结束会话、限制非法登录次数、登录连接超时自动退出等。

g）应检查边界和**主要**网络设备的设备防护策略，查看是否配置了对设备远程管理所产生的鉴别信息进行保护的功能。

h）**应检查边界和主要网络设备的管理设置，查看是否实现设备特权用户的权限分离。**

i）**应对边界和主要网络设备进行渗透测试，通过使用各种渗透测试技术对网络设备进行渗透测试，验证网络设备防护能力是否符合要求。**

7.1.2.7.3 结果判定

a）如果使用数字证书、动态口令卡等机制实现身份认证，7.1.2.7.2e）为肯定。

b）如果 7.1.2.7.2a）～i）均为肯定，则信息系统符合本单元测评指标要求，否则，信息系统不符合或部分符合本单元测评指标要求。

7.1.3 主机安全

7.1.3.1 身份鉴别

7.1.3.1.1 测评指标

见 JR/T 0060－2010 7.1.3.1。

7.1.3.1.2 测评实施

本项要求包括：

a）应检查**主要**服务器操作系统和**主要**数据库管理系统的身份鉴别策略，查看是否提供了身份鉴别措施。

b）应检查**主要**服务器操作系统和**主要**数据库管理系统的身份鉴别策略，查看其身份鉴别信息是否具有不易被冒用的特点，如对用户登录口令的最小长度、复杂度和更换周期进行要求和限制。

c）应检查**主要**服务器操作系统和**主要**数据库管理系统的身份鉴别策略，查看是否配置了登录失败处理功能、设置了非法登录次数的限制值；查看是否设置网络登录连接超时，并自动退出。

d）如果操作系统或数据库采用远程管理方式，查看是否具有防止鉴别信息在网络传输过程中被窃听的措施。

e）应检查**主要**服务器操作系统和**主要**数据库管理系统账户列表，查看管理员用户名或 UID 分配是否唯一。

1）检查是否为操作系统的不同用户分配不同的用户名。

2）检查是否为数据库系统的不同用户分配不同的用户名。

f）**应检查主要服务器操作系统和主要数据库管理系统的身份鉴别策略，查看是否采用两种或两种以上身份鉴别技术的组合来进行身份鉴别。**

1）检查远程方式登录主机设备是否采用两种或两种以上组合的鉴别技术进行身份鉴别。

2）检查本地控制台管理主机设备是否采用一种或一种以上身份鉴别技术。

g）**应渗透测试主要服务器操作系统，可通过使用口令破解工具等，对服务器操作系统进行用户口令强度检测，查看是否能够破解用户口令，破解口令后是否能够登录进入系统。**

应当从互联网向被测对象进行渗透测试。

h）**应渗透测试主要服务器操作系统，测试是否存在绕过认证方式进行系统登录的方法。**

7.1.3.1.3 结果判定

a）如果使用数字证书、动态口令卡等机制实现身份认证，7.1.3.1.2 b）判定为肯定，否则，需要检查用户登录口令的最小长度、复杂度和更换周期等策略和要求。

b）如果 7.1.3.1.2 a）～h）均为肯定，则信息系统符合本单元测评指标要求，否则，信息系统不符合或部分符合本单元测评指标要求。

7.1.3.2 访问控制

7.1.3.2.1 测评指标

见 JR/T 0060－2010 7.1.3.2。

7.1.3.2.2 测评实施

本项要求包括：

a）应检查主要服务器操作系统的安全策略，查看是否对重要文件的访问权限进行了限制，对系统不需要的服务、共享路径等进行了禁用或删除。

b）**应检查主要服务器操作系统和主要数据库管理系统的访问控制策略，查看特权用户的权限是否进行分离，如可分为系统管理员、安全管理员、安全审计员等；查看是否采用最小授权原则。**

如果系统支持操作系统和数据库系统特权用户的权限分离，应检查主要服务器操作系统和主要数据库管理系统的访问控制策略，查看特权用户的权限是否进行分离，如可分为系统管理员、安全管理员、安全审计员等；查看是否采用最小授权原则。

c）应检查操作系统的特权用户和数据库管理系统的特权用户，查看不同管理员的系统账户权限是否不同，且不应由同一人担任。

d）应检查**主要**服务器操作系统和**主要**数据库管理系统的访问控制策略，查看是否已禁用或者限制匿名/默认账户的访问权限，是否重命名系统默认账户、修改这些账户的默认口令。

e）应检查**主要**服务器操作系统和**主要**数据库管理系统的访问控制策略，是否删除了系统中多余的、过期的以及共享的账户。

1）检查系统中的账号是否为用户工作必须的。

2）检查是否及时删除了多余的、过期的账户。

f）应检查**主要**服务器操作系统和**主要**数据库管理系统的权限设置情况，查看是否依据安全策略对用户权限进行了限制。

g）**应检查主要服务器操作系统和主要数据库管理系统的访问控制策略，查看是否对重要信息资源设置敏感标记；是否依据安全策略严格控制用户对有敏感标记重要信息资源的操作。**

7.1.3.2.3 结果判定

a）如果系统不支持修改、重命名特权用户，7.1.3.2.2d）、f）为不适用。

b）如果 7.1.3.2.2 a）～g）均为肯定，则信息系统符合本单元测评指标要求，否则，信息系统不符合或部分符合本单元测评指标要求。

7.1.3.3 安全审计

7.1.3.3.1 测评指标

见 JR/T 0060－2010 7.1.3.3。

7.1.3.3.2 测评实施

本项要求包括：

a）应检查**主要**服务器操作系统、**重要**终端操作系统和**主要**数据库管理系统的安全审计策略，查看安全审计配置是否包括系统内重要用户行为、系统资源的异常和重要系统命令的使用等重要的安全相关事件。

1）检查是否在确保系统运行安全和效率的前提下，启用系统审计或采用第三方安全审计产品实现审计要求；

2）检查审计内容是否至少包括：用户的添加和删除、审计功能的启动和关闭、审计策略的调整、权限的变更、系统资源的异常使用、重要的系统操作（如用户登录、退出）等。

b）应检查主要服务器操作系统、重要终端操作系统和主要数据库管理系统的安全审计策略，查看审计记录信息是否包括事件发生的日期与时间、触发事件的主体与客体、事件的类型、事件成功或失败、事件的结果等内容。

c）应检查主要服务器操作系统、重要终端操作系统和主要数据库管理系统的安全审计策略，查看是否通过日志覆盖周期、存储方式、日志文件/空间大小、日志文件操作权限等设置，实现了对审计记录的保护，使其避免受到未预期的删除、修改或覆盖等。

检查审计记录是否至少保存 6 个月。

d）应检查主要服务器操作系统、重要终端操作系统和主要数据库管理系统的安全审计策略，查看是否为授权用户提供浏览和分析审计记录的功能，是否可以根据需要自动生成不同格式的审计报表。

e）应测试主要服务器操作系统、重要终端操作系统和主要数据库管理系统，可通过非审计员的其他账户试图中断审计进程，验证审计进程是否受到保护。

7.1.3.3.3 结果判定

如果 7.1.3.3.2 a）～e）均为肯定，则信息系统符合本单元测评指标要求，否则，信息系统不符合或部分符合本单元测评指标要求。

7.1.3.4 剩余信息保护

7.1.3.4.1 测评指标

见 JR/T 0060－2010 7.1.3.4。

7.1.3.4.2 测评实施

应检查主要操作系统和主要数据库管理系统技术开发手册或产品检测报告，查看是否明确用户的鉴别信息存储空间被释放或再分配给其他用户前的处理方法和过程；是否明确文件、目录和数据库记录等资源所在的存储空间被释放或重新分配给其他用户前的处理方法和过程。

7.1.3.4.3 结果判定

如果 7.1.3.4.2 为肯定，则信息系统符合本单元测评指标要求，否则，信息系统不符合或部分符合本单元测评指标要求。

7.1.3.5 入侵防范

7.1.3.5.1 测评指标

见 JR/T 0060－2010 7.1.3.5。

7.1.3.5.2 测评实施

本项要求包括：

a）应检查入侵防范系统的入侵防范策略，查看是否能够记录对主要服务器攻击的源 IP、攻击类型、攻击目标、攻击时间等，在发生严重入侵事件时是否提供报警（如声音、短信和 E－MAIL 等）。

应当同时检查入侵防范系统的特征库是否保持最新状态。

b）应检查主要服务器是否提供对重要程序的完整性进行检测，并在检测到完整性受到破坏后具有恢复的措施的功能。

c）应检查主要服务器操作系统中所安装的系统组件和应用程序是否都是必须的。

d）应检查是否设置了专门的升级服务器实现对主要服务器操作系统补丁的升级，主要服务器操作系统是否具有操作系统补丁更新策略。

e）应检查**主要**服务器操作系统和**主要**数据库管理系统的补丁是否得到了及时更新。

检查是否持续跟踪厂商提供的系统升级更新情况，对关键性补丁是否进行充分的评估测试，并记录了相关评估情况和升级过程。

f）应渗透测试主要服务器操作系统和主要数据库管理系统，查看入侵防范系统是否及时正确记录了本次攻击行为，并自动报警。

7.1.3.5.3　结果判定

如果 7.1.3.5.2 a）～f）均为肯定，则信息系统符合本单元测评指标要求，否则，信息系统不符合或部分符合本单元测评指标要求。

7.1.3.6　恶意代码防范

7.1.3.6.1　测评指标

见 JR/T 0060－2010 7.1.3.6。

7.1.3.6.2　测评实施

本项要求包括：

a）应检查**主要**服务器的恶意代码防范策略，查看是否安装了实时检测与查杀恶意代码的软件产品，并且及时更新了软件版本和恶意代码库。

应检查关键服务器的恶意代码防范策略，对支持安装防恶意代码软件的主机操作系统，查看是否安装了实时检测与查杀恶意代码的软件产品，并且及时更新了软件版本和恶意代码库。

b）应检查主机防恶意代码软件或硬件，查看其厂家名称、产品版本号和恶意代码库名称等，查看其是否与网络防恶意代码软件有不同的恶意代码库。

1）可对不同安全域区别对待，检查恶意代码库是否根据实际情况保持最新状态。

2）对不支持恶意代码检测系统的主机操作系统，应当检查是否采取了等效的恶意代码防范措施。

c）应检查主机防恶意代码软件是否实现了统一管理。

7.1.3.6.3　结果判定

如果 7.1.3.6.2 a）～c）均为肯定，则信息系统符合本单元测评指标要求，否则，信息系统不符合或部分符合本单元测评指标要求。

7.1.3.7　资源控制

7.1.3.7.1　测评指标

见 JR/T 0060－2010 7.1.3.7。

7.1.3.7.2　测评实施

本项要求包括：

a）应检查**主要**服务器操作系统和**主要**数据库管理系统的资源控制策略，查看是否设定了终端接入方式、网络地址范围等条件限制终端登录。

b）应检查访问**主要**服务器的终端是否都设置了操作超时锁定的配置。

c）应检查主要服务器操作系统的资源控制策略，查看是否对 CPU、硬盘、内存和网络等资源的使用情况进行监控。

d）应检查**主要**服务器操作系统和**主要**数据库管理系统的资源控制策略，查看是否设置了单个用户或应用对系统资源的最大或最小使用限度。

e）应检查主要服务器操作系统和主要数据库管理系统的资源控制策略，查看是否在服务水平降低到预先规定的阈值时，能检测和报警。

7.1.3.7.3　结果判定

如果 7.1.3.7.2 a）～e）均为肯定，则信息系统符合本单元测评指标要求，否则，信息系统不符合或部分符合本单元测评指标要求。

7.1.4　应用安全

7.1.4.1　身份鉴别

7.1.4.1.1　测评指标

见 JR/T 0060－2010 7.1.4.1。

7.1.4.1.2　测评实施

本项要求包括：

a）应检查**主要**应用系统，查看是否提供身份标识和鉴别功能。

b）应检查主要应用系统，查看是否采用了两种或两种以上组合的身份鉴别技术来进行身份鉴别。

1）检查当管理用户通过受控本地控制台管理应用系统时，是否采用了一种或一种以上身份鉴别技术。

2）检查当管理用户以远程方式登录应用系统，是否采用了两种或两种以上组合的鉴别技术进行身份鉴别。

3）检查面向互联网服务的系统是否向用户提供两种或两种以上组合的鉴别技术供用户选择。

c）应检查**主要**应用系统，查看是否采用了措施保证身份标识具有唯一性，是否对登录用户的口令最小长度、复杂度和更换周期等进行了要求和限制，保证身份鉴别信息不易被冒用。

d）应检查**主要**应用系统，查看是否提供登录失败处理功能，是否根据安全策略设置了登录失败次数等参数。

e）应测试**主要**应用系统，可通过试图以合法和非法用户分别登录系统，验证身份标识和鉴别功能是否有效。

f）应测试**主要**应用系统，可通过多次输入错误的密码，验证登录失败处理功能是否有效。

g）应渗透测试主要应用系统，如多次猜测用户口令，验证应用系统身份标识和鉴别功能是否不存在明显的弱点。

应当从互联网向被测试对象进行渗透测试。

7.1.4.1.3　结果判定

如果 7.1.4.1.2 a）～g）均为肯定，则信息系统符合本单元测评指标要求，否则，信息系统不符合或部分符合本单元测评指标要求。

7.1.4.2　访问控制

7.1.4.2.1　测评指标

见 JR/T 0060－2010 7.1.4.2。

7.1.4.2.2　测评实施

本项要求包括：

a）应检查**主要**应用系统，查看是否依据安全策略控制用户对文件、数据库表等客体的访问。

b）应检查**主要**应用系统，查看其访问控制的覆盖范围是否包括与信息安全直接相关的主体、客体及它们之间的操作。

c）应检查**主要**应用系统，查看是否有由授权用户设置其他用户访问系统功能和用户数据权限的功能，是否限制了默认用户的访问权限，是否修改了这些账户的默认口令。

d）应检查**主要**应用系统的用户角色或权限的分配情况，查看是否仅授予不同账户为完成各自承担任务所需的最小权限，特权用户的权限是否分离，权限之间是否相互制约，如系统管理员不能进行审计操作、审计员不能进行系统管理操作等。

e）应检查关键应用系统，查看是否删除多余的、过期的账户。

f）应检查主要应用系统，查看是否能对重要信息资源设置敏感标记，这些敏感标记是否以默认方式生成或由安全员建立、维护和管理。

g）应检查主要应用系统，查看是否依据安全策略严格控制用户对有敏感标记重要信息资源的操作。

h）应测试**主要**应用系统，可通过以不同权限的用户登录系统，查看其拥有的权限是否与系统赋予的权限一致，验证应用系统访问控制功能是否有效。

i）应测试**主要**应用系统，可通过以默认用户登录系统，并进行一些合法和非法操作，验证系统是否严格限制了默认账户的访问权限。

j）应渗透测试主要应用系统，进行试图绕过访问控制的操作，验证应用系统的访问控制功能是否不存在明显的弱点。

7.1.4.2.3　结果判定

如果 7.1.4.2.2 a）～j）均为肯定，则信息系统符合本单元测评指标要求，否则，信息系统不符合或部分符合本单元测评指标要求。

7.1.4.3　安全审计

7.1.4.3.1　测评指标

见 JR/T 0060－2010 7.1.4.3。

7.1.4.3.2　测评实施

本项要求包括：

a）应检查**主要**应用系统，查看审计范围是否覆盖到每个用户，审计策略是否覆盖系统内重要的安全相关事件，例如，用户标识与鉴别、访问控制的所有操作记录、重要用户行为、系统资源的异常使用、重要系统命令的使用等。

b）应检查**主要**应用系统的审计记录，查看是否包括事件发生的日期与时间、触发事件的主体与客体、事件的类型、事件成功或失败、身份鉴别事件中请求的来源、事件的结果等内容。

检查是否保存了 6 个月以上的审计记录。

c）应检查主要应用系统，查看是否为授权用户浏览和分析审计数据提供专门的审计分析功能，并能根据需要生成审计报表。

d）应测试**主要**应用系统，在应用系统上试图产生一些重要的安全相关事件（如进行用户登录、修改用户权限等操作），查看应用系统是否对其进行了审计，验证应用系统安全审计的覆盖情况是否覆盖到每个用户；如果进行了审计则查看审计记录内容是否包含事件的日期、时间、发起者信息、类型、描述和结果等。

e）应测试**主要**应用系统，**试图非授权终止审计进程或审计功能**，删除、修改或覆盖审计记录，查看安全审计进程和记录的保护情况。

7.1.4.3.3　结果判定

如果 7.1.4.3.2 a）～e）均为肯定，则信息系统符合本单元测评指标要求，否则，信息系统不符合或部分符合本单元测评指标要求。

7.1.4.4 剩余信息保护

7.1.4.4.1 测评指标

见 JR/T 0060－2010 7.1.4.4。

7.1.4.4.2 测评实施

本项要求包括：

a）**应检查设计、验收文档或源代码，查看其是否有关于系统在释放或再分配鉴别信息所在存储空间给其他用户前如何将其进行完全清除（无论这些信息是存放在硬盘上还是在内存中）的描述。**

b）**应检查设计、验收文档或源代码，查看其是否有关于释放或重新分配系统内文件、目录和数据库记录等资源所在存储空间给其他用户前进行完全清除的描述。**

c）**应测试主要应用系统，用某用户登录系统并进行操作后，在该用户退出后用另一用户登录，试图操作（读取、修改或删除等）其他用户产生的文件、目录和数据库记录等资源，查看操作是否成功，验证系统提供的剩余信息保护功能是否正确（确保系统内的文件、目录和数据库记录等资源所在的存储空间，被释放或重新分配给其他用户前得到完全清除）。**

7.1.4.4.3 结果判定

如果 7.1.4.4.2 a）～c）均为肯定，则信息系统符合本单元测评指标要求，否则，信息系统不符合或部分符合本单元测评指标要求。

7.1.4.5 通信完整性

7.1.4.5.1 测评指标

见 JR/T 0060－2010 7.1.4.5。

7.1.4.5.2 测评实施

本项要求包括：

a）应检查设计、验收文档或源代码，查看其是否有关于保护通信完整性的说明，**如果有则查看是否有根据校验码判断对方数据有效性，以及散列（Hash）密码计算报文校验码的描述；**

b）应测试**主要**应用系统，可通过获取通信双方的数据包，查看通信报文中是否含有校验码。

对于通过互联网、卫星网进行通信的系统，应通过截包分析，检查通信报文是否经过加密保护。

7.1.4.5.3 结果判定

如果 7.1.4.5.2 a）和 b）均为肯定，则信息系统符合本单元测评指标要求，否则，信息系统不符合或部分符合本单元测评指标要求。

7.1.4.6 通信保密性

7.1.4.6.1 测评指标

见 JR/T 0060－2010 7.1.4.6。

7.1.4.6.2 测评实施

本项要求包括：

a）应检查设计、验收文档或源代码，查看其是否有关于保护通信保密性的说明，如果有则查看是否有在通信双方建立连接之前利用密码技术进行会话初始化验证的描述，**以及对整个报文或会话过程是否进行加密的描述。**

b）应测试**主要**应用系统，通过获取通信双方数据包并查看数据包的内容，查看系统是否能在通信双方建立连接之前，利用密码技术进行会话初始化验证（如 SSL 建立加密通道前是否利用密码技术进行了会话初始化验证）；**并查看系统在通信过程中，对整个报文或会话过程是否进行加密。**

对通过互联网、卫星网进行通信的系统，检查是否对整个报文或会话过程进行加密。

7.1.4.6.3 结果判定

如果7.1.4.6.2 a）和b）均为肯定，则信息系统符合本单元测评指标要求，否则，信息系统不符合或部分符合本单元测评指标要求。

7.1.4.7 抗抵赖

7.1.4.7.1 测评指标

见JR/T 0060－2010 7.1.4.7。

7.1.4.7.2 测评实施

本项要求包括：

a）**如果业务应用有明确的抗抵赖需求，则应检查应用系统，查看系统是否提供在请求的情况下为数据原发者和接收者提供数据原发证据的功能；是否提供在请求的情况下为数据原发者和接收者提供数据接收证据的功能。**

b）**如果业务应用有明确的抗抵赖需求，则应测试应用系统，通过模拟通信过程进行通信，查看系统是否提供在请求的情况下为数据原发者和接收者提供数据原发证据的功能；是否提供在请求的情况下为数据原发者和接收者提供数据接收证据的功能。**

1）检查应用系统的操作与管理记录，查看是否包括操作时间、操作人员及操作类型、操作内容等信息；

2）检查交易系统日志记录，查看是否包括业务流水号、账户名、IP地址、交易指令等用户交易行为数据，并且不包括用户的口令。

7.1.4.7.3 结果判定

如果7.1.4.7.2 a）和b）均为肯定，则信息系统符合本单元测评指标要求，否则，信息系统不符合或部分符合本单元测评指标要求。

7.1.4.8 软件容错

7.1.4.8.1 测评指标

见JR/T 0060－2010 7.1.4.8。

7.1.4.8.2 测评实施

本项要求包括：

a）应检查设计或验收文档，查看是否有对人机接口输入或通信接口输入的数据进行有效性检验，在故障发生时自动保护当前所有状态保证系统能够进行恢复的描述。

b）应测试**主要**应用系统，查看应用系统是否能明确拒绝不符合格式要求数据。

c）应测试**主要应用系统，验证是否提供自动保护功能，当故障发生时自动保护当前所有状态，保证系统能够进行恢复。**

7.1.4.8.3 结果判定

如果7.1.4.8.2 a）～c）均为肯定，则信息系统符合本单元测评指标要求，否则，信息系统不符合或部分符合本单元测评指标要求。

7.1.4.9 资源控制

7.1.4.9.1 测评指标

见JR/T 0060－2010 7.1.4.9。

7.1.4.9.2 测评实施

本项要求包括：

a）应检查**主要**应用系统的配置参数，查看是否提供对最大并发会话连接数进行限制。

b）应检查主要应用系统，查看是否对一个访问账户或一个请求进程占用的资源分配最大限额和最小限额。

c）应检查主要应用系统，查看是否有服务水平最小值的设定，当系统的服务水平降低到预先设定的最小值时，系统报警。

d）应检查主要应用系统，查看是否能根据安全策略设定主体的服务优先级，根据优先级分配系统资源。

e）应测试主要应用系统，当应用系统的通信双方中的一方在一段时间内未作任何响应，查看另一方是否能够自动结束会话。

f）应测试主要应用系统，可通过对系统进行超过规定的单个账户的多重并发会话数进行连接，验证系统是否能够正确地限制单个账户的多重并发会话数。

g）应测试主要应用系统，可试图使服务水平降低到预先规定的最小值，验证系统是否能够正确检测并报警。

7.1.4.9.3　结果判定

如果 7.1.4.9.2 a）～g）均为肯定，则信息系统符合本单元测评指标要求，否则，信息系统不符合或部分符合本单元测评指标要求。

7.1.5　数据安全及备份恢复

7.1.5.1　数据完整性

7.1.5.1.1　测评指标

见 JR/T 0060－2010 7.1.5.1。

7.1.5.1.2　测评实施

本项要求包括：

a）如果主要网络设备、主要主机操作系统和主要数据库管理系统能够进行远程管理，则应查看其能否检测系统管理数据（如配置文件）、鉴别信息在传输过程中完整性受到了破坏，并在检测到完整性错误时采取必要的恢复措施。

b）应检查应用系统的设计、验收文档或源代码，查看是否有关于能检测系统管理数据、鉴别信息和重要业务数据传输过程中完整性受到破坏，并在检测到完整性错误时采取必要的恢复措施的描述。

c）应检查主要网络设备、主要操作系统和主要数据库管理系统，查看是否配备检测系统管理数据（如配置文件）和鉴别信息在存储过程中完整性受到破坏的功能，并在检测到完整性错误时是否能采取必要的恢复措施。

d）应检查主要应用系统，查看是否配备检测系统管理数据、鉴别信息和业务数据在存储过程中完整性受到破坏的功能，并在检测到完整性错误时是否能采取必要的恢复措施。

7.1.5.1.3　结果判定

如果 7.1.5.1.2 a）～d）均为肯定，则信息系统符合本单元测评指标要求，否则，信息系统不符合或部分符合本单元测评指标要求。

7.1.5.2　数据保密性

7.1.5.2.1　测评指标

见 JR/T 0060－2010 7.1.5.2。

7.1.5.2.2　测评实施

本项要求包括：

a）应检查主要网络设备、主要操作系统和主要数据库管理系统，查看其管理数据和鉴别信息是否采用加密或其他有效措施实现了传输和存储保密性。

b）应检查**主要**应用系统，查看其管理数据、鉴别信息和重要业务数据是否采用加密或其他有效措施实现**传输**和存储保密性。

c）**应测试主要**网络设备、**主要**操作系统、**主要**数据库管理系统和**主要**应用系统，**可通过用嗅探工具获取通信数据包，查看是否为密文。**

对通过互联网、卫星网传递的系统管理数据、鉴别信息和重要业务数据，应当采用抓包分析工具进行抓包分析，验证其是否采取加密方式进行传输。

7.1.5.2.3　结果判定

如果7.1.5.2.2 a）～c）均为肯定，则信息系统符合本单元测评指标要求，否则，信息系统不符合或部分符合本单元测评指标要求。

7.1.5.3　备份和恢复

7.1.5.3.1　测评指标

见JR/T 0060－2010 7.1.5.3。

7.1.5.3.2　测评实施

本项要求包括：

a）应检查是否对**主要**网络设备、**主要**主机操作系统、**主要**数据库管理系统和**主要**应用系统的重要信息进行了备份，**备份方式（如是否为完全数据备份）、频率和介质存放方式是否达到相关标准的要求，**是否定期对备份数据进行恢复测试。

b）**应检查主要网络设备、主要主机操作系统、主要数据库管理系统和主要应用系统是否对重要信息进行了异地数据备份。**

c）**应检查网络拓扑结构是否不存在关键节点的单点故障。**

d）应检查**主要**网络设备、通信线路和数据处理系统（如包含数据库管理系统在内的数据库服务器）是否提供硬件冗余。

7.1.5.3.3　结果判定

如果7.1.5.3.2 a）～d）均为肯定，则信息系统符合本单元测评指标要求，否则，信息系统不符合或部分符合本单元测评指标要求。

7.2　安全管理测评

7.2.1　安全管理制度

7.2.1.1　管理制度

7.2.1.1.1　测评指标

见JR/T 0060－2010 7.2.1.1。

7.2.1.1.2　测评实施

本项要求包括：

a）**应访谈安全主管，询问机构是否形成全面的信息安全管理制度体系，制度体系是否由总体方针、安全策略、管理制度、操作规程等构成。**

b）应检查信息安全工作的总体方针和安全策略文件，查看文件是否明确机构安全工作的总体目标、范围、原则和安全框架等。

c）应检查各项安全管理制度，查看是否覆盖物理、网络、主机系统、数据、应用、建设和运维等层面的**管理内容。**

d）应检查是否具有日常管理操作的操作规程（如系统维护手册和用户操作规程等）。

7.2.1.1.3 结果判定

如果7.2.1.1.2 a)～d)均为肯定，则信息系统符合本单元测评指标要求，否则，信息系统不符合或部分符合本单元测评指标要求。

7.2.1.2 制定和发布

7.2.1.2.1 测评指标

见JR/T 0060－2010 7.2.1.2。

7.2.1.2.2 测评实施

本项要求包括：

a) 应访谈安全主管，询问是否由专门的部门或人员负责制定安全管理制度。

b) 应访谈安全主管，询问安全管理制度是否能够发布到相关人员手中，是否对制定的安全管理制度进行论证和审定，**是否按照统一的格式标准或要求制定。**

c) **应检查制度制定和发布要求管理文档，查看文档是否说明安全管理制度的制定和发布程序、格式要求及版本编号等相关内容。**

d) 应检查管理制度评审记录，查看是否有相关人员的评审意见。

e) **应检查各项安全管理制度文档，查看文档是否是正式发布的文档，是否注明适用和发布范围，是否具有版本标识，是否具有管理层的签字或单位盖章；查看各项制度文档格式是否统一。**

f) **应检查安全管理制度的收发登记记录，查看是否通过正式、有效的方式收发（如正式发文、领导签署和单位盖章等），是否注明发布范围。**

7.2.1.2.3 结果判定

如果7.2.1.2.2 a)～f)均为肯定，则信息系统符合本单元测评指标要求，否则，信息系统不符合或部分符合本单元测评指标要求。

7.2.1.3 评审和修订

7.2.1.3.1 测评指标

见JR/T 0060－2010 7.2.1.3。

7.2.1.3.2 测评实施

本项要求包括：

a) **应访谈安全主管，询问是否由信息安全领导小组负责定期对安全管理制度体系的合理性和适用性进行审定，是否定期或不定期对安全管理制度进行检查、审定。**

b) **应检查是否具有安全管理制度体系的评审记录，是否记录了相关人员的评审意见。**

检查是否至少每年对安全管理制度体系进行评审，评审记录是否完整。

c) 应检查是否具有安全管理制度的检查或评审记录，如果对制度做过修订，检查是否有修订版本的安全管理制度。

检查是否至少每年或在发生重大变更时，对安全管理制度进行检查，评审记录是否完整，对存在不足或需要改进的安全管理制度进行了修订。

7.2.1.3.3 结果判定

如果7.2.1.3.2 a)～c)均为肯定，则信息系统符合本单元测评指标要求，否则，信息系统不符合或部分符合本单元测评指标要求。

7.2.2 安全管理机构

7.2.2.1 岗位设置

7.2.2.1.1 测评指标

见JR/T 0060－2010 7.2.2.1。

7.2.2.1.2 测评实施

本项要求包括：

a）**应访谈安全主管，询问是否设立指导和管理信息安全工作的委员会或领导小组，其最高领导是否由单位主管领导委任或授权的人员担任。**

b）**应访谈安全主管，询问是否设立专职的安全管理机构（即信息安全管理工作的职能部门），是否明确各部门的职责分工。**

c）应访谈安全主管，询问信息系统是否设置了系统管理员、网络管理员和安全管理员等岗位，各个岗位的职责分工是否明确；是否设立安全管理各个方面的负责人。

d）**应检查部门、岗位职责文件，查看文件是否明确安全管理机构的职责，是否明确机构内各部门的职责和分工，部门职责是否涵盖物理、网络和系统安全等各个方面；**查看文件是否明确设置安全主管、安全管理各个方面的负责人、系统管理员、网络管理员、安全管理员等各个岗位职责；**查看文件是否明确各个岗位人员应具有的技能要求。**

检查系统的开发测试、运行维护人员是否在岗位上分离。

e）**应检查是否具有信息安全管理委员会或领导小组成立的正式文件。**

f）**应检查信息安全管理委员会或领导小组职责文件，查看是否明确管理委员会或领导小组职责和其最高领导岗位的职责。**

7.2.2.1.3 结果判定

如果7.2.2.1.2 a）～f）均为肯定，则信息系统符合本单元测评指标要求，否则，信息系统不符合或部分符合本单元测评指标要求。

7.2.2.2 人员配备

7.2.2.2.1 测评指标

见JR/T 0060－2010 7.2.2.2。

7.2.2.2.2 测评实施

本项要求包括：

a）应访谈安全主管，询问各个安全管理岗位是否配备了一定数量的人员，**对关键事务岗位是否配备多人。**

b）**应检查人员配备要求管理文档，查看是否明确应配备系统管理员、网络管理员、安全管理员等重要岗位人员并明确应配备专职的安全管理员；查看是否明确关键事务的管理人员应配备2人或2人以上共同管理。**

c）应检查安全管理各岗位人员信息表，查看其是否明确系统管理员、网络管理员、安全管理员等重要岗位人员的信息，**安全管理员是否是专职人员。**

7.2.2.2.3 结果判定

如果7.2.2.2.2 a）～c）均为肯定，则信息系统符合本单元测评指标要求，否则，信息系统不符合或部分符合本单元测评指标要求。

7.2.2.3 授权和审批

7.2.2.3.1 测评指标

见JR/T 0060－2010 7.2.2.3。

7.2.2.3.2 测评实施

本项要求包括：

a）应访谈安全主管，询问其是否规定对信息系统中的重要活动进行审批，审批活动是否得到授权；**是否定期审查、更新需审批项目。**

应调阅相关内部审批记录，抽查部分授权和审批过程。

b）应检查审批管理制度文档，查看文档是否明确审批事项、需逐级审批的事项、审批部门、批准人等；是否明确系统变更、重要操作、物理访问和系统接入等事项的审批流程；是否明确需定期审查、更新审批的项目、审批部门、批准人和审查周期等。

检查审查工作是否至少每年开展一次。

c）应检查经逐级审批的文档，查看是否具有各级批准人的签字和审批部门的盖章。

d）应检查关键活动的审批过程记录，查看记录的审批程序与文件要求是否一致。

7.2.2.3.3　结果判定

如果7.2.2.3.2 a）～d）均为肯定，则该测评指标符合要求，否则，信息系统不符合或部分符合本单元测评指标要求。

7.2.2.4　沟通和合作

7.2.2.4.1　测评指标

见JR/T 0060－2010 7.2.2.4。

7.2.2.4.2　测评实施

本项要求包括：

a）应访谈安全主管，询问是否与外单位（公安机关、电信公司、兄弟单位、供应商、业界专家、专业的安全公司、安全组织等）建立沟通、合作机制；是否与组织机构内其他部门之间及内部各部门管理人员之间建立沟通、合作机制。

检查是否同时与供电部门、银行等单位和部门建立了沟通、合作机制。

b）应访谈安全主管，询问是否召开过部门间协调会议，组织其他部门人员共同协助处理信息系统安全有关问题，安全管理机构内部是否召开过安全工作会议以部署安全工作的实施；信息安全领导小组或者管理委员会是否定期召开例会。

c）应访谈安全主管，询问是否聘请信息安全专家作为常年的安全顾问，指导信息安全建设，参与安全规划和安全评审等。

d）应检查组织内部机构之间以及信息安全职能部门内部的安全工作会议文件或会议记录，查看是否有会议内容、会议时间、参加人员和会议结果等的描述。

e）应检查信息安全领导小组或者管理委员会定期例会会议文件或会议记录，查看是否有会议内容、会议时间、参加人员、会议结果等的描述。

f）应检查外联单位联系列表，查看外联单位是否包含公安机关、电信公司、兄弟单位、供应商、业界专家、专业的安全公司和安全组织等，是否说明外联单位的名称、合作内容、联系人和联系方式等内容。

g）应检查是否具有安全顾问名单或者聘请安全顾问的证明文件，查看是否有安全顾问指导信息安全建设、参与安全规划和安全评审的相关文档或记录。

7.2.2.4.3　结果判定

如果7.2.2.4.2 a）～g）均为肯定，则信息系统符合本单元测评指标要求，否则，信息系统不符合或部分符合本单元测评指标要求。

7.2.2.5　审核和检查

7.2.2.5.1　测评指标

见JR/T 0060－2010 7.2.2.5。

7.2.2.5.2　测评实施

本项要求包括：

a）应访谈安全主管，询问是否组织人员定期对信息系统安全技术措施和安全管理制度落实情况进行全面安全检查。

b）应访谈安全管理员，询问是否定期检查系统日常运行、系统漏洞和数据备份等情况。

c）应检查安全检查管理制度文档，查看文档是否规定定期进行全面安全检查，是否规定检查内容、检查程序和检查周期等，检查内容是否包括现有安全技术措施的有效性、安全配置与安全策略的一致性、安全管理制度的执行情况等。

检查是否至少每年开展一次全面安全检查，并查验相关记录。

d）应检查全面安全检查报告，查看报告中是否有检查内容、检查人员、检查数据汇总表、检查结果等的描述，检查内容是否包括现有安全技术措施的有效性、安全配置与安全策略的一致性、安全管理制度的执行情况等。

检查是否至少每年开展一次全面安全检查，并查验相关记录。

e）应检查安全管理员定期实施安全检查的报告，查看检查内容是否包括系统日常运行、系统漏洞和数据备份等情况。

f）应检查是否具有执行安全检查时的安全检查表、安全检查记录和结果通告记录。

检查是否至少每月开展一次安全检查，并查验相关记录。

7.2.2.5.3　结果判定

如果 7.2.2.5.2 a）～f）均为肯定，则信息系统符合本单元测评指标要求，否则，信息系统不符合或部分符合本单元测评指标要求。

7.2.3　人员安全管理

7.2.3.1　人员录用

7.2.3.1.1　测评指标

见 JR/T 0060－2010 7.2.3.1。

7.2.3.1.2　测评实施

本项要求包括：

a）应访谈人事负责人，询问是否由专门的部门或人员负责人员的录用工作。

b）应访谈人事负责人，询问在人员录用时是否对被录用人的身份、背景、专业资格和资质进行审查，对技术人员的技术技能进行考核。

c）应访谈人事负责人，询问是否与**被录用人员**签署保密协议。

d）应访谈人事负责人，询问对从事关键岗位的人员是否从内部人员中选拔，是否要求其签署岗位安全协议。

e）应检查人员录用管理文档，查看是否说明录用人员应具备的条件（如学历、学位要求，技术人员应具备的专业技术水平，管理人员应具备的安全管理知识等）。

f）应检查是否具有人员录用时对录用人身份、背景、专业资格和**资质**等进行审查的相关文档或记录，查看是否记录审查内容和审查结果等。

g）应检查人员录用时的技能考核文档或记录，查看是否记录考核内容和考核结果等。

h）应检查保密协议，查看是否有保密范围、保密责任、违约责任、协议的有效期限和责任人的签字等内容。

i）应检查岗位安全协议，查看是否有岗位安全责任定义、协议的有效期限和责任人签字等内容。

7.2.3.1.3　结果判定

如果 7.2.3.1.2 a）～i）均为肯定，则信息系统符合本单元测评指标要求，否则，信息系统不符合或部分符合本单元测评指标要求。

7.2.3.2 人员离岗

7.2.3.2.1 测评指标

见 JR/T 0060－2010 7.2.3.2。

7.2.3.2.2 测评实施

本项要求包括：

a）应访谈安全主管，询问是否及时终止离岗人员的所有访问权限，是否取回各种身份证件、钥匙、徽章以及机构提供的软硬件设备等。

b）应访谈人事负责人，询问人员离岗是否遵循严格的调离手续，**是否要求人员调离时须承诺相关保密义务后方可离开。**

c）**应检查人员离岗的管理文档，查看是否规定了人员调离手续和离岗要求等。**

d）应检查是否具有离岗人员交还身份证件、设备等的登记记录。

e）应检查是否具有按照离岗程序办理调离手续的记录。

f）**应检查保密承诺文档，查看是否有调离人员的签字。**

7.2.3.2.3 结果判定

如果 7.2.3.2.2 a）～f）均为肯定，则信息系统符合本单元测评指标要求，否则，信息系统不符合或部分符合本单元测评指标要求。

7.2.3.3 人员考核

7.2.3.3.1 测评指标

见 JR/T 0060－2010 7.2.3.3。

7.2.3.3.2 测评实施

本项要求包括：

a）应访谈安全主管，询问是否定期对各个岗位人员进行安全技能及安全知识的考核，是否对关键岗位人员定期进行安全审查和技能考核。

b）应检查考核记录，查看考核人员是否包括各个岗位的人员，**考核内容是否包含安全知识、安全技能等。**

检查相关岗位的安全技能和安全认知的考核记录，查验安全技能和安全认知的考核是否至少每年一次。

c）**应检查是否具有对关键岗位人员的安全审查记录。**

7.2.3.3.3 结果判定

如果 7.2.3.3.2 a）～c）均为肯定，则信息系统符合本单元测评指标要求，否则，信息系统不符合或部分符合本单元测评指标要求。

7.2.3.4 安全意识教育和培训

7.2.3.4.1 测评指标

见 JR/T 0060－2010 7.2.3.4。

7.2.3.4.2 测评实施

本项要求包括：

a）应访谈安全主管，询问是否制订培训计划并按计划对各个岗位人员进行安全教育和培训；是否对违反安全策略和规定的人员进行惩戒。

b）**应检查安全责任和惩戒措施管理文档，查看是否包含具体的安全责任和惩戒措施。**

c）**应检查信息安全教育及技能培训和考核管理制度文档，查看是否明确培训周期、培训方式、**

培训内容和考核方式等相关内容。

d）应检查安全教育和培训计划文档，**查看是否具有不同岗位的培训计划；**查看计划是否明确了培训方式、培训对象、培训内容、培训时间和地点等，培训内容是否包含信息安全基础知识、岗位操作规程等。

e）应检查安全教育和培训记录，查看记录是否有培训人员、培训内容、培训结果等的描述。

7.2.3.4.3 结果判定

如果 7.2.3.4.2 a）～e）均为肯定，则信息系统符合本单元测评指标要求，否则，信息系统不符合或部分符合本单元测评指标要求。

7.2.3.5 外部人员访问管理

7.2.3.5.1 测评指标

见 JR/T 0060－2010 7.2.3.5。

7.2.3.5.2 测评实施

本项要求包括：

a）应访谈安全主管，询问外部人员访问重要区域（如访问机房、重要服务器或设备区等）是否需经有关部门或负责人书面批准，是否由专人全程陪同或监督，是否进行记录并备案管理。

b）**应检查外部人员访问管理文档，查看是否明确允许外部人员访问的范围（区域、系统、设备、信息等内容），外部人员进入的条件（对哪些重要区域的访问须提出书面申请批准后方可进入），外部人员进入的访问控制措施（由专人全程陪同或监督等）等。**

c）**应检查外部人员访问重要区域的书面申请文档，查看是否具有批准人允许访问的批准签字等。**

d）应检查外部人员访问重要区域的登记记录，查看是否记录了外部人员访问重要区域的进入时间、离开时间、访问区域及陪同人等。

7.2.3.5.3 结果判定

如果 7.2.3.5.2 a）～d）均为肯定，则该测评指标符合要求，否则，信息系统不符合或部分符合本单元测评指标要求。

7.2.4 系统建设管理

7.2.4.1 系统定级

7.2.4.1.1 测评指标

见 JR/T 0060－2010 7.2.4.1。

7.2.4.1.2 测评实施

本项要求包括：

a）应访谈系统建设负责人，询问是否参照定级指南确定信息系统安全保护等级，**是否组织相关部门和有关安全技术专家对定级结果进行论证和审定。**

b）应检查系统定级文档，查看文档是否明确信息系统的边界和信息系统的安全保护等级，是否说明定级的方法和理由，是否有相关部门或主管领导的盖章或签名。

c）**应检查定级结果的论证评审会议文档，查看是否有相关部门和有关安全技术专家对定级结果的论证意见。**

7.2.4.1.3 结果判定

如果 7.2.4.1.2 a）～c）均为肯定，则信息系统符合本单元测评指标要求，否则，信息系统不符合或部分符合本单元测评指标要求。

7.2.4.2 安全方案设计

7.2.4.2.1 测评指标

见 JR/T 0060－2010 7.2.4.2。

7.2.4.2.2 测评实施

本项要求包括：

a）**应访谈系统建设负责人，询问是否授权专门的部门对信息系统的安全建设进行总体规划，由何部门负责。**

b）**应访谈系统建设负责人，询问是否根据信息系统的等级划分情况统一考虑总体安全策略、安全技术框架、安全管理策略、总体建设规划和详细设计方案等。**

c）**应访谈系统建设负责人，询问是否对安全建设的配套文件进行论证和审定，是否根据等级测评、安全评估的结果定期调整和修订安全建设的配套文件。**

d）**应检查是否有系统安全建设的工作计划，查看文件是否明确了系统的近期安全建设计划和远期安全建设计划。**

e）**应检查是否有系统总体安全策略、安全技术框架、安全管理策略、总体建设规划、详细设计方案等配套文件，查看各个文件是否有机构管理层的批准。**

f）应检查配套文件的论证评审记录或文档，查看是否有相关部门和有关安全技术专家对**总体安全策略、安全技术框架、安全管理策略、总体建设规划**、详细设计方案等相关配套文件的论证意见。

g）**应检查是否具有总体安全策略、安全技术框架、安全管理策略、总体建设规划、详细设计方案等相关配套文件的维护记录或修订版本。**

7.2.4.2.3 结果判定

如果 7.2.4.2.2 a）～g）均为肯定，则信息系统符合本单元测评指标要求，否则，信息系统不符合或部分符合本单元测评指标要求。

7.2.4.3 产品采购和使用

7.2.4.3.1 测评指标

见 JR/T 0060－2010 7.2.4.3。

7.2.4.3.2 测评实施

本项要求包括：

a）应访谈系统建设负责人，询问是否有专门的部门负责产品的采购，由何部门负责。

b）应访谈系统建设负责人，询问系统是否采用了密码产品，密码产品的采购和使用是否符合国家密码主管部门的要求。

c）应访谈系统建设负责人，询问系统使用的有关信息安全产品是否符合国家的有关规定，如安全产品获得了销售许可证等。

d）**应访谈系统建设负责人，询问采购产品前是否预先对产品进行选型测试确定产品的候选范围，是否有产品采购清单指导产品采购，是否定期审定和更新候选产品采购清单，审定周期多长。**

e）应抽样检查安全产品和密码产品的相关凭证，如销售许可等，查看是否使用了符合国家有关规定产品。

f）**应检查是否具有产品选型测试结果文档、候选产品采购清单及审定或更新的记录。**

7.2.4.3.3 结果判定

如果 7.2.4.3.2 a）～f）均为肯定，则信息系统符合本单元测评指标要求，否则，信息系统不符合或部分符合本单元测评指标要求。

7.2.4.4 自行软件开发

7.2.4.4.1 测评指标

见 JR/T 0060－2010 7.2.4.4。

7.2.4.4.2 测评实施

本项要求包括：

a）应访谈系统建设负责人，询问是否进行自主开发软件，是否对**程序资源库的修改、更新、发布进行授权和批准，授权部门是何部门，批准人是何人，是否要求开发人员不能做测试人员（即二者分离）**，自主开发软件是否在独立的模拟环境中完成编码和调试，如相对独立的网络区域。

b）应访谈系统建设负责人，询问软件设计相关文档是否由专人负责保管，负责人是何人，**如何控制使用，测试数据和测试结果是否受到控制。**

c）**应访谈软件开发人员，询问其是否了解软件开发管理制度，是否了解代码编写安全规范，是否按照代码编写安全规范进行软件开发。**

d）应检查软件开发管理制度，查看文件是否明确软件设计、开发、测试、验收过程的控制方法和人员行为准则，是否明确哪些开发活动应经过授权、审批。

检查同一组件或子系统的开发人员和测试人员是否人员分离。

e）**应检查代码编写安全规范，查看规范中是否明确代码编写规则，应抽样部分源代码，检查是否按照代码编写安全规范开发。**

f）**应检查对程序资源库的修改、更新、发布进行授权和审批的文档或记录，查看是否有批准人的签字。**

g）**应检查是否具有软件开发相关文档（源代码、测试数据、测试结果等）的使用控制记录。**

h）应检查是否具有软件使用指南或操作手册等。

i）应检查网络拓扑图和实际开发环境，查看是否实际运行环境和开发环境有效隔离。

7.2.4.4.3 结果判定

如果 7.2.4.4.2 a）～i）均为肯定，则信息系统符合本单元测评指标要求，否则，信息系统不符合或部分符合本单元测评指标要求。

7.2.4.5 外包软件开发

7.2.4.5.1 测评指标

见 JR/T 0060－2010 7.2.4.5。

7.2.4.5.2 测评实施

本项要求包括：

a）应访谈系统建设负责人，询问软件交付前是否依据开发要求的技术指标对软件功能和性能等进行验收测试，软件安装之前是否检测软件中的恶意代码。

b）应访谈系统建设负责人，是否要求开发单位提供源代码，是否根据源代码对软件中可能存在的后门进行审查。

c）应检查是否具有软件开发的相关文档，如需求分析说明书、软件设计说明书等，是否具有软件操作手册或使用指南。

d）应检查部分软件源代码，查看是否具有源代码，**应检查软件源代码审查记录，查看是否包括对可能存在后门的审查结果。**

7.2.4.5.3 结果判定

如果 7.2.4.5.4 a）～d）均为肯定，则信息系统符合本单元测评指标要求，否则，信息系统不符合或部分符合本单元测评指标要求。

7.2.4.6 工程实施

7.2.4.6.1 测评指标

见 JR/T 0060－2010 7.2.4.6。

7.2.4.6.2 测评实施

本项要求包括：

a）应访谈系统建设负责人，询问是否指定专门部门或人员对工程实施过程进行进度和质量控制，由何部门/何人负责。

b）**应访谈系统建设负责人，询问是否要求工程实施单位提供其能够实施安全工程的资质证明和能力保证。**

c）**应检查系统建设方面的管理制度，查看其是否包括工程实施过程的控制方法、实施参与人员的行为准则等方面内容。**

d）应检查工程实施方案，查看其是否包括工程时间限制、进度控制和质量控制等方面内容，**是否按照工程实施方面的管理制度进行各类控制、产生阶段性文档等。**

7.2.4.6.3 结果判定

如果 7.2.4.6.2 a）～d）均为肯定，则信息系统符合本单元测评指标要求，否则，信息系统不符合或部分符合本单元测评指标要求。

7.2.4.7 测试验收

7.2.4.7.1 测评指标

见 JR/T 0060－2010 7.2.4.7。

7.2.4.7.2 测评实施

本项要求包括：

a）**应访谈系统建设负责人，询问是否有专门的部门负责测试验收工作，由何部门负责；是否委托第三方测试机构对信息系统进行独立的安全性测试。**

b）**应访谈系统建设负责人，询问是否根据设计方案或合同要求组织相关部门和人员制定工程测试验收方案，并对系统测试验收报告进行审定。**

c）**应检查系统建设方面的管理制度，查看其是否包括对系统测试验收的控制方法和人员行为准则规定。**

d）应检查是否具有工程测试验收方案，查看其是否明确说明参与测试的部门、人员、测试验收内容、现场操作过程等内容，**过程控制是否符合管理规定的要求。**

e）应检查是否具有系统测试验收报告，是否有相关部门和人员对系统测试验收报告进行审定的意见，**是否有第三方测试机构的签字或盖章。**

7.2.4.7.3 结果判定

如果 7.2.4.7.2 a）～e）均为肯定，则信息系统符合本单元测评指标要求，否则，信息系统不符合或部分符合本单元测评指标要求。

7.2.4.8 系统交付

7.2.4.8.1 测评指标

见 JR/T 0060－2010 7.2.4.8。

7.2.4.8.2 测评实施

本项要求包括：

a）应访谈系统建设负责人，询问是否有**专门的部门负责系统交接工作，**系统交接工作是否根据交付清单对所交接的设备、文档、软件等进行清点。

b）应访谈系统建设负责人，询问系统正式运行前是否对运行维护人员进行过培训，针对哪些方面进行过培训。

c）**应检查系统建设方面的管理制度，查看其是否包括系统交付的控制方法和人员行为准则的规定。**

d）应检查是否具有系统交付清单，查看交付清单是否说明系统交付的各类设备、软件、文档等。

e）应检查系统交付提交的文档，查看是否有指导用户进行系统运维的文档等，**提交的文档是否符合管理规定的要求。**

f）应检查是否有系统交付技术培训记录，查看是否包括培训内容、培训时间和参与人员等。

7.2.4.8.3　结果判定

如果 7.2.4.8.2 a）～f）均为肯定，则信息系统符合本单元测评指标要求，否则，信息系统不符合或部分符合本单元测评指标要求。

7.2.4.9　系统备案

7.2.4.9.1　测评指标

见 JR/T 0060－2010 7.2.4.9。

7.2.4.9.2　测评实施

本项要求包括：

a）**应访谈系统建设负责人，询问是否有专门的部门或人员负责管理系统定级的相关文档，由何部门/何人负责；询问对系统定级相关备案文档使用的控制方式。**

b）**应检查是否具有将系统等级及相关材料报主管部门备案的记录或备案文档。**

c）**应检查是否具有将系统等级及相关备案材料报相应公安机关备案的记录或证明。**

7.2.4.9.3　结果判定

如果 7.2.4.9.2 a）～c）均为肯定，则信息系统符合本单元测评指标要求，否则，信息系统不符合或部分符合本单元测评指标要求。

7.2.4.10　安全服务商选择

7.2.4.10.1　测评指标

见 JR/T 0060－2010 7.2.4.11。

7.2.4.10.2　测评实施

本项要求包括：

a）应访谈系统建设负责人，询问信息系统选择的安全服务商有哪些，是否符合国家有关规定。

b）应检查是否具有与安全服务商签订的安全责任合同书或保密协议等文档，查看其内容是否包含保密范围、安全责任、违约责任、协议的有效期限和责任人的签字等。

c）应检查是否具有与安全服务商签订的服务合同或安全责任合同书，查看是否明确了后期的技术支持和服务承诺等内容。

7.2.4.10.3　结果判定

如果 7.2.4.10.2 a）～c）均为肯定，则信息系统符合本单元测评指标要求，否则，信息系统不符合或部分符合本单元测评指标要求。

7.2.5　系统运维管理

7.2.5.1　环境管理

7.2.5.1.1　测评指标

见 JR/T 0060－2010 7.2.5.1。

7.2.5.1.2　测评实施

本项要求包括：

a）应访谈系统运维负责人，询问是否有专门的部门或人员对机房供配电、空调、温湿度控制等设施进行定期维护，由何部门/何人负责，维护周期多长。

b）应访谈系统运维负责人，询问是否有专门的部门或人员对机房的出入、服务器开机/关机等日常工作进行管理，由何部门/何人负责。

c）应访谈系统运维负责人，询问为保证办公环境的保密性采取了哪些控制措施，在哪个区域接待来访人员，工作人员调离时是否收回办公室钥匙等。

d）应检查是否有机房安全管理制度，查看其内容是否覆盖机房物理访问、物品带进/带出机房和机房环境安全等方面。

e）应检查是否具有空调、温湿度控制等机房设施的维护保养记录，表明定期对这些设施进行了维护保养。

1）检查维护记录，查验是否每季度对机房供配电、空调、UPS 等设备进行维护管理。

2）检查维护记录，查验是否每年对防盗报警、防雷、消防等装置进行检测维护。

f）**应检查办公环境，查看工作人员离开座位时是否退出登录状态、桌面没有敏感信息文件等。**

7.2.5.1.3　结果判定

如果 7.2.5.1.2 a）～f）均为肯定，则信息系统符合本单元测评指标要求，否则，信息系统不符合或部分符合本单元测评指标要求。

7.2.5.2　资产管理

7.2.5.2.1　测评指标

见 JR/T 0060－2010 7.2.5.2。

7.2.5.2.2　测评实施

本项要求包括：

a）应访谈系统运维负责人，询问是否有资产管理的责任人员或部门，由何部门/何人负责。

b）应检查是否有资产清单，查看其内容是否覆盖资产责任部门、责任人、所处位置和重要程度等方面。

c）应检查是否有资产安全管理方面的制度，查看是否明确信息资产管理的责任部门、责任人，查看其内容是否覆盖资产使用、借用、维护等方面。

d）**应检查是否有资产安全管理方面的制度，查看是否明确了依据资产的重要程度对资产进行分类和标识管理的方法，是否明确了信息分类标识的原则和方法，是否说明了不同类别的资产采取的不同管理措施。**

7.2.5.2.3　结果判定

如果 7.2.5.2.2 a）～d）均为肯定，则信息系统符合本单元测评指标要求，否则，信息系统不符合或部分符合本单元测评指标要求。

7.2.5.3　介质管理

7.2.5.3.1　测评指标

见 JR/T 0060－2010 7.2.5.3。

7.2.5.3.2　测评实施

本项要求包括：

a）应访谈资产管理员，询问介质的存放环境是否采取保护措施防止介质被盗、被毁等。

b）应访谈资产管理员，询问是否根据介质的目录清单对介质的使用现状进行定期检查。

c）应访谈资产管理员，询问是否将介质保管在一个特定环境里，有专人负责，并根据重要性对介质进行分类和标识。

d）**应访谈资产管理员，询问是否对某些重要介质实行异地存储，异地存储环境是否与本地环境相同。**

e）**应访谈资产管理员，询问是否定期对存储介质的完整性（数据是否损坏或丢失）和可用性（介质是否受到物理破坏）进行检查，是否对重要数据进行加密存储。**

f）应访谈资产管理员，询问对送出维修或销毁的介质在送出之前是否对介质内存储数据进行净化处理，**对介质带出工作环境和重要介质中的数据和软件是否进行保密性处理；对保密性较高的介质销毁前是否有领导批准。**

g）**应访谈资产管理员，询问对介质的物理传输过程是否要求选择可靠传输人员、严格介质的打包、选择安全的物理传输途径、双方在场交付等环节的控制。**

h）**应检查是否有介质安全管理制度，查看是否对介质的存放环境、使用、维护和销毁等方面作出规定。**

i）应检查介质使用管理记录，查看其是否记录介质归档和使用等情况。

j）应检查介质存储环境，查看是否对其进行了分类，并具有不同标识。

k）**应抽样检查重要介质，查看是否可以使用，查看需要加密存储的数据是否加密。**

7.2.5.3.3 结果判定

如果7.2.5.3.2 a）～k）均为肯定，则信息系统符合本单元测评指标要求，否则，信息系统不符合或部分符合本单元测评指标要求。

7.2.5.4 设备管理

7.2.5.4.1 测评指标

见JR/T 0060－2010 7.2.5.4。

7.2.5.4.2 测评实施

本项要求包括：

a）应访谈系统运维负责人，询问是否有专门的部门或人员对各种设备、线路进行定期维护，由何部门/何人负责，维护周期多长。

检查配套设施、软硬件维护是否至少每季度进行一次。

b）应检查是否有设备安全管理制度，查看其内容是否对各种软硬件设备的选型、采购、发放和领用等环节进行规定。

c）应检查设备安全管理制度中是否有对终端计算机、便携机和网络设备等使用方式、操作原则、注意事项等方面的规定，是否有信息处理设备必须经过审批才能带离机房或办公地点的要求。

d）**应检查设备安全管理制度中是否有对涉外维修和服务的审批、维修过程的监督控制管理等要求。**

e）**应检查是否有关键设备的操作规程。**

7.2.5.4.3 结果判定

如果7.2.5.4.2 a）～e）均为肯定，则信息系统符合本单元测评指标要求，否则，信息系统不符合或部分符合本单元测评指标要求。

7.2.5.5 监控管理和安全管理中心

7.2.5.5.1 测评指标

见JR/T 0060－2010 7.2.5.5。

7.2.5.5.2　测评实施

本项要求包括：

a）**应访谈系统运维负责人，询问是否对通信线路、主机、网络设备和应用软件的运行状况，对设备状态、恶意代码、网络流量、补丁升级、安全审计等安全相关事项进行集中管理，是否形成监测记录文档，是否组织人员对监测记录进行整理并保管。**

b）**应访谈系统运维负责人，询问其是否组织人员定期对监测记录进行分析、评审，是否发现可疑行为并对其采取必要的措施，是否形成分析报告。**

c）**应检查是否具有安全集中管理的相关工具，可以实施对设备状态、恶意代码、补丁升级、安全审计等安全相关事项的集中监控和管理。**

d）**应检查监测记录，查看是否记录监控对象、监控内容、监控的异常现象处理等方面，查看是否对异常现象及处理措施形成分析报告。**

7.2.5.5.3　结果判定

如果7.2.5.5.2 a）～d）均为肯定，则信息系统符合本单元测评指标要求，否则，信息系统不符合或部分符合本单元测评指标要求。

7.2.5.6　网络安全管理

7.2.5.6.1　测评指标

见JR/T 0060－2010 7.2.5.6。

7.2.5.6.2　测评实施

本项要求包括：

a）应访谈系统运维负责人，询问是否指定专门的部门或人员负责网络管理，维护网络运行日志、监控记录，分析处理报警信息等。

b）应访谈网络管理员，询问是否定期对网络进行漏洞扫描，扫描周期多长，发现漏洞是否及时修补。

1）询问是否持续跟踪网络设备的安全漏洞隐患的情况。

2）询问修补漏洞前是否进行了必要的测试评估。

c）应访谈网络管理员，询问是否根据厂家提供的软件升级版本对网络设备进行过升级，目前的版本号为多少，升级前是否对重要文件进行备份，采取什么方式备份。

d）应访谈网络管理员，网络的外联种类有哪些，是否都得到授权与批准，由何部门或何人批准，申请和批准的过程。

e）应检查是否有网络安全管理制度，查看其是否覆盖网络安全配置、安全策略、升级与打补丁、授权访问、日志保存时间、口令更新周期等方面内容。

f）**应检查是否有网络安全管理制度，查看其是否明确了允许或者拒绝便携式和移动式设备网络接入的规定。**

g）应检查是否有网络漏洞扫描报告，检查扫描时间间隔与扫描周期是否一致，**检查网络设备是否实现了最小服务配置。**

1）检查是否至少每季进行一次漏洞扫描，并对漏洞风险持续跟踪，在经过充分的验证测试后，对必要的漏洞开展修补工作。

2）检查漏洞扫描和修补报告，查看扫描和修补工作是否在恰当的时间，对可能存在的风险进行充分评估和准备，制定回退方案，备份重要数据后进行的。

3）检查漏洞扫描和修补报告，查看完成扫描和修补工作后，是否进行了验证测试，以保证网络设备的正常运行。

h）应检查是否具有网络设备配置文件的备份文件，**是否离线备份。**

检查在设备配置变更前后，是否对网络设备的配置文件进行了备份。

i）应检查是否具有内部网络外联的授权批准书，**检查是否有网络违规行为（如拨号上网等）的检查手段和工具。**

7.2.5.6.3 结果判定

如果 7.2.5.6.2 a）～i）均为肯定，则信息系统符合本单元测评指标要求，否则，信息系统不符合或部分符合本单元测评指标要求。

7.2.5.7 系统安全管理

7.2.5.7.1 测评指标

见 JR/T 0060－2010 7.2.5.7。

7.2.5.7.2 测评实施

本项要求包括：

a）应访谈系统运维负责人，询问是否指定专门的部门或人员负责系统管理，如根据业务需求和系统安全分析制定系统的访问控制策略，控制分配文件及服务的访问权限。

b）应访谈系统运维负责人，询问是否**对系统管理员用户进行分类，明确各个角色的权限、责任和风险，权限设定是否遵循最小授权原则。**

c）应访谈系统管理员，询问系统日常管理的主要内容，是否有操作规程指导日常管理工作，包括重要的日常操作、参数的设置和修改等。

d）应访谈系统管理员，询问是否定期对系统进行漏洞扫描，扫描周期多长，发现漏洞是否及时修补，在安装系统补丁前是否对重要文件进行备份，是否先在测试环境中测试通过再安装。

1）检查是否至少每季进行一次漏洞扫描，并对漏洞风险持续跟踪，在经过充分的验证测试后，对必要的漏洞开展修补工作。

2）检查漏洞扫描和修补报告，查看扫描和修补工作是否在恰当的时间，对可能存在的风险进行充分评估和准备，制定回退方案，备份重要数据后进行的。

3）检查漏洞扫描和修补报告，查看完成扫描和修补工作后，是否进行了验证测试，以保证系统的正常运行。

e）应检查是否有系统安全管理制度，查看其内容是否覆盖系统安全策略、安全配置、日志管理和日常操作流程等方面。

f）应检查是否有系统漏洞扫描报告，检查扫描时间间隔与扫描周期是否一致，**检查系统服务是否实现了最小服务配置。**

g）应检查是否有详细日常运行维护操作日志。

检查是否至少每月对运行日志和审计数据进行分析。

7.2.5.7.3 结果判定

如果 7.2.5.7.2 a）～g）均为肯定，则信息系统符合本单元测评指标要求，否则，信息系统不符合或部分符合本单元测评指标要求。

7.2.5.8 恶意代码防范管理

7.2.5.8.1 测评指标

见 JR/T 0060－2010 7.2.5.8。

7.2.5.8.2 测评实施

本项要求包括：

a）应访谈系统运维负责人，询问是否对员工进行基本恶意代码防范意识的教育，是否告知应及时升级软件版本，使用外来设备、网络上接收文件和外来计算机或存储设备接入网络系统之前进行病毒检查等。

b）应访谈系统运维负责人，询问是否指定专人对恶意代码进行检测，发现病毒后是否及时处理。

c）应访谈安全管理员，询问是否定期检查恶意代码库的升级情况，对截获的危险病毒或恶意代码是否及时进行分析处理，并形成书面的报表和总结汇报。

d）应检查是否有恶意代码防范方面的管理制度，查看其内容是否覆盖防恶意代码软件的授权使用、恶意代码库升级、定期汇报等方面。

e）应检查是否具有恶意代码检测记录、恶意代码库升级记录和分析报告，查看升级记录是否记录升级时间、升级版本等内容；查看分析报告是否描述恶意代码的特征、修补措施等内容。

7.2.5.8.3　结果判定

如果 7.2.5.8.2 a）～e）均为肯定，则信息系统符合本单元测评指标要求，否则，信息系统不符合或部分符合本单元测评指标要求。

7.2.5.9　密码管理

7.2.5.9.1　测评指标

见 JR/T 0060－2010 7.2.5.9。

7.2.5.9.2　测评实施

本项要求包括：

a）应访谈系统运维负责人，询问系统中是否使用密码技术和产品，密码技术和产品的使用是否遵照国家密码管理规定。

b）应检查是否具有密码使用方面的管理制度。

7.2.5.9.3　结果判定

如果 7.2.5.9.2 a）和 b）均为肯定，则信息系统符合本单元测评指标要求，否则，信息系统不符合或部分符合本单元测评指标要求。

7.2.5.10　变更管理

7.2.5.10.1　测评指标

见 JR/T 0060－2010 7.2.5.10。

7.2.5.10.2　测评实施

本项要求包括：

a）应访谈系统运维负责人，询问是否针对系统的重大变更制定变更方案指导系统变更工作的开展。

b）应访谈系统运维负责人，**询问变更方案是否经过评审**，重要系统变更前是否得到有关领导的批准，由何人批准，对发生的变更情况是否通知了所有相关人员，以何种方式通知。

c）应检查是否有变更管理制度，查看其是否覆盖变更前审批、变更过程记录、变更后通报等方面内容，是否包括变更申报、审批程序，是否规定需要申报的变更类型、申报流程、审批部门、批准人等方面内容。

d）应检查系统变更方案，查看其是否覆盖变更类型、变更原因、变更过程、变更前评估、**变更失败恢复程序**等方面内容，查看其是否有主管领导的批准签字。

7.2.5.10.3　结果判定

如果 7.2.5.10.2 a）～d）均为肯定，则信息系统符合本单元测评指标要求，否则，信息系统不符合或部分符合本单元测评指标要求。

7.2.5.11 备份与恢复管理

7.2.5.11.1 测评指标

见 JR/T 0060－2010 7.2.5.11。

7.2.5.11.2 测评实施

本项要求包括：

a）应访谈系统运维负责人，询问是否识别出需要定期备份的业务信息、系统数据和软件系统，主要有哪些。

b）**应检查是否有备份与恢复方面的管理制度**，查看其是否明确了备份方式、备份频度、存储介质和保存期等方面内容，是否明确了数据的存放场所、文件命名规则、介质替换频率、数据离站传输方法等方面内容。

c）**应访谈系统管理员、数据库管理员和网络管理员，询问是否定期执行恢复程序，周期多长，系统是否按照恢复程序完成恢复，如有问题，是否针对问题改进恢复程序或调整其他因素。**

d）**应检查备份和恢复记录，查看其是否包含备份内容、备份操作、备份介质存放等内容，记录内容与备份和恢复策略是否一致。**

7.2.5.11.3 结果判定

如果 7.2.5.11.2 a）～d）均为肯定，则信息系统符合本单元测评指标要求，否则，信息系统不符合或部分符合本单元测评指标要求。

7.2.5.12 安全事件处置

7.2.5.12.1 测评指标

见 JR/T 0060－2010 7.2.5.12。

7.2.5.12.2 测评实施

本项要求包括：

a）应访谈系统运维负责人，询问是否告知用户在发现安全弱点和可疑事件时应及时报告。

b）应检查是否有安全事件报告和处置管理制度，查看其是否明确安全事件的级别，明确不同级别安全事件的报告和处置方式等内容。

c）应检查是否有安全事件报告和处置管理制度，查看其是否细化了不同安全事件的处理和报告程序，是否明确具体报告方式、报告内容、报告人等方面内容，造成系统中断和造成信息泄密的重大安全事件是否采用了不同于其他的处理程序和报告程序。

d）应检查安全事件处理记录，查看其是否记录引发安全事件的原因，是否记录事件处理过程，是否与管理规定的处理要求一致等。

7.2.5.12.3 结果判定

如果 7.2.5.12.2 a）～d）均为肯定，则信息系统符合本单元测评指标要求，否则，信息系统不符合或部分符合本单元测评指标要求。

7.2.5.13 应急预案管理

7.2.5.13.1 测评指标

见 JR/T 0060－2010 7.2.5.13。

7.2.5.13.2 测评实施

本项要求包括：

a）**应访谈系统运维负责人，询问是否具有应急预案小组，询问是否制定不同事件的应急预案，应急预案执行所需资金是否做过预算并能够落实。**

b）应访谈系统运维负责人，是否对系统相关人员进行应急预案培训，多长时间举办一次，是

否定期对应急预案进行演练，演练周期多长，是否对应急预案定期进行审查。

c）**应检查是否具有定期审查应急预案的管理规定，查看是否明确应急预案中需要定期审查和根据实际情况更新的内容。**

检查是否每年审查应急预案，并根据实际情况更新应急预案的内容，并参照执行。

d）应检查应急预案框架，查看其内容是否覆盖启动应急预案的条件、应急处理流程、系统恢复流程、事后教育和培训等方面。

e）应检查是否具有根据应急预案框架制定的不同事件的应急预案，**是否具有应急预案培训记录、演练记录和审查记录。**

检查演练记录，查看是否至少每年对应急预案进行演练。

7.2.5.13.3 结果判定

如果7.2.5.13.2 a）～e）均为肯定，则信息系统符合本单元测评指标要求，否则，信息系统不符合或部分符合本单元测评指标要求。

8 第四级信息系统单元测评

8.1 安全技术测评

8.1.1 物理安全

8.1.1.1 物理位置的选择

8.1.1.1.1 测评指标

见JR/T 0060－2010 8.1.1.1。

8.1.1.1.2 测评实施

本项要求包括：

a）应访谈物理安全负责人，询问机房和办公场地所在建筑物是否具有防震、防风和防雨等能力。

b）应检查是否有机房和办公场地所在建筑物抗震设防审批文档。

检查机房和办公场地的设计、验收文档或相关证据，查看机房和办公场地所在建筑的防震能力说明。

c）应检查机房和办公场地所在建筑物是否具有防风和防雨等能力。

1）检查机房和办公场地的设计、验收文档或相关证据，查看机房和办公场地所在建筑的防风和防雨说明。

2）检查设计、验收文档是否与机房和办公场地实际情况相符合。

3）如果机房外墙壁有对外的窗户，检查是否采用了双层固定窗，并做了密封、防水处理。

d）应检查机房场地是否不在用水区域的垂直下方。

e）如果机房场地位于建筑物的高层或地下室或用水设备的隔壁，应检查机房是否采取了防水和防潮措施。

如果机房位于建筑物的高层、地下室或用水设备的隔壁或下层，应检查是否有相应的防水措施，防水措施是否有验收合格的记录。

8.1.1.1.3 结果判定

如果8.1.1.1.2 a）～e）均为肯定，则信息系统符合本单元测评指标要求，否则，信息系统不符合或部分符合本单元测评指标要求。

8.1.1.2　物理访问控制

8.1.1.2.1　测评指标

见 JR/T 0060－2010 8.1.1.2。

8.1.1.2.2　测评实施

本项要求包括：

a）应检查机房和**重要区域是否配置了电子门禁系统，每道**电子门禁系统是否都有验收文档或产品安全认证资质。

b）应检查机房出入口是否有专人值守负责控制、鉴别进入机房的人员，是否有值守记录和**电子门禁记录。**

c）应检查机房是否不存在专人值守和**电子门禁系统控制**之外的其他开放出入口。

检查是否由专人负责管理机房出入，人员进出监控记录是否保存 3 个月以上。

d）应检查是否有来访人员进入机房的登记记录。

e）应检查是否有来访人员进入机房的申请、审批记录，查看申请、审批记录是否包括来访人员的访问范围。

检查对于外来人员出入机房是否有审批流程，记录带进带出的设备、进出时间、工作内容，记录应保存 3 个月以上。

f）应检查来访人员进入机房时是否对其行为进行限制和监控。

应访谈物理安全负责人，了解是否有专人陪同来访人员。

g）应检查机房是否合理划分区域，是否在机房重要区域前设置交付或安装等过渡区域；是否在不同机房间和同一机房不同区域间设置了有效的物理隔离装置。

h）应检查**每道电子门禁系统**是否都能正常工作（不考虑断电后的工作情况）；检查**每道电子门禁系统**记录，查看是否能够鉴别和记录进入人员的身份；检查是否有**每道电子门禁系统**运行、定期检查和维护记录。

8.1.1.2.3　结果判定

本项要求包括：

如果 8.1.1.2.2 a）～h）均为肯定，则信息系统符合本单元测评指标要求，否则，信息系统不符合或部分符合本单元测评指标要求。

8.1.1.3　防盗窃和防破坏

8.1.1.3.1　测评指标

见 JR/T 0060－2010 8.1.1.3。

8.1.1.3.2　测评实施

本项要求包括：

a）应检查**设备**是否放置在机房内。

b）应检查**设备**或设备的主要部件是否固定。

检查设备是否安装、固定在机柜内或机架上。

c）应检查**设备**等或设备的主要部件上是否设置明显的不易除去的标记。

d）应检查通信线缆铺设是否暗敷或在不易被发现的地方。

检查通信线缆是否铺设在管道或线槽、线架中。

e）应检查机房是否安装防盗报警设施，防盗报警设施是否正常运行，并查看是否有防盗报警设施的运行记录、定期检查和维护记录。

f）应检查介质是否有分类标识，是否分类存放在介质库或档案室内。

g）应检查机房是否安装摄像、传感等监控报警系统，监控报警系统是否正常运行，并查看是否有监控报警系统的监控记录、定期检查和维护记录。

h）应检查是否有机房防盗报警设施和监控报警设施的安全资质材料、安装测试和验收报告。

8.1.1.3.3 结果判定

如果 8.1.1.3.2 a）～h）均为肯定，则信息系统符合本单元测评指标要求，否则，信息系统不符合或部分符合本单元测评指标要求。

8.1.1.4 防雷击

8.1.1.4.1 测评指标

见 JR/T 0060－2010 8.1.1.4。

8.1.1.4.2 测评实施

本项要求包括：

a）应访谈物理安全负责人，询问机房所在建筑物是否设置了避雷装置，是否通过验收或国家有关部门的技术检测。

b）应访谈物理安全负责人，询问机房是否设置有交流电源地线。

c）应检查机房所在建筑物的防雷验收文档中是否有设置避雷装置的说明，**是否符合机房设计相关国家标准的要求。**

d）应检查机房防雷验收文档中是否有设置交流电源地线的说明，**是否符合机房设计相关国家标准的要求。**

e）应检查机房是否安装防止感应雷的防雷装置，防雷装置是否通过了具有检测资质的防雷检测部门的测试。

8.1.1.4.3 结果判定

如果 8.1.1.4.2a）～e）均为肯定，则信息系统符合本单元测评指标要求，否则，信息系统不符合或部分符合本单元测评指标要求。

8.1.1.5 防火

8.1.1.5.1 测评指标

见 JR/T 0060－2010 8.1.1.5。

8.1.1.5.2 测评实施

本项要求包括：

a）应检查机房是否设置了自动检测火情、自动报警、自动灭火的自动消防系统，自动消防系统是否是经消防检测部门检测合格的产品，其有效期是否合格；应检查自动消防系统是否处于正常运行状态，查看是否有运行记录、定期检查和维护记录。

应检查机房的火灾自动消防系统向当地公安消防部门备案的相关材料。

b）应检查机房设计或验收文档，查看是否说明机房及相关的工作房间和辅助房采用具有耐火等级的建筑材料。

c）应检查机房重要区域与其他区域之间是否采取隔离防火措施。

8.1.1.5.3 结果判定

如果 8.1.1.5.2a）～c）均为肯定，则信息系统符合本单元测评指标要求，否则，信息系统不符合或部分符合本单元测评指标要求。

8.1.1.6 防水和防潮

8.1.1.6.1 测评指标

见 JR/T 0060－2010 8.1.1.6。

8.1.1.6.2 测评实施

本项要求包括：

a）应检查机房屋顶或活动地板下是否未安装水管。

b）应检查穿过机房墙壁或楼板的给水排水管道是否采取防渗漏和防结露等防水保护措施。

1）检查与机房设备无关的水管是否穿过机房屋顶和活动地板下。

2）检查机房屋顶和活动地板下铺有水管的，是否采取了有效的防水措施。

c）应检查机房的窗户、屋顶和墙壁等是否未出现过漏水、渗透和返潮现象，机房的窗户、屋顶和墙壁是否进行过防水防渗处理。

d）如果机房内安装有空调机和加湿器，应检查是否设置了挡水和排水设施。

e）如果机房位于湿度较高的地区，应检查机房是否有除湿装置并能够正常运行，是否有防水防潮处理记录和除湿装置运行记录、定期检查和维护记录。

f）应检查是否设置对水敏感的检测仪表或元件，对机房进行防水检测和报警，查看该仪表或元件是否正常运行，是否有运行记录、定期检查和维护记录。

8.1.1.6.3 结果判定

如果8.1.1.6.2a）～f）均为肯定，则信息系统符合本单元测评指标要求，否则，信息系统不符合或部分符合本单元测评指标要求。

8.1.1.7 防静电

8.1.1.7.1 测评指标

见JR/T 0060－2010 8.1.1.7。

8.1.1.7.2 测评实施

本项要求包括：

a）应检查机房内**所有设备可导电金属外壳、各类金属管道、金属线槽等是否有安全接地或其他静电泄放措施。**

b）应检查机房是否采用了防静电地板或敷设防静电地面。

c）**应检查机房是否采用了防静电工作台、静电消除剂或静电消除器等防静电措施；应查看是否有使用静电消除剂或静电消除器等的除静电操作记录。**

8.1.1.7.3 结果判定

如果8.1.1.7.2a）～c）均为肯定，则信息系统符合本单元测评指标要求，否则，信息系统不符合或部分符合本单元测评指标要求。

8.1.1.8 温湿度控制

8.1.1.8.1 测评指标

见JR/T 0060－2010 8.1.1.8。

8.1.1.8.2 测评实施

本项要求包括：

a）应检查机房内是否配备了温湿度自动调节设施，温湿度自动调节设施是否能够正常运行，机房温度、相对湿度是否满足电子信息设备的使用要求。

检查机房开机时温度是否控制在JR/T 0060－2010的相关要求之内。

b）应检查是否有机房的温湿度记录，是否有温湿度自动调节设施的运行记录、定期检查和维护记录。

8.1.1.8.3 结果判定

如果8.1.1.8.2a）和b）均为肯定，则信息系统符合本单元测评指标要求，否则，信息系统不符合或部分符合本单元测评指标要求。

8.1.1.9 电力供应

8.1.1.9.1 测评指标

见 JR/T 0060－2010 8.1.1.9。

8.1.1.9.2 测评实施

本项要求包括：

a）应访谈物理安全负责人，询问是否采用冗余或并行的电力电缆线路为计算机系统供电。

1）检查机房是否采用了双路市电。

2）检查双路市电线路切换记录或供电部门相关协议，查看双路市电是否能够自动切换。

b）应检查机房的计算机系统供电线路上是否设置了稳压器和过电压防护设备，这些设备是否正常运行，查看供电电压是否正常。

c）应检查机房计算机系统是否配备了短期备用电源设备，短期备用电源设备是否正常运行。

检查是否配备了 UPS，查看 UPS 实际供电能力是否能够满足主要设备在断电情况下正常运行 2 个小时以上。

d）应检查是否为机房计算机系统建立了备用供电系统，备用供电系统的基本容量是否能够满足主要设备的正常运行。

1）检查是否配备或租用了发电机，如果是租用发电机，应检查租用发电机的合同或相关证明材料。

2）检查发电机储油是否能够确保发电机持续供电，并采取了有效措施确保发电机用油的及时补充。

e）应检查是否有稳压器、过电压防护设备、短期备用电源设备以及备用供电系统等设备的检查和维护记录，备用供电系统运行记录、定期检查和维护记录。

8.1.1.9.3 结果判定

如果 8.1.1.9.2a）～e）均为肯定，则信息系统符合本单元测评指标要求，否则，信息系统不符合或部分符合本单元测评指标要求。

8.1.1.10 电磁防护

8.1.1.10.1 测评指标

见 JR/T 0060－2010 8.1.1.10。

8.1.1.10.2 测评实施

本项要求包括：

a）应检查是否有针对机房关键区域的电子屏蔽或屏蔽机房设计或验收文档。

b）应检查机房设备外壳是否有安全接地。

c）应检查机房布线，查看是否做到电源线和通信线缆隔离。

检查电源线和通信线缆是否铺设在不同的桥架或者管道内。

d）应检查磁介质和处理秘密级信息的设备是否为低辐射设备，磁介质和处理秘密级信息的设备所在区域是否实施了电磁屏蔽。

e）对采用了电子屏蔽的机房，应检查在机房有设备运行时是否开启了电子屏蔽装置；检查进入机房的电源线和非光纤通信线是否经过滤波器，光纤通信线是否经过波导管，机房门是否及时关闭。

f）对屏蔽机房，应检查是否有定期测试电磁泄漏的报告，且报告中明确指出屏蔽机房电磁屏蔽功能完好。

8.1.1.10.3 结果判定

如果8.1.1.10.2 a）～f）均为肯定，则信息系统符合本单元测评指标要求，否则，信息系统不符合或部分符合本单元测评指标要求。

8.1.2 网络安全

8.1.2.1 结构安全

8.1.2.1.1 测评指标

见JR/T 0060－2010 8.1.2.1。

8.1.2.1.2 测评实施

本项要求包括：

a）应检查网络设计或验收文档，查看是否有满足网络设备业务处理能力需要的设计或描述。

b）应检查网络设计或验收文档，查看是否有满足接入网络及核心网络的带宽业务高峰期的需要以及不存在带宽瓶颈等方面的设计或描述。

检查网络监控日志，查看网络设备近一年的CPU负载的峰值是否小于25%。

c）应检查边界和网络设备的路由控制策略，查看是否建立安全的访问路径。

d）应检查网络拓扑结构图，查看其与当前运行的实际网络系统是否一致。

检查网络拓扑结构图是否完整，是否有相应的网络配置表，包含设备IP地址等主要信息，与当前运行情况相符，并及时更新。

e）应检查网络设计或验收文档，查看是否有根据各部门的工作职能、重要性和所涉及信息的重要程度等因素，划分不同的子网或网段，并按照方便管理和控制的原则为各子网和网段分配地址段的设计或描述。

f）应检查边界和网络设备，查看重要网段是否采取了技术隔离手段与其他网段隔离。

测试业务终端与业务服务器之间的访问路径，验证业务终端与业务服务器之间的访问路径是否安全。

g）应检查边界和网络设备，查看是否有对带宽进行控制的策略，这些策略是否能够保证在网络发生拥堵的时候优先保护重要业务。

检查带宽分配原则及相应的带宽控制策略是否是根据所有业务重要性、优先级制定的。

8.1.2.1.3 结果判定

如果8.1.2.1.2 a）～g）均为肯定，则信息系统符合本单元测评指标要求，否则，信息系统不符合或部分符合本单元测评指标要求。

8.1.2.2 访问控制

8.1.2.2.1 测评指标

见JR/T 0060－2010 8.1.2.2。

8.1.2.2.2 测评实施

本项要求包括：

a）应检查在网络边界是否部署网络访问控制设备，是否启用访问控制策略，同时访谈安全管理员，询问访问控制策略的设计原则是什么；**询问访问控制策略是否做过调整，以及调整后和调整前的情况如何；**询问是否禁止远程拨号访问网络。

b）**应检查边界网络设备，查看是否采取协议转换或其他相应的控制措施来实现禁止数据带通用协议通过。**

c）**应检查边界网络设备，查看是否能有根据数据的敏感标记允许或拒绝数据通过的功能。**

d）**应检查边界网络设备，查看是否禁用远程拨号访问功能。**

e）应测试边界网络设备，可通过发送带通用协议的数据，测试访问控制措施是否有效阻断这种连接。

8.1.2.2.3　结果判定

如果 8.1.2.2.2 a）～e）均为肯定，则信息系统符合本单元测评指标要求，否则，信息系统不符合或部分符合本单元测评指标要求。

8.1.2.3　安全审计

8.1.2.3.1　测评指标

见 JR/T 0060－2010 8.1.2.3。

8.1.2.3.2　测评实施

本项要求包括：

a）应检查边界和网络设备的安全审计策略，查看是否对网络设备运行状况、网络流量、用户行为等进行全面的监测、记录。

b）应检查边界和网络设备的安全审计记录，查看是否包括：事件的日期和时间、用户、事件类型、事件成功情况及其他与审计相关的信息。

c）应检查边界和网络设备，查看其是否为授权用户浏览和分析审计数据提供专门的审计工具，并能根据需要生成审计报表。

d）应测试边界和主要网络设备，可通过以某个非审计用户登录系统，试图删除、修改或覆盖审计记录，验证安全审计的保护情况与要求是否一致。

e）应检查边界和网络设备是否定义了审计跟踪极限的阀值，当存储空间接近极限时，是否采取必要的措施（如报警等），当存储空间被耗尽时，是否采取必要的措施，如终止可审计事件的发生等。

f）应检查是否进行了集中审计，查看时钟是否与时钟服务器保持同步。

8.1.2.3.3　结果判定

如果 8.1.2.3.2 a）～f）均为肯定，则信息系统符合本单元测评指标要求，否则，信息系统不符合或部分符合本单元测评指标要求。

8.1.2.4　边界完整性检查

8.1.2.4.1　测评指标

见 JR/T 0060－2010 8.1.2.4。

8.1.2.4.2　测评实施

本项要求包括：

a）应检查边界完整性检查设备的非法外联和非授权接入策略，查看是否设置了对非法连接到内网和非法连接到外网的行为进行监控并有效的阻断的配置。

b）应测试边界完整性检查设备，测试是否能够确定出非法外联设备的位置，并对其进行有效阻断。

c）应测试边界完整性检查设备，测试是否能够对非授权设备私自接入内部网络的行为进行检查，并准确定出位置，对其进行有效阻断。

8.1.2.4.3　结果判定

如果 8.1.2.4.2 a）～c）均为肯定，则信息系统符合本单元测评指标要求，否则，信息系统不符合或部分符合本单元测评指标要求。

8.1.2.5　入侵防范

8.1.2.5.1　测评指标

见 JR/T 0060－2010 8.1.2.5。

8.1.2.5.2　测评实施

本项要求包括：

a）应检查网络入侵防范设备，查看是否能检测以下攻击行为：端口扫描、强力攻击、木马后门攻击、拒绝服务攻击、缓冲区溢出攻击、IP 碎片攻击、网络蠕虫攻击等。

检查入侵防范设备是否根据系统应用要求进行了规则配置。

b）应检查网络入侵防范设备的入侵事件记录，查看记录中是否包括入侵的源 IP、攻击的类型、攻击的目的、攻击的时间等；**查看是否设置了安全警告方式；查看是否设置了在发生严重入侵事件时自动采取相应动作的配置。**

c）应检查网络入侵防范设备的规则库，查看其规则库是否及时更新。

d）应测试网络入侵防范设备，验证其检测策略是否有效。

e）应测试网络入侵防范设备，验证其报警**与自动采取动作等策略**是否有效。

8.1.2.5.3　结果判定

如果 8.1.2.5.2 a）～e）均为肯定，则信息系统符合本单元测评指标要求，否则，信息系统不符合或部分符合本单元测评指标要求。

8.1.2.6　恶意代码防范

8.1.2.6.1　测评指标

见 JR/T 0060－2010 8.1.2.6。

8.1.2.6.2　测评实施

本项要求包括：

a）应检查在网络边界及核心业务网段处是否有相应的防恶意代码措施。

1）如果部署了主机恶意代码检测系统，可选择安装部署网络边界恶意代码检测系统。

2）部署网络边界恶意代码防范产品，应检查部署后网络性能是否足够。

b）应检查防恶意代码产品，查看其运行是否正常，恶意代码库是否及时更新。

可对不同安全域区别对待，在确保系统安全运行的前提下，更新恶意代码库。

8.1.2.6.3　结果判定

如果 8.1.2.6.2 a）和 b）均为肯定，则信息系统符合本单元测评指标要求，否则，信息系统不符合或部分符合本单元测评指标要求。

8.1.2.7　网络设备防护

8.1.2.7.1　测评指标

见 JR/T 0060－2010 8.1.2.7。

8.1.2.7.2　测评实施

本项要求包括：

a）应检查边界和主要网络设备的设备防护策略，查看是否配置了对登录用户进行身份鉴别的功能。

b）应检查边界和主要网络设备的设备防护策略，查看是否对网络设备的登录地址进行了限制。

c）应检查边界和主要网络设备的账户列表，查看用户标识是否唯一。

检查是否已经删除默认用户或修改默认用户的口令，根据管理需要开设用户，不得使用缺省口令、空口令、弱口令。

d）应检查是否对同一用户选择两种或两种以上组合的鉴别技术来进行身份鉴别且**其中一种是不可伪造的。**

1）检查远程方式登录网络设备是否采用两种或两种以上组合的鉴别技术进行身份鉴别。

2）检查本地控制台管理网络设备是否采用一种或一种以上身份鉴别技术。

e）应检查边界和主要网络设备的设备防护策略，查看口令设置是否有复杂度和定期修改要求。

f）应检查边界和主要网络设备的设备防护策略，查看是否配置了鉴别失败处理功能，包括结束会话、限制非法登录次数、登录连接超时自动退出等措施。

g）应检查边界和网络设备的设备防护策略，查看是否配置了对设备远程管理所产生的鉴别信息进行保护的功能。

h）应检查边界和网络设备的管理配置，查看是否实现设备特权用户的权限分离。

i）应对边界和网络设备进行渗透测试，通过使用各种渗透测试技术对网络设备进行渗透测试，验证网络设备防护能力是否符合要求。

8.1.2.7.3　结果判定

a）如果使用数字证书、动态口令卡等机制实现身份认证，8.1.2.7.2e）为肯定。

b）如果8.1.2.7.2 a）～i）均为肯定，则信息系统符合本单元测评指标要求，否则，信息系统不符合或部分符合本单元测评指标要求。

8.1.3　主机安全

8.1.3.1　身份鉴别

8.1.3.1.1　测评指标

见JR/T 0060－2010 8.1.3.1。

8.1.3.1.2　测评实施

本项要求包括：

a）应检查服务器操作系统和数据库管理系统的身份鉴别策略，查看是否提供了身份鉴别措施。

b）应检查服务器操作系统和数据库管理系统的身份鉴别策略，查看是否提供了身份鉴别措施，身份鉴别信息是否具有不易被冒用的特点，如对用户登录口令的最小长度、复杂度和更换周期进行了要求和限制。

c）应检查服务器操作系统和数据库管理系统的身份鉴别策略，查看是否配置了鉴别失败处理功能，并设置了非法登录次数的限制值；查看是否设置网络登录连接超时，并自动退出。

d）**应测试服务器操作系统和数据库管理系统，通过正常登录，查看是否有登录警示信息，并且在警示信息中是否有未授权访问可能导致的后果的描述。**

e）如果操作系统或数据库采用远程管理方式，查看是否具有防止鉴别信息在网络传输过程中被窃听的措施。

f）应检查服务器操作系统和数据库管理系统账户列表，查看管理员用户名分配是否唯一。

1）检查是否为操作系统的不同用户分配不同的用户名。

2）检查是否为数据库系统的不同用户分配不同的用户名。

g）应检查服务器操作系统和数据库管理系统的身份鉴别策略，查看身份鉴别是否采用两个以上身份鉴别技术的组合来进行身份鉴别，**并且有一种是不可伪造的。**

1）检查远程方式登录主机设备是否采用两种或两种以上组合的鉴别技术进行身份鉴别。

2）检查本地控制台管理主机设备是否采用一种或一种以上身份鉴别技术。

h）应渗透测试服务器操作系统和数据库管理系统，可通过使用口令破解工具等，对服务器操作系统进行用户口令强度检测，查看是否能够破解用户口令，破解口令后是否能够登录进入系统。

应当从互联网向被测对象进行渗透测试。

i）应渗透测试服务器操作系统和数据库管理系统，测试是否存在绕过认证方式进行系统登录的方法。

8.1.3.1.3 结果判定

a）如果使用数字证书、动态口令卡等机制实现身份认证，8.1.3.1.2b）判定为肯定，否则，需要检查用户登录口令的最小长度、复杂度和更换周期等策略和要求。

b）如果 8.1.3.1.2 a）～i）均为肯定，则信息系统符合本单元测评指标要求，否则，信息系统不符合或部分符合本单元测评指标要求。

8.1.3.2 安全标记

8.1.3.2.1 测评指标

见 JR/T 0060－2010 8.1.3.2。

8.1.3.2.2 测评实施

本项要求包括：

a）应检查服务器操作系统和数据库管理系统，查看是否能对所有主体和客体设置敏感标记，这些敏感标记是否构成多级安全模型的属性库，主体和客体的敏感标记是否以默认方式生成或由安全员建立、维护和管理。

b）应测试服务器操作系统和数据库管理系统，对主体和客体设置敏感标记，以授权用户和非授权用户身份访问客体，验证是否只有授权用户可以访问客体，而非授权用户不能访问客体。

8.1.3.2.3 结果判定

如果 8.1.3.2.2 a）和 b）均为肯定，则信息系统符合本单元测评指标要求，否则，信息系统不符合或部分符合本单元测评指标要求。

8.1.3.3 访问控制

8.1.3.3.1 测评指标

见 JR/T 0060－2010 8.1.3.3。

8.1.3.3.2 测评实施

本项要求包括：

a）应检查服务器操作系统的访问控制策略，查看是否对重要文件的访问权限进行了限制，对系统不需要的服务、共享路径等进行了禁用或删除。

b）应检查服务器操作系统和数据库管理系统的访问控制策略，查看特权用户的权限是否进行分离，如可分为系统管理员、安全管理员、安全审计员等；查看是否采用最小授权原则。

如果系统支持操作系统和数据库系统特权用户的权限分离，应检查主要服务器操作系统和主要数据库管理系统的访问控制策略，查看特权用户的权限是否进行分离，如可分为系统管理员、安全管理员、安全审计员等；查看是否采用最小授权原则。

c）应检查数据库管理系统的特权用户和服务器的操作系统的特权用户，查看不同管理员的系统账户权限是否不同，且不应由同一人担任。

d）应检查服务器操作系统和数据库管理系统的访问控制策略，查看是否已禁用或者限制匿名/默认账户的访问权限，是否重命名系统默认账户、修改这些账户的默认口令。

e）应检查服务器操作系统和数据库管理系统的访问控制策略，是否删除了系统中多余的、过期的以及共享的账户。

1）检查是否至少每季度一次对系统中的账户进行了审核，以确保所有授予的权限均为用户工作必须的；

2）检查是否及时删除多余的、过期的账户。

f）应检查服务器操作系统和数据库管理系统的权限设置情况，查看是否依据安全策略对用户权限进行了限制。

g）应检查服务器操作系统和数据库管理系统的访问控制策略，查看是否依据安全策略和所有主体和客体设置的敏感标记控制主体对客体的访问；操作系统的访问控制粒度是否达到主体为用户级或进程级，客体为文件级，数据库管理系统访问控制粒度是否达到主体为用户级或进程级，客体为文件、数据库表、记录和字段级。

8.1.3.3.3 结果判定

a）如果系统不支持修改、重命名特权用户，8.1.3.3.2 d）、f）为不适用。

b）如果 8.1.3.3.2 a）～g）均为肯定，则信息系统符合本单元测评指标要求，否则，信息系统不符合或部分符合本单元测评指标要求。

8.1.3.4 可信路径

8.1.3.4.1 测评指标

见 JR/T 0060－2010 8.1.3.4。

8.1.3.4.2 测评实施

本项要求包括：

a）**应检查服务器操作系统文档，查看系统提供了哪些可信路径功能。**

b）**应检查服务器操作系统，查看文档声称的可信路径功能是否有效。**

c）**应检查数据库管理系统文档，查看系统提供了哪些可信路径功能。**

d）**应检查数据库管理系统，查看文档声称的可信路径功能是否有效。**

8.1.3.4.3 结果判定

如果 8.1.3.4.2 a）～d）均为肯定，则信息系统符合本单元测评指标要求，否则，信息系统不符合或部分符合本单元测评指标要求。

8.1.3.5 安全审计

8.1.3.5.1 测评指标

见 JR/T 0060－2010 8.1.3.5。

8.1.3.5.2 测评实施

本项要求包括：

a）应检查服务器操作系统、重要终端操作系统和数据库管理系统的安全审计策略，查看安全审计配置是否包括系统内重要用户行为、系统资源的异常和重要系统命令的使用等重要的安全相关事件。

1）检查是否在确保系统运行安全和效率的前提下，启用系统审计或采用第三方安全审计产品实现审计要求。

2）检查审计内容是否至少包括：用户的添加和删除、审计功能的启动和关闭、审计策略的调整、权限的变更、系统资源的异常使用、重要的系统操作（如用户登录、退出）等。

b）应检查服务器操作系统、重要终端操作系统和数据库管理系统的安全审计策略，查看审计记录信息是否包括事件发生的日期与时间、触发事件的主体与客体、事件的类型、事件成功或失败、事件的结果等内容。

c）应检查服务器操作系统、重要终端操作系统和数据库管理系统的安全审计策略，查看是否通过日志覆盖周期、存储方式、日志文件/空间大小、日志文件操作权限等设置，实现了对审计记录的保护，使其避免受到未预期的删除、修改或覆盖等。

检查审计记录是否至少保存6个月。

d）应检查服务器操作系统、重要终端操作系统和数据库管理系统的安全审计策略，查看是否为授权用户提供浏览和分析审计记录的功能，是否可以根据需要自动生成不同格式的审计报表。

e）**应检查服务器操作系统、重要终端操作系统和数据库管理系统的安全审计策略，查看是否实现了集中审计功能，通过集中审计平台将服务器操作系统、重要终端操作系统和数据库管理系统的审计记录进行集中存储、管理、查看和统计分析。**

f）应测试服务器操作系统、重要终端操作系统和数据库管理系统，可通过非审计员的其他账户试图中断审计进程，验证审计进程是否受到保护。

8.1.3.5.3 结果判定

如果8.1.3.5.2 a）～f）均为肯定，则信息系统符合本单元测评指标要求，否则，信息系统不符合或部分符合本单元测评指标要求。

8.1.3.6 剩余信息保护

8.1.3.6.1 测评指标

见JR/T 0060－2010 8.1.3.6。

8.1.3.6.2 测评实施

应检查操作系统和数据库管理系统技术开发手册或产品检测报告，查看是否明确用户的鉴别信息存储空间被释放或再分配给其他用户前的处理方法和过程；是否明确文件、目录和数据库记录等资源所在的存储空间被释放或重新分配给其他用户前的处理方法和过程。

8.1.3.6.3 结果判定

如果8.1.3.6.2为肯定，则信息系统符合本单元测评指标要求，否则，信息系统不符合或部分符合本单元测评指标要求。

8.1.3.7 入侵防范

8.1.3.7.1 测评指标

见JR/T 0060－2010 8.1.3.7。

8.1.3.7.2 测评实施

本项要求包括：

a）应检查入侵防范系统的入侵防范策略，查看是否能够记录对服务器攻击的源IP、攻击类型、攻击目标、攻击时间等，在发生严重入侵事件时是否提供报警（如声音、短信和EMAIL等）。

应当同时检查入侵防范系统的特征库是否保持最新状态。

b）应检查服务器是否提供对重要程序的完整性进行检测，并在检测到完整性受到破坏后具有恢复的措施的功能。

c）应检查服务器操作系统中所安装的系统组件和应用程序是否都是必须的。

d）应检查是否设置了专门的升级服务器实现对服务器操作系统补丁的升级，是否具有操作系统补丁更新策略。

e）应检查服务器操作系统和数据库管理系统的补丁是否得到了及时更新。

检查是否持续跟踪厂商提供的系统升级更新情况，对关键性补丁是否进行充分的评估测试，并记录了相关评估情况和升级过程。

f）应渗透测试服务器操作系统和数据库管理系统，查看入侵防范系统是否及时正确记录了本次攻击行为，并自动报警。

8.1.3.7.3 结果判定

如果8.1.3.7.2 a）～f）均为肯定，则信息系统符合本单元测评指标要求，否则，信息系统不符合或部分符合本单元测评指标要求。

8.1.3.8 恶意代码防范

8.1.3.8.1 测评指标

见 JR/T 0060－2010 8.1.3.8。

8.1.3.8.2 测评实施

本项要求包括：

a）应检查服务器的恶意代码防范策略，查看是否安装了实时检测与查杀恶意代码的软件产品，并且及时更新了软件版本和恶意代码库。

应检查关键服务器的恶意代码防范策略，对支持安装防恶意代码软件的主机操作系统，查看是否安装了实时检测与查杀恶意代码的软件产品，并且及时更新了软件版本和恶意代码库。

b）应检查主机防恶意代码软件或硬件，查看其厂家名称、产品版本号和恶意代码库名称等，查看其是否与网络防恶意代码软件有不同的恶意代码库。

1）可对不同安全域区别对待，检查恶意代码库是否根据实际情况保持最新状态。

2）对不支持恶意代码检测系统的主机操作系统，应当检查是否采取了等效的恶意代码防范措施。

c）应检查主机防恶意代码软件是否实现了统一管理。

8.1.3.8.3 结果判定

如果 8.1.3.8.2 a）～c）均为肯定，则信息系统符合本单元测评指标要求，否则，信息系统不符合或部分符合本单元测评指标要求。

8.1.3.9 资源控制

8.1.3.9.1 测评指标

见 JR/T 0060－2010 8.1.3.9。

8.1.3.9.2 测评实施

本项要求包括：

a）应检查服务器操作系统和数据库管理系统的资源访问策略，查看是否设定了终端接入方式、网络地址范围等条件限制终端登录。

b）应检查访问服务器的终端是否都设置了操作超时锁定的配置。

c）应检查服务器操作系统的资源访问策略，查看是否对 CPU、硬盘、内存和网络等资源的使用情况进行监控。

d）应检查服务器操作系统和数据库管理系统的资源访问策略，查看是否设置了单个用户或应用对系统资源的最大或最小使用限度。

e）应检查服务器操作系统和数据库管理系统的资源访问策略，查看是否在服务水平降低到预先规定的阈值时，能检测和报警。

8.1.3.9.3 结果判定

如果 8.1.3.9.2 a）～e）均为肯定，则信息系统符合本单元测评指标要求，否则，信息系统不符合或部分符合本单元测评指标要求。

8.1.4 应用安全

8.1.4.1 身份鉴别

8.1.4.1.1 测评指标

见 JR/T 0060－2010 8.1.4.1。

8.1.4.1.2　测评实施

本项要求包括：

a）应检查应用系统，查看是否提供身份标识和鉴别功能。

b）应检查应用系统，查看是否采用了两种或两种以上组合的身份鉴别技术来进行身份鉴别，**并且至少有一种是不可伪造的。**

1）检查当管理用户通过受控本地控制台管理应用系统时，是否采用了一种或一种以上身份鉴别技术。

2）检查当管理用户以远程方式登录应用系统，是否采用了两种或两种以上组合的鉴别技术进行身份鉴别。

3）检查面向互联网服务的系统是否向用户提供两种或两种以上组合的鉴别技术供用户选择。

c）应检查应用系统，查看是否采用了措施保证身份标识具有唯一性，是否对登录用户的口令最小长度、复杂度和更换周期等进行了要求和限制，保证身份鉴别信息不易被冒用。

d）应检查应用系统，查看是否提供登录失败处理功能，是否根据安全策略设置了登录失败次数等参数。

e）应测试应用系统，可通过试图以合法和非法用户分别登录系统，验证身份标识和鉴别功能是否有效。

f）应测试应用系统，可通过多次输入错误的密码，验证登录失败处理功能是否有效。

g）应渗透测试应用系统，如多次猜测用户口令，验证应用系统身份标识和鉴别功能是否不存在明显的弱点。

应当从互联网向被测试对象进行渗透测试。

8.1.4.1.3　结果判定

如果8.1.4.1.2 a）～g）均为肯定，则信息系统符合本单元测评指标要求，否则，信息系统不符合或部分符合本单元测评指标要求。

8.1.4.2　安全标记

8.1.4.2.1　测评指标

见JR/T 0060－2010 8.1.4.2。

8.1.4.2.2　测评实施

本项要求包括：

a）应检查设计、验收文档或源代码，查看文档中是否有应用系统采用敏感标记的说明。

b）应检查应用系统，查看是否能对所有主体和客体设置敏感标记，这些敏感标记是否构成多级安全模型的属性库，主体和客体的敏感标记是否以默认方式生成或由安全员建立、维护和管理。

c）应测试应用系统，对主体和客体设置敏感标记，以授权用户和非授权用户身份访问客体，验证是否只有授权用户可以访问客体，而非授权用户不能访问客体。

8.1.4.2.3　结果判定

如果8.1.4.2.2 a）～c）均为肯定，则信息系统符合本单元测评指标要求，否则，信息系统不符合或部分符合本单元测评指标要求。

8.1.4.3　访问控制

8.1.4.3.1　测评指标

见JR/T 0060－2010 8.1.4.3。

8.1.4.3.2　测评实施

本项要求包括：

a）应检查应用系统，查看是否依据安全策略控制用户对文件、数据库表等客体的访问。

b）应检查应用系统，查看其访问控制的覆盖范围是否包括与信息安全直接相关的主体、客体及它们之间的操作。

c）应检查应用系统，查看其是否有由授权用户设置其他用户访问系统功能和用户数据的权限的功能。

d）应检查应用系统的用户列表，查看其是否不存在默认账户，如果有是否禁止了默认账户的访问。

e）应检查应用系统的用户角色或权限的分配情况，查看是否仅授予不同账户为完成各自承担任务所需的最小权限，特权用户的权限是否分离，权限之间是否相互制约，如系统管理员不能进行审计操作、审计员不能进行系统管理操作等。

f）应检查应用系统，查看其是否具有通过比较安全标签来确定是授予还是拒绝主体对客体的访问的功能。

g）应测试应用系统，可通过以不同权限的用户登录系统，查看其拥有的权限是否与系统赋予的权限一致，验证应用系统访问控制功能是否有效。

h）应测试应用系统，可通过以默认用户登录系统并进行一些操作，查看系统是否禁止了默认账户的访问。

i）应渗透测试应用系统，进行试图绕过访问控制的操作，验证应用系统的访问控制功能是否不存在明显的弱点。

8.1.4.3.3　结果判定

如果 8.1.4.3.2 a）～i）均为肯定，则信息系统符合本单元测评指标要求，否则，信息系统不符合或部分符合本单元测评指标要求。

8.1.4.4　可信路径

8.1.4.4.1　测评指标

见 JR/T 0060－2010 8.1.4.4。

8.1.4.4.2　测评实施

本项要求包括：

a）应检查设计或验收文档，查看文档中是否有在系统对用户进行身份鉴别和用户对系统进行访问时系统与用户之间能够建立一条安全的信息传输路径的描述。

b）应检查应用系统，可通过查看系统对用户进行身份鉴别和用户对系统进行访问的路径，分析在系统对用户进行身份鉴别和用户对系统进行访问时系统能否在系统与用户之间建立一条安全的信息传输路径。

8.1.4.4.3　结果判定

如果 8.1.4.4.2 a）和 b）均为肯定，则信息系统符合本单元测评指标要求，否则，信息系统不符合或部分符合本单元测评指标要求。

8.1.4.5　安全审计

8.1.4.5.1　测评指标

见 JR/T 0060－2010 8.1.4.5。

8.1.4.5.2　测评实施

本项要求包括：

a）应检查关键应用系统，查看审计范围是否覆盖到每个用户，审计策略是否覆盖系统内重要的安全相关事件，例如，用户标识与鉴别、访问控制的所有操作记录、重要用户行为、系统资源的异常使用、重要系统命令的使用等。

b）应检查应用系统的审计记录，查看是否包括事件发生的日期与时间、触发事件的主体与客体、事件的类型、事件成功或失败、身份鉴别事件中请求的来源、事件的结果等内容。

检查审计记录是否至少保存6个月。

c）应检查应用系统，查看是否为授权用户浏览和分析审计数据提供专门的审计分析功能，并能根据需要生成审计报表。

d）应检查应用系统，查看是否有集中审计接口，并根据信息系统的统一安全策略实现集中审计。

e）应测试主要应用系统，在应用系统上试图产生一些重要的安全相关事件（如用户登录、修改用户权限等），查看应用系统是否对其进行了审计，验证应用系统安全审计的覆盖情况是否覆盖到每个用户；如果进行了审计则查看审计记录内容是否包含事件的日期、时间、发起者信息、类型、描述和结果等。

f）应测试应用系统，试图非授权终止审计进程或审计功能，非授权删除、修改或覆盖审计记录，查看安全审计进程和记录的保护情况。

进行中断审计进程的操作，检查审计进程是否作为应用系统整体进程中的一部分且不能单独中断。

8.1.4.5.3 结果判定

如果8.1.4.5.2 a）～f）均为肯定，则信息系统符合本单元测评指标要求，否则，信息系统不符合或部分符合本单元测评指标要求。

8.1.4.6 剩余信息保护

8.1.4.6.1 测评指标

见JR/T 0060－2010 8.1.4.6。

8.1.4.6.2 测评实施

本项要求包括：

a）应检查设计、验收文档或源代码，查看其是否有关于系统在释放或再分配鉴别信息所在存储空间给其他用户前如何将其进行完全清除（无论这些信息是存放在硬盘上还是在内存中）的描述。

b）应检查设计、验收文档或源代码，查看其是否有关于释放或重新分配系统内文件、目录和数据库记录等资源所在存储空间给其他用户前进行完全清除的描述。

c）应测试主要应用系统，用某用户登录系统并进行操作后，在该用户退出后用另一用户登录，试图操作（读取、修改或删除等）其他用户产生的文件、目录和数据库记录等资源，查看操作是否不成功，验证系统提供的剩余信息保护功能是否正确（确保系统内的文件、目录和数据库记录等资源所在的存储空间，被释放或重新分配给其他用户前得到完全清除）。

8.1.4.6.3 结果判定

如果8.1.4.6.2 a）～c）均为肯定，则信息系统符合本单元测评指标要求，否则，信息系统不符合或部分符合本单元测评指标要求。

8.1.4.7 通信完整性

8.1.4.7.1 测评指标

见JR/T 0060－2010 8.1.4.7。

8.1.4.7.2 测评实施

本项要求包括：

a）应检查设计、验收文档或源代码，查看是否有关于保护通信完整性的说明，如果有则查看是否有根据校验码判断对方数据有效性，以及散列（Hash）密码计算报文校验码的描述。

b）应测试应用系统，可通过获取通信双方的数据包，查看通信报文是否含有的校验码。

当通过互联网、卫星网进行通信时，应通过截包分析，检查通信报文是否经过加密保护。

8.1.4.7.3 结果判定

如果 8.1.4.7.2 a）和 b）均为肯定，则信息系统符合本单元测评指标要求，否则，信息系统不符合或部分符合本单元测评指标要求。

8.1.4.8 通信保密性

8.1.4.8.1 测评指标

见 JR/T 0060－2010 8.1.4.8。

8.1.4.8.2 测评实施

本项要求包括：

a）**应检查应用系统，查看其是否基于硬件化的设备，产生密钥，进行加解密运算。**

b）**应检查相关证明材料（证书），查看主要应用系统采用的密码算法是否符合国家有关部门的要求。**

c）应测试应用系统，通过获取通信双方数据包并查看数据包的内容，查看系统是否能在通信双方建立连接之前，利用密码技术进行会话初始化验证；在通信过程中，是否对整个报文或会话过程进行加密。

对通过互联网、卫星网进行通信的系统，检查是否对整个报文或会话过程进行加密。

8.1.4.8.3 结果判定

本项要求包括：

a）如果 8.1.4.8.2 b）缺少相关文档材料，则为否定。

b）如果 8.1.4.8.2 a）～c）均为肯定，则信息系统符合本单元测评指标要求，否则，信息系统不符合或部分符合本单元测评指标要求。

8.1.4.9 抗抵赖

8.1.4.9.1 测评指标

见 JR/T 0060－2010 8.1.4.9。

8.1.4.9.2 测评实施

本项要求包括：

a）如果业务应用有明确的抗抵赖需求，则应检查应用系统是否提供在请求的情况下为数据原发者和接收者提供数据原发证据的功能；是否提供在请求的情况下为数据原发者和接收者提供数据接收证据的功能。

b）如果业务应用有明确的抗抵赖需求，则应测试应用系统，通过双方进行通信，查看系统是否提供在请求的情况下为数据原发者和接收者提供数据原发证据的功能；系统是否提供在请求的情况下为数据原发者和接收者提供数据接收证据的功能。

1）检查应用系统的操作与管理记录，查看是否包括操作时间、操作人员及操作类型、操作内容等信息；

2）检查交易系统日志记录，查看是否包括业务流水号、账户名、IP 地址、交易指令等用户交易行为数据。

8.1.4.9.3 结果判定

如果 8.1.4.9.2 a）和 b）均为肯定，则信息系统符合本单元测评指标要求，否则，信息系统不符合或部分符合本单元测评指标要求。

8.1.4.10 软件容错

8.1.4.10.1 测评指标

见 JR/T 0060－2010 8.1.4.10。

8.1.4.10.2 测评实施

本项要求包括：

a）应检查设计或验收文档，查看应用系统有对人机接口输入或通信接口输入的数据进行有效性检验功能的说明。

b）应测试应用系统，查看应用系统是否能明确拒绝不符合格式要求数据。

c）应测试应用系统，验证是否提供自动保护功能，当故障发生时自动保护当前所有状态，保证系统能够进行恢复。

d）应测试应用系统，验证是否具有自动恢复能力，当故障发生时，是否能立即启动新的进程，恢复原来的工作状态。

8.1.4.10.3 结果判定

如果 8.1.4.10.2 a）～d）均为肯定，则信息系统符合本单元测评指标要求，否则，信息系统不符合或部分符合本单元测评指标要求。

8.1.4.11 资源控制

8.1.4.11.1 测评指标

见 JR/T 0060－2010 8.1.4.11。

8.1.4.11.2 测评实施

本项要求包括：

a）应检查应用系统的配置参数，查看是否提供对最大并发会话连接数进行限制。

b）应检查应用系统，查看是否对一个访问账户或一个请求进程占用的资源分配最大限额和最小限额。

c）应检查应用系统，查看是否有服务水平最小值的设定，当系统的服务水平降低到预先设定的最小值时，系统报警，**并合理自动调整资源分配。**

d）应检查应用系统，查看是否能根据安全策略设定主体的服务优先级，根据优先级分配系统资源。

e）应测试应用系统，当应用系统的通信双方中的一方在一段时间内未作任何响应，查看另一方是否能够自动结束会话。

f）应测试应用系统，可通过对系统进行超过规定的单个账户的多重并发会话数进行连接，验证系统是否能够正确地限制单个账户的多重并发会话数。

g）应测试应用系统，可试图使服务水平降低到预先规定的最小值，验证系统是否能够正确检测并报警。

8.1.4.11.3 结果判定

如果 8.1.4.11.2 a）～g）肯定，则信息系统符合本单元测评指标要求，否则，信息系统不符合或部分符合本单元测评指标要求。

8.1.5 数据安全及备份恢复

8.1.5.1 数据完整性

8.1.5.1.1 测评指标

见 JR/T 0060-2010 8.1.5.1。

8.1.5.1.2 测评实施

本项要求包括：

a）如果网络设备、主机操作系统和数据库管理系统能够进行远程管理，则应查看其能否检测系统管理数据（如配置文件）、鉴别信息在传输过程中完整性受到了破坏，并在检测到完整性错误时采取必要的恢复措施。

b）应检查应用系统的设计、验收文档或源代码，查看是否有关于能检测系统管理数据、鉴别信息和重要业务数据传输过程中完整性受到破坏，并在检测到完整性错误时采取必要的恢复措施的描述。

c）应检查网络设备、操作系统和数据库管理系统，查看是否配备检测系统管理数据（如配置文件）和鉴别信息在存储过程中完整性受到破坏的功能，并在检测到完整性错误时是否能采取必要的恢复措施。

d）应检查应用系统，查看是否配备检测系统管理数据、鉴别信息和业务数据在存储过程中完整性受到破坏的功能，并在检测到完整性错误时是否能采取必要的恢复措施。

e）**应检查网络设备、操作系统、数据库管理系统和应用系统中是否为重要通信提供专用通信协议或安全通信协议服务，避免来自基于通用通信协议的攻击破坏数据完整性。**

8.1.5.1.3 结果判定

如果 8.1.5.1.2 a）～e）均为肯定，则信息系统符合本单元测评指标要求，否则，信息系统不符合或部分符合本单元测评指标要求。

8.1.5.2 数据保密性

8.1.5.2.1 测评指标

见 JR/T 0060-2010 8.1.5.2。

8.1.5.2.2 测评实施

本项要求包括：

a）应检查网络设备、操作系统和数据库管理系统，查看其管理数据和鉴别信息是否采用加密或其他有效措施实现了传输和存储保密性。

b）应检查应用系统，查看其管理数据、鉴别信息和重要业务数据是否采用加密或其他有效措施实现传输和存储保密性。

c）**应检查网络设备、操作系统、数据库管理系统和应用系统中是否为重要通信提供专用通信协议或安全通信协议服务，避免来自基于通用通信协议的攻击破坏数据保密性。**

d）应测试操作系统、网络设备操作系统、数据库管理系统和应用系统，可通过用嗅探工具获取系统传输数据包，查看是否为密文。

如果通过互联网、卫星网传递系统管理数据、鉴别信息和重要业务数据时，采用抓包分析工具进行抓包分析，验证其是否采取加密方式进行传输。

8.1.5.2.3 结果判定

如果 8.1.5.2.2 a）～d）均为肯定，则信息系统符合本单元测评指标要求，否则，信息系统不符合或部分符合本单元测评指标要求。

8.1.5.3　备份和恢复

8.1.5.3.1　测评指标

见 JR/T 0060－2010 8.1.5.3。

8.1.5.3.2　测评实施

本项要求包括：

a）应检查是否对网络设备、主机操作系统、数据库管理系统和应用系统的重要信息进行了备份，备份方式（如是否为完全数据备份）、频率和介质存放方式是否达到相关标准的要求，是否定期对备份数据进行恢复测试。

b）**应检查是否建立了异地灾难备份中心，能否对业务应用进行实时无缝切换。**

c）**应检查能否对网络设备、主机操作系统、数据库管理系统和应用系统的重要信息进行实时异地备份，实时将数据备份到灾难备份中心。**

d）应检查网络设备、主要主机操作系统、主要数据库管理系统和主要应用系统是否对重要信息进行了异地数据备份。

e）应检查网络拓扑结构是否不存在关键节点的单点故障。

f）应检查网络设备、通信线路和数据处理系统（如包含数据库管理系统在内的数据库服务器）是否提供硬件冗余。

g）**如果条件允许，应验证能否对业务应用进行实时无缝切换。**

8.1.5.3.3　结果判定

如果 8.1.5.3.2 a）～g）均为肯定，则信息系统符合本单元测评指标要求，否则，信息系统不符合或部分符合本单元测评指标要求。

8.2　安全管理测评

8.2.1　安全管理制度

8.2.1.1　管理制度

8.2.1.1.1　测评指标

见 JR/T 0060－2010 8.2.1.1。

8.2.1.1.2　测评实施

本项要求包括：

a）应访谈安全主管，询问机构是否形成全面的信息安全管理制度体系，制度体系是否由总体方针、安全策略、管理制度、操作规程等构成。

b）应检查信息安全工作的总体方针和安全策略文件，查看文件是否明确机构安全工作的总体目标、范围、原则和安全框架等。

c）应检查各项安全管理制度，查看是否覆盖物理、网络、主机系统、数据、应用、建设和运维等层面的管理内容。

d）应检查是否具有日常管理操作的操作规程（如系统维护手册和用户操作规程等）。

8.2.1.1.3　结果判定

如果 8.2.1.1.2 a）～d）均为肯定，则信息系统符合本单元测评指标要求，否则，信息系统不符合或部分符合本单元测评指标要求。

8.2.1.2　制定和发布

8.2.1.2.1　测评指标

见 JR/T 0060－2010 8.2.1.2。

8.2.1.2.2 测评实施

本项要求包括：

a）应访谈安全主管，询问是否由专门的部门或人员负责制定安全管理制度。

b）应访谈安全主管，询问安全管理制度是否能够发布到相关人员手中，是否对制定的安全管理制度进行论证和审定，是否按照统一的格式标准或要求制定，**对有密级的管理制度是否采取相应措施有效管理。**

c）应检查制度制定和发布要求管理文档，查看文档是否说明安全管理制度的制定和发布程序、格式要求、版本编号和**密级标注方法**等相关内容。

d）应检查管理制度评审记录，查看是否有相关人员的评审意见。

e）应检查各项安全管理制度文档，查看文档是否是正式发布的文档，是否注明适用和发布范围，是否有版本标识，**是否有密级标注，**是否有管理层的签字或单位盖章；查看各项制度文档格式是否统一。

f）应检查安全管理制度的收发登记记录，查看是否通过正式、有效的方式收发（如正式发文、领导签署和单位盖章等），是否注明发布范围。

8.2.1.2.3 结果判定

如果8.2.1.2.2 a）～f）均为肯定，则信息系统符合本单元测评指标要求，否则，信息系统不符合或部分符合本单元测评指标要求。

8.2.1.3 评审和修订

8.2.1.3.1 测评指标

见JR/T 0060－2010 8.2.1.3。

8.2.1.3.2 测评实施

本项要求包括：

a）应访谈安全主管，询问是否由信息安全领导小组负责定期对安全管理制度体系的合理性和适用性进行审定，**是否有专门部门或人员负责制度的日常维护。**

b）应访谈安全主管，询问评审和修订有密级的安全管理制度时对参加评审和修订的人员是否考虑到相应保密要求。

c）应检查是否具有需要定期修订的安全管理制度列表，查看列表是否注明修订周期。

d）应检查是否具有安全管理制度体系的评审记录，**查看记录的日期间隔与评审周期是否一致，**是否记录了相关人员的评审意见。

检查是否至少每年对安全管理制度体系进行评审，评审记录是否完整。

e）应检查是否具有安全管理制度的检查或评审记录，**查看记录的日期间隔与评审周期是否一致；**如果对制度做过修订，检查是否有修订版本的安全管理制度。

检查是否至少每年或在发生重大变更时，对安全管理制度进行检查，评审记录是否完整，对存在不足或需要改进的安全管理制度进行了修订。

8.2.1.3.3 结果判定

如果8.2.1.3.2 a）～e）均为肯定，则信息系统符合本单元测评指标要求，否则，信息系统不符合或部分符合本单元测评指标要求。

8.2.2 安全管理机构

8.2.2.1 岗位设置

8.2.2.1.1 测评指标

见JR/T 0060－2010 8.2.2.1。

8.2.2.1.2　测评实施

本项要求包括：

a）应访谈安全主管，询问是否设立指导和管理信息安全工作的委员会或领导小组，其最高领导是否由单位主管领导委任或授权的人员担任。

b）应访谈安全主管，询问是否设立专职的安全管理机构（即信息安全管理工作的职能部门），是否明确各部门的职责分工。

c）应访谈安全主管，询问信息系统是否设置了系统管理员、网络管理员和安全管理员等岗位，各个岗位的职责分工是否明确；是否设立安全管理各个方面的负责人。

d）应访谈安全主管、安全管理各个方面的负责人、系统管理员、网络管理员和安全管理员，询问其是否明确其岗位职责。

e）应检查部门、岗位职责文件，查看文件是否明确安全管理机构的职责，是否明确机构内各部门的职责和分工，部门职责是否涵盖物理、网络和系统安全等各个方面；查看文件是否明确设置安全主管、安全管理各个方面的负责人、系统管理员、网络管理员、安全管理员等各个岗位职责；查看文件是否明确各个岗位人员应具有的技能要求。

f）应检查是否具有信息安全管理委员会或领导小组成立的正式文件。

g）应检查信息安全管理委员会或领导小组职责文件，查看是否明确委员会或领导小组职责和其最高领导岗位的职责。

8.2.2.1.3　结果判定

如果 8.2.2.1.2 a）～g）均为肯定，则信息系统符合本单元测评指标要求，否则，信息系统不符合或部分符合本单元测评指标要求。

8.2.2.2　人员配备

8.2.2.2.1　测评指标

见 JR/T 0060－2010 8.2.2.2。

8.2.2.2.2　测评实施

本项要求包括：

a）应访谈安全主管，询问各个安全管理岗位是否配备了一定数量的人员，对关键事务岗位是否配备多人。

b）应检查人员配备要求管理文档，查看是否明确应配备系统管理员、网络管理员、安全管理员等重要岗位人员并明确应配备专职的安全管理员；查看是否明确关键事务的管理人员应配备 2 人或 2 人以上共同管理。

c）应检查安全管理各岗位人员信息表，查看其是否明确系统管理员、网络管理员和安全管理员等重要岗位人员的信息，安全管理员是否是专职人员。

8.2.2.2.3　结果判定

如果 8.2.2.2.2 a）～c）均为肯定，则信息系统符合本单元测评指标要求，否则，信息系统不符合或部分符合本单元测评指标要求。

8.2.2.3　授权和审批

8.2.2.3.1　测评指标

见 JR/T 0060－2010 8.2.2.3。

8.2.2.3.2　测评实施

本项要求包括：

a）应访谈安全主管，询问其是否规定对信息系统中的关键活动进行审批，审批活动是否得到授权；是否定期审查、更新审批项目。

应调阅相关内部审批记录，抽查部分授权和审批过程。

b）应检查审批管理制度文档，查看文档是否明确审批事项、需逐级审批的事项、审批部门、批准人等，是否明确系统变更、重要操作、物理访问和系统接入等事项的审批流程；是否明确需定期审查、更新审批的项目、审批部门、批准人和审查周期等。

检查审查工作是否至少每年开展一次。

c）应检查经逐级审批的文档，查看是否具有各级批准人的签字和审批部门的盖章。

d）应检查关键活动的审批过程记录，查看记录的审批程序与文件要求是否一致。

8.2.2.3.3 结果判定

如果 8.2.2.3.2 a）～d）均为肯定，则该测评指标符合要求，否则，信息系统不符合或部分符合本单元测评指标要求。

8.2.2.4 沟通和合作

8.2.2.4.1 测评指标

见 JR/T 0060－2010 8.2.2.4。

8.2.2.4.2 测评实施

本项要求包括：

a）应访谈安全主管，询问是否与外单位（公安机关、电信公司、兄弟单位、供应商、业界专家、专业的安全公司、安全组织等）建立沟通、合作机制；是否与组织机构内其他部门之间及内部各部门管理人员之间建立沟通、合作机制，是否定期或不定期召开协调会议。

检查是否同时与供电部门、银行等单位和部门建立了沟通、合作机制。

b）应访谈安全主管，询问是否召开过部门间协调会议，组织其他部门人员共同协助处理信息系统安全有关问题，安全管理机构内部是否召开过安全工作会议以部署安全工作的实施；信息安全领导小组或者管理委员会是否定期召开例会。

c）应访谈安全主管，询问是否聘请信息安全专家作为常年的安全顾问，指导信息安全建设，参与安全规划和安全评审等。

d）应检查组织内部机构之间以及信息安全职能部门内部的安全工作会议文件或会议记录，查看是否有会议内容、会议时间、参加人员和会议结果等的描述。

e）应检查信息安全领导小组或者管理委员会定期例会会议文件或会议记录，查看是否有会议内容、会议时间、参加人员、会议结果等的描述。

f）应检查外联单位联系列表，查看外联单位是否包含公安机关、电信公司、兄弟单位、供应商、业界专家、专业的安全公司和安全组织等，是否说明外联单位的名称、合作内容、联系人和联系方式等内容。

g）应检查是否具有安全顾问名单或者聘请安全顾问的证明文件，查看是否有安全顾问指导信息安全建设、参与安全规划和安全评审的相关文档或记录。

8.2.2.4.3 结果判定

如果 8.2.2.4.2 a）～g）均为肯定，则信息系统符合本单元测评指标要求，否则，信息系统不符合或部分符合本单元测评指标要求。

8.2.2.5 审核和检查

8.2.2.5.1 测评指标

见 JR/T 0060－2010 8.2.2.5。

8.2.2.5.2 测评实施

本项要求包括：

a）应访谈安全主管，询问是否组织人员定期对信息系统安全技术措施和安全管理制度落实情况进行全面安全检查。

b）应访谈安全管理员，询问是否定期检查系统日常运行、系统漏洞和数据备份等情况，是否对检查结果进行通报。

c）应检查安全检查管理制度文档，查看文档是否规定定期进行全面安全检查，是否规定检查内容、检查程序和检查周期等，检查内容是否包括现有安全技术措施的有效性、安全配置与安全策略的一致性、安全管理制度的执行情况等。

检查是否至少每年开展一次全面安全检查，并查验相关记录。

d）应检查全面安全检查报告，查看**报告日期间隔与检查周期是否一致**，报告中是否有检查内容、检查人员、检查数据汇总表、检查结果等的描述，检查内容是否包括现有安全技术措施的有效性、安全配置与安全策略的一致性、安全管理制度的执行情况等。

检查是否至少每年开展一次全面安全检查，并查验相关记录。

e）应检查安全管理员定期实施安全检查的报告，查看**报告日期间隔与检查周期是否一致**，检查内容是否包括系统日常运行、系统漏洞和数据备份等情况。

f）应检查是否具有执行安全检查时的安全检查表、安全检查记录和结果通告记录，查看**安全检查记录中记录的检查程序与制度要求是否一致。**

检查是否至少每月开展一次安全检查，并查验相关记录。

8.2.2.5.3 结果判定

如果 8.2.2.5.2 a）～f）均为肯定，则信息系统符合本单元测评指标要求，否则，信息系统不符合或部分符合本单元测评指标要求。

8.2.3 人员安全管理

8.2.3.1 人员录用

8.2.3.1.1 测评指标

见 JR/T 0060－2010 8.2.3.1。

8.2.3.1.2 测评实施

本项要求包括：

a）应访谈人事负责人，询问是否由专门的部门或人员负责人员的录用工作。

b）应访谈人事负责人，询问在人员录用时是否对被录用人的身份、背景、专业资格和资质进行审查，对技术人员的技术技能进行考核。

c）应访谈人事负责人，询问是否与被录用人员签署保密协议。

d）应访谈人事负责人，询问对从事关键岗位的人员是否从内部人员中选拔，是否要求其签署岗位安全协议。

e）应检查人员录用管理文档，查看是否说明录用人员应具备的条件（如学历、学位要求，技术人员应具备的专业技术水平，管理人员应具备的安全管理知识等）。

f）应检查是否具有人员录用时对录用人身份、背景、专业资格和资质等进行审查的相关文档或记录，查看是否记录审查内容和审查结果等。

g）应检查人员录用时的技能考核文档或记录，查看是否记录考核内容和考核结果等。

h）应检查保密协议，查看是否有保密范围、保密责任、违约责任、协议的有效期限和责任人的签字等内容。

i）应检查岗位安全协议，查看是否有岗位安全责任定义、协议的有效期限和责任人签字等内容。

8.2.3.1.3 结果判定

如果8.2.3.1.2 a）～i）均为肯定，则信息系统符合本单元测评指标要求，否则，信息系统不符合或部分符合本单元测评指标要求。

8.2.3.2 人员离岗

8.2.3.2.1 测评指标

见JR/T 0060－2010 8.2.3.2。

8.2.3.2.2 测评实施

本项要求包括：

a）应访谈安全主管，询问对即将离岗人员是否及时终止离岗人员的所有访问权限，是否取回各种身份证件、钥匙、徽章以及机构提供的软硬件设备等。

b）应访谈人事负责人，询问人员离岗是否遵循严格的调离手续，是否要求人员调离时须承诺相关保密义务后方可离开。

c）应检查人员离岗的管理制度文档，查看是否说明人员离岗要求、人员调离手续等相关内容。

d）应检查是否具有离岗人员交还身份证件、设备等的登记记录。

e）应检查是否具有按照离职程序办理调离手续的记录，**查看调离手续与文件规定是否一致。**

f）应检查保密承诺文档，查看是否有调离人员的签字。

8.2.3.2.3 结果判定

如果8.2.3.2.2 a）～f）均为肯定，则信息系统符合本单元测评指标要求。否则，信息系统不符合或部分符合本单元测评指标要求。

8.2.3.3 人员考核

8.2.3.3.1 测评指标

见JR/T 0060－2010 8.2.3.3。

8.2.3.3.2 测评实施

本项要求包括：

a）应访谈安全主管，询问是否定期对各个岗位人员进行安全技能及安全知识的考核，是否对关键岗位人员定期进行安全审查和技能考核。

b）**应访谈安全主管，询问是否对安全保密制度执行情况进行检查或考核。**

c）**应检查保密制度文档，查看是否包括保密内容、保密责任和义务等内容。**

d）应检查考核记录，查看记录的考核人员是否包括各个岗位的人员，考核内容是否包含**保密知识**、安全知识、安全技能等；**查看记录日期与考核周期是否一致。**

检查相关岗位的安全技能和安全认知的考核记录，查验安全技能和安全认知的考核是否至少每年一次。

e）应检查是否具有对关键岗位人员的安全审查记录。

8.2.3.3.3 结果判定

如果8.2.3.3.2 a）～e）均为肯定，则信息系统符合本单元测评指标要求。否则，信息系统不符合或部分符合本单元测评指标要求。

8.2.3.4 安全意识教育和培训

8.2.3.4.1 测评指标

见JR/T 0060－2010 8.2.3.4。

8.2.3.4.2 测评实施

本项要求包括：

a）应访谈安全主管，询问是否制定培训计划并按计划对各个岗位人员进行安全教育和培训；是否对违反安全策略和规定的人员进行惩戒。

b）**应访谈安全管理员、系统管理员、网络管理员，考查其是否了解其工作相关的信息安全基础知识、安全责任和惩戒措施等。**

c）应检查安全责任和惩戒措施管理文档，查看是否包含具体的安全责任和惩戒措施。

d）应检查信息安全教育及技能培训和考核管理文档，查看是否明确培训周期、培训方式、培训内容和考核方式等相关内容。

e）应检查安全教育和培训计划文档，查看是否具有不同岗位的培训计划；查看计划是否明确了培训方式、培训对象、培训内容、培训时间和地点等，培训内容是否包含信息安全基础知识、岗位操作规程等。

f）应检查安全教育和培训记录，查看记录是否有培训人员、培训内容、培训结果等的描述；**查看记录与培训计划是否一致。**

8.2.3.4.3 结果判定

如果 8.2.3.4.2 a）～f）均为肯定，则信息系统符合本单元测评指标要求，否则，信息系统不符合或部分符合本单元测评指标要求。

8.2.3.5 外部人员访问管理

8.2.3.5.1 测评指标

见 JR/T 0060－2010 8.2.3.5。

8.2.3.5.2 测评实施

本项要求包括：

a）应访谈安全主管，询问外部人员访问重要区域（如访问机房、重要服务器或设备区等）是否需经有关部门或负责人书面批准，是否由专人全程陪同或监督，是否进行记录并备案管理。

b）应检查外部人员访问管理文档，查看是否明确允许外部人员访问的范围（区域、系统、设备、信息等内容，**对哪些关键区域不允许外部人员访问**），外部人员进入的条件（对哪些重要区域的访问须提出书面申请批准后方可进入），外部人员进入的访问控制措施（由专人全程陪同或监督等）等。

c）应检查外部人员访问重要区域的书面申请文档，是否具有批准人允许访问的批准签字等。

d）应检查外部人员访问重要区域的登记记录，查看是否记录了外部人员访问重要区域的进入时间、离开时间、访问区域及陪同人等信息。

8.2.3.5.3 结果判定

如果 8.2.3.5.2 a）～d）均为肯定，则该测评指标符合要求，否则，信息系统不符合或部分符合本单元测评指标要求。

8.2.4 系统建设管理

8.2.4.1 系统定级

8.2.4.1.1 测评指标

见 JR/T 0060－2010 8.2.4.1。

8.2.4.1.2 测评实施

本项要求包括：

a）应访谈系统建设负责人，询问是否参照定级指南确定信息系统安全保护等级，是否组织相关部门和有关安全技术专家对定级结果进行论证和审定。

b）应检查系统定级文档，查看文档是否明确信息系统的边界和信息系统的安全保护等级，是否说明定级的方法和理由，是否有相关部门或主管领导的盖章或签名。

c）应检查定级结果的论证评审会议文档，查看是否有相关部门和有关安全技术专家对定级结果的论证意见。

8.2.4.1.3 结果判定

如果 8.2.4.1.2 a）～c）均为肯定，则信息系统符合本单元测评指标要求，否则，信息系统不符合或部分符合本单元测评指标要求。

8.2.4.2 安全方案设计

8.2.4.2.1 测评指标

见 JR/T 0060－2010 8.2.4.2。

8.2.4.2.2 测评实施

本项要求包括：

a）应访谈系统建设负责人，询问是否授权专门的部门对信息系统的安全建设进行总体规划，由何部门负责。

b）应访谈系统建设负责人，询问是否根据信息系统的等级划分情况统一考虑总体安全策略、安全技术框架、安全管理策略、总体建设规划和详细设计方案等。

c）应访谈系统建设负责人，询问是否对安全建设的配套文件进行论证和审定，是否根据等级测评、安全评估的结果定期调整和修订安全建设的配套文件。

d）应检查是否有系统安全建设的工作计划，查看文件是否明确了系统的近期安全建设计划和远期安全建设计划。

e）应检查是否有系统总体安全策略、安全技术框架、安全管理策略、总体建设规划、详细设计方案等配套文件，查看各个文件是否有机构管理层的批准。

f）应检查配套文件的论证评审记录或文档，查看是否有相关部门和有关安全技术专家对总体安全策略、安全技术框架、安全管理策略、总体建设规划、详细设计方案等相关配套文件的论证意见。

g）应检查是否具有总体安全策略、安全技术框架、安全管理策略、总体建设规划、详细设计方案等相关配套文件的维护记录或修订版本。

8.2.4.2.3 结果判定

如果 8.2.4.2.2 a）～g）均为肯定，则信息系统符合本单元测评指标要求，否则，信息系统不符合或部分符合本单元测评指标要求。

8.2.4.3 产品采购和使用

8.2.4.3.1 测评指标

见 JR/T 0060－2010 8.2.4.3。

8.2.4.3.2 测评实施

本项要求包括：

a）应访谈系统建设负责人，询问是否有专门的部门负责产品的采购，由何部门负责。

b）应访谈系统建设负责人，询问系统是否采用了密码产品，密码产品的采购和使用是否符合国家密码主管部门的要求。

c）应访谈系统建设负责人，询问系统使用的有关信息安全产品是否符合国家的有关规定，如安全产品获得了销售许可证等。

d）应访谈系统建设负责人，询问采购产品前是否预先对产品进行选型测试确定产品的候选范围，是否有产品采购清单指导产品采购，是否定期审定和更新候选产品采购清单，审定周期多长。

e）**应访谈系统建设负责人，询问是否对重要部位的产品委托专业测评单位进行专项测试，是否有专项测试报告。**

f）应抽样检查安全产品和密码产品的相关凭证，如销售许可等，查看是否使用了符合国家有关规定产品。

g）应检查是否具有产品选型测试结果文档、候选产品采购清单及审定或更新的记录，**是否有重要部位的产品的专项测试报告。**

8.2.4.3.3 结果判定

如果8.2.4.3.2 a）～g）均为肯定，则信息系统符合本单元测评指标要求，否则，信息系统不符合或部分符合本单元测评指标要求。

8.2.4.4 自行软件开发

8.2.4.4.1 测评指标

见JR/T 0060－2010 8.2.4.4。

8.2.4.4.2 测评实施

本项要求包括：

a）应访谈系统建设负责人，询问是否进行自主开发软件，是否对程序资源库的修改、更新、发布进行授权和批准，授权部门是何部门，批准人是何人，是否要求开发人员不能做测试人员（即二者分离），自主开发软件是否在独立的模拟环境中完成编码和调试，如相对独立的网络区域。

b）应访谈系统建设负责人，询问软件设计相关文档是否由专人负责保管，负责人是何人，如何控制使用，测试数据和测试结果是否受到控制。

c）**应访谈系统建设负责人，询问开发人员有哪些人，是否是专职人员，询问对开发人员的开发活动采取哪些控制措施，是否有专门的监控、审查措施。**

d）应访谈软件开发人员，询问其是否了解软件开发管理制度，是否了解代码编写安全规范，是否按照代码编写安全规范进行软件开发。

e）应检查软件开发管理制度，查看文件是否明确软件设计、开发、测试、验收过程的控制方法和人员行为准则，是否明确哪些开发活动应经过授权、审批。

f）应检查代码编写安全规范，查看规范中是否明确代码编写规则，应抽样部分源代码，检查是否按照代码编写安全规范开发。

g）应检查对程序资源库的修改、更新、发布进行授权和审批的文档或记录，查看是否有批准人的签字。

h）应检查是否具有软件开发相关文档（源代码、测试数据、测试结果等）的使用控制记录。

i）应检查是否具有软件使用指南或操作手册等。

j）应检查网络拓扑图和实际开发环境，查看是否实际运行环境和开发环境有效隔离。

k）应检查是否具有对开发人员的审查记录，查看审查记录是否记录审查结果等。

8.2.4.4.3 结果判定

如果8.2.4.4.2 a）～k）均为肯定，则信息系统符合本单元测评指标要求，否则，信息系统不符合或部分符合本单元测评指标要求。

8.2.4.5 外包软件开发

8.2.4.5.1 测评指标

见JR/T 0060－2010 8.2.4.5。

8.2.4.5.2 测评实施

本项要求包括：

a）应访谈系统建设负责人，询问软件交付前是否依据开发要求的技术指标对软件功能和性能等进行验收测试，软件安装之前是否检测软件中的恶意代码。

b）应访谈系统建设负责人，是否要求开发单位提供源代码，是否根据源代码对软件中可能存在的后门和**隐蔽信道**进行审查。

c）应检查是否具有软件开发的相关文档，如需求分析说明书、软件设计说明书等，是否具有软件操作手册或使用指南。

d）应检查部分软件源代码，查看是否具有源代码，应检查软件源代码审查记录，查看是否包括对可能存在后门和**隐蔽信道**的审查结果。

8.2.4.5.3 结果判定

如果 8.2.4.5.2 a）～d）均为肯定，则信息系统符合本单元测评指标要求，否则，信息系统不符合或部分符合本单元测评指标要求。

8.2.4.6 工程实施

8.2.4.6.1 测评指标

见 JR/T 0060－2010 8.2.4.6。

8.2.4.6.2 测评实施

本项要求包括：

a）应访谈系统建设负责人，询问是否指定专门部门或人员对工程实施过程进行进度和质量控制，由何部门/何人负责。

b）应访谈系统建设负责人，询问是否要求工程实施单位提供其能够实施安全工程的资质证明和能力保证。

c）**应访谈系统建设负责人，询问是否由第三方工程监理单位对工程实施过程进行进度和质量控制。**

d）应检查系统建设方面的管理制度，查看其是否包括工程实施过程的控制方法、实施参与人员的行为准则等方面内容。

e）应检查工程实施方案，查看其是否包括工程时间限制、进度控制和质量控制等方面内容，是否按照工程实施方面的管理制度进行各类控制、产生阶段性文档等。

f）**应检查是否具有第三方工程监理单位出具的工程监理报告。**

8.2.4.6.3 结果判定

如果 8.2.4.6.2 a）～f）均为肯定，则信息系统符合本单元测评指标要求，否则，信息系统不符合或部分符合本单元测评指标要求。

8.2.4.7 测试验收

8.2.4.7.1 测评指标

见 JR/T 0060－2010 8.2.4.7。

8.2.4.7.2 测评实施

本项要求包括：

a）应访谈系统建设负责人，询问是否有专门的部门负责测试验收工作，由何部门负责；是否委托第三方测试机构对信息系统进行独立的安全性测试。

b）应访谈系统建设负责人，询问是否根据设计方案或合同要求组织相关部门和人员制定工程测试验收方案，并对系统测试验收报告进行审定。

c）应检查系统建设方面的管理制度，查看其是否包括对系统测试验收的控制方法和人员行为准则规定。

d）应检查是否具有工程测试验收方案，查看其是否明确说明参与测试的部门、人员、测试验收内容、现场操作过程等内容，过程控制是否符合管理规定的要求。

e）应检查是否具有系统测试验收报告，是否有相关部门和人员对系统测试验收报告进行审定的意见，是否有第三方测试机构的签字或盖章。

8.2.4.7.3　结果判定

如果 8.2.4.7.2 a）～e）均为肯定，则信息系统符合本单元测评指标要求，否则，信息系统不符合或部分符合本单元测评指标要求。

8.2.4.8　系统交付

8.2.4.8.1　测评指标

见 JR/T 0060－2010 8.2.4.8。

8.2.4.8.2　测评实施

本项要求包括：

a）应访谈系统建设负责人，询问是否有专门的部门负责系统交接工作，系统交接工作是否根据交付清单对所交接的设备、文档、软件等进行清点。

b）应访谈系统建设负责人，询问系统正式运行前是否对运行维护人员进行过培训，针对哪些方面进行过培训。

c）应检查系统建设方面的管理制度，查看其是否包括系统交付的控制方法和人员行为准则的规定。

d）应检查是否具有系统交付清单，查看交付清单是否说明系统交付的各类设备、软件、文档等。

e）应检查系统交付提交的文档，查看是否有指导用户进行系统运维的文档等，提交的文档是否符合管理规定的要求。

f）应检查是否有系统交付技术培训记录，查看是否包括培训内容、培训时间和参与人员等。

8.2.4.8.3　结果判定

如果 8.2.4.8.2 a）～f）均为肯定，则信息系统符合本单元测评指标要求，否则，信息系统不符合或部分符合本单元测评指标要求。

8.2.4.9　系统备案

8.2.4.9.1　测评指标

见 JR/T 0060－2010 8.2.4.9。

8.2.4.9.2　测评实施

本项要求包括：

a）应访谈系统建设负责人，询问是否有专门的部门或人员负责管理系统定级的相关文档，由何部门/何人负责；询问对系统定级相关备案文档使用的控制方式。

b）应检查是否具有将系统等级及相关材料报主管部门备案的记录或备案文档。

c）应检查是否具有将系统等级及相关备案材料报相应公安机关备案的记录或证明。

8.2.4.9.3　结果判定

如果 8.2.4.9.2 a）～c）均为肯定，则信息系统符合本单元测评指标要求，否则，信息系统不符合或部分符合本单元测评指标要求。

8.2.4.10　安全服务商选择

8.2.4.10.1　测评指标

见 JR/T 0060－2010 8.2.4.11。

8.2.4.10.2 测评实施

本项要求包括：

a）应访谈系统建设负责人，询问信息系统选择的安全服务商有哪些，是否符合国家有关规定。

b）应检查是否具有与安全服务商签订的安全责任合同书或保密协议等文档，查看其内容是否包含保密范围、安全责任、违约责任、协议的有效期限和责任人的签字等。

c）应检查是否具有与安全服务商签订的服务合同或安全责任合同书，查看是否明确了后期的技术支持和服务承诺等内容。

8.2.4.10.3 结果判定

如果 8.2.4.10.2 a）～c）均为肯定，则信息系统符合本单元测评指标要求，否则，信息系统不符合或部分符合本单元测评指标要求。

8.2.5 系统运维管理

8.2.5.1 环境管理

8.2.5.1.1 测评指标

见 JR/T 0060 - 2010 8.2.5.1。

8.2.5.1.2 测评实施

本项要求包括：

a）应访谈系统运维负责人，询问是否有专门的部门或人员对机房供配电、空调、温湿度控制等设施进行定期维护，由何部门/何人负责，维护周期多长。

b）应访谈系统运维负责人，询问是否有专门的部门或人员对机房的出入、服务器开机/关机等日常工作进行管理，由何部门/何人负责。

c）应访谈系统运维负责人，询问为保证办公环境的保密性采取了哪些控制措施，在哪个区域接待来访人员，工作人员调离时是否收回办公室钥匙等。

d）应检查是否有机房安全管理制度，查看其内容是否覆盖机房物理访问、物品带进/带出机房和机房环境安全等方面。

e）应检查是否具有空调、温湿度控制等机房设施的维护保养记录，表明定期对这些设施进行了维护保养。

1）检查维护记录，查验是否每季度对机房供配电、空调、UPS 等设备进行维护管理。

2）检查维护记录，查验是否每年对防盗报警、防雷、消防等装置进行检测维护。

f）应检查办公环境，查看工作人员离开座位时是否退出登录状态、桌面没有敏感信息文件等。

g）应检查办公环境是否有与机房相同的物理安全措施，如门禁控制、摄像监控系统等，出入办公环境和机房不同区域是否要经过相应级别的授权。

8.2.5.1.3 结果判定

如果 8.2.5.1.2 a）～g）均为肯定，则信息系统符合本单元测评指标要求，否则，信息系统不符合或部分符合本单元测评指标要求。

8.2.5.2 资产管理

8.2.5.2.1 测评指标

见 JR/T 0060 - 2010 8.2.5.2。

8.2.5.2.2 测评实施

本项要求包括：

a）应访谈系统运维负责人，询问是否有资产管理的责任人员或部门，由何部门/何人负责。

b）应检查是否有资产清单，查看其内容是否覆盖资产责任部门、责任人、所处位置和重要程度等方面。

c）应检查是否有资产安全管理方面的制度，查看是否明确信息资产管理的责任部门、责任人，查看其内容是否覆盖资产使用、借用、维护等方面。

d）应检查是否有资产安全管理方面的制度，查看是否明确了依据资产的重要程度对资产进行分类和标识管理的方法，是否明确了信息分类标识的原则和方法，是否说明了不同类别的资产采取的不同管理措施。

8.2.5.2.3　结果判定

如果8.2.5.2.2 a）～d）均为肯定，则信息系统符合本单元测评指标要求，否则，信息系统不符合或部分符合本单元测评指标要求。

8.2.5.3　介质管理

8.2.5.3.1　测评指标

见JR/T 0060－2010 8.2.5.3。

8.2.5.3.2　测评实施

本项要求包括：

a）应访谈资产管理员，询问介质的存放环境是否采取保护措施防止介质被盗、被毁等。

b）应访谈资产管理员，询问是否根据介质的目录清单对介质的使用现状进行定期检查。

c）应访谈资产管理员，询问是否将介质保管在一个特定环境里，有专人负责，并根据重要性对介质进行分类和标识。

d）应访谈资产管理员，询问是否对某些重要介质实行异地存储，异地存储环境是否与本地环境相同。

e）应访谈资产管理员，询问是否定期对存储介质的完整性（数据是否损坏或丢失）和可用性（介质是否受到物理破坏）进行检查，是否对重要数据进行加密存储。

f）应访谈资产管理员，询问对送出维修或销毁的介质在送出之前是否对介质内存储数据进行净化处理，对介质带出工作环境和重要介质中的数据和软件是否进行保密性处理；对保密性较高的介质销毁前是否有领导批准。

g）应访谈资产管理员，询问对介质的物理传输过程是否要求选择可靠传输人员、严格介质的打包、选择安全的物理传输途径、双方在场交付等环节的控制。

h）应检查是否有介质安全管理制度，查看是否对介质的存放环境、使用、维护和销毁等方面作出规定，**是否明确了保密性较高的信息存储介质应获得批准并在双人监控下才能销毁的要求。**

i）应检查介质使用管理记录，查看其是否记录介质归档和使用等情况。

j）应检查介质存储环境，查看是否对其进行了分类，并具有不同标识。

k）应抽样检查重要介质，查看是否可以使用，查看需要加密存储的数据是否加密。

l）应模拟保密性介质销毁过程，查看其销毁过程是否符合管理规定要求。

8.2.5.3.3　结果判定

如果8.2.5.3.2 a）～l）均为肯定，则信息系统符合本单元测评指标要求，否则，信息系统不符合或部分符合本单元测评指标要求。

8.2.5.4　设备管理

8.2.5.4.1　测评指标

见JR/T 0060－2010 8.2.5.4。

8.2.5.4.2　测评实施

本项要求包括：

a）应访谈系统运维负责人，询问是否有专门的部门或人员对各种设备、线路进行定期维护，由何部门/何人负责，维护周期多长。

检查配套设施、软硬件维护是否至少每季度进行一次。

b）应检查是否有设备安全管理制度，查看其内容是否对各种软硬件设备的选型、采购、发放和领用等环节进行规定。

c）应检查设备安全管理制度中是否有对终端计算机、便携机和网络设备等使用方式、操作原则、注意事项等方面的规定，是否有信息处理设备必须经过审批才能带离机房或办公地点的要求。

d）应检查设备安全管理制度中是否有对涉外维修和服务的审批、维修过程的监督控制管理等要求。

e）应检查是否有关键设备的操作规程。

8.2.5.4.3　结果判定

如果 8.2.5.4.2 a）～e）均为肯定，则信息系统符合本单元测评指标要求，否则，信息系统不符合或部分符合本单元测评指标要求。

8.2.5.5　监控管理和安全管理中心

8.2.5.5.1　测评指标

见 JR/T 0060－2010 8.2.5.5。

8.2.5.5.2　测评实施

本项要求包括：

a）应访谈系统运维负责人，询问是否对通信线路、主机、网络设备和应用软件的运行状况，对设备状态、恶意代码、网络流量、补丁升级、安全审计等安全相关事项进行集中管理，是否形成监测记录文档，是否组织人员对监测记录进行整理并保管。

b）应访谈系统运维负责人，询问其是否组织人员定期对监测记录进行分析、评审，是否发现可疑行为并对其采取必要的措施，是否形成分析报告。

c）应检查是否具有安全集中管理的相关工具，可以实施对设备状态、恶意代码、补丁升级、安全审计等安全相关事项的集中监控和管理。

d）应检查监测记录，查看是否记录监控对象、监控内容、监控的异常现象处理等方面，查看是否对异常现象及处理措施形成分析报告。

8.2.5.5.3　结果判定

如果 8.2.5.5.2 a）～d）均为肯定，则信息系统符合本单元测评指标要求，否则，信息系统不符合或部分符合本单元测评指标要求。

8.2.5.6　网络安全管理

8.2.5.6.1　测评指标

见 JR/T 0060－2010 8.2.5.6。

8.2.5.6.2　测评实施

本项要求包括：

a）应访谈系统运维负责人，询问是否指定专门的部门或人员负责网络管理，维护网络运行日志、监控记录，分析处理报警信息等。

b）应访谈网络管理员，询问是否定期对网络进行漏洞扫描，扫描周期多长，发现漏洞是否及时修补。

1）询问是否持续跟踪网络设备的安全漏洞隐患的情况。

2）询问修补漏洞前是否进行了必要的测试评估。

c）应访谈网络管理员，询问是否根据厂家提供的软件升级版本对网络设备进行过升级，目前的版本号为多少，升级前是否对重要文件进行备份，采取什么方式备份。

d）应访谈网络管理员，网络的外联种类有哪些，是否都得到授权与批准，由何部门或何人批准，申请和批准的过程。

e）应检查是否有网络安全管理制度，查看其是否覆盖网络安全配置、安全策略、升级与打补丁、授权访问、日志保存时间、口令更新周期等方面内容。

f）应检查是否有网络安全管理制度，查看其是否明确了**禁止便携式和移动式设备网络接入的规定，是否明确了网络账户权限审批、权限分配、账户注销等方面的规定。**

g）应检查是否有网络漏洞扫描报告，检查扫描时间间隔与扫描周期是否一致，检查网络设备是否实现了最小服务配置。

1）检查是否至少每月进行一次漏洞扫描，并对漏洞风险持续跟踪，在经过充分的验证测试后，对必要的漏洞开展修补工作。

2）检查漏洞扫描和修补报告，查看扫描和修补工作是否在恰当的时间，对可能存在的风险进行充分评估和准备，制定回退方案，备份重要数据后进行的。

3）检查漏洞扫描和修补报告，查看完成扫描和修补工作后，是否进行了验证测试，以保证网络系统的正常运行。

h）应检查是否具有网络设备配置文件的备份文件，是否离线备份。

检查在设备配置变更前后，是否对网络设备的配置文件进行了备份。

i）应检查是否具有内部网络外联的授权批准书，检查是否有网络违规行为（如拨号上网等）的检查手段和工具。

8.2.5.6.3　结果判定

如果 8.2.5.6.2 a）～i）均为肯定，则信息系统符合本单元测评指标要求，否则，信息系统不符合或部分符合本单元测评指标要求。

8.2.5.7　系统安全管理

8.2.5.7.1　测评指标

见 JR/T 0060－2010 8.2.5.7。

8.2.5.7.2　测评实施

本项要求包括：

a）应访谈系统运维负责人，询问是否指定专门的部门或人员负责系统管理，如根据业务需求和系统安全分析制定系统的访问控制策略，控制分配文件及服务的访问权限。

b）应访谈系统运维负责人，询问是否对系统管理员用户进行分类，明确各个角色的权限、责任和风险，权限设定是否遵循最小授权原则。

c）应访谈系统管理员，询问系统日常管理的主要内容，是否有操作规程指导日常管理工作，包括重要的日常操作、参数的设置和修改等。

d）应访谈系统管理员，询问是否定期对系统进行漏洞扫描，扫描周期多长，发现漏洞是否及时修补，在安装系统补丁前是否对重要文件进行备份，是否先在测试环境中测试通过再安装。

1）检查是否至少每月进行一次漏洞扫描，并对漏洞风险持续跟踪，在经过充分的验证测试后，对必要的漏洞开展修补工作。

2）检查漏洞扫描和修补报告，查看扫描和修补工作是否在恰当的时间，对可能存在的风险进行充分评估和准备，制定回退方案，备份重要数据后进行的。

3）检查漏洞扫描和修补报告，查看完成扫描和修补工作后，是否进行了验证测试，以保证网络系统的正常运行。

e）应检查是否有系统安全管理制度，查看其内容是否覆盖系统安全策略、安全配置、日志管理和日常操作流程等方面，**是否明确了系统账户权限审批、权限分配、账户注销等方面的规定。**

f）应检查是否有系统漏洞扫描报告，检查扫描时间间隔与扫描周期是否一致，检查系统服务是否实现了最小服务配置。

g）应检查是否有详细日常运行维护操作日志，是否详细记录系统资源使用情况，如处理速度、存储容量等。

检查是否至少每月对运行日志和审计数据进行分析。

8.2.5.7.3　结果判定

如果 8.2.5.7.2 a）～g）均为肯定，则信息系统符合本单元测评指标要求，否则，信息系统不符合或部分符合本单元测评指标要求。

8.2.5.8　恶意代码防范管理

8.2.5.8.1　测评指标

见 JR/T 0060－2010 8.2.5.8。

8.2.5.8.2　测评实施

本项要求包括：

a）应访谈系统运维负责人，询问是否对员工进行基本恶意代码防范意识的教育，是否告知应及时升级软件版本，使用外来设备、网络上接收文件和外来计算机或存储设备接入网络系统之前进行病毒检查等。

b）应访谈系统运维负责人，询问是否指定专人对恶意代码进行检测，发现病毒后是否及时处理。

c）应访谈安全管理员，询问是否定期检查恶意代码库的升级情况，对截获的危险病毒或恶意代码是否及时进行分析处理，并形成书面的报表和总结汇报。

d）应检查是否有恶意代码防范方面的管理制度，查看其内容是否覆盖防恶意代码软件的授权使用、恶意代码库升级、定期汇报等方面。

e）应检查是否具有恶意代码检测记录、恶意代码库升级记录和分析报告，查看升级记录是否记录升级时间、升级版本等内容；查看分析报告是否描述恶意代码的特征、修补措施等内容。

8.2.5.8.3　结果判定

如果 8.2.5.8.2 a）～e）均为肯定，则信息系统符合本单元测评指标要求，否则，信息系统不符合或部分符合本单元测评指标要求。

8.2.5.9　密码管理

8.2.5.9.1　测评指标

见 JR/T 0060－2010 8.2.5.9。

8.2.5.9.2　测评实施

本项要求包括：

a）应访谈系统运维负责人，询问系统中是否使用密码技术和产品，密码技术和产品的使用是否遵照国家密码管理规定。

b）应检查是否具有密码使用方面的管理制度。

8.2.5.9.3　结果判定

如果 8.2.5.9.2 a）和 b）均为肯定，则信息系统符合本单元测评指标要求，否则，信息系统不符合或部分符合本单元测评指标要求。

8.2.5.10 变更管理

8.2.5.10.1 测评指标

见 JR/T 0060－2010 8.2.5.10。

8.2.5.10.2 测评实施

本项要求包括：

a）应访谈系统运维负责人，询问是否针对系统的重大变更制定变更方案指导系统变更工作的开展。

b）应访谈系统运维负责人，询问变更方案是否经过评审，重要系统变更前是否得到有关领导的批准，由何人批准，对发生的变更情况是否通知了所有相关人员，以何种方式通知。

c）应检查是否有变更管理制度，查看其是否覆盖变更前审批、变更过程记录、变更后通报等方面内容，是否包括变更申报、审批程序，是否规定需要申报的变更类型、申报流程、审批部门、批准人等方面内容。

d）应检查系统变更方案，查看其是否覆盖变更类型、变更原因、变更过程、变更前评估、变更失败恢复程序等方面内容，查看其是否有主管领导的批准签字。

8.2.5.10.3 结果判定

如果 8.2.5.10.2 a）～d）均为肯定，则信息系统符合本单元测评指标要求，否则，信息系统不符合或部分符合本单元测评指标要求。

8.2.5.11 备份与恢复管理

8.2.5.11.1 测评指标

见 JR/T 0060－2010 8.2.5.11。

8.2.5.11.2 测评实施

本项要求包括：

a）应访谈系统运维负责人，询问是否识别出需要定期备份的业务信息、系统数据和软件系统，主要有哪些。

b）**应访谈系统运维负责人，询问是否根据信息系统的备份技术要求制定相应的灾难恢复计划，是否对灾难恢复计划进行测试并根据测试结果进行修订，目前的灾难恢复计划文档为第几版。**

c）应检查是否有备份与恢复方面的管理制度，查看其是否明确了备份方式、备份频度、存储介质和保存期等方面内容，是否明确了数据的存放场所、文件命名规则、介质替换频率、数据离站传输方法等方面内容，**是否明确了保密数据的备份和恢复过程。**

d）应访谈系统管理员、数据库管理员和网络管理员，询问是否定期执行恢复程序，周期多长，系统是否按照恢复程序完成恢复，如有问题，是否针对问题改进恢复程序或调整其他因素。

e）应检查备份和恢复记录，查看其是否包含备份内容、备份操作、备份介质存放等内容，记录内容与备份和恢复策略是否一致，**检查是否具有保密数据的备份过程记录。**

f）**应检查对灾难恢复计划的测试文档或记录，查看测试内容是否包括运行系统恢复、人员协调、备用系统性能测试、通信连接等方面，如果做过修订，查看是否有修订后的版本。**

8.2.5.11.3 结果判定

如果 8.2.5.11.2 a）～f）均为肯定，则信息系统符合本单元测评指标要求，否则，信息系统不符合或部分符合本单元测评指标要求。

8.2.5.12 安全事件处置

8.2.5.12.1 测评指标

见 JR/T 0060－2010 8.2.5.12。

8.2.5.12.2　测评实施

本项要求包括：

a）应访谈系统运维负责人，询问是否告知用户在发现安全弱点和可疑事件时应及时报告，**对重大的失、泄密事件是否向公安、安全、保密、机要等国家部门汇报，处理涉密事件时是否要求两人或两人以上在场。**

b）应检查是否有安全事件报告和处置管理制度，查看其是否明确安全事件的级别，明确不同级别安全事件的报告和处置方式等内容。

c）应检查是否有安全事件报告和处置管理制度，查看其是否细化了不同安全事件的处理和报告程序，是否明确具体报告方式、报告内容、报告人等方面内容，造成系统中断和造成信息泄密的重大安全事件是否采用了不同于其他的处理程序和报告程序。

d）应检查安全事件处理记录，查看其是否记录引发安全事件的原因，是否记录事件处理过程，是否与管理规定的处理要求一致等。

8.2.5.12.3　结果判定

如果 8.2.5.12.2 a）～d）均为肯定，则信息系统符合本单元测评指标要求，否则，信息系统不符合或部分符合本单元测评指标要求。

8.2.5.13　应急预案管理

8.2.5.13.1　测评指标

见 JR/T 0060－2010 8.2.5.13。

8.2.5.13.2　测评实施

本项要求包括：

a）应访谈系统运维负责人，询问是否具有应急预案小组，询问是否制定不同事件的应急预案，应急预案执行所需资金是否做过预算并能够落实。

b）应访谈系统运维负责人，是否对系统相关人员进行应急预案培训，多长时间举办一次，是否定期对应急预案进行演练，演练周期多长，是否对应急预案定期进行审查。

c）应检查是否具有定期审查应急预案的管理规定，查看是否明确应急预案中需要定期审查和根据实际情况更新的内容。

检查是否每年审查应急预案，并根据实际情况更新应急预案的内容，并参照执行。

d）应检查应急预案框架，查看其内容是否覆盖启动应急预案的条件、应急处理流程、系统恢复流程、事后教育和培训等方面。

e）应检查是否具有根据应急预案框架制定的不同事件的应急预案，是否具有应急预案培训记录、演练记录和审查记录，**是否有对应急预案定期修订的纪录。**

检查演练记录，查看是否至少每年对应急预案进行演练。

8.2.5.13.3　结果判定

如果 8.2.5.13.2 a）～e）均为肯定，则信息系统符合本单元测评指标要求，否则，信息系统不符合或部分符合本单元测评指标要求。

9　第五级信息系统单元测评

（略）

10　信息系统整体测评

10.1　概述

行标 JR/T 0060－2010 中的要求项，是为了对抗相应等级的威胁或具备相应等级的恢复能力而设计的，但由于安全措施的实现方式多种多样，安全技术也在不断发展，信息系统的运行使用单位所采用的安全措施和技术并不一定和 JR/T 0060—2010 的要求项完全一致。因此，需要从信息系统整体上是否能够对抗相应等级威胁的角度，对单元测评中的不符合项和部分符合项进行综合分析，分析这些不符合项或部分符合项是否会影响到信息系统整体安全保护能力的缺失。信息系统的整体测评，就是在单元测评的基础上，评价信息系统的整体安全保护能力有没有缺失，是否能够对抗相应等级的安全威胁。

信息系统整体测评应从安全控制点间、层面间和区域间等方面进行安全分析和测评，并最后从系统结构安全方面进行综合分析，对系统结构进行安全测评。

安全控制点间安全测评是指对同一区域同一层面内的两个或者两个以上不同安全控制点间的关联进行测评分析，其目的是确定这些关联对信息系统整体安全保护能力的影响。

层面间安全测评是指对同一区域内的两个或者两个以上不同层面安全控制点间的关联进行测评分析，其目的是确定这些关联对信息系统整体安全保护能力的影响。

区域间安全测评是指对两个或者两个以上不同物理或逻辑区域间安全控制点间的关联进行测评分析，其目的是确定这些关联对信息系统整体安全保护能力的影响。

10.2　安全控制点间测评

在单元测评完成后，如果信息系统的某个安全控制点中的要求项存在不符合或部分符合，应进行安全控制点间测评，应分析在同一功能区域同一层面内，是否存在其他安全控制点对该安全控制点具有补充作用（如物理访问控制和防盗窃、安全审计和抗抵赖等）。同时，分析是否存在其他的安全措施或技术与该要求项具有相似的安全功能。

根据测评分析结果，综合判断该安全控制点所对应的系统安全保护能力是否缺失，如果经过综合分析单元测评中的不符合项或部分符合项不造成系统整体安全保护能力的缺失，则该安全控制点对应的单元测评结论应调整为符合。

10.3　层面间测评

在单元测评完成后，如果信息系统的某个安全控制点中的要求项存在不符合或部分符合，应进行层面间安全测评，重点分析其他层面上功能相同或相似的安全控制点是否对该安全控制点存在补充作用（如应用层加密与网络层加密、主机层与应用层上的身份鉴别等），以及技术与管理上各层面的关联关系（如主机安全与系统运维管理、应用安全与系统运维管理等）。

根据测评分析结果，综合判断该安全控制点所对应的系统安全保护能力是否缺失，如果经过综合分析单元测评中的不符合项或部分符合项不造成系统整体安全保护能力的缺失，则该安全控制点对应的单元测评结论应调整为符合。

10.4　区域间测评

在单元测评完成后，如果信息系统的某个安全控制点中的要求项存在不符合或部分符合，应进行区域间安全测评，重点分析系统中访问控制路径（如不同功能区域间的数据流流向和控制方式），是否存在区域间安全功能的相互补充。

根据测评分析结果，综合判断该安全控制点所对应的系统安全保护能力是否缺失，如果经过综合分析单元测评中的不符合项或部分符合项不造成系统整体安全保护能力的缺失，则该安全控制点对应的单元测评结论应调整为符合。

11　等级测评结论

11.1　各层面的测评结论

等级测评报告可以给出信息系统在安全技术和安全管理各个层面的测评结论。

汇总单元测评结果，可以给出安全技术和安全管理上各个层面的等级测评结论。在安全技术五个层面的等级测评结论中，通常物理安全测评结论应重点给出信息系统在防范各种自然灾害和人为物理破坏方面安全控制措施的落实情况；网络安全测评结论应重点给出信息系统在网络结构安全、网络访问控制和入侵检测、防范等方面安全控制措施的落实情况；主机安全测评结论应重点给出身份鉴别、访问控制、安全审计和恶意代码防范等方面安全控制措施的落实情况；应用安全测评结论应重点给出身份鉴别、访问控制、安全审计和通信保密等方面的安全控制措施的落实情况；数据安全及备份恢复测评结论应重点给出数据保密性、数据完整性和备份恢复功能安全控制措施的落实情况等。在安全管理五个方面的等级测评结论中，通常安全管理制度应重点给出管理制度体系的完备性和制修订的及时性等方面的测评结论；安全管理机构应重点给出机构、岗位设置和人员配备等方面的测评结论；人员安全管理应重点给出人员录用、离岗和培训等方面的测评结论；系统建设管理可重点给出安全方案设计、产品采购、系统的测试验收和交付等方面的测评结论；系统运维管理可重点给出系统监控管理、网络和系统安全管理、恶意代码防范管理、密码管理以及应急预案管理等方面的测评结论。

不同等级信息系统在不同层面上会有不同的关注点，应反映到相应层面的等级测评结论中。

11.2　风险分析和评价

等级测评报告中应对整体测评之后单元测评结果中的不符合项或部分符合项进行风险分析和评价。

采用风险分析的方法对单元测评结果中存在的不符合项或部分符合项，分析所产生的安全问题被威胁利用的可能性，判断其被威胁利用后对业务信息安全和系统服务安全造成影响的程度，综合评价这些不符合项或部分符合项对信息系统造成的安全风险。

11.3　测评结论

等级测评报告应给出信息系统安全等级保护测评结论，确认信息系统达到相应等级保护要求的程度。

应结合各层面的测评结论和对单元测评结果的风险分析给出等级测评结论：

a）如果单元测评结果中没有不符合项或部分符合项，则测评结论为“符合”；

b）如果单元测评结果存在不符合项或部分符合项，但所产生的安全问题不会导致信息系统存在高等级安全风险，则测评结论为“基本符合”；

c）如果单元测评结果存在不符合项或部分符合项，且所产生的安全问题导致信息系统存在高等级安全风险，则测评结论为“不符合”。

附录 A
（资料性附录）
测评力度

本标准在第 5 章到第 8 章描述了第一级到第四级信息系统的单元测评的具体测评实施过程要求。为了便于理解、对比不同测评方法的测评力度以及不同级别信息系统单元测评的测评力度增强情况，分别编制表 A.1 测评方法的测评力度描述和表 A.2 不同安全保护等级信息系统的测评力度要求表。

A.1 测评方法的测评力度描述

测评方法是测评人员依据测评内容选取的、实施特定测评操作的具体方法。本标准涉及访谈、检查和测试等三种基本测评方法。访谈、检查和测试等三种基本测评方法的测评力度可以通过其测评的深度和广度来描述，如表 A.1。

表 A.1 测评方法的测评力度

测评方法	深度	广度
访谈	访谈的深度体现在访谈过程的严格和详细程度，可以分为四种：简要的、充分的、较全面的和全面的。简要访谈只包含通用和高级的问题；充分访谈包含通用和高级的问题以及一些较为详细的问题；较全面访谈包含通用和高级的问题以及一些有难度和探索性的问题；全面访谈包含通用和高级的问题以及较多有难度和探索性的问题。	访谈的广度体现在访谈人员的构成和数量上。访谈覆盖不同类型的人员和同一类人的数量多少，体现出访谈的广度不同。
检查	检查的深度体现在检查过程的严格和详细程度，可以分为四种：简要的、充分的、较全面的和全面的。简要检查主要是对功能级上的文档、机制和活动，使用简要的评审、观察或检查以及检查列表和其他相似手段的简短测评；充分检查有详细的分析、观察和研究，除了功能级上的文档、机制和活动外，还适当需要一些总体/概要设计信息；较全面检查有详细、彻底分析、观察和研究，除了功能级上的文档、机制和活动外，还需要总体/概要和一些详细设计以及实现上的相关信息；全面检查有详细、彻底分析、观察和研究，除了功能级上的文档、机制和活动外，还需要总体/概要和详细设计以及实现上的相关信息。	检查的广度体现在检查对象的种类（文档、机制等）和数量上。检查覆盖不同类型的对象和同一类对象的数量多少，体现出对象的广度不同。
测试	测试的深度体现在执行的测试类型上：功能/性能测试和渗透测试。功能/性能测试只涉及机制的功能规范、高级设计和操作规程；渗透测试涉及机制的所有可用文档，并试图智取进入信息系统。	测试的广度体现在被测试的机制种类和数量上。测试覆盖不同类型的机制以及同一类型机制的数量多少，体现出对象的广度不同。

A.2 信息系统测评力度

为了进一步理解不同等级信息系统在测评力度上的不同，表 A.2 在表 A.1 的基础上，从测评对象数量和种类以及测评深度等方面详细分析了不同测评方法的测评力度在不同安全保护等级信息系统安全测评中的具体体现。

表 A.2　不同安全保护等级信息系统的测评力度要求

测评力度		信息系统安全保护等级			
		第一级	第二级	第三级	第四级
访谈	广度	测评对象在种类和数量上抽样，种类和数量都较少	测评对象在种类和数量上抽样，种类和数量都较多	测评对象在数量上抽样，在种类上基本覆盖	测评对象在数量上抽样，在种类上全部覆盖
	深度	简要	充分	较全面	全面
检查	广度	测评对象在种类和数量上抽样，种类和数量都较少	测评对象在种类和数量上抽样，种类和数量都较多	测评对象在数量上抽样，在种类上基本覆盖	测评对象在数量上抽样，在种类上全部覆盖深度
	深度	简要	充分	较全面	全面
测试	广度	测评对象在种类和数量、范围上抽样，种类和数量都较少，范围小	测评对象在种类和数量、范围上抽样，种类和数量都较多，范围大	测评对象在数量和范围上抽样，在种类上基本覆盖	测评对象在数量、范围上抽样，在种类上基本覆盖
	深度	功能测试/性能测试	功能测试/性能测试	功能测试/性能测试，渗透测试	功能测试/性能测试，渗透测试

从表 A.2 可以看到，对不同等级的信息系统进行等级测评时，选择的测评对象的种类和数量是不同的，随着信息系统安全保护等级的增高，抽查的测评对象的种类和数量也随之增加。

对不同安全保护等级信息系统进行等级测评时，实际抽查测评对象的种类和数量，应当达到表 A.2 的要求，以满足相应等级的测评力度要求。在具体测评对象选择工作过程中，可参照遵循以下原则：

a）完整性原则，选择的设备、措施等应能满足相应等级的测评力度要求；

b）重要性原则，应抽查重要的服务器、数据库和网络设备等；

c）安全性原则，应抽查对外暴露的网络边界；

d）共享性原则，应抽查共享设备和数据交换平台/设备；

e）代表性原则，抽查应尽量覆盖系统各种设备类型、操作系统类型、数据库系统类型和应用系统的类型。

附录 B
（资料性附录）
关于整体测评的进一步说明

信息系统的安全功能综合集成到信息系统不同层面后，会在层面内、层面间和区域间产生连接、交互、依赖、协调、协同等相互关联关系，共同作用于信息系统，使信息系统的整体安全功能与信息系统的结构以及安全控制点间、层面间和区域间的相互关联关系密切相关。整体测评就是通过分析安全控制点间，以及层面间和区域间的安全控制点间可能产生的功能增强、补充等关联作用，找出其他安全控制点对单项测评结果为不符合或部分符合的安全控制点进行补充或增强。

信息系统在安全控制点部署、层面整合和区域互连等系统集成后呈现出的安全集成特性，在单元测评中是没有体现的。因此，在单元测评的基础上，有必要对集成系统和运行环境进行整体测评分析和判断，以确定安全控制部署、层面整合、区域互连乃至整体系统结构等是否会增强或者削弱信息系统的整体安全保护能力；缺失或者低等级的安全控制是否会影响到系统的整体安全功能，在高等级的信息系统中使用低等级的安全控制是否能够达到相应等级的安全要求等。

在测评内容方面，在单元测评的基础上，信息系统整体安全性测评应重点测评分析不同安全控制的部署、层面的整合和区域的互连后其安全功能的相互作用和对信息系统整体安全功能的影响，具体应包括：安全控制点间安全测评、层面间安全测评、区域间安全测评和系统结构安全测评等。

B.1 区域和层面

B.1.1 区域

根据在信息系统保护中所提供的安全功能，可以把信息系统划分为一个或者多个不同的区域。每个区域内的安全功能即可以为本区域提供服务，也可以为其他区域提供服务，使信息系统在整体安全性上表现出分区域的集成特性。

例如，可以把信息系统分为内部计算环境、区域边界和外部通信网络三大类。内部计算环境一般位于信息系统运营使用单位的物理控制范围内的局域网内，是信息系统进行信息存储和处理的主体。区域边界通常是处在内部计算环境和外部通信网络之间。外部通信网络区通常是信息系统提供通信的公共网络（如 Internet、PSTN、ISDN、公共无线网络等）或专用网络（如 DDN 等）。而基于统一的安全策略对计算环境、区域边界和通信网络的安全机制实施统一管理的设备可以在内部计算环境内，也可以独立构成一个功能区，即安全管理区。

不同区域之间可能需要进行信息交换，特别是有业务交互、数据通信的两个区域。为了进行信息交换，保证信息交换的安全，区域之间会产生连接、交互、依赖、协调、协同等相互关联关系，使得区域之间安全功能发生相互作用，进而相互影响。

不同区域之间相互作用会影响到区域的安全功能，可能使一个区域的安全功能得到增强、补充或依赖。发生增强作用说明两个区域发生关联关系后，一个区域已有的安全功能得到进一步增强，发挥更好的安全保护功能，具有更好的安全保护能力。发生补充作用说明两个区域发生关联关系后，一个区域原本没有的一部分安全功能，通过另一个区域的相互作用，得到补充，使其具备这些安全功能。出现依赖说明一个区域的安全功能依赖于另一个区域配合，才能发挥应有的作用。

B.1.2 层面

安全控制措施需要作用在信息系统的不同层面上，这些层面主要包括物理安全、网络安全、主机系统安全、应用安全和数据安全等技术上的五个层面以及安全管理机构、安全管理制度、人员安全管理、系统建设管理和系统运维管理等管理上的五个方面。

a）物理安全

物理安全是支持信息系统运行的设施环境以及构成信息系统的计算机、设备和介质等物理层面的安全。一般来说，物理层面构成组件位于被测单位（被测系统的运营使用单位）的物理控制范围内，主要分布在机房、介质存放地和终端运行场地等空间范围内。两个或者多个物理空间相连相通区域的物理安全控制措施，因为有空间上的连接连通，可能会发生关联关系，使其安全功能相互作用。

b）网络安全

网络层面构成组件负责支撑信息系统进行网络互联，为信息系统各个构成组件进行通信提供安全传输服务，一般包括计算机、网络设备（包括网络安全设备）、连接线路以及它们构成的网络拓扑等。

两个不同区域面临不同的威胁，通过网络互联互通后，这些安全威胁可能会从一个区域影响到另一个区域，而安全功能的作用，也可以通过网络的互联互通，从一个区域影响到另一个区域。

c）主机系统安全

主机系统层面构成的组件主要有服务器、终端/工作站等所有计算机设备上的操作系统、数据库管理系统及其相关环境等，它们直接为信息系统对信息进行采集、加工、存储、传输、检索等处理提供环境，包括为信息系统用户提供人机交互的环境。

分布在同一服务器和终端/工作站等主机系统上的身份鉴别、访问控制、安全审计、系统资源控制等安全功能，需要相互协作，共同发挥作用，才能保证系统的安全。同时，为了进一步加强操作系统环境的安全，还可以在服务器和终端/工作站上安装主机入侵防范和主机恶意代码防范软件等。这使得操作系统的安全环境变得更为复杂，因此，有必要分析这些安全控制的引入对其他安全控制的影响。

d）应用安全

从功能上看，大多数应用系统主要是完成三种任务：获取用户输入，将输入存储为数据，按预定的操作规则处理这些数据。在应用系统中，用户一般需要和系统中的数据进行交互。因此，可以根据用户与数据之间所具有的层次把信息系统划分为三种：单层应用体系结构、两层应用体系结构和多层（三层以上）应用体系结构。

在单层应用体系结构中，用户界面、商业规则和数据管理等都在单一的应用层内实现。对数据本身来说，它可以是物理上位于一个远端位置，但是存取数据的逻辑却是应用系统的一部分。在这样的体系结构中，数据处理主要不是通过数据库，而是文件来存取数据，应用程序提供身份鉴别、访问控制及安全审计等安全功能。

在两层应用体系结构模型中，商业规则和用户界面仍然结合在一起构成应用系统的客户端。但是数据的存取和管理独立出来由单独的通常是运行在不同的系统上的程序来完成，这样的数据存取和管理程序通常是数据库管理系统，如 MS SQL Server、Sybase 和 Oracle 等。安全功能由客户端程序和数据库共同提供。

在多层应用体系结构模型中，商业规则被进一步从客户端独立出来，运行在一个介于用户界面和数据存储的单独的系统之上。客户端程序提供应用系统的用户界面，用户输入数据，查看反馈回来的请求结果，商业中间层由封装了商业逻辑的组件构成，这些商业逻辑组件模拟日常的商业任务，数据库管理系统离前端应用较远，中间有业务逻辑的隔离。三个部分均可以提供安全功能服务。

e）数据安全

数据安全构成组件主要为信息系统安全功能数据和用户数据提供安全保护。这些数据可能处于传输和处理过程中，也可能处于存储状态。对于传输和处理过程中的数据，一般有机密性和完整性的安全要求，而对于存储中的数据，还需要有备份恢复的安全要求。

安全功能数据主要用于控制和管理信息系统的安全配置设置，使信息系统的安全功能能得到正确有效的执行。传输中的安全功能数据最常见的是用户鉴别信息，一般来说，它需要通过网络从客户端传输到服务器来进行鉴别。存储中的安全功能数据常见的有 ACL 列表、安全检测策略、审计配置等信息。用户数据主要是用于完成应用系统的使命，由应用系统按照应用目标和规则对其进行采集、加工、存储、传输、检索等处理的数据信息。

f）安全管理机构

安全管理机构包括安全管理的岗位设置、人员配备、授权和审批、沟通和合作等方面内容，严格的安全管理应该由相对独立的职能部门和岗位来完成。安全管理机构从组织上保证了信息系统的安全。

g）安全管理制度

在被测系统中，安全管理制度一般是文档化的，被正式制定、评审、发布和修订，内容包括策略、制度、规程、表格和记录等，构成一个塔字结构的文档体系，如图 B.1。

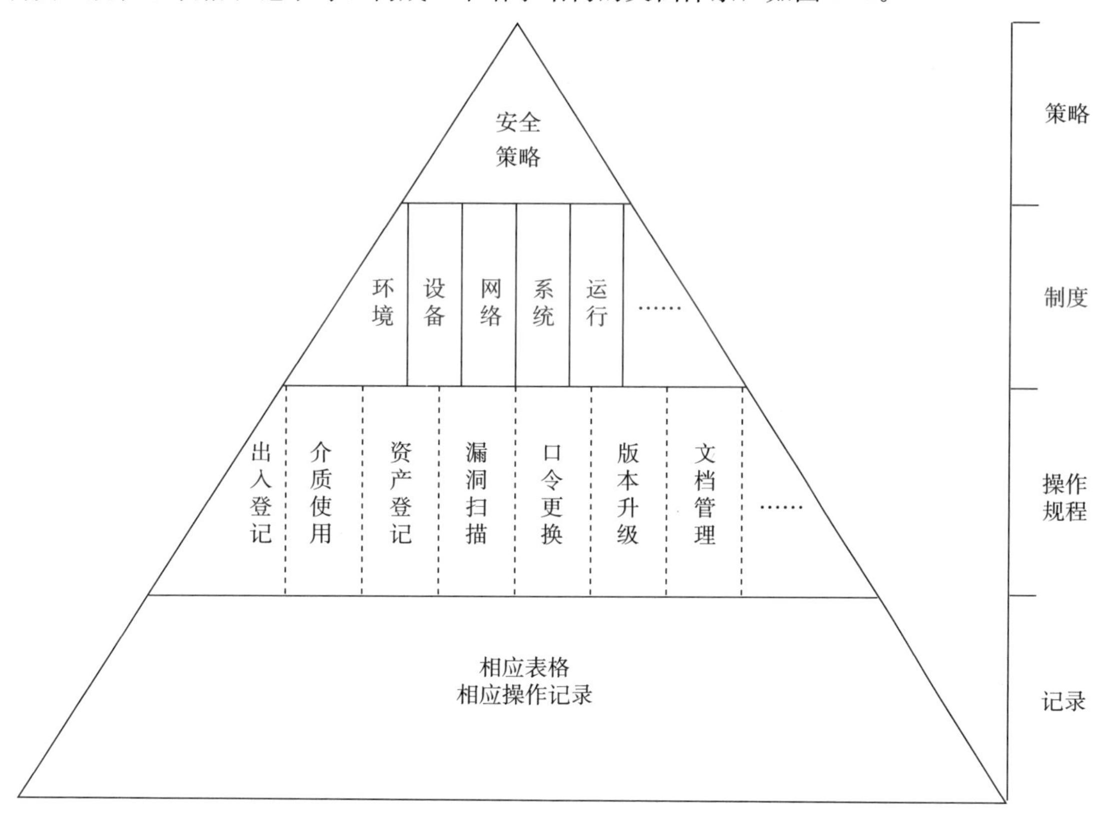

图 B.1　文档结构图

安全管理制度规范了各种安全管理制度的制修订和发布行为。安全管理制度直接关系到各种安全控制技术的正确部署、安全配置和合理使用。因此，安全管理制度的制修订和发布行为也将间接影响到信息系统的整体安全。

h）人员安全管理

人员安全管理包括信息系统用户、安全管理人员和第三方人员的管理，覆盖人员录用、人员离岗、人员考核、安全意识教育和培训、第三方人员管理等方面内容。工作人员直接运行、管理和维护信息系统的各种设备、设施和相关技术手段，与他们直接发生关联关系。因此，他们的知识结构和工作能力直接影响到信息系统其他层面的安全。

i）系统建设管理

系统建设管理包括系统定级、安全方案设计、产品采购、自行软件开发、外包软件开发、工程实施、测试验收、系统交付、安全测评、系统备案等信息系统安全等级建设的各个方面。信息系统的安全是一个过程，是一项工程，它不但涉及到当前的运行状态，而且还关系到信息系统安全建设的各个阶段。只有在信息系统安全建设的各个阶段确保安全，才能使得运行中的信息系统有安全保证。

j）系统运维管理

系统运维管理包括运行环境管理、资产管理、介质管理、设备管理、监控管理和安全管理中心、恶意代码防范管理、网络安全管理、系统安全管理、密码管理、变更管理、备份与恢复管理、安全事件处置和应急预案管理等方面内容。系统运维各个方面都直接关系到相关安全控制技术的正确、安全配置和合理使用。对信息系统运维各个方面提出具体的安全要求，可以为工作人员进行正确管理和运行提供工作准绳，直接影响到整个信息系统的安全。

B.2 信息系统整体测评实例

B.2.1 安全控制点间安全测评实例

实例：物理访问控制与防盗窃防破坏间的测评分析

某信息中心机房没有安装防盗报警设备，不符合物理安全—防盗窃和防破坏控制点的二级要求，但该机房只有一个出入口，并安排了专人 24 小时值守中心机房的出入口（物理访问控制符合要求）。通过专人值守可以发现并阻止设备被盗窃，有助于补充防盗窃防破坏安全控制点的安全保护缺失，但不能使该控制点完全符合要求。

B.2.2 层面间安全测评实例

实例：物理安全与主机系统安全的测评分析

某单位屏蔽机房允许进入该机房的人员极为有限，所有外来人员进入机房必须由内部人员陪同，且行动受限，使得机房内的 AIX 主机在物理访问方面较为安全可控。尽管 AIX 主机上的本地登录用户的身份鉴别强度低于相应安全等级的要求，但考虑物理安全的加强（严格限制进入的人员）可以增强主机系统身份鉴别较弱的安全功能不足，使主机系统在总体的安全功能上不会受到影响，仍能基本满足相应等级的安全要求。

B.2.3 区域间安全测评实例

实例：计算环境与安全管理区的测评分析

某定级信息系统的计算环境中包括三种业务，分别由三个独立的应用程序进行业务数据处理，三个应用程序都不提供身份鉴别功能，而由安全管理区的统一认证服务器提供统一的用户登录和身份认证。

安全管理区提供的身份认证功能可以替代三个应用程序应用层面身份鉴别控制点的功能缺失。

五、技术管理类

- 证券期货经营机构信息系统备份能力标准　JR/T 0059-2010
- 证券期货业网络时钟授时规范　JR/T 0084-2012
- 证券期货业信息系统运维管理规范　JR/T 0099-2012
- 证券公司信息技术管理规范　JR/T 0023-2004

ICS 03.060
A11
备案号

国家科技支撑计划资助
项目编号：2009BAH47B00

JR

中华人民共和国金融行业标准

JR/T 0059－2010

证券期货经营机构信息系统备份能力标准

Information System Resilience Capability Standard For Intermediary Institutions

2011－04－14 发布　　2011－04－14 实施

中国证券监督管理委员会　发布

目　次

前　言

为规范证券期货经营机构信息系统备份工作，有效提高信息系统抵御风险的能力，制定本标准。

本标准主要包括证券期货经营机构信息系统备份有关的术语、定义以及备份能力的含义和等级。

本标准还包括一个资料性附录 A。附录 A 给出了证券期货经营机构信息系统备份能力表。

本标准将根据证券期货业信息技术发展情况，适时进行修订。

本标准由全国金融标准化技术委员会证券分技术委员会提出。

本标准由全国金融标准化技术委员会归口管理。

本标准起草单位：中国证券监督管理委员会信息中心、深圳证券交易所、中国证券登记结算有限责任公司、深圳证券通信有限公司、中国期货保证金监控中心公司。

本标准主要起草人：张野、戴文华、罗凯、邹胜、谢文海、崔庆海、刘伟、俞志钢、张斗刚、智西凯。

本标准为首次发布。

本标准为国家科技支撑计划资助项目，项目编号：2009BAH47B00。

证券期货经营机构信息系统备份能力标准

1 范围

本标准明确了证券期货经营机构信息系统备份能力的含义，定义了备份能力的等级。

本标准是证券期货经营机构信息系统备份能力建设的设计标准，用于指导信息系统备份能力建设工作。

本标准所称证券期货经营机构（以下简称经营机构）是指经中国证券监督管理委员会批准设立，并依法登记注册的证券公司、基金管理公司和期货公司等机构。

2 规范性引用文件

下列文件中的条款通过本标准的引用而成为本标准的条款。凡是注日期的引用文件，其随后所有的修改单（不包括勘误的内容）或修订版均不适用于本标准。凡是不注日期的引用文件，其最新版本适用于本标准。

GB/T 5271.8　信息技术 词汇 第 8 部分：安全 GB/T 20988 - 2007　信息安全技术 信息系统灾难恢复规范

GB/T 20984 - 2007　信息安全技术 信息安全风险评估规范

3 术语和定义

GB/T 5271.8、GB/T 20988 - 2007、GB/T 20984 - 2007 确立的术语和定义，以及下列术语和定义适用于本标准。

3.1

实时信息系统 Real-Time Information System

对业务连续运行要求很高的信息系统。这类系统短暂停顿或性能指标严重下降，将对证券期货市场造成较大的影响或者损害到投资者及市场其他参与方的合法权益，如交易类、行情类和通信类信息系统。

3.2

非实时信息系统 Non-Real-Time Information System

对业务连续运行要求不高的信息系统。这类系统短暂停顿或性能指标严重下降，不会对证券期货市场造成较大的影响或者损害到投资者及市场其他参与方的合法权益，如结算类、业务类、风控类、网站类信息系统。

3.3

恢复时间目标 Recovery Time Objective RTO

从故障系统切换到备份系统所需的时间。

3.4

恢复点目标 Recovery Point Objective RPO

信息系统和数据必须恢复到的时间点要求。

4 备份能力

4.1 备份能力的含义

经营机构信息系统备份能力包括数据备份能力、故障应对能力、灾难应对能力和重大灾难应对能力。

数据备份能力是指在发生人为破坏、软硬件故障、灾难灾害或突发公共安全事件等极端情况下，确保数据完整、可用的能力。

故障应对能力是指在发生软硬件故障等情况下，导致信息系统所支持的业务功能停顿或者性能指标严重下降时，确保信息系统及时恢复和继续运作的能力。

灾难应对能力是指在发生火灾等情况下，导致信息系统所在的数据中心不可用时，确保信息系统及时恢复和继续运作的能力。此类情况下，通常需要切换到灾难备份中心运行。

重大灾难应对能力是指在发生地震等情况下，导致信息系统所在城市或者地区电力、通信、交通严重瘫痪或人员伤亡时，确保信息系统及时恢复和继续运作的能力。此类情况下，通常需要切换到异地灾难备份中心运行。

对数据备份能力，从备份频率、保存方式和恢复验证三个方面进行要求。对故障应对能力、灾难应对能力和重大灾难应对能力，分别从恢复时间目标（RTO）、恢复点目标（RPO）和性能容量三个方面进行要求。

4.2 备份能力等级的定义

根据经营机构不同的业务类型、信息系统的特点，定义了六个等级的备份能力（见附录 A），从低到高依次是：第一级、第二级、第三级、第四级、第五级、第六级。

第一级为数据备份级，包括对数据备份的要求；第二、第三、第四级为故障应对级，包括对数据备份的要求和对故障应对的要求，从行业实际出发，一般地，实时信息系统对应于第二、第三、第四级，非实时信息系统对应于第二级；第五级为灾难应对级，包括对数据备份的要求，对故障应对和灾难应对的要求；第六级为重大灾难应对级，包括对数据备份的要求，对故障应对、灾难应对和重大灾难应对的要求。

4.3 备份能力的需求确立

经营机构在进行信息系统设计和建设时，应确定信息系统在备份能力上的需求。信息系统备份能力的确定过程主要有以下三个步骤：

1. 通过业务影响分析，明确信息系统的重要性。
2. 通过风险评估，识别信息系统所面临的风险。
3. 在业务影响分析和风险评估的基础上，确定信息系统的备份能力等级需求。

4.4 备份能力的建设与管理

经营机构信息系统备份策略的制定和实现，备份设施的规划、建设与管理，可参照《信息系统灾难恢复规范》（GB/T 20988－2007）实施。

附录 A
（资料性附录）
证券期货经营机构信息系统备份能力表

等级	数据备份能力	故障应对能力	灾难应对能力	重大灾难应对能力
第一级	1. 至少每天备份数据一次。 2. 备份介质应当在本地机房、同城及异地安全可靠存放。 3. 每季度至少对数据备份进行一次有效性验证。	—	—	—
第二级	1. 至少每天备份数据一次。 2. 备份介质应当在本地机房、同城及异地安全可靠存放。 3. 每季度至少对数据备份进行一次有效性验证。	1. 信息系统恢复时间目标 RTO 小于 1 小时。 2. 信息系统恢复点目标 RPO 小于 5 分钟。 3. 备份系统具有满足业务需求的处理能力。	—	—
第三级	1. 至少每天备份数据一次。 2. 备份介质应当在本地机房、同城及异地安全可靠存放。 3. 每季度至少对数据备份进行一次有效性验证。	1. 信息系统恢复时间目标 RTO 小于 30 分钟。 2. 信息系统恢复点目标 RPO 小于 1 分钟。 3. 备份系统具有满足业务需求的处理能力。	—	—
第四级	1. 至少每天备份数据一次。 2. 备份介质应当在本地机房、同城及异地安全可靠存放。 3. 每季度至少对数据备份进行一次有效性验证。	1. 信息系统恢复时间目标 RTO 小于 5 分钟。 2. 信息系统恢复点目标 RPO 小于 30 秒。 3. 备份系统具有满足业务需求的处理能力。	—	—

续表

等级	数据备份能力	故障应对能力	灾难应对能力	重大灾难应对能力
第五级	1. 至少每天备份数据一次。 2. 备份介质应当在本地机房、同城及异地安全可靠存放。 3. 每季度至少对数据备份进行一次有效性验证。	1. 实时信息系统恢复时间目标 RTO 小于 5 分钟；非实时信息系统恢复时间目标 RTO 小于 1 小时。 2. 信息系统恢复点目标 RPO 小于 30 秒。 3. 备份系统具有满足业务需求的处理能力。	1. 信息系统恢复时间目标 RTO 小于 12 小时。 2. 信息系统恢复点目标 RPO 小于 5 分钟。 3. 备份系统具有满足业务需求的处理能力。	—
第六级	1. 至少每天备份数据一次。 2. 备份介质应当在本地机房、同城及异地安全可靠存放。 3. 每季度至少对数据备份进行一次有效性验证。	1. 实时信息系统恢复时间目标 RTO 小于 5 分钟；非实时信息系统恢复时间目标 RTO 小于 1 小时。 2. 信息系统恢复点目标 RPO 小于 30 秒。 3. 备份系统具有满足业务需求的处理能力。	1. 信息系统恢复时间目标 RTO 小于 12 小时。 2. 信息系统恢复点目标 RPO 小于 5 分钟。 3. 备份系统具有满足业务需求的处理能力。	1. 信息系统恢复时间目标 RTO 小于 7 天。 2. 信息系统恢复点目标 RPO 小于 12 小时。 3. 备份系统具有满足业务需求的处理能力。

表注：

A.1 关于数据备份能力要求的具体说明

数据是投资者参与市场活动的直接凭证，也是投资者财产权益的最终体现。经营机构应当每天备份投资者的开户、交易、行情、转账、登记、存管、结算、查询和相关业务办理的数据，将数据复制到硬盘、磁带或光盘等存储介质中，并在本地机房、同城和异地分别保存 1 份，以确保在人为破坏、软硬件故障、灾难灾害或突发公共安全事件等情况下，数据依然完整、可用。在发生突发情况时，经营机构把备份数据重新导入信息系统进行恢复。为了防止备份数据失效，经营机构应当至少每季度进行有效性验证，将备份数据尝试恢复到信息系统中，对存储介质的可读性和数据完整性进行校验。考虑到数据备份能力是经营机构应当具备的最基本的能力，从最基本的第一级到最高的第六级都对数据备份提出了同样高的要求。

A.2 关于故障应对能力要求的具体说明

信息系统是各类业务运行的重要基础，一旦发生软硬件故障，可能造成交易中断，影响投资者公平交易。根据业务连续运行要求的高低，经营机构信息系统分为实时信息系统（如交易、行情、通信系统）和非实时系统（如结算、业务、风控、网站系统）。经营机构应当具有较强的故障应对能力，确保在发生故障后，有较快的系统恢复能力，并尽量减少丢失数据。为适应不同行业的发展水平，适应不同信息系统的特点，《标准》将实时信息系统的故障应对能力分为三个等级，对应附录 A 中的第二、第三、第四级，从故障系统切换到备份系统的时间要求（即：RTO）分别小于 1 小时、30 分钟、5 分钟，系统恢复速度的要求逐级提高，最多允许数据丢失的时间要求（即：RPO）也逐级提高。对于非实时信息系统，在发生软硬件故障时，不会立即对市场和投资者造成严重影响，因此，《标准》提出非实时信息系统的恢复时间小于 1 小时，对应于附录 A 中的第二级要求。此外，为了保证切换到备份系统后能够确保业务的正常运行，《标准》要求备份系统应当具有足够的处理能力。第五级和第六级统一要求故障应对能力达到最高要求，即实时系统恢复时间（RTO）小于 5 分钟，非实时系统恢复时间（RTO）小于 1 小时。

A.3 关于灾难应对能力要求的具体说明

用于抵御火灾等灾难。当经营机构主用数据中心发生灾难时，可能导致办公楼宇、机房及信息系统严重损坏。通常情况下，必须要切换到同城或异地灾难备份中心才能恢复运行。《标准》第五级、第六级提出了灾难应对能力的要求。考虑到灾难发生后，需要留出人员避险时间，在保证工作人员生命安全的前提下，才能启用备份系统，恢复业务运行，因此，《标准》要求在12小时内完成系统恢复工作。

A.4 关于重大灾难应对能力要求的具体说明

用于抵御地震等重大灾难。当经营机构的信息系统所在城市发生地震等重大灾难时，可能导致电力、通信等城市基础设施不可用，办公楼宇、机房及信息系统严重损坏。通常情况下，必须要切换到异地灾难备份中心才能恢复运行。《标准》在最高的第六级提出了重大灾难应对能力的要求。考虑到发生重大灾难后，需要安排工作人员前往异地灾难备份中心，启用备用系统，恢复业务运行，因此，《标准》要求在7天内完成系统恢复工作。

ICS 03.060
A11
备案号

JR

中华人民共和国金融行业标准

JR/T 0084－2012

证券期货业网络时钟授时规范

Network Time Synchronization Specification
For Securities and Futures Industry

2012－12－26 发布　　　　2012－12－26 实施

中国证券监督管理委员会　发布

目　次

前　言

本标准依据 GB/T 1.1－2009 给出的规则起草。

本标准由全国金融标准化技术委员会提出并归口。

本标准起草单位：上海期货交易所、上海市标准化研究院、深圳证券交易所。

本标准主要起草人：支晓繁、张明兰、蔡冠华、陈虎、况家兴、贾佩山、邵斌。

证券期货业网络时钟授时规范

1 范围

本标准规定了证券期货业采用的时钟源及设备要求、网络时钟授时系统的建设与运行维护要求，以及交易所与会员机构的时间同步要求。

本标准适用于指导我国证券交易所、期货交易所及其会员机构建立网络时钟授时系统，为各类应用系统提供高精密度的时钟校正参考基准，使交易所与会员实时信息系统的时间保持同步，与标准时间的误差控制在允许范围内，其他应用系统可参照执行。

2 规范性引用文件

下列文件对于本文件的应用是必不可少的。凡是注日期的引用文件，仅所注日期的版本适用于本文件。凡是不注日期的引用文件，其最新版本（包括所有的修改单）适用于本文件。

GB/T 25931-2010 网络测量和控制系统的精确时钟同步协议

JR/T 0059-2010 证券期货经营机构信息系统备份能力标准

3 术语和定义

下列术语和定义适用于本文件。

3.1

网络时钟授时 Network Time Synchronization

利用网络传送标准时间信息，通过提供时钟校正参考基准实现计算机系统时间同步的过程。

3.2

实时信息系统 Real-time Information System

对业务连续运行要求很高的信息系统。这类系统短暂停顿或性能指标严重下降，将对证券期货市场造成较大的影响或者损害到投资者及市场其他参与方的合法权益，如交易类、行情类和通信类信息系统。

注：JR/T 0059-2010，定义3.1。

3.3

时钟源 Clock Source

被认可的标准时间源，提供可供追溯到国际标准实验室的合适的时间和/或频率，如中国科学院国家授时中心时间服务器、北斗卫星系统、全球定位系统（GPS）等。这些国际标准实验室维护的时钟作为国际原子时（TAI）和协调世界时（UTC）时标的基础。

注：改写GB/T 25931-2010，定义3.1.36。

3.4

网络授时协议 Network Time Synchronization Protocol

为在网络上传递统一、标准的时间而建立的规则、标准或约定的合集。常用的网络授时协议有：网络时间协议（NTP）、简单网络时间协议（SNTP）、精确时间协议（PTP）。

3.5

北斗卫星系统 Beidou（Compass）Navigation Satellite System

中国自主发展、独立运行的区域性有源三维全球卫星定位与通信系统，提供定位、导航和授时服务。

3.6

全球定位系统 Global Position System

为用户提供定位、导航和授时服务的全球卫星定位与通信系统，由美国拥有，简称GPS。

3.7

累积误差 Cumulative Error

本标准中指一段时间内目标值与标准值的最大偏差值。

3.8

校正周期 Calibration Period

系统从一次校时行为开始到下一次校时行为开始的时间段。

3.9

精度 Accuracy

在一个测量集上，待测时钟与理想参考时钟的时间或频率误差的平均值，用来度量对平均值误差的偏离。

注：改写 GB/T 25931－2010，定义 3.1.1。

3.10

时间戳 Time Stamp

一个应用程序自动形成的凭证，能标识并记录事件发生的时刻。

3.11

交易边界时间 Starting or Ending Time of Trading Period

本标准中指在交易开始和结束的时间点前后的时间段。

4 网络时钟源及授时服务要求

4.1 网络时钟源采用的基准时间

以中国科学院国家授时中心提供的标准北京时间作为基准时间。

4.2 时钟源授时服务

4.2.1 可采用的时钟源设备

授时服务器可采用具备如下授时服务的时钟源设备。时钟服务器应采用内部自守时时钟源的时间作为基准时间，外部时钟源的时间可在时间校准过程中作为参考。无论采用哪一种时钟源，均应准备好发生异常情况的应对措施：

a）自守时时钟（如铷钟）；

b）北斗卫星系统授时服务；

c）国家授时中心长短波授时服务（长波授时信号简称 BPL，短波授时信号简称 BPM）；

d）其他时钟源服务商提供的授时服务（如 GPS）。

4.2.2 时钟源服务要求

时钟源设备供应商提供的授时设备时间，应保证与基准时间的精确同步。

4.3 安全性要求

时钟源授时服务设计应考虑时钟源设备防攻击问题。通过卫星、无线、网络等方式提供时钟源应有防欺诈设计，通过卫星、无线、网络等方式提供时间的外部时钟源在非工作时间应与授时服务器断开或采取有效的隔离措施。

4.4 兼容性要求

交易所及其会员机构在购买网络时钟授时设备时，应考虑与国产信号源、输入输出端口、设备接口和软件的兼容性。

5 网络时钟授时系统要求

5.1 授时系统技术要求

5.1.1 系统架构模式

网络时钟系统应采用客户端/服务器模式。

5.1.2 冗余时钟源设备

授时服务器应有至少两个独立且采用不同授时服务的时钟源，互为冗余，且可根据需要进行切换。冗余时钟源架构示例参见附录 A。

5.1.3 时钟发布机制

网络时钟授时系统采用层次网络结构，首先将所有节点按照层次结构进行分级，然后每个节点与上一级的一个节点进行时间同步，最终所有节点都与根节点时间同步。节点对之间的时间同步是基于“发送者——接收者”的同步机制。

5.1.4 时钟保持自守时

各级时钟服务器自守时时钟源的累积误差应小于 100 毫秒/天。

5.1.5 时钟校正机制

时钟校正应采用如下机制：

a）时钟校正应把能够实时调整时间的应用程序与不能实时调整时间的应用程序区分处理；

b）时钟在校正过程中，不应影响原有业务逻辑中的法律依据；

c）时钟在校正后，应主动校验程序是否正常运行；

d）时钟校正可能发生的情况及规避措施示例参见附录 B。

5.1.6 时钟校正方法

时钟校正应采用如下方法：

a）应采用网络授时协议进行时钟校正；

b）实时信息系统的时间校正应人工检查；

c）时间不能回退的实时信息系统应用程序，可采用小幅度高频次的方式调快，或者采用停止等待调慢的方式对时间进行校正，逐渐调整时间到基准。

5.2 监控系统设计要求

5.2.1 总体要求

网络时钟监控系统应包含自身与时钟源服务器的时钟同步，并能以此为基准定时对网络时钟架构从上层结构到下层结构逐级进行检测。

5.2.2 网络监控管理

网络监控管理应能够显示时钟系统的网络拓扑结构，实时反映其物理连接状态及各点设备运行条件和状态，对系统的工作状态、故障状态进行显示。

5.2.3 检测周期

检测周期应满足如下要求：

a）至少应在交易开始前对实时信息系统的时间与标准北京时间之间的偏差进行检测；

b）检测周期应小于校正周期。

5.2.4 偏差超范围时的操作措施

若检测得到的偏差大于所能接受的误差范围，应发布故障报警，并在符合 5.1.5 规定的前提下按 5.1.6 的方法进行校正。

5.2.5 故障报警

当时钟系统出现故障时，监控管理软件应能够实时报警，并可在监控终端主界面上显示主要故障内容。

5.2.6 检测日志

检测日志应满足如下要求：

a）每次检测都应保留日志，以备复查；

b）日志至少应包含检测时间、检测值、是否进行时间校正、校正过程持续时间、校正后检测值等内容。

6 交易所及会员机构时间同步要求

6.1 交易所内部时间同步

6.1.1 时钟源授时精度要求

时钟源授时精度应满足如下要求：

a）交易所内部局域网的授时精度应达到 10 毫秒；

b）交易所各异地数据中心之间如统一授时，广域网的授时精度应达到 100 毫秒。

6.1.2 时钟累积误差

a）如程序允许实时校正，在一个校正周期内，实时信息系统应用程序的时间与标准北京时间的累积误差应小于 1 秒；

b）如程序不允许实时校正，在一个校正周期内，实时信息系统应用程序的时间与标准北京时间的累积误差应小于 5 秒。

6.1.3 实时信息系统应用程序时间显示要求

交易所内实时信息系统的应用程序时间应显示出秒的绝对时间数值。

6.2 会员机构内部时间同步

6.2.1 时钟源选择

会员机构可以选择的时钟源有：

a）会员机构可以按 4.2.1 的要求自行采用合适的时钟源；

b）如交易所许可，且网络条件支持，会员机构可采用交易所提供的网络时钟授时服务。

6.2.2　内部网络时钟精度要求

会员机构的网络时钟授时精度应达到 100 毫秒。

6.2.3　时钟累积误差

a）如程序允许实时校正，在一个校正周期内，会员机构实时信息系统应用程序的时间与标准北京时间的累积误差应小于 1 秒；

b）如程序不允许实时校正，在一个校正周期内，会员机构实时信息系统应用程序的时间与标准北京时间的累积误差应小于 5 秒。

6.2.4　实时信息系统应用程序时间显示要求

所有会员机构内实时信息系统的应用程序时间应显示出秒的绝对时间数值。

6.3　交易所与其会员机构的时间同步处理

6.3.1　交易过程中的时间处理方式

交易过程中的时钟数据应采取如下处理方式：

a）会员机构向交易所发送交易申请时应在报单上打上发送时刻的时间戳或序列号；

b）交易所在收到会员机构的交易申请后应在报单上打上接收时刻的时间戳或序列号；

c）交易所接收到交易申请时应记录时间戳或序列号，并妥善保存；

d）会员机构向交易所申请交易的报单网络传输过程见图 1。

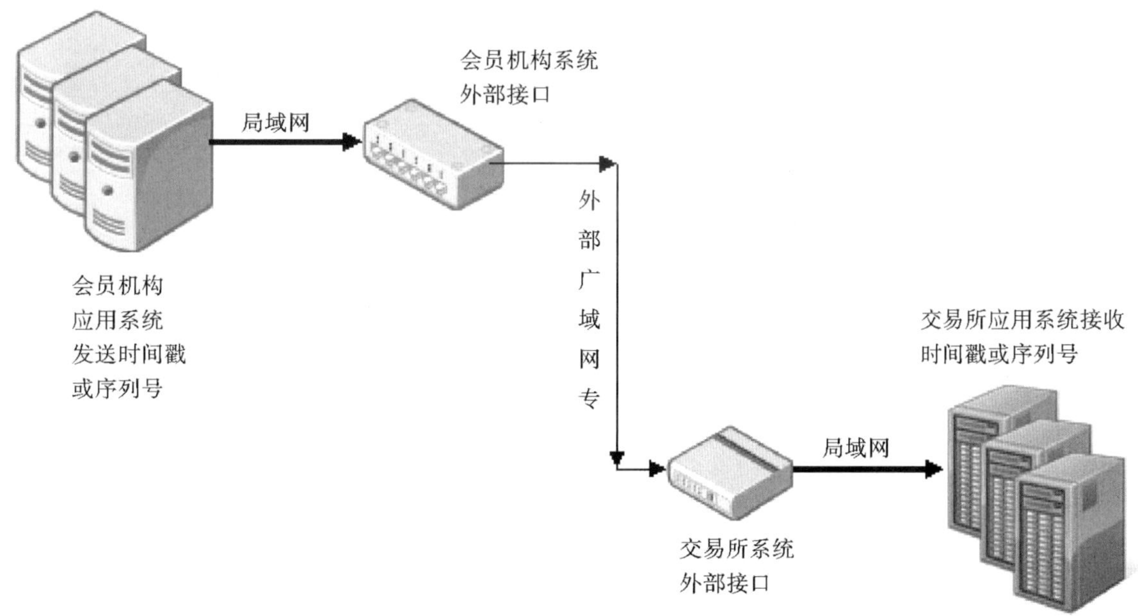

图 1　会员机构向交易所提交报单的网络传输过程示意图

6.3.2　交易边界时间报单接受与否的判定依据

交易边界时间的报单接受与否应以交易所判定为准。

附录 A
（资料性附录）
网络时钟授时系统示例

A.1 网络时钟授时系统架构拓扑图

网络时钟授时的拓扑结构如下图所示：

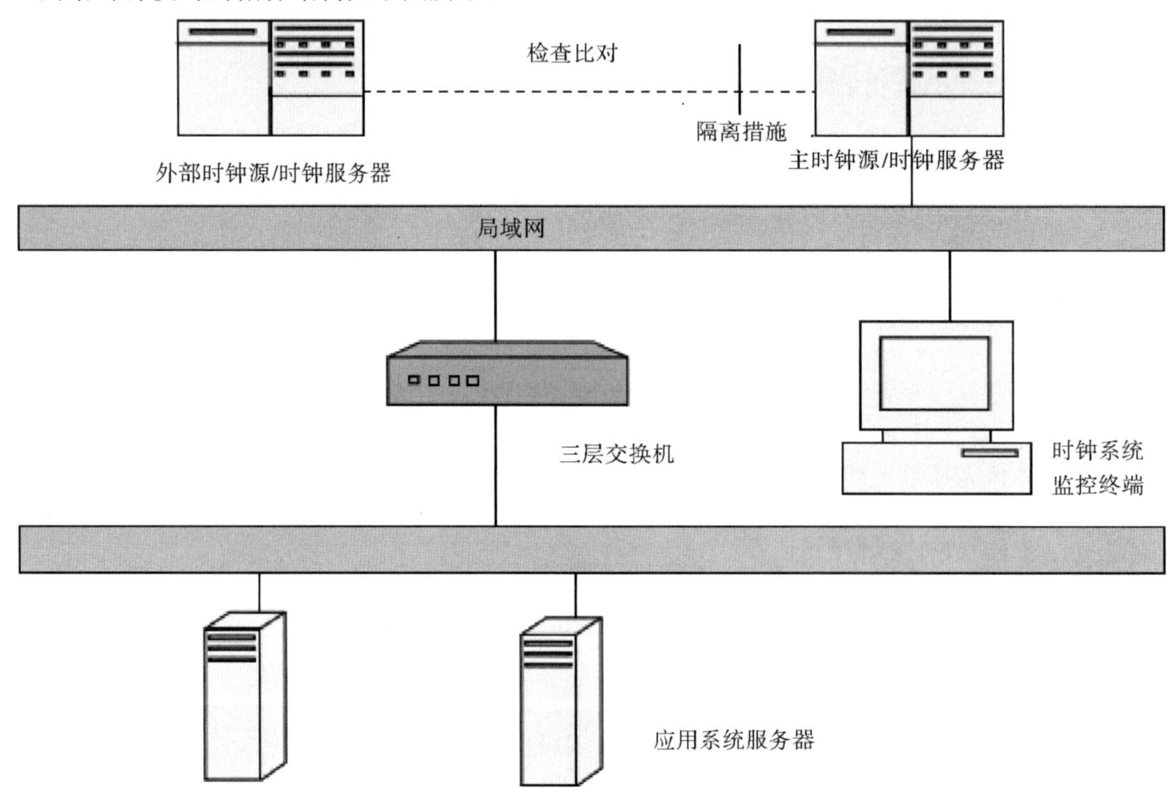

图 A.1 网络授时系统架构图

A.2 网络时钟授时系统冗余时钟源技术概述

网络授时系统配置方式描述如下：

a）配置双冗余时钟源/时钟服务器；

b）主时钟源/时钟服务器为内部自守时时钟源，外部时钟源/时钟服务器提供校准服务；

c）主时钟源/时钟服务器可通过配置的时钟系统监控终端进行维护及管理。

附录 B
（资料性附录）
服务器时钟校正可能发生的情况及规避方式示例

B.1 服务器时钟校正可能发生的情况

在校正服务器时钟时，可能发生如下情况：

a）时间回退使依据时间戳进行排序、配对处理的程序出现逻辑错误。例如使撮合服务器中，流水号较大的报单时间反而在前，影响“价格优先，时间优先”原则；

b）时间乱序可能造成程序化交易的错误；

c）时间跳过使依绝对时间检查触发条件的应用程序触发条件失效；

d）时间跳过使程序进行错误预期，等待一个不可能发生的时间事件；

e）时间回退使依绝对时间检查触发条件的应用程序反复触发；

f）若操作系统不支持在一段时间内追平或减慢时间的机制，修改时间会造成系统时钟“跳跃”，与时间相关的辅助工具可能出现异常，可能造成数据库系统瘫痪。

B.2 可采用的规避方式

为避免 B.1 描述的情况发生，应采用程序自动修改与人工检查相结合的方式，制定好应急预案，及时消除时钟校正造成的对系统运行的不利影响，并可采用如下方式来规避：

a）提高服务器内部晶振的精确度；

b）在系统内设计对时钟进行调整的程序；

c）在程序内设计时间校正的函数；

d）依据服务器内部晶振的精确度调整校正周期，规避程序运行期间调整；

e）设定在某个时间启动执行的程序未执行或反复执行，可以通过检测是否大于某时间且是否已经执行过，而不是检测该时间点规避；

f）等待一个不可能发生的时间事件，可以通过避免写绝对时间检测代码或者给出校验方法来规避；

g）应用程序编写时使用内部时间序列而不是物理时间来控制程序逻辑；

h）合理选取修改时间，尽量采取小幅修改的方法。

参考文献

［1］RFC－1305 Network Time Protocol（Version 3）Specification，Implementation and Analysis.

ICS 03.060
A11
备案号

JR

中华人民共和国金融行业标准

JR/T 0099－2012

证券期货业信息系统运维管理规范

Information System Operation and Maintenance Management Specification for Securities and Futures Industry

2013－01－31 发布　　2013－01－31 实施

中国证券监督管理委员会　发布

目　次

前　言

本标准依据 GB/T 1.1－2009 给出的规则起草。

本标准由全国金融标准化技术委员会提出并归口。

本标准起草单位：中国证监会信息中心、上海证券交易所、深圳证券交易所、上海期货交易所、中国金融期货交易所、中信建投证券股份有限公司、国泰君安证券股份有限公司、海通证券股份有限公司、长城证券有限责任公司、兴业证券股份有限公司、南方基金管理有限公司。

本标准主要起草人：张野、罗凯、严少辉、黎峰、马晨、赵亮、张斗刚、支晓繁、杨威、戴晖、肖钢、黄韦、王洪涛、兰朝晖、王伟强、葛峰、张引。

证券期货业信息系统运维管理规范

1 范围

本标准规定了证券期货业信息系统运维管理工作的要求。

本标准适用于证券期货机构，包括：承担证券期货市场公共职能的机构、承担证券期货行业信息技术公共基础设施运营的机构等证券期货市场核心机构及其下属机构（以下简称核心机构），以及证券公司、基金管理公司、期货公司、证券期货服务机构等证券期货经营机构（以下简称经营机构）。

2 规范性引用文件

下列文件对于本文件的应用是必不可少的。凡是注日期的引用文件，仅所注日期的版本适用于本文件。凡是不注日期的引用文件，其最新版本（包括所有的修改单）适用于本文件。

GB/T 20269－2006　信息安全技术　信息系统安全管理要求

GB/T 22080－2008　信息技术　安全技术　信息安全管理体系　要求

GB/T 24405.1－2009　信息技术　服务管理　第1部分　规范

ISO 31000：2009　风险管理　原则和指南（Risk Management－Principles and Guidelines）

3 术语和定义

下列术语和定义适用于本文件。

3.1

交易业务系统 Trading Business System

承载证券期货交易、结算相关的各类业务系统。按照其重要性，交易业务系统可分为核心交易业务系统和非核心交易业务系统。

3.2

核心交易业务系统 Core Trading Business System

承载面向客户和对外服务的最基本、最核心交易业务的系统。

注：这类业务对运维保障的要求很高，一旦出现中断，将直接影响证券期货市场。如：证券公司的集中交易系统、网上交易系统、银证（第三方存管）系统、结算系统、行情系统、融资融券系统等；期货公司的集中交易系统、网上交易系统、银期转账系统、结算系统、行情系统、风控系统等；基金管理公司的注册登记系统、基金估值系统、直销与网上交易系统、投资交易系统等。

3.3

非核心交易业务系统 Non-core Trading Business System

承载除核心交易业务外与交易业务有数据交换的其他业务的系统。

注：这类业务重要性相对较低，一旦出现中断，可能间接或不一定影响证券期货市场。如：稽

核系统、呼叫中心系统、客户关系管理系统、证券公司的风控系统等。

3.4

交易业务网 Trading Business Network

承载交易业务系统的计算机网络统称交易业务网，承载核心交易业务系统的计算机网络统称核心交易业务网，承载非核心交易业务系统的计算机网络统称非核心交易业务网。

3.5

生产环境 Production Environment

支持日常业务活动的基础设施、网络、主机、存储、数据库及应用等。

3.6

在线数据 Online Data

在生产环境中使用的所有数据。

3.7

离线数据 Offline Data

脱离生产环境用于存储备份的所有数据。

3.8

事件 Incident

不属于某项服务的标准操作，导致或可能导致服务中断或服务质量降低的任一事态。

[GB/T 24405.1-2009，定义 2.7]

3.9

问题 Problem

一个或多个事件的未知的潜在原因。

[GB/T 24405.1-2009，定义 2.8]

3.10

交付 Delivery

负责规划、安排、控制发布的构建、测试和部署，以及在保护现有服务完整性的同时，提供业务所需新功能的流程。

3.11

关键岗位 Key Position

负责交易业务系统运行维护的机房管理员、系统管理员、网络管理员、数据库管理员、安全管理员等岗位。

3.12

配置项 Configuration Item

处于或将处于配置管理之下的基础设施部件或项。

[GB/T 24405.1-2009，定义 2.4]

注：配置项在复杂性、规模和类型方面变化可能很大，配置项可以是整个系统包括所有的硬件、软件和文档，也可以是单个模块或很小的硬件部件。

3.13

风险 Risk

对目标不确定性的影响。

[ISO 31000：2009，定义 2.1]

3.14

技术风险 Technical Risk

因信息技术发展、信息系统变更、人员操作失误等导致的风险。

3.15

业务风险 Business Risk

因流程变化、业务发展、市场环境改变等导致的风险。

3.16

信息安全事态 Information Security Event

信息安全事态是指系统、服务或网络的一种可识别的状态的发生，它可能是对信息安全策略的违反或防护措施的失效，或是和安全关联的一个先前未知的状态。

[GB/T 22080－2008，定义 3.5]

3.17

网络与信息安全事件 Network and Information Security Incident

网络与信息安全事件是突发事件的一种，也被称为信息安全事件，一个信息安全事件由单个的或一系列的有害或意外信息安全事态组成，它们具有损害业务运作和威胁信息安全的极大可能性。

注：改写 GB/T 22080－2008，定义 3.6。

3.18

敏感性 Sensitivity

表征资源价值或重要性的特征，也可能包含这一资源的脆弱性。

[GB/T 20269－2006，定义 3.6]

4 基本要求

4.1 运维组织

4.1.1 证券期货机构应设立信息系统运维组织，负责信息系统的运行维护工作。

4.1.2 证券期货机构应任命运维组织负责人，负责组织、协调、管理信息系统的运行维护工作。

4.1.3 证券期货机构应合理设置运维岗位，规定岗位职责及技能要求，并符合如下要求：

a) 运维岗位应至少包括机房管理员、网络管理员、系统管理员、数据库管理员、安全管理员等关键岗位，并设置主备岗；

b) 关键岗位应进行分离，兼岗时应满足岗位相互制约的要求。

4.1.4 证券期货机构应配备足够的运维人员。运维人员应具备一定的计算机基础理论知识和专业技术经验。经营机构运维人员应具有相应的从业资格。

4.1.5 证券期货机构应与运维人员签署保密协议，保密协议应至少包括保密范围、保密期限等内容。

4.1.6 证券期货机构应制定年度培训计划，对运维人员进行必要的技术、业务、安全等培训，并留存培训记录。

4.2 经费管理

4.2.1 证券期货机构应制定信息系统运行维护年度预算计划，每年进行核算。预算和核算应接受监督和审计。

4.2.2 证券期货机构应将信息系统运行维护的各项费用纳入预算管理。费用至少应包括：机房物理环境、信息系统软硬件、网络与通信设施的使用费和维修费，以及应急保障费用、技术服务费用、人员培训费用等。

4.3 制度和流程管理

4.3.1 证券期货机构应制定覆盖运维工作各个环节的、体系化的运维管理制度和操作流程。运维管理制度应包括但不限于：机房管理、网络与系统管理、数据和介质管理、交付管理、测试管理、配置管理、安全管理、值班管理、监控管理、文档管理、设备和软件管理、供应商管理、关联单位关系管理、检查审计等制度。运维操作流程应包括但不限于日常操作、事件处理、问题处理、系统变更、应急处置等流程。

4.3.2 证券期货机构应建立运维管理制度和操作流程的制定、发布、维护和更新的机制。至少每年一次评审、修订运维管理制度和操作流程。

4.4 文档管理

4.4.1 证券期货机构应建立文档管理制度，对文档的分类、命名规则、编写人、审批人、版本、敏感性标识、发布时间、存放方式、修订记录、废止等做出规定。

4.4.2 证券期货机构应明确文档管理的责任人。

4.4.3 证券期货机构应对运维过程中涉及的各类文档进行分类管理，可按照制度文档、技术文档、合同文档、审批记录、日志记录等进行分类，并统一存放。

4.4.4 证券期货机构应规范文档的发布管理，对文档的版本应当进行控制。文档应标识敏感性、使用范围、使用权限、审批权限等。文档在使用时应能读取、使用最新版本，防止作废文件的逾期使用。

4.4.5 证券期货机构对超范围、超权限使用文档时应保存相关审批、使用记录。

4.5 设备和软件管理

4.5.1 证券期货机构应建立计算机相关设备和软件管理制度，对设备和软件的验证性测试、出入库、安装、盘点、维修（升级）、报废等进行规范。

4.5.2 证券期货机构应明确设备和软件管理责任人。

4.5.3 证券期货机构应在设备和软件投入使用前进行必要的验证性测试，并保留测试记录。

4.5.4 证券期货机构应编制信息系统设备清单，主要包括设备名称、设备编号、入库时间、设备主要参数、设备序列号、设备状态、设备保修期、设备位置、设备用途和设备使用责任人等内容，并保留设备启用、转移、维修、报废等过程的记录。

4.5.5 证券期货机构应使用正版软件并保存软件授权证书和许可协议，应编制软件清单，主要包括软件名称、软件编号、入库时间、软件版本，授权和许可情况、软件序列号、软件状态、软件维护期、软件安装设备、用途和使用责任人等内容，并保留软件启用、转移、升级、报废等过程的记录。

4.5.6 证券期货机构应对设备进行标识，标识应放在设备明显位置。

4.5.7 证券期货机构应规定设备和软件的使用年限，定期进行盘点，并对设备状态进行评估和更新。

4.5.8 证券期货机构应对外送设备的维修进行严格管理，防止数据泄露。

4.5.9 证券期货机构应对拟下线和拟报废设备的存储介质中的全部信息进行清除或销毁。对正式下线设备和软件交指定部门统一管理、保存或处置，并保留相应记录。设备和软件报废应符合资产管理规定。

4.6 供应商管理

4.6.1 证券期货机构应建立供应商管理制度，对供应商支持运维服务的相关活动进行统一管理。

4.6.2 证券期货机构应在与供应商签订的合同中明确其应承担的责任、义务，并约定服务要求和范围等内容。

4.6.3 证券期货机构应与供应商签署保密协议，不得泄露所服务机构的保密信息，并要求供应商签署承诺书，承诺产品不存在恶意代码或未授权的功能，不提供违反我国法律法规的功能模块，并符合证券期货行业有关技术规范和技术指引。

4.6.4 证券期货机构应在涉及证券期货交易、行情、开户、结算等软件产品或技术服务的采购合同中，明确供应商应接受证券期货行业监管部门的信息安全延伸检查。

4.6.5 证券期货机构应定期收集、更新供应商信息，组织对供应商的服务质量、合同履行情况、人员工作情况等内容进行评价，形成评价报告，并跟踪和记录供应商改进情况。

4.6.6 证券期货机构应加强运维外包服务管理，主要包括：

a）与外包公司及外包人员签订保密协议；

b）明确外包公司应当承担的责任及追究方式；

c）明确界定外包人员的工作职责、活动范围、操作权限；

d）对外包人员工作情况进行监督和检查，并保留相应记录；

e）对驻场外包人员的入场和离场进行管理；

f）定期评估外包的服务质量；

g）制定外包服务意外终止的应急措施。

4.7 关联单位关系管理

4.7.1 证券期货机构应建立关联单位联系制度。关联单位包括证券期货行业监管部门、协会，当地政府部门，公安机关，交易所等市场核心机构，其他证券期货经营机构，银行机构，电力和通信设施保障机构，软硬件供应商，技术服务商和物业公司等。

4.7.2 证券期货机构应建立关联单位联系表，表的内容至少包括单位名称、业务事项、联系人、联系方式、备注等，并及时更新。

4.8 督促检查

4.8.1 证券期货机构应建立检查审计制度，对运维制度的执行情况和运维工作开展情况定期进行检查和审计，以督促运维工作持续改进。

4.8.2 证券期货机构应指定人员负责对日常操作执行情况进行每日检查，确保运维管理制度和操作流程有效执行。

4.8.3 证券期货机构应每季组织开展内部检查，形成检查报告。

4.8.4 证券期货机构应在每年审计工作中包含信息系统运维管理工作审计项目，并形成审计报告。

4.8.5 检查和审计范围至少包括对运维管理制度和操作流程的合理性和完整性进行评估，对运维管理制度和操作流程的执行情况进行评估，对文档、配置、数据的有效性进行评估，对整体安全状况进行评估，对运维人员履职能力进行评估等。

4.8.6 证券期货机构应对检查和审计的结果采取纠正性和预防性的措施。

5 运行保障

5.1 运维值班管理

5.1.1 证券期货机构应建立运维值班管理制度，对日常操作、监控管理、事件处理、问题处理、数据和介质管理、机房管理、安全管理、应急处置进行规范。

5.1.2 证券期货机构应指定运维值班负责人。运维值班负责人负责日常操作的部署、检查、风险控制、业务衔接等工作。运维值班负责人应有备岗。主备岗不得同时离岗。

5.1.3 证券期货机构应制定运维值班安排表，可根据实际情况实施倒班制度。在值班期间值班人员不得擅离岗位。

5.1.4 证券期货机构应制定交接班流程，并严格执行，留存记录。

5.1.5 证券期货机构应设置运维值班电话，并保持畅通。

5.2 日常操作

5.2.1 证券期货机构应制定操作手册。操作手册的内容应至少包括信息系统日常运行操作的各个环节。针对各个操作环节制定操作规程。

5.2.2 交易业务系统的操作规程应至少包括操作的对象、时间、步骤、指令、操作要点、复核要点、操作人、复核人等基本要素。

5.2.3 证券期货机构应严格按照操作手册执行运维操作，对交易业务系统的操作过程应进行记录留痕，记录的保存时间不少于一年。

5.2.4 特殊操作、临时操作应经批准后方可双岗执行。操作过程应进行记录留痕，记录的保存时间不少于一年。

5.2.5 证券期货机构应依据业务、信息系统的变化对操作手册及规程进行及时修订，经审批通过后遵照执行。

5.2.6 证券期货机构应对核心交易业务系统设置独立的操作和监控环境，并与开发、测试等其他操作环境严格分离。

5.3 监控分析

5.3.1 证券期货机构应采取监控措施，配备监控和报警工具，对影响信息系统正常运行的关键对象，包括机房环境、网络、通信线路、主机、存储、数据库、核心交易业务相关的应用系统、安全设备等进行监控。报警方式可包括声光、电话、短信、邮件等。

5.3.2 证券期货机构应采取人工值守和自动化工具相结合的方式，对交易业务系统进行 24 小时监控。交易时段应指定人员对交易业务系统进行监控，交易时段以外如无法做到人工监控，应开启自动监控系统和自动报警系统。

5.3.3 证券期货机构应建立辅助的人工巡检制度，规定巡检内容、频度、人员等。巡检内容应覆盖电力、空调、消防、安防等机房设施，主机、网络、通信、安全等设备的运行状况。巡检结果应及时记录，如遇异常应及时处理，并按规定要求进行报告。

5.3.4 证券期货机构应正确设置自动化监控工具的预警阈值，并定期进行检查和评估。

5.3.5 主要监控指标具体如下：

a）机房。电力状态、空调运行状态、消防设施状态、温湿度、漏水、人员及设备进出等。

b）网络与通信。设备运行状态、中央处理器使用率、通信连接状态、网络流量、核心节点间网络延时、丢包率等。

c）主机。设备运行状态、中央处理器使用率、内存利用率、磁盘空间利用率、通信端口状态等。

d）存储。设备运行状态、数据交换延时、存储电池状态等。

e）安全设备。设备运行状态、中央处理器使用率、内存利用率、端口状态、数据流量、并发连接数、安全事件记录情况等。

f）数据库。日志信息、表空间使用率、连接数等。

g）核心交易业务相关的应用系统。进程的活动状态、日志信息、中央处理器使用率、内存利用率、并发线程数量、并发处理量、关键业务指标等。

h）门户网站。网页内容、日均访问量等。

5.3.6　证券期货机构应针对不同系统设置合理的监测频度。

5.3.7　证券期货机构应记录并集中分类存储必要的操作日志、系统日志、应用日志、安全日志等，留存日志应满足审计的需要。

5.3.8　证券期货机构应保存监控产生的日志，保存时间不少于一年。

5.3.9　证券期货机构应每日分析核心交易业务系统监控日志及巡检记录，形成评估记录，跟踪处理日志分析中发现的异常事件。应至少每季度全面评估监控日志和操作记录，分析异常情况，形成评估报告。

5.4　数据与介质管理

5.4.1　证券期货机构应建立信息系统数据管理制度，对在线和离线数据的使用、备份、存放、保护及恢复验证等活动进行规范。

5.4.2　证券期货机构应明确数据管理责任人，负责数据的收集、使用、备份、检查等策略的制定和执行工作。

5.4.3　证券期货机构应按照国家和监管部门的有关要求，制定数据备份及验证策略，明确备份范围、备份方式、备份频度、存放地点、存放时限、有效性验证方式和管理责任人。

5.4.4　在线数据管理，应做到如下要求：

a）交易业务系统数据应至少每交易日备份一次；

b）交易业务系统历史数据至少保留一年；

c）未经授权不得访问、复制；

d）对数据的修改应通过审批，双岗操作并记录操作日志。

5.4.5　离线数据管理，应做到如下要求：

a）离线数据不得更改；

b）应至少每季度对核心交易业务系统的备份数据进行一次有效性验证，如发现问题应采取措施修复备份数据，并查明原因；

c）离线数据的调阅、复制、传输、查询，应按照拟定的流程办理审批手续，并进行登记；

d）备份数据带离存储环境时应采取必要的安全措施。

5.4.6　在线数据和离线数据用于非生产环境时，应进行脱敏处理；用于模拟测试时如无法进行脱敏处理，测试环境应采取与生产环境相当的安全措施。

5.4.7　证券期货机构应建立介质管理制度，对介质的存放、使用、维护和销毁等活动进行规范。

5.4.8　证券期货机构应明确责任人，对介质的使用、转储、送修、销毁及存储环境进行管理。

5.4.9　介质管理，应做到如下要求：

a）应在安全环境中存放介质，并采取控制和保护措施；

b）离线备份介质应当在本地机房、同城、异地安全可靠存放；

c）应对介质在物理传输过程中的打包、交付进行控制；

d）应根据所承载数据和软件的重要程度对介质进行分类和标识管理，并对介质进行归档登记，对存档介质依目录清单定期核对；

e）涉及敏感信息的介质送修时应由专人全程陪同，并保证修复过程可控；

f）介质销毁前应清除介质中的敏感数据，涉密信息的存储介质不得自行销毁，应按国家相关规定另行处理；

g）在交易业务网使用的移动介质应专网专用，不得接入可以访问互联网的主机。

5.5 机房管理

5.5.1 证券期货机构应建立机房管理制度，对机房环境，供电、空调、消防、安防等基础设施的运行维护，设备和人员出入，机房工作人员等进行规范管理。

5.5.2 证券期货机构应指定机房管理负责人。

5.5.3 证券期货机构应确保机房环境整洁和安全，包括：

a）应定期检查防水、防雷、防火、防潮、防尘、防鼠、防静电、防电磁辐射等措施的有效性；

b）应保持机房环境卫生，采取防尘措施，定期进行除尘处理；

c）交易时间内不得进行机房施工、保洁操作。

5.5.4 证券期货机构应加强用电安全管理。至少包括：

a）机房管理员应根据国家有关规定和标准进行用电管理，应重点保障核心交易业务系统用电安全；

b）机房管理员应掌握常规用电安全操作和知识，了解机房内部供电、用电设备的操作规程，掌握机房用电应急处理步骤、措施和要领，有条件的可配备专业电工或与相关电力机构或物业机构签署服务协议；

c）应在危险性高的位置张贴相应的用电安全操作方法、警示及指引；

d）应每季度至少一次对机房供配电、备用电源系统进行全面检查和维护管理，及时更换老化的电路元件及线缆，应定期测试备用供电系统，确保持续供电设施的有效性，并保存相关检查和维护记录；

e）未经审批不得接入其他用电设备。

5.5.5 证券期货机构应每季度至少一次对空调设备进行全面检查和维护，保存维护记录。

5.5.6 证券期货机构应制定符合国家规范的机房消防安全管理制度，至少包括：

a）机房工作人员应熟悉逃生路线和自我保护措施，防止发生人身安全意外；

b）应将消防安全警示和指示张贴于机房明显位置，将消防设施的操作要点张贴于消防设施旁边；

c）机房工作人员应熟悉消防设施及操作要点，掌握消防应急措施；

d）应每季度至少一次对机房内消防报警设备进行检查，保证其有效性；

e）应定期进行消防设施的使用培训和演习。

5.5.7 证券期货机构应对设备和人员出入进行严格管理，包括：

a）应指定人员负责控制、鉴别和记录设备和人员的进出情况，记录进出人员、进出时间、工作内容，并留存记录至少 90 天；

b）机房出入口的监控录像至少保存 90 天；

c）外来人员进入机房应经过申请和审批流程，并限制和监控其活动范围，并有专人陪同；

d）外来设备未经批准不得接入生产环境。

5.6 网络与系统管理

5.6.1 证券期货机构应建立网络与系统管理制度，对网络、系统的运行维护进行规范。

5.6.2 证券期货机构网络管理应包括：

a）应合理设置安全域，绘制网络拓扑图，并保持更新。

b）应定期检查安全隔离情况，确保各安全域之间有效隔离。

c）应保持网络设备的可用性，及时维修、更换故障设备。

d）应负责网络系统的参数配置、调优。

e）应定期对系统容量进行检查和评估，形成评估报告。

f）应定期检查网络设备的用户、口令及权限设置的正确性。

g）应定期对整个网络连接进行检查，确保所有交换机端口处于受控状态。

h）应对网络信息点进行管理，编制信息点使用表，并及时维护和更新，确保与实际情况一致；计算机网络跳线应整齐干净，跳线标识清晰。

i）应制定网络访问控制策略，应合理设置网络隔离设施上的访问控制列表，关闭与业务无关的端口；编制文档并保持更新；访问控制策略的变更应履行审批手续。

5.6.3 证券期货机构系统管理应包括：

a）应保持系统的可用性，及时维修、更换故障设备和更新软件；

b）应负责应用系统、操作系统的参数配置、调优，编制文档并保持更新；

c）应定期对系统容量进行检查和评估，形成评估报告；

d）应负责管理系统和应用程序服务进程，并关闭与业务无关的服务；

e）应定期检查应用系统、操作系统的用户、口令及权限设置的正确性。

5.6.4 证券期货机构数据库管理应包括：

a）应保持数据库的可用性，及时维护、更新软件；

b）应负责数据库的参数配置、调优，编制文档并保持更新；

c）应定期对数据库容量进行检查和评估，形成评估报告；

d）应负责管理数据库、表、索引、存储过程，以及数据库的升级、优化、扩容、迁移；

e）应定期检查数据库的用户、口令及权限设置的正确性。

5.6.5 证券期货机构用户和口令管理应符合如下要求：

a）不得设置弱口令，若系统条件允许，口令应采用数字、字母、符号混排且无规律的方式，管理员口令长度原则上不低于12位；核心交易业务系统应提示并阻止用户使用弱口令登录。

b）应每季度对管理员口令进行修改，更新的管理员口令至少5次内不能重复。

c）应用系统的账户及口令应采用加密方式存储、传输；加密产品的使用应符合国家有关规定。

d）应重点加强对匿名/默认用户的管理，防止被非法使用。

e）应及时注销不再使用的账户。

f）应明确责任人，负责统一保管、安全存放管理员口令，不得泄漏。

5.6.6 证券期货机构权限管理应包括如下要求：

a）权限分配应履行审批手续，权限设置后应复核；

b）应按照最小安全访问原则分配用户权限；

c）应建立权限分配表，对用户的访问权限进行合理分配，对文件系统访问权限进行合理设置，编制文档并保持更新；

d）应在用户账户变化时，同时变更或撤销其权限；

e）应定期检查权限设置的有效性。

5.7 安全管理

5.7.1 证券期货机构应建立安全管理制度，覆盖安全策略的制定、实施、检查、评估、改进等全过程。

5.7.2 证券期货机构应指定专人担任安全管理员，负责信息安全管理工作；在自身能力不足的情况下，可外聘安全机构协助完成。

5.7.3 证券期货机构应采取安全防护措施，包括：

a）应对所有服务器和终端设备安装防木马、病毒软件，建立统一病毒和木马防护机制；因故不能安装防病毒软件的，应采取其他等效的安全防护措施。

b）应在充分评估的基础上，对所有服务器和终端设备进行补丁升级；补丁升级前进行测试验证。

c）应综合运用防火墙、入侵检测等安全设备，保护网络与系统；应正确设置安全设备的接口参数和过滤规则。

d）应对新上线的设备在接入运行网络前进行全面的安全检查。

e）应采取限制 IP 登录等手段，控制对交易业务主机、主干网络设备、安全设备等的访问。

f）原则上不得通过互联网对防火墙、网络设备、服务器进行远程管理和维护，特殊紧急情况下应采取限制登录 IP、数字证书或动态口令认证、全程监控等措施，在操作完成后应及时关闭，并对维护过程进行监控并留存记录。

g）原则上不得在交易时段对交易业务网的网络设备、安全设备、系统设备进行更换或变更配置。

h）原则上不允许通过无线网络对交易业务网进行网络管理。

i）应设置抵御连续猜测等对客户账户恶意攻击行为的策略。

j）应对门户网站建立防篡改机制，防止网页内容、可下载的客户端软件等被未经授权的修改。

k）门户网站不得存放客户资料、交易数据等客户敏感数据。

5.7.4 证券期货机构应定期进行安全检查，包括：

a）应定期对服务器进行全面病毒扫描，但不得在交易时段内进行；

b）应建立定期扫描并修补漏洞的工作机制，定义扫描检测的内容和程序，明确漏洞扫描工具和扫描频率，记录扫描结果及处理情况；

c）应按规定开展信息系统安全等级保护自查或测评。

5.7.5 对证券期货行业内通报的重大安全隐患，应立即进行专项安全检查。

5.7.6 证券期货机构应对安全检查情况进行评估，形成评估报告。

5.7.7 证券期货机构安全管理员应督促解决检查、测评、评估中发现的风险隐患。

5.8 事件与问题管理

5.8.1 证券期货机构应建立事件管理流程，对信息系统运维事件的处理进行规范。

5.8.2 证券期货机构应指定人员负责设计和管理事件的记录、分级、分派、处理、监控和结束整个流程。

5.8.3 证券期货机构应记录运维过程中发生的所有事件，根据事件的影响程度和影响范围评估事件处理优先级及时处理。

5.8.4 证券期货机构应对所有事件响应、处理、结束等过程进行跟踪、督促及检查。

5.8.5 证券期货机构应每月回顾、分析事件处理记录，完成事件分析报告。

5.8.6 证券期货机构应将运维过程中重复发生的事件、重大事件纳入问题管理。

5.8.7 证券期货机构应建立问题管理制度，对运维活动中发现的问题进行根本解决，并建立问题库。

5.8.8 证券期货机构应对问题的处理过程进行跟踪和管理，包括问题的识别、提交、分析、处理、升级、解决、结束。

5.8.9 证券期货机构应将监控、分析、自查、检查、测评、评估和事件处理中发现的问题进行汇总，并纳入问题库。

5.8.10 证券期货机构应组织对问题进行分析、提出解决方案、通过变更管理审批后部署实施，并将解决过程归纳整理并纳入问题库。

6 系统维护

6.1 交付管理

6.1.1 证券期货机构应建立交付流程，对建成的信息系统交付运行维护的活动进行规范。

6.1.2 证券期货机构应制定交付工作清单，作为双方交付依据，清单包括信息系统相关的软件、硬件、技术文档、管理手册、使用手册、培训材料、相关工具、协议和合同等。

6.1.3 证券期货机构应对运维人员和所涉及的相关各方进行培训和说明，包括交付事项的目的、范围、背景、测试要求、上线实施要求、验收要求、运维要求等。

6.1.4 证券期货机构应制定交付实施计划，划定交付双方的职责，交付的步骤，并对交付过程留存记录。

6.2 系统测试

6.2.1 证券期货机构应建立系统测试流程，对系统上线前进行的模拟环境测试和生产环境测试进行规范。

6.2.2 证券期货机构应为系统测试配备必要的人员和设备资源，需要时应协调关联单位配合测试。

6.2.3 证券期货机构应根据系统上线要求制定测试方案，确定采用的测试方法和测试流程。测试方案及测试用例应覆盖功能、性能、容量、安全性、稳定性等方面。测试完成后应对测试结果进行分析评估，并给出测试报告。

6.2.4 模拟环境测试的要求如下：

a）应建立独立的模拟环境。模拟环境应在逻辑架构上和生产环境一致。模拟环境应与生产环境进行分离，不得对生产环境进行干扰。

b）应根据测试方案的设计，合理配置测试所需的设备，识别设备不同可能带来的测试结果正确性风险。

c）可根据需要，要求生产系统运维人员和业务部门组织业务人员参与测试。

d）模拟环境使用的密码应与生产系统严格区分，系统管理员宜由不同的人员担任。

6.2.5 生产环境测试的要求如下：

a）测试前应备份当前系统的数据和配置；

b）应提前发布系统测试公告；

c）应由生产系统运维人员在生产环境下组织完成；

d）应根据需要，要求业务部门组织业务人员参与测试；

e）根据测试的结果设计系统升级过程及应急预案；

f）如果测试内容涉及其他相关系统，应协调其他系统用户参与测试；

g）涉及核心交易业务系统的上线测试，应组织全市场或全公司各相关部门测试；

h）测试后应恢复生产环境并验证恢复的有效性；

i）交易时段不得使用生产环境进行测试。

6.3 系统变更

6.3.1 证券期货机构应建立系统变更流程，对信息系统的变更活动进行规范。

6.3.2 证券期货机构应明确系统变更中的角色，至少包括：申请人、审批人、实施人、复核人。

6.3.3 变更申请人应提交正式的变更申请，申请中应有明确的变更方案，内容至少包括：目标、对象、时间、人员、紧急程度、操作步骤、测试方案、实施方案、风险防控措施、应急预案、回退方案等。

6.3.4 变更审批人应在充分评估变更的技术风险和业务风险的基础上进行审批，审批记录应留痕并满足审计需要。

6.3.5 变更审批人应确定变更实施时间窗口，除紧急变更外，不得在交易时段进行变更实施。

6.3.6 应按照测试方案，组织变更前后的测试，测试后应提交测试记录或报告。

6.3.7 变更实施人应按照变更实施方案进行变更，并及时更新配置库。

6.3.8 变更复核人应对变更记录和变更结果进行评估，评估内容应至少包括变更目标的达成情况、对生产环境的影响、配置库更新情况。

6.4 配置管理

6.4.1 证券期货机构应制定配置管理流程，明确配置管理负责人。

6.4.2 证券期货机构应建立配置库，对交易业务系统的服务器、存储、网络、安全设备，操作系统、应用软件、数据库等进行管理。

6.4.3 证券期货机构应合理设置配置库中配置项的属性，要求如下：

a）配置项属性至少包括编号、名称、描述、维护责任人、运行状态、关联关系等；

b）配置项编号应唯一；

c）配置项的添加、修改、替换、删除应有变更记录；

d）应保存配置项历史记录，确保与事件管理、问题管理、变更管理等流程记录的关联性。

6.4.4 证券期货机构应定期对配置库进行备份。

6.4.5 证券期货机构应及时检查并定期审计配置库，对发现的不一致情况及时纠正，并留存记录。

7 应急管理

7.1 应急准备

7.1.1 证券期货机构应建立健全网络与信息安全事件应急处置组织体系，明确网络与信息安全事件的应急指挥决策机构和执行机构，负责网络与信息安全事件的预防预警、应急处置、报告和调查处理工作。

7.1.2 证券期货机构网络与信息安全事件应急处置指挥决策机构应由主要领导负责，成员包括但不限于业务、技术、风险控制、结算、财务、客服、安保及综合等有关部门的负责人。

7.1.3 证券期货机构应明确网络与信息安全事件应急决策机制，以及决策递补顺序，确保各种情况下，有人负责决策和报告。

7.1.4 网络与信息安全事件应急管理应遵循“谁主管谁负责、谁运行谁负责”，“统一指挥、密切协同；注重预防、减少风险；科学处置、及时报告；以人为本、公平优先”的原则。

7.1.5　证券期货机构应制定网络与信息安全事件应急预案，内容至少包括：

a）应急预案编制的目的和依据；

b）应急预案的适用范围；

c）应急处置的组织体系及职责；

d）预防措施、保障措施与应急准备；

e）预警监测、处置和信息报送；

f）网络与信息安全事件的分级分类；

g）网络与信息安全事件的报告流程；

h）网络与信息安全事件处置的一般原则；

i）网络与信息安全事件处置的具体方案；

j）网络与信息安全事件内部调查处理以及分析总结的要求。

7.1.6　应急预案应符合如下要求：

a）网络与信息安全事件处置的具体方案应包括各种可能发生的技术故障的应急处置流程、报告流程等；

b）应针对各种技术故障拟定统一的解释口径和通知公告模板；

c）应每年至少进行一次评估，并及时修订；

d）应根据应急演练的情况进行评估和更新；

e）核心机构应向中国证监会报备，经营机构应向住所地证监局报备；

f）在应急预案发生重大变化时，应及时重新报备。

7.1.7　应急准备应符合如下要求：

a）值班负责人和信息技术负责人应负责信息安全应急值守。

b）系统管理员、网络管理员、数据库管理员、安全管理员等关键岗位应熟练掌握应急预案，能有效处置网络与信息安全事件。

c）在自身力量不足以满足应急要求的情况下，应与相关单位签订通信、消防、电力设备、空调设备、软硬件产品、安全服务等的应急响应及服务保障协议。协议内容应包括双方联系人、联系方式、服务内容及范围、应急处理方式等。应定期检查和评估协议的执行情况，确保服务保障措施落实到位，确保在应急处置中相关单位能提供及时有效的技术支持。

d）应建立有效的应急通讯联络系统，确保信息畅通。

e）应制定应急处置联络手册，明确详细的联络方式，并及时更新，在发生变化时及时通知相关单位。应急处置联络手册至少包括应急处置组织体系及相关关联单位的应急联络方式。

f）应指定通报联络人，明确联络方式。通报联络人至少包括信息技术负责人及其备岗。通报联络方式至少包括应急值守电话与传真。应将通报联络人及其联络方式及时通知监管部门、行业协会和相关单位。

g）应实行 7×24 小时联络制度，通报联络人必须保持应急值守电话可用。

h）应对本单位有关领导和员工定制应急工作卡片，明确有关领导和员工在网络与信息安全事件应急处置中的关键任务、主要的应急联络人和联络方式。

i）应准备信息系统技术资料和软件备份。至少包括网络拓扑图、设备配置参数、各种系统软件和应用程序、安装使用手册、应急操作手册等。

j）应准备充足的重要设备备品配件，并进行定期评估、检测和维护。

k）应事先储备一定数量的通信、消防、应急照明等应急设备或物资并定期盘点，对于有时效性的应急物资应做到及时更新。

l）应准备应急保障资金，确保应急处置中能及时采购应急设备或物资。

7.1.8 应急演练应符合如下要求：

a）应根据应急预案的内容，制订详细的应急演练计划。计划至少包括演练的目的、内容、时间、参与方、方式、前期准备情况、统计与记录要求、系统恢复与验证要求等内容。

b）每半年应至少组织一次网络与信息安全应急演练。

c）应记录演练情况，演练记录至少保存两年。

d）应对演练中发现的问题进行改进。

e）核心机构应每年向中国证监会报告年度应急演练情况；经营机构应每年向住所地证监局报告年度应急演练情况。

7.1.9 应急培训应符合如下要求：

a）应定期开展应急培训；

b）培训内容应包括应急预案、证券期货业信息安全应急处置的有关规定。

7.2 应急处置

7.2.1 证券期货机构应在发现可能导致异常的风险隐患时，尽快加以核实，立即采取必要的防范措施，如有重要情况应按照有关规定进行预警报告。解除预警后，按相同路径进行报告。

7.2.2 证券期货机构应在发生网络与信息安全事件后，立即启动应急预案，迅速采取应急措施，尽快恢复信息系统正常运行。

7.2.3 证券期货机构应在应急处置中注意保证工作人员的人身安全。

7.2.4 证券期货机构应在应急处置结束前，保证专人 24 小时值班。

7.2.5 应急处置人员应保持联系方式畅通，及时向有关方面通报事件处置进展情况。

7.2.6 证券期货机构应及时向投资者说明事件的真实情况，引导投资者采取应急措施，取得投资者的理解与配合，配合媒体的采访报道。

7.2.7 证券期货机构应做好应急处置的相关记录，保留有关证据。

7.2.8 证券期货机构应在网络与信息安全事件发生后，按有关规定报告事件情况，并保持持续报告，直至系统恢复正常运行，报告要素应完备、及时、准确，不得迟报、漏报、谎报或瞒报。

7.3 调查处理

7.3.1 证券期货机构应建立事故调查处理机制，在网络与信息安全事件应急处置结束后，进行内部调查、责任追究和采取整改措施，并形成事件总结报告。

7.3.2 证券期货机构应按照有关规定报送事件总结报告。暂时无法确定事件原因、责任和结论的，应先给出事件的初步分析判断，并组织力量尽快查找原因，认定事件责任，给出事件结论，采取整改措施，追究责任，并提交补充报告。

7.3.3 证券期货机构应积极配合监管部门和相关单位组织的事件调查工作，如实说明情况，提供证据，不得拒绝、阻碍、干扰调查和取证工作。

参考文献

[1] GB/T 22081－2008 信息技术 安全技术 信息安全管理实用规则
[2] GB/T 24405.2－2009 信息技术 服务管理 第2部分 实践规则
[3] JR－T 0059－2010 证券期货经营机构信息系统备份能力标准
[4] JR－T 0060－2010 证券期货业信息系统安全等级保护基本要求（试行）
[5] JR－T 0067－2011 证券期货业信息系统安全等级保护测评要求（试行）

ICS 03.060
A11
备案号

JR

中华人民共和国金融行业标准

JR/T 0023－2004

证券公司信息技术管理规范

The Criterion of IT Management for Securities Companies

2005－03－25 发布　　2005－03－25 实施

中国证券监督管理委员会　发布

目　次

前　言

本标准由全国金融标准化技术委员会提出。

本标准由全国金融标准化技术委员会归口管理。

本标准起草单位：中国证券监督管理委员会、国泰君安证券股份有限公司、中国银河证券有限责任公司、申银万国证券股份有限公司、长江证券有限责任公司、海通证券股份有限公司、泰阳证券有限责任公司、闽发证券有限责任公司、兴业证券股份有限公司、国信证券有限责任公司。

本标准主要起草人：徐雅萍、陈煜涛、俞枫、金守罕、郭怡峰、陈静、沈云明、汤玉龙、彭湘林、王锦炎、刘斌、廖亚滨、万晓鹰、黄卉、徐颖。

本标准为首次发布。

引　言

为了规范证券公司信息技术管理行为，保护投资者的合法利益，维护证券公司的合法权益，促进证券市场的健康发展，特制定本标准，以加强证券公司信息系统的优化建设和安全管理，推动信息系统建设与技术管理水平的协调发展，提高证券行业的整体信息技术应用水平。

证券公司信息技术管理规范

1 范围

本标准规定了证券公司信息技术管理的以下方面：

a）信息技术管理工作中应遵循的基本原则；

b）信息技术管理的组织架构；

c）信息技术人员管理和安全管理；

d）机房和设备管理；

e）网络通信、软件和数据；

f）信息系统运行管理、技术事故的防范与处理。

本标准适用于证券公司的信息技术管理工作。

2 规范性引用文件

下列文件中的条款通过本标准的引用而成为本标准的条款。凡是注明日期的引用文件，其随后所有的修改单（不包括勘误的内容）或修订版均不适用于本标准，然而，鼓励根据本标准达成协议的各方研究是否可使用这些文件的最新版本。凡是不注明日期的引用文件，其最新版本适用于本标准。

GB2887 电子计算机场地通用规范

GB/T8566 信息技术 软件生存期过程

GB9361 计算站场地安全要求

GB50174 电子计算机机房设计规范

GB50311 建筑与建筑群综合布线系统工程设计规范

GB50312 建筑与建筑群综合布线系统工程验收规范

CMM 软件能力成熟度模型（Capacity Maturity Model）

3 原则

证券公司在信息技术管理工作中应遵循：

a）安全性原则。应树立技术风险的防范意识，把安全措施落实到信息技术管理的每个环节、每个方面，应在信息系统的设计、开发、运行、维护各环节和硬件、软件、网络通信、数据、管理各方面，贯彻安全性原则。

b）实用性原则。应加强信息技术管理，注重采用成熟的先进技术，在确保信息系统性能和安全的前提下，遵循高效益、低成本、易操作的原则。

c）系统化原则。将证券公司信息技术管理有关的资源和活动以系统的观点来进行管理，理解和识别管理过程中的相互关系和作用，明确每个管理过程的职责和权限。

4 管理体系

4.1 组织结构与职能

4.1.1 证券公司应设立信息技术管理机构，实行信息技术工作的统一归口管理。

4.1.2 信息技术管理机构应履行下列职责：

a）负责信息系统的总体规划并组织实施；

b）负责制定与信息技术相关的规章制度并落实执行；

c）负责编制信息技术预算并落实执行；

d）负责信息系统的建设和运行维护；

e）协助进行信息技术人员的任职管理、培训和考核；

f）发现技术和业务异常及时上报。

4.2 人员管理

4.2.1 证券公司应对信息技术管理机构实行定岗、定编、定责，明确各岗位的人员素质要求。

4.2.2 应建立重要岗位的双人负责制，并加强对单人单岗的监控。

4.2.3 应建立完善的保密制度，重要岗位应签订保密协议书。

4.2.4 不应录用有犯罪或严重违规行为记录的人员从事证券公司信息技术工作。

4.2.5 应建立信息技术人员定期培训和考核制度，不合格者禁止上岗。

4.2.6 应定期或不定期对在信息技术重要岗位上的信息技术人员进行轮换，或实行强制休假。

4.2.7 应建立信息技术人员的离岗制度，规范离岗手续。

4.3 安全管理

4.3.1 证券公司应建立信息系统安全管理组织，实施信息安全等级保护，并设立专门的安全管理员、安全审计员岗位。

4.3.2 信息系统安全管理组织应履行下列职责：

a）负责制定统一的安全策略；

b）负责制定信息系统安全管理制度；

c）负责审核和实施信息系统安全保护和安全防范技术方案；

d）负责组织信息系统安全教育及技术培训；

e）负责定期或不定期进行信息系统安全检查，发现问题，督促解决；

f）负责组织信息系统安全防范、应急演练。

4.3.3 应建立计算机病毒防范制度：

a）统一组织和实施计算机病毒防范工作；

b）建立计算机病毒预警机制，严格执行病毒检测及报告措施。

4.3.4 应坚持三分离原则，实现前后台分离、开发与操作分离、技术与业务分离，信息技术人员任职要专岗专责，不得由业务人员兼任，也不得兼任业务职务。

4.4 技术文档管理

4.4.1 技术文档是指与信息系统相关的技术文件、图表、程序与数据等。

4.4.2 证券公司应制定技术文档管理制度，设立技术文档管理岗位。

4.4.3 应按照统一格式对技术文档进行编写并及时更新，达到能够依靠技术文档恢复系统正常运行的要求。

4.4.4 应根据技术文档的不同保密级别实行分级管理。

4.4.5 应对技术文档实行有效期管理，对于超过有效期的技术文档降低保密级别，对已经失效的技术文档定期清理，并严格执行技术文档管理制度中的销毁和监销规定。

4.4.6 技术文档的借阅、复制应履行必要的手续。

4.4.7 重要技术文档应有副本并异地存放。

5 机房与设备管理

5.1 机房

5.1.1 机房建设应符合 GB50174、GB2887 和 GB9361 的要求，防雷、接地、电磁辐射和电气特性都应达到国家标准要求。

5.1.2 机房环境应达到以下要求：

a）操作间与设备间分隔；

b）安装独立的空调设备，对温度和湿度进行控制；

c）配有防火、防潮、防尘、防盗、防磁、防鼠等设施；

d）配置应急照明装置。

5.1.3 机房供电系统应达到以下要求：

a）有单独的配电柜和独立于一般照明电的专用供配电线路，配电容量有一定余量，采用双路供电或配备发电机；

b）配备不间断电源设备，其容量至少满足关键设备在开市期间断电情况下的运行要求。

5.1.4 机房应安装监视系统和门禁系统，宜安装环境监控系统和设备监控系统。

5.2 设备管理

5.2.1 证券公司应实行计算机设备集中管理，建立相应的管理制度，按有关流程办理设备的采购、登记、维护、报废等工作，对设备的整个生命周期进行管理。

5.2.2 大宗设备采购应坚持公开、公平、公正的原则，宜采用招标、邀标等形式完成。

5.2.3 应定期对设备进行更新和保养，经维护的设备应通过有关测试方能投入使用。

6 网络通信

6.1 网络建设

6.1.1 证券公司网络的基本要求：

a）应统一规划公司的网络；

b）网络建设应遵循高可靠性、高安全性、高性能、可扩展性、可管理性、标准化等原则；

c）网络承建集成商应具有国家有关部门颁发的三级以上（含三级）计算机信息系统集成资质证书；

d）网络设备和通信带宽应保证业务需求；

e）网络不应存在单点故障。

6.1.2 局域网应达到以下要求：

a）布线系统设计可参照 GB50311 和 GB50312，采用结构化综合布线系统；

b）针对不同业务或应用采取适当技术手段，实现网络分离，提高网络安全性。

6.1.3　广域网应达到以下要求：

a）满足线路备份和网络安全的要求；

b）网络节点间有明确的互访原则，制定和配置相应的路由策略；

c）主干设备支持标准通信协议；

d）与电信运营商和设备供应商签订服务协议，做到定期检修、发现故障及时响应。

6.1.4　外部网的建设应达到以下要求：

a）与交易所、中国登记结算公司之间的通信连接安全可靠；

b）与外联单位的联网采用可靠的技术隔离手段，确保网络安全；

c）建立多种通信通道，保证业务的连续性。

6.1.5　互联网接入应达到以下要求：

a）网上委托系统应采用至少两条线路接入互联网，采用同一个运营商的线路应通过不同的节点接入；

b）通过防火墙等安全设备与互联网相连。

6.2　网络管理

6.2.1　证券公司应建立健全网络管理制度：

a）网络管理采用统一策略；

b）设置专职网络管理员，实行网络分级管理；

c）网络管理员具备相应的素质和技能，持有相应的资格证书。

6.2.2　在网络管理上应达到以下要求：

a）配备网络管理工具，对网络进行监控、管理和维护，重要网络设备开启日志和审计功能；

b）建立完整的网络技术文档；

c）定期维护网络设备和线路；

d）详细记录网络故障处理过程。

6.2.3　通过互联网为公众提供服务，应遵循国家和行业有关规定。

6.3　网络安全

6.3.1　证券公司应建立健全网络安全体系，统一制定公司的网络安全策略和技术方案，网络安全策略遵循技术保护和管理保护相结合的原则。

6.3.2　网络安全应达到以下要求：

a）利用成熟的网络安全技术，防止非法访问、攻击和破坏计算机网络等活动；

b）定期对公司网络进行安全检查，发现问题，及时解决，并记录存档；

c）所有可配置的网络设备按最小安全访问原则设置访问控制权限，关闭不必要的端口及服务；

d）妥善保管和定期更换网络设备的远程访问密码。

6.3.3　在互联网接入方面应达到以下安全要求：

a）对公司内可访问互联网的终端采用必要的安全措施与核心系统相隔离；

b）对于来自互联网的访问采用可靠的身份认证、访问控制和安全审计措施，防止非法接入和非法访问。

6.3.4　网上委托系统应达到以下安全要求：

a）通过国家权威机构的安全认证，重要技术产品通过国家权威机构的安全测评，达到主管部门的规定要求；

b）采用可靠的技术和管理措施进行客户身份认证；

c）采用有效技术措施达到防抵赖、防篡改、防窃取等功能；

d）网上委托服务器所在的网络与内部核心网络相隔离。

7 软件

7.1 系统软件

7.1.1 系统软件的选用应充分考虑安全性、可靠性、稳定性和健壮性，应使用符合安全要求的正版软件。

7.1.2 操作系统软件的使用应遵循最小功能原则及最小权限策略，关闭不必要的服务和端口。

7.1.3 在经过充分测试的前提下，应及时安装操作系统的补丁程序。

7.2 应用软件

7.2.1 应用软件应符合业务运作的合法性和合规性。

7.2.2 重要应用软件系统宜采取在线备份措施。

7.2.3 信息揭示与分析系统应保证信息揭示的完整、准确和及时。

7.3 软件管理

7.3.1 应用软件开发过程应符合 GB/T8566。

7.3.2 应加强针对外包或外购应用软件的质量控制，选择已建立软件质量保证体系的开发商进行合作，具体要求可参照 CMM 的二级标准进行。同时在开发商的选择过程中，应高度重视其信誉和品牌，不宜选择曾为证券公司的违规、违法业务行为提供技术服务或技术支持的开发商。

7.3.3 在软件总体设计时，应根据应用软件的实际用途，同步进行安全保密设计。

7.3.4 在软件开发过程中，应同步完成相关文档手册的编写工作，保证相关资料的完整性和准确性。

7.3.5 开发维护人员与操作人员应实行岗位分离。

7.3.6 开发环境应与生产环境隔离。

7.3.7 应用软件在正式投入使用前应经过内部评审，确认技术文档齐全，系统功能、测试结果和试运行结果均满足设计要求。

7.3.8 软件使用人员应接受操作培训和安全教育。

7.3.9 建立应用软件文档管理、版本管理及软件分发制度。

7.3.10 应建立规范的软件维护和系统参数调整流程。

8 数据

8.1 数据管理

8.1.1 数据是指证券公司在经营和管理中产生的信息资源，主要包括业务数据、系统数据和管理数据等。

8.1.2 应建立数据管理制度，达到以下基本要求：

a）重要数据分密级管理；

b）建立数据访问控制机制；

c）建立数据防篡改和防窃取机制；

d）建立数据备份措施和异地存放措施。

8.1.3　业务数据的管理应达到以下要求：

a）对业务数据实施严格的安全保密管理；

b）在线系统所保存的业务数据不少于一年；

c）建立业务数据的离线备份制度，数据应定期、完整、准确地转储到可靠的介质上，并要求实现集中、异地存放，保存期限至少20年；

d）备份数据不得更改，并定期进行完整性和可恢复性校验；

e）备份数据应指定专人负责保管，严格执行数据交接管理规定和登记管理规定。

8.1.4　系统数据应以电子文档和书面文档两种形式加以保存，并实行专人管理。

8.1.5　证券公司应统一内部数据标准，并遵循行业数据标准。

8.2　数据安全

8.2.1　证券公司应充分利用成熟的安全技术确保数据的保密性、完整性、可用性和可控性。

8.2.2　信息系统设计时应同步进行数据安全设计，对重要数据在采集、传输、使用和存储过程中进行加密。

8.2.3　应使用经国家密码管理机构认可的加密产品和加密算法。

9　运行管理

9.1　日常运行和系统上线

9.1.1　证券公司应建立健全信息系统运行管理制度，建立详细的运行日志和故障日志。

9.1.2　应制定规范化的信息系统上线流程：

a）信息系统未经严格测试不得上线运行；

b）评估信息系统上线风险，做好相应的应急和备份计划；

c）信息系统通过规定流程审批后，才能获准上线。

9.1.3　信息系统运行管理应达到以下要求：

a）制定规范化的日常操作流程，关键操作建立复核机制；

b）建立严格的值班工作制度和规范的故障处理流程；

c）建立完善的监控体系，对信息系统的运行环境、运行状况等进行实时监控和事后分析，并提供多种报警手段；

d）严禁在生产环境进行未经批准的操作；

e）建立关键系统的配置和变更文档，确保运行环境的可恢复性；

f）在信息系统管理和业务操作的各层面建立相应的操作权限制约机制；

g）账户和密码专人专用，加强对缺省账户和密码的管理，不应为客户设置统一的、有规律的、易猜测的初始密码。

9.1.4　机房管理应达到以下要求：

a）建立安全保卫措施，严格执行机房进出管理制度；

b）对机房的照明、空调、防火、门禁等机房环境系统进行定期检查，确保其处于正常工作状态；

c）严禁易燃、易爆、强磁及其他与机房工作无关的物品进入机房；

d）机房供电系统由专人负责管理，定期进行检修和维护。

9.2　技术事故防范与处理

9.2.1　技术事故是指由于通信故障、电力故障、软硬件故障和操作失误等原因引起系统无法正常运行，经启动备用系统仍未恢复正常，导致经济损失的事件。

9.2.2 证券公司应明确技术事故防范和处理工作中的责任人和监督人，建立管理、技术和业务部门之间的协调机制，做好技术事故的防范、处理、恢复及善后工作。

9.2.3 应建立健全技术事故防范策略，制定技术事故发生时的应急计划，并达到以下要求：

a）应急计划针对可能发生的故障制定紧急处理程序，并形成书面文字张贴或放置在规定的地方；

b）对执行应急计划的全体人员进行专项培训；

c）定期演练应急计划，并不断完善。

9.2.4 技术事故的处理：

a）发生技术事故时，应及时按规定上报，并启动相应的应急计划；

b）应确定故障发生的系统和范围，严格按应急计划中的紧急处理程序及时处理；

c）应详细记录技术事故处理的过程，填写《技术事故处理报告》，包括故障现象、处理步骤、处理时间、处理结果以及原因分析等；

d）应总结技术事故处理的经验与教训，形成技术文档并进行交流，为避免或处理类似问题提供依据。

9.2.5 下列情况证券公司免责：

a）因不可抗力引发的技术事故；

b）因软硬件故障导致的技术事故，经技术专家论证，确认其信息系统建设和管理符合规范要求，确属小概率或偶发性事件；

c）因证券交易所原因导致的交易中断。

9.2.6 因通信线路故障、电力故障等第三方依赖的内容导致的技术事故，应会同相关部门调查，界定责任。

9.2.7 因证券公司操作失误导致的技术事故，经调查核实后，应由证券公司负相应责任。

9.2.8 因应用系统导致的技术事故，应会同开发单位共同分析，界定责任。

六、业务规范类

◆ 期货经纪合同要素　JR/T 0100—2012

ICS 03.060
A11
备案号

JR

中华人民共和国金融行业标准

JR/T 0100－2012

期货经纪合同要素

The Elements of Futures Brokerage Contract

2013－01－31 发布　　2013－01－31 实施

中国证券监督管理委员会　发布

目　次

前　言

本标准按照 GB/T 1.1－2009 给出的规则起草。

本标准由全国金融标准化技术委员会证券分技术委员会提出。

本标准由全国金融标准化技术委员会归口。

本标准起草单位：中国期货业协会、中国证监会期货监管二部、广发期货有限公司、国泰君安期货有限公司、华泰长城期货有限公司、银河期货有限公司、格林期货有限公司。

本标准主要起草人：刘铁斌、姜萍、潘祐、刘忠会、林书恒、肖辉、万晓鹰、宋珊珊、胡卫宁、张君君、王伟、李江、马文杰、孙会、运永恒、王曦等。

期货经纪合同要素

1 范围

本标准规定了期货经纪合同制定的必备要素，用于指导期货公司制定期货经纪合同。

本标准适用于期货公司与客户签署参与在中华人民共和国境内期货交易的《期货经纪合同》。

2 术语和定义

下列术语和定义适用于本标准。

2.1

期货市场 Futures Market

进行期货交易的场所，由远期现货市场衍生而来，是与现货市场相对应的组织化和规范化程度更高的市场形态。广义上的期货市场包括期货交易所、期货公司和客户等参与者，狭义上的期货市场一般指期货交易所、国务院批准的或者国务院期货监督管理机构批准的其他期货交易场所。

2.2

期货交易所 Futures Exchange

依照《期货交易管理条例》和《期货交易所管理办法》规定设立，不以营利为目的，履行《期货交易管理条例》和《期货交易所管理办法》规定的职责，按照章程和交易规则实行自律管理的法人。

2.3

期货公司 Futures Company

依照《中华人民共和国公司法》《期货交易管理条例》和《期货公司管理办法》规定设立的经营期货业务的金融机构。

2.4

客户 Investor

委托期货公司从事期货交易的机构或个人。

2.5

中国期货保证金监控中心 China Futures Margin Monitoring Center Co.，Ltd

经国务院同意、中国证监会决定设立的非营利性公司制法人，接受中国证监会领导、监督和管理。主要职能为：建立和完善期货保证金监控、预警机制，及时发现并向监管部门报告影响期货保证金安全的问题；为期货投资者提供有关期货交易结算信息查询及其他服务；代管期货投资者保障基金，参与期货公司风险处置；负责期货市场运行监测监控系统建设，并承担期货市场运行的监测、监控及研究分析等工作；承担期货市场统一开户工作；为监管机构、交易所等提供信息服务；中国证监会规定的其他职能。

2.6

从事中间介绍业务证券公司 Introducing Broker

接受期货公司委托，为期货公司介绍客户参与期货交易并提供其他相关服务的证券公司。

2.7

期货从业人员 Futures Practitioners

根据《期货从业人员管理办法》的规定，期货从业人员为：期货公司的管理人员和专业人员、期货交易所的非期货公司结算人员中从事期货结算业务的管理人员和专业人员、期货投资咨询机构中从事期货投资咨询业务的管理人员和专业人员、为期货公司提供中间介绍业务的机构中从事期货经营业务的管理人员和专业人员、中国证监会规定的其他人员。

2.8

期货交易 Futures Trading

采用公开的集中交易方式或者中国证监会批准的其他方式进行的以期货合约或者期权合约为交易标的的交易活动。

2.9

期货保证金 Futures Margin

客户按照规定标准交纳的资金或者提交的价值稳定、流动性强的标准仓单、国债等有价证券，用于结算和保证履约。

2.10

期货保证金账户 Futures Margin Account

期货公司在期货保证金存管银行开立的用于存放和管理客户保证金的专用存管账户，包括期货公司在期货交易所所在地开立的用于与期货交易所办理期货业务资金往来的专用资金账户。

2.11

期货结算账户 Futures Settlement Account

客户在期货结算银行开立的用于期货交易出入金的银行账户。

2.12

期货合约 Futures Contract

由期货交易所统一制定的、规定在将来某一特定的时间和地点交割一定数量标的物的标准化合约。期货合约包括商品期货合约和金融期货合约及其他期货合约。

2.13

交易指令 Trading Order

客户下达给期货公司的指令，一般包括交易品种、合约到期月份、开平仓、买卖方向、数量、买卖价格等内容。

2.14

开仓 Open a Position

客户新买入或新卖出一定数量的期货合约。

2.15

平仓 Close a Position

期货客户买入或者卖出与其所持合约的品种、数量和交割月份相同但交易方向相反的合约，了结期货交易的行为。

2.16

持仓 Open Interest

客户开仓后尚没有平仓的期货合约。

2.17

强行平仓 Forced Liquidation

按照有关规定对会员或客户的持仓实行平仓的一种强制措施，其目的是控制期货交易风险。强行平仓分为两种情况：一是交易所对会员持仓实行的强行平仓；二是期货公司对其客户持仓实行的强行平仓。

2.18

套期保值 Hedging

为了规避现货价格波动的风险，在期货市场上买进或卖出与现货商品或资产相同或相关、数量相等或相当、方向相反、月份相同或相近的期货合约，从而在期货和现货两个市场之间建立盈亏冲抵机制，以规避价格波动风险的一种交易方式。

2.19

结算 Clearing

根据期货交易所公布的结算价格对买卖双方的交易结果进行的资金清算和划转。

2.20

交割 Delivery

合约到期时，按照期货交易所的规则和程序，交易双方通过该合约所载标的物所有权的转移，或者按照规定结算价格进行现金差价结算，了结到期未平仓合约的过程。

2.21

手续费 Fee

客户买卖期货合约成交后及交割完成后所支付的费用。

3 期货交易风险说明

3.1 明确期货公司应向客户提供《期货交易风险说明书》，提示客户从事期货交易发生的损失有可能超过存放在期货公司的所有保证金，客户应阅读并确认。

3.2 《期货交易风险说明书》揭示的风险应包括但不限于以下风险：

a）保证金不足或违反交易规则被强行平仓的风险；

b）市场出现极端情况或政策、法律法规、交易所规则变化时价格波动的风险；

c）利用信息技术系统进行期货交易时存在的风险；

d）其他非期货交易所或者期货公司所能控制的原因所导致的无法正常交易的风险。

3.3 应提示客户不遵守中国证监会关于期货保证金安全存管规定的风险。

3.4 应向客户明示，《期货交易风险说明书》无法揭示从事期货交易的所有风险和有关期货市场的全部情形。

4 客户须知

4.1 明确期货公司应向客户提供《客户须知》，告知客户从事期货交易应知晓的事宜，提示客户阅读并确认。

4.2 《客户须知》应包括但不限于以下内容：

a）客户需具备的开户条件；

b）开户文件的签署要求；

c）客户需知晓的事项，包括但不限于以下内容：

1）期货交易风险；

2）期货公司不得做获利保证；

3）期货公司不得接受客户的全权委托；

4）客户本人须对其代理人的代理行为承担民事责任；

5）期货从业人员资格公示网址；

6）期货保证金安全存管的有关规定；

7）遵守法律法规、交易所交易规则及相关业务规定；

8）期货公司的期货保证金账户和结算资料的查询网址；

9）从事中间介绍业务证券公司的有关规定；

10）反洗钱的相关法律、法规。

5 开户申请

5.1 客户开户应填写开户申请表。

5.2 开户申请表（自然人）信息要素主要包括：开户人身份信息、指令下达人身份信息、资金调拨人身份信息、结算单确认人身份信息、客户期货结算账户信息、开户人签名。

开户人身份信息要素主要包括：客户姓名、性别、出生年月、国籍、职业、住所地或者工作单位地址、联系方式、身份证件名称、号码和有效期限。

5.3 开户申请表（机构）信息要素主要包括：开户机构身份信息、开户代理人身份信息、指令下达人身份信息、资金调拨人身份信息、结算单确认人身份信息、客户期货结算账户信息、开户机构印章及法定代表人（负责人）或授权办理业务人员签章。

开户机构身份信息要素主要包括：机构名称、机构类型、经营范围、组织机构代码、税务登记证号码；可证明该客户依法设立或者依法开展经营、社会活动的执照、证件或者文件的名称、号码和有效期限；控股股东或者实际控制人、法定代表人（负责人）和授权办理业务人员的姓名、身份证件名称、号码、有效期限等。

5.4 客户身份信息发生变化的，应及时告知期货公司。

6 合同订立前的说明、告知义务

6.1 期货公司应说明已履行《期货交易管理条例》、《期货公司管理办法》等有关规定的告知义务。

6.2 客户应声明已阅读理解包括免责条款在内的所有合同条款，并符合《期货交易管理条例》、《期货公司管理办法》等有关规定的要求。

7 委托

7.1 明确期货公司按期货交易所规则执行客户交易指令，客户对交易结果承担全部责任。

7.2　明确客户代理人的定义、代理人行为后果及责任的承担。
7.3　明确客户变更代理人的通知方式。

8　保证金及其管理

8.1　明确客户查询期货公司保证金账户的方式。
8.2　明确客户出入金的方式及具体要求。
8.3　明确客户应保证资金来源的合法性，必要时根据期货公司要求提供相关证明。
8.4　明确客户保证金所有权、保证金划转、保证金充抵、保证金调整的相关规定。
8.5　明确期货公司对客户期货保证金账户有关信息的保密义务，客户声明同意期货公司向中国期货保证金监控中心报送客户相关信息。

9　交易指令的类型及下达

9.1　明确客户下达交易指令的方式及其操作要求。
9.2　明确交易指令核查方式。
9.3　明确客户应妥善保管密码及密码失窃、失密后的责任承担。

10　交易指令的执行与错单处理

10.1　明确客户下达交易指令的具体内容、期货公司对交易指令的审核权及审核内容。
10.2　明确客户对交易指令撤回和修改的具体操作要求。
10.3　明确客户下达的交易指令无法成交或期货公司错误执行客户指令时的责任承担。

11　通知与确认

11.1　明确通知内容、通知时间、通知方式及其变更方法。
11.2　明确客户通过保证金监控中心查询系统进行查询的方法和注意事项。
11.3　明确客户对通知内容的确认方式和确认效力。
11.4　明确客户对通知内容产生异议的处理方式。

12　风险控制

12.1　客户应随时关注自己的持仓、保证金、权益变化等情况，并妥善处理。
12.2　明确期货公司计算客户期货交易风险的方式和方法。
12.3　明确期货公司采取强行平仓等风险控制措施的条件、处理方式和责任归属。
12.4　期货公司应将强行平仓情况告知客户。

13　交割与套期保值

13.1　明确实物交割的申请时间、交割通知、交割货款的交收、实物交付及交割违约的处理办法。

证券期货业编码和标准服务中心

行业基础性编码的统一与标准化对于提升行业数据交换和处理效率以及与国际化接轨至关重要。为加强行业编码管理和标准服务工作，进一步提高行业标准化的规范水平，2010年证监会批准成立了证券期货业编码和标准服务中心（以下简称“标准中心”）。

行业编码和标准服务中心的基本职能是：协助全国金融标准化技术委员会证券分技术委员会（以下简称“证标委”）做好标准制修订的管理工作,建设和管理标准的制修订管理平台；开展行业机构编码管理,建设编码分配和管理平台；跟踪国际标准的研究和采标；开展重要标准的科研和应用；加强行业标准的宣传和培训；管理和维护资本市场标准网，提供编码和标准的在线查询。

行业编码和标准服务中心目前负责ISO6166（ISIN）编码的采标和分配工作。截至2014年5月31日，我国已分配了涵盖股票、债券、期货、期权、权证等多个金融工具领域的15191个ISIN编码。下一步，行业编码和标准服务中心将积极做好如下工作：

进一步完善标准数据的管理体系，为投资者提供权威查询渠道。汇总全行业现有编码数据，建立行业编码数据的分配和管理机制，完善与行业相关机构编码分配系统和数据接口，提高编码分配效率。通过建设行业编码和标准服务中心网站，方便投资者和行业机构查询标准相关的信息和编码，提高标准的服务水平。加强与银行、保险等其他金融行业的数据编码机构的交流与合作，促进整个金融行业的编码工作的协调发展。

进一步引进学习国外市场数据编码与标准服务经验。学习借鉴国外先进经验，从我国资本市场的实际情况和发展趋势出发，制定出符合行业需求的基础性编码，提高行业信息处理与交换的质量与效率，支持信息披露、跨境交易和结算。参考国际惯例，积极探索编码与标准服务中心的运营模式，逐步建立市场化运作机制，更好地开展编码标准的制定、应用推广和维护工作，更好地收集、管理和发布权威标准数据，为市场参与机构和投资者提供方便、全面的标准和信息服务，为行业的长远发展服务。